中国人民解放军海军海道测量局
CHINA NAVY HYDROGRAPHIC OFFICE

IHO International Hydrographic Organization

S-101:
电子航海图产品规范
（1.0.0版）

S-101: ELECTRONIC NAVIGATIONAL CHART PRODUCT SPECIFICATION
EDITION 1.0.0

国际海道测量组织　著
陈长林　卢　涛　梁志诚　杨管妍　黄　毅　李庆伟　吴礼龙　译

海洋出版社
2023年·北京

图书在版编目(CIP)数据

S-101：电子航海图产品规范：1.0.0版 / 国际海道测量组织著；陈长林等译. -- 北京：海洋出版社，2023.11

ISBN 978-7-5210-1171-5

Ⅰ. ①S… Ⅱ. ①国… ②陈… Ⅲ. ①电子海图－规范 Ⅳ. ①U675.81-65

中国国家版本馆CIP数据核字(2023)第182164号

责任编辑：杨　明
责任印制：安　森

海洋出版社 出版发行
http://www.oceanpress.com.cn
北京市海淀区大慧寺路8号　邮编：100081
鸿博昊天科技有限公司印刷
2023年11月第1版　2023年11月第1次印刷
开本：889mm×1194mm　1/16　印张：52.5
字数：1404千字　定价：300.00元
发行部：010-62100090　总编室：010-62100034
海洋版图书印、装错误可随时退换

《国际海道测量组织 S-100 系列标准》
编译委员会

推荐序

今天，人类社会进入数字时代，数据成为重要的生产要素，成为一个国家的战略性资源。数据的标准化则是挖掘数据价值，发挥数据潜力的重要科学保障。作为构成地球表层系统主体的海洋，则是一个复杂的四维动态系统，更是一个“要素多元多维、现象耦合关联、环境复杂多变”的巨系统，如何实现各类地理信息资源的内在有机表达、整合与关联是地学领域需要重点研究的难题之一。

面对海洋空间各类地理信息的融合应用需求，国际海道测量组织（IHO）在充分借鉴 ISO 19100 地理信息系列标准的基础上，结合海洋领域特点加以裁剪或扩展，提出了“1+N+X”（1 个通用模型，N 个应用领域，X 个产品规范）的 S-100 系列标准体系，构成了海洋领域全空间信息建模、表达与应用统一框架，为海洋地理信息系统的蓬勃发展提供了新的契机，也为海陆地理信息深度融合提供了重要机遇。

《国际海道测量组织 S-100 系列标准》丛书出版恰逢其时、意义重大、影响深远。相比于 ISO 19100 地理信息系列标准，S-100 系列标准在某些设计方面更加先进，例如即插即用符号化机制。S-100 系列标准将于 2026 年进入实质性推广应用阶段，到 2029 年将成为国际海事组织（IMO）的强制标准，但目前国内相关知识和技术储备尚无法应对标准体系换代带来的一系列问题。为此，建议国内相关人员尽早开展研究学习，充分消化吸收国际先进理念，集智攻关解决数据生产转换、综合集成和智能应用等难题，积极参与甚至主导后续相关标准规范的制定工作，为加快海洋强国建设、凸显国际责任担当和提高国际影响力发挥应有的贡献。

中国科学院 院士

中国科学院地理科学与资源研究所 研究员

2023 年 9 月 1 日

总 序

标准是人类智慧的结晶，是行业发展水平的重要体现，是经济活动和社会发展的技术支撑，是国家基础性制度的重要方面。标准在推动人类发展进步、推进国家治理体系和治理能力现代化中发挥着基础性、引领性作用。海洋测绘标准建设是海洋测绘事业的重要组成部分，是促进海洋测绘事业转型发展、提升海洋测绘服务保障能力、确保海上航行安全的重要基础支撑。

国际海道测量组织（英文缩写 IHO）属政府间技术咨询性国际组织，旨在全球范围内制定海洋测绘数据、产品、服务和技术标准，促进各国标准统一，确保海上航行安全。我国是 IHO 创始成员国之一，对于 IHO 标准具有履约职责和推广应用义务。

作为我国海洋基础测绘主管部门和我国在 IHO 的官方代表机构，中国人民解放军海军海道测量局一直负责我国海洋测绘领域国家标准归口管理，在国家标准化管理委员会指导下，开展涵盖海洋测量、海洋制图、海洋测绘数据库建设、海洋信息标准化处理等方面的国家标准建设。新中国成立 70 多年来，我国海洋测绘标准从无到有，从直接引进转化到自行研究制定，从相对零散到形成体系，先后发布实施了《海道测量规范》《中国海图图式》等九项国家标准和数十项国家军用标准，有效支撑了我国海洋测绘工作，保障了海上航行安全。

当前，IHO 正在持续推动新一代通用海洋测绘数据模型（标准编号为 S-100）落地与应用，为海洋时空信息表达与智能航海应用提供统一框架，基于该标准研究制定系列海洋测绘产品规范（统称为 S-100 系列标准），计划 2025 年开始启用新一代电子航海图标准，推动 S-100 系列标准进入实质应用阶段。为紧跟国际标准发展，完善我国海洋测绘标准体系，中国人民解放军海军海道测量局于 2010 年在国内公开出版了 S-100 标准 1.0 版中文译本，随后紧密开展跟踪研究，于 2018 年初步完成了样例数据解析、转换与显示应用等关键技术攻关，与国际先进水平基本保持同步发展。为深入贯彻落实我国“建设海洋强国”的重大决策部署，加速提升我国海洋地理信息技术水平，考虑 S-100 系列标准已趋于完善，我国海洋测绘标准建设正处于重要转型阶段，中国人民解放军海军海道测量局 2019 年启动新版 S-100 系列标准的翻译出版工作，并于 2021 年形成初步成果。经 IHO 授权，现将相关译稿公开出版，为广大海洋测绘研究与应用人员提供参考。

中国人民解放军海军海道测量局

2023 年 8 月 27 日

本书说明

S-101产品规范专门面向电子航海图（ENC）数据生产与应用，旨在替代现行S-57 ENC产品规范，其主体内容已经基本成熟，主要包括ENC的数据编码、封装格式和图示表达等相关内容。与S-57 ENC相比，S-101产品规范具有如下优点：

（1）采用S-100面向对象建模框架，通过复杂属性、信息类型和关联关系的运用，更加清晰地表达现实世界特征，同时，利用XML作为要素目录表达方式，提高了语义信息的共享与交互能力。

（2）结合人们对航海相关事物认知的提高，对要素分类编码进行了调整更新，特别是引入了一些新的要素和属性，例如“虚拟AIS助航标志”要素和“垂直不确定度”属性，等等。

（3）允许使用除了ISO 8211之外的数据格式，有利于各数据生产商灵活选用其他简易数据格式进行数据分发与应用。

（4）采用SVG作为基本符号图元，使用XSL或LUA脚本作为图示表达引擎，能够以“即插即用”方式实现符号库更新，无须对软件进行改造即可实现扩展。

本译稿在以下几个方面进行了特殊处理：

（1）S-101产品规范中含有大量的要素名或属性名，尤其是占据绝大部分篇幅的“附录A——数据分类与编码指南”，以要素名和属性名作为主体框架。为了兼顾阅读习惯和应用开发需要，译稿采用先中文再英文的术语表述方式，即以双引号囊括要素名或属性名，当有必要时在其后加上一个括号或者（在表格内）另起一行，注明其英文名称。

（2）引用自S-100标准的类名或属性，典型例子如“S100_”“GM_”等前缀开头的专有名词，仍然采用英文为主，当有必要时在其后加上一个括号，括号内注明其主要含义。

（3）部分标题上同时保留了中文和英文，以便读者在查阅资料时能够在译稿中快速匹配对应内容。

（4）对原文中个别前后不一致的内容进行了修正，例如第A.24.5.1节中的“空间关联”（Spatial association）和第A.15.9.1节中的“方位线系统聚合”（Range system aggregation），其关联方向与原文其余内容相反。

如果发现译稿中存在翻译错误或者不准确之处，敬请批评指正，相关意见建议可发至电子邮箱：gisdevelope@126.com。

IHO 授权信息

目 录

引言 Introduction

电子航海图产品规范（简称 S-101）由国际海道测量组织负责编制，允许在不打破系统实现的情况下对航海图内容、内容定义（要素目录）和表达（图示表达目录）进行更新。

S-101 基于“通用海洋测绘数据模型”（简称 S-100）建立，包含了海道测量局（HOs）生产电子航海图（简称 ENC）所需的全部内容，电子海图显示与信息系统（简称 ECDIS）也可根据该标准对 ENC 数据进行解析和显示。该产品规范允许灵活导入机器可读的要素目录和图示表达目录，以便进行变化的管控，进而允许新的航海重要要素及其图示表达可以即时（just in time）导入。

1 概述 Overview

1.1 范围

本文档描述了符合 S-100 的电子航海图产品规范（S-101），基于 S-101 生产的电子航海图可作为 S-100 航海系统的基础数据层。本文档规定了创建 S-101 ENC 所需的内容、结构、元数据及其在 S-100 系统中的图示表达。该产品规范包括内容模型、编码、要素目录、图示表达目录、元数据以及开发指南等内容。

1.2 引用

S-52	IHO Specifications for Chart Content and Display Aspects of ECDIS, Edition 6.1(.1) – October 2014, with Clarifications up to June 2015	2014 年 10 月 6.1（.1）版本 IHO ECDIS 海图内容与显示规范，更新至 2015 年 6 月
S-100	IHO Universal Hydrographic Data Model, Edition 4.0.0	IHO 通用海洋测绘数据模型，4.0.0 版
ISO 639-2/T	Codes for the representation of names of languages – Part 2: Alpha-3 code	语种名称表示代码—第 2 部分：3 字母代码
ISO 3166-1	Codes for the Representation of Names of Countries and their Subdivisions – Part 1: Country Codes	世界各国和地区名称代码表示法—第 1 部分：国家代码
ISO/IEC 8211:1994	Specification for a Data Descriptive File for Information Interchange Structure Implementations	信息交换用数据描述文件规范
ISO 8601:2004	Data Elements and Interchange Formats – Information Interchange –Representation of Dates and Times	数据元素和交换数据格式—信息交换—日期和时间的表示
ISO 19101:2003	Geographic Information – Reference Model	地理信息—参考模型
ISO 19103:2005	Geographic Information – Conceptual Schema Language	地理信息—概念模式语言
ISO 19103-2:2005	Geographic Information – Conceptual Schema Language – Part 2	地理信息—概念模式语言—第 2 部分
ISO 19105:2000	Geographic Information – Conformance and Testing	地理信息—一致性与测试
ISO 19107:2003	Geographic Information – Spatial Schema	地理信息—空间模式
ISO 19108:2002	Geographic Information – Temporal Schema	地理信息—时间模式
ISO 19109:2005	Geographic Information – Rules for Application Schema	地理信息—应用模式规则

ISO 19110:2005	Geographic Information – Methodology for Feature Cataloguing	地理信息—要素编目方法
ISO 19111:2007	Geographic Information – Spatial Referencing by Coordinates	地理信息—基于坐标的空间参照
ISO 19113:2002	Geographic Information – Quality Principles	地理信息—质量原则
ISO 19115-1	Geographic information – Metadata – Part 1 - Fundamentals. As amended by Amendment 01 (2018)	地理信息—元数据—第 1 部分—基础，2018 年第 1 次修订
ISO/TS 19115-3	Geographic information - Metadata - XML schema implementation for fundamental concepts	地理信息—元数据—基础概念的 XML 模式实现
ISO 19117:2012	Geographic Information – Portrayal	地理信息—图示表达
ISO 19118:2005	Geographic Information – Encoding	地理信息—编码
ISO 19131:2008	Geographic Information – Data Product Specifications	地理信息—数据产品规范
ISO/TS 19138:2006	Geographic Information – Data Quality Measures	地理信息—数据质量度量
ISO 19157:2013	Geographic Information – Data Quality	地理信息—数据质量
ISO/IEC 19501:2005	Information Technology – Unified Modelling Language (UML) Version 1.4.2	信息技术—统一建模语言（UML）版本 1.4.2
FIPS 186	Federal Information Processing Standards – Digital Signature Standard	联邦信息处理标准—数字签名标准

1.3 术语、定义和缩略语

1.3.1 语气的使用

本文档中：

- “必须”（Must）表示强制性（mandatory）要求；
- “应该”（Should）表示可选（optional）要求，即推荐处理，不具有强制性；
- “可以”（May）表示“允许”（allowed to）或“或许”（could possibly），不具有强制性。

1.3.2 术语和定义

精度（Accuracy）

测试结果与公认参考值之间的接近程度。

注释　测试结果可以是观测结果或量测结果。

聚合（Aggregation）

关联的特殊形式，用以说明集合（整体）与组成部分之间的整体 - 部分关系（见组合）。

警报（Alarm）

（MSC.302/A）优先级较高的警示（alert）。为确保船舶航行安全，发出警报时，要求驾驶台团队第一时间关注并采取行动。

警示（Alert）

（MSC.302/A）对异常情况和需给予关注的情况所做的一种公告行为。警示分为以下四类：紧急警报（emergency alarm）、警报（alarm）、告警（warning）和注意（caution）。警示表示某种预定义的状态变化信息，以及系统和操作人员发布该信息的方法。

应用模式（Application Schema）

一个或多个应用所需数据的概念模式。

关联（Association）

两个或两个以上类元之间的语义关系，定义了类中实例间的连接。

属性（Attribute）

（1）实体的命名特征。

注释　描述实体的几何、拓扑、专题或者其他特征。

（2）类元的特征，描述该类元的实例可能具有的值域。

注释 1　一个属性语义上等同于一个组合关联，但是，目的和用途是不同的。

注释 2　使用在定义中的“Feature”（特征）是 UML 中的术语概念，而不是该标准中第 4 部分中的概念（译者：“Feature”在第 4 部分表示“要素”的意思）。

边界（Boundary）

表示一个实体界限的集合。

注释　边界通常用在几何结构中，这里的几何是点的集合或代表这些点的对象的集合。

注意（Caution）

（MSC.302/A）优先级最低的警示（alert）。无须发出警报（alarm）或警告的异常情况，但出于对该情况或已知信息的一般考虑，仍需注意。

类（Class）

具有相同的属性（域）、操作、方法、关系与语义的对象集的描述。

注释　类代表正被建模的系统中的概念。取决于模型的种类，概念可能是现实世界的（用于分析模型），也可能包含算法和计算机实现的概念（用于设计模型）。类元是类的泛化，包含了其他似类元素，比如数据类型（data type）、角色（actor）和组件（component）。

分类（Classification）

在要素目录中，为真实世界某一要素确定合适类型的过程，包含了对数据质量的考虑。

坐标（Coordinate）

用 n 个有序数组表示一个点在 n 维空间中的位置。

注释　在一个坐标参照系中，坐标数值由单位限定。

坐标系照系（Coordinate Reference System）

通过基准与现实世界相关联的坐标系。

注释　对大地基准和垂直基准而言，关联对象是地球。

坐标元组（Coordinate Tuple）

有序坐标构成的坐标串。

曲线（Curve）

1 维几何单形，表示一条线的连续映射。

注释　一条曲线的边界是曲线两端点的集合。如果曲线是一个圈，则两个端点相同，这条曲线（如果拓扑上是闭合的）被认为没有边界。第一个点被称为起点，最后一个点被称为终点。曲线的连通性由“一条线的连续映射”条款保证。拓扑定理指出，一个连通集合的连续映射是连续的。

曲线段（Curve Segment）

1 维几何对象，用来表达一条曲线的连续组件，使用同种插值和定义方法来表达。

注释　用一个单独的曲线段表达的几何集合与一条曲线等价。

数据产品（Data Product）

与数据产品规范一致的数据集或数据集系列。

数据质量（Data Quality）

描述质量方面的一组元素，包括质量度量（measure of quality）、评估过程（evaluation procedure）、质量结果（quality result）和范围（scope）。

数据类型（Data Type）

允许在值域内对值进行操作的值域的说明。

注释 1　数据类型包括基本预定义类型和用户定义类型。

注释 2　数据类型用术语标识，如整型（Integer）。

示例　整型（Integer）、实型（Real）、布尔型（Boolean）、字符串（String）、直接位置（DirectPosition）和日期型（Date）。

数据集（Dataset）

可识别的数据集合。

注释　数据集可能是一组较小的数据，尽管受到某些约束（如空间范围或要素类型）的限制，但在物理上位于较大的数据集中。从理论上讲，数据集可以小到更大数据集内的单个要素或要素属性。一张硬拷贝地图或图表均可以被认为是一个数据集。

基准（Datum）

定义原点位置、比例尺和坐标系方位的参数或参数集。

显示优先级（Display Priority）

两个要素重叠时决定优先显示哪个要素的层级。2 级优先于 1 级。

电子海图显示与信息系统（ECDIS）

一种导航信息系统，如果措施完备，可视为符合 1974 年《海上人命安全公约》修订版第 V/19 和第 V/27 条例规定的最新海图。该系统通过显示从系统电子航海图（SENC）内选定的信息（带有导航传感器提供的位置信息），协助航海人员进行航线规划和航线监控，必要时可以显示其他相关航行信息。

ECDIS 海图图式（ECDIS Chart 1）

ECDIS 版的航海图符号和缩略语，包括海图显示所需的符号、线型、颜色编码等。主要用于航海人员了解 ECDIS 和查询特定符号。

紧急警报（Emergency Alarm）

（MSC.302/A）优先级最高的警示（alert）。对人类生命安全或船舶安全构成直接威胁的情况，需立即做出反应。

电子航海图（ENC）

内容、结构和格式均符合 IHO 标准的标准化数据集，由政府授权的海道测量局或其他相关政府机构发布，与 ECDIS 配合使用。ENC 包含安全航行所需的全部海图信息，除包含纸质海图中的安全航行信息外，也可能包含其他补充信息。

枚举（Enumeration）

一个固定列表，包含命名文字值的有效标识符。枚举类型的属性只能从该列表中取值。

要素（Feature）

对现实世界现象的抽象。

注释　要素可以通过类型或实例的形式出现。当仅表达一种含义时，应使用要素类型或要素实例。

示例　现象“伦敦眼”（London Eye）可与其他现象共同归类为要素类型“陆标”（landmark）。

要素关联（Feature Association）

一个要素类型的实例与其他相同或不同要素类型的实例链接的关系。

要素属性（Feature Attribute）

要素（feature）的特征。

注释 1 要素属性可以通过类型或实例的方式出现。当仅表达一种含义时，应使用要素属性类型或要素属性实例。

注释 2 要素属性包括名称、数据类型及与其相关的值域。某个要素实例的要素属性也具有一个来自其值域的属性值。

注释 3 在要素目录中，要素属性可能包含值域，但不指定要素实例的属性值。

示例 1 要素属性“通信频道”（communication channel）的一个属性值为“VHF0007”，其数据类型为“文本”（text）。

示例 2 要素属性“长度”（length）的一个属性值为“82.4”，其数据类型为“实型”（real）。

要素目录（Feature Catalogue）

包含对一组或多组地理数据的要素类型、要素属性以及要素关联的定义和描述的目录。

几何单形（Geometric Primitive）

表达空间中单一、相连和同质元素的几何对象。

注释 几何单形描述几何结构信息不可再分的对象，包括点（point）、曲线（curve）和曲面（surface）和体（solid）。

人类可读（Human Readable）

便于人类阅读的信息表示方法。

标识符（Identifier）

一个语言上独立的字符序列，可以唯一、固定标识它所关联的信息。

指示（Indication）

用于表示系统或设备状态的可视指示信息。

实例（Instance）

包含操作并具有存储操作效果状态的实体。

注释 参见要素（feature）。

可机读（Machine Readable）

可由计算机处理的信息表示方法。

最大显示比例尺（Maximum Display Scale）

在数据集比例尺范围内，显示中所呈现的数据集要素线性尺寸与所示要素实际尺寸之间的最大比值（最大比例尺）。

元数据（Metadata）

关于数据的数据。

最小显示比例尺（Minimum Display Scale）

在数据集比例尺范围内，显示中所呈现的数据集要素线性尺寸与所示要素实际尺寸之间的最小比值（最小比例）。

模型（Model）

对论域某些方面的抽象。

注释 一个系统语义上完整的摘要。

多重性（Multiplicity）

规定了特征可能出现的次数，或者可以参加到指定关系的元素个数。

示例 1..*（1 对多），1（只有一个），0..1（0 或 1 个）。

超比例尺（Overscale）

显示比例尺大于数据生产者设定的数据最大显示比例尺时，即为超比例尺。

点（Point）

表示位置的 0 维几何单形。

注释 点的边界为空集。

图示表达目录（Portrayal Catalogue）

针对要素目录定义的图示表达集合。

注释 图示表达目录的内容包括图示表达函数、符号和图示表达上下文。

雷达优先级（Radar Priority）

IMO ECDIS 性能标准要求雷达可以使用“独立操作控制（single action control）”进行开启或关闭，以便清楚地查看 SENC 和海员信息。但雷达之上应显示某些特定信息，如规划航线、安全等深线、海岸线。

雷达透明度（Radar Transparency）

将雷达颜色与其在每个像素处覆盖的要素颜色合并，在从没有雷达覆盖到完全不透明雷达覆盖的连续过程中，改变雷达透明度的一种方法。

记录（Record）

有限的、命名的相关项（对象或值）集合。

注释 从逻辑上讲，记录是 <名称，项>（<name, item>）对的集合。

关系（Relationship）

模型元素间的语义连接。

注释 关系的种类包括关联、泛化、元关系、流程以及几种依赖。

最小比例尺（Scale Minimum）

显示某个要素所用的最小比例尺（例如，次要灯标的最小比例尺为 1:45,000，则无法在 1:90,000 比例尺中显示）。

系统电子航海图（SENC）

ECDIS 制造商内部使用的数据库，以系统电子航海图格式存储，是无损转换整个 ENC 内容及其更新后所得。SENC 通过 ECDIS 访问，用于显示信息和提供导航功能，至少应提供最新纸海图所包含的信息。SENC 也可以包含航海人员添加的信息和其他来源的信息。

地表（Skin of the Earth）

一组非重叠的面状几何地理要素，覆盖范围相当于元要素“数据覆盖范围”（Data Coverage）。

曲面（Surface）

2 维几何单形，局部表示某平面一个区域的连续映像。

注释　曲面的边界是定义曲面界限的有向、闭合曲线的集合。

符号尺寸（Symbol Size）

尺寸的规范化单位是 0.01 毫米。符号最小尺寸通常应大于 4 毫米，该规格适用于标准的最小显示屏。

时间参照系（Temporal Reference System）

度量时间的参照系。

文本标签（Text Label）

对要素所做的文字说明。可以格式化为标准文本和要素属性值，例如，灯标说明、地名等。

透明填充（Transparent Fill）

一种标记面状几何要素的方法，使用填充颜色按照一定的百分比覆盖每个 4 像素正方形，其余部分保持“透明”。用于确保底层信息的可见性。

垂直基准（Vertical Datum）

描述重力相关的高度或深度的基准。

警告（Warning）

（MSC.302/A）需要立即引起注意的警示（alert），但不需要驾驶台团队立即采取行动。警告需要驾驶台团队对当前情况变化有所预防，不会立即造成危险，但如果不采取措施，可能会发生危险。

1.3.3 缩略语

CRS	Coordinate Reference System	坐标参照系
DCEG	Data Classification and Encoding Guide	数据分类和编码指南
ECDIS	Electronic Chart Display and Information System	电子海图显示与信息系统
ENC	Electronic Navigational Chart	电子航海图
EPSG	European Petroleum Survey Group	欧洲石油调查组
GFM	General Feature Model	通用要素模型
IEC	International Electrotechnical Commission	国际电工委员会
IHO	International Hydrographic Organization	国际海道测量组织
IMO	International Maritime Organization	国际海事组织
ISO	International Organization for Standardization	国际标准化组织
MSVS	Mariners Selected Viewing Scale	航海人员所选查看比例尺
SENC	System Electronic Navigational Chart	系统电子航海图
SOLAS	Safety of Life at Sea	海上人命安全公约
SVG	Scalable Vector Graphics	可缩放矢量图形
S-100WG	IHO S-100 Working Group	IHO S-100 工作组
S-101PT	S-101 Project Team	S-101 项目组
TIFF	Tagged Image File Format	标记图像文件格式
UML	Unified Modelling Language	统一建模语言
URL	Universal Resource Locator	统一资源定位符
XML	Extensible Markup Language	可扩展标记语言

1.4 S-101 数据产品通用说明

注：　该信息包括数据产品的通用信息。

标题：　电子航海图（Electronic Navigational Chart）

摘要：　电子航海图是政府授权的海道测量局或其他相关政府机构生产的矢量海图数据。主要用途是通过 ECDIS 提供船舶导航信息，符合 IMO 和 SOLAS 中关于海图的配载要求。同时，也可作为 S-100 航海系统的基础数据库。ENC 包含现实世界中船舶安全航行所需的信息。

内容：　本产品规范定义了 ENC 数据产品的所有必备条件。本产品规范根据要素目录中的要素和属性定义数据产品内容。要素的显示是通过图示表达目录中的符号和规则集来定义的。“附录 A – 要素分类和编码指南（DCEG）”提供了数据产品内容的采集方法。

空间范围：

说明：海上通航区

东经界限：180°

西经界限：−180°

北纬界限：90°

南纬界限：−90°

用途：ENC 数据集的用途是提供 ECDIS 所需的官方导航数据，供安全航行及制定船舶航线规划等使用。

1.5 数据产品规范元数据

注：该信息是本产品规范的唯一标识，提供规范的创建和维护信息。详见第 12 节。

标题：IHO 电子航海图产品规范

S-100 版本：4.0.0

S-101 版本：1.0.0

日期：2018 年 12 月

语言：英语

密级：非保密（Unclassified）

联系方式：国际海道测量组织

4 Quai Antoine 1er

B.P. 445

MC 98011 MONACO CEDEX

电话：+377 93 10 81 00

传真：+ 377 93 10 81 40

网址：www.iho.int

标识符：S-101

维护：对 S-101 产品规范的修改由 IHO S-100 工作组（S-100WG）下属的 S-101 项目组（S-101PT）负责协调，并且必须在 IHO 网站上公布。产品规范的维护必须符合“IHO 技术决议 2/2007 修订版”。

1.6 IHO 产品规范的维护

1.6.1 简介

对 S-101 的修改分为三个不同级别：新版、修订或更正。

1.6.2 新版 New Edition

新版 S-101 包含重大修改。新版可以支持新概念，例如支持新功能或应用，或引入新的结构或数据类型。新版可能会对现有用户或潜在用户产生重大影响。所有累积的更正和修订必须包括在批准的新版 S-100 发布中。

1.6.3 修订 Revisions

修订是对 S-101 的实质性语义修改。通常，修订会修改现有规范以更正事实错误；引入因实践经验或环境变化而变得显而易见的必要修改；或在现有部分中添加新规范。修订绝不能归类为更正。修订可能会对现有用户或潜在用户产生影响。所有累积的更正都必须收录在批准的该版修订中。

修订中的改动幅度很小，需确保与同一版次（edition）之前版本（version）向后兼容。例如，增加新要素和新属性时，可以发布修订版。同一版次中，旧版本数据集往往可采用新版本的要素目录和图示表达目录进行处理。

多数情况下，一个新的要素目录或图示表达目录均需发布修订版 S-101。

1.6.4 更正 Clarification

更正是针对 S-101 的非实质性修改。通常，更正包括：消除歧义；纠正语法和拼写错误；修改或更新交叉引用；在拼写、标点和语法中插入改进图形。更正不得对 S-101 进行任何实质性语义修改。

更正中的改动幅度很小，需确保与同一版次（edition）之前版本（version）向后兼容。

1.6.5 版本号

S-101 版本编号必须遵循以下规则：

新版表示为 *n*.0.0

修订表示为 n.*n*.0

更正表示为 n.n.*n*

2 规范范围 Specification Scopes

范围 ID：	全球（Global）
级别：	006- 系列
级名：	ENC 数据集

3 数据集标识 Dataset Identification

符合该产品规范的数据集，可以用第 12 节中定义的发现元数据进行标识。

标题：　　电子航海图

替换标题：　ENC

摘要：　　生产 S-101 ENC 必须符合 S-101 产品规范定义的规则。S-101 产品规范包含海道测量局生产一致性 ENC 数据的所有必要信息，并且生产商可以在导航系统中有效地应用这些数据。

专题类别：　交通（ISO 19115 MD_TopicCategoryCode 018）

地理描述：　海上通航区域

空间分辨率：ENC 数据集和每个“数据覆盖范围”（Data Coverage）要素必须附带一个最大显示比例尺，同时每个“数据覆盖范围”要素也必须附带最小显示比例尺，其值必须从下表中选取：

表 3-1　ENC 最小显示比例尺和最大显示比例尺

比例尺
NULL[当“最大显示比例尺”（maximum display scale）=10,000,000 时，仅用于“最小显示比例尺”（minimum display scale）]
1:10,000,000
1:3,500,000
1:1,500,000
1:700,000
1:350,000
1:180,000
1:90,000
1:45,000
1:22,000
1:12,000
1:8,000
1:4,000
1:3,000
1:2,000
1:1,000

用途：　生产 ECDIS 所需的 ENC

语言：　英语（强制），其他语言（可选）

密级：　数据密级必须从以下分类中取值：

1. 非保密（unclassified）
2. 受限（restricted）
3. 秘密（confidential）
4. 机密（secret）
5. 绝密（top secret）
6. 敏感但非保密（Sensitive but Unclassified）
7. 仅供官方使用（for official use only）
8. 受保护（protected）
9. 限制发行（limited distribution）

空间表示类型：　矢量

联系方式：　生产机构

使用限制：　不用于陆地导航

4 数据内容和结构 Data Content and Structure

4.1 简介

S-101 ENC 是基于要素的产品，其内容信息使用“通用要素模型”（General Feature Model）和要素目录（Feature Catalogue）来描述。

4.2 应用模式 Application Schema

S-101 遵循 S-100 第 3 部分“通用要素模型”（GFM）。GFM 是一种概念模型，通过要素目录实现。S-101 应用模式在要素目录中实现，产品规范只包含特定的例子。

4.3 要素目录 Feature Catalogue

4.3.1 简介

S-101 要素目录描述 ENC 中所有的要素类型、信息类型、属性、属性值、关联和角色。

S-101 要素目录以 XML 文档提供，该文档遵循 S-100 XML 要素目录模式，可从 IHO 网站下载。同样，要素目录也有人类可读版本，即“S-101 附录 A——数据分类和编码指南”。

4.3.2 要素类型 Feature Types

4.3.2.1 地理要素 Geographic

地理（Geo）要素类型是 ENC 的主要内容，完全通过相关的属性和信息类型来定义。

4.3.2.1.1 地表要素 Skin of the Earth

元要素“数据覆盖范围”（Data Coverage）的所有区域都必须由一组面状几何地理要素完全覆盖，且面与面之间不得重叠（地表）。构成地表的要素类型包括：

- 深度范围（Depth Area）
- 疏浚区（Dredged Area）
- 陆地区（Land Area）
- 未测区（Unsurveyed Area）

- 港池区（Dock Area）
- 船闸（Lock Basin）

同一数据集中地表要素之间的公共几何边界不得重复。

4.3.2.2 元要素 Meta

元要素包含了关于数据集内其他要素的信息。元要素给出的信息优先于默认元数据的值（由数据集描述记录定义）。单个要素的元属性优先于元要素属性。

4.3.2.3 制图要素 Cartographic

制图要素包含了有关现实世界实体的制图表达（包括文本）信息。

4.3.3 要素关系 Feature Relationship

要素关系建立一种要素类型实例与其他相同或不同要素类型实例之间的联系。S-101 中定义了如下四种要素关系。

4.3.3.1 信息关联 Information Association

信息关联用于描述要素类型、空间对象或信息类型与信息类型之间的关联关系。

示例　“航海信息”（Nautical Information）类型可为任意地理要素提供附加信息，可使用名为“附加信息”（additional information）的信息关联，如下图（图 4-1）所示：

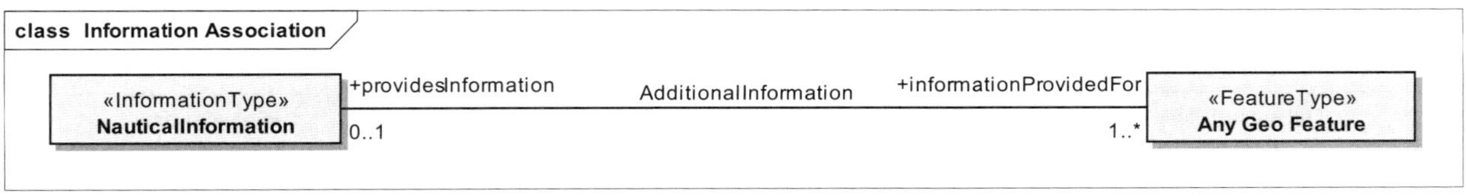

图4-1　信息关联

4.3.3.2 要素关联 Feature Association

要素关联用于描述两个要素类型间的关系，这种关系作用于它们的实例。

示例　“警告区”（Caution Area）要素提供“群岛海道”（Archipelagic Sea Lane）要素的警告信息。名为“警告区关联”（Caution Area Association）的关联用于在两个要素之间建立联系；角色用于传达关系的含义。

图4-2　要素关联

4.3.3.3 聚合 Aggregation

聚合是两个或两个以上要素类型之间的关系，其中聚合由组件要素组成。

示例 “岛群”（Island Group）要素是由多个“陆地区”（Land Area）要素聚合形成的，可以用岛群名称标识。

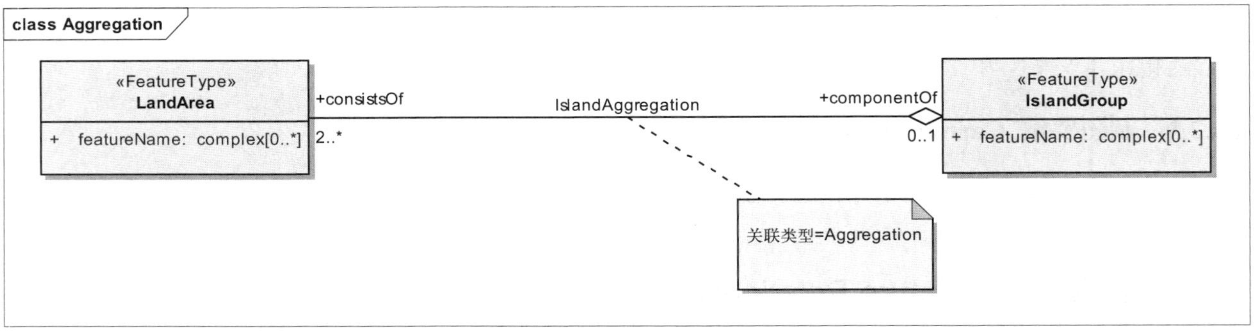

图4-3 聚合

4.3.3.4 组合 Composition

组合关联是一个强聚合。在组合关联中，如果删除容器对象，则其所有被包容对象也会被删除。

示例 如果一个要素类型被认为是一个结构物要素，比如立标，如果结构物要素被删除，那么与之共同构成“结构物 / 设备”（Structure/Equipment）组合的其他要素——灯和雾号，也都必须删除，如下图（图 4-4）所示。

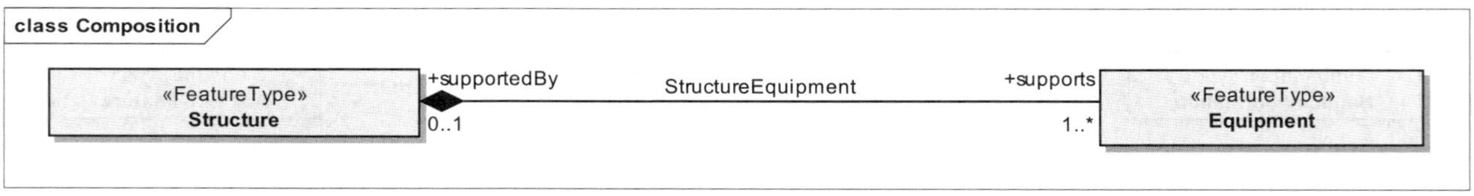

图4-4 组合

4.3.4 信息类型 Information Types

信息类型是数据集中的一些信息片段，可以使用信息关联进行共享。它们具有属性，但是没有空间几何。

4.3.4.1 空间质量 Spatial Quality

空间质量属性存在于信息类型“空间质量”（Spatial Quality）中。只有点、多点和曲线可以与空间质量关联。目前尚没有已知的用例支持曲面和空间质量关联，因此禁止使用。曲线禁止使用垂直不确定度，因为曲线不支持该维度。

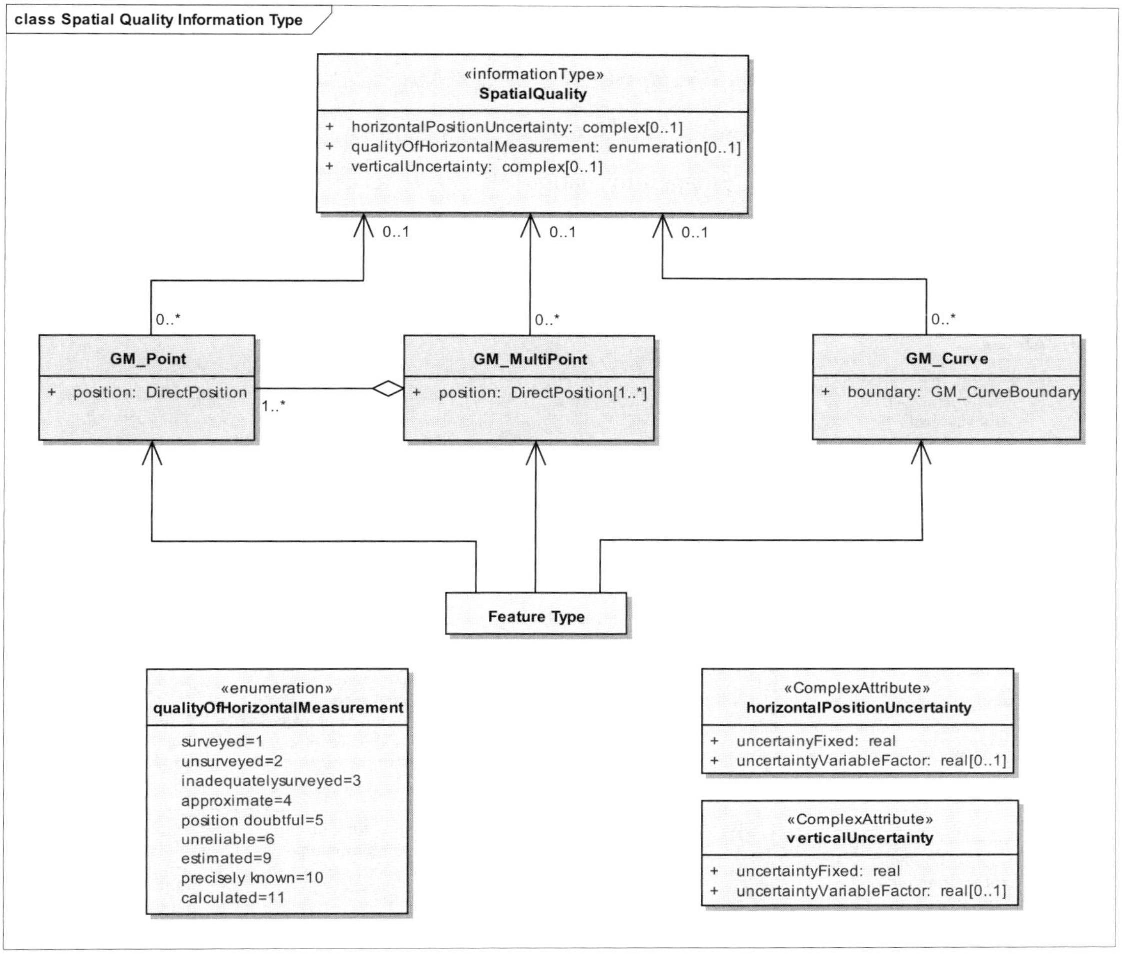

图4-5 空间质量信息类型

4.3.5 属性 Attributes

S-101 属性分为简单属性和复杂属性两类。

4.3.5.1 简单属性

S-101 使用 7 种简单属性类型，如下表（表 4-1）所示：

表 4-1 简单属性类型

类型	定义
布尔型（Boolean）	值为逻辑值“True”或“False”
整型（Integer）	值为整数
实型（ Real）	值为浮点数
枚举（Enumeration）	值从预定义的值列表中选取
文本（Text）	值是普通文本，也可定义为字符串
截断日期（Truncated Date）	值是公历日期，可以使用部分日期表示
时间（Time）	值为 24 小时制，可包含时区

4.3.5.2 复杂属性

复杂属性是其他简单属性或复杂属性的聚合。聚合通过属性绑定进行定义。复杂属性的绑定可以使用 UML 中的“组合”（Composition）（如图 4-6 左侧，“侧面浮标”[BuoyLateral]/“顶标”[topmark] 以及“顶标”[topmark]/“形状信息”[shapeInformation] 组合），或使用局部属性（如图 4-6 右侧，“方位浮标”[BuoyCardinal] 属性“顶标”[topmark] 和“要素名称”[featureName]）表示。S-101 使用右侧的规则。

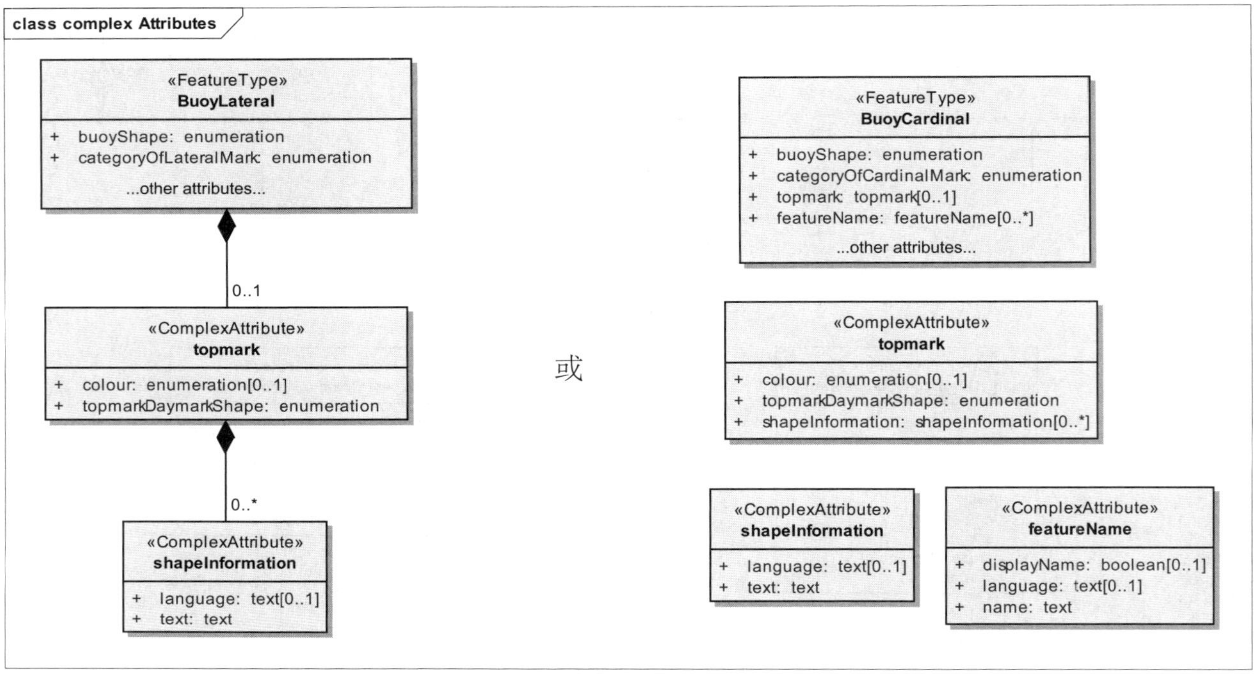

图4-6 复杂属性

示例 在左侧示例中，复杂属性“顶标”（topmark）有 3 个子属性，其中一个子属性“形状信息”（shape information）本身即为复杂属性。“侧面浮标”（Buoy Lateral）要素可选择是否包括“顶标”（topmark）的一个实例。在右侧示例中，“方位浮标”（Buoy Cardinal）要素可以选择是否包括“顶标”（topmark）的一个实例（如左侧示例）和“要素名称”（feature name）的一个或多个实例。

4.4 要素对象标识符 Feature Object Identifier

ENC 中每个现实世界要素都必须带有唯一的、统一的要素对象标识符。要素对象的标识符用“要素对象标识符”（Feature Object Identifier，FOID）字段的二进制子字段内容连接而成。信息类型不得附带“要素对象标识符”。

“要素对象标识符”（Feature Object Identifier，FOID）可用来标识不同数据集中相同要素的实例。例如，不同最大显示比例尺的数据集中包含同一个要素，或者一个要素在相同最大显示比例尺中被 ENC 数据集的界限所分割的情况下，“要素对象标识符”应相同。

“要素对象标识符”（Feature Object Identifier，FOID）在数据集中不得重复。如果存在 ENC 数据集边界截段（truncation）的情况，现实世界要素在单个 ENC 数据集中可以表达为多个部分，该要素会引用同一数据集内相关的每个空间部分。在 ISO/IEC 8211 中是以“空间关联”（Spatial Association）实现对各个独立空间组成的编码；如果要素空间几何被拆分，则每个空间组成均需要被相应要素引用。

如果同一现实世界要素在不同最大显示比例尺的数据集中重复出现，该要素的各个实例在不同最大显示比例尺内应保持“要素对象标识符”（Feature Object Identifier，FOID）一致。此时，所有的地理要素实例都必须相同，即要素类和属性值应当相同。

4.5 数据集

4.5.1 简介

数据集是要素、属性、几何和元数据的共同体，具有一定的覆盖范围。

4.5.2 数据集规则

为有效处理 ENC 数据，特定“最大显示比例尺”的地理覆盖范围可能被分割到多个数据集中。

数据集的发现元数据必须列出数据集内所有“数据覆盖范围”(Data Coverage)要素及其比例尺的值。

ENC 更新数据集不得变更 ENC 基础数据集“数据覆盖范围”（Data Coverage）要素的边界。基础数据集的“数据覆盖范围”要素边界有变化时，必须发布新版数据集。

数据集不得跨越 180° 经线，包括“数据覆盖范围”（Data Coverage）要素和数据集的边界矩形。

4.5.3 数据覆盖范围规则

- 所有基础数据集（新数据集、新版数据集和再版数据集）均必须包含至少一个“数据覆盖范围”（Data Coverage）要素。
- 基础数据集的数据边界通过“数据覆盖范围”（Data Coverage）要素定义，必须位于数据集边界矩形内。
- 同一数据集中的“数据覆盖范围”（Data Coverage）要素不得重叠，但不同数据集中的“数据覆盖范围”要素可以重叠，条件是它们的最大显示比例尺不同。
- 数据集可以重叠，但相同最大显示比例尺下的“数据覆盖范围”（Data Coverage）要素不得重叠，相邻国家数据边界已商定的界限除外，即如果无法实现完美的接幅，可使用 5 米重叠缓冲区；在这种情况下，数据中不得留有空白。
- 一个数据集中包含多个“数据覆盖范围”(Data Coverage)要素时，数据集中所有“数据覆盖范围”（Data Coverage）要素的最小显示比例尺均必须相同。数据集中多个“数据覆盖范围”（Data Coverage）要素的最大显示比例尺可以不同。

- 数据集含有多个“数据覆盖范围”（Data Coverage）要素时，数据集的最大显示比例尺必须与所有“数据覆盖范围”要素中最大的最大显示比例尺相同。
- 最大显示比例尺被认为与编辑比例尺等效。

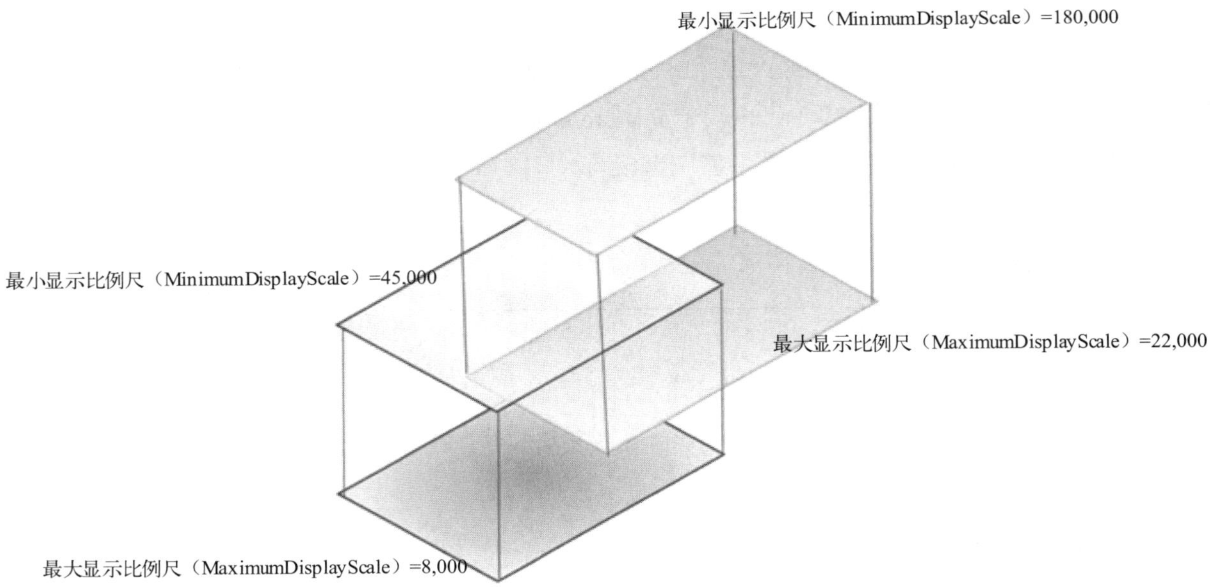

图4-7　数据覆盖范围（Data Coverage）规则

4.5.4　数据集规格

数据集不得超过10MB。

更新数据集一般不超过50kb，不得大于200kb。

4.6　显示比例尺范围

数据集的比例尺范围表示生产者认为使用数据时应当使用的比例尺范围（导航系统内数据集的加载和卸载问题，参见4.7节）。最小的比例尺通过“最小显示比例尺”（minimum display scale）定义，最大的比例尺通过“最大显示比例尺”（maximum display scale）定义。设定的比例尺必须是在第3节（空间分辨率）定义的比例尺范围内。

系统的查看比例尺小于“最小显示比例尺”（minimum display scale）时，位于“数据覆盖范围”（Data Coverage）内的要素不予显示，除非SENC没有包含覆盖该区域的更小比例尺的数据集，此时数据集可以在更小的比例尺下显示。查看比例尺大于“最大显示比例尺”（maximum display scale）时，数据覆盖要素中的要素会提示“超比例尺”（overscale），表达方式为使用超比例尺因子和一个覆盖超比例尺区域的图案（这种表达方式是强制的）。本船位置被一个“最大显示比例尺”大于“航海人员所选查看比例尺”（MSVS）的数据集覆盖时，应对其进行标识和指示，并将其显示在同一海图界面中。

4.7 数据集加载和显示顺序

为了使 ENC 在“航海人员所选查看比例尺”（MSVS）下更好地进行显示，S-101 中引入了一种基于生产者定义的显示比例尺（最大和最小）的新算法，用来处理导航系统中数据集的加载和卸载。该方法可以简化导航系统的数据处理，提供一种更加清晰和准确的规则，来判断数据何时以及怎样加载和卸载。航海用途的概念仅限于在可视化目录中显示 ENC，不得用于确定应显示哪个数据集。

4.7.1 数据集加载算法

本节是航海系统使用的数据集加载与卸载的算法。

航海人员使用“航海人员所选查看比例尺”（MSVS）放大或缩小操作时，为确保系统正确加载和卸载数据，必须使用以下算法。

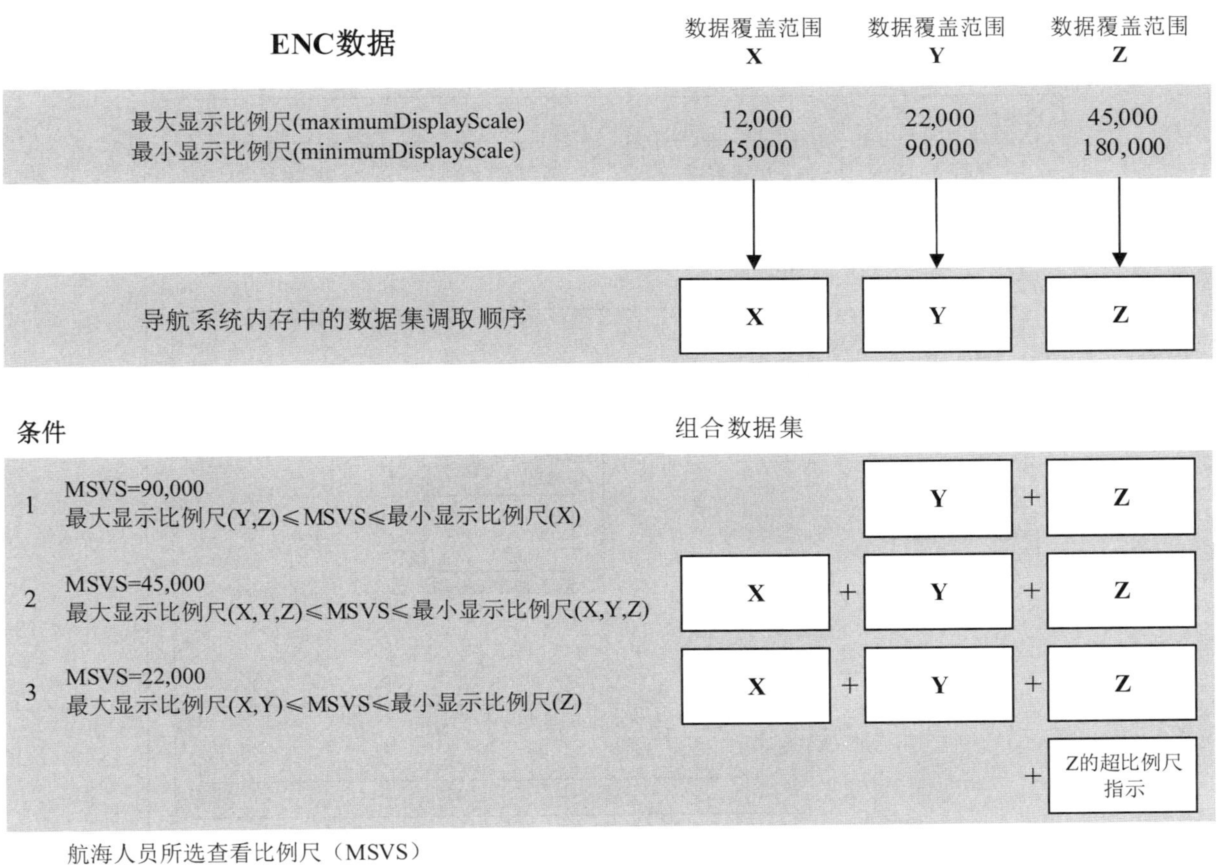

图4-8 数据加载算法

1. 创建选择列表

a. 图形窗口中比例尺范围（MSVS 覆盖的）内所有的“数据覆盖范围”（Data Coverage）区域，首先按“最大显示比例尺”（maximum display scale）排序，其次，如果“数据覆盖范围”区域有相同的“最大显示比例尺”，按覆盖的最大百分比排序。

b. 图形窗口中其他所有的小比例“数据覆盖范围”（Data Coverage）区域，首先按“最大显示比例尺”（maximum display scale）排序，其次，如果“数据覆盖范围”区域有相同的“最大显示比例尺”，按覆盖的最大百分比排序。

c. 显示顺序从最小的“最大显示比例尺”（maximum display scale）到最大的“最大显示比例尺”，即最大的“最大显示比例尺”的“数据覆盖范围”（Data Coverage）区域具有最高优先显示权。

d. 如果相邻数据覆盖范围具有相同的“最大显示比例尺”（maximum display scale），应同时调取，确保所有相邻数据覆盖范围中特定显示优先级的要素先于下一优先级要素调取。

2. 如果 MSVS 超过窗口中某一区域的“最大显示比例尺”（maximum display scale），提示超比例尺。

3. 如果航海人员选择加载某一个独立数据集，则必须在“最大显示比例尺”（maximum display scale）下显示，即 MSVS 应设置为选定数据集的“最大显示比例尺”，然后根据算法填充图形窗口。

下面的例子涉及 4 种场景，使用了 4 种不同的“最大显示比例尺”（maximum display scale）和“最小显示比例尺”（minimum display scale）的“数据覆盖范围”（Data Coverage）类型，分别使用区域 A、B、C、D 标示。

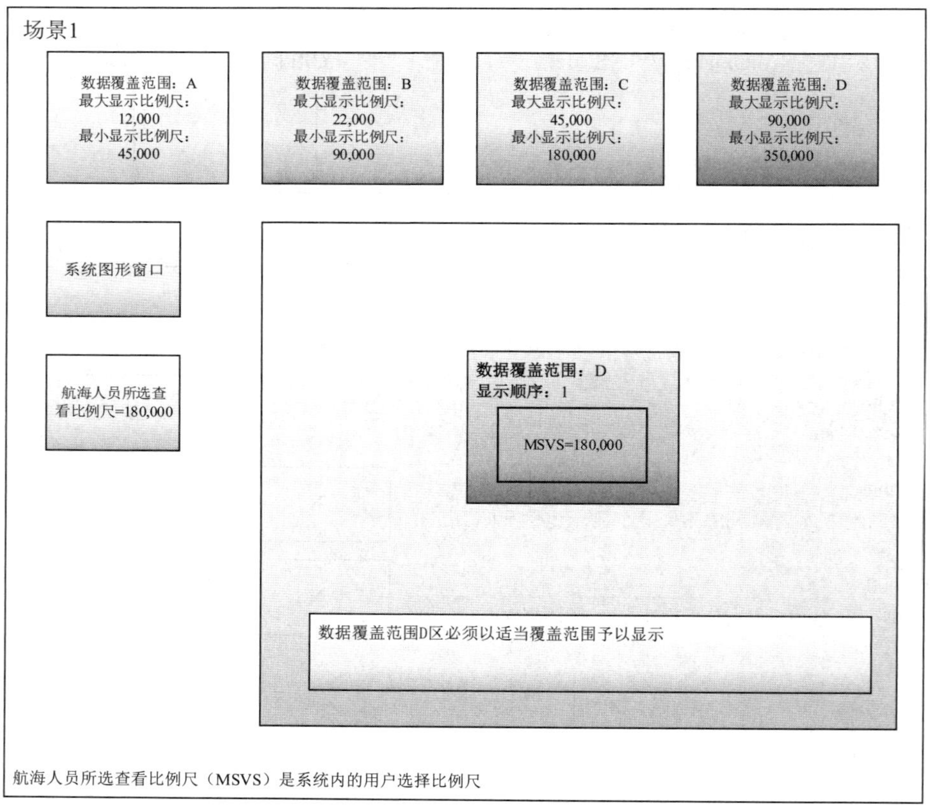

图4-9　场景1：简单“数据覆盖范围”的显示

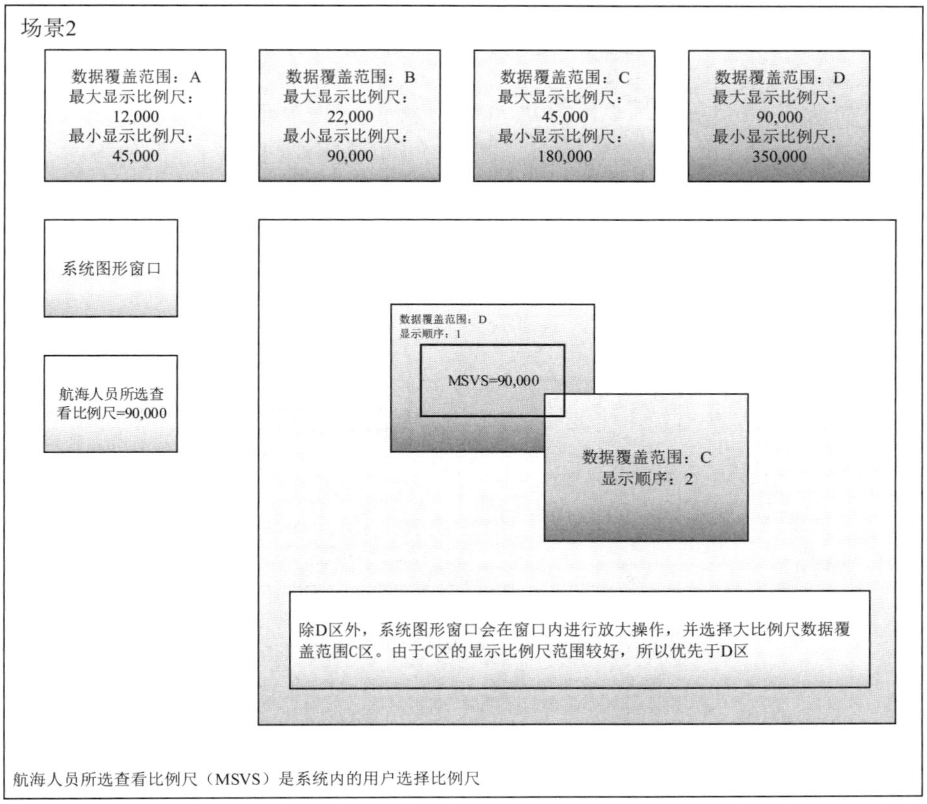

图4-10　场景2：两种不同重叠“数据覆盖范围”的显示

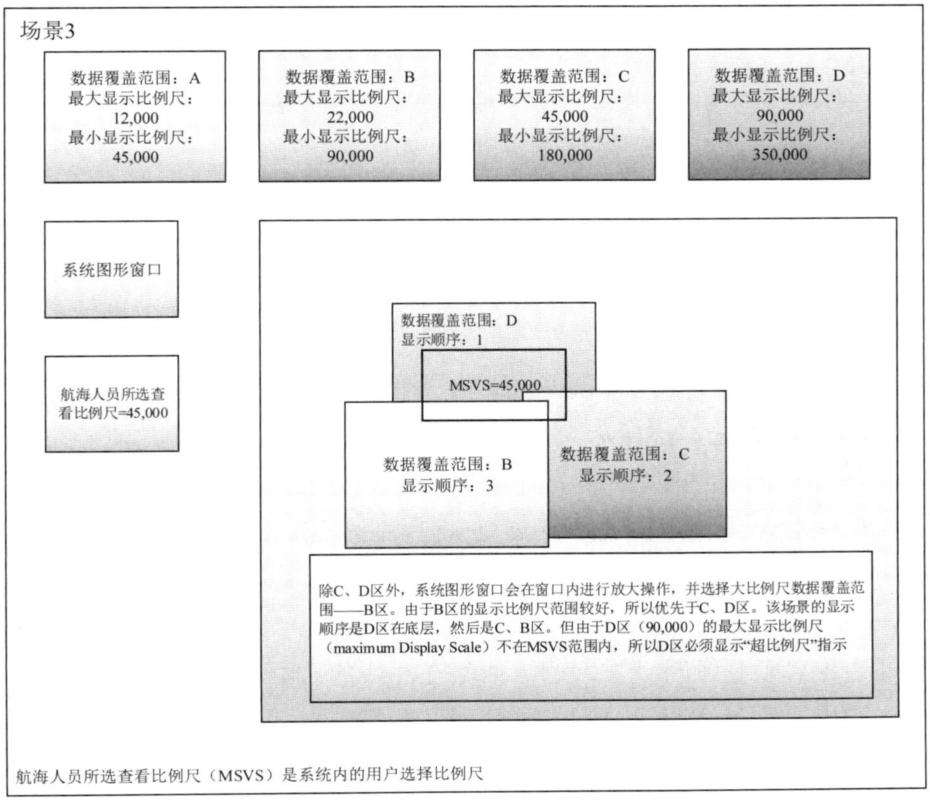

图4-11　场景3：三种不同重叠“数据覆盖范围”的显示

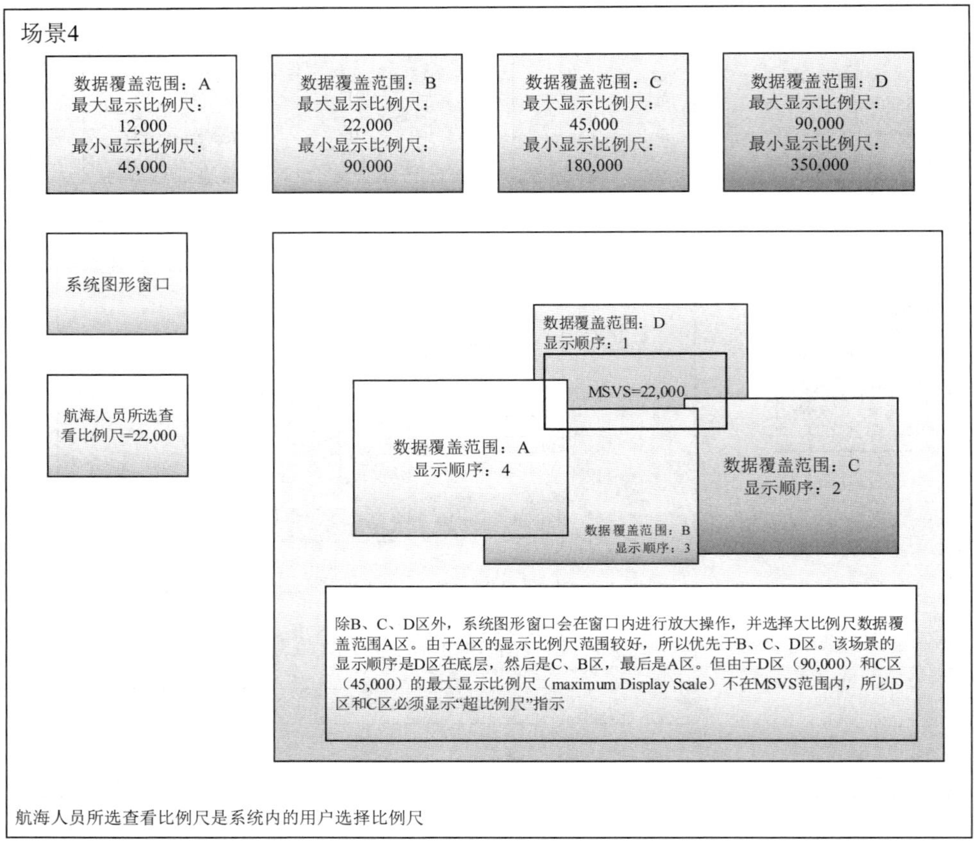

图4-12　场景4：四种不同重叠“数据覆盖范围”的显示

4.8 几何

4.8.1 S-100 3a 级几何

ENC 的基本几何图形限定为 3a 级，支持 S-100 第 7 部分 – 空间模式定义的 0、1、2 维的对象（点、曲线、曲面）。

3a 级的条件如下：

- 每个曲线必须引用一个起点和终点（它们可能相同）。
- 曲线不得自相交，如图 4-13 所示。
- 区域是通过一个闭合曲线来表示的，并且起点和终点是公共点。
- 对于带孔洞的区域，所有内部边界必须完全包含在外部边界中，内部边界不能与其他内部边界或者外部边界相交。如图 4-14 所示，内部边界可能与其他内部边界或外部边界相切（即在一个点上）。
- 曲面的外边界必须是顺时针方向的（曲面在曲线的右端），并且曲线的方向是正向的。曲面的内边界必须是逆时针方向的（曲面在曲线的右端），并且曲线的方向是负向的，如图 4-15 所示。

S-101 对 3a 级做了进一步的限定：

- 要素之间相互依存时，必须避免线性几何图形出现重复。
- GM_CurveSegment（曲线段）的内插必须为斜驶。
- 线性几何用曲线定义，曲线由曲线段构成。每一个曲线段均包含了用地理坐标表示的控制点，并定义了内插方法。最大显示比例尺下，两个相邻控制点之间的距离不得小于 0.3 毫米。

S-101 例外情况：

- 坐标限制在二维，除非要素编码使用了含有三维坐标的 GM_Point（点）和 GM_Multipoint（多点）。

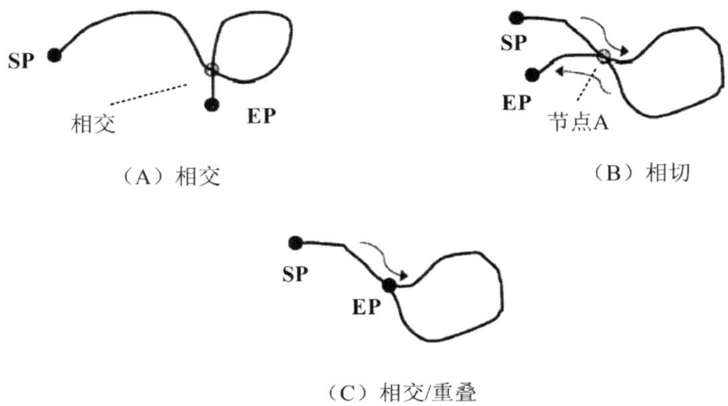

图4-13　自相交示例

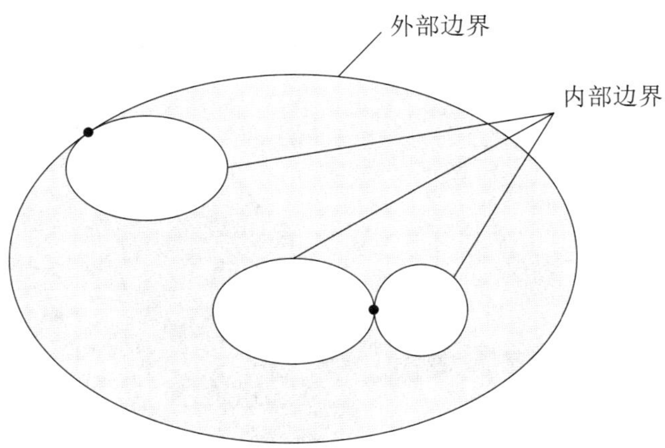

图4-14　有孔洞的区域

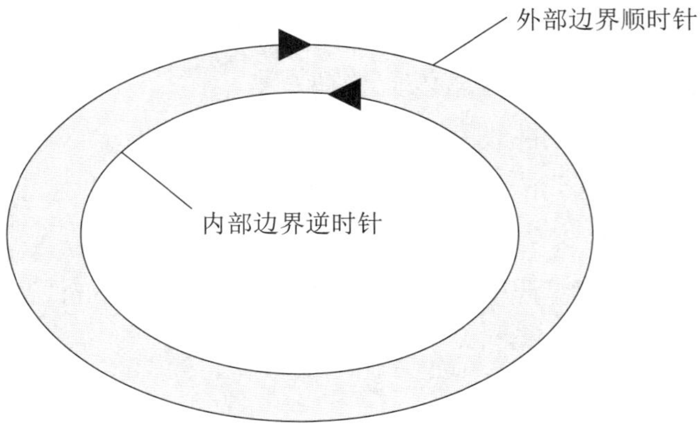

图4-15　边界方向

4.8.2　屏蔽 Masking

在某些情况下，有必要压盖曲线符号。通过“要素类型记录”（Feature Type record）的“屏蔽空间类型”（Masked Spatial Type）[MASK] 字段实现。“屏蔽更新指令”（Mask Update Instruction）[MUIN] 必须设置为 {1}，“引用记录名称”（Referenced Record name）[RRNM] 和“引用记录标识符”（Referenced Record identifier）[RRID] 字段必须填入“引用空间记录”（Referenced spatial record）相应值。“屏蔽指示符”（Mask Indicator）[MIND] 必须设置为 {1} 或 {2}（见附录 B – B5.1.33）。

图 4-16 是无屏蔽的例子，图 4-17 是“河流”（River）和“深度范围”（Depth Area）要素间的屏蔽边缘示例，在该示例中，“河流”（River）的向海边（seaward edge）应进行屏蔽。在本例中，MIND 设置为 {2}-“压盖的图示表达”（ suppress portrayal）。

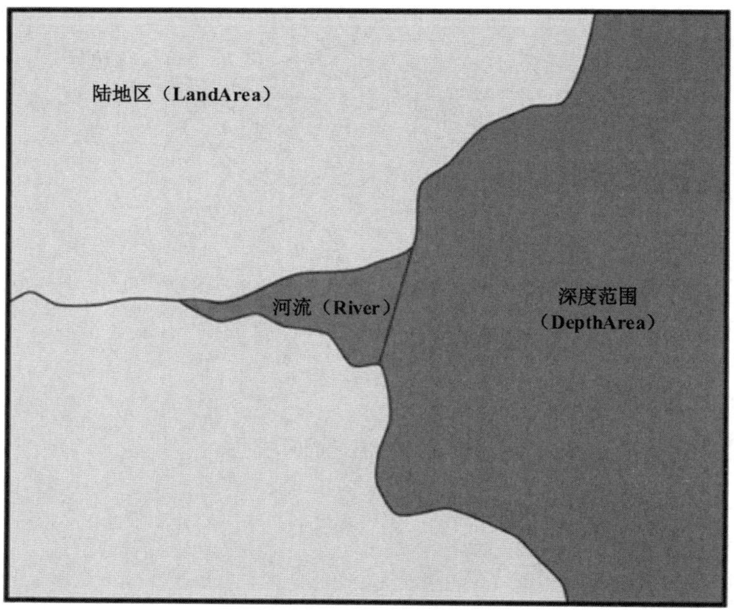

图4-16　无屏蔽示例

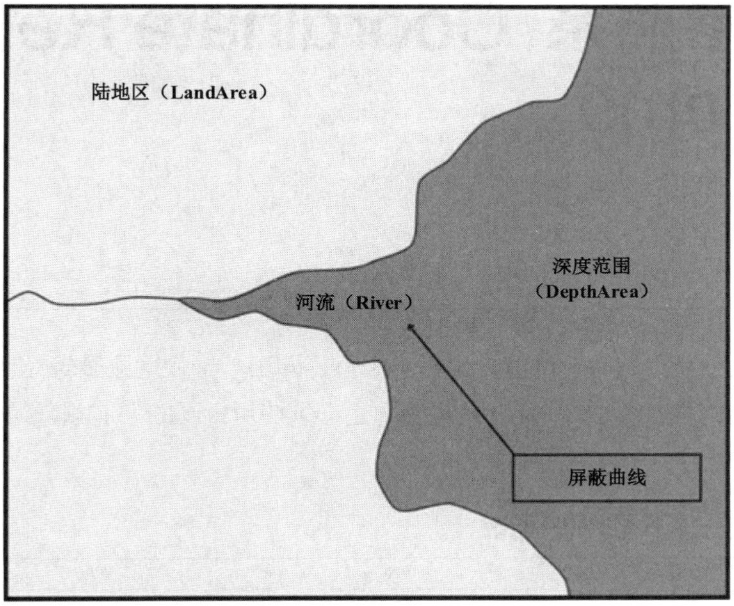

图4-17 屏蔽示例

5 坐标参照系 Coordinate Reference Systems

5.1 简介

ENC 数据集中必须至少定义一个复合坐标参照系，即由一个大地测量坐标参照系和一个垂直坐标参照系组成。同一个数据集中所有的复合坐标参照系必须使用相同的大地测量坐标参照系。

5.2 水平坐标参照系

ENC 的水平坐标参照系必须为 EPSG:4326 (WGS84)。EPSG:4326 的完整参考资料可参见：www.epsg-registry.org。

水平坐标参照系：	EPSG:4326 (WGS84)
投影：	无
时间参照系：	公历
坐标参照系注册系统：	EPSG 大地测量参数注册系统（EPSG Geodetic Parameter Registry）
数据类型（根据 ISO 19115）：	002- 发行（publication）
责任单位：	国际油气生产商组织（IOGP）
网址：	http://www.iogp.org

5.3 水深垂直坐标参照系

ENC 中垂直坐标参照系的单位必须为米。水深用正值表示，负值表示潮间带（干出）水深。

虽然同一数据集中所有的坐标必须使用相同的大地测量坐标参照系，但坐标元组中表示水深的部分可以采用不同的垂直基准（Vertical Datum）。因此，垂直坐标参照系可以是多个。每个垂直坐标参照系都有一个独特的标识符。标识符用于说明采用哪个垂直坐标参照系。

表 5-1 是坐标参照系记录的编码示例。该示例定义了一个复合坐标参照系。第 1 部分是二维地理坐标参照系（WGS84）。第 2 部分是垂直坐标参照系，用于表示水深，垂直基准为最低天文潮面。

表 5-1 复合坐标参照系（WGS84 和最低天文潮面）

字段	子字段	值	说明
CSID			Coordinate Reference System Record Identifier 坐标参照系记录标识符
	RCNM	15	Record name (15 = Coordinate Reference System Identifier) 记录名称（15= 坐标参照系标识符）
	RCID	1	Record identification number 记录标识号
	NCRC	2	Number of CRS Components 坐标参照系组件数量
CRSH			Coordinate Reference System Header 坐标参照系头
	CRIX	1	CRS Index 坐标参照系索引
	CRST	1	CRS Type (1 = 2D Geographic) 坐标参照系类型（1= 二维地理）
	CSTY	1	Coordinate System Type 坐标系类型（1= 椭球体坐标系）
	CRNM	WGS84	CRS Name 坐标参照系名称
	CRSI	4326	CRS Identifier 坐标参照系标识符
	CRSS	2	CRS Source（2=EPSG） 坐标参照系来源（2=EPSG）
	SCRI		CRS Source Information（omitted） 坐标参照系源信息（省略）
CRSH			Coordinate Reference System Header 坐标参照系头
	CRIX	2	CRS Index 坐标参照系索引
	CRST	5	CRS Type(5 = Vertical) 坐标参照系类型（5= 垂直）
	CSTY	3	坐标系类型（3= Vertical）
	CRNM	Depth- Lowest Astronomical Tide 深度 - 最低天文潮面	坐标参照系名称
	CRSI		CRS Source（omitted） 坐标参照系标识符（省略）
	CRSS	255	CRS Source(255 = Not Applicable) 坐标参照系源（255= 不适用）

字段	子字段	值	说明
	SCRI		CRS Source Information（omitted） 坐标参照系源信息（省略）
CSAX			Coordinate System Axes 坐标系统轴
	AXTY	12	Axis Type(12= Gravity Related Depth) 轴类型（12= 重力相关深度）
	AXUM	4	Axis Unit of Measure（4=Metre） 轴的度量单位（4= 米）
VDAT			Vertical Datum 垂直基准
	DTNM	Lowest Astronomical Tide 最低天文潮面	Datum Name 基准名
	DTID	23	Datum Identifie(23= Lowest Astronomical Tide) 基准标识符（23= 最低天文潮面）
	DTSR	2	Datum Sourc(2= Feature Catalogue) 基准源（2= 要素目录）
	SCRI		Datum Source Information（omitted） 基准源信息（省略）

表 5-2 示例与上述相似，但第 2 组件使用的垂直基准是：平均海平面（Mean Sea Level）。

表 5-2　复合坐标参照系（WGS84 和平均海平面）

字段	子字段	值	说明
CSID			Coordinate Reference System Record Identifier 坐标参照系记录标识符
	RCNM	15	Record name (15 = Coordinate Reference System Identifier) 记录名称（15= 坐标参照系标识符）
	RCID	1	Record identification number 记录标识号
	NCRC	2	Number of CRS Components 坐标参照系组件数量
CRSH			Coordinate Reference System Header 坐标参照系头
	CRIX	1	CRS Index 坐标参照系索引
	CRST	1	CRS Type (1 = 2D Geographic) 坐标参照系类型（1= 二维地理）
	CSTY	1	Coordinate System Type 坐标系类型（1= 椭球体坐标系）

字段	子字段	值	说明
	CRNM	WGS84	CRS Name 坐标参照系名称
	CRSI	4326	CRS Identifier 坐标参照系标识符
	CRSS	2	CRS Source（2=EPSG） 坐标参照系来源（2=EPSG）
	SCRI		CRS Source Information（omitted） 坐标参照系来源信息（省略）
CRSH			Coordinate Reference System Header 坐标参照系头
	CRIX	2	CRS Index 坐标参照系索引
	CRST	5	CRS Type(5 = Vertical) 坐标参照系类型（5= 垂直）
	CSTY	3	坐标系类型（3= Vertical）
	CRNM	Depth- mean sea level 深度 - 平均海平面	坐标参照系名称
	CRSI		CRS Identifier（omitted） 坐标参照系标识符（省略）
	CRSS	255	CRS Source(255 = Not Applicable) 坐标参照系来源（255= 不适用）
	SCRI		CRS Source Information（omitted） 坐标参照系来源信息（省略）
CSAX			Coordinate System Axes 坐标系统轴
	AXTY	12	Axis Type(12= Gravity Related Depth) 轴类型（12= 重力相关深度）
	AXUM	4	Axis Unit of Measure（4=Metre） 轴的度量单位（4= 米）
VDAT			Vertical Datum 垂直基准
	DTNM	mean sea level 平均海平面	Datum Name 基准名
	DTID	3	Datum Identifie(3=mean sea level) 基准标识符（3= 平均海平面）
	DTSR	2	Datum Source(2= Feature Catalogue) 基准来源（2= 要素目录）
	SCRI		Datum Source Information（omitted） 基准来源信息（省略）

6 数据质量 Data Quality

6.1 简介

数据质量允许用户和应用系统评估数据的适用性。数据质量度量和相关评估情况，以数据产品元数据的方式提供。元数据可以增强与其他数据产品的互操作性，可以向非既定用户说明数据的用途。二级用户可以根据报告的数据质量情况，评估数据产品在其应用中的适用性。

S-101 中包含如下数据质量元素：

- 与产品规范的一致性；
- 数据产品的预期用途和目的；
- 数据产品的完整性（覆盖范围）；
- 逻辑一致性；
- 水深不确定度和精度；
- 位置不确定度和精度；
- 专题精度；
- 时间质量；
- 聚合度量；
- 有效性检核或一致性检核包括：
  - 数据集完整性通用测试；
  - S-101 数据模型兼容性测试。

S-101 数据质量被划分为两个部分—根据 S-101 相关要求的数据一致性、可用性和完整性；以及测深数据质量。

6.1.1 数据一致性和可用性

所有 S-101 数据集必须使用“附录 C – ENC 有效性检核”对上述数据质量元素进行一致性检核。有效性检核的最低要求是所有数据集必须符合附录 C 中类型为“关键性（Critical）”的检核项。

S-101 数据集必须符合所有“附录 A – 数据分类和编码指南”中使用“必须”（must）措辞的强制元素。

除了上述要求外，数据集的可用性评估应符合：

- 既定用户对覆盖范围、比例尺和具体内容的相关需求，这些需求来自生产机构与关键利益相关者；
- 符合现有的维护程序（见第 8 节）；
- 整体上符合 S-101 产品规范，包括对个别编码实例在特定上下文中的评估，以符合“附录 C – ENC 有效性检核”中类型为“错误（Error）”和“警告（Warning）”的检核项。

数据完整性要求见 11.6 节。

7 数据采集和分类 Data Capture and Classification

“S-101 ENC 数据分类和编码指南”（DCEG）定义了如何使用 S-101 要素目录中定义的类型，对描述现实世界的数据进行采集（capture）。该指南位于附录 A。

8 维护 Maintenance

8.1 简介

本节描述了 ENC 数据集维护要求、新获取的源数据使用要求、生产全流程中的维护要求，以及要素目录和图示表达目录在 S-100 航海系统中的管理方式。

8.2 维护和更新频率

数据集必须按需维护，生产全流程必须包括 ENC 更新机制，目的是满足航海人员航行安全的需要。

8.3 数据来源

数据生产者必须使用经评估有效且适用的数据来源，按需对 ECDIS 数据集进行维护和更新。

8.4 生产过程

数据生产者应按既有的数据集生产流程维护和更新数据集。数据按照“S-101 附录 A——ENC 数据分类和编码指南”进行维护，使用“S-101 附录 C – ENC 有效性检核”进行检核，并使用 ISO/IEC 8211 进行数据封装。

只有按照 S-101 中强制要求进行维护的数据集才能视为符合 SOLAS ECDIS 海图配备要求的 ENC。

8.5 要素和图示表达目录管理

每版 S-101 产品规范均应发布新的要素和图示表达目录。终端用户系统必须能对不同版本 S-101 数据集和相应目录进行管理。

9 图示表达 Portrayal

9.1 简介

S-101 图示表达通过以下方式优化 S-100 航海系统的安全操作：

- 保证 ENC 数据实现基础层级和附加层级的显示；标准化的符号和颜色，与要素建立标准化的匹配；数据显示比例尺范围；与 IHO 海图规范（IHO 出版物 S-4）中纸质海图符号具有良好的兼容性；
- 确保显示内容清晰和无歧义；
- 建立便于航海人员接受的表达模式，便于航海人员看到符号后立即识别符号所表达的信息；
- 利用 S-100 图示表达模型确保互操作性。

S-101 的图示表达遵从 S-100 图示表达模型。该模型描述了如何定义在航海系统中使用的图示表达目录。图示表达目录为要素目录中每一个要素 / 属性组合指定符号和相应的图示表达规则。

S-101 使用 S-100 第 9A 部分定义的图示表达流程。

9.2 图示表达目录

图示表达目录中的引用信息如下表（表 9-1）所示：

表 9-1 S-101 图示表达目录

编号	ISO 类或属性（英文）	ISO 类或属性（中文）	类型	值
—	CI_Citation	CI_ 引用	Class	—
1	title	标题	CharacterString	S-101 图示表达目录
2	date	日期	CI_Date (class)	—
2.1	date	日期	DateTime	2018-12-31T00:00:00
2.2	dateType	数据类型	CI_DateTypeCode (ISO codelist)	出版
3	edition	版次	CharacterString	1.0.0
4	editionDate	版次日期	DateTime	2018-12-31T00:00:00
5	citedResponsibleParty	引用责任单位	CI_Responsibility (class)	—
5.1	role	角色	CI_RoleCode (ISO codelist)	发布者
5.2	party	单位	CI_Organisation	—
5.2.1	name	名称	CharacterString	国际海道测量组织

编号	ISO 类或属性（英文）	ISO 类或属性（中文）	类型	值
6	otherCitationDetails	其他引用信息	CharacterString	（替换为网站导航说明，等等。ISO 19115-1 将该属性定义为“完整引用所需的其他信息，其他地方没有记录”）
7	onlineResource	在线资源	CI_OnlineResource (class)	—
7.1	linkage	链接	CharacterString (URL)	http://registry.iho.int
7.2	name	名称	CharacterString	S-101 图示表达目录
7.3	description	描述	CharacterString	XML 图示表达目录，附带符号、颜色配置文件、规则等相关文件

图示表达目录包含应用系统绘制 S-101 ENCs 的方法。S-101 图示表达目录包括如下方法和结构：

- 图示表达规则集；
- 像素图、符号、复杂线型、面填充、字体和颜色配置文件。

图示表达目录模型在 S-100 第 9 部分定义。

S-101 图示表达目录采用 XML 文档形式，遵循 S-100 XML 图示表达目录模式和如下结构：

根目录——（包含名为“portrayal_catalogue.xml”的目录）

|

|—Pixmaps（像素图，包含描述像素图的 XML 文件）

|

|—ColorProfiles（颜色配置文件，包含颜色配置文件和 CSS2 样式表的 XML 文件）

|

|—Symbols（符号，包含 SVG 符号文件）

|

|—LineStyles（线型，包含线型 XML 文件）

|

|—AreaFills（面填充，包含面填充 XML 文件）

|

|—Fonts（字体，包含 TrueType 字体文件）

|

|—Rules（规则，包含将要素映射为绘制指令的规则文件）

10 数据产品格式（编码）Data Product Format (Encoding)

10.1 简介

本节定义了 S-101 数据集的编码方式。关于数据记录、字段和子字段编码的完整描述见附录 B。

格式名称： ISO/IEC 8211

字符集：ISO 10646 基础多语言平面（Base Multilingual Plane）

规　范：ISO/IEC 8211 S-100 专用标准（S-100 第 10A 部分）

10.1.1 经纬度编码

坐标保存为整数。经纬度通过“数据集结构信息”（Dataset Structure Information）字段中 [CMFX] 和 [CMFY]（见附录 B-B5.1.2）对应乘法因子转换为整数。

所有数据集坐标乘法因子必须设置为 {10000000}（10^7）。

示例　经度 =42.0000，转换到 X= 经度 ×CMFX=42.0000×10,000,000=420,000,000

10.1.2 水深编码

深度通过 [CMFZ]（见附录 B-B5.1.2）将十进制米转换为整数。本产品规范将精度限制为十进制小数点后两位，因此 [CMFZ] 必须设置为 {100}。

示例　深度 =4.2，转换到 Z= 深度 ×CFMZ=4.2×100=420

10.1.3 数值属性编码

浮点型或者整数属性值不得包含前导 0，如 01、0232 等。浮点型属性值不得包含无意义的后导 0，如 5.30、1.20 等。

10.1.4 文本属性值

字符串必须使用 IOS 10646-1 中定义的字符集，使用 UTF-8 进行编码。

10.1.5 未知属性值

在基础数据集和更新数据集中，属性代码存在但属性值缺失时，意味着生产者将其属性值标记为“未知”。

更新数据集中，属性代码存在但属性值缺失时，意味着：

- 如果原始数据集中存在该属性，则代表该属性值被空（null）值替代；
- 如果原始数据集中不存在该属性，则代表该空（null）值是插入值。

11 数据产品分发 Data Product Delivery

11.1 简介

本节定义了 S-101 ENC 的编码和分发机制。遵循本产品规范的数据必须通过交换集进行分发。

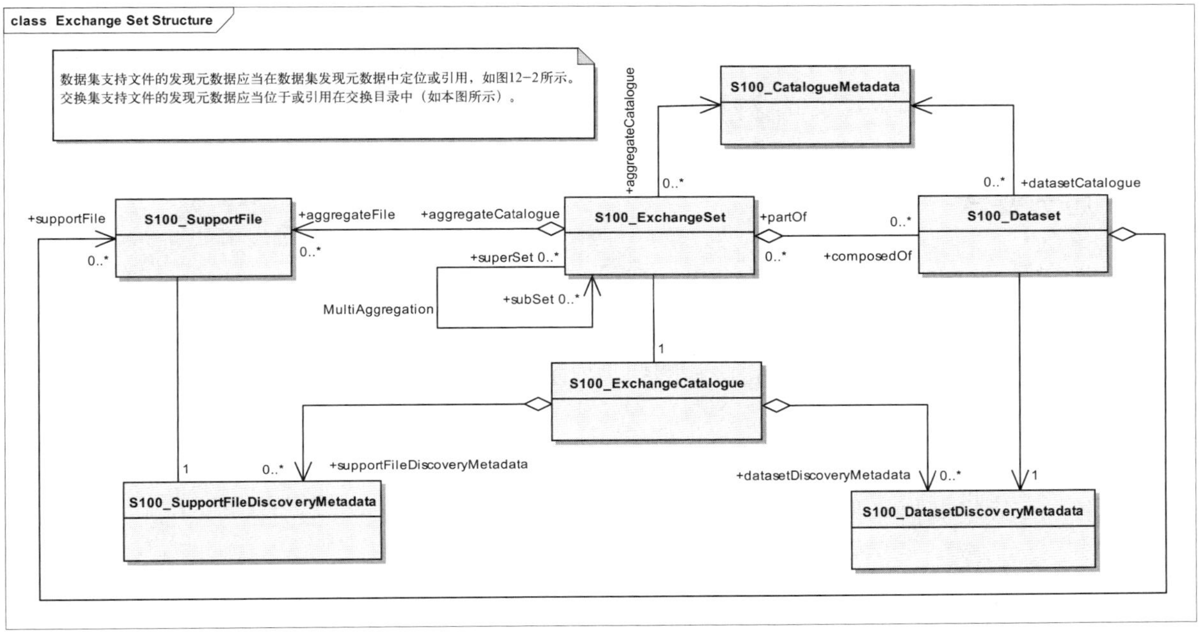

图11-1 交换集的结构

11.2 交换集

S-101 数据集归入交换集。每个交换集均由一个或多个 ENC 数据集以及数据集关联的元数据（XML 文件）和一个包含元数据的交换目录（XML 文件）组成。也可能包含一个或多个支持文件。S-101 交换集结构与 S-100 中定义的结构一致。

分发单元：交换集

传输规格：无限制

介质名称：数字数据的分发

其他分发信息：

每个数据集都必须包含在一个物理上独立、在传输介质中具有唯一标识的文件中。

每个交换集都有一个单一的交换目录，包含了每一个数据集的发现元数据和支持文件的引用信息。

支持文件是一种补充信息，通过复杂属性“信息”（information）的子属性“文件引用”（file reference）以及简单属性“图示显示”（pictorial representation）链接到要素。

交换集通过映射（即编码）封装到适合传输的形式。编码将交换集中的每一个元素转化为一种适于写入介质或在线传输的逻辑形式。编码可能同样定义了附加到交换集内容（即介质标识、数据范围等）中的其他元素，也可能定义了商业结构，如加密和压缩方法。

如果数据在 S-101 中做了转换，则不得更改。

本产品规范定义了不同机构之间进行数据交换必须使用的默认编码。

编码封装的交换集元素如下：

11.2.1 强制元素

- ENC 数据集—ISO/IEC 8211 编码的要素 / 属性及其关联的几何和元数据。
- 交换目录—XML 编码表达的交换集目录要素 [发现元数据]。

11.2.2 可选要素

- 补充文件—交换集中所包含的文件；交换目录中的数据集名称与媒介中物理位置之间定义的映射；
- S-101 要素目录—如果有必要将最新的要素目录传送到终端用户，可以使用 S-101 数据集的交换集机制实现；
- S-101 图示表达目录—如果有必要将最新的图示表达目录传送到终端用户，可以使用 S-101 数据集的交换集机制实现。

11.3 数据集

11.3.1 数据集

一个交换集可以生成并包含 4 种数据集类型：

- 新数据集和新版数据集（基础数据集）：包含先前更新数据中未发布的新信息。新版数据集的名称必须和旧版数据集的名称保持一致。新版数据集同样可以是此区域先前已经生产并具有相同“最大显示比例尺”的 ENC 数据。编码结构参见附录 B-B5。
- 更新：对现有数据集中的信息进行修改。更新数据集的编码结构见附录 B-B6。
- 再版数据集：包括原数据集迄今为止所有数据的更新。再版旨在避免数据集的新用户分别依次加载基础数据集单元和全部相关更新，因此不包含先前采用更新数据发布的任何附加信息，并且可以随时发布。编码结构参见附录 B-B5。
- 作废：数据集作废并从系统中删除。作废文件的编码结构见附录 B-B7。

11.3.2 数据集文件命名

101CCCCØØØØØØØØØØØ.EEE

S-101 标识符使用唯一的文件名，其中：

- 101—前 3 个字符代表此文件为 S-101 数据集（强制）。
- CCCC—第 4 ~ 7 位的 4 个字符用于标识发行单位的生产者代码（S-101 中强制）。若生产者代码为 2 或 3 个字符（例如转换 S-57 电子航海图时），数据集文件名的第 6 和第 7 位字符缺失部分应使用 0（分别使用“00”或“0”）填充。
- ØØØØØØØØØØ—第 8 ~ 17 位的字符是可选的，生产者可以用于建立唯一文件名标识命名规则。数据集名称可使用以下字符：A ~ Z，0 ~ 9，和特殊字符“_”（下划线）。
- .EEE—新数据集和新版数据集使用 000，更新从 001 开始，每次更新递增 +1，最多为 999（强制）。再版数据集的编号与最新应用的更新数据集编号相同。作废数据集使用上一次更新数据集的下一个顺序编号。

11.3.3 新版、再版、更新和作废

本节定义了 S-101 数据集新版、更新和再版的编号规则。为确保要素类型的更新以正确无遗漏方式嵌入终端用户系统中，数据中使用若干参数进行编码并采用如下规则：

版次号	首次创建数据集时（基础数据集）版次号为 1。每发布一次新版，版次递增 1。
更新号	新数据集和新版的更新号为 0。与新数据集关联的第一个更新文件对应更新号必须为 1。每更新一次，更新号递增 1，直至发布再版为止。 再版数据集必须使用最后一次更新数据集的更新号，使用同一版次号。
更新备注	对更新所做的修改进行备注。
发布日期	数据生产者将所有有效的变更内容合并到同一版的时间。发布日期必须晚于先前数据集的发布日期。

数据集作废，需创建更新数据集文件，版次号必须设置为 0。该信息仅适用于作废基础数据集文件。数据集作废但后续重新启用该数据集名称时，发布日期必须晚于作废数据集的发布日期。数据集作废时，必须从系统中移除。

同一个数据集中，交换集可以包含基础数据集文件和更新数据集文件。此时，从最后应用的更新到基础数据集文件，更新数据集文件必须以正确的序列排序。

11.4 支持文件

数据集支持文件提供了可包含在 ENC 交换集的补充信息。

- 文本文件只能包含本规范中定义的通用文本（文本只可以由可打印的字符构成，不得包括 HTML、XML 或其他标记）。
- 可扩展标记语言（XML）支持 UTF-8 字符编码。
- 超文本标记语言（HTM）。
- 图像文件必须使用 TIFF 6.0 格式（TIFF）。

表 11-1　支持文件扩展

文件类型	扩展名	备注
文本	TXT	
	HTM	HTML 文件必须只包含内联式或嵌入式层叠式样式表（CSS）信息，不得嵌入 Javascript 或其他动态内容，如 DHTML，Flash 等
	XML	XML 文档必须按“S-101 附录 A—— 数据分类和编码指南”中定义的规则编码。可包含用于 XML 文档验证的模式
图像	TIF	基线 TIFF 6.0

11.4.1　支持文件的命名

所有支持文件的文件标识符必须唯一且统一。支持信息的文件标识符不应描述文件的物理内容。与文件配套的支持文件元数据用于向用户告知文件名和文件用途（即新建、替代或删除）。

支持文件的命名规则如下：

101CCCCØØØØØØØØØØ.EEE

主体部分使用一个标识符，其中：

- 101—前 3 个字符代表此文件为 S-101 数据集的一个可用支持文件（强制）。
- CCCC—第 4 ～ 7 位的 4 个字符用于标识发行单位的生产者代码（S-101 中强制）。若生产者代码为 2 或 3 个字符（例如转换 S-57 电子航海图时），数据集文件名的第 6 和第 7 位字符缺失部分应使用 0（分别使用“00”或“0”）填充。
- ØØØØØØØØØØ—第 8 ～ 17 位的字符是可选的，生产者可以用于建立唯一文件名标识命名规则。数据集名称可使用以下字符：A ～ Z，0 ～ 9，和特殊字符“_”（下划线）。
- .EEE—支持文件扩展名 (TXT、HTM、XML 或 TIF)。

11.4.2　支持文件的管理

创建支持文件或发布后续版本时，必须注明发布日期，并通过数字签名确保授权安全。该数字签名可根据交换集元数据中的生产者公钥进行验证。

支持文件类型使用发现元数据中的“用途”（purpose）字段标识。该字段定义了三种类型：“新建”（new）、“替代”（replacement）和“删除”（deletion）。带有“删除”（deletion）标记的支持文件必须从 ECDIS 中删除。指向文本、图像或者应用程序文件的要素被删除或者更新，不再引用该文件时，在删除该文件前，系统软件必须检查其他要素是否引用该文件。

每一个支持文件只能在交换集中出现一次。

支持文件在交换集中必须用独立文件夹保存，参考图 12-2 S-101 交换集目录。

只有当支持文件版本号高于待删版本时，才能在删除后重新使用该支持文件名。

只能使用最新版支持文件。一旦创建并安装了新版，旧版将失效，任何要素均不得再使用。

如果支持文件与一个或多个数据集中的多个要素关联，则所有关联要素将立即使用新版文件。

如果新版支持文件包含不适用于之前所有关联要素的更改信息，必须创建全新文件。这样可以保证维护支持文件信息时不受上次更改情况的影响。然后必须删除与旧文件的关联，同时根据新的支持文件创建新的关联。对于不适用更改的要素，仍继续使用旧版支持文件。

以下场景展示了新版支持文件的版本控制和发布的相关规则：

三个警告区在三个不同的 ENC 中编码。均引用相同的支持文件 A：

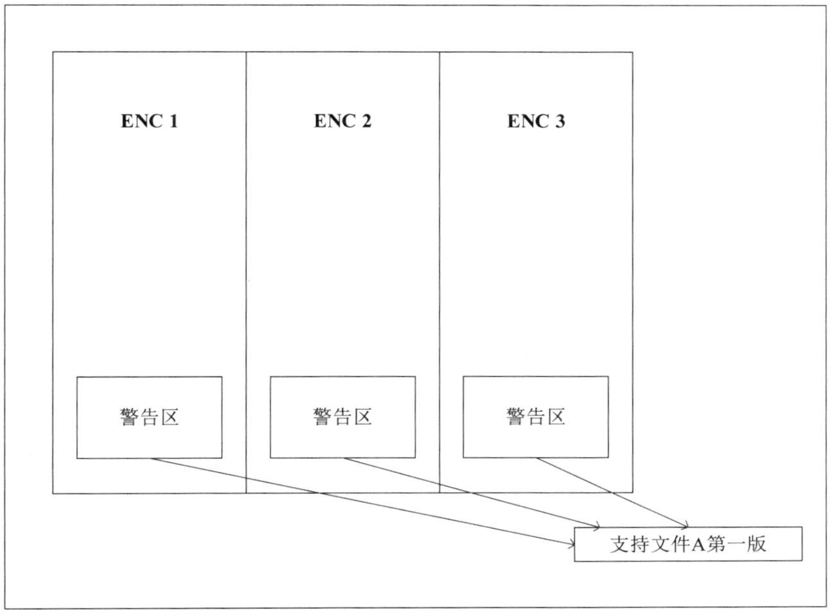

图11-2　引用新支持文件

（1）发生更改时，需要发布新版支持文件 A。第一版不再有效，所有三个警告区均引用新版支持文件 A（如果支持文件的第一版没有被要素引用，则从系统中删除）：

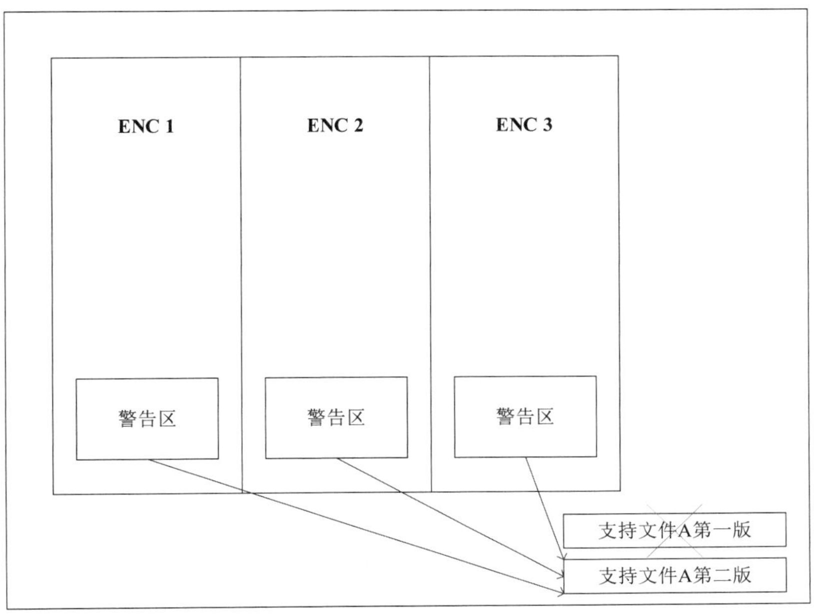

图11-3　引用新版支持文件

（2）出现了仅适用于 ENC1 和 ENC2 中警告区的更改。因此，这些 ENC 不再引用支持文件 A 第二版：

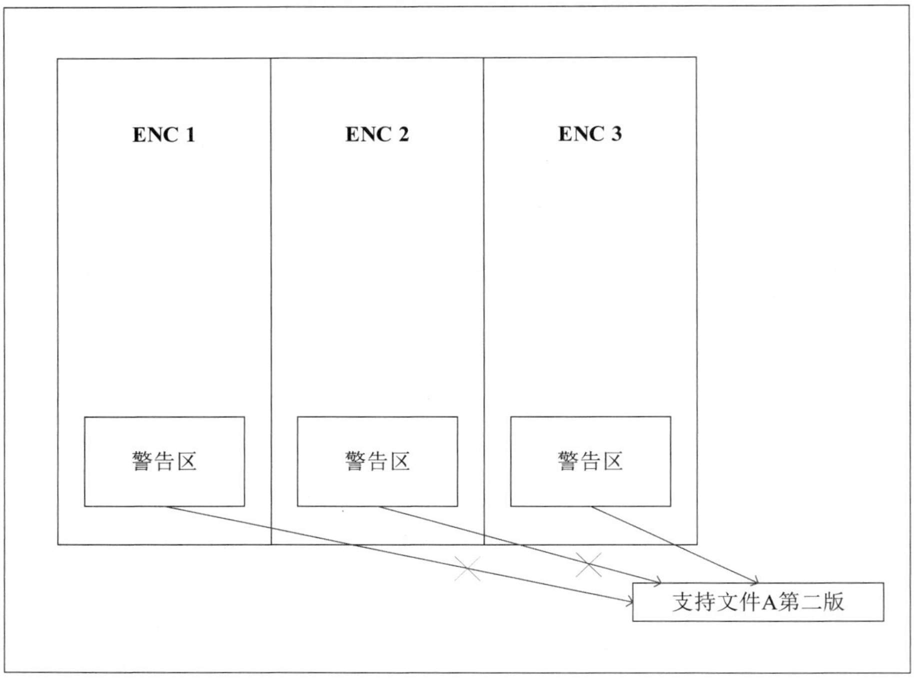

图11-4　支持文件更改影响部分引用要素

（3）必须针对 ENC1 和 ENC2 创建新的支持文件 B，用于引用：

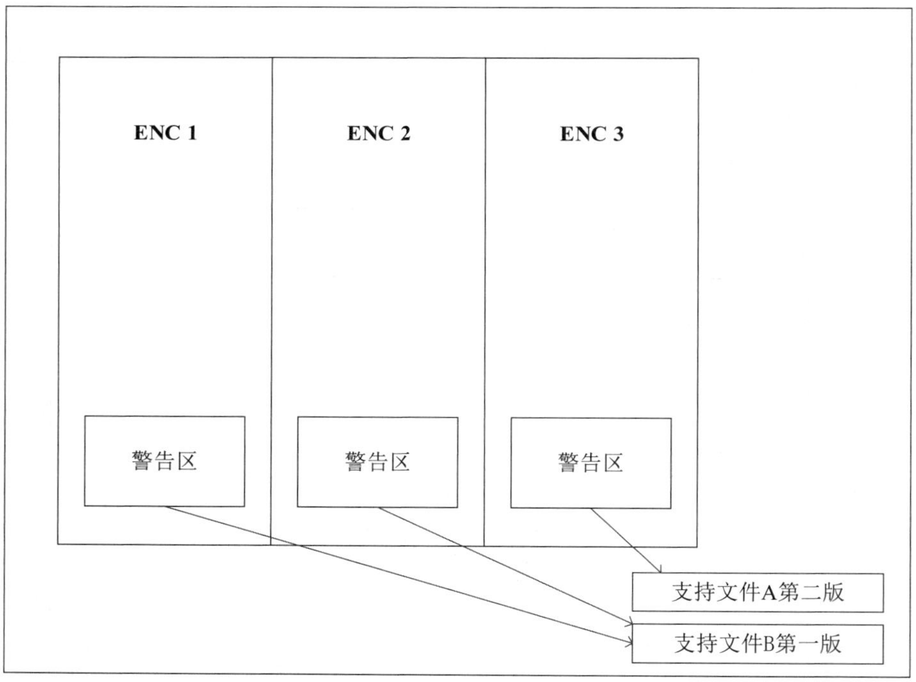

图11-5　新版支持文件影响部分引用要素

11.5 S-101 交换目录

S-101 交换目录是 S-100 交换集的目录。交换集目录文件必须命名为 CATALOG.XML。交换集中其他文件不得使用 CATALOG.XML 命名。S-101 交换目录内容参见本规范第 12 节。

11.6 数据完整性和加密

超出 S-101 1.0.0 版范围。S-100 工作组开发过程中，将纳入 2.0.0 版。

12 元数据 Metadata

12.1 简介

信息交换需要多个元数据分类：总体交换目录的元数据、目录中每个数据集的元数据以及组成该包的支持文件的元数据。

图 12-1 至图 12-4 概括了 S-101 交换集的总体概念，用于地理空间数据及其相关元数据的交换。图 12-1 描绘了 ISO 19115-1 和 ISO 19115-3 类的实现，这些类构成了交换集的基础。S-101 交换集的元数据总体结构与 S-100 元数据相同，在图 12-2 和图 12-3 中建模。类的详细信息参见图 12-4，文字说明详见条款 12.1.1 到 12.1.4 中的表格。

发现元数据相关类具有许多属性，这些属性描述了数据集的重要信息以及随附待检查的支持文件，但是这种检查无须处理数据，例如解密、解压及加载等。其他目录可包含在交换集中以支持数据集，比如要素、图示表达等方面。支持文件元数据的属性“用途”（purpose）可提供一种机制，便于更容易地更新支持文件。

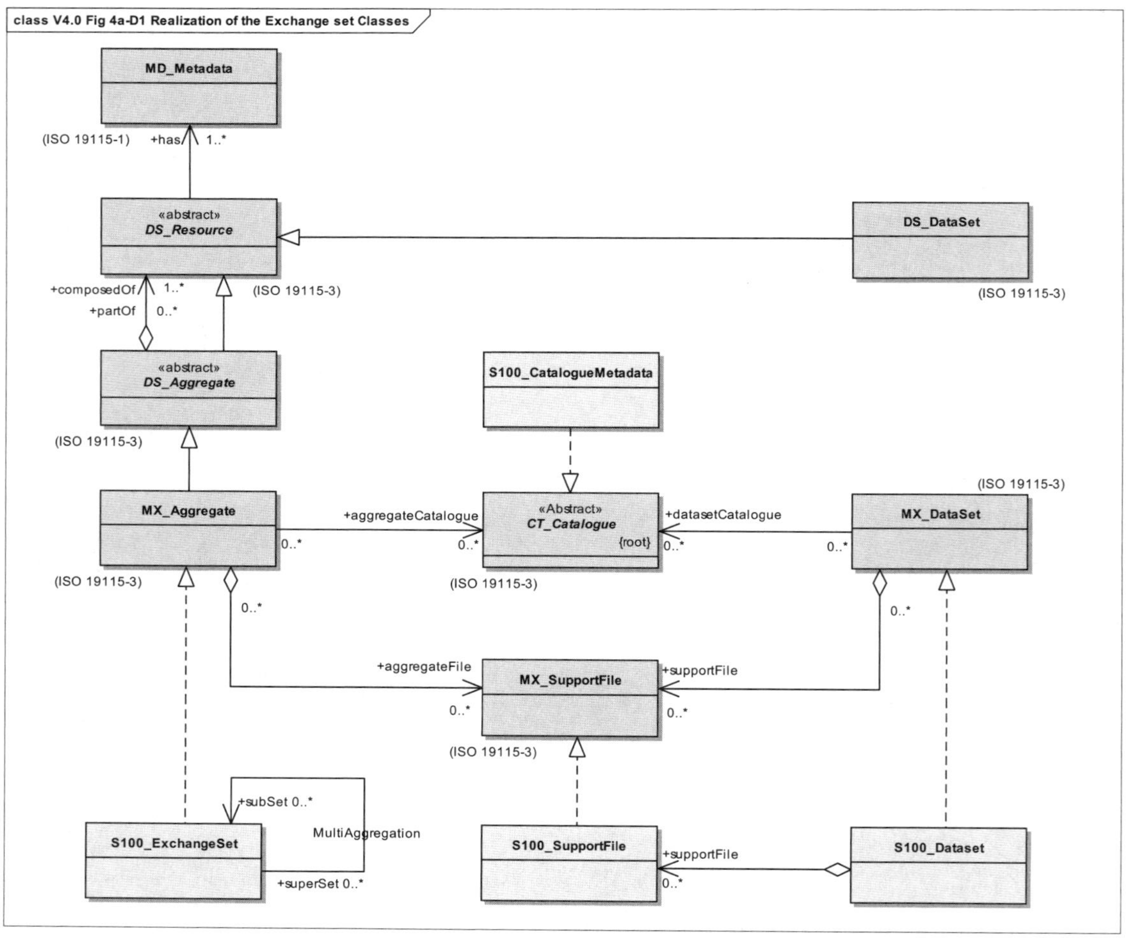

图12-1　交换集相关类的实现

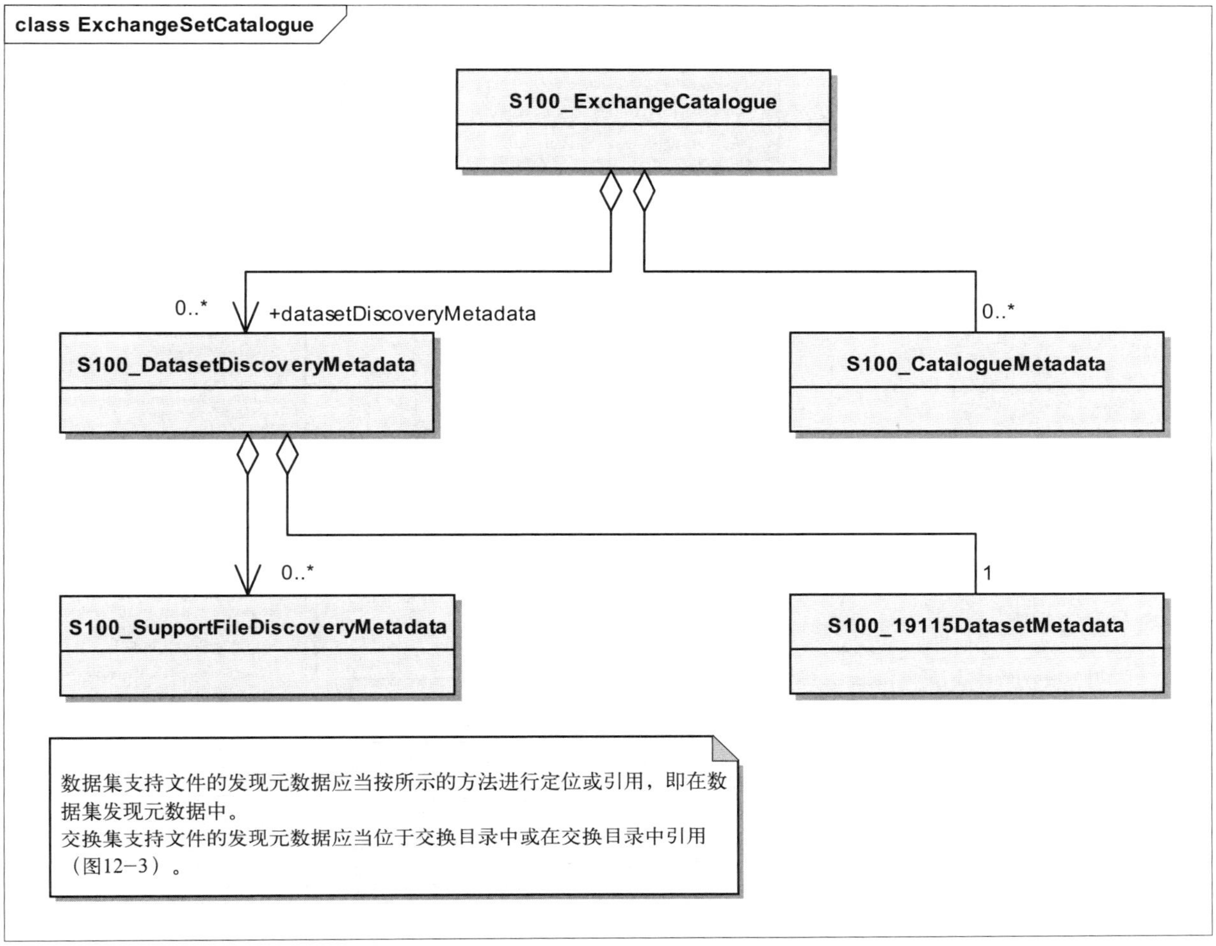

图12-2 S-101交换集目录

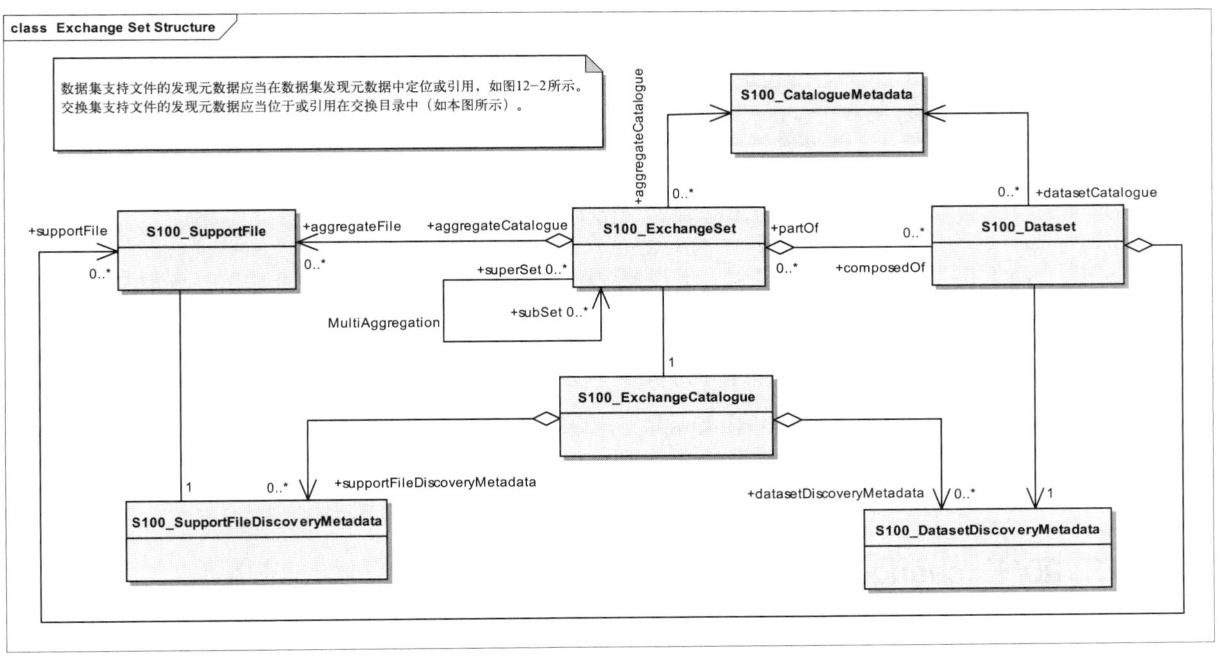

图12-3 S-101交换集

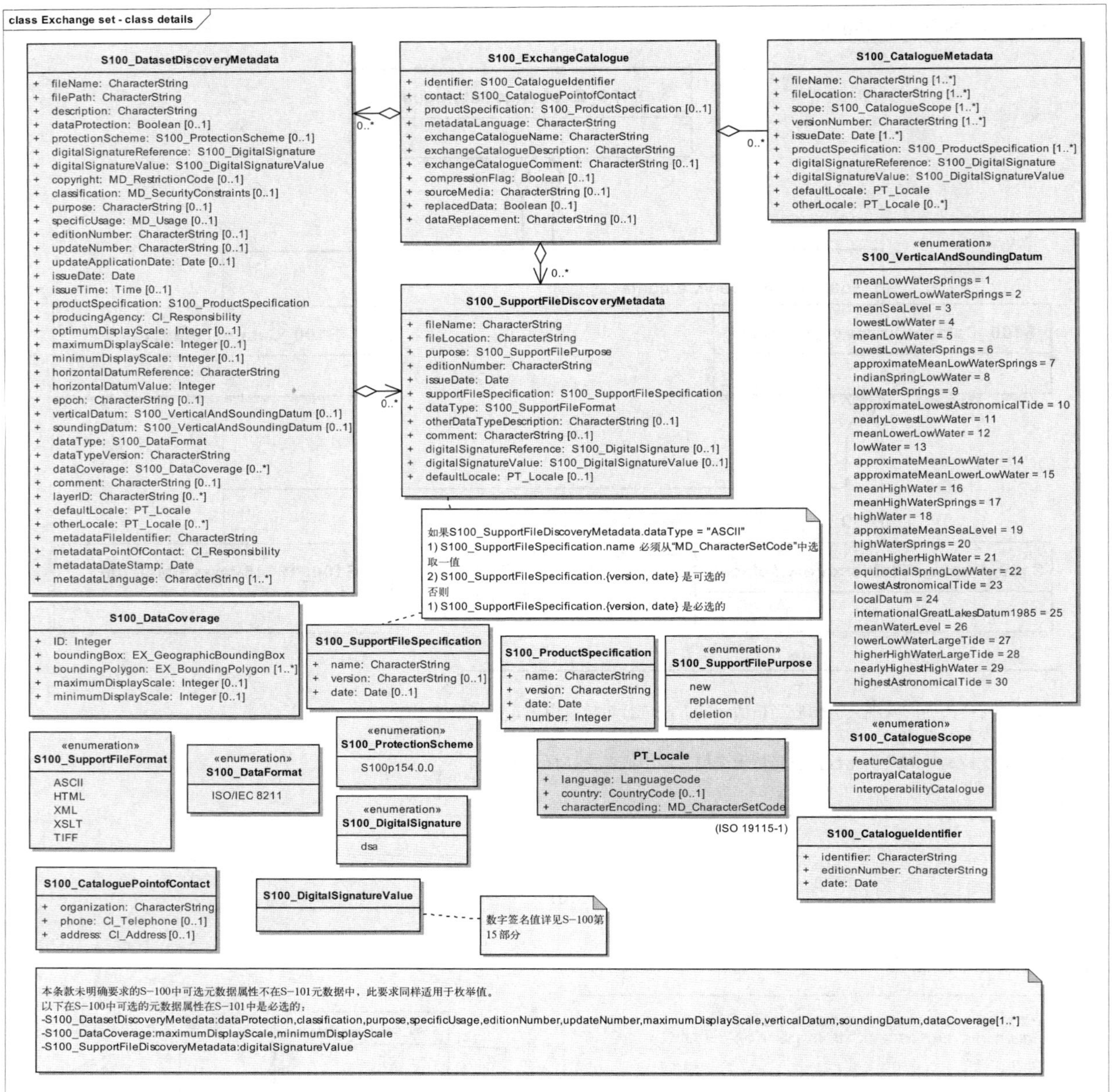

图12-4　S-101交换集类详情

以下子节（12.1.1—12.1.4）定义了 S-101 强制和可选的元数据。在某些情况下，元数据可用本国语言重写。如为重写，备注栏中应予注明。

在以下子节中，只要 S-101 使可选的 S-100 元数据属性成为强制性（即将多重性从 0.. 限定为 1..），就会显示限定的多重性，以替代 S-100 第 4a 部分中的多重性。相关属性的名称见图 12-4 中的注释。此外，图 12-4 中的枚举和以下子节中仅显示 S-101 交换目录中允许的值。

12.1.1　S100_ExchangeCatalogue（交换目录）

该目录文件在 XML 模式语言中定义。交换目录继承 S-100 数据集发现元数据和支持文件发现元数据，并增加了 S-101 所需的特定限制。

名称（英文）	名称（中文）	多重性	值	类型	备注
S100_ExchangeCatalogue	S100_交换目录	—			交换目录包含有关交换数据集和支持文件的发现元数据
Identifier	标识符	1		S100_CatalogueIdentifier	该交换目录的唯一标识
contact	联系方式	1		S100_CataloguePointOfContact	
productSpecification	产品规范	1		S100_ProductSpecification	
metadataLanguage	元数据语言	1	英语（English）	CharacterString	符合 S-101 产品规范的所有数据集必须使用英语
exchangeCatalogueName	交换目录名称	1	CATALOG.XML	CharacterString	目录文件名
exchangeCatalogueDescription	交换目录说明	1		CharacterString	交换目录内容的说明 支持本国语言
exchangeCatalogueComment	交换目录备注	0..1		CharacterString	其他信息 支持本国语言
compressionFlag	压缩标记	0..1		Boolean	真或假
sourceMedia	资源媒介	1		CharacterString	
replacedData	是否替换数据	1		Boolean	如果数据文件被作废，是否替换为其他数据
dataReplacement	替换数据	0..1		CharacterString	数据集名称
datasetDiscoveryMetadata	数据集发现元数据	0..*		聚合 S100_DatasetDiscoveryMetadata	
—	—	0..*		聚合 S100_CatalogueMetadata	要素、图示表达和互操作目录（如有）的元数据
supportFileDiscoveryMetadata	支持文件发现元数据	0..*		聚合 S100_SupportFileDiscoveryMetadata	

12.1.1.1　S100_CatalogueIdentifier（目录标识符）

角色名称	名称（英文）	名称（中文）	说明	多重性	类型	备注
类	S100_ CatalogueIdentifier	S100_ 目录标识符	交换目录包含有关交换数据集以及支持文件的发现元数据	—	—	—
属性	Identifier	标识符	交换目录的唯一标识符	1	CharacterString	文件名必须唯一。每个元数据文件名必须在 S-101 数据集文件名前添加前缀 MD 数据集：101GB0045678.000 元数据： MD_101GB0045678_000.xml 更新 1：101GB0045678.001 元数据： MD_101GB0045678_001.xml
属性	editionNumber	版次号	该交换目录的版次号	1	CharacterString	
属性	date	日期	交换目录的创建日期	1	Date	

12.1.1.2　S100_CataloguePointOfContact（目录联系方）

角色名称	名称（英文）	名称（中文）	说明	多重性	类型	备注
类	S100_ CataloguePointOfContact	S100_ 目录联系方	该交换目录发行者的联系信息	—	—	—
属性	organization	组织机构	分发此交换目录的组织	1	CharacterString	可以是个体生产商，也可以是增值分销商等
属性	phone	电话	发行组织的电话号码	0..1	CI_Telephone	
属性	address	地址	发行组织的地址	0..1	CI_Address	

12.1.2　S100_DatasetDiscoveryMetadata（数据集发现元数据）

名称（英文）	名称（中文）	多重性	值	类型	备注
S100_ DatasetDiscoveryMetadata	S100_ 数据集发现元数据	—		—	—

名称（英文）	名称（中文）	多重性	值	类型	备注
fileName	文件名	1		CharacterString	数据集文件名
filePath	文件路径	1		CharacterString	相对于交换集根目录的路径。交换集解压到目录 <EXCH_ROOT> 后文件的位置将是 <EXCH_ROOT>/ <filePath>/ <filename>
description	说明	1		CharacterString	例如，港湾、港口名称或两者之间其他概念，等等 支持本国语言
dataProtection	数据保护	1		Boolean	真（True）= 加密 假（False）= 未加密 True 表示存在加密，否则，值必须为 S-100 此属性多重性为 0..1，在 S-101 中多重性限定为 1
protectionScheme	保护模式	0..1		S100_ProtectionScheme	例如，见 S-100
digitalSignatureReference	数字签名引用	1		S100_DigitalSignature	
digitalSignatureValue	数字签名值	1	派生自数字签名	S100_DigitalSignatureValue	根据 digitalSignatureReference 得出的值 按照 S-100 第 15 部分中规定的数字签名格式
copyright	版权	0..1		MD_LegalConstraints->MD_RestrictionCode <copyright> (ISO 19115-1)	
classification	密级	1	{1} 到 {9}	Class MD_SecurityConstraints>MD_Classifica tionCode (codelist)	1. 非保密（unclassified） 2. 受限（restricted） 3. 秘密（confidential） 4. 机密（secret） 5. 绝密（top secret） 6. 敏感但非保密（sensitive but unclassified） 7. 仅供官方使用（for official use only） 8. 受保护（protected） 9. 限制发行（limited distribution）

名称（英文）	名称（中文）	多重性	值	类型	备注
purpose	用途	1	{1} 到 {5}	MD_Identification>purpose CharacterString	• 新数据集（New Dataset） • 新版（New Edition） • 更新（Update） • 再版（Re-issue） • 作废（Cancellation） S-100 此属性多重性为 0..1，在 S-101 中多重性改写为 1
specificUsage	具体用途	1	{1} 到 {3}	MD_USAGE>specificUsage (Characterstring) MD_USAGE>userContactInfo (CI_Responsibility)	进港（Port Entry）- 数据集用于： • 用于进港航行 • 用于港口、港湾、海湾、河流、运河航行 • 用于锚泊 • 用作靠泊助航 • 或上述各项的任何组合。 交通（Transit）- 数据集用于： • 用于沿海岸线近岸或离岸航行 • 用于大洋、靠岸航行 • 用于航线规划 • 或上述各项的任何组合。 概要（Overview）- 数据集用于： • 远洋航行 • 航线规划 S-100 此属性多重性为 0..1，在 S-101 中多重性限定为 1
editionNumber	版次号	1		CharacterString	首次创建数据集时，版次号为 1。每发布一个新版，版次号增加 1。更新和再版的版次号保持不变构成版次号的字符必须是整数 S-100 此属性多重性为 0..1，在 S-101 中多重性限定为 1

名称（英文）	名称（中文）	多重性	值	类型	备注
updateNumber	更新号	1		CharacterString	新数据集的更新号为 0 构成更新号的字符必须是整数 S-100 此属性多重性为 0..1，在 S-101 中多重性限定为 1
updateApplicationDate	更新应用日期	0..1		Date	此日期仅用于基础数据集文件（即新数据集、再版和新版），不包括更新数据集文件。此日期或之前日期的所有更新必须是生产者已经使用的
issueDate	发布日期	1		Date	数据生产者提供数据的日期
issueTime	发布时间	0..1		Time	S-100 数据类型 - 时间
productSpecification	产品规范	1		S100_ProductSpecification	
producingAgency	生产部门	1		CI_Responsibility>CI_Organisation or CI_Responsibility>CI_Individual	负责生产数据的责任机构见第 4a 部分表 4a-2 和 4a-3
maximumDisplayScale	最大显示比例尺	1		Integer	必须从以下值中选取： 1,000 2,000 3,000 4,000 8,000 12,000 22,000 45,000 90,000 180,000 350,000 700,000 1,500,000 3,500,000 10,000,000 S-100 此属性多重性为 0..1，在 S-101 中多重性限定为 1

名称（英文）	名称（中文）	多重性	值	类型	备注
horizontalDatumReference	水平基准参照	1	EPSG	CharacterString	
horizontalDatumValue	水平基准值	1	4326	Integer	WGS84
epoch	纪元	0..1		CharacterString	例如，G1762 是 WGS84 大地基准 2013-10-16 的实现
verticalDatum	垂直基准	1		S100_ VerticalAndSoundingDatum	S-100 此属性多重性为 0..1，在 S-101 中多重性限定为 1
soundingDatum	水深基准	1		S100_ VerticalAndSoundingDatum	S-100 此属性多重性为 0..1，在 S-101 中多重性限定为 1
dataType	数据类型	1	ISO/IEC 8211	S100_DataFormat	
dataCoverage	数据覆盖范围	1..*		S100_DataCoverage	提供数据集中的数据覆盖信息 S-100 此属性多重性为 0..1，在 S-101 中多重性限定为 1
comment	备注	0..1		CharacterString	
layerID	图层 ID	0..*		CharacterString	
defaultLocale	默认区域	1		PT_Locale	
otherLocale	其他区域	0..*		PT_Locale	
metadataFileIdentifier	元数据文件标识符	1		CharacterString	例如，对于 ISO 19115-3 元数据文件
metadataPointOfContact	元数据联系方	1		CI_Responsibility>CI_ Individual or CI_Responsibility>CI_ Organisation	
metadataDateStamp	元数据日期戳	1		Date	元数据创建日期，可能是，也可能不是发布日期
metadataLanguage	元数据语言	1..*		CharacterString	
—	—	0..*		聚合 S100_ SupportFileDiscoveryMetadata	

12.1.2.1 S100_DigitalSignature（数字签名）

角色名称	名称（英文）	名称（中文）	说明	代码	备注
枚举	S100_DigitalSignature	S100_ 数字签名	用于计算数字签名的算法	—	—
值	dsa	数字签名算法	数字签名算法	—	FIPS 186-4（2013）

12.1.2.2 S100_DigitalSignatureValue（数字签名值）

角色名称	名称（英文）	名称（中文）	说明	多重性	类型	备注
类	S100_ DigitalSignatureValue	S100_ 数字签名值	经签署公钥的数字签名	—		数字签名值的数据类型

12.1.2.3 S100_DataCoverage（数据覆盖范围）

名称（英文）	名称（中文）	多重性	值	类型	备注
S100_DataCoverage	S100_ 数据覆盖范围	—	—	—	—
ID	标识号	1		Integer	唯一识别该覆盖范围
boundingBox	边界框	1		EX_ GeographicBoundingBox	
boundingPolygon	边界多边形	1..*		EX_BoundingPolygon	
maximumDisplayScale	最大显示比例尺	1		Integer	必须从以下值中选取： 1,000 2,000 3,000 4,000 8,000 12,000 22,000 45,000 90,000 180,000 350,000 700,000 1,500,000 3,500,000 10,000,000 S-100 此属性多重性为 0..1，在 S-101 中多重性限定为 1

名称（英文）	名称（中文）	多重性	值	类型	备注
minimumDisplayScale	最小显示比例尺	1		Integer	必须从以下值中选取： 2,000 3,000 4,000 8,000 12,000 22,000 45,000 90,000 180,000 350,000 700,000 1,500,000 3,500,000 10,000,000 空（NULL） S-100 此属性多重性为 0..1，在 S-101 中多重性限定为 1

12.1.2.4 S100_VerticalAndSoundingDatum（垂直和水深基准）

角色名称	名称（英文）	名称（中文）	说明	代码	备注
枚举	S100_VerticalAndSoundingDatum	S100_ 垂直和水深基准	允许的垂直基准和水深基准	—	—
值	meanLowWaterSprings	平均大潮低潮面		1	(MLWS)
值	meanLowerLowWaterSprings	平均大潮低低潮面		2	
值	meanSeaLevel	平均海平面		3	(MSL)
值	lowestLowWater	最低低潮面		4	
值	meanLowWater	平均低潮面		5	(MLW)
值	lowestLowWaterSprings	最低大潮低潮面		6	
值	approximateMeanLowWaterSprings	近似平均大潮低潮面		7	
值	indianSpringLowWater	印度大潮低潮面		8	
值	lowWaterSprings	大潮低潮面		9	
值	approximateLowestAstronomicalTide	近似最低天文潮面		10	
值	nearlyLowestLowWater	略最低低潮面		11	
值	meanLowerLowWater	平均低低潮面		12	(MLLW)
值	lowWater	低潮面		13	(LW)
值	approximateMeanLowWater	近似平均低潮面		14	
值	approximateMeanLowerLowWater	近似平均低低潮面		15	
值	meanHighWater	平均高潮面		16	(MHW)

角色名称	名称（英文）	名称（中文）	说明	代码	备注
值	meanHighWaterSprings	平均大潮高潮面		17	(MHWS)
值	highWater	高潮面		18	(HW)
值	approximateMeanSeaLevel	近似平均海平面		19	
值	highWaterSprings	大潮高潮面		20	
值	meanHigherHighWater	平均高高潮面		21	(MHHW)
值	equinoctialSpringLowWater	分点大潮低潮面		22	
值	lowestAstronomicalTide	最低天文潮面		23	(LAT)
值	localDatum	当地基准面		24	
值	internationalGreatLakesDatum1985	1985 年国际大湖基准面		25	
值	meanWaterLevel	平均水平面		26	
值	lowerLowWaterLargeTide	大潮低低潮面		27	
值	higherHighWaterLargeTide	大潮高高潮面		28	
值	nearlyHighestHighWater	略最高高潮面		29	
值	highestAstronomicalTide	最高天文潮面		30	(HAT)
值	balticSeaChartDatum2000	2000 年波罗的海海图基准		44	

注：数字代码是在 IHO GI 注册系统中指定的，与 IHO Hydro 域属性“Vertical datum”（垂直基准）具有等效列表值，因为注册系统当前（2018 年 6 月 20 日）不包含交换集元数据和数据集元数据属性的条目。

12.1.2.5 S100_DataFormat（数据格式）

角色名称	名称（英文）	名称（中文）	说明	代码	备注
枚举	S100_DataFormat	S100_ 数据格式	编码格式	—	不允许使用 S-100 第 4a 部分中列出但本表中未涉及的值
值	ISO/IEC 8211	ISO/IEC 8211	S-100 第 10a 部分定义的 ISO 8211 数据格式		

12.1.2.6 S100_ProductSpecification（产品规范）

角色名称	名称（英文）	名称(中文）	说明	多重性	类型	备注
类	S100_ProductSpecification	S100_ 产品规范	产品规范包含构建指定产品所需的信息	—	—	—
属性	name	名称	用于创建数据集的产品规范名称	1	CharacterString	S-101 电子航海图
属性	version	版本	产品规范的版本号	1	CharacterString	X.X.X
属性	date	日期	产品规范的版本日期	1	Date	
属性	number	编号	用于在 IHO GI 注册系统产品规范注册表中查找产品的编号（注册系统索引）	1	Integer	源于 IHO 地理空间信息注册系统中产品规范注册表

12.1.2.7 S100_ProtectionScheme（保护模式）

角色名称	名称（英文）	名称（中文）	说明	代码	备注
枚举	S100_ProtectionScheme	S100_ 保护模式	数据保护模式	—	—
值	S100p154.0.0	S-100 4.0.0 版第 15 部分	IHO S-100 4.0.0 第 15 部分	—	见 S-100 第 15 部分

12.1.3 S100_SupportFileDiscoveryMetadata（支持文件发现元数据）

名称（英文）	名称（中文）	多重性	值	类型	备注
S100_ SupportFileDiscoveryMetadata	S100_ 支持文件发现元数据	—		—	—
fileName	文件名	1		CharacterString	
fileLocation	文件位置	1		CharacterString	交换集根目录的完整路径
purpose	用途	1		S100_SupportFilePurpose	
editionNumber	版次号	1		CharacterString	首次创建支持文件时，其版次号为 1。每次发布新版支持文件时，版次号递增 1。版次号的字符必须是整数 0 ~ 9 的整数
issueDate	发布日期	1		Date	数据生产者提供数据的日期
supportFileSpecification	支持文件规范	1		S100_SupportFileSpecification	
dataType	数据类型	1		S100_SupportFileFormat	
comment	备注	0..1		CharacterString	其他信息 支持本国语言
digitalSignatureReference	数字签名引用	0..1		S100_DigitalSignatureValue	
digitalSignatureValue	数字签名值	1	派生自数字签名	S100_DigitalSignatureValue	根据 digitalSignatureReference 得出的值 按照 S-100 第 15 部分中规定的数字签名格式 S-100 此属性多重性为 0..1，在 S-101 中多重性限定为 1
defaultLocale	默认区域	0..1		PT_Locale	单个支持文件只能使用一个语种，可使用其他语种创建其他文件

注：S-101 中不得使用 S-100 中的可选字段“其他数据类型描述”（otherDataTypeDescription）。

12.1.3.1 S100_SupportFileFormat（支持文件格式）

角色名称	名称（英文）	名称（中文）	说明	代码	备注
枚举	S100_SupportFileFormat	S100_ 支持文件格式	支持文件可用的格式	—	不允许使用 S-100 第 4a 部分中列出但本表中未涉及的值
值	ASCII	美国信息交换标准码			文本
值	HTML	超文本标记语言			
值	XML	可扩展标记语言			
值	TIFF	标记图像文件格式			
值	XSLT	可扩展样式表语言转换			

12.1.3.2 S100_SupportFilePurpose（支持文件用途）

角色名称	名称（英文）	名称（中文）	说明	代码	备注
枚举	S100_SupportFilePurpose	S100_ 支持文件用途	将支持文件放入该交换集中的原因	—	—
值	new	新建	新文件		表示新文件
值	replacement	替换	用于替换现有文件的文件		表示替换同名文件
值	deletion	删除	删除现有文件		表示删除该名称的文件

12.1.3.3 S100_SupportFileSpecification（支持文件规范）

角色名称	名称（英文）	名称（中文）	说明	多重性	类型	备注
类	S100_SupportFileSpecification	S100_ 支持文件规范	支持文件符合的标准或规范	—	—	—
属性	name	名称	创建支持文件所用的产品规范名称	1	CharacterString	
属性	version	版本	产品规范的版本号	0..1	CharacterString	
属性	date	日期	产品规范的版本日期	0..1	Date	

12.1.4 S100_CatalogueMetadata（目录元数据）

该元素为可选元素，允许交换集中包含 S-101 要素目录和图示表达目录的交付。

名称（英文）	名称（中文）	多重性	值	类型	备注
S100_CatalogueMetadata	S100_ 目录元数据	—		—	—
filename	文件名	1..*		文件名	
fileLocation	文件位置	1..*		文件位置	相对于交换集根目录的路径。交换集解压到目录 <EXCH_ROOT> 后文件的位置将是 <EXCH_ROOT>/ <filePath>/ <filename>

名称（英文）	名称（中文）	多重性	值	类型	备注
scope	范围	1..*		范围	
versionNumber	版本号	1..*		版本号	
issueDate	发布日期	1..*		发布日期	
productSpecification	产品规范	1..*		产品规范	
digitalSignatureReference	数字签名引用	1		数字签名引用	引用适当的数字签名算法
digitalSignatureValue	数字签名值	1		数字签名值	根 据 digitalSignatureReference 得出的值 按照 S-100 第 15 部分中规定的数字签名格式
defaultLocale	默认区域	1		默认区域	
otherLocale	其他区域	0..*		其他区域	

12.1.4.1 S100_CatalogueScope（目录范围）

角色名称	名称（英文）	名称（中文）	说明	代码	备注
枚举	S100_CatalogueScope	S100_ 目录范围	该目录的范围	—	—
值	featureCatalogue	要素目录	S-100 要素目录		
值	portrayalCatalogue	图示表达目录	S-100 图示表达目录		
值	interoperabilityCatalogue	互操作性目录	S-100 互操作性信息		

12.1.4.2 PT_Locale（区域）

角色名称	名称（英文）	名称（中文）	说明	多重性	类型	备注
类	PT_Locale	PT_ 区域	区域的说明	—	—	来自 ISO 19115-1
值	language	语言	指定区域的语言	1	LanguageCode	ISO 639-2 3- 字母语言代码
值	country	国家	指定区域语言的具体国家	0..1	CountryCode	ISO 3166-2 2- 字母国家代码
值	characterEncoding	字符编码	指定用于对区域文本值进行编码的字符集	1	MD_CharacterSetCode	使用来自于 IANA 字符集注册表的（“Name”）：http://www.iana.org/assignments/character-sets.（ISO 19115-1 B.3.14） 例如，UTF-8

类“PT_Locale”详见 ISO 19115-1。“LanguageCode”（语言代码）、“CountryCode”（国家代码）和“MD_CharacterSetCode”（字符集代码）是 ISO 代码表，应在资源文件中定义并编码为（字符串）代码，或由“备注”所列命名空间中的相应文字表示。

12.2 语言

交换语言必须为英语。其他语言可作备用语言。本国地理名称可以通过复杂属性“要素名”（Feature Name）以本国语言表示。

字符串必须使用 IOS 10646-1 中定义的字符集，使用 UTF-8 进行编码。不得使用 BOM（字符顺序标志）。

附录 A　数据分类和编码指南

“数据分类和编码指南”旨在为编制符合 S-100 的 ENC 数据提供一致的、标准化的说明。本附录已尽可能按照 IHO 出版物 S-4 第 B 部分“IHO 海图规范— 中、大比例尺国家和国际（INT）海图”相关要求编制。

“数据分类和编码指南”旨在确保 S-101 编码符合 IHO 标准，在基于 S-100 的航海系统（如 ECDIS）中正确显示 ENC。本附录描述了制图人员编绘 ENC 所需相关信息的编码方式。生产机构可以在遵循本附录相关要求的基础上，根据需要自行决定 ENC 内容。“生产机构”是指海道测量局（HO）或政府、HO 或其他相关政府部门授权生产 ENC 的部门。

最新版“S-101 数据分类和编码指南”可登录 IHO 网站“标准和出版物”页面查询，参见 http://www.iho.int。

A.1　概述

A.1.1　前言

“数据分类和编码指南”旨在为编制符合 S-100 标准的 ENC 数据提供一致的、标准化的说明。本附录内容编写尽可能遵循 IHO 出版物 S-4 B 部分“IHO 海图规范——大中比例尺国内和国际（INT）海图”相关规定。

“数据分类和编码指南”的目的是促使 S-101 的编码满足 IHO 标准的要求，以便 ECDIS 正确显示 ENC。本附录对制图人员编绘 ENC 所关注的编码信息做了说明。ENC 的内容由生产机构自行决定，遵守本文档的规则即可。“生产机构”是指海道测量局（HO）或者是政府、HO 或其他相关政府部门授权生产 ENC 的组织。

完整的 S-100 标准，包括 S-101 ENC 产品规范，均可登录 http://www.iho.int 查阅。

A.1.2　S-101 附录 A：数据分类和编码指南——元数据

注释　此信息是该产品规范附录的唯一标识，也包含该产品规范附录的创建和维护信息。

标题：　国际海道测量组织电子航海图产品规范，附录 A—数据分类和编码指南

版本：　1.0.0

日期：　2018 年 12 月

语言：　英语

密级：　非保密（Unclassified）

联系方式：　国际海道测量组织
4b, quai Antione 1er
B.P. 445
MC 98011 MONACO CEDEX

电话：+377 93 10 81 00
传真：+377 93 10 81 40
网址：　www.iho.int
标识符：　S-101 附录 A
维护：　对《S-101 附录 A—数据分类和编码指南》的修改由 IHO S-100 工作组（S-100WG）下属的 S-101 项目组（S-101PT）负责协调，并且必须在 IHO 网站上公布。

A.1.3　术语、定义和缩写

A.1.3.1　术语和定义

精度（accuracy）

测试结果与公认参考值之间的接近程度。

注释　测试结果可以是观测结果或量测结果。

聚合（aggregation）

关联的特殊形式，用以说明集合（整体）与组成部分之间的整体 - 部分关系（见组合）。

警报（alarm）

优先级较高的警示（alert）。为确保船舶航行安全，发出警报时，要求驾驶台团队第一时间关注并采取行动。

关联（association）

两个或两个以上类元之间的语义关系，定义了类中实例间的连接。

注释　二元关联是恰好两个类元之间的关联（包括一个类元与其本身的关联）。

属性（attribute）

（1）实体的命名特征。

注释　描述实体的几何、拓扑、专题或者其他特征。

（2）类元的特征，描述该类元的实例可能具有的值域。

注释 1　一个属性语义上等同于一个组合关联，但是，目的和用途是不同的。

注释 2　此定义中的“特征”（Feature）是 UML 中的术语概念（译者：“Feature”在 S-100 第 4 部分表示“要素”的意思）。

边界（boundary）

表示一个实体界限的集合。

注释　边界通常用在几何结构中，这里的几何是点的集合或代表这些点的对象的集合。

类（class）

具有相同的属性（域）、操作、方法、关系与语义的对象集的描述。

注释　类代表正被建模的系统中的概念。取决于模型的种类，概念可能是现实世界的（用于分析模型），也可能包含算法和计算机实现的概念（用于设计模型）。类元是类的泛化，包含了其他似类元素，比如数据类型、角色和组件。

分类（classification）

在要素目录中，为真实世界某一要素确定合适类型的过程，包含了对数据质量的考虑。

组合（composition）

一种聚合形式，作为整体中的一个组成部分，具有强所有关系。

注释　组合本身可以创建无固定多重性的组件，但创建完成后，组件随其存在或消失（即共享生存期）。这样的组件在该组合消失前还可以显式移除。组合可以是递归的。同义词：组合聚合（composite aggregation）。

坐标（coordinate）

用 n 个有序数组表示一个点在 n 维空间中的位置。

注释　在一个坐标参照系中，坐标数值由单位限定。

坐标参照系（coordinate reference system）

通过基准与现实世界相关联的坐标系。

注释　对大地基准和垂直基准而言，关联对象是地球。

曲线（curve）

1 维几何单形，表示一条线的连续映射。

注释　一条曲线的边界是曲线两端点的集合。如果曲线是一个圈，则两个端点相同，这条曲线（如果拓扑上是闭合的）被认为没有边界。第一个点被称为起点，最后一个点被称为终点。曲线的连通性由“一条线的连续映射”条款保证。拓扑定理指出，一个连续集合的连续映射是连续的。

曲线段（curve segment）

1 维几何对象，用来表达一条曲线内的某一连续组件，使用同种插值和定义方法来表达。

数据质量（data quality）

描述质量方面的一组元素，包括质量度量（measure of quality）、评估过程（evaluation procedure）、质量结果（quality result）和范围（scope）。

数据类型（data type）

允许在值域内对值进行操作的值域的说明。

注释 1　数据类型包括基本预定义类型和用户定义类型。

注释 2　数据类型用术语标识，比如，整型（Integer）。

示例：整型（Integer）、实型（Real）、布尔型（Boolean）、自由文本（Free Text）、截断日期（Truncated Date）。

数据集（dataset）

可识别的数据集合。

注释　数据集可能是一组较小的数据，尽管受到某些约束（如空间范围或要素类型）的限制，但在物理上位于较大的数据集中。从理论上讲，数据集可以小到更大数据集内的单个要素或要素属性。一张硬拷贝地图或图表均可以被认为是一个数据集。

基准（datum）

定义原点位置、比例尺和坐标系方位的参数或参数集。

电子海图显示与信息系统（ECDIS）

一种导航信息系统，如果措施完备，可视为符合 1974 年《海上人命安全公约》修订版第 V/19 和第 V/27 条例规定的最新海图。该系统通过显示从系统电子航海图（SENC）内选定的信息（带有导航传感器提供的位置信息），协助航海人员进行航线规划和航线监控，必要时可以显示其他相关航行信息。

电子航海图（ENC）

内容、结构和格式均符合 IHO 标准的标准化数据集，由政府授权的海道测量局或其他相关政府机构发布，与 ECDIS 配合使用。ENC 包含安全航行所需的全部海图信息，除包含纸质海图中的安全航行信息外，也可能包含其他补充信息。

枚举（enumeration）

一个固定列表，包含命名文字值的有效标识符。枚举类型的属性只能从该列表中取值。

要素（feature）

对现实世界现象的抽象。

注释　要素可以通过类型或实例的形式出现。当仅表达一种含义时，应使用要素类型或要素实例。

示例：现象“埃菲尔铁塔”可与其他现象共同归类为要素类型“塔”（tower）。

要素关联（feature association）

一个要素类型的实例与其他相同或不同要素类型的实例链接的关系。

要素属性（feature attribute）

要素（feature）的特征。

注释 1　要素属性可以通过类型或实例的方式出现。当仅表达一种含义时，应使用要素属性类型或要素属性实例。

注释 2　要素属性包括名称、数据类型及与其相关的值域。某个要素实例的要素属性也具有一个来自其值域的属性值。

注释 3　在要素目录中，要素属性可能包含值域，但不指定要素实例的属性值。

示例 1　要素属性“名称”（name）的一个属性值为“摩纳哥”（Monaco），其数据类型为“自由文本”（free text）。

示例 2　要素属性“长度”（length）的一个属性值为“82.4”，其数据类型为“实型”（real）。

要素目录（feature catalogue）

包含对一组或多组地理数据要素类型、要素属性以及要素关联的定义和描述的目录。

几何单形（geometric primitive）

表达空间中单一、相连和同质元素的几何对象。

注释　几何单形描述几何结构信息不可再分的对象，包括点（point）、曲线（curve）和曲面（surface）。

标识符（identifier）

一个语言上独立的字符序列，可以唯一、固定标识它所关联的信息。

实例（instance）

包含操作并具有存储操作效果状态的实体。

最大显示比例尺

在数据集比例尺范围内，显示中所呈现的数据集要素线性尺寸与所示要素实际尺寸之间的最大比值（最大比例尺）。

元数据（metadata）

关于数据的数据。

最小显示比例尺

在数据集比例尺范围内，显示中所呈现的数据集要素线性尺寸与所示要素实际尺寸之间的最小比值（最小比例）。

模型（model）

对论域某些方面的抽象。

注释　一个系统语义上完整的摘要。

多重性（multiplicity）

规定了特征可能出现的次数，或者可以参加到指定关系的元素个数。

示例：1..*（1 对多），1（只有一个），0..1（0 或 1 个）

点（point）

表示位置的 0 维几何单形。

注释　点的边界为空集。

点集（pointset）

一组有序点集合。

关系（relationship）

模型元素间的语义连接。

系统电子航海图（SENC）

ECDIS 制造商内部使用的数据库，以系统电子航海图格式存储，是无损转换整个 ENC 内容及其更新后所得。SENC 通过 ECDIS 访问，用于显示信息和提供导航功能，至少应提供最新纸海图所包含的信息。SENC 也可以包含航海人员添加的信息和其他来源的信息。

地表（Skin of the Earth）

一组非重叠的面状几何地理要素，覆盖范围相当于元要素“数据覆盖范围”（Data Coverage）。

曲面（surface）

2 维几何单形，局部表示某平面一个区域的连续映像。

注释　曲面的边界是定义曲面界限的有向、闭合曲线的集合。

垂直基准（vertical datum）

描述重力高或深度与地球的关系的基准。

A.1.3.2　缩写

ECDIS	Electronic Chart Display and Information System	电子海图显示与信息系统
ENC	Electronic Navigational Chart	电子航海图
ENCWG	ENC Standards Maintenance Working Group	电子海图标准维护工作组
GML	Geography Markup Language	地理标记语言
GNSS	Global Navigation Satellite System	全球导航卫星系统
HO	Hydrographic Office	海道测量局
IHO	International Hydrographic Organization	国际海道测量组织

IMO	International Maritime Organization	国际海事组织
ISO	International Organization for Standardization	国际标准化组织
SENC	System Electronic Navigational Chart	系统电子航海图
SOLAS	Safety of Life at Sea	海上人命安全公约
S-57	IHO Transfer Standard for Digital Hydrographic Data	IHO 数字海道测量数据传输标准
S-100WG	S-100 Working Group	S-100 工作组
S-101PT	S-101 Project Team (a Project Team of the S-100WG)	S-101 项目组（S-100 工作组的一个项目组）
TIFF	Tagged Image File Format	标记图像文件格式
UNCLOS	United Nations Convention on the Law of the Sea	联合国海洋法公约
URL	Universal Resource Locator	统一资源定位符
UTC	Coordinated Universal Time	协调世界时
XML	Extensible Markup Language	可扩展标记语言

A.1.4　语气的使用

本文档中：

“必须”（Must）表示强制性（mandatory）要求；

“应该”（Should）表示可选（optional）要求，即推荐处理，不具有强制性；

“可以”（May）表示“允许”（allowed to）或“或许”（could possibly），不具有强制性。

A.1.5　维护

对“数据分类与编码指南”的修订必须符合“S-101 ENC 产品规范”1.5.1 节要求。

A.2　综述

“S-101 数据分类和编码指南”定义了如何使用“S-101 要素目录”（见“S-101 产品规范”主文档 4.3 节）中定义的类型来采集（capture）“描述现实世界的数据”。它提供了创建 S-101 电子航海图所需的编码规则和指南。本标准特别关注现实世界中与海道测量相关的实体。海道测量被认为是与地理空间相关的，因此，该模型将现实世界的实体定义为描述性特征和空间特征的组合。在该模型中，这些特征采用要素、空间类型及信息类型来定义。“类型”（type）是类的原型，用于规定实例（要素）的域和适用于要素的操作。类型可以包含属性，并可能与其他类型相关。

下文对 S-101 中所用的类型进行介绍。本文档中的要素类型、信息类型、关联和属性均用粗体表示。

A.2.1　要素类型（Feature types）

要素类型包含描述性属性，不包含任何几何信息（即现实世界实体的形状信息和位置信息）。

要素包括两个方面——要素类型和要素实例。要素类型是一个类，在要素目录中进行定义；要素实例是要素类型的一个实现，表示为数据集中的对象。要素实例通过与一个或多个空间实例的关系进行定位。要素实例可以不参照空间实例而存在。

S-101 使用以下要素类型：

地理（Geo）要素类型：表达现实世界中某个实体的描述性特征。

制图要素类型：包含现实世界实体图形表示（含文本）方面的信息。

元要素类型：包含有关其他要素的信息。元要素定义的信息，覆盖“数据集描述性记录”定义的默认元数据值。单个地理要素实例的元属性覆盖元要素的属性。

A.2.1.1 多重要素（Multiple features）

在某些原始资料中多个相邻要素被综合为单个要素，并通过文本字符串指示其存在其他要素。在这种情况下，如认为该信息对视觉导航有帮助，应使用相应类别的要素进行编码，同时，如果要素的实际数量已知，必须使用要素的复杂属性“要素多重性”（multiplicity of features）和子属性“要素数量”（number of features）进行编码，同时将布尔型子属性“多重性已知”（multiplicity known）赋值为“真”（True）（见 A.27.126 节）；如果要素的真实数量未知，则“要素多重性”和“多重性已知”必须赋值为“假”（False）。如果“要素多重性”不是该要素的允许属性，则应使用信息类型“航海信息”（Nautical Information）（见 A.24.4 节）复杂属性“信息”（information）的子属性“文本”（text）表示其多重性 [例如：“3 棵树”（3 trees）]，该信息类型通过“附加信息”（Additional Information）与要素建立关联。如果要素的真实数量未知，应在其“航海信息”内的“信息（文本）”属性填入“至少一个”（more than one）文本。

如果水下多个位置相近的要素被综合为一个要素，那么不应指定多重性，除非对于安全航行具有某种重要作用。此举旨在减少可导致屏幕乱码的 ECDIS“信息”（information）符号（见 A.2.4.6 节）。

使用复杂属性“要素多重性”（multiplicity of features）表示多个同类灯标时，见 A.19.1.7 节中表 A-19.2。

因比例尺需要合并的导向灯的编码，见 A.19.1.5 节。

ENC 中无法向海员表明某个要素未在真实位置编码，因此，为了给海员提供一个真实世界的准确表达，对要素按照其真实位置进行编码是非常重要的。

提示编码人员，纸质海图上的要素如果因制图目的偏离原位，编码时，ENC 应当表示该要素的真实位置。

A.2.2 几何单形（Geometric primitives）

要素目录规定了各要素类型允许的几何单形。本文档以表格形式呈现对各要素类型的说明及其允许的几何单形：点（point）、点集（pointset）、曲线（curve）和曲面（surface）。

每个空间值至少有一个要素实例引用。

本文档中，对各要素类型的说明包括其允许的几何单形。为便于参考，下表 A-2.1 总结了各要素类型允许的几何单形，并使用如下缩写：点（P）、点集（A）、曲线（C）和曲面（S）；不含允许几何单形的要素以“无”（N）表示。

表 A-2.1　ENC 允许的要素及其几何单形

地理要素									
行政区（Administration Area）			S		机场（Airport/Airfield）	P		S	
锚位（Anchor Berth）	P		S		锚泊区（Anchorage Area）	P		S	
群岛海道（Archipelagic Sea Lane）				N	群岛海道区（Archipelagic Sea Lane Area）			S	
群岛海道轴线（Archipelagic Sea Lane Axis）		C			方位立标（Beacon Cardinal）	P			
孤立危险物立标（Beacon Isolated Danger）	P				侧面立标（Beacon Lateral）	P			
安全水域立标（Beacon Safe Water）	P				专用 / 通用立标（Beacon Special Purpose/General）	P			
泊位（Berth）	P	C	S		桥梁（Bridge）		C	S	N
建筑物（Building）	P		S		建筑群区（Built-Up Area）	P		S	
方位浮标（Buoy Cardinal）	P				应急沉船示位标（Buoy Emergency Wreck Marking）	P			
作业浮标（Buoy Installation）	P				孤立危险物浮标（Buoy Isolated Danger）	P			
侧面浮标（Buoy Lateral）	P				安全水域浮标（Buoy Safe Water）	P			
专用 / 通用浮标（Buoy Special Purpose/General）	P				电缆区（Cable Area）			S	
架空电缆（Cable Overhead）		C			海底电缆（Cable Submarine）		C		
渠道 / 运河（Canal）		C	S		货物过驳区（Cargo Transhipment Area）	P		S	
长堤 / 栈道（Causeway）		C	S		警告区（Caution Area）	P		S	
检查站（Checkpoint）	P		S		海岸警卫站（Coastguard Station）	P		S	
避碰规则界线（Collision Regulations Limit）		C			毗连区（Contiguous Zone）			S	
大陆架（Continental Shelf Area）			S		传送装置（Conveyor）		C	S	
起重机（Crane）	P	C	S		非重力流（Current – Non-gravitational）	P	C	S	
关税区（Custom Zone）			S		水坝（Dam）		C	S	
昼标（Daymark）	P				深水航道（Deep Water Route）				N
深水航道中心线（Deep Water Route Centreline）		C			深水航道分道（Deep Water Route Part）			S	
深度区（Depth Area）			S		等深线（Depth Contour）		C		
深度—未测到底（Depth – No Bottom Found）	A				变色水域（Discoloured Area）	P		S	
距离标志（Distance Mark）	P				港池区（Dock Area）			S	
疏浚区（Dredged Area）			S		干船坞（Dry Dock）			S	

倾废场（Dumping Ground）	P		S		堤（Dyke）		C	S	
专属经济区（Exclusive Economic Zone）			S		航道（Fairway）			S	
航道系统（Fairway System）				N	栅栏 / 围墙（Fence/Wall）		C		
轮渡航路（Ferry Route）		C	S		渔业区（Fishery Zone）			S	
捕鱼设施（Fishing Facility）	P	C	S		渔场（Fishing Ground）			S	
浮船坞（Floating Dock）	P	C	S		雾号（Fog Signal）	P			
防御工事（Fortified Structure）	P	C	S		碍锚地（Foul Ground）	P	C	S	
自由港区（Free Port Area）			S		闸门（Gate）	P	C	S	
船台（Gridiron）			S		港区（行政管理）[Harbour Area（Administrative）]			S	
报废船（Hulk）	P		S		冰区（Ice Area）			S	
信息区（Information Area）	P	C	S		沿岸通航带（Inshore Traffic Zone）			S	
岛群（Island Group）				N	湖泊（Lake）			S	
陆地区（Land Area）	P	C	S		地面高程（Land Elevation）	P	C		
地面地带（Land Region）	P	C	S		陆标（Landmark）	P	C	S	
航空障碍灯（Light Air Obstruction）	P				环向灯标（Light All Around）	P			
灯浮（Light Float）	P				探雾灯（Light Fog Detector）	P			
扇形光灯（Light Sectored）	P				灯船（Light Vessel）	P			
局部磁力异常（Local Magnetic Anomaly）	P	C	S		船闸（Lock Basin）			S	
贮木场（Log Pond）	P		S		磁差（Magnetic Variation）	P	C	S	
海水养殖场（Marine Farm/Culture）	P	C	S		军事训练区（Military Practice Area）	P		S	
系泊设施（Mooring Trot）				N	系泊绞缆设施（Mooring/Warping Facility）	P	C	S	
导航线（Navigation Line）		C			障碍物（Obstruction）	P	C	S	
海上平台（Offshore Platform）	P		S		海上作业区（Offshore Production Area）			S	
油障（Oil Barrier）		C			实体 AIS 助航标志（Physical AIS Aid to Navigation）	P			
桩（Pile）	P	C	S		引航员登船点（Pilot Boarding Place）	P		S	
引航区（Pilotage District）			S		架空管道（Pipeline Overhead）		C		
海底 / 陆地管道（Pipeline Submarine/On Land）		C			浮码头（Pontoon）	P	C	S	
警戒区（Precautionary Area）	P		S		生产 / 仓储区（Production/Storage Area）	P		S	

塔架 / 桥墩（Pylon/Bridge Support）	P		S		雷达线（Radar Line）		C		
雷达有效作用距离（Radar Range）			S		雷达反射器（Radar Reflector）	P			
雷达站（Radar Station）	P				雷达应答器（Radar Transponder Beacon ）	P			
无线电呼叫点（Radio Calling-In Point）	P	C			无线电站（Radio Station）	P			
铁路（Railway）		C			急流（Rapids）	P	C	S	
方位线系统（Range System）				N	推荐航道中心线（Recommended Route Centreline）		C		
推荐航线（Recommended Track）		C			推荐航道分道（Recommended Traffic Lane Part）	P		S	
救助站（Rescue Station）	P		S		航行限制区（Restricted Area Navigational）			S	
监管限制区（Restricted Area Regulatory）			S		反射器（Retroreflector）	P			
河流（River）		C	S		道路（Road）		C	S	
跑道（Runway）	P	C	S		沙纹（Sandwave）	P	C	S	
海域 / 命名水域（Sea Area/Named Water Area）	P		S		海床区（Seabed Area）	P	C	S	
海上飞机起降区（Seaplane Landing Area）	P		S		岸线结构物（Shoreline Construction）	P	C	S	
交通信号站（Signal Station Traffic）	P		S		告警信号站（Signal Station Warning）	P		S	
筒仓 / 罐（Silo/Tank）	P		S		坡顶线（Slope Topline）		C		
倾斜地面（Sloping Ground）	P		S		小型船用设施（Small Craft Facility）	P		S	
水深（Sounding）	A				固定桥跨（Span Fixed）		C	S	
活动桥跨（Span Opening）		C	S		泉（Spring）	P			
直线领海基线（Straight Territorial Sea Baseline）		C			海底管道区（Submarine Pipeline Area）	P		S	
潜水艇航道（Submarine Transit Lane）			S		扫测区（Swept Area）			S	
领海区（Territorial Sea Area）			S		潮汐流 / 洪水 / 低潮（Tidal Stream–Flood/Ebb）	P		S	
潮流表数据（Tidal Stream Panel Data）	P		S		潮路（Tideway）		C	S	
通航分隔线（Traffic Separation Line）		C			分道通航制（Traffic Separation Scheme）				N

分道通航制边界（Traffic Separation Scheme Boundary）		C			分道通航制交叉处（Traffic Separation Scheme Crossing）			S	
分道通航制分道（Traffic Separation Scheme Lane Part）			S		分道通航制环行道（Traffic Separation Scheme Roundabout）			S	
分道通航带（Traffic Separation Zone）			S		隧道（Tunnel）		C	S	
双向航道（Two-way Route）				N	双向航道分道（Two-Way Route Part）			S	
暗礁 / 适淹礁（Underwater/Awash Rock）	P				未测区（Unsurveyed Area）			S	
植被（Vegetation）	P	C	S		船舶交通服务区（Vessel Traffic Service Area）			S	
虚拟 AIS 助航标志（Virtual AIS Aid to Navigation）	P				紊流（Water Turbulence）	P	C	S	
瀑布（Waterfall）	P	C			海草 / 海藻（Weed/Kelp）	P		S	
风力发电机（Wind Turbine）	P				沉船（Wreck）	P		S	
元数据要素									
数据覆盖范围（Data Coverage）			S		本地浮标方向（Local Direction of Buoyage）			S	
航标制度（Navigational System of Marks）			S		测深数据质量（Quality of Bathymetric Data）			S	
非测深数据质量（Quality of Non-Bathymetric Data）			S		测量质量（Quality of Survey）		C	S	
深度基准面（Sounding Datum）			S		更新信息（Update Information）	P	C	S	
垂直基准面（Vertical Datum of Data）			S						
制图要素									
文本布置（Text Placement）	P								
信息类型									
联系方式（Contact Details）				N	航海信息（Nautical Information）				N
非标准工作日（Non-Standard Working Day）				N	服务时间（Service Hours）				N
空间质量（Spatial Quality）				N					

A.2.2.1 采集密度准则（Capture density guideline）

对曲线和曲面的边界进行编码时，建议其点密度在 ENC 数据最大显示比例尺下不大于 0.3 毫米。

曲线包含一个或多个曲线段。各曲线段在 WGS84 上定义为“恒向线”（loxodromic line）。为控制投影变形影响，较长的线可能需要插入其他坐标。

线样式的表示可能受曲线长度的影响。因此，编码人员必须注意：将曲线分割成无数小曲线可能会导致符号混乱。

A.2.3　信息类型（Information types）

信息类型（Information type）是一种可识别对象，用于表达关联要素的特定信息。使用信息类型的一个例子是需要对“架空电缆”添加注释。信息类型可以与其他信息类型关联，如果存在与信息类型相关的其他补充信息，则可以执行此操作。

信息类型具有属性，但是没有空间几何。

A.2.4　属性（Attributes）

属性（Attribute）分为简单属性和复杂属性两类。复杂（C）属性是其他简单属性或复杂属性的聚合。S-101 简单属性可以是 A.2.4.2 节中所列 7 种类型之一。

要素目录定义了要素类型的属性绑定、复杂属性的属性绑定以及属性的多重性。本文档中，每个要素类型允许使用的属性及枚举类型属性的允许值都有相应说明。

A.2.4.1　多重性（Multiplicity）

为控制复杂属性中允许属性值的数量或子属性实例的数量，S-100 使用了多重性的概念。多重性规定了值数量的上下限、实例的顺序是否有意义以及某个属性是否为强制性。常见示例如下表 A-2.2 所示：

格式：最小值（MinOccurs），最大值（MaxOccurs，如果是 * 表示无限）(ordered)– 依次

表 A-2.2　多重性 – 示例

多重性	说明
0,1	实例不是强制性的；只能有一个实例
1,1	必须有且只有一个实例
0,*	实例不是强制性的，可以有无限个实例
1,*	实例是强制性的，可以有无限个实例
1,*(ordered)	实例是强制性的，可以有无限个实例，其顺序有特定的含义
2,2	实例是强制性的，数量不得超过两个

注释　S-57 属性类型“列表”（List）的功能已替换为“枚举”（EN，Enumeration），多重性的上限大于 1，即枚举属性需要多个值时，属性代码用所需的值进行多次填写。

示例：对“红白相间的塔”进行编码，需要用到属性“颜色”（colour）=3[“红色”（red）] 和“颜色”（colour）=1[“白色”（white）]。在本文档中，该示例将被编码为“颜色（colour）=3,1”。

A.2.4.2　简单属性类型（Simple attribute types）

S-101 中的所有简单属性（simple attribute）都属于以下七种类型之一：

EN	枚举（Enumeration）：一组具有助记词的有效标识符的列表。枚举类型的属性只能从该列表中取值
BO	布尔型（Boolean）：代表二元逻辑，值可以是 True（真）或 False（假）。布尔型属性的默认状态（即要素未填写属性）为 False
RE	实型（Real）：由一个小数和一个指数组成的有正负的浮点型，Real 的长度是有界的，且依赖于用法 示例：23.501、−0.0001234、−23.0、3.141296
IN	整型（Integer）：有符号整数，整数长度是有界的，且依赖于用法 示例：29、−65547
TE	自由文本（Free text）：字符串是一个任意长的字符序列，包含取自采用字符集中的重音符和特殊字符
TD	截断日期（Truncated Date）：截断日期允许按公历日期，将部分日期编码为与 ISO 8601 兼容的“年、月、日”日期属性类型值。日期的字符编码是字符串，遵循 ISO 8601：2004 规定的日期格式（完整表示，基本格式），见 A.2.4.8 节 示例：19980918（YYYYMMDD）
TI	时间（Time）：在 24 小时制中，时间采用时、分、秒表示。时间的字符编码应当是 ISO 8601 中定义的基本格式进行完整表示。完整表示意味应包括小时、分钟和秒。基本格式意味省略分隔符 建议采用协调世界时（UTC）表示时间 示例：183059Z 时间可以表示为带有 UTC 时差的当地时间 示例：183059+0100 时间也可以表示为不带有 UTC 时差的当地时间 示例：183059 完整表示日内瓦（冬天比 UTC 早一小时）和纽约（冬天比 UTC 晚五小时）的“15 小时 27 分钟 46 秒”，连同当地时间和 UTC 之间时间刻度的差异，示例如下： 日内瓦：152746+0100 纽约：152746-0500 在 UTC 时差受夏令时影响的地区，全年可用的服务工时可以用当地时间表示，无须指定时差 示例：开放：074500；关闭 : 161500

实型或整型属性值不得填写无效零，例如，对于 2.5 秒的信号周期，属性“信号周期”（signal period）的赋值必须为 2.5，而不能是 02.50。

A.2.4.3 强制性属性和条件性属性（Mandatory and conditional attributes）

某些属性是强制性的，且必须填写在指定的要素类型中。属性值被归为“强制性”（mandatory）的主要原因包括：

- 决定正确图示表达所必需的属性：
  - 要素是否在显示库中；
  - 使用哪个符号。
- 如果缺少特定属性，要素便没有逻辑意义。
- 航行安全需要某些属性。

强制性属性 [多重性 1,1；1,n（n>1）；或 1,*] 的定义见本文档对各要素类型的描述。为便于参考，下文中的表 A-2.3 总结了各要素类型的强制性属性（注意，复杂属性的强制性子属性未包含其中）：

表 A-2.3 强制性属性

要素（Feature）	强制性属性（Mandatory Attribute）
行政区（Administration Area）	管辖区（jurisdiction）
群岛海道分道（Archipelagic Sea Lane Part）	国籍（nationality）
群岛海道轴线（Archipelagic Sea Lane Axis）	国籍（nationality）
方位立标（Beacon Cardinal）	立标形状（beacon shape）； 方位标志类（category of cardinal mark）； 颜色（colour）
孤立危险物立标 （Beacon Isolated Danger）	立标形状（beacon shape）； 颜色（colour）
侧面立标（Beacon Lateral）	立标形状（beacon shape）； 侧面标志类（category of lateral mark）； 颜色（colour）
安全水域立标（Beacon Safe Water）	立标形状（beacon shape）； 颜色（colour）
专用 / 通用立标 （Beacon Special Purpose/General）	立标形状（beacon shape）； 专用标志类（category of special purpose mark）； 颜色（colour）
泊位（Berth）	要素名称（feature name）
桥梁（Bridge）	通航水域上方：桥梁类（category of bridge） 其他情况：无
方位浮标（Buoy Cardinal）	浮标形状（buoy shape）； 方位标志类（category of cardinal mark）； 颜色（colour）
应急沉船示位浮标（Buoy Emergency Wreck Marking）	浮标形状（buoy shape）；颜色（colour）
作业浮标（Buoy Installation）	浮标形状（buoy shape）；颜色（colour）
孤立危险物浮标（Buoy Isolated Danger ）	浮标形状（buoy shape）；颜色（colour）
侧面浮标（Buoy Lateral）	浮标形状（buoy shape）；侧面标志类（category of lateral mark）；颜色（colour）
安全水域浮标（Buoy Safe Water）	浮标形状（buoy shape）；颜色（colour）
专用 / 通用浮标（Buoy Special Purpose/General）	浮标形状（buoy shape）；专用标志类（category of special purpose mark）；颜色（colour）
架空电缆（Cable Overhead）	通航水域上方，至少一个：固定净空高度（vertical clearance fixed）、安全净空高度（vertical clearance safe） 其他情况：无
毗连区（Contiguous Zone）	国籍（nationality）
大陆架（Continental Shelf Area）	国籍（nationality）
传送装置（Conveyor）	通航水域上方：固定净空高度（vertical clearance fixed） 其他情况：无
非重力流（Current – Non-gravitational）	方位（orientation）；速度（speed）

要素（Feature）	强制性属性（Mandatory Attribute）
关税区（Custom Zone）	国籍（nationality）
昼标（Daymark）	颜色（colour）；顶标形状（topmark shape）
深水航道中心线（Deep Water Route Centreline）	推荐航线类（category of recommended track）； 方位值（orientation value）；交通流（traffic flow）
深水航道分道（Deep Water Route Part）	水深范围最小值（depth range minimum value）； 方位值（orientation value）；交通流（traffic flow）
深度区（Depth Area）	水深范围最大值（depth range maximum value）； 水深范围最小值（depth range minimum value）
等深线（Depth Contour）	等深线值（value of depth contour）
距离标志（Distance Mark）	里程（measured distance value）
疏浚区（Dredged Area）	水深范围最小值（depth range minimum value）
专属经济区（Exclusive Economic Zone）	国籍（nationality）
轮渡航路（Ferry Route）	轮渡类（category of ferry）
渔业区（Fishery Zone）	国籍（nationality）
雾号（Fog Signal）	雾号类（category of fog signal）
闸门（Gate）	如在数据最大显示比例尺下可通航： 开启水平净宽（horizontal clearance open）
港口设施（Harbour Facility）	港口设施类（category of harbour facility）
冰区（Ice Area）	冰类（category of ice）
岛群（Island Group）	要素名称（feature name）
地面高程（Land Elevation）	高程（elevation）
地面地带（Land Region）	至少一个：地面地带类（category of land region）、要素名称（feature name）
陆标（Landmark）	陆标类（category of landmark）； 视觉显著（visually conspicuous）
环向灯标（Light All Around）	颜色（colour）； 灯光节奏（rhythm of light）
扇形光灯（Light Sectored）	扇形灯质（sector characteristics）
灯浮（Light Float）	颜色（colour）
灯船（Light Vessel）	颜色（colour）
局部磁力异常（Local Magnetic Anomaly）	局部磁力异常（value of local magnetic anomaly）
磁差（Magnetic Variation）	磁差参考年份（reference year for magnetic variation）； 磁差年变化值（value of annual change in magnetic variation）； 磁差值（value of magnetic variation）
海水养殖场（Marine Farm/Culture）	水位效应（water level effect） 至少一个：水深值（value of sounding）、垂直距离（vertical length）
系泊绞缆设施（Mooring/Warping Facility）	系泊绞缆设施类（category of mooring facility）

要素（Feature）	强制性属性（Mandatory Attribute）
导航线（Navigation Line）	导航线类（category of navigation line）； 方位（orientation）
障碍物（Obstruction）	水位效应（water level effect） 至少一个：水深值（value of sounding）、高度（height）
海上平台（Offshore Platform）	水位效应（water level effect）
架空管道（Pipeline Overhead）	通航水域上方："固定净空高度"（vertical clearance fixed） 其他情况：无
生产区（Production Area）	生产区类（category of production area）
塔架 / 桥墩（Pylon/Bridge Support）	塔架类（category of pylon）
无线电呼叫点（Radio Calling-In Point）	方位值（orientation value）（仅限点要素）； 交通流（traffic flow）
雷达线（Radar Line）	方位值（orientation value）
雷达应答器（Radar Transponder Beacon）	雷达应答器类（category of radar transponder beacon）
推荐航道中心线（Recommended Route Centreline）	推荐航线类（category of recommended track）
推荐航线（Recommended Track）	推荐航线类（category of recommended track）； 方位值（orientation value）； 交通流（traffic flow）
推荐航道分道（Recommended Traffic Lane Part）	方位值（orientation value）
航行限制区（Restricted Area Navigational）	限制（restriction）
监管限制区（Restricted Area Regulatory）	至少一个：限制区类（category of restricted area）、限制（restriction）
海域 / 命名水域（Sea Area/Named Water Area）	至少一个：海域类（category of sea area）、要素名称（feature name）
海床区（Seabed Area）	表面特性（surface characteristics）
交通信号站（Signal Station Traffic）	交通信号站类（category of signal station traffic）
告警信号站（Signal Station Warning）	告警信号站类（category of signal station warning）
小型船用设施（Small Craft Facility）	小型船用设施类（category of small craft facility）
固定桥跨（Span Fixed）	固定净空高度（vertical clearance fixed）
活动桥跨（Span Opening）	封闭净空高度（vertical clearance closed）； 开启净空高度（vertical clearance open）
直线领海基线（Straight Territorial Sea Baseline）	国籍（nationality）
扫测区（Swept Area）	水深范围最小值（depth range minimum value）
领海区（Territorial Sea Area）	国籍（nationality）
潮汐流 / 洪水 / 低潮 （Tidal Stream – Flood/Ebb）	潮流类（category of tidal stream）； 方位（orientation）； 速度（speed）
潮流表数据（Tidal Stream Panel Data）	站名（station name）； 潮流表的值（tidal stream panel values）

要素（Feature）	强制性属性（Mandatory Attribute）
分道通航制分道 （Traffic Separation Scheme Lane Part）	方位值（orientation value）（除了分道为交叉处的情况）
双向航道分道 （Two-Way Route Part）	方位值（orientation value）； 交通流（traffic flow）
暗礁 / 适淹礁（Underwater/Awash Rock）	水深值（value of sounding）； 水位效应（water level effect）
植被（Vegetation）	植被类（category of vegetation）
虚拟 AIS 助航标志 （Virtual AIS Aid to Navigation）	虚拟 AIS 助航标志类（virtual AIS aid to navigation type）
紊流（Water Turbulence）	紊流类（category of water turbulence）
沉船（Wreck）	水位效应（water level effect）； 至少一个：沉船类（category of wreck）、水深值（value of sounding）
数据覆盖范围（Data Coverage）	最大显示比例尺（maximum display scale）； 最小显示比例尺（minimum display scale）
本地浮标方向（Local Direction of Buoyage）	海上标志体系（marks navigational–system of）； 方位值（orientation value）
航标制度（Navigational System of Marks）	海上标志体系（marks navigational–system of）
测深数据质量（Quality of Bathymetric Data）	时变类（category of temporal variation）； 数据评估（data assessment）； 要素探测（features detected）； 海底全覆盖（full seafloor coverage achieved）； 水平位置不确定度（horizontal position uncertainty）； 测量日期范围（survey date range）； 垂直不确定度（vertical uncertainty）
非测深数据质量（Quality of Non-Bathymetric Data）	水平位置不确定度（horizontal position uncertainty）
测量质量（Quality of Survey）	测量机构（survey authority）； 测量日期范围（survey date range）； 测量类型（survey type）
深度基准面（Sounding Datum）	垂直基准面（vertical datum）
更新信息（Update Information）	更新描述（update description）
垂直基准面（Vertical Datum）	垂直基准面（vertical datum）
文本布置（Text Placement）	文本对齐（text justification） 至少一个：文本（text）或文本类型（text type）
航海信息（Nautical Information）	信息（information）
非标准工作日（Non-Standard Working Day）	至少一个：固定日期（date fixed）、可变日期（date variable）
服务时间（Service Hours）	按周几安排日程（schedule by day of week）

注释 1　复杂属性的子属性及复杂属性自身也可以被指定为“强制性属性”（见下文注释 2）。除相关要素备注中的注释外，后续表格中均未标识“有条件强制性”属性，但在上表 A-2.3 中以下列附加文本表示：

通航水域上方 *	用于“桥梁”（Bridge）、“架空电缆”（Cable Overhead）、“传送装置”（Conveyor）、“架空管道”（Pipeline Overhead）
至少一个	用于“地面地带”（Land Region）、“海水养殖场”（Marine Farm/Culture）、“障碍物（Obstruction）、“监管限制区”（Restricted Area Regulatory）、“海域 / 命名水域”（Sea Area/Named Water Area）、“沉船”（Wreck）、“非标准工作日”（Non-Standard Working Day）
如在……可通航	用于“闸门”（Gate）
除了……	用于“分道通航制分道”（Traffic Separation Scheme Lane Part）
（仅限点要素）	用于“无线电呼叫点”（Radio Calling-In Point）
其中之一	用于“文本布置”（Text Placement）

* 在 ENC 编码环境中，“通航水域上方”（over navigable water）被定义为第一组（Group 1）要素所覆盖的区域，其中包括“深度区”（Depth Area）、“疏浚区”（Dredged Area）、“港池区”（Dock Area）、“船闸”（Lock Basin）或“未测区”（Unsurveyed Area）。

对 ENC 要素编码时，必须考虑以上情况及本文档相关要素类说明中的其他所有信息。例如，对“监管限制区”（Restricted Area Regulatory）编码时，其强制性属性应至少是“限制区类”（category of restricted area）或“限制”（restriction）其中之一；如果“限制”（restriction）已知，而“限制区类”未知，则后者的值不能填写为空值（null），因为它在这种情况下不是强制性的。

注释 2　对于复杂属性，至少有一个子属性为强制性属性（或有条件强制性），因此复杂属性的此类强制子属性并未列入上表 A-2.3。对于复杂属性的子属性属于有条件强制性的情况 [如必须选择要素“海床区”（Seabed Area）的子属性“表面性质”（nature of surface）或“表面性质 - 限定术语”（nature of surface – qualifying terms）其中之一对复杂属性“表面特性”（surface characteristics）进行赋值]，见下文相关要素表条目的备注说明。

注释 3　如果要素（灯标要素除外）对属性“颜色”（colour）填入了不止一个值，则属性“色彩图案”（colour pattern）为强制性属性。

A.2.4.4　缺失属性值（Missing attribute values）

如果强制性属性的值未知，则必须填写空值（null）。

如果非强制性属性的值未知，则应从数据集中删除。

如果基础数据集（base dataset）中存在属性编码，但属性值缺失，则表明生产者希望表明“该属性值未知”。

如果更新数据集（Updated dataset）中存在属性编码，但属性值缺失，则表明：

- 如果原始数据集包含该属性的值，该值替换为空值（null）；
- 如果原始数据集不存在该属性，则插入空值（null）。

A.2.4.5 图示表达要素属性（Portrayal feature attributes）

ECDIS 中 ENC 数据的显示主要是基于 S-101 图示表达目录中的规则。虽然多数 ECDIS 的图示表达都是根据现实世界中特定要素实例的属性，但在图示表达规则中，某些要素属性在 ECDIS 中可提供额外功能，或者向海员提供信息。以下属性对图示表达存在具体影响：

“显示名称”（Display name）：该布尔型属性决定是否应显示名称文本。如未填写，则使用默认的图示表达规则。

“信息”（Information）：填写该复杂属性后会生成洋红色信息符号，向用户突出显示附加信息。

“在水域内”（In the water）：该布尔型属性决定通航水域内或其上方的要素是否包含在 ECDIS 基础显示（ECDIS Base Display）中。

“图示显示”（Pictorial representation）：填写该复杂属性后会生成洋红色信息符号，向用户突出显示附加信息。

“最小比例尺”（Scale minimum）：如果在 ECDIS 中可以启用最小比例尺，那么在最小显示比例尺时将会移除该要素（见 A.2.5.9 节）。

“视觉显著”（Visually conspicuous）：该布尔型属性决定视觉显著要素呈黑色而非棕色。

A.2.4.6 文本信息（Textual information）

信息类型“航海信息”（Nautical Information）（见 A.24.4 节）可用于对单个要素或一组要素的附加文本信息进行编码。“航海信息”通过关联“附加信息”（Additional information）与相关要素建立关联（见 A.25.1 节）。如果可以用其他属性实现信息编码时，不得使用“航海信息”。在 ECDIS 的某些显示设置下，填写此类属性值时显示“信息”（information）符号。生产者应慎用此类属性，因为其可能造成 ECDIS 屏幕乱码。

复杂属性“信息”（information）使用子属性“文本”（text）以包含文本信息，或使用子属性“文件引用”（file reference）以表示外部文件的名称。

“信息”（information）子属性“文本”（text）中包含的字符串必须是 UTF-8 字符编码。“信息”通常是简要说明或表达其他属性无法编码的信息，或者提供有关要素的更多详细信息。“文本”的填写不得超过 300 个字符。

文本信息的交换语言应为英语，因此英文版文本信息无须填写子属性“语言”（language）。

非英语语言可用作备用语言，但必须使用恰当值来表示其语言。这通常意味着，如果文本属性使用国家语言，必须同时具有对应的英文翻译。

备注：

- 要素名称的相关编码指南见 A.2.5.8 节。

A.2.4.7 空间属性类型（Spatial attribute types）

空间属性类型必须包含几何引用，且可与空间质量（spatial quality）属性关联。每个空间属性实例都必须被一个要素实例或其他空间属性实例引用。

空间质量属性存在于信息类型“空间质量”（Spatial Quality）（见 A.24.5 节）中。只有点、多点和曲线可以与空间质量关联。目前尚没有已知的用例支持曲面和空间质量关联，因此是禁止的。曲线禁止使用垂直不确定度，因为曲线不支持该维度。

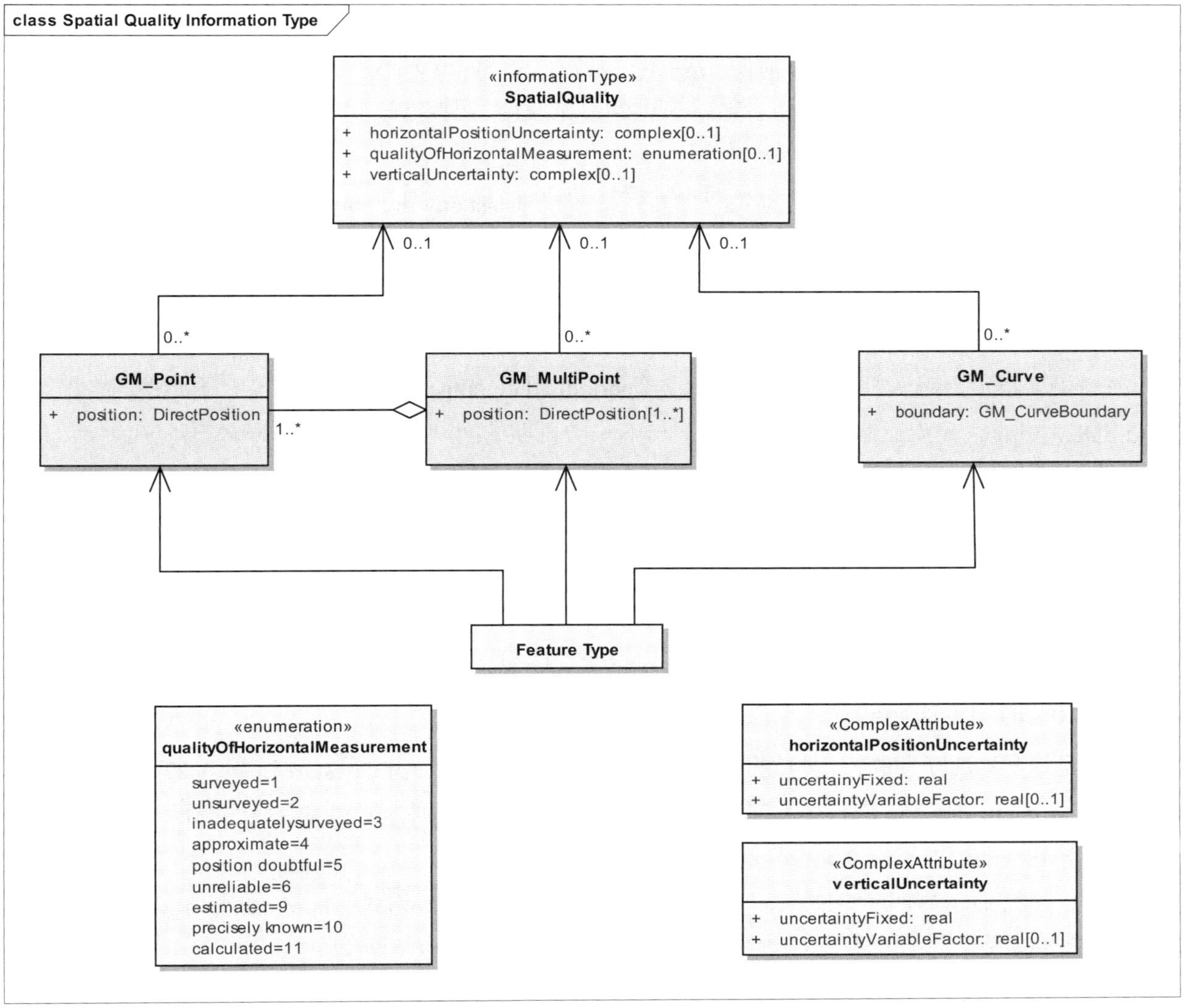

图A-2.1　空间质量信息类型

A.2.4.8　日期（Dates）

使用“疏浚日期”（dredged date）、“固定日期范围”（fixed date range）、“周期性日期范围”（periodic date range）、“报告日期”（reported date）、“磁差参考年份”（reference year for magnetic variation）、“测量日期范围”（survey date range）和“扫测日期”（swept date）等属性对日期编码，且无须明确年、月或日时，下列值必须符合 ISO 8601：2004 和 S-100 第 3 部分的要求。

- 无须特定年份，每年的同一天：----MMDD
- 无须特定年份，每年的同一月：----MM--
- 无须特定日期：YYYYMM--
- 无须特定月份：YYYY----

备注：（1）YYYY 表示年（公历）；MM 表示月；DD 表示日。

（2）符号“-”表示年、月或日无须包括在内。

如果已经为属于某个“结构物 / 设备”（Structure/Equipment）要素关联（见 A.25.14 节）的结构物组件做了时间属性编码，则该关联关系中所有其他组件的时间属性值不得超出结构物要素的编码值。

A.2.4.8.1 季节性要素（Seasonal feature）

如需表示要素的季节性，必须使用要素“状况”（Status）=5[“周期性 / 间歇性”（periodic/intermittent）]。如需编码季节的起止日期，必须使用复杂属性“周期性日期范围”（periodic date range）（见 A.29.15 节）。

季节性事件起止日期如需表示为“2 月的最后一天”（last day in February），应注意闰年加一天（2 月 29 日）。如果用值“--0228”对“周期性日期范围”（periodic date range）和子属性“终止日期”（date end）编码，可能会导致 ECDIS 在闰年 2 月 29 日错误指示季节性特征；而以“--0229”编码同样可能导致 ECDIS 在平年的运行问题。因此，建议编码人员将季节性事件的起止日期编码为“2 月的最后一天”（该操作须通过编码“周期性日期范围”（periodic date range）的值来完成）；子属性”终止日期”（end date）“或“开始日期”（date start）与下一次日期的出现一致——若下一次出现在平年，则为“--0228”；在闰年则为“--0229”。如需修改日期，必须使用 ENC 更新数据集（ENC 更新，见第 A.31 节）对 ENC 进行修订。例如，如果值为“--0228”，且下一次是在闰年，则必须创建 ENC 更新，将日期改为“--0229”。

此外，如果编码人员认为闰年的日期无须更新，可将“开始日期”（date start）或“终止日期”（date end）的值填写为“--03”，表示每年 3 月 1 日的开始日期或终止日期。

A.2.4.9 时间（Times）

如需显示要素活跃期的起止时间，必须使用“开始时间”（time of day start）（见 A.27.174 节）和“终止时间”（time of day end）（见 A.27.173 节）进行编码。“开始时间”和“终止时间”的属性描述格式必须符合 ISO 8601（见 A.2.4.2 节）。

建议采用协调世界时（UTC）表示时间。必要时，须使用该格式：hhmmssZ，其中 hh 表示时，mm 表示分，ss 表示秒；Z 是强制性成分。

示例：183059Z　　　表示 UTC 时间 18 时 30 分 59 秒

如需用指定 UTC 偏移量表示当地时间（Local Time），必须使用 hhmmss+hhmm 格式。

示例：183059+0100　　　表示当地时间比 UTC 时间 18 时 30 分 59 秒早 1 小时

一年中某些时段内实行夏令时的地区，提供独立于 UTC 偏移量的当地时间可能更为恰当。如需表示当地时间但无须指定 UTC 偏移量，必须使用 hhmmss 格式。

示例：183059　　　表示当地时间 18 时 30 分 59 秒

A.2.4.9.1 日程安排（Schedules）

如需说明任何要素相关的时间表，必须使用信息类型“服务时间”（Service Hours）（见 A.24.2 节）或“非标准工作日”（Non-Standard Working Day）（见 A.24.3 节）编码。“服务时间”（Service Hours）表示某个要素的正常运转时间表，或该要素相关服务的结束时间。“非标准工作日”（Non-Standard Working Day）表示当年正常工作时间受限的具体天数，可以与公历无关。

示例：正常运行状态下，要素服务时间为周一和周三全天 24 小时，周四至周六 08:00 至 16:00（当地时间——注意当地时间格式，无上述 A.2.4.9 节中规定的 UTC 偏移量）。公休日和每年的 8 月 5 日暂停服务。

"服务时间"（Service Hours）

"按周几安排日程"（schedule by day of week）

"日程安排类"（category of schedule）=1["正常运营"（normal operation）]

"时间间隔以每周的某一天计"（time intervals by day of week）

"周内某一天"（day of week）=1,3（周一，周三）

"以周内天数为范围"（day of week is range）=0(False)

"时间间隔以每周的某一天计"（time intervals by day of week）

"周内某一天"（day of week）=4,6（周四，周六）

"以周内天数为范围"（day of week is range）=1(true)

"开始时间"（time of day start）=080000

"终止时间"（time of day end）=160000

"非标准工作日"（Non-Standard Working Day）

"固定日期"（date fixed）=- - - -0805（每年的 8 月 5 日）

"可变日期"（date variable）= public holidays（公休日）

A.2.4.10　颜色和色彩图案（Colours and colour patterns）

如需编码要素的多个颜色，必须使用属性"色彩图案"（colour pattern）和"颜色"（colour），并按如下规则编码：

- 对于横条纹 ["色彩图案"（colour pattern）=1]，"颜色"（colour）的值必须进行排序，确保第一个值是最上方条纹的颜色，后续颜色依次从上到下。例如，colour=3,1 表示红条纹在白条纹上。
- 对于竖条纹 ["色彩图案"（colour pattern）=2]，"颜色"（colour）的值必须进行排序，确保第一个值是最左边条纹的颜色，后续颜色依次从左向右。例如，colour=3,1,3 表示红白红竖条纹。
- 对于斜条纹 ["色彩图案"（colour pattern）=3]，"颜色"（colour）的值必须进行排序，确保第一个值是最左上角条纹的颜色，后续颜色依次从左上角向右下角。例如，colour=1,3,1,3,1 表示白红白红白斜条纹。
- 对于方格 ["色彩图案"（colour pattern）=4]，"颜色"（colour）的值必须进行排序，确保第一个值是最左上角方格的颜色。后续颜色沿最上面一行从左至右依次排列，然后再从下一行开始继续依次排列，直至最右下方的方格中。例如，colour=1,3,3,1 表示上排的白红方格和下排的红白方格。
- 对于边界条纹 ["色彩图案"（colour pattern）=6]，"颜色"（colour）的值必须进行排序，以确保第一个值是边界条纹的颜色、第二个值是背景的颜色。例如，colour=3,1 表示白色背景中的红色边界条纹。如果边界条纹与其他图案相结合，必须评估哪种图案对海上航行最为重要，并对"色彩图案"（colour pattern）填写适当的值。

需注意，对于任何包含一种以上颜色的要素（灯标要素除外），属性"色彩图案"（colour pattern）是强制性的。

A.2.4.11　雷达显著要素（Radar conspicuous features）（见 S-4 – B485.2）

属性“雷达显著”用于对某个要素在雷达上是否显著进行编码。

备注：

- 如需编码不含雷达反射器但属于雷达显著的要素，必须使用属性“雷达显著”（radar conspicuous）。
- 如果需要对雷达显著的面状要素或点状要素进行编码，若其装有雷达反射器，必须在允许使用“雷达显著”（radar conspicuous）属性的要素中使用该属性。如果“雷达显著”（radar conspicuous）为非允许属性，则需要在该要素内部或者同一位置编码一个“雷达反射器”（Radar Reflector）要素（见 A.20.17 节）。
- 如需编码线要素（如架空电缆）上的雷达反射器，必须使用“雷达反射器”（Radar Reflector）要素。

A.2.4.12　引用外部文件的属性（Attributes referening external file）

信息类型“航海信息”（Nautical Information）（见 A.24.4 节）可用于对外部文件引用编码。复杂属性“信息”（information）的子属性“文件引用”（file reference）可引用文本型支持文件。简单属性“图示显示”（pictorial representation）可引用图片文件。相关“附加信息”（Additional Information）（见 A.25.1 节）用于在要素和信息类型之间创建关联。

属性“信息”（information）和“图示显示”（Pictorial representation）被视为图示要素属性，这意味着在给定情形下，当其中一个属性或两个属性被填入值时，ECDIS 将显示“information”符号（洋红色 I）。生产者应慎用此类属性，因为其可能造成 ECDIS 屏幕乱码。

如果可以使用其他属性表示相关信息，则不得使用上述属性。

S-101 产品规范主文件第 11.2 节规定了交换集及支持文件的内容，第 11.4 节介绍了支持文件管理的具体规则和限制。

A.2.4.12.1　对文本文档（textual file）的引用

复杂属性“信息”（information）的子属性“文件引用”（file reference）所引用的文件须为 .TXT、.HTM 或 .XML 格式，也可以包含格式化文本。这些文件一般用于较长文本（如航海出版物中较长的海图注释、表格或段落），但不用于复制其他航海出版物中可见的大篇幅文本（如《航路指南》的整个章节），这些文本可能不适合在 ECDIS 中查看。针对特定文本片段，生产机构自行决定最恰当的文本编码方式。文件只能用 UTF-8 字符编码。

文本信息的交换语言应为英语。子属性“语言”（language）必须填写适当的值，表示所使用的语言。非英语语言可用作备选项。这通常意味着，如果文本属性使用国家语言，必须同时具有对应的英文翻译。

备注：

- 编码人员必须使用 UTF-8 字符对本国文本文档（子属性“文件引用”引用的文件）进行编码，即对文本文档中字符的编码必须与数据集中其他文本国家属性 [即“要素名称”（feature name）和“信息（文本）”（information）（text），使用非英语语言填入子属性“语言”（language）] 相匹配。

A.2.4.12.2　对图示文件的引用（Reference to pictorial file）

只有对航行安全和海洋环境保护具有重要作用时，才使用属性“图示显示”（pictorial representation）。构成 ENC 组成部分的图像文件必须采用标记图像文件（TIF，Tagged Image File）6.0 格式。

编码人员还应充分考虑，引用外部图像文件时，该文件是否符合以下要求：

- 文件规格（size of the file）：图像文件应保持最小文件规格，注意 ENC 数据集的最大许可文件规格（10 Mb）。因此，100Mb 的图像文件是不合适的。TIF 文件的可接受文件大小如下表所示：

表 A-2.4　TIF 文件的建议格式

建议分辨率：	96 DPI
x，y 的最小尺寸：	200,200 像素
x，y 的最大尺寸：	800,800 像素
位深度：	8 位索引颜色
压缩：	LZW
格式：	Tiff 6.0

- 图像内容（content of the graphic）：图像内包含的信息是对相关要素在航行方面的补充。例如，标准的 IALA 专用浮标图像复制了相关“专用/通用浮标”（Buoy Special Purpose/General）的信息，且未向海员提供其他补充信息（可视为重复编码），因此不宜包含在内。
- 方位（aspect）：图像的视角应当与海员的观察相关。例如，从桥塔顶端或附近建筑物上拍摄的照片中截取的桥顶图像，无法向海员提供任何位置信息，因此不宜包括在内。然而，在驶向桥梁的船舶上拍摄的照片可认为是相关的。
- 适于 ECDIS 显示（suitability for display in ECDIS）：图像信息应当在 ECDIS 中清晰可见。例如，图表或表格文本要足够大，才能保证在 ECDIS 中打开时清晰可辨。图像文件中的影像也应适当缩放，以便在 ECDIS 中以适当比例显示（即图像不要只占据窗口的一小部分，也不要过大以至于需要拖动才能看到完整图像）。同时，还须考虑到船桥照明情况的变化。建议在 ENC 发布前，在 ECDIS 中打开关联文件测试显示效果。

A.2.5　数据集（Datasets）

数据集是特定空间范围内的一组要素、属性、几何和元数据。

可生产以下四类 ENC 数据集，并在交换集中使用：

- 更新数据集（Update）：对现有数据集中的信息进行修改。
- 再版数据集（Re-issue）：包括原数据集迄今为止所有数据的更新，不包含先前采用更新数据发布信息之外的任何附加信息。
- 新数据集和新版数据集（New dataset & New Edition）：包含未通过先前更新数据发布的新信息。新版数据集的名称必须和旧版数据集的名称保持一致。

A.2.5.1 ENC 数据覆盖范围（ENC data coverage）

一个 ENC 数据集可以包含若干个“数据覆盖范围”（Data Coverage）（见 A.3.4 节）。数据边界由“数据覆盖范围”元要素的范围界定。数据只能在“数据覆盖范围”元要素范围内出现。

假如 ECDIS 用户有大比例尺数据可用时，生产机构不得在小比例覆盖范围内留有“孔洞”（即区域内没有数据）。大比例尺 ENC 覆盖的区域（包含最小描述区域，见下文 A.2.5.3.2 节），应采用成熟的制图数据综合方法。

当某个要素横跨具有重叠比例尺区间的数据集时，必须在“数据覆盖范围”（Data Coverage）要素的边界对该要素的几何进行拆分，同时必须在各数据集中重复其完整的属性描述。

ENC 更新数据集不得变更 ENC 基础数据集“数据覆盖范围”（Data Coverage）要素的边界。基础数据集的“数据覆盖范围”（Data Coverage）要素边界有变化时，必须发布新版数据集。

A.2.5.2 发现元数据（Discovery metadata）

发现元数据的相关信息见 S-101 电子航海图产品规范（主文件）。

A.2.5.3 最小描述区域（Minimal depiction areas）

在特定的 ENC 最大显示比例尺下，如果存在最小描述区域时，应使用下列选项之一对其编码：

A.2.5.3.1 宽空白区域（Wide blank areas）

不包括数据的数据集区域，必须从元要素“数据覆盖范围”（Data Coverage）内排除。包含数据的区域必须被“数据覆盖范围”（Data Coverage）要素完全覆盖。

A.2.5.3.2 简化或最简描述区域（Simplified or minimum depiction areas）

- 此类区域的测深（Bathymetry）应按 A.11.9.2 节所述内容编码。
- 与测深无关但与陆地区要素相关的信息可以进行编码。
- 应创建一个覆盖整个区域的“警告区”（Caution Area）要素。对于信息类型“航海信息”（Nautical Information）（见 A.24.4 节）相关实例上的复杂属性“信息”（information）[子属性“文本”（text）或“文件引用”（file reference）]，应使用下列选项（其属性的文本内容采用引号内斜体表示）之一进行编码 [对“文件引用”（file reference）来说即为引用文件内容]。

（1）如果有大比例尺数据覆盖：

“本区域范围内包括测深在内的大多数要素均已省略。对本区域内细节的最简描述不支持安全航行；海员应选用恰当的 ENC 比例尺。”

与该区域相关的任何其他信息都应纳入上述声明，或全文替换上述声明。

（2）如果没有大比例尺数据覆盖：

“本区域范围内包括测深在内的大多数要素均已省略。对本区域内细节的最简描述不支持安全航行。”

在该区域航行前，此声明应补充其他机构提供的参考警告信息。

A.2.5.4 单位（Units）

数据集中的深度（depth）、高度（height）和位置不确定度（positional uncertainty）的单位必须为米（m）。

A.2.5.5　无缝 ENC 覆盖（Seamless ENC coverage）

生产者应在责任区通航水域内实现 ENC 无缝覆盖。然而，对所有 ECDIS 显示比例尺都如此操作往往不切实际。因此 S-101 ENC 划定了比例尺范围，规定了数据可在何种比例下使用。

元要素“数据覆盖范围”（Data Coverage）（见 A.3.4 节）用于用户选取查看比例尺时，为 ECDIS 提供数据集加载和卸载所需的比例信息。

强制性属性“最大显示比例尺”（maximum display scale）表示数据的最大预期显示比例。强制性属性“最小显示比例尺”（minimum display scale）表示数据的最小预期显示比例。

ENC 数据集（发现元数据）和“数据覆盖范围”（Data Coverage）要素必须带有最大显示比例尺。同时每一个“数据覆盖范围”要素还必须带有“最小显示比例尺”。二者的取值必须选自下列表：

表 A-2.5　最大显示比例尺值和最小显示比例尺值

比例尺
NULL[仅允许在“最大显示比例尺”（maximum display scale）=10,000,000 时，用于“最小显示比例尺”（minimum display scale）]
1 : 10,000,000
1 : 3,500,000
1 : 1,500,000
1 : 700,000
1 : 350,000
1 : 180,000
1 : 90,000
1 : 45,000
1 : 22,000
1 : 12,000
1 : 8,000
1 : 4,000
1 : 3,000
1 : 2,000
1 : 1,000

同一个数据集内的“数据覆盖范围”（Data Coverage）不得重叠；但如果不同数据集的最大显示比例尺不同，“数据覆盖范围”可以重叠。数据集中的所有数据的最小比例尺必须相同，但某些部分的最大显示比例尺可以不同，这取决于在区域内航行所需 ENC 数据的最佳比例尺。

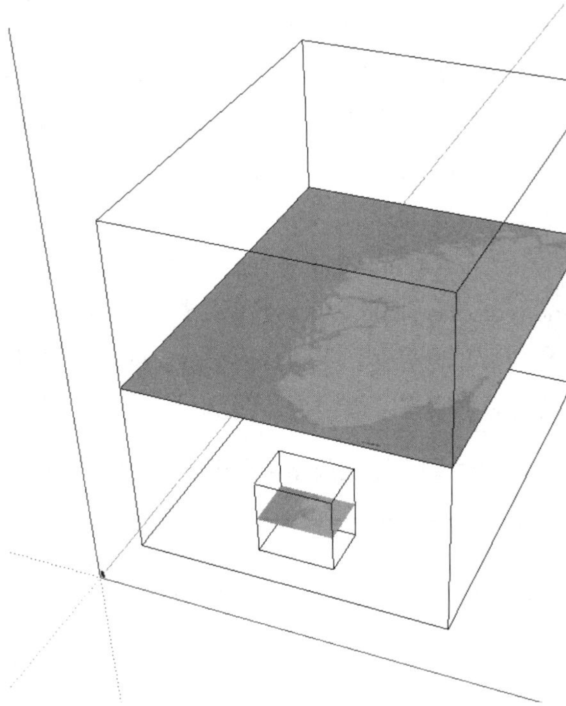

图A-2.2　比例尺范围示例

如果相邻数据集部分或全部比例尺范围相同，则数据集间不得存在数据缝隙（gap）。同样，如果数据集部分或全部比例尺范围相同，则数据集间不得存在重叠数据（overlapping data），相邻区域数据生产者已约定范围的除外。如果难以实现完美的接幅，可使用 5 米重叠缓冲区（overlapping buffer zone）。

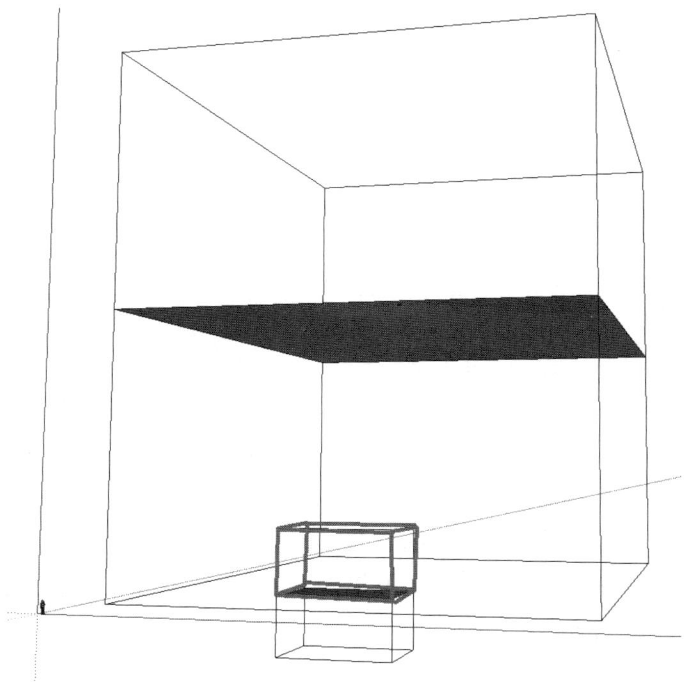

图A-2.3　比例范围重叠示例（红色盒子表示两个数据集比例范围的重叠部分，这是不允许的）

为确保相同比例尺的 ENC 数据在 ECDIS 中无缝显示，如有可能，数据集边界上的数据应尽可能与所有同比例尺相邻数据集内的对应数据对齐和匹配。如相邻数据集间的水深数据不匹配，则应编辑水深数据，从安全的角度出发调整等深线（depth contour）和水深范围（depth area）。虽然应尽可能对海事边界（maritime boundary）、导航线（navigation line）、推荐航线（recommended track）、道路（road）等要素进行边界匹配，但由于不同比例尺的综合问题，不同比例尺尺范围的数据边界匹配（特别是水深数据）通常无法实现。需注意，具有相同比例尺范围的相邻单元，其“数据覆盖范围”（Data Coverage）要素（见 A.3.4 节）边界处的点要素或线要素只能作为一个数据集的一部分。

对于相邻生产国家交叉地带，海道测量局应共同商定数据集的边界，确保比例尺范围内没有数据重叠。如有可能，相邻国家应基于制图的便利性和有利于海员的原则，通过一个技术方案就共同数据边界问题达成一致。为确保跨数据集边界的数据保持一致，邻国之间应进行适当的沟通，包括双方相互使用对方 ENC 的交换机制。

A.2.5.6　要素对象标识符（Feature Object Identifier）

ENC 中每一个要素实例都必须具有一个唯一的、通用的“要素对象标识符”（FOID）。有关 FOID 的信息，参见“S-101 ENC 产品规范”（主文件）4.4 节。

A.2.5.7　高度（Height）和高程（Elevation）

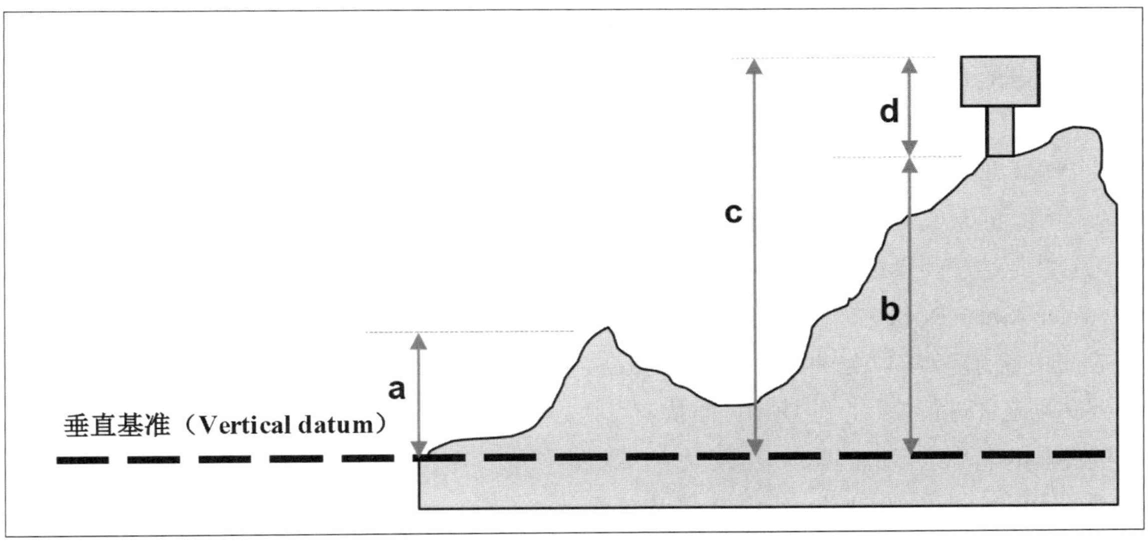

图A-2.4　高度和高程

如需编码垂直基准面以上的自然要素（如山丘、海岸线、斜坡等），除了树木以外，必须使用“高程”（elevation）属性，如图 A.2.4（a）。

对人工要素（如陆标、建筑物等）或树木来说：

- 如需编码垂直基准面以上的要素地面高度或灯高，必须使用“高程”（elevation）属性，如图 A.2.4（b）。
- 如需编码垂直基准面以上的要素最高点的高度，必须使用“高度”（height）要素，如图 A.2.4（c）。
- 如需编码地面以上或海底以上的要素高度（与垂直基准面无关），必须使用属性“垂直距离”

（vertical length），如图 A.2.4（d）。

A.2.5.8 地理名称（Geographic name）

如需编码国际地理名称和国家地理名称，必须使用复杂属性“要素名称”（feature name）（见 A.29.2 节）。如有可能，应使用现有的要素 [如“建筑群区”（Built-up Area）、“河流”（River）、“航标”（navigational mark）]，来表达此信息。

如需编码缺少现有要素的地理名称，必须创建特定的要素，如“行政区”（Administration Area）、“海域 / 命名水域”（Sea Area/Named Water Area）或“地面地带”（Land Region）（见 A.16.8、A.9.1 和 A.5.11 节）。为减少数据量，这些要素应尽可能使用现有要素的几何，如“海域 / 命名水域”（Sea Area/Named Water Area）可使用要素“深度区”（Depth Area）的几何。

国家地理名称可以在子属性“要素名称”（feature name）的非英语版本中保留其原始国家语言（前提是该语言可使用文字级别 0 或 1 来表示），或在“要素名称”（feature name）的英语版本中直译或转录后使用——在这种情况下，国家名称应在“要素名称”（feature name）的附加版本中使用子属性“语言”（language）（已遵循 ISO 639-2/T 对其填写相关国家语言值）进行赋值。

地理名称应使用基于以下标准的“要素名称”（feature name）编码，并由生产机构决定：

1. 不含助航标志的已命名岬角或海角应编码为（面状或点状的）“地面地带”（Land Region）要素，并使用“要素名称”（feature name）对地理名称编码。

2. 应在与助航标志关联的结构物要素上使用“要素名称”（feature name）对包含助航标志的已命名岬角或海角进行编码。如果该岬角或海角上存在多个助航标志，或该岬角或海角和结构物要素的名称不同，则应对（面状或点状的）“地面地带”（Land Region）要素进行编码，并使用“要素名称”对岬角或海角的地理名称编码。

3. 应使用（面状或点状的）“海域 / 命名水域”（Sea Area/Named Water Area）上的“要素名称”（feature name）对与特定地理要素相关的海道测量要素进行编码 [如“海床区”（Seabed Area）、“暗礁 / 适淹礁”（Underwater/Awash Rock）、“障碍物”（Obstruction）]。名称不应在单个海道测量要素上编码。

4. 应使用划定岛屿的“陆地区”（Land Area）要素上的“要素名称”（feature name）对主航道附近的主要岛屿名称进行编码。应使用（面状或点状的）“地面地带”（Land Region）对一组与地理名称关联的岛屿的名称进行编码。

5. 应使用“岛群”（Island Group）要素（见 A.5.5 节）上的“要素名称”（feature name）对已命名的岛群或列岛进行编码。如需命名岛群中的各座岛屿，则应使用划定岛屿的“陆地区”（Land Area）要素上的“要素名称”对其编码。

6. 海道测量局《航路指南》中所列的具有导航意义的地物名称，应使用相关地物上的“要素名称”（feature name）编码 [如“地面地带”（Land Region）、“暗礁 / 适淹礁”（Underwater/Awash Rock）、“海床区”（Seabed Area）、“海域 / 命名水域”（Sea Area/Named Water Area）、“障碍物”（Obstruction）] 进行编码。

7. 如需编码具有法律效力的国际、国家、省或市管辖的行政区，必须使用“行政区”（Administration Area）要素，并使用“要素名称”（feature name）对其名称编码。

8. 如需编码沿海主要城市，必须使用“建筑群区”（Built-Up Area）或“行政区”（Administration

Area）（见 A.6.1 节）要素，并使用“要素名称”（feature name）对其名称编码。

9. 如需编码通航河流、湖泊或渠道的名称，必须使用“海域 / 命名水域”（Sea Area/Named Water Area）要素，并使用“要素名称”（feature name）对其名称编码。

任何情况下，如果命名要素的确切范围已知，必须创建面状要素。如果未知，或该区域在 ENC 数据集上的最大显示比例尺下过小，则应使用现有的或特定编码的点要素对地理名称进行编码。

A.2.5.8.1　文本布置（Text placement）

制图要素“文本布置”（Text Placement）（见 A.23.1 节）专门用于放置制图文本。文本布置要素的属性描述如下：

“几何（点）”[Geometry（point）]：文本字符串中心的空间点位置。

“文本类型”（text type）：作为文本布置的属性（或类）。

“翻转角度”（flip bearing）：用于调整文本。

“文本布置”（Text Placement）要素与文本所表示的要素进行关联。如果存在多个文本字符串，则由“文本类型”（text type）属性确定要显示哪个文本字符串。“文本布置”（Text Placement）要素能保证 ECDIS 显示屏从“北上”旋转时（例如，如果显示设置为“航向向上”），文本仍然保持可读，或不遮蔽其他重要海图信息。

A.2.5.9　最小比例尺（scale minimum）规则示例

以下将“最小比例尺”（scale minimum）（见 A.27.150 节）应用于 ENC 文件系列的规则，是基于 A.3.4.1 节中所列强制性属性“最大显示比例尺”（maximum display scale）的取值。虽然建议通过以下过程来确定 ENC 单元中要素的“最小比例尺”的取值，但最终决定权仍归生产机构所有。生产机构应在区域层面或 RENC 层面进行合作，制定“最小比例尺”取值规则，为海员在整个区域及跨区域之间（如有需要）提供适当、显示一致的 ENC 数据。“最小比例尺”的取值必须从下表中选取：

表 A-2.6　最小比例尺取值

序号	比例尺分母
1	19,999,999
2	9,999,999
3	4,999,999
4	3,499,999
5	1,499,999
6	999,999
7	699,999
8	499,999
9	349,999
10	259,999
11	179,999

序号	比例尺分母
12	119,999
13	89,999
14	59,999
15	44,999
16	29,999
17	21,999
18	17,999
19	11,999
20	7,999
21	3,999
22	2,999
23	1,999
24	999

- ENC 要素“最小比例尺”（scale minimum）取值应设置为小于 ENC 数据最大显示比例尺 1、2、3 或 4 个梯级。
- 下面的表 A-2.7 列出了可用于特定要素类的梯级值（即 1、2、3 或 4）以及其他相关条件和额外考虑。

此过程提供了一种可自动设置“最小比例尺”（scale minimum）的方法，该方法考虑了不同要素类的相对重要性，即使是在覆盖范围有较大差距的情况下，仍可达到避免显示杂乱的效果。

除非手动调整表 A-2.7 中的梯级值，否则无法直接考虑某个要素单独出现的相对重要性，用户缩放 ECDIS 显示时，要素消失后可能又重新出现。为解决此类遗留问题，应采用以下措施：

- 对于超出数据集覆盖范围，且位于重叠的小比例尺数据集中的线状要素和面状要素 [不包括诸如“等深线”（Depth Contour）等广泛概括的要素]，“最小比例尺”（scale minimum）属性必须填写与小比例尺数据集中对应要素的“最小比例尺”相同的值。
- 对于单独出现的要素的“最小比例尺”（scale minimum）值，应设置为比要素出现的最小比例尺 ENC 的最大显示比例尺小 1、2、3 或 4 梯级（假设完全覆盖整个编绘比例尺）。

下文为表 A-2.7 中的注意事项：

1. 在指定要素的重要性时，生产者应做好梯级值出现偏差的心理准备。如“灯标”（Light）要素的建议梯级值为 4，但在“灯标”（Light）要素特别重要的情况下，不可使用“最小比例尺”（scale minimum）值；而在其不是很重要的情况下，则可使用梯级值为 1。

2. 只有在导航辅助设备造成“屏幕乱码”，且从显示器上移除不会对安全导航构成风险时，才对其使用“最小比例尺”（scale minimum）。

3. 一般认为，构成助航标志的各个要素具有相同属性；因此，“结构物 / 设备”（Structure/Equipment）关联（见 A.25.14 节）中的要素应填写相同的“最小比例尺”（scale minimum）值。

4. 构成方位线系统（见 A.15.1.1 节）的元素必须具有相同的“最小比例尺”（scale minimum）值，即该值应与构成方位线系统的要素的最大梯级值一致。例如，对于由“导航线”（Navigation Line）、“推荐航线”（Recommended Track）和助航标志构成的方位线系统，可以不对助航标志应用“最小比例尺”（见上文注 2）；在这种情况下，也不应对“导航线”（Navigation Line）和“推荐航线”（Recommended Track）应用“最小比例尺”。同样，构成定线制（见 A.10.2 节）的所有要素的“最小比例尺”值应当相同。

表 A-2.7　确定最小比例尺的过程 – 示例

要素	几何单形	条件	“最小比例尺”（scale minimum）梯级
行政区（Administration Area）	曲面		3
锚泊区（Anchorage Area）	点 / 曲面		2
锚位（Anchor Berth）	点 / 曲面	如已定义“限制区”（restriction）	3
锚位（Anchor Berth）	点 / 曲面		1
机场（Airport/Airfield）	点 / 曲面	如果“视觉显著”（visually conspicuous）=1（视觉显著）	3
机场（Airport/Airfield）	点 / 曲面		1
群岛海道区（Archipelagic Sea Lane Area）	曲面		4
群岛海道轴线（Archipelagic Sea Lane Axis）	曲线		4
方位立标（Beacon Cardinal）	点		3（见上文注 2、3 和 4）
孤立危险物立标（Beacon Isolated Danger）	点		4（见上文注 2、3 和 4）
侧面立标（Beacon Lateral）	点		3（见上文注 2、3 和 4）
安全水域立标（Beacon Safe Water）	点		3（见上文注 2、3 和 4）
专用 / 通用立标（Beacon Special Purpose/General）	点		3（见上文注 2、3 和 4）
泊位（Berth）	点 / 曲线 / 曲面		1
桥梁（Bridge）	点 / 曲线 / 曲面	被“深度区”（Depth Area），“疏浚区”（Dredged Area）或“未测区”（Unsurveyed Area）要素覆盖	4
桥梁（Bridge）	点 / 曲线 / 曲面	如果“视觉显著”（visually conspicuous）=1（视觉显著）或“雷达显著”（radar conspicuous）=True 并被“陆地区”（Land Area），“港池区”（Dock Area）或“船闸”（Lock Basin）要素覆盖	3

要素	几何单形	条件	“最小比例尺”（scale minimum）梯级
桥梁（Bridge）	点 / 曲线 / 曲面		1
方位浮标（Buoy Cardinal）	点		3（见上文注 2、3 和 4）
应急沉船示位浮标（Buoy Emergency Wreck Marking）	点		3（见上文注 2、3 和 4）
作业浮标（Buoy Installation）	点		3（见上文注 2、3 和 4）
孤立危险物浮标（Buoy Isolated Danger）	点		4（见上文注 2、3 和 4）
侧面浮标（Buoy Lateral）	点		3（见上文注 2、3 和 4）
安全水域浮标（Buoy Safe Water）	点		3（见上文注 2、3 和 4）
专用 / 通用浮标（Buoy Special Purpose/General）	点		3（见上文注 2、3 和 4）
建筑物（Building）	点 / 曲面	如果“视觉显著”（visually conspicuous）=1（视觉显著）或“雷达显著”（radar conspicuous）=True 或“功能”（function）=33（灯标塔架）	3
建筑物（Building）	点 / 曲面		1
建筑群区（Built-Up Area）	点 / 曲面	如果“视觉显著”（visually conspicuous）=1（视觉显著）或“雷达显著”（radar conspicuous）=True	3
建筑群区（Built-Up Area）	点 / 曲面		1
电缆区（Cable Area）	曲面	如已定义“限制区”（restriction）	3
电缆区（Cable Area）	曲面		2
架空电缆（Cable Overhead）	曲线	被“深度区”（Depth Area），“疏浚区”（Dredged Area）或“未测区”（Unsurveyed Area）要素覆盖	4
架空电缆（Cable Overhead）	曲线	如果“视觉显著”（visually conspicuous）=1（视觉显著）或“雷达显著”（radar conspicuous）=True	3
架空电缆（Cable Overhead）	曲线		1
海底电缆（Cable Submarine）	曲线		3
渠道 / 运河（Canal）	曲线		1
渠道 / 运河（Canal）	曲面		4
货物过驳区（Cargo Transhipment Area）	点 / 曲面		1

要素	几何单形	条件	“最小比例尺”（scale minimum）梯级
长堤 / 栈道（Causeway）	曲线 / 曲面		2
警告区（Caution Area）	点 / 曲面		4
检查站（Checkpoint）	点 / 曲面		1
海岸线（Coastline）	曲线		未设置
海岸警卫站（Coastguard Station）	点		1
避碰规则界线（Collision Regulations Limit）	曲线		4
毗连区（Contiguous Zone）	曲面		3
大陆架（Continental Shelf Area）	曲面		3
传送装置（Conveyor）	曲线 / 曲面	被“深度区”（Depth Area），“疏浚区”（Dredged Area）或“未测区”（Unsurveyed Area）要素覆盖	4
传送装置（Conveyor）	曲线 / 曲面	如果“视觉显著”（visually conspicuous）=1（视觉显著）或“雷达显著”（radar conspicuous）=True	3
传送装置（Conveyor）	曲线 / 曲面		1
起重机（Crane）	点 / 曲面	如果“视觉显著”（visually conspicuous）=1（视觉显著）或“雷达显著”（radar conspicuous）=True	3
起重机（Crane）	点 / 曲面		1
海流 - 不可通航（Current – Non-navigational）	点		3
关税区（Custom Zone）	曲面		2
水坝（Dam）	曲线 / 曲面	如果临海边界与海岸线重合（见 A.8.11 节）	未设置
水坝（Dam）	曲线 / 曲面	如果“视觉显著”（visually conspicuous）=1（视觉显著）或“雷达显著”（radar conspicuous）=True	3
水坝（Dam）	曲线 / 曲面		1
昼标（Daymark）	点	如果是从属要素“最小比例尺”（scale minimum），必须与主体要素“最小比例尺”（scale minimum）匹配	3
深水航道中心线（Deep Water Route Centreline）	曲线		未设置
深水航道分道（Deep Water Route Part）	曲面		未设置

要素	几何单形	条件	“最小比例尺”（scale minimum）梯级
等深线（Depth Contour）	曲线	如果“等深线值”（value of depth contour）=0（干出线）或 30	4
等深线（Depth Contour）	曲线		2
深度 – 未测到底（Depth–No Bottom Found）	点		1
变色水域（Discoloured Area）	点 / 曲面		未设置
距离标志（Distance Mark）	点		2
干船坞（Dry Dock）	曲面		1
倾废场（Dumping Ground）	点 / 曲面	如已定义“限制区”（restriction）	3
倾废场（Dumping Ground）	点 / 曲面		2
堤（Dyke）	曲线 / 曲面	如果临海边界与海岸线重合（见 A.8.5 节）	未设置
堤（Dyke）	曲线 / 曲面		1
专属经济区（Exclusive Economic Zone）	曲面		3
航道（Fairway）	曲面		3
栅栏 / 围墙（Fence/Wall）	曲线	如果“视觉显著”（visually conspicuous）=1（视觉显著）或“雷达显著”（radar conspicuous）=True	3
栅栏 / 围墙（Fence/Wall）	曲线		1
轮渡航路（Ferry Route）	曲线 / 曲面		3
渔业区（Fishery Zone）	曲面		3
捕鱼设施（Fishing Facility）	点 / 曲线 / 曲面		2
渔场（Fishing Ground）	曲面		1
浮船坞（Floating Dock）	点 / 曲线	如果“视觉显著”（visually conspicuous）=1（视觉显著）或“雷达显著”（radar conspicuous）=True	3
浮船坞（Floating Dock）	点 / 曲线		1
浮船坞（Floating Dock）	曲面		未设置
雾号（Fog Signal）	点	如果是从属要素“最小比例尺”（scale minimum），必须与主体要素“最小比例尺”（scale minimum）匹配	3
防御工事（Fortified Structure）	点 / 曲线 / 曲面	如果“视觉显著”（visually conspicuous）=1（视觉显著）或“雷达显著”（radar conspicuous）=True	3

要素	几何单形	条件	“最小比例尺”（scale minimum）梯级
防御工事（Fortified Structure）	点/曲线/曲面		1
碍锚地（Foul Ground）	点/曲线/曲面	如果“水深值”（value of sounding）>30 且“水深说明”（exposition of sounding）≠ 2（比周围深度区浅）	4
碍锚地（Foul Ground）	点/曲线/曲面		未设置
自由港区（Free Port Area）	面		2
闸门（Gate）	点/曲线/曲面	被“深度区”（Depth Area），“疏浚区”（Dredged Area）或“未测区”（Unsurveyed Area）要素覆盖	未设置
闸门（Gate）	点/曲线/曲面		2
船台（Gridiron）	点/曲面		1
港区（行政管理）[Harbour Area（Administrative）]	曲面		3
港口设施（Harbour Facility）	点/曲面		1
报废船（Hulk）	点	如果“视觉显著”（visually conspicuous）=1（视觉显著）或“雷达显著”（radar conspicuous）=True	3
报废船（Hulk）	点		1
报废船（Hulk）	曲面		未设置
冰区（Ice Area）	曲面		3
信息区（Information Area）	点/曲线/曲面		2
沿岸通航带（Inshore Traffic Zone）	曲面		未设置
湖泊（Lake）	曲面		1
陆地区（Land Area）	点/曲线/曲面		未设置
地面高程（Land Elevation）	点	如果“视觉显著”（visually conspicuous）=1（视觉显著）	3
地面高程（Land Elevation）	点/曲线		1
地面地带（Land Region）	点/曲面		1
陆标（Landmark）	点/曲线/曲面	如果“视觉显著”（visually conspicuous）=1（视觉显著）或“雷达显著”（radar conspicuous）=True 或“功能”（function）=33（灯标塔架）	3

要素	几何单形	条件	“最小比例尺”（scale minimum）梯级
陆标（Landmark）	点 / 曲线 / 曲面		1
航空障碍灯（Light Air Obstruction）	点	如果是从属要素“最小比例尺”（scale minimum），必须与主体要素“最小比例尺”（scale minimum）匹配	4（见上文注 2、3 和 4）
环向灯标（Light All Around）	点	如果是从属要素“最小比例尺”（scale minimum），必须与主体要素“最小比例尺”（scale minimum）匹配	4（见上文注 2、3 和 4）
探雾灯（Light Fog Detector）	点	如果是从属要素“最小比例尺”（scale minimum），必须与主体要素“最小比例尺”（scale minimum）匹配	4（见上文注 2、3 和 4）
灯浮（Light Float）	点		4（见上文注 2、3 和 4）
扇形光灯（Light Sectored）	点	如果是从属要素“最小比例尺”（scale minimum），必须与主体要素“最小比例尺”（scale minimum）匹配	4（见上文注 2、3 和 4）
灯船（Light Vessel）	点		4（见上文注 2、3 和 4）
局部磁力异常（Local Magnetic Anomaly）	点 / 曲线 / 曲面		3
贮木场（Log Pond）	点 / 曲面	被“深度区”（Depth Area），“疏浚区”（Dredged Area）或“未测区”（Unsurveyed Area）要素覆盖	4
贮木场（Log Pond）	点 / 曲面		1
磁差（Magnetic Variation）	点 / 曲线 / 曲面		1
海水养殖场（Marine Farm/ Culture）	点 / 曲线 / 曲面	如果“水深说明”（exposition of sounding）=2[比周边深度（水下障碍）区浅] 且“水深值”（value of sounding）≤ 30	4
海水养殖场（Marine Farm/ Culture）	点 / 曲线 / 曲面	如已定义“限制区”（restriction）	3
海水养殖场（Marine Farm/ Culture）	点 / 曲线 / 曲面		1
军事训练区（Military Practice Area）	点 / 曲面		3
系泊绞缆设施（Mooring/Warping Facility）	点 / 曲线 / 曲面	如果“视觉显著”（visually conspicuous）=1（视觉显著）或“雷达显著”（radar conspicuous）=True	3

要素	几何单形	条件	“最小比例尺”（scale minimum）梯级
系泊绞缆设施（Mooring/Warping Facility）	点 / 曲线 / 曲面		2
导航线（Navigation Line）	曲线		3
障碍物（Obstruction）	点 / 曲线 / 曲面		未设置
障碍物（Obstruction）	点 / 曲线 / 曲面	如果“水深值”（value of sounding）>30 且“水深说明”（exposition of sounding）≠ 2（比周围深度区浅）	4
海上平台（Offshore Platform）	点 / 曲面	用面状“海上作业区”（Offshore Production Area）覆盖	3
海上平台（Offshore Platform）	点 / 曲面		4
海上作业区（Offshore Production Area）	曲面		4
油障（Oil Barrier）	曲线		4
实体 AIS 助航标志（Physical AIS Aid to Navigation）	点		3（见上文注 2、3 和 4）
桩（Pile）	点	用于标记“灯标”（Light）要素在水域内的位置	4（见上文注 3 和 4）
桩（Pile）	点 / 曲线 / 曲面	如果“视觉显著”（visually conspicuous）=1（视觉显著）	3
桩（Pile）	点 / 曲线 / 曲面		2
引航区（Pilotage District）	曲面		3
引航员登船点（Pilot Boarding Place）	点 / 曲面		3
架空管道（Pipeline Overhead）	曲线	用“深度区”（Depth Area），“疏浚区”（Dredged Area）或“未测区”（Unsurveyed Area）要素覆盖	4
架空管道（Pipeline Overhead）	曲线	如果“视觉显著”（visually conspicuous）=1（视觉显著）或“雷达显著”（radar conspicuous）=True	3
架空管道（Pipeline Overhead）	曲线		1
海底 / 陆地管道（Pipeline Submarine/On Land）	点 / 曲线	用“深度区”（Depth Area），“疏浚区”（Dredged Area）或“未测区”（Unsurveyed Area）要素覆盖	3
海底 / 陆地管道（Pipeline Submarine/On Land）	点 / 曲线		1

要素	几何单形	条件	“最小比例尺”（scale minimum）梯级
浮码头（Pontoon）	点 / 曲线	如果“视觉显著”（visually conspicuous）=1（视觉显著）或“雷达显著”（radar conspicuous）=True	3
浮码头（Pontoon）	点 / 曲线		2
浮码头（Pontoon）	曲面		4
警戒区（Precautionary Area）	点 / 曲面		未设置
生产 / 仓储区（Production/Storage Area）	点 / 曲面	如果“视觉显著”（visually conspicuous）=1（视觉显著）或“雷达显著”（radar conspicuous）=True	3
生产 / 仓储区（Production/Storage Area）	点 / 曲面		1
塔架 / 桥墩（Pylon/Bridge Support）	点 / 曲面	用“深度区”（Depth Area），“疏浚区”（Dredged Area）或“未测区”（Unsurveyed Area）要素覆盖	未设置
塔架 / 桥墩（Pylon/Bridge Support）	点 / 曲面	如果“视觉显著”（visually conspicuous）=1（视觉显著）或“雷达显著”（radar conspicuous）=True	3
塔架 / 桥墩（Pylon/Bridge Support）	点 / 曲面		1
雷达线（Radar Line）	曲线		3
雷达有效作用距离（Radar Range）	曲面		3
雷达反射器（Radar Reflector）	点	如果是从属要素“最小比例尺”（scale minimum），必须与主体要素“最小比例尺”（scale minimum）匹配	3
雷达站（Radar Station）	点	如果是从属要素“最小比例尺”（scale minimum），必须与主体要素“最小比例尺”（scale minimum）匹配	2
雷达应答器（Radar Transponder Beacon）	点	如果是从属要素“最小比例尺”（scale minimum），必须与主体要素“最小比例尺”（scale minimum）匹配	3
无线电呼叫点（Radio Calling-In Point）	点 / 曲线		3
无线电站（Radio Station）	点	如果是从属要素“最小比例尺”（scale minimum），必须与主体要素“最小比例尺”（scale minimum）匹配	1
铁路（Railway）	曲线		1

要素	几何单形	条件	“最小比例尺”（scale minimum）梯级
急流（Rapids）	点 / 曲线 / 曲面		1
推荐航道中心线（Recommended Route Centreline）	曲线		3
推荐航线（Recommended Track）	曲线 / 曲面		3
推荐航道分道（Recommended Traffic Lane Part）	点 / 曲面		3
救助站（Rescue Station）	点		3
航行限制区（Restricted Area Navigational）	曲面		3
监管限制区（Restricted Area Regulatory）	曲面		3
反射器（Retroreflector）	点	如果是从属要素“最小比例尺”（scale minimum），必须与主体要素“最小比例尺”（scale minimum）匹配	3
河流（River）	曲线		1
河流（River）	曲面		4
道路（Road）	点 / 曲线 / 曲面		1
跑道（Runway）	点 / 曲线 / 曲面	如果“视觉显著”（visually conspicuous）=1（视觉显著）	3
跑道（Runway）	点 / 曲线 / 曲面		1
沙纹（Sandwave）	点 / 曲线 / 曲面		3
海域 / 命名水域（Sea Area/Named Water Area）	点 / 曲面		1
海床区（Seabed Area）	点 / 曲线 / 曲面		1
海上飞机起降区（Seaplane Landing Area）	点 / 曲面	如已定义“限制区”（restriction）	3
海上飞机起降区（Seaplane Landing Area）	点 / 曲面		1
岸线结构物（Shoreline Construction）	点 / 曲线 / 曲面		未设置

要素	几何单形	条件	“最小比例尺”（scale minimum）梯级
交通信号站（Signal Station Traffic）	点	如果是从属要素“最小比例尺”（scale minimum），必须与主体要素“最小比例尺”（scale minimum）匹配	1
告警信号站（Signal Station Warning）	点	如果是从属要素“最小比例尺”（scale minimum），必须与主体要素“最小比例尺”（scale minimum）匹配	1
筒仓 / 罐（Silo/Tank）	点 / 曲面	如果“视觉显著”（visually conspicuous）=1（视觉显著）或“雷达显著”（radar conspicuous）=True	3
筒仓 / 罐（Silo/Tank）	点 / 曲面		1
坡顶线（Slope Topline）	曲线	如果“视觉显著”（visually conspicuous）=1（视觉显著）或“雷达显著”（radar conspicuous）=True	3
坡顶线（Slope Topline）	曲线		1
倾斜地面（Sloping Ground）	点 / 曲面	如果“视觉显著”（visually conspicuous）=1（视觉显著）或“雷达显著”（radar conspicuous）=True	3
倾斜地面（Sloping Ground）	点 / 曲面		1
小型船用设施（Small Craft Facility）	点 / 曲面		1
水深（Sounding）	点		1
固定桥跨（Span Fixed）	曲线 / 曲面		未设置
活动桥跨（Span Opening）	曲线 / 曲面		未设置
泉（Spring）	点		1
直线领海基线（Straight Territorial Sea Baseline）	曲线		3
海底管道区（Submarine Pipeline Area）	点 / 曲面		3
潜水艇航道（Submarine Transit Lane）	曲面		3
扫测区（Swept Area）	曲面		3
领海区（Territorial Sea Area）	曲面		3
潮汐流 / 洪水 / 低潮（Tidal Stream–Flood/Ebb）	点 / 曲面		3
潮流表数据（Tidal Stream Panel Data）	点 / 曲面		2

要素	几何单形	条件	“最小比例尺”（scale minimum）梯级
潮路（Tideway）	曲线 / 曲面		1
通航分隔线（Traffic Separation Line）	曲线 / 曲面		未设置
分道通航制边界（Traffic Separation Scheme Boundary）	曲线		未设置
分道通航制交汇处（Traffic Separation Scheme Crossing）	曲面		未设置
分道通航制分道（Traffic Separation Scheme Lane Part）	曲面		未设置
分道通航制环行道（Traffic Separation Scheme Roundabout）	曲		未设置
分道通航带（Traffic Separation Zone）	曲面		未设置
隧道（Tunnel）	曲线 / 曲面	用“深度区”（Depth Area），“疏浚区”（Dredged Area）或“未测区”（Unsurveyedea）要素覆盖	4
隧道（Tunnel）	曲线 / 曲面		1
双向航道分道（Two-Way Route Part）	曲面		未设置
暗礁 / 适淹礁（Underwater/Awash Rock）	点	如果“水深值”（value of sounding）>30 且“水深说明”（exposition of sounding）≠ 2（比周围深度区浅）	4
暗礁 / 适淹礁（Underwater/Awash Rock）	点	被面状要素“障碍物”（Obstruction）覆盖	2
暗礁 / 适淹礁（Underwater/Awash Rock）	点		未设置
植被（Vegetation）	点 / 曲线 / 曲面	如果“视觉显著”（visually conspicuous）=1（视觉显著）	3
植被（Vegetation）	点 / 曲线 / 曲面		1
船舶交通服务区（Vessel Traffic Service Area）	曲面		3
虚拟 AIS 助航标志（Virtual AIS Aid to Navigation）	点		3（见上文注 2 和 4）
紊流（Water Turbulence）	点 / 曲线 / 曲面		3

要素	几何单形	条件	“最小比例尺”（scale minimum）梯级
瀑布（Waterfall）	点 / 曲线	如果“视觉显著”（visually conspicuous）=1（视觉显著）	3
瀑布（Waterfall）	点 / 曲线		1
海草 / 海藻（Weed/Kelp）	点 / 曲面		3
风力发电机（Wind Turbine）	点	在陆地上且如果“视觉显著”（visually conspicuous）=2（视觉不显著）或 3（突出可见）	1
风力发电机（Wind Turbine）	点	用面状“海上作业区”（Offshore Production Area）覆盖	3
风力发电机（Wind Turbine）	点		4
沉船（Wreck）	点 / 曲面	如果“沉船类”（category of wreck）=1 或 [“水深值”（value of sounding）>30 且“水深说明”（exposition of sounding）≠ 2（比周围深度区浅）]	3
沉船（Wreck）	点 / 曲面	如果“视觉显著”（visually conspicuous）=1（视觉显著）或“雷达显著”（radar conspicuous）=True	3
沉船（Wreck）	点 / 曲面		未设置
本地浮标方向（Local Direction of Buoyage）	曲面		4
更新信息（Update Information）	点 / 曲线 / 曲面		未设置
文本布置（Text Placement）	点		≤关联要素相应值

在自动应用上述值后，可手动选用其他规则对“最小比例尺”（scale minimum）的使用进行微调。

表 A-2.8　其他最小比例尺考虑因素 – 示例

要素	几何单形	条件	“最小比例尺”（scale minimum）梯级值
障碍物（Obstruction）	点	一组临近的“障碍物”（Obstruction）中最重要的“障碍物”（Obstruction）	未设置
障碍物（Obstruction）	点	一组临近的“障碍物”（Obstruction），或在面状“障碍物”（Obstruction）内	2

要素	几何单形	条件	“最小比例尺”（scale minimum）梯级值
水深（Sounding）	点	应使用“最小比例尺”（scale minimum），根据编绘比例尺，最不重要水深（the least significant sounding）的梯级值设置为 1，最重要的有效水深（the most significant sounding）的梯级值设置为 4，用户缩小时可以逐步递减显示深度	1、2、3、4
深度 – 未测到底（Depth – No Bottom Found）	点	应使用“最小比例尺”（scale minimum），根据编绘比例尺，最不重要深度（the least significant depth）的梯级值设置为 1，最重要深度（the most significant depth）的梯级值设置为 4，用户缩小时可以逐步递减显示深度	1、2、3、4
暗礁 / 适淹礁（Underwater/Awash Rock）	点	一组临近的“暗礁 / 适淹礁”（Underwater/Awash Rock）中，最重要且位于面状要素“障碍物”（Obstruction）之外的“暗礁 / 适淹礁”（Underwater/Awash Rock）	未设置
沉船（Wreck）	点 / 曲面	一组临近的“沉船”（Wreck）[最重要的“沉船”（Wreck）不应具有“最小比例尺”（scale minimum）]	2

A.2.5.10　屏蔽（Masking）

为改善 ECDIS 中 ENC 显示界面和海员的使用体验，应屏蔽某些特定要素（见“S-101 产品规范”主文件 4.8.2 节）的边界。例如，锚泊区符号的边界覆盖在重合的系船浮码头符号上：

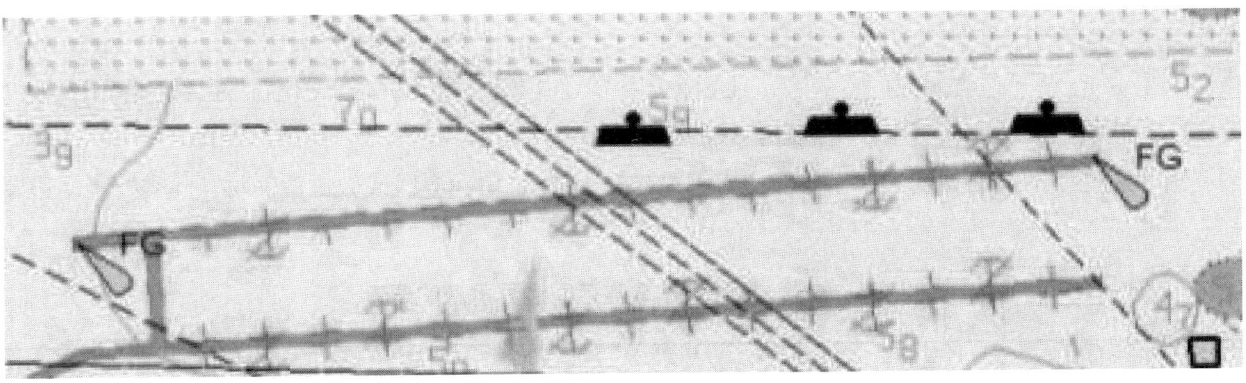

图A-2.5　覆盖符号 – 示例

为更好地确定 ENC 单元所需的适当屏蔽级别，建议通过 ECDIS 查看 ENC。

制图人员应考虑以下建议屏蔽的场景：

1. 跨 ENC 单元边界的面状要素

单个面状要素跨越相邻 ENC 单元的边界时，应屏蔽各 ENC 中共享边界的空间几何：

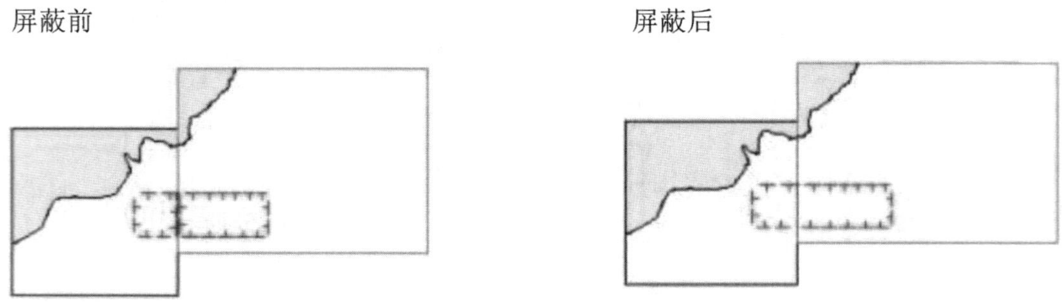

图A-2.6　跨ENC单元边界的面状要素

要素可通过该功能显示为单个面状要素，而非在单元边界处分割并显示两个单独的要素。需注意，某些 ENC 生产软件会自动在单元边界处截断（屏蔽）要素。

注释　有时一个面状要素的边界可能与 ENC 单元的边界重合。如发生这种情况，ENC 生产系统将启用边界自动截断（屏蔽）功能，制图人员必须“取消屏蔽”（unmask）边界，以免出现“开口”（open ended）区域。

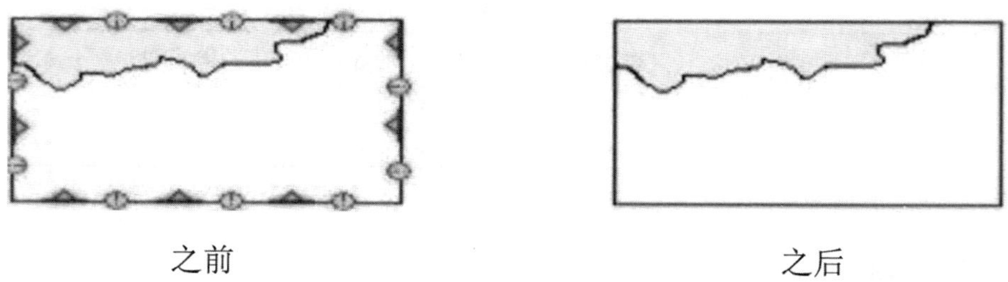

图A-2.7　面状要素越过数据覆盖范围的整个界线

如果面状要素越过 ENC 单元（见 A.3.4 节）数据覆盖范围的整个界线，则该面状要素的所有边界都应屏蔽。

如果 ENC 单元包含无数据覆盖区，且 ENC 生产软件自动截断（屏蔽）超出 ENC 数据范围界线的要素，可能需要手动屏蔽越出该覆盖区界线的面状要素边界。

下表列出了一些面状要素，当其面边界越过或超出 ENC 单元界线或数据覆盖时，此类要素的边界都应屏蔽。

表 A-2.9　需沿数据覆盖范围边界屏蔽的要素

要素类型	注释
锚泊区（Anchorage Area）	
电缆区（Cable Area）	
货物过驳区（Cargo Transhipment Area）	
警告区（Caution Area）	与分道通航制（TSS）共用的边界
疏浚区（Dredged Area）	
倾废场（Dumping Ground）	

要素类型	注释
专属经济区（Exclusive Economic Zone）	
渔业区（Fishery Zone）	
渔场（Fishing Ground）	
港区（行政管理）[Harbour Area（Administrative）]	
冰区（Ice Area）	
军事训练区（Military Practice Area）	
海上作业区（Offshore Production Area）	
引航区（Pilotage District）	当整个单元落在引航区内
引航员登船点（Pilot Boarding Place）	
警戒区（Precautionary Area）	如果在分道通航制（TSS）内则不应用
测深数据质量（Quality of Bathymetric Data）	
测量质量（Quality of Survey）	
航行限制区（Restricted Area Navigational）	
监管限制区（Restricted Area Regulatory）	
沙纹（Sandwave）	
海上飞机起降区（Seaplane Landing Area）	
海底管道区（Submarine Pipeline Area）	
潜水艇航道（Submarine Transit Lane）	
领海区（Territorial Sea Area）	
植被（Vegetation）	
船舶交通服务区（Vessel Traffic Service Area）	
紊流（Water Turbulence）	

2. 含有 ECDIS 符号样式填充的面状要素：

ECDIS 中含有样式填充的符号化面状要素，且其外边界是没有意义的（或可能出现变化或间断），例如要素“植被”（Vegetation）（见图 A-2.8）或“紊流”（Water Turbulence），可屏蔽面状要素的边界以减少屏幕乱码。

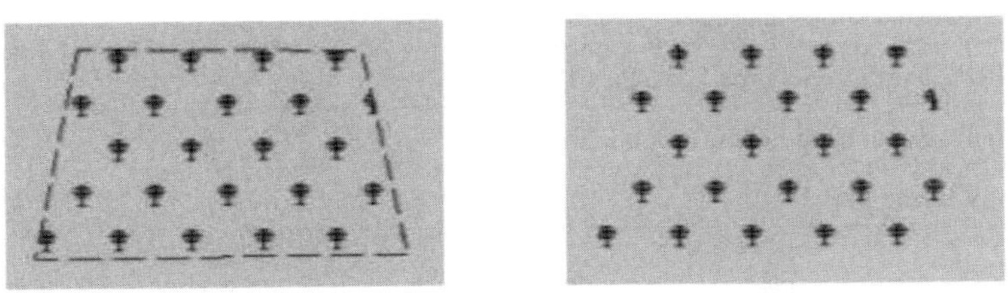

之前　　　之后

图A-2.8　样式填充的面状要素

制图人员须注意，面状要素在 ENC 数据中的最大显示比例尺（以及预期显示要素的较小最大显示比例尺）要足够大，以确保该区域内至少显示一个样式符号。如果不是此种情况，则面状要素的边界不应屏蔽。或者，用一个点状要素替代该面状要素。这种方式对于在 ECDIS 中加载和显示 ENC 可能很有用，有助于因地制宜地采用最佳编码方案。

3. “线型”面状要素

如需对线状要素编码且相关要素类型的唯一允许几何单形是面（如“线型”海事管辖区，见 A.16.2 节）时，应使用“极窄面”（very narrow surface）编码。该区域的边界应与线的位置对应，所有其他边界均应屏蔽。

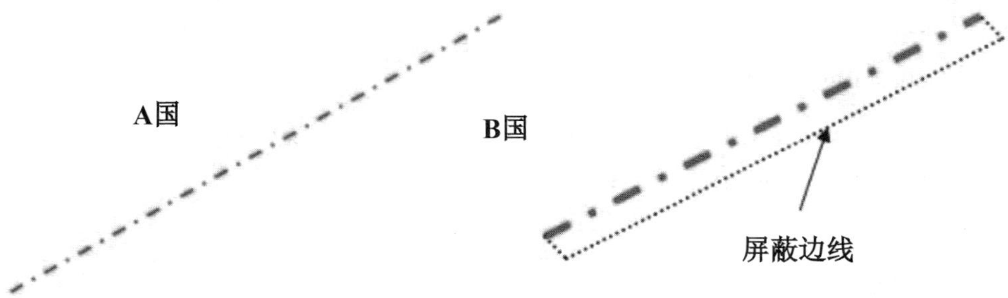

图A-2.9 “线型”海事管辖区

4. 定线制——入口和出口的边界：

“分道通航制”（Traffic Separation Schemes，TSS）、“双向航道”（Two-Way Routes）和“深水航道”（Deep Water Routes）等定线制对船舶进出航道的“端点”（ends）做了界定。定线制大多由不同方向的多个部分组成。编码时，组成该定线制的多个要素应当沿面的边界进行符号化处理。如果与入口 / 出口点对应的边界以及航道各部分之间的边界均未屏蔽，则单一定线制的航道便不会给海员留下深刻印象，且会导致乱码。因此，制图人员应屏蔽入口 / 出口的边界和定线制各部分之间的所有边界。

应屏蔽入口 / 出口边界以及定线制各部分之间所有边界的面状要素见下表：

表 A-2.10　屏蔽出口 / 入口点的要素

要素类型	注释
深水航道分道（Deep Water Route Part）	
航道（Fairway）	
沿岸通航带（Inshore Traffic Zone）	仅应用于入口或出口航道已知的情况
推荐航道分道（Recommended Traffic Lane Part）	
分道通航制分道（Traffic Separation Scheme Lane Part）	
分道通航制环行道（Traffic Separation Scheme Roundabout）	
双向航道分道（Two-Way Route part）	
覆盖范围（Coverage）	如果“覆盖范围”可用，则屏蔽整个覆盖范围（如果无“覆盖范围”可用，则不屏蔽）
航标制度（Navigational System of Marks）	屏蔽整个覆盖范围。如有 ORIENT 属性值，则不屏蔽

下图 A-2.10 是 TSS 的一个例子，各组成部分之间的所有相关边界均已屏蔽。

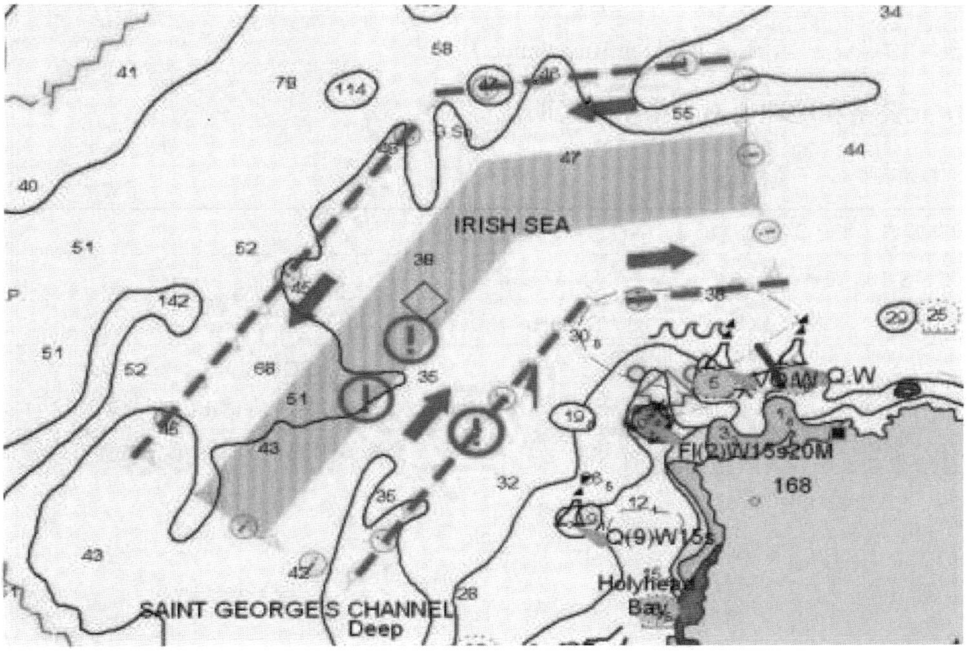

图A-2.10　已合理屏蔽的分道通航制

为表明在复杂区域（如包含 TSS 的海域）进行屏蔽的效果，图 A-2.10 呈现了边界未屏蔽的面状“警告区”（Caution Area）要素。由于“警告区”（Caution Area）存在洋红色符号“!”，且其边界与 TSS 边界重合，可以通过屏蔽“警告区”（Caution Area）的边界进一步减少 ECDIS 显示乱码。由此产生的 ECDIS 显示如下图 A-2.11 所示。

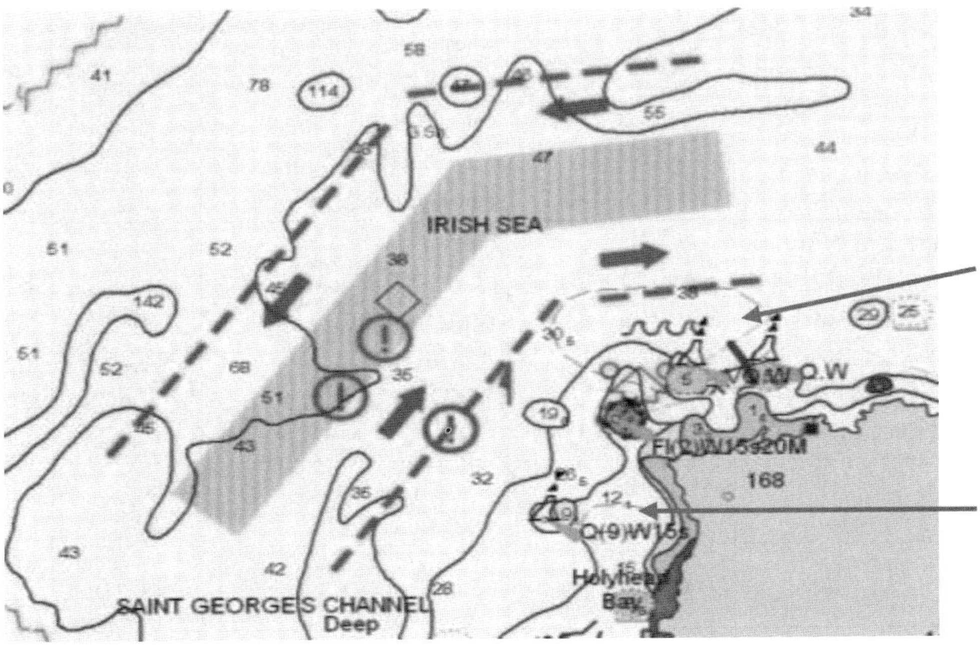

图A-2.11　警告区已屏蔽的分道通航制

注释　在上例中，也可屏蔽紊流区（图 A-2.11 所示红色箭头，见上述 2 场景）。然而，西方位标以东的区域过小（下方场景），无法在 ENC 数据比例尺最大时显示该符号。在这种情况下，制图人员应考虑将其表示为点状“紊流”（Water Turbulence）要素。

A.2.6　S-101 元要素和地理要素表格格式说明

X.X　章节标题

<table>
<tr><td colspan="3">IHO 定义：中文要素名称（英文要素名称）：定义（权威定义）</td></tr>
<tr><td colspan="3">S-101 地理要素：S-101 要素英文名称　(对应的 S-57 要素缩写)</td></tr>
<tr><td colspan="3">几何单形：点（Point）、曲线（Curve）、面（Surface）等允许的几何单形</td></tr>
<tr><td>现实世界
要素在现实世界中的实例</td><td>纸质海图符号
要素在纸质海图上的等效符号示例</td><td>ECDIS 符号
要素在的 ECDIS 中的符号示例</td></tr>
</table>

S-101 属性	S-57 缩写	允许编码值	类型	多重性
啤酒类别 category of beer		1. 麦芽酒 ale 2. 陈贮啤酒 lager 3. 波特 porter 4. 司陶特啤酒 stout 5. 比尔森啤酒 pilsener 6. 博克啤酒 bock beer 7. 小麦啤酒 wheat beer 8. 淡啤酒 pale ale 9. 印度淡啤酒 indian pale ale	EN	1,1
本部分列出 S-101 要素的所有允许属性。属性按字母顺序排序。复杂（C 类型）属性的子属性 [类型前缀（S）] 按字母顺序列出，并直接缩排至“复杂属性”条目下（见下方示例）	本部分列出了相应的 S-57 属性缩写。空白表示没有相应的 S-57 缩写	本部分列出了 S-101 允许的编码值 [仅用于枚举（E）类型属性] 属性信息详见 A.27.30 节	属性类型（见 2.4.2 节）	多重性描述了属性相对于要素的“基数”。见 A.2.4.1 节
固定日期范围 fixed date range			C	0,1
终止日期 　date end	(DATEND)		(S) TD	0,1
开始日期 　date start	(DATSTA)		(S) TD	0,1

INT 1 引用：要素在 INT 1 中的位置——使用 INT 1 章节号

X.X.X　子章节标题（见 S-4 – B-YYY.Y）

引言。包含待编码 ENC 要素的现实世界实体 / 情况信息，以及必要的航海制图规则，以帮助制图人员确定该要素的编码要求。

对要素进行编码的具体要求。

备注：

与要素相关的附加编码指南。

X.X.X.X　子 - 子章节标题（见 S-4 – B-CCC.C）

与要素具体编码场景有关的章节（不是所有要素都需要）。

备注：

- 与场景相关的附加编码指南（仅在需要时）。

区别：本产品规范中其他相关要素的列表。

要素 / 信息关联

类型	关联名称	关联端					
		类	角色	多重性	类	角色	多重性
聚合（Aggr） 关联（Asso） 组合（Comp）	关联名称（见 A.25 节）	在“这”一端的要素或信息类型	在“这”一端（见 A.26 节）	在“这”一端	在“另”一端的要素或信息类型	在“另”一端（见 A.26 节）	在“另”一端
备注：可选：关联的相关约束或备注。							

备注：

- S-101 属性：属性缩排表示复杂属性的子属性。复杂属性也可能是另一复杂属性的子属性，通过在表中进一步缩排属性名称来表示。
- S-101 属性：用灰色文本表示的属性是 ECDIS 系统属性，由 ENC 生产系统填写，对 ECDIS 中的 ENC 数据进行辅助说明（见 A.30 节）。制图人员可根据需要对这些属性做进一步编辑。
- S-57 缩写：用斜体表示的 S-57 属性缩写词已在 S-101 中重新建模。
- 允许编码值：对（EN）类型的属性，仅列出该要素相关属性具体可使用的枚举。属性的允许值可能会有所不同，取决于与该属性所绑定的要素。绑定信息在“S-101 要素目录”中给出。S-101 中某个属性的完整枚举列表可参见本文档 A.27 节、A.28 节。
- 类型：前缀（C）表示该属性是复杂属性。复杂属性是其他简单属性或复杂属性的聚合。前缀（S）表示该属性是复杂属性的子属性。如果复杂属性是另一复杂属性的子属性，则该复杂属性及其子属性在“S-101 属性”栏中以缩排形式的属性名称表示。
- 要素 / 信息关联 / 类型：是功能类型关联（Asso）、聚合（Aggr）或组合（Comp）之一（见 A.25 节）。
- 要素 / 信息关联 / 关联名称：属性关联名称（见 A.25 节）
- 要素 / 信息关联 / 角色：指关联两端的关联角色（见 A.26 节），左边的角色与要素或信息类型表相关。
- 要素 / 信息关联 / 多重性：列出关联两端的关系基数，左侧的基数与要素或信息类型表相关。
- 要素关联示例：下图取自 S-101 应用模式，显示了“岛聚合”（Island Aggregation）要素关联：

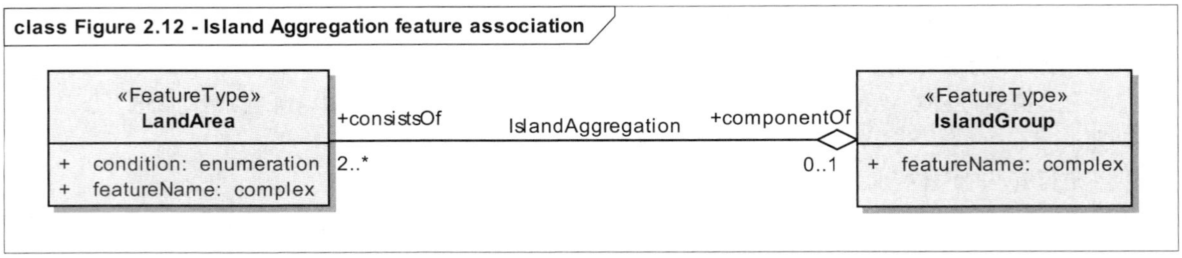

图A-2.12 “岛聚合”（Island Aggregation）要素关联

“陆地区”（Land Area）表格条目（见 A.5.4 节）的信息关联如下所示，也可参见“岛群”（Island Group）（见 A.5.5 节）的对应（或相对）信息关联条目。

要素 / 信息关联

类型	关联名称	关联端					
		类	角色	多重性	类	角色	多重性
Aggr 聚合	岛聚合 Island Aggregation	陆地区 Land Area	构成	2,*	岛群 Island Group	包含	0,1

注释　上述“岛聚合”（Island Aggregation）关联中角色“构成”（consistsOf）的多重性“2,*”是集合性的，而非个体的。个体的多重性是 0,*。也就是说，一个“岛群”（Island Group）至少由两个“陆地区”（Land Area）要素和 1 个“岛群”（Island Group）要素共同组成。在 UML 表示法中，这将表示为 0,* {2,* [C]}。

此说法适用于第 A.25 节中为关联端定义的所有多重性值，以及本文档中所有要素 / 信息关联表（即多重性 1,* 或 2,*）。

A.3　元数据要素（Metadata Feature）

为了减少单个要素的属性，必须充分利用元要素。在基础数据集（见 S-101 附录 B，B5 节）中，某些元要素是强制性的。

这些强制性元要素包括：

“数据覆盖范围”（Data Coverage）：为便于数据发现，必须使用元要素“数据覆盖范围”对数据集中地表要素覆盖的部分进行覆盖。见 A.3.4 节。

“航标制度”（Navigational System of Marks）：元要素“航标制度”必须提供详尽的、不重叠的“数据覆盖范围”（Data Coverage）要素。见 A.3.5 节。

“测深数据质量”（Quality of Bathymetric Data）：元要素“测深数据质量”定义了对测深数据质量开展了统一评估的区域，用于向海员提供测深数据总体质量评估。包含深度数据或测深的数据集区域，其最大显示比例大于等于 1：700,000 时，必须使用一个或多个“测深数据质量”要素覆盖，这些要素可能纵向重叠（见 A.3.7.1 节）。最大显示比例尺小于 1：700,000 时，如果没有更大的最大显示比例尺相应 ENC 数据可用，必须对“测深数据质量”要素进行编码。

A.3.1　水平不确定度（Horizontal uncertainty）

属性“水平测量质量”（quality of horizontal measurement）和“水平位置不确定度”（horizontal position uncertainty）可用于任何空间类型，用以度量要素的位置信息。

如需编码水平净宽 [复杂属性“固定水平净宽”（horizontal clearance fixed）和“开启水平净宽”（horizontal clearance open）] 的不确定度，必须使用子属性“水平距离不确定度”（horizontal distance uncertainty）。

“水平距离不确定度”（horizontal distance uncertainty）仅用于“固定水平净宽”（horizontal clearance fixed）和“开启水平净宽”（horizontal clearance open）。没有属性可以表示属性“水平长度”（horizontal length）和“水平宽度”（horizontal width）的精度。

如果“水平距离不确定度”（horizontal distance uncertainty）、“水平位置不确定度”（horizontal position uncertainty）和“水平测量质量”（quality of horizontal measurement）与基础元要素的“水平距离不确定度”“水平位置不确定度”和“水平测量质量”的值相同，则不得将其应用于任何地理要素的空间类型。

“水平测量质量”（quality of horizontal measurement）提供定性信息，而“水平位置不确定度”（horizontal position uncertainty）提供定量信息。

备注：

- 无。

A.3.2　垂直不确定度（Vertical uncertainty）

如需编码净空高度 [复杂属性“固定净空高度”（vertical clearance fixed）、“开启净空高度”（vertical clearance open）、“封闭净空高度”（vertical clearance closed）和“安全净空高度”（vertical clearance safe）] 的不确定度，必须使用子属性“垂直不确定度”（vertical uncertainty）。

如果一个要素有多个净空高度，则给出的不确定度必须是最低精度的。

备注：

- 无。

A.3.3　非测深数据质量（Quality of non-bathymetric data）

IHO 定义：非测深数据质量（QUALITY OF NON-BATHYMETRIC DATA）。对非测深数据具有相同质量评估的区域（改编自：S-57 第 3.1 版，附录 A，第 1 章，第 1.208 页，2000 年 11 月）。				
S-101 元数据要素：Quality of Non-Bathymetric Data（M_ACCY）				
几何单形：曲面				
现实世界	纸质海图符号		ECDIS 符号	
S-101 属性	**S-57 缩写**	**允许编码值**	**类型**	**多重性**
时变类 category of temporal variation		1. 极端事件 extreme event 4. 可能会变化 likely to change	EN	0,1

水平距离不确定度 horizontal distance uncertainty	(HORACC)		RE	0,1
水平位置不确定度 horizontal position uncertainty			C	1,1
固定不确定度 uncertainty fixed	(POSACC)		(S) RE	1,1
不确定度变量系数 uncertainty variable factor			(S) RE	0,1
方位不确定度 orientation uncertainty			RE	0,1
测量日期范围 survey date range			C	0,1
终止日期 date end	(SUREND)	ISO 8601:2004	(S) TD	1,1
开始日期 date start	(SURSTA)	ISO 8601:2004	(S) TD	0,1
垂直不确定度 vertical uncertainty			C	0,1
固定不确定度 uncertainty fixed	(VERACC)		(S) RE	1,1
不确定度变量系数 uncertainty variable factor			(S) RE	0,1

INT 1 引用：

A.3.3.1　非测深数据质量（Quality of non-bathymetric data）

元要素“非测深数据质量”（Quality of Non-Bathymetric Data）可用于表示所有非测深要素位置的总体不确定度，不用于测深信息的不确定度。

“非测深数据质量”（Quality of Non-Bathymetric Data）的“水平位置不确定度”（horizontal position uncertainty）适用于区域内的非测深数据，而关联空间类型的“水平测量质量”（quality of horizontal measurement）或“水平位置不确定度”限定了要素“非测深数据质量”本身的位置。

元要素“非测深数据质量”（Quality of Non-Bathymetric Data）和“测深数据质量”（Quality of Bathymetric Data）可能重叠。

备注：

- 无。

区别：测深数据质量（Quality of Bathymetric Data）；测量质量（Quality of Survey）

A.3.4　数据覆盖范围（Data coverage）

IHO 定义：数据覆盖范围（DATA COVERAGE）。描述空间类型的覆盖范围的地理区域（改编自：S-57 第 3.1 版，附录 A，第 1 章，1.210 页，2000 年 11 月）。

S-101 元数据要素：Data Coverage（M_COVR）（M_CSCL）

几何单形：曲面

现实世界	纸质海图符号	ECDIS 符号

S-101 属性	S-57 缩写	允许编码值	类型	多重性
最大显示比例尺 maximum display scale		最大显示比例尺 < 最小显示比例尺 maximum display scale < minimum display scale	IN	1,1
最小显示比例尺 minimum display scale		最小显示比例尺 > 最大显示比例尺 minimum display scale > maximum display scale	IN	1,1

INT 1 引用：

A.3.4.1　覆盖范围（Coverage）

元数据要素“数据覆盖范围”（Data Coverage）用于对数据集的数据覆盖范围进行编码。该要素还用于向 ECDIS 提供比例尺信息，以便根据 ECDIS 中“用户选取查看比例尺”加载和卸载数据集。数据集中必须至少包含一个“数据覆盖范围”要素。“数据覆盖范围”要素必须覆盖数据集空间范围的相同区域，且不得重叠（见 A.2.5.1 节）。

强制性属性“最大显示比例尺”（maximum display scale）用于指示数据的最大查看比例尺。因此，“最大显示比例尺”的赋值，为 ECDIS 中“用户选取查看比例尺”提供一个参考，当数据集中没有更大的最大显示比例尺，该处会显示“超比例尺”的警告，同时在数据加载时会显示 ECDIS 查看比例尺。当用户缩小查看比例尺以浏览某一区域系列 ENC 单元时，该值也用于确定数据集的加载策略。

强制性属性“最小显示比例尺”（minimum display scale）用于指示数据的最小查看比例尺。当用空值（null）填入“最小显示比例尺”时，不论用户选择的查看比例尺有多小，ECDIS 都将继续显示数据。因此，“最小显示比例尺”的赋值，用于增大查看比例尺以浏览某一区域系列 ENC 单元时，确定数据集的加载策略。

对于 ENC 而言，为了使编码数据与 ECDIS 中数据显示方式保持一致，“最大显示比例尺”（maximum display scale）和“最小显示比例尺”（minimum display scale）的值必须从下表选取：

表 A-3.1　最大显示比例尺和最小显示比例尺

最大显示比例尺	最小显示比例尺
10,000,000	空值（null）
3,500,000	10,000,000
1,500,000	3,500,000
700,000	1,500,000
350,000	700,000
180,000	350,000
90,000	180,000
45,000	90,000
22,000	45,000
12,000	22,000
8,000	12,000
4,000	8,000
3,000	4,000
2,000	3,000
1,000	2,000

通常，数据集中只应使用一个“数据覆盖范围”（Data Coverage）要素。但是，如果单个 ENC 数据集中分散区域的最大显示比例尺不同，就必须使用单独的、不重叠的“数据覆盖范围”要素表示，每个要素都必须为“最大显示比例尺”（maximum display scale）填写不同的值。然而，生产机构需注意：单个数据集应避免过度使用具有不同“最大显示比例尺”值的多个“数据覆盖范围”要素。如果使用不同的“最大显示比例尺”值，应限定在整个数据集中为实现特定导航目而编制的数据。如已填写，数据集中所有“数据覆盖范围”要素必须具有相同的“最小显示比例尺”（minimum display scale）。

通常，以纸质海图为原始资料编制 ENC 时，“最大显示比例尺”（maximum display scale）必须使用上表中最接近的大比例尺值（由生产机构确定 ENC 数据的预期最佳显示比例尺）。例如，从比例尺为 1：25000 的纸质海图生成 ENC，应具有属性“最大显示比例尺”（maximum display scale）=22000。

例外情形是，如果原始资料允许，也可以使用表中更大一级的比例尺。

如果在同一地理区域内有一系列具有不同最大显示比例尺的 ENC 数据集，则某个数据集中若干“数据覆盖范围”（Data Coverage）要素“最大显示比例尺”（maximum display scale）的最小值，应当与下一个最大显示比例尺 ENC 数据集填写的“最小显示比例尺”（minimum display scale）（如已填写）值相对应。某个数据集中若干“数据覆盖范围”要素“最大显示比例尺”的最大值，不得大于下一个最大显示比例尺 ENC 数据集（如存在）中的“最大显示比例尺”。

备注：

- 此元要素用于表示覆盖范围。
- 如果数据集中存在多个“数据覆盖范围”（Data Coverage）要素，当加载数据集时，ECDIS 将会以特定的显示比例尺显示，该比例尺对应于多个“最大显示比例尺”（maximum display scale）中的最大值。
- 如果数据集仅包含一个“数据覆盖范围”（Data Coverage）要素，则数据集发现元数据中填写的最大显示比例尺值必须与“数据覆盖范围”（Data Coverage）的“最大显示比例尺”（maximum display scale）值相同。

区别：

A.3.5 航标制度（Navigational system of marks）

IHO 定义：航标制度（NAVIGATIONAL SYSTEM OF MARKS）。区域内应用的特定导航标志制度（改编自：S-57 第 3.1 版，附录 A，第 1 章，第 1.214 页，2000 年 11 月）。

S-101 元数据要素：Navigational System of Marks（M_NSYS）

几何单形：曲面

现实世界	纸质海图符号	ECDIS 符号		
S-101 属性	**S-57 缩写**	**允许编码值**	**类型**	**多重性**
海上标志体系 marks navigational–system of	(MARSYS)	1. IALA A 2. IALA B 9. 无系统 no system 11. 欧洲内河航道通航规范 CEVNI	EN	1,1

INT 1 引用：Q (130)

A.3.5.1 浮标系统（Buoyage system）（见 S-4 – B-461）

数据集内浮标系统必须使用元要素“航标制度”（Navigational System of Marks）编码：数据集内凡是包含数据的区域，均应在“航标制度”要素覆盖范围内，并通过“海上标志体系”（marks navigational–system of）属性对所采用的浮标系统进行说明。“航标制度”要素之间不得重叠。

个别浮标和立标可能不属于通用浮标系统的一部分，应对这些浮标和立标要素内的“海上标志体系”（marks navigational–system of）属性进行编码。

备注：

- 有关 IALA 海上浮标系统航标的编码指南，见 A.18.3.1.1 节。
- 如需编码一个已建立与特定方向有关的航标系统的区域，必须使用要素“本地浮标方向”（Local Direction of Buoyage）（见 A.3.6 节）。

区别：本地浮标方向（Local Direction of Buoyage）

A.3.6　本地浮标方向（Local direction of buoyage）

<table>
<tr><td colspan="5">IHO 定义：本地浮标方向（LOCAL DIRECTION OF BUOYAGE）。区域内已建立与某一特定方向有关的航标制度（改编自：S-57 第 3.1 版，附录 A, 第 1 章，第 1.214 页，2000 年 11 月）。</td></tr>
<tr><td colspan="5">S-101 元数据要素：Local Direction of Buoyage（M_NSYS）</td></tr>
<tr><td colspan="5">几何单形：曲面</td></tr>
<tr><td>现实世界</td><td>纸质海图符号</td><td colspan="3">ECDIS 符号</td></tr>
<tr><th>S-101 属性</th><th>S-57 缩写</th><th>允许编码值</th><th>类型</th><th>多重性</th></tr>
<tr><td>海上标志体系
marks navigational–system of</td><td>(MARSYS)</td><td>1. IALA A
2. IALA B
9. 无系统
no system
11. 欧洲内河航道通航规范
CEVNI</td><td>EN</td><td>1,1</td></tr>
<tr><td>方位值
orientation value</td><td>(ORIENT)</td><td></td><td>RE</td><td>1,1</td></tr>
<tr><td>最小比例尺
scale minimum</td><td>(SCAMIN)</td><td>见 A.2.5.9 节</td><td>IN</td><td>0,1</td></tr>
</table>

INT 1 引用：Q (130.2)

A.3.6.1　本地浮标方向（Local direction of buoyage）（见 S-4 – B-461.5）

数据集内某些地方的浮标方向可能由当地规则确定，如有，应予以说明。必要时，这些区域须编码为“本地浮标方向”（Local Direction of Buoyage）要素，并使用强制性属性“方位值”（orientation value）指示浮标方向。“本地浮标方向”要素不得重叠，但在本地浮标方向适用的区域内，该要素必须与“航标制度”（Navigational System of Marks）要素（见 A.3.5 节）重叠，见图 A-3.1。

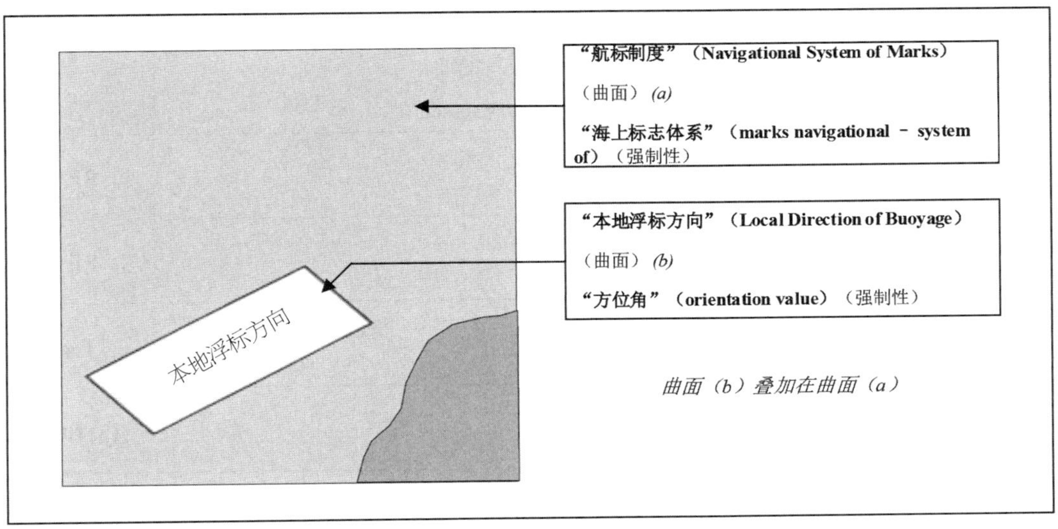

图A-3.1　浮标系统和方向

备注：

- ECDIS 图示表达需要使用强制性属性“海上标志体系”（marks navigational–system of），该属性必须填写与基本“航标制度”（Navigational System of Marks）要素“海上标志体系”相同的值。

区别：航标制度（Navigational System of Marks）

A.3.7　测深数据质量（Quality of bathymetric data）

IHO 定义：测深数据质量（QUALITY OF BATHYMETRIC DATA）。对测深数据具有相同质量评估的区域（S-57 第 3.1 版，附录 A，第 1 章，第 1.216 页，2000 年 11 月）。

S-101 元数据要素：Quality of Bathymetric Data（M_QUAL）

几何单形：曲面

现实世界	纸质海图符号	ECDIS 符号		
S-101 属性	**S-57 缩写**	**允许编码值**	**类型**	**多重性**
时变类 category of temporal variation		1. 极端事件 extreme event 2. 可能会变化，预计会出现明显变浅的情况 likely to change and significant shoaling expected 3. 可能会变化，但预计不会出现明显变浅的情况 likely to change but significant shoaling not expected 5. 不太可能变化 unlikely to change 6. 未评估 unassessed	EN	1,1
数据评估 data assessment		1. 已评估 assessed 2. 已评估（大洋） assessed (oceanic) 3. 未评估 unassessed	EN	1,1
水深范围最大值 depth range maximum value	(DRVAL1)		RE	0,1
水深范围最小值 depth range minimum value	(DRVAL1)		RE	0,1
要素探测 features detected			C	1,1
最浅水深已探测 least depth of detected features measured			(S) BO	1,1
可探测重要要素 significant features detected			(S) BO	1,1
要素探测尺寸 size of features detected			(S) RE	0,1
海底全覆盖 full seafloor coverage achieved			BO	1,1

水平位置不确定度 horizontal position uncertainty			C	1,1
固定不确定度 uncertainty fixed	*(POSACC)*		(S) RE	1,1
不确定度变量系数 uncertainty variable factor			(S) RE	0,1
测量日期范围 survey date range			C	1,1
终止日期 date end	*(SUREND)*	ISO 8601:2004	(S) TD	1,1
开始日期 date start	*(SURSTA)*	ISO 8601:2004	(S) TD	0,1
垂直不确定度 vertical uncertainty			C	1,1
固定不确定度 uncertainty fixed	*(SOUACC)*		(S) RE	1,1
不确定度变量系数 uncertainty variable factor			(S) RE	0,1

INT 1 引用：

A.3.7.1 测深数据的质量、可信度和精度（见 S-4 – B-297）

测深数据的质量、可信度、不确定度的信息，应采用下列方式：

- 用于评估测深数据质量的元要素“测深数据质量”（Quality of Bathymetric Data）；
- 用于个别测量相关附加信息的元要素“测量质量”（Quality of Survey）（见 A.3.10 节）；
- 水深组或单个要素的属性“深度测量质量”（quality of vertical measurement）、“垂直测量技术”（technique of vertical measurement）和复杂属性“垂直不确定度”（vertical uncertainty）；
- 空间类型（见 A.2.4.7 节）的属性“水平位置不确定度”（horizontal position uncertainty）、“水平测量质量”（quality of horizontal measurement）和“垂直不确定度”（vertical uncertainty）。

测深数据质量包括：

- 数据的完整性（如海底覆盖）；
- 数据的现势性（如随时间退化）；
- 数据的不确定度；
- 数据的来源。

所有水平位置（2D）、垂直（1D）、水平距离（1D）和方向（1D）不确定度属性都采用 95% 置信水平，其误差来源于各种测量、处理和可视化。由时间变化引起的不确定度不应包含在这些属性中。

“测深数据质量”（Quality of Bathymetric Data）为海员提供了最有用的信息。因此，对于最大显示比例尺大于等于 1：700,000 的 ENC 数据集，当包含深度数据或测深区域时，应强制性使用“测深数据质量”。

可使用“测量质量”（Quality of Survey）（见 A.3.10 节）提供更详细的测量信息。例如，在未完全测量的区域中，可使用线状“测量质量”要素来指示测线。这类信息对于海员而言较难理解，因此“测量质量”是可选属性。

对于单个要素（沉船、障碍物等）或少量水深组，“垂直测量质量”（quality of vertical measurement）、“垂直测量技术”（technique of vertical measurement）和“垂直不确定度”（vertical uncertainty）可提供关于质量和不确定度的附加信息。

元要素“测深数据质量”（Quality of Bathymetric Data）定义了对测深数据具有相同质量评估的区域，向海员提供测深数据总体质量评估必须使用该要素。包含深度数据或测深数据的数据集必须被一个或多个“测深数据质量”覆盖，这些区域可能垂直重叠，以定义同一水体不同深度测深数据的质量。

图A-3.2　测深数据质量要素的邻接和重叠

图 A-3.2 是同一水体不同深度测深数据质量的编码方法。在该示例中，钢索扫测区水深为 5 米，之前已用单波束测深仪对该区域进行海底测量。对于定义扫测区数据质量的“测深数据质量”（Quality of Bathymetric Data）要素，需要注意的是，以下推荐属性化方法旨在为在该区域安全水深小于 5 米处航行的船舶提供最高（最佳）质量指标。

备注：

- 强制性属性“数据评估”（data assessment）表示测深数据的总体评估情况，从中可以引申出其他属性，可用于在 ECDIS 中描述测深数据质量信息：
  - 当“数据评估”（data assessment）的值设置为 1（已评估）时，“测深数据质量”（Quality of Bathymetric Data）要素的所有附加属性必须用于说明该区域的测深数据质量。
  - 当“数据评估”（data assessment）的值设置为 2[已评估（大洋）] 时，“测深数据质量”（Quality of Bathymetric Data）要素的所有附加属性都应表明该区域的测深数据质量，供海员在 ECDIS 中选取报告使用。但 ECDIS 不会图示表达质量信息。该值仅适用于覆盖深度超过 200 米的开放式海洋（大洋）深度。
  - 当“数据评估”（data assessment）的值设置为 3（未评估）时，必须填写强制性属性“时变类”（category of temporal variation）=6（未评估）；“要素探测（最浅水深已探测和可探测重要要素）”[features detected（least depth of detected features measured and significant features detected）]=False；“海底全覆盖”（full seafloor coverage achieved）=False；“水平位置不确定度（固定不确定度）”[horizontal position uncertainty（uncertainty fixed）] 和“垂直不确定度（固定不确定度）”[vertical uncertainty（uncertainty fixed）]= 空值（null）。
- 如有可能，必须为“时变类”（category of temporal variation）、“海底全覆盖”（full seafloor coverage achieved）和复杂属性“要素探测”（features detected）填上有意义且有用的值。不稳定的海底区域，必须使用复杂属性“测量日期范围（终止日期）”[survey date range（date end）] 表明基础测深数据的测量日期。
- 诸如地震、海啸、飓风等灾害，可能会造成海底大面积移动或遍布危险障碍物。灾害发生后可对重要航线和内部港口进行应急扫测。除应急测量外，所有的现有信息均为存疑信息，无论前期的测量质量如何。在这种情况下，应将属性“时变类”（category of temporal variation）的值重新分类为 1（极端事件）、布尔型属性“海底全覆盖”（full seafloor coverage achieved）设置为 False；在应急扫测覆盖区域之外的受影响区域，将复杂属性“要素探测”

（features detected）、布尔型子属性“最浅水深已探测”（least depth of detected features measured）和“可探测重要要素”（significant features detected）设置为 False。

- 为体现测深数据的完整性，必须对复杂属性“要素探测”（features detected）编码。该属性表示采用一种系统探测海底的方法来探测重要要素，或通过填写属性“水深范围最大值”（depth range maximum value）以指示水体深度。除非子属性“可探测重要要素”（significant features detected）设置为 True，否则不得对子属性“要素探测尺寸”（size of features detected）和“最浅水深已探测”（least depth of detected features）编码。
- “垂直不确定度”（vertical uncertainty）用于“测深数据质量”（Quality of Bathymetric Data）要素，以表示面状区域覆盖深度的垂直不确定度。如果“水深范围最小值”（depth range minimum value）被指定，“垂直不确定度”仅表示由“水深范围最小值”定义的扫测深度的不确定度。
- “水平位置不确定度”（horizontal position uncertainty）用于“测深数据质量”（Quality of Bathymetric Data）要素，以表示面状区域覆盖深度的位置不确定度。
- “水深范围最小值”（depth range minimum value）仅适用于扫测区覆盖整个“测深数据质量”（Quality of Bathymetric Data）要素或多个“测深数据质量”要素存在重叠。当这些要素重叠导致水体不同深度出现多种测深数据质量时，“测深数据质量”的“水深范围最小值”（depth range minimum value）必须等同于上层（level above）（见图 A-3.2）“测深数据质量”要素的“水深范围最大值”（depth range maximum value）。
- “水深范围最大值”（depth range maximum value）仅适用于指定“测深数据质量”（Quality of Bathymetric Data）要素的最大深度值。指定“水深范围最大值”时，其他所有属性的赋值均应等于或小于“水深范围最大值”的水深。对于超过“水深范围最大值”的水深，不提供任何质量信息。当这些要素重叠导致水体不同深度出现多种测深数据质量时，“测深数据质量”的“水深范围最大值”必须等同于下层（见图 A-3.2）“测深数据质量”要素的“水深范围的最小值”（depth range minimum value）。
- 对于包含任意深度数据或测深（等深线、障碍物、测深、暗礁、沉船）的“未测区”（Unsurveyed Area），必须编码“测深数据质量”（Quality of Bathymetric Data）；同时必须设置强制性属性“数据评估”（data assessment）= 1（已评估），“时变类”（category of temporal variation）=6（未评估）；“要素探测（最浅水深已探测和可探测重要要素）”[features detected（least depth of detected features measured and significant features detected）]=False；“海底全覆盖”（full seafloor coverage achieved）=False；“垂直不确定度（固定不确定度）”[vertical uncertainty（uncertainty fixed）]和“水平位置不确定度（固定不确定度）”[horizontal position uncertainty（uncertainty fixed）]=[空值（null）]。
- 对于不包含任何深度数据或测深的“未测区”（Unsurveyed Area），无须编码覆盖该区的“测深数据质量”（Quality of Bathymetric Data）。
- 如需使用属性“垂直测量技术”（technique of vertical measurement），则必须在元要素“测量质量”（Quality of Survey）（见 A.3.10 节）或单个地理要素[如“水深”（Sounding）]中编码。
- 当“测深数据质量”（Quality of Bathymetric Data）面要素仅包含一次测量的数据时，必须使用复杂属性“测量日期范围”（survey data range）、子属性“终止日期”（date end）指定测量日期。当“测深数据质量”面要素包含两次或多次测量的数据时，必须使用复杂属性“测量日期范围”（survey data range）指定最近和最久远的测量日期。
- 不得在陆地上对“测深数据质量”（Quality of Bathymetric Data）区域进行编码。
- “测深数据质量”（Quality of Bathymetric Data）的“水平位置不确定度”（horizontal position uncertainty）适用于位于区域内的测深数据，而相关空间类型的“水平测量质量”（quality of horizontal measurement）或“水平位置不确定度”（horizontal position uncertainty）限定了“测深数据质量”要素本身的位置。
- 元要素“测深数据质量”（Quality of Bathymetric Data）和“非测深数据质量”（Quality of Non-Bathymetric Data）可能重叠。
- 可使用元要素“测量质量”（Quality of Survey）提供附加的质量信息。

A.3.7.1.1 时间变量（Temporal variation）

必须使用“时变类”（category of temporal variation）对测深的可变性进行编码。为了给时间变化的表达提供时间参考，如果设置“时变类”为 1[“极端事件”（extreme event）]、2[“可能会变化，预计会出现明显变浅的情况”（likely to change and significant shoaling expected）] 或 3[“可能会变化，但预计不会出现明显变浅的情况”（likely to change but significant shoaling not expected）]，必须使用复杂属性“测量日期范围”（survey data range）对测深数据的相关日期进行编码。

A.3.7.1.2 要素探测（Feature detection）

测深语境中的要素是指任何物体，无论是人造或非人造，突出在海底，可能会对海面航行构成威胁（见 IHO 出版物，S-44）。

探测水深要素的能力必须使用复杂属性“要素探测”（features detected）进行编码。子属性“可探测重要要素”（significant features detected）表示测量是否按照子属性“要素探测尺寸”（size of features detected）指示的尺寸，探测到相关要素。子属性“最浅水深已探测”（least depth of detected features measured）表示是否能够测到区域内要素的最浅水深。比如，如果发现有沉船，但不确定该沉船的最浅水深是否已测量，则必须将“最浅水深已探测”设置为 False。

A.3.7.1.3 水深的不确定度（Sounding uncertainty）

水深的不确定度使用“测深数据质量”（Quality of Bathymetric Data）的复杂属性“垂直不确定度”（vertical uncertainty）进行编码。如需编码附加的水深不确定度信息，必须使用单个地理要素 [如“水深”（Sounding）] 的复杂属性“垂直不确定度”。

除非水深不确定度不同于“测深数据质量”（Quality of Bathymetric Data）上编码的“垂直不确定度”（vertical uncertainty）值，否则不得使用深度地理要素上的“水深不确定度”（sounding uncertainty）对其编码。

区别：非测深数据质量（Quality of Non-Bathymetric Data）；测量质量（Quality of Survey）

A.3.8 深度基准面（Sounding datum）

IHO 定义：深度基准面（SOUNDING DATUM）。用于水深改正的水平面或潮汐基准面，也称“深度改正基准面”（datum for sounding reduction）（改编自：海道测量词典，S-32）。

S-101 元数据要素：Sounding Datum（M_SDAT）

几何单形：曲面

现实世界	纸质海图符号	ECDIS 符号		
S-101 属性	**S-57 缩写**	**允许编码值**	**类型**	**多重性**
垂直基准面 vertical datum	（VERDAT）	1. 平均大潮低潮面 mean low water springs 2. 平均大潮低低潮面 mean lower low water springs 3. 平均海平面 mean sea level 4. 最低低潮面 lowest low water 5. 平均低潮面 mean low water 6. 大潮最低低潮面 lowest low water springs 7. 近似平均大潮低潮 approximate mean low water springs 8. 印度大潮低潮面 indian spring low water	EN	1,1

垂直基准面 vertical datum	（VERDAT）	9. 大潮低潮面 low water springs 10. 近似最低天文潮面 approximate lowest astronomical tide 11. 略最低低潮面 nearly lowest low water 12. 平均低低潮面 mean lower low water 13. 低潮面 low water 14. 近似平均低潮面 approximate mean low water 15. 近似平均低低潮面 approximate mean lower low water 16. 平均高潮面 mean high water 17. 平均大潮高潮面 mean high water springs 18. 高潮面 high water 19. 近似平均海平面 approximate mean sea level 20. 大潮高潮面 high water springs 21. 平均高高潮面 mean higher high water 22. 分点大潮低潮面 equinoctial spring low water 23. 最低天文潮面 lowest astronomical tide 24. 当地基准面 local datum 25. 1985 年国际大湖基准面 international great lakes datum 1985 26. 平均水平面 mean water level 27. 大潮低低潮面 lower low water large tide 28. 大潮高高潮面 higher high water large tide 29. 略最高高潮面 nearly highest high water 30. 最高天文潮面 highest astronomical 44. 2000 年波罗的海海图基准 baltic sea chart datum 2000	EN	1,1

INT 1 引用：

A.3.8.1 水深基准面（Sounding datum）

深度基准面信息被编码在数据集元数据或元要素“深度基准面”（Sounding Datum）内，同时必须在大范围内保持不变。对属性“水深值”（value of sounding）、“水深范围最小值”（depth range minimum value）、“水深范围最大值”（depth range maximum value）和“等深线值”（value of depth contour）编码，对要素“水深”（Sounding）的水深值（向下为正值）编码均参照此基准。

整个数据集的默认深度基准面必须在“坐标参照系头”（Coordinate Reference System Header）[CRSH] 字段的“垂直基准面”（Vertical Datum）[VDAT] 子字段中给出。

如果某个区域的深度基准面与该数据集 [VDAT] 子字段给出的值不同，必须使用“深度基准面”（Sounding Datum）编码。这些元要素覆盖的区域不得重叠。如果个别要素的深度基准面与数据集头文件内不同，或者需要对覆盖这些要素的某个“深度基准面”要素进行编码，必须在单个要素内填入属性“垂直基准面”（vertical datum）。

参照不同深度基准面的跨区域等深线、水深组和深度区等，必须在交界处进行分割。其他应分割的要素包括：“海水养殖场”（Marine Farm/Culture）、“障碍物”（Obstruction）和“沉船”（Wreck），但仅限于“水深值”（value of sounding）已知的情况；“泊位”（Berth）、“海底电缆”（Cable Submarine）、“深水航道中心线”（Deep Water Route Centreline）、“深水航道分道”（Deep Water Route Part）、“疏浚区”（Dredged Area）、“干船坞”（Dry Dock）、“航道”（Fairway）、“浮船坞”（Floating Dock）、“闸门”（Gate）、“海底 / 陆地管道”（Pipeline Submarine/On Land）、“推荐航道中心线”（Recommended Route Centreline）、“推荐航线”（Recommended Track）、“扫测区”（Swept Area）、“双向航道分道”（Two-Way Route Part）和“测深数据质量”（Quality of Bathymetric Data），但前提是“水深范围最小值”（depth range minimum value）或“水深范围最大值”（depth range maximum value）已知。

备注：

- 无。

区别：垂直基准面（Vertical Datum）

A.3.9 垂直基准面（Vertical datum）

IHO 定义：垂直基准面（VERTICAL DATUM）。用于高程参照的任意平面，也称基准面（datum level）、参考水准面（reference level）、参考面（reference plane）、水准测量基准面（levelling datum）、高度基准面（datum for heights）（改编自：IHO 词典 – S-32）。

S-101 元数据要素：Vertical Datum of Data（M_VDAT）

几何单形：曲面

现实世界	纸质海图符号	ECDIS 符号

S-101 属性	S-57 缩写	允许编码值	类型	多重性
垂直基准面 vertical datum	（VERDAT）	3. 平均海平面 mean sea level 16. 平均高潮面 mean high water 17. 平均大潮高潮面 mean high water springs 18. 高潮面 high water 19. 近似平均海平面 approximate mean sea level 20. 大潮高潮面 high water springs	EN	

垂直基准面 vertical datum	（VERDAT）	21. 平均高高潮面 mean higher high water 24. 当地基准面 local datum 25. 1985 年国际大湖基准面 international great lakes datum 1985 26. 平均水平面 mean water level 28. 大潮高高潮面 higher high water large tide 29. 略最高高潮面 nearly highest high water 30. 最高天文潮面 highest astronomical tide	EN	1,1

INT 1 引用：

A.3.9.1 垂直基准（Vertical datum）

垂直基准面信息被编码在数据集元数据内，可使用元要素“垂直基准面”（Vertical Datum of Data），也可为单个地理要素的“垂直基准面”（vertical datum）属性赋值。在“高程”（elevation）、“高度”（height）和“净空高度”（clearance vertical）（正值为上）等属性的编码值参照指定基准。除非该要素至少有一个上述属性的情况，否则不得在任何要素上编码“垂直基准面”（vertical datum）。

整个数据集的默认垂直基准面必须在“坐标参照系头”（Coordinate Reference System Header）[CRSH] 字段的“垂直基准面（Vertical Datum）”[VDAT] 子字段中给出。

如果某个区域的垂直基准面与该数据集 [VDAT] 子字段给出的值不同，必须使用“垂直基准面”（Vertical Datum of Data）对其编码。这些元要素覆盖的区域不得重叠。

参照不同垂直基准面的跨区域等高线，必须在区域交界处分割。

同一个 ENC 内可以使用不同的高程基准。例如，不同的基准可用于如下对象：

- 点高程（altitude of spot height）、等高线（height contour）、陆标（landmark）；
- 灯高（elevation of light）；
- 净空高度（vertical clearance）。

不同的垂直测量使用不同的垂直基准面时，数据集中的元数据或“垂直基准面”（Vertical Datum of Data）给出的默认值适用于上述第一组对象。单个要素上的“垂直基准面”（vertical datum）属性适用于灯高和净空高度，并且只有在与数据集元数据或“垂直基准面”（Vertical Datum of Data）指定值不同时才需要编码。

备注：

- 无。

区别：深度基准面（Sounding Datum）

A.3.10 测量质量（Quality of survey）

IHO 定义：测量质量（QUALITY OF SURVEY）。对原始测量数据具有相同可信度评价的区域（S-57 第 3.1 版，附录 A，第 1 章，第 1.218 页，2000 年 11 月）。		
S-101 元数据要素：Quality of Survey（M_SREL）		
几何单形：曲线，曲面		
现实世界	纸质海图符号	ECDIS 符号

S-101 属性	S-57 缩写	允许编码值	类型	多重性
水深范围最大值 depth range maximum value	(DRVAL2)		RE	0,1
水深范围最小值 depth range minimum value	(DRVAL1)		RE	0,1
要素探测 features detected			C	0,1
最浅水深已探测 least depth of detected features measured			(S) BO	1,1
可探测重要要素 significant features detected			(S) BO	1,1
要素探测尺寸 size of features detected			(S) RE	0,1
海底全覆盖 full seafloor coverage achieved			BO	0,1
最大测线间距 line spacing maximum	(SDISMX)		IN	0,1
最小测线间距 line spacing minimum	(SDISMN)		IN	0,1
最大测量距离 measurement distance maximum			RE	0,1
最小测量距离 measurement distance minimum			RE	0,1
水平测量质量 quality of horizontal measurement	(QUAPOS)*	3. 未精测 inadequately surveyed 4. 不精确 approximate 6. 不可靠 unreliable	EN	0,1
垂直测量质量 quality of vertical measurement	(QUASOU)	1. 深度已知 depth known 2. 深度或最浅深度未知 depth or least depth unknown 3. 可疑水深 doubtful sounding 4. 不可靠水深 unreliable sounding 6. 最浅水深已知 least depth known 7. 最浅深度未知（给出安全富余量） least depth unknown, safe clearance at value shown	EN	0,*

* 在 1.1 版中，此属性在当前要素中允许编码值仅有“4. 不精确”。

垂直测量质量 quality of vertical measurement	(QUASOU)	8. 报告值（未测量） value reported (not surveyed) 9. 报告值（未核实） value reported (not confirmed) 10. 维护深度 maintained depth 11. 不定期维护 not regularly maintained	EN	0,*
最大比例尺值 scale value maximum	(SCVAL1)	最大比例尺值 < 最小比例尺值 scale value maximum < scale value minimum	IN	0,1
最小比例尺值 scale value minimum	(SCVAL2)	最小比例尺值 > 最大比例尺值 scale value minimum > scale value maximum	IN	0,1
测量机构 survey authority	(SURATH)		TE	1,1
测量日期范围 survey date range			C	1,1
终止日期 date end	*(SUREND)*	ISO 8601:2004	(S) TD	1,1
开始日期 date start	*(SURSTA)*	ISO 8601:2004	(S) TD	0,1
测量类型 survey type	(SURTYP)	1. 勘查 / 草测 reconnaissance / sketch survey 2. 控制测量 controlled survey 4. 检查测量 examination survey 5. 航渡测量 passage survey 6. 遥感 remotely sensed 7. 全覆盖 full coverage 8. 系统测量 systematic survey 9. 非系统测量 non-systematic survey 10. 未精测 inadequately surveyed 11. 定点水深测量 spot-sounding survey 12. 声学扫测 acoustically swept survey 13. 机械扫测 mechanically swept survey	EN	1,*

深度测量技术 technique of vertical measurement	(TECSOU)	1. 回声测深仪测量 found by echo-sounder 2. 侧扫声呐测量 found by side scan sonar 3. 多波束测量 found by multi-beam 4. 潜水员测量 found by diver 5. 测深绳测量 found be lead-line 6. 钢索扫海 swept by wire-drag 8. 垂直声学系统扫测 swept by vertical acoustic system 9. 电磁传感器测量 found by electromagnetic sensor 10. 摄影测量 photogrammetry 11. 卫星影像测量 satellite imagery 12. 水准测量 found by levelling 13. 侧扫声呐扫测 swept by side scan sonar 15. 激光雷达测量 found by LIDAR 16. 合成孔径雷达测量 synthetic aperture radar 17. 高光谱图像 hyperspectral imagery	EN	0,*

INT 1 引用：

A.3.10.1　测量可信度和测深原始资料

可使用元要素“测量质量”（Quality of Survey）对测量可信度或编绘所采用源测量资料的详情进行编码。“测量质量”可用于测深（如暗礁）、非测深（如助航标志）和二者的组合（如激光雷达测量）。

备注：

- 为体现测深数据的完整性，必须对复杂属性“要素探测”（features detected）编码。该属性表示采用一种系统探测海底的方法来探测重要要素。除非子属性“可探测重要要素”（significant features detected）设置为 True，否则不得对子属性“要素探测尺寸”（size of features detected）和“最浅水深已探测”（least depth of detected features）编码。
- 如果需要使用复杂属性“垂直不确定度”（vertical uncertainty），必须在元要素“测深数据质量”（Quality of Bathymetric Data）（见 A.3.7 节）或单个地理要素 [（如“水深”（Sounding）] 上对其编码。
- 如果整个测量区域的属性“最大测量距离”（measurement distance maximum）都设置为 0，则“海底全覆盖”（full seafloor coverage achieved）属性应设置为 yes。

- “最小测量距离”（measurement distance minimum）填写值不得大于“最大测量距离”（measurement distance maximum）填写值。
- “测量质量”（Quality of Survey）的“水平测量质量”（quality of horizontal measurement）属性适用于区域内的测深数据，而相关空间类型的属性“水平测量质量”或“水平位置不确定度”（horizontal position uncertainty）限定了“测量质量”（Quality of Survey）要素本身的位置。
- 属性“水深范围最大值”（depth range maximum value）和“水深范围最小值”（depth range minimum value）可定义水体不同深度单独测量的质量，类似于使用“测深数据质量”（Quality of Bathymetric Data）（见 A.3.7 节）指示测深整体质量的方法。

A.3.10.2 测深质量（Quality of sounding）

如需编码水深质量，必须使用“测量质量”（Quality of Survey）或单个地理要素 [如“水深”（Sounding）] 的属性“垂直测量质量”（quality of vertical measurement）。

除非水深质量与“测量质量”（Quality of Survey）上编码的“垂直测量质量”（quality of vertical measurement）值（见 A.11.3.1 节中表 A-11.1 和 A-13.3 节中表 A-13.1）不同，否则不得使用“垂直测量质量”给深度地理要素编码。

A.3.10.3 垂直测量技术（Technique of vertical measurement）

如需编码测深技术，必须使用“测量质量”（Quality of Survey）或单个地理要素 [如“水深”（Sounding）] 属性“垂直测量技术”（technique of vertical measurement）。

除非该区域在一次测量过程中使用了多种技术（如同时使用现代回声测深仪结合声呐或机械扫描系统），否则不得对“垂直测量技术”（technique of vertical measurement）填写多个值来表示多次测量所用的测深技术。

除非水深测量技术与“测量质量”（Quality of Survey）上编码的“垂直测量技术”（technique of vertical measurement）值不同，否则不得使用“垂直测量技术”给深度地理要素编码；此类信息对航行很重要。

备注：

- 无。

区别：数据精度（Accuracy of Data）；测深数据质量（Quality of Bathymetric Data）

A.3.11 更新信息（Update information）

IHO 定义：更新信息（UPDATE INFORMATION）。表示对显示信息进行变更的元数据要素。

S-101 元数据要素：Update Information

几何单形：点、曲线、曲面

现实世界	纸质海图符号	ECDIS 符号		
S-101 属性	**S-57 缩写**	**允许编码值**	**类型**	**多重性**
更新描述 update description			C	1,*
语言 language		ISO 639-2/T	(S) TE	0,1
文本 text			(S) TE	1,1
最小比例尺 scale minimum	(SCAMIN)	见 A.2.5.9 节	IN	0,1
来源 source			TE	0,1

INT 1 引用：

A.3.11.1 更新信息（Update information）

如需编码有关 ENC 数据变更的信息，必须使用"更新信息"（Update Information）——必须覆盖变更数据的范围，这些变更数据通过"ENC 更新"（ER 应用配置）并入 SENC。该要素也可用于指示"新版 ENC"中的变更内容。该要素包含了变更信息。"更新信息"（Update Information）可通过关联角色"已更新信息"（Updated Information）与发生变化的要素相关联（见 A.25.18 节）。

备注：

- 必须使用强制性属性"更新描述"（update description）对"更新"（Update）中的数据修改状况进行简要文字说明。如果需要详细说明"更新"（Update）状况，应使用信息类型"航海信息"（Nautical Information）（见 A.24.4 节）的相关实例和复杂属性"信息"（information）进行编码。
- 属性"来源"（source）可用于表示相关纸图航海通告的编号。
- 各新版 ENC 单元"更新信息"（Update Information）中无关要素必须删除。
- 如果 ENC 中已删除信息，则"更新信息"（Update Information）要素应覆盖删除信息的范围。

区别：信息区（Information Area）；警告区（Caution Area）

要素 / 信息关联

类型	关联名称	关联端					
		类	角色	多重性	类	角色	多重性
关联	已更新信息（Updated Information）	更新信息（Update Information）	更新	0,1	所有地理要素	标识	1,*

A.4 地理要素——磁力数据（Magnetic Data）

A.4.1 磁差（Magnetic Variation）

IHO 定义：磁差（MAGNETIC VARIATION）。在某一位置地磁北与地理北（真北）之间的夹角，以磁北偏真北向东或向西的角度表示，也称"磁偏角"（magnetic declination）（IHO 词典 – S-32）。

S-101 地理要素：Magnetic Variation（MAGVAR）

几何单形：点、曲线、曲面

现实世界	纸质海图符号	ECDIS 符号

S-101 属性	S-57 缩写	允许编码值	类型	多重性
磁差参考年份 reference year for magnetic variation	(RYRMGV)	ISO 8601:2004 (YYYY----)	TD	1,1
磁差年变化值 value of annual change in magnetic variation	(VALACM)	+/- 分。正值（无符号）指示东方向。负值指示西方向 +/- minutes. Positive (unsigned) value indicates easterly. Negative value indicates westerly	RE	1,1

磁差值 value of magnetic variation	(VALMAG)	+/- 度。正值（无符号）指示东方向。负值指示西方向 +/- degrees. Positive (unsigned) value indicates easterly. Negative value indicates westerly	RE	1,1
最小比例尺 scale minimum	(SCAMIN)	见 A.2.5.9 节	IN	0,1

INT 1 引用：B 68，70-71

A.4.1.1　磁差（Magnetic variation）（见 S-4 – B-261；B-270 到 B-273）

在各种磁场数据中，磁差对海员最重要。在 ECDIS 普遍引入全球磁场模型之前，如果需要编码磁差，必须使用“磁差”（Magnetic Variation）要素。至少应根据周期（即每五年）变化进行磁差更新。

备注：

- 虽然 SOLAS 要求对磁罗盘和磁差卡进行校正，ENC 仍需要提供磁差信息。用户反馈表明，如果磁差被表示为点状或线状，那么在 ECDIS 中很难选中，所以，建议将该信息编码为面状“磁差”（Magnetic Variation）要素。按照面状要素编码可确保用户在任何海图位置上通过 ECDIS“选取报告”（Pick Report）功能查询 ENC 数据，查找该位置的磁差值。
- 强制性属性“磁差参考年份”（reference year for magnetic variation）使用时必须填写年份（日期类型属性格式，见 A.2.4.8 节）。
- 磁场模型通常每五年更新一次（例如，“2005，2010……”被称为“纪元”）。磁差可通过计算机模型测算，也可从某些海道测量局或测绘机构制作的海图中获取，用等磁差线［术语为“等偏角”（isogonal）］表示当前全球磁差值的空间分布。通过海图上套印曲线的变化率，可以外推当前纪元任何时间、任何位置的值。

区别：局部磁力异常（Local Magnetic Anomaly）

A.4.2　局部磁力异常（Local Magnetic Anomaly）*

IHO 定义：局部磁力异常（LOCAL MAGNETIC ANOMALY）。由局部磁力变化在相对较小区域里引起的地球磁场异常，也称“局部引力异常”（local attraction）或“磁力异常”（magnetic anomaly）（IHO 词典 – S-32）。

S-101 地理要素：Local Magnetic Anomaly　（LOCMAG）

几何单形：点、曲线、曲面

现实世界	纸质海图符号	ECDIS 符号

S-101 属性	S-57 缩写	允许编码值	类型	多重性
要素名称 feature name			C	0,*
显示名称 display name			(S) BO	0,1
语言 language		ISO 639-2/T	(S) TE	0,1
名称 name	(OBJNAM) (NOBJNM)		(S) TE	1,1
报告日期 reported date	(SORDAT)	ISO 8601:2004	TD	0,1

* 此要素在 1.1 版中有较大变化，请参阅新版本。

局部磁力异常 value of local magnetic anomaly			C	1,1
最大磁力异常值 magnetic anomaly value maximum	(VALLMA)	最大异常值 < 最小异常值 (+/- 分) anomaly value maximum < anomaly value minimum (+/- minutes)	(S) RE	1,1
最小磁力异常值 magnetic anomaly value minimum		最小异常值 > 最大异常值 (+/- 分) anomaly value minimum > anomaly value maximum (+/- minutes)	(S) RE	0,1
最小比例尺 scale minimum	(SCAMIN)	见 A.2.5.9 节	IN	0,1

INT 1 引用：B 82.1-2

A.4.2.1 局部磁力异常（Local magnetic anomaly）（见 S-4 – B-274）

如需编码局部区域的磁差异常，必须使用“局部磁力异常”（Local Magnetic Anomaly）要素。

如果范围无法确定，该要素应当用点表示。

备注：

- 如果强制性复杂属性“局部磁力异常”（value of local magnetic anomaly）仅包含子属性“最大磁力异常值”（magnetic anomaly value maximum），则偏差值是正负都有；如果局部磁力异常的正负值不同，正值必须填入“最大异常值”（anomaly value maximum）子属性，负值则填入“最小磁力异常值”（magnetic anomaly value minimum）子属性。不得对正 / 负号进行编码。
- 除非区域内异常磁差与正常磁差（见 A.4.1 节）相差 3° 以上，否则不予编码。

区别：磁差（Magnetic Variation）

A.5 地理要素——自然要素（Natural Feature）

全球导航卫星系统（GNSS，Global Navigation Satellite System）用作 ECDIS 的组成部分，引发了人们的疑虑，即 ENC 的地形详细程度能否确保航行安全。在判断 ENC 所需包含的地形信息时，必须考虑船舶的全部操作条件，包括船舶 GNSS 接收失败或出现故障的可能性。这种失败将要求海员使用传统的定位导航方法，这就需要在 ENC 中对地形进行详细描述，以便使用这些恰当的 ENC 导航方法进行导航。

此外，为增强航行安全的可信度，海员会继续使用视觉定位或雷达定位作为确认其船舶在 ECDIS 中显示位置的独立方法。

因此，建议编码人员在确定 ENC 所需的地形详细信息描述等级时，遵循如下原则：

绘制海图的要素类型及其显示的陆地距离，将因 ENC 数据的最大显示比例尺、地形的类型、原始资料的可用性以及常规助航标志数量的充足程度而异。对海员的重要性必须根据目视导航和雷达导航的要求来判断。

导航人员从侧面观察海岸；制图人员在平面上绘制，并且必须始终注意导航人员对海岸线上的陆地最感兴趣，对内陆则兴趣大减。在平坦海岸上，即使是有关海岸附近位置（如沙丘、山丘、低崖）

的细微线索，在最详细的 ENC 数据集上也可能非常有用。在近岸有深水的陡坡海岸上，海上交通很可能集中在陆地突出的岬角附近，因此必须阐明每个岬角的特征，例如，那里是否有陡峭的悬崖或倾斜 / 低矮的斜坡。

在没有助航标志的海岸外，海员可以借助海岸带的详细地形，临时靠视觉观察绕过图绘地形要素规避危险。

虽然没有明确的标准，但应遵循以下原则：

- 地形信息的密度应保持最低限度，以便向航行者提供所有可识别的要素，并尽可能提供天际线附近的地貌轮廓图。这种做法应便于陆标从不重要的信息中凸显出来。
- 细节处理应随距内陆的远近而变化。例如，不明显的要素（如沼泽、小型湖泊和溪流）应仅在距离海岸约 1 英里的范围内显示。

关于特定要素地形细节描述水平的附加指南见下文。

A.5.1　陡崖（Cliff）（见 S-4 – B-312.3）

背靠礁石或陡崖的海岸可以提供良好的雷达反射条件，有助于远距离视觉识别，特别是在陡崖与沿岸低洼海岸交替处。如果陡崖是突出可见要素，则应在 ENC 数据的较大显示比例尺下对其编码。例外情况是，如果陡崖占据了大部分海岸线范围，那么在整个海岸线上插入陡崖既不可行，也未必十分有用。陡崖顶高有助于计算或估计（清除近岸危险的）离岸距离，在可能情况下应对其编码。

如需编码非海岸陡崖（non-coastal cliff），必须使用要素“倾斜地面”（Sloping Ground）（见 A.5.14 节）或“坡顶线”（Slope Topline）（见 A.5.15 节），并设置属性“斜坡类”（category of slope）=6[“陡崖”（cliff）]。例如：

“倾斜地面”（Sloping Ground）可在大范围中使用，表示陡崖的水平范围。

“坡顶线”（Slope Topline）应单独用于在小比例尺下对陡崖编码，或与“倾斜地面”（Sloping Ground）结合使用以指示陡崖顶部（当需要了解其高程 / 或需要对远离海岸线的陆上陡崖进行编码）。

备注：

- 陡崖与海岸线重合时，应对属性“海岸线类”（category of coastline）=1[“陡坡海岸”（steep coast）] 的“海岸线”（Coastline）要素进行编码，且不应存在已编码的“倾斜地面”（Sloping Ground）或“坡顶线”（Slope Topline）。

A.5.2　路堑（Cutting）和路堤（Embankment）（见 S-4 – B-363.2 和 B-364.1）

如需编码路堑（cutting）和路堤（embankment），必须采用与陡崖相同的编码方法；使用要素“倾斜地面”（Sloping Ground）或“坡顶线”（Slope Topline），并设置属性“斜坡类”（category of slope）=1[“路堑”（cutting）] 或 2[“路堤”（embankment）]。

备注：

- 仅限海上可见的路堑和路堤需要编码。

A.5.3 海岸线（Coastline）

IHO 定义：海岸线（COASTLINE）。水和岸的交汇线；尽管海岸（coast）和海滨（shore）的术语易混淆，但“shoreline”和“coastline”通常用作同义词（IHO 词典 – S-32）。

S-101 地理要素：Coastline（COALNE）

几何单形：曲线

现实世界	纸质海图符号	ECDIS 符号

S-101 属性	S-57 缩写	允许编码值	类型	多重性
海岸线类 category of coastline	(CATCOA)	1. 陡坡海岸 steep coast 2. 平坦海岸 flat coast 6. 冰川—临海端 glacier (seaward end) 7. 红树林 mangrove 8. 沼泽海岸 marshy shore 10. 冰海岸 ice coast	EN	0,1
颜色 colour	(COLOUR)	1. 白色 white 2. 黑色 black 3. 红色 red 4. 绿色 green 6. 黄色 yellow 7. 灰色 grey 8. 棕色 brown 11. 橙色 orange 13. 粉红色 pink	EN	0,*
高程 elevation	(ELEVAT)		RE	0,1
要素名称 feature name			C	0,*

显示名称 display name			(S) BO	0,1
语言 language		ISO 639-2/T	(S) TE	0,1
名称 name	(OBJNAM) (NOBJNM)		(S) TE	1,1
表面性质 nature of surface	(NATSUR)	1. 泥 mud 2. 粘土 clay 3. 淤泥 silt 4. 沙 sand 5. 石 stone 6. 砾 gravel 7. 圆砾 pebbles 8. 卵石 cobbles 9. 岩 rock 11. 熔岩 lava 14. 珊瑚 coral 17. 贝壳 shells	EN	0,*
雷达显著 radar conspicuous	(CONRAD)		BO	0,1
视觉显著 visually conspicuous	(CONVIS)	1. 视觉显著 visually conspicuous 2. 视觉不显著 not visually conspicuous 3. 突出可见 prominent	EN	0,1

INT 1 引用：C 1-8，25，32-33

A.5.3.1　海岸线（Coastline）（见 S-4 – B-310 和 B-311）

海岸线、湖岸和河堤的自然部分应编码为“海岸线”（Coastline），而海岸线、湖岸、河堤、渠道河堤和内港边界的人造部分应编码为“岸线结构物”（Shoreline Construction）（见 A.8.6 节）。此一般规则的例外情形是，湖泊、河流、渠道或内港在 ENC 数据最大显示比例尺下不可通航时，在这种情况下，其边界不得编码为“海岸线”（Coastline）或“岸线结构物”（Shoreline Construction），因为这些特定区域 [“湖泊”（Lake）、“河流”（River）、“渠道 / 运河”（Canal）、“港池区”（Dock Area）、“船闸”（Lock Basin）] 的边界创建了河堤或海岸线的图示表达。

“海岸线”（Coastline）和“岸线结构物”（Shoreline Construction）要素构成了“陆地区”（Land Area）（见 A.5.4 节）的边界。

A.5.3.2 自然岸线（Natural coastline）（见 S-4 – B-312 和 B-353.8）

如果与海岸线关联的空间类型在 ENC 数据最大显示比例尺下视为未详细测量（见 S-4–B-311）时，应设置空间属性“水平测量质量”（quality of horizontal measurement）=3[“未精测”（inadequately surveyed）]。

如需编码海岸线性质，必须使用“海岸线类”（category of coastline）和“表面性质”（nature of surface）属性编码。其他面状要素可用于描述与海岸线（见 A.5.11 节）毗邻的陆地区域。

陡坡海岸可以提供良好的雷达反射条件，有助于远距离目视识别，特别是在陡崖与沿岸低洼海岸交替处。

备注：

- “海岸线”（Coastline）必须仅存在于面状“陆地区”（Land Area）的边界。
- 线状“海岸线”（Coastline）和“岸线结构物”（Shoreline Construction）不得重叠。同样，“海岸线”（Coastline）不应与“陆地区”（Land Area）覆盖范围内、“水位效应”（water level effect）属性值未知或值为 2[“高出”（always dry）] 或 1[“高潮时部分淹没”（partly submerged at high water）] 的面状（见 A.8.6 节）“岸线结构物”（Shoreline Construction）共用同一边界。
- 如果已编码的盐田区域的临海边界与海岸线重合，应使用属性“海岸线类”（category of coastline）=2[“平坦海岸”（flat coast）] 中的“海岸线”（Coastline）对其编码。
- 如果红树林（mangrove）、沼泽（marshy shore）或冰川（glacier）的临海边界与海岸线重合，则海岸线应被编码为“海岸线”（Coastline），且“海岸线类”（category of coastline）=7[“红树林”（mangrove）]，8[“沼泽”（marshy shore）] 或 9[“冰川—临海端”（glacier，seaward end）]。海岸线的空间类型应设置属性“水平测量质量”（quality of horizontal measurement）=4[“不精确”（approximate）]。如需编码海岸线后方的区域，必须使用“植被”（Vegetation）要素（针对红树林和沼泽，见 A.5.12 节）或“冰区”（Ice Area）要素（针对冰川，见 A.5.13 节）。
- 当原始资料表明陡崖顶部与 ENC 数据最大显示比例尺下的海岸线重合时，应对“海岸线类”（category of coastline）=1[“陡坡海岸”（steep coast）] 的“海岸线”（Coastline）要素进行编码。在这种情况下，为避免乱码，不应对“坡顶线”（Slope Topline）或“倾斜地面”（Sloping Ground）要素进行编码。如需表明这段海岸线提供了良好的雷达反射信号，必须使用“海岸线”要素上的属性“雷达显著”（radar conspicuous）。如需编码视觉显著的海岸线，必须使用“海岸线”要素上的属性“视觉显著”（visually conspicuous）。
- 如果原始资料表明海岸陡崖顶部在 ENC 数据最大显示比例尺下从海岸线向近岸偏移，则可对“坡顶线”（Slope Topline）要素（见 A.5.15 节）或“倾斜地面”（Sloping Ground）要素（见 A.5.14 节）编码。在这种情况下，“海岸线”（Coastline）要素不应填写“海岸线类”（category of coastline）。如需表明这样一段海岸线提供了良好的雷达反射信号，必须使用“坡顶线”要素或“倾斜地面”要素上的属性“雷达显著”（radar conspicuous）。如需编码视觉显著的海岸线，必须使用“坡顶线”要素或“倾斜地面”要素上的属性“视觉显著”（visually conspicuous）。

区别：岸线结构物（Shoreline Construction）；坡顶线（Slope Topline）；倾斜地面（Sloping Ground）

A.5.4 陆地区（Land area）

IHO 定义：陆地区（LAND AREA）。相对于海水的地球表面固体部分（IHO 词典 – S-32）。		
S-101 地理要素：Land Area（LNDARE）		
几何单形：点、曲线、曲面		
现实世界	纸质海图符号	ECDIS 符号

S-101 属性	S-57 缩写	允许编码值	类型	多重性
状态 condition	(CONDTN)	1. 在建 under construction 3. 填筑中 under reclamation 5. 拟建 planned construction	EN	0,1
要素名称 feature name			C	0,*
显示名称 display name			(S) BO	0,1
语言 language		ISO 639-2/T	(S) TE	0,1
名称 name	(OBJNAM) (NOBJNM)		(S) TE	1,1
状况 status	(STATUS)	18. 疑存 existence doubtful	EN	0,1
最小比例尺 scale minimum	(SCAMIN)	见 A.2.5.9 节	IN	0,1

INT 1 引用：K 10

A.5.4.1　陆地区（Land area）

从未被海洋覆盖的陆地区域，必须编码为“陆地区”（Land Area）要素。

面状“陆地区”（Land Area）要素是地表的一部分。

在 ENC 数据最大显示比例尺下不可通航的河流、渠道、湖泊、内港和码头，必须在“陆地区”（Land Area）要素上方进行编码（见 A.5.4 节）。

备注：

- 如需描述陆地自然景观，必须使用“地面地带”（Land Region）要素（见 A.5.11 节）。
- “陆地区”（Land Area）一般为面状；也可能为点状（如小岛、明礁）或线状（如小岛、离岸沙洲、地峡）。
- 线状或点状的“陆地区”（Land Area）绝对不能在面状“陆地区”（Land Area）上方编码，除非被面状的“湖泊”（Lake）、“河流”（River）、“港池区”（Dock Area）、“船闸”（Lock Basin）或”渠道 / 运河”（Canal）要素覆盖。
- 面状“陆地区”（Land Area）的界线必须与下列至少一种要素共用几何信息：
    - 线状“海岸线”（Coastline）、“岸线结构物”（Shoreline Construction）、“闸门”（Gate）、“水坝”（Dam）；
    - 面状“数据覆盖范围”（Data Coverage）、“闸门”（Gate）、“水坝”（Dam）、“河流”（River）、“隧道”（Tunnel）、“干船坞”（Dry Dock）、”渠道 / 运河”（Canal）、“湖泊”（Lake）、“船闸”（Lock Basin）、“港池区”（Dock Area）、“陆地区”（Land Area）；
    - 面状“长堤 / 栈道”（Causeway）、“岸线结构物”（Shoreline Construction）、“系泊绞缆设施”（Mooring/Warping Facility）、“沉船”（Wreck）、“障碍物”（Obstruction）、“塔架 / 桥墩”（Pylon/Bridge Support）；具备属性“水位效应”（water level effect）=1[（“高潮时部分淹没”（partly submerged at high water）]，2[“高出”（always dry）] 或 6[“洪水泛滥淹没”（subject to inundation or flooding）] 的面状要素。

A.5.4.2　明礁（小岛）（见 S-4 – B-421.1）

面状要素必须使用以下要素进行编码：

- 面状“陆地区”（Land Area）要素（强制性）
- 线状“海岸线”（Coastline）或“岸线结构物”（Shoreline Construction）要素（强制性）
- 线状或点状“地面高程”（Land Elevation）要素（可选）

线状要素必须使用以下要素进行编码：

- 线状“陆地区”（Land Area）要素（强制性）
- 点状“地面高程”（Land Elevation）要素（可选）

点状要素必须使用以下要素进行编码：

- 点状“陆地区”（Land Area）要素（强制性）
- 点状“地面高程”（Land Elevation）要素（可选）

区别：渠道 / 运河（Canal）；海岸线（Coastline）；深度区（Depth Area）；湖泊（Lake）；地面地带（Land Region）；河流（River）；海床区（Seabed Area）；岸线结构物（Shoreline Construction）；植被（Vegetation）

要素 / 信息关联

类型	关联名称	关联端					
		类	角色	多重性	类	角色	多重性
聚合	岛聚合（Island Aggregation）	陆地区（Land Area）	构成	2,*	岛群（Island Group）	包含	0,1

A.5.5　岛群（Island group）

IHO 定义：岛群（ISLAND GROUP）。一组命名的岛屿群，包括群岛（archipelago）。

S-101 地理要素：Island Group

几何单形：无

现实世界	纸质海图符号	ECDIS 符号

S-101 属性	S-57 缩写	允许编码值	类型	多重性
要素名称 feature name			C	1,*
显示名称 display name			(S) BO	0,1
语言 language		ISO 639-2/T	(S) TE	0,1
名称 name	(OBJNAM) (NOBJNM)		(S) TE	1,1

INT 1 引用：

A.5.5.1　岛群（Island Group）

如需编码岛群名称，必须使用“岛群”（Island Group）要素，且所有相关的“陆地区”（Land Area）要素（见 A.5.4 节）均包含在该聚合关联中。

备注：

- 岛群中每座岛屿的名称必须使用相关“陆地区”（Land Area）要素的属性“要素名称”（feature name）进行编码。

区别：陆地区（Land Area）；地面地带（Land Region）

要素 / 信息关联							
类型	关联名称	关联端					
		类	角色	多重性	类	角色	多重性
聚合	岛聚合（Island Aggregation）	岛群（Island Group）	包含	0,1	陆地区（Land Area）、岛群（Island Group）	构成	2,*

A.5.6 地面高程（Land elevation）

IHO 定义：地面高程（LAND ELEVATION）。地面上的点或水平面到指定水平基准面的垂直距离（改编自：IHO 词典 – S-32）。				
S-101 地理要素：Land Elevation（LNDELV）				
几何单形：点、曲线				
现实世界	纸质海图符号	ECDIS 符号		
S-101 属性	S-57 缩写	允许编码值	类型	多重性
高程 elevation	(ELEVAT)		RE	1,1
要素名称 feature name			C	0,*
显示名称 display name			(S) BO	0,1
语言 language		ISO 639-2/T	(S) TE	0,1
名称 name	(OBJNAM) (NOBJNM)		(S) TE	1,1
视觉显著 visually conspicuous	(CONVIS)	1. 视觉显著 visually conspicuous 2. 视觉不显著 not visually conspicuous 3. 突出可见 prominent	EN	0,1
最小比例尺 scale minimum	(SCAMIN)	见 A.2.5.9 节	IN	0,1

INT 1 引用：C 10-13

A.5.6.1 等高线（Height contour）、高程点（Spot height）（见 S-4 – B-351 和 B-352.1-2）

假定对于海员而言，可以不费劲地理解大多数地形表示方法；生产机构一般应当选择最适合绘制地形图和航行要求所需的地形表示方法。因此，由国家自行决定：

- 省略所有地形表示，堤坝（dyke）和海堤（sea wall）除外；
- 省略所有地形表示，高程点（spot height）和陡崖（cliff）除外；
- 通过等高线（contour）[和高程点（spot height）] 表示地形；
- 通过山形线（form line）[和高程点（spot height）] 表示地形。

ENC 数据集上的高程点（spot height）应限于丘陵、山和陡崖的顶点，特别是省略等高线和山形线的数据集；海员一般会认为 ENC 选择的高程点是顶点。

如需编码等高线（height contour）或高程点（spot height），必须使用“地面高程”（Land Elevation）要素。

“地面高程”（Land Elevation）要素必须被面状要素“陆地区”（Land Area）覆盖，或用属性“水位效应”（water level effect）=1[“高潮时部分淹没”（partially submerged at high water）] 或 2[“高出”（always dry）] 的面状“沉船”（Wreck）要素覆盖，或落在一个线状“陆地区”（Land Area）上，或与点状“陆地区”（Land Area）以及属性“水位效应”（water level effect）=1[“高潮时部分淹没”（partially submerged at high water）] 或 2[“高出”（always dry）] 的“沉船”（Wreck）要素共享几何信息。

与不精确等高线或高程点相关联的空间类型应使用“水平测量质量”（quality of horizontal measurement）=4[“不精确”（approximate）] 属性编码。

备注：

- 如果无须绘制小比例尺 ENC 数据最大显示比例的等高线，可以用山形线（强调一些“显著”的山）或高程点突出强调单个要素。
- 等高线应反映地形特性，即应当反映真实弯曲，不应进行圆滑处理或平滑处理（通过综合）。
- 对于任意数据集或具有相同或相似最大显示比例尺的一系列数据集，等间距必须是统一的，但最低等高线可用作补充等高线，例如，基础等间距为 50 米可补充 25 米，或基础等间距为 25 米可补充 10 米（为清晰和节省起见）选择等高线时，最好使得单个数据集或特定系列数据集高程范围所需等高线不超过 10 条。
- 如需编码观测点、基准点或水准点高程，必须使用“地面高程”（Land Elevation）。如需编码三角点或边界标的高程，必须使用“陆标”（Landmark）要素（见 A.7.2 节）。

区别：坡顶线（Slope Topline）；倾斜地面（Sloping Ground）

A.5.7 河流（River）

IHO 定义：河流（RIVER）。相对较大的自然水流（IHO 词典 – S-32）。

S-101 地理要素：River（RIVERS）

几何单形：曲线、曲面

现实世界	纸质海图符号	ECDIS 符号

S-101 属性	S-57 缩写	允许编码值	类型	多重性
要素名称 feature name			C	0,*
显示名称 display name			(S) BO	0,1
语言 language		ISO 639-2/T	(S) TE	0,1
名称 name	(OBJNAM) (NOBJNM)		(S) TE	1,1
状况 status	(STATUS)	5. 周期性 / 间歇性 periodic/intermittent	EN	0,1
最小比例尺 scale minimum	(SCAMIN)	见 A.2.5.9 节	IN	0,1

INT 1 引用：C 20，21

A.5.7.1 河流（River）（见 S-4 – B-353）

编绘内陆通航水域时应尽可能详细，并与 ENC 数据的最大显示比例尺保持一致。编绘其他河流只需采用对地形作一般性指示的方式即可（靠近海岸线的河流除外，此类河流对海员具有定向作用）。

如需编码不可通航的河流、溪流或小溪，必须使用“河流”（River）要素。

备注：

- 河流在 ENC 数据最大显示比例尺下可通航时，必须使用“深度区”（Depth Area）、“疏浚区”（Dredged Area）（见 A.11.4 节）或“未测区”（Unsurveyed Area）要素进行编码，对河堤的编码则须使用要素“海岸线”（Coastline）或“岸线结构物”（Shoreline Construction）。在这种情况下，河流不得编码为“河流”（River）要素。如需编码河流名称，必须使用“海域 / 命名水域”（Sea Area/Named Water Area）要素，并设置属性“海域类”（category of sea area）=53[“河流”（river）]。
- 河流在 ENC 数据最大显示比例尺下可通航时，应特别考虑河流特定要素的编码，比如可通航区域的最小深度、架空净空、沿河距离，水闸和闸门（以及任何相关交通信息）。
- 如需编码 ENC 数据最大显示比例尺下不可通航的河流，必须使用由“陆地区”（Land Area）要素覆盖的“河流”（River）要素。河流名称应在“河流”（River）要素上使用复杂属性“要素名称”（feature name）编码。
- 时令河（intermittent river）指多数时间处于干涸状态的河流，必要时应编码为“河流”（River）要素，属性“状况”（status）=5[“周期性 / 间歇性”（periodic/intermittent）]。
- 如需编码“陆地区”（Land Area）上编码的不可通航湖泊中的岛屿，且岛屿在 ENC 数据最大显示比例尺下为面状，则必须通过“河流”（River）要素中的“孔洞”（hole）编码来完成；如果岛屿在 ENC 数据最大显示比例尺下为点状，则进行点状“陆地区”（Land Area）编码。编码人员不得在“陆地区”（Land Area）表面上方对面状“陆地区”（Land Area）编码。如需编码“未测区”（Unsurveyed Area）的不可通航河流中的岛屿，则必须同时用“河流”（River）和“未测区”（Unsurveyed Area）要素中的“孔洞”（hole）编码完成；如果岛屿在 ENC 数据最大显示比例尺下为面状，应替换为“陆地区”（Land Area）；如果岛屿在 ENC 数据最大显示比例尺下为点状，则进行点状“陆地区”（Land Area）编码。编码人员不得在“未测区”（Unsurveyed Area）表面上方对面状“陆地区”（Land Area）编码。
- 一些干涸的河床被称为“干河床”（wadi），可能是突出可见的地形要素。如需编码，应使用“陆地区”（Land Region）要素（见 A.5.11 节），名称使用复杂属性“要素名称”（feature name）编码。

区别：渠道 / 运河（Canal）；湖泊（Lake）；海域 / 命名水域（Sea Area/Named Water Area）；潮路（Tideway）

A.5.8 急流（Rapids）

IHO 定义：急流 [RAPID（S）]。在河床斜面上不断流动而足以形成瀑布的加速流动的河流部分；通常指两个以上的急流（IHO 词典 – S-32）。

S-101 地理要素：Rapids（RAPIDS）

几何单形：点、曲线、曲面

现实世界	纸质海图符号	ECDIS 符号

S-101 属性	S-57 缩写	允许编码值	类型	多重性
要素名称 feature name			C	0,*
显示名称 display name			(S) BO	0,1
语言 language		ISO 639-2/T	(S) TE	0,1

名称 name	(OBJNAM) (NOBJNM)		(S) TE	1,1
垂直距离 vertical length	(VERLEN)		RE	0,1
最小比例尺 scale minimum	(SCAMIN)	见 A.2.5.9 节	IN	0,1

INT 1 引用：C 22

A.5.8.1　急流（Rapids）（见 S-4 – B-353.5）

如需编码河流内的急流，必须使用要素“急流”（Rapids）。

备注：

- 如果“急流”（Rapids）没有毗邻的可通航水域，则急流覆盖区域也必须用“河流”（River）要素（见 A.5.7 节）和“地面地带”（Land Region）要素覆盖；如果“急流”（Rapids）有毗邻的可通航水域，则急流覆盖区域必须用“未测区”（Unsurveyed Area）要素覆盖。

区别：非重力流（Current – Non-Gravitational）；河流（River）；潮流表数据（Tidal Stream Panel Data）；紊流（Water Turbulence）；瀑布（Waterfall）

A.5.9　瀑布（Waterfall）

IHO 定义：瀑布（WATERFALL）。河床陡跌处突然下降的水流；用作英文地名时通常缩写为“fall”或“falls”，例如，“Niagara Falls”（尼亚加拉瀑布）（国防地理空间信息工作组；要素数据字典注册系统，2010 年）。

S-101 地理要素：Waterfall（WATFAL）

几何单形：点、曲线

现实世界	纸质海图符号	ECDIS 符号

S-101 属性	S-57 缩写	允许编码值	类型	多重性
要素名称 feature name			C	0,*
显示名称 display name			(S) BO	0,1
语言 language		ISO 639-2/T	(S) TE	0,1
名称 name	(OBJNAM) (NOBJNM)		(S) TE	1,1
垂直距离 vertical length	(VERLEN)		RE	0,1
视觉显著 visually conspicuous	(CONVIS)	1. 视觉显著 visually conspicuous 2. 视觉不显著 not visually conspicuous 3. 突出可见 prominent	EN	0,1
最小比例尺 scale minimum	(SCAMIN)	见 A.2.5.9 节	IN	0,1

INT 1 引用：C 22

A.5.9.1 瀑布（Waterfall）（请参见 S-4– B-353.5）

如需编码河流内的瀑布，必须使用要素“瀑布”（Waterfall）。

备注：

- 瀑布覆盖区也必须用“河流”（River）要素（见 A.5.7 节）和“陆地区”（Land Area）要素覆盖。

区别：急流（Rapids）；河流（River）

A.5.10 湖泊（Lake）

IHO 定义：湖泊（LAKE）。完全由陆地包围的大的水域（IHO 词典 – S-32）。

S-101 地理要素：Lake（LAKARE）

几何单形：曲面

现实世界	纸质海图符号	ECDIS 符号

S-101 属性	S-57 缩写	允许编码值	类型	多重性
高程 elevation	(ELEVAT)		RE	0,1
要素名称 feature name			C	0,*
显示名称 display name			(S) BO	0,1
语言 language		ISO 639-2/T	(S) TE	0,1
名称 name	(OBJNAM) (NOBJNM)		(S) TE	1,1
状况 status	(STATUS)	5. 周期性 / 间歇性 periodic/intermittent	EN	0,1
最小比例尺 scale minimum	(SCAMIN)	见 A.2.5.9 节	IN	0,1

INT 1 引用：C 23

A.5.10.1 湖泊（Lake）（请参见 S-4 – B-353.6）

编绘湖泊时应尽可能详细，并与 ENC 数据的最大显示比例尺保持一致。编绘其他湖泊只需采用对地形作一般性指示的方式即可（靠近海岸线的河流除外，此类湖泊对海员具有定向作用）。

如需编码不可通航湖泊，必须使用要素“湖泊”（Lake）。

备注：

- 湖泊在 ENC 数据最大显示比例尺下可通航时，必须使用“深度区”（Depth Area）、“疏浚区”（Dredged Area）(见 11.4 节)或“未测区”(Unsurveyed Area)要素进行编码，对湖岸的编码则须使用“海岸线”(Coastline)或“岸线结构物”（Shoreline Construction）要素。在这种情况下，湖泊不得编码为“湖泊”（Lake）要素。如需编码湖泊名称，必须使用“海域/命名水域”(Sea Area/Named Water Area)要素，属性为“海域类”(category of sea area）=52[“湖泊”（Lake）]。
- 如需编码 ENC 数据中最大显示比例尺下不可通航的湖泊，必须使用“湖泊”（Lake），用“陆地区”（Land Area）要素覆盖。湖泊名称则使用“湖泊”（Lake）要素的复杂属性“要素名称”（feature name）编码。

- 如需编码“陆地区”（Land Area）上编码的不可通航湖泊中的岛屿，且岛屿在 ENC 数据最大显示比例尺下为面状，则必须通过编码“湖泊”（Lake）要素中的“孔洞”（hole）来完成；如果岛屿在 ENC 数据最大显示比例尺下为点状，则必须通过编码点状“陆地区”（Land Area）来完成。编码人员不得在“陆地区”（Land Area）表面上方对面状“陆地区”（Land Area）编码。如需编码“未测区”（Unsurveyed Area）上编码的不可通航湖泊中的岛屿，必须通过对“湖泊”（Lake）和“未测区”（Unsurveyed Area）要素中“孔洞”（hole）编码来完成；如果岛屿在 ENC 数据最大显示比例尺下为面状，应替换为“陆地区”（Land Area）；如果岛屿在 ENC 数据最大显示比例尺下为点状，应通过点状“陆地区”（Land Area）编码来完成。编码人员不得在“未测区”（Unsurveyed Area）表面上方对面状“陆地区”（Land Area）编码。
- 时令湖（intermittent lake）指多数时间处于干涸状态的湖泊，必要时应编码为“湖泊”（Lake）要素，设置属性“状况”（status）=5[“周期性 / 间歇性”（periodic/intermittent）]。

区别：渠道 / 运河（Canal）；深度区（Depth Area）；河流（River）

A.5.11 地面地带（Land region）

IHO 定义：地面地带（LAND REGION）。陆地上的自然风景区；由其地理特征所确定，以其专有名称为人所知（改编自：S-57 第 3.1 版，附录 A，第 1 章，第 1.92 页，2000 年 11 月）。

S-101 地理要素：Land Region（LNDRGN）

几何单形：点、曲线、曲面

现实世界	纸质海图符号	ECDIS 符号

S-101 属性	S-57 缩写	允许编码值	类型	多重性
地面地带类 category of land region	(CATLND)	1. 沼地 fen 2. 湿地 marsh 3. 沼泽地 / 泥塘 moor/bog 4. 荒野 heathland 5. 山脉 mountain range 6. 低地 lowland 7. 峡谷地 canyon land 8. 水田 paddy field 9. 农用地 agricultural land 10. 热带草原 / 大草地 savanna/grassland 11. 公园绿地 parkland 12. 水洼 swamp	EN	0,*

地面地带类 category of land region	(CATLND)	13. 滑坡 landslide 14. 熔岩流 lava flow 15. 盐田 salt pan 16. 冰碛石 moraine 17. 火山口 crater 18. 洞穴 cave 19. 岩柱或尖峰 rock column or pinnacle 20. 沙洲 cay 21. 干河床 wadi	EN	0,*
要素名称 feature name			C	0,*
显示名称 display name			(S) BO	0,1
语言 language		ISO 639-2/T	(S) TE	0,1
名称 name	(OBJNAM) (NOBJNM)		(S) TE	1,1
表面性质 nature of surface	(NATSUR)	1. 泥 mud 2. 粘土 clay 3. 淤泥 silt 4. 沙 sand 5. 石 stone 6. 砾 gravel 7. 圆砾 pebbles 8. 卵石 cobbles	EN	0,*

表面性质 nature of surface	(NATSUR)	9. 岩 rock 11. 熔岩 lava 14. 珊瑚 coral 17. 贝壳 shells 18. 巨砾 boulder	EN	0,*
水位效应 water level effect	(WATLEV)	1. 高潮时部分淹没 partly submerged at high water 6. 洪水泛滥淹没 subject to inundation or flooding	EN	0,1
最小比例尺 scale minimum	(SCAMIN)	见 A.2.5.9 节	IN	0,1

INT 1 引用：C 24，26，33

A.5.11.1　自然景观（Natural scenery）（见 S-4 - B-350）

如需描述陆地自然景观或对陆地区域进行地理命名，应使用要素“地面地带”（Land Region）编码。

备注：

- 该要素的用法与“海域 / 命名水域”（Sea Area/Named Water Area）（见 A.9.1 节）相似，但仅用于陆地。
- 如需编码沙丘、丘陵、陡崖，必须使用“倾斜地面”（Slope Ground）或“坡顶线”（Slope Topline）要素（见 A.5.14 和 A.5.15 节）
- 至少应填写属性“地面地带类”（category of land region）和“要素名称”（feature name）其中之一。
- “地面地带”（Land Region）的曲面应尽可能使用其他要素 [例如“海岸线”（Coastline）] 的现有曲线进行界定。但是如有必要，该曲面也可由其他曲线界定（此类曲线是为了闭合曲面或描述新曲面而创建的）。
- 对于已命名的海角（cape）、岬角（point）、半岛（peninsula）和其他类型“地面地带”（Land Region），属性“地面地带类”（category of land region）没有特定值时，“海角”（cape）、“岬角”（point）、“半岛”（peninsula）等术语应包含在复杂属性“要素名称”（feature name）中 [除非已在“陆地区”（Land Area）上对要素名称进行了填写]，在这种情况下，“地面地带”（Land Region）不应编码。
- 面状“地面地带”（Land Region）要素可能重叠。
- 地理名称编码的其他规则，可参见 A.2.5.8 节。

A.5.11.1.1　沼泽（Marsh）（见 S-4 – B-312.2）

如需编码海岸线后方的沼泽（marsh）区，必须使用“地面地带”（Land Region）要素，设置属性“地面地带类”（category of land region）=2[“沼泽”（marsh）]。

沼泽区的临海边界与海岸线重合时，海岸线应编码为“海岸线”（Coastline）要素，设置属性“海岸线类”（category of coastline）=8[“沼泽海岸”（marshy shore）]；对于可见海岸线，海岸线的空间类型应设置属性“水平测量质量”（quality of horizontal measurement）=4[“不精确”（approximate）]。

A.5.11.1.2　盐田（Salt pan）（见 S-4 – B-353.7）

如需编码陆地上的海水蒸发区，必须使用“陆地区”（Land Area）覆盖（即盐田不得在陆地区域上有“孔洞”）的“地面地带”（Land Region）要素，设置属性“地面地带类”（category of land region）=15[“盐田”（salt pan）]。

盐田区域的临海边界与海岸线重合时，使用“海岸线”（Coastline）要素对该边界编码，设置属性“海岸线类”（category of coastline）=2[“平坦海岸”（flat coast）]。

A.5.11.1.3 *熔岩流*（Lava flow）（*见* S-4 – B-355）

如需编码熔岩流（lava flow），必须使用“地面地带”（Land Region）要素，设置属性“地面地带类”（category of land region）=14[“熔岩流”（lava flow）]。

熔岩流区域的临海边界与海岸线重合时，应使用“海岸线”（Coastline）要素（见 A.5.3 节）对该边界编码，设置属性“表面性质”（nature of surface）=11[“熔岩”（lava）]。如果原始资料表明熔岩流是活动的，则海岸线的空间类型应设置属性“水平测量质量”（quality of horizontal measurement）=4[“不精确”（approximate）]。

区别：陆地区（Land Area）；海域 / 命名水域（Sea Area/Named Water Area）；坡顶线（Slope Topline）；倾斜地面（Sloping Ground）；植被（Vegetation）

A.5.12 植被（Vegetation）

IHO 定义：植被（VEGETATION）。聚集或单独的植物，尤指是主导一个区域或环境的植物（改编自：国防地理空间信息工作组；要素数据字典注册系统，2010 年）。

S-101 地理要素：Vegetation（VEGATN）

几何单形：点、曲线、曲面

现实世界	纸质海图符号	ECDIS 符号

S-101 属性	S-57 缩写	允许编码值	类型	多重性
植被类 category of vegetation	(CATVEG)	3. 灌木 bush 4. 落叶树林 deciduous wood 5. 针叶树林 coniferous wood 6. 普通树林（混合林） wood in general (inc. mixed wood) 7. 红树林 mangroves 11. 芦苇 reed 13. 普通树 tree in general 14. 常青树 evergreen tree 15. 针叶树 conifer tree 16. 棕榈树 palm tree 17. 尼帕棕榈树 nipa palm tree 18. 木麻黄树 casuarinas tree 19. 桉树 eucalypt tree	EN	1,1

植被类 category of vegetation	(CATVEG)	20. 落叶树 deciduous tree 21. 红树 mangrove tree 22. 垂枝木麻黄树 filao tree	EN	1,1
高程 elevation	(ELEVAT)		RE	0,1
要素名称 feature name			C	0,*
显示名称 display name			(S) BO	0,1
语言 language		ISO 639-2/T	(S) TE	0,1
名称 name	(OBJNAM) (NOBJNM)		(S) TE	1,1
高度 height	(HEIGHT)		RE	0,1
垂直距离 vertical length	(VERLEN)		RE	0,1
视觉显著 visually conspicuous	(CONVIS)	1. 视觉显著 visually conspicuous 2. 视觉不显著 not visually conspicuous 3. 突出可见 prominent	EN	0,1
最小比例尺 scale minimum	(SCAMIN)	见 A.2.5.9 节	IN	0,1

INT 1 引用：C 14，30，31.1-8，32，33

A.5.12.1 植被（Vegetation）（见 S-4 – B-312.4；B-352.4 和 B-354）

在大多数地区，植被对海图的重要性可以忽略不计，但以下几种情况除外：

- 树木和沼泽构成显著岸线的区域（见 S-4 – B-312）；
- 形成陆标的独立的树木或树丛；
- 靠近海岸的地方，树木繁茂的地区和没有树木覆盖的地区交替出现，因此可有助于确定海角或海岸线的其他延伸。

即便是最大显示比例尺 ENC 数据，也应省略以下要素：

- 草地、耕地（包括水田）、灌木；
- 沿路的树、篱笆、沟渠和分散的树木（陆标除外）；
- 城市地区内的林地覆盖（除非靠近海岸）；
- 林地覆盖属于普通地面覆盖，因此无法用于确定位置。

如需编码用作陆标的独立树木，必须使用“植被”（Vegetation）要素，并设置属性“植被类”（category of vegetation）=13–22。

如需编码红树林（mangroves）区，必须使用“植被”（Vegetation）要素，并设置属性“植被类”（category of vegetation）=7[“红树林”（mangroves）]。

备注：

- 使用“高度”（height）属性对植被顶部最高点的近似海拔进行编码。当原始资料显示一座岛屿上植被顶部的近似高度高于高度基准面（见 INT1 - C14）]时，应同时对“植被”（Vegetation）要素和岛屿的“陆地区”（Land Area）要素进行编码，“高度”属性应与原始资料上显示的值对应。
- 原始资料表明红树林区域位于潮间带时，应在潮间带区域[属性“水深范围最小值”（depth range minimum value）=–H、“水深范围最大值”（depth range maximum value）=0 的“深度区”（Depth Area），见 A.11.7.3 节]上对“植被”(Vegetation)要素进行编码，并设置属性“植被类”(category of vegetation)=7[“红树林”(mangroves)]。红树林区域的临海空间类型应包含属性“水平测量质量”（quality of horizontal measurement）=4[“不精确”（approximate）]。红树林区域的临陆地边界应编码为“海岸线”（Coastline）（见 A.5.3 节），其属性“海岸线类”（category of coastline）和相关空间类型上的“水平测量质量”无须赋值。

区别：海床区（Seabed Area）；海草 / 海藻（Weed/Kelp）

A.5.13 冰区（Ice area）

IHO 定义：冰区（ICE AREA）。被冰覆盖的陆地或海域（S-57 第 3.1 版，附录 A，第 1 章，第 1.84 页，2000 年 11 月）。

S-101 地理要素：Ice Area（ICEARE）

几何单形：曲面

现实世界	纸质海图符号	ECDIS 符号

S-101 属性	S-57 缩写	允许编码值	类型	多重性
冰类 category of ice	(CATICE)	1. 固定冰 fast ice 5. 冰川 glacier 8. 极地冰 polar ice	EN	1,1
高程 elevation	(ELEVAT)		RE	0,1
要素名称 feature name			C	0,*
显示名称 display name			(S) BO	0,1
语言 language		ISO 639-2/T	(S) TE	0,1
名称 name	(OBJNAM) (NOBJNM)		(S) TE	1,1
高度 height	(HEIGHT)		RE	0,1
周期性日期范围 periodic date range			C	0,*
终止日期 date end	(PEREND)	ISO 8601：2004	(S) TD	1,1

开始日期 date start	(PERSTA)	ISO 8601：2004	(S) TD	1,1
报告日期 reported date	(SORDAT)	ISO 8601：2004	TD	0,1
状况 status	(STATUS)	1. 永久 permanent 5. 周期性 / 间歇性 periodic/intermittent 18. 疑存 existence doubtful	EN	0,*
垂直距离 vertical length	(VERLEN)		RE	0,1
视觉显著 visually conspicuous	(CONVIS)	1. 视觉显著 visually conspicuous 2. 视觉不显著 not visually conspicuous 3. 突出可见 prominent	EN	0,1
最小比例尺 scale minimum	(SCAMIN)	见 A.2.5.9 节	IN	0,1

INT 1 引用：C 25；N 60.1-2

A.5.13.1 冰区（Ice area）（见 S-4 – B-353.8 和 B-449.1）

如需编码冰区，必须使用“冰区”（Ice Area）要素。

备注：

- 如果冰区以下的水深未知，海上“冰区”（Ice Area）要素必须覆盖“未测区”（Unsurveyed Area）要素；如果水深已知，必须覆盖“深度区”（Depth Area）要素。
- 因为冰锋会移动，应标注测量冰锋范围时的日期。如有可能，应使用“报告日期”（reported date）属性。

A.5.13.1.1 冰川（Glacier）（见 S-4 – B-353.8）

如需编码陆地冰川（glacier），必须使用“冰区”（Ice Area）要素，同时设置“陆地区”（Land Area）要素覆盖的（即冰川未在陆地区域形成“孔洞”）属性“冰类”（category of ice）=5[“冰川”（glacier）]。

冰川的临海边界与海岸线重合时，应使用“海岸线”（Coastline）要素对该边界编码，并设置属性“海岸线类”（category of coastline）=6[“冰川—临海端”（glacier，seaward end）]；同时，对于可见海岸线，海岸线的空间类型应包含属性“水平测量质量”（quality of horizontal measurement）=4[“不精确”（approximate）]。

区别：深度区（Depth Area）；陆地区（Land Area）

A.5.14 倾斜地面（Sloping ground）

IHO 定义：倾斜地面（SLOPING GROUND）。一个倾斜的表面（改编自：IHO 词典 – S-32）。		
S-101 地理要素：Sloping Ground（SLOGRD）		
几何单形：点、曲面		
现实世界	纸质海图符号	ECDIS 符号

S-101 属性	S-57 缩写	允许编码值	类型	多重性
斜坡类 category of slope	(CATSLO)	1. 路堑 cutting 2. 路堤 embankment 3. 沙丘 dune 4. 丘陵 hill 5. 冰丘 pingo 6. 陡崖 cliff 7. 岩屑堆 scree	EN	0,1
颜色 colour	(COLOUR)	1. 白色 white 2. 黑色 black 3. 红色 red 4. 绿色 green 6. 黄色 yellow 7. 灰色 grey 8. 棕色 brown 11. 橙色 orange 13. 粉红色 pink	EN	0,*
要素名称 feature name			C	0,*
显示名称 display name			(S) BO	0,1
语言 language		ISO 639-2/T	(S) TE	0,1
名称 name	(OBJNAM) (NOBJNM)		(S) TE	1,1

表面性质 nature of surface	(NATSUR)	4. 沙 sand 5. 石 stone 6. 砾 gravel 7. 圆砾 pebbles 9. 岩 rock 11. 熔岩 lava	EN	0,*
雷达显著 radar conspicuous	(CONRAD)		BO	0,1
视觉显著 visually conspicuous	(CONVIS)	1. 视觉显著 visually conspicuous 2. 视觉不显著 not visually conspicuous 3. 突出可见 prominent	EN	0,1
最小比例尺 scale minimum	(SCAMIN)	见 A.2.5.9 节	IN	0,1

INT 1 引用：C 3，4，8；D 14，15

A.5.14.1　倾斜地面（Sloping ground）（见 S-4– B-312.1；B-312.3；B-363.2 和 B-364.1）

如需编码突出可见的或视觉显著的倾斜地面，必须使用“倾斜地面”（Sloping Ground）要素。

备注：

- 非雷达显著 [即未填写“雷达显著”（radar conspicuous）] 且包含属性“斜坡类”（category of slope）=1[“路堑”（cutting）]，2[“路堤”（embankment）]，3[“沙丘”（dune）]，4[“丘陵”（hill）]，5[“冰丘”（pingo）] 或 7[“岩屑堆”（scree）] 的面状“倾斜地面”（Sloping Ground）在 ECIDS 中不进行符号化显示。如需编码这类区域，应使用“陆标”（Landmark）或“植被”（Vegetation）等备用要素。

A.5.14.1.1　沙丘（Dune，sand hill）（见 S-4 – B-312.3）

如需编码沙丘（dune，sand hill），必须使用“倾斜地面”（Sloping Ground）要素，同时设置属性“斜坡类”（category of slope）=3[“沙丘”（dune）] 或 4[“丘陵”（hill）]，并设置属性“表面性质”（nature of surface）=4[“沙”（sand）]。如果这些要素沿海岸线分布，“海岸线”（Coastline）要素也必须编码。

如需编码沙丘的高程，“地面高程”（Land Elevation）要素（见 A.5.6 节）也必须编码。

区别：地面高程（Land Elevation）；坡顶线（Slope Topline）

A.5.15　坡顶线（Slope topline）

IHO 定义：坡顶线（SLOPE TOPLINE）。坡顶线是一个斜坡的顶线标记，如山脉线或两个不同坡度间的分界线（S-57 第 3.1 版，附录 A，第 1 章，第 1.160 页，2000 年 11 月）。		
S-101 地理要素：Slope Topline（SLOTOP）		
几何单形：曲线		
现实世界	纸质海图符号	ECDIS 符号

S-101 属性	S-57 缩写	允许编码值	类型	多重性
斜坡类 category of slope	(CATSLO)	1. 路堑 cutting 2. 路堤 embankment 6. 陡崖 cliff	EN	0,1
颜色 colour	(COLOUR)	1. 白色 white 2. 黑色 black 3. 红色 red 4. 绿色 green 6. 黄色 yellow 7. 灰色 grey 8. 棕色 brown 11. 橙色 orange 13. 粉红色 pink	EN	0,*
高程 elevation	(ELEVAT)		RE	0,1
要素名称 feature name			C	0,*
显示名称 display name			(S) BO	0,1
语言 language		ISO 639-2/T	(S) TE	0,1
名称 name	(OBJNAM) (NOBJNM)		(S) TE	1,1
表面性质 nature of surface	(NATSUR)	4. 沙 sand 5. 石 stone 6. 砾 gravel 7. 圆砾 pebbles	EN	0,*

表面性质 nature of surface	(NATSUR)	9. 岩 rock 11. 熔岩 lava	EN	0,*
雷达显著 radar conspicuous	(CONRAD)		BO	0,1
视觉显著 visually conspicuous	(CONVIS)	1. 视觉显著 visually conspicuous 2. 视觉不显著 not visually conspicuous 3. 突出可见 prominent	EN	0,1
最小比例尺 scale minimum	(SCAMIN)	见 A.2.5.9 节	IN	0,1

INT 1 引用：C 3；D 14，15

A.5.15.1　坡顶线（Slope topline）（见 S-4 – B-312.1；B-363.2 和 B-364.1）

如需编码突出可见或视觉显著的倾斜地面顶端，必须使用“坡顶线”（Slope Topline）要素。

备注：

- 无。

区别：地面高程（Land Elevation）；倾斜地面（Sloping Ground）

A.5.16　潮路（Tideway）

IHO 定义：潮路（TIDEWAY）。落潮涨潮时，潮间带水的自然流动路线称为潮路。潮流流经的水道（S-57 第 3.1 版，附录 A，第 1 章，第 1.181 页，2000 年 11 月）。

S-101 地理要素：Tideway（TIDEWY）

几何单形：曲线、曲面

现实世界	纸质海图符号	ECDIS 符号

S-101 属性	S-57 缩写	允许编码值	类型	多重性
feature name 要素名称			C	0,*
display name 显示名称			(S) BO	0,1
language 语言		ISO 639-2/T	(S) TE	0,1
name 名称	(OBJNAM) (NOBJNM)		(S) TE	1,1
scale minimum 最小比例尺	(SCAMIN)	见 A.2.5.9 节	IN	0,1

INT 1 引用：

A.5.16.1　**潮路（Tideway）（见 S-4 – B-413.3）**

如需编码潮间带内的天然水道，例如，溪流或潮流作用形成的水道，必须使用“潮路”（Tideway）要素。

备注：

- 无。

区别：渠道 / 运河（Canal）；河流（River）；海域 / 命名水域（Sea Area/Named Water Area）

A.6　地理要素——人工要素（Cultural Feature）

A.6.1　建筑群区（Built-up area）

IHO 定义：建筑群区（BUILT-UP AREA）。包括建筑物群或其他结构物的陆地区域（改编自：国防地理空间信息工作组；要素数据字典注册系统，2010 年）。

S-101 地理要素： Built-Up Area（BUAARE）

几何单形：点、曲面

现实世界	纸质海图符号	ECDIS 符号

S-101 属性	S-57 缩写	允许编码值	类型	多重性
建筑群区类 category of built-up area	(CATBUA)	1. 市区 urban area 2. 居民地 settlement 3. 村庄 village 4. 城镇 town 5. 城市 city 6. 度假村 holiday village	EN	0,1
状态 condition	(CONDTN)	1. 在建 under construction 2. 废弃 ruined 5. 拟建 planned construction	EN	0,1
要素名称 feature name			C	0,*
显示名称 display name			(S) BO	0,1
语言 language		ISO 639-2/T	(S) TE	0,1

名称 name	(OBJNAM) (NOBJNM)		(S) TE	1,1
高度 height	(HEIGHT)		RE	0,1
雷达显著 radar conspicuous	(CONRAD)		BO	0,1
报告日期 reported date	(SORDAT)	ISO 8601:2004	TD	0,1
视觉显著 visually conspicuous	(CONVIS)	1. 视觉显著 visually conspicuous 2. 视觉不显著 not visually conspicuous 3. 突出可见 prominent	EN	0,1
最小比例尺 scale minimum	(SCAMIN)	见 A.2.5.9 节	IN	0,1

INT 1 引用：D1-4

A.6.1.1 建筑群区（Built-up area）（见 S-4 – B-370.3-4，B-370.6-7 和 B-370.9）

表示建筑群区时，编绘人员必须尽可能准确表示其范围。

如需编码建筑群区，必须使用“建筑群区”（Built-Up Area）要素。

备注：

- 线状要素（如道路、街道、铁路）穿过的建筑群区不得划分为多个要素，除非建筑群区内多个独立部分包含至少一个不同的属性值。
- 然而，出于展示的目的，面状河流或渠道穿过的面状建筑群区，必须划分为多个要素，建筑群区要素不得与河流或渠道要素重叠。面状建筑群区不得与面状湖泊、船坞或船闸要素重叠。
- 多个建筑物或建筑群区可用原始资料中同一个住宅区、村庄或城镇的名称表示。此时，应使用“建筑物”（Building）或“建筑群区”（Built-Up Area）要素将单体建筑物或建筑群区编码为独立的未命名要素；此外，应创建一个覆盖整个命名区域的“行政区”（Administration Area）要素（见 A.16.8 节），且使用“要素名称”（feature name）属性编码其名称。已编码的“行政区”（Administration Area）要素也应包含属性“管辖区”（jurisdiction）=3[“国内分区”（national sub-division）]。
- “建筑群区”（Built-Up Area）应当用面状“陆地区”（Land Area）要素覆盖，也可以与点状“陆地区”（Land Area）要素重合。
- 如果资料来源表明建筑群区延伸至可通航水域内[超过“水深区”（Depth Area）或“未测区”（Unsurveyed Area）对象]，必要时，已编码的面状“建筑群区”（Built-Up Area）要素可超出水域外。建筑群区的临海边缘（“明显”海岸线）必须使用“海岸线”（Coastline）要素[其属性“海岸线类”（category of coastline）的值未填写]进行编码，相应的空间边界应设置空间属性“位置质量”（quality of position）=4[“不精确”（approximate）]。实际海岸线应编码为“海岸线”（Coastline），不填写“海岸线类”（category of coastline）值，相应的空间边界的“位置质量”（quality of position）也不填写。应按需对基础测深（等深线、水深）进行编码。特殊情形下，编码人员可将底层“陆地区”（Land Area）要素向海洋方向延伸至“明显”海岸线，相应的空间边界应设置空间属性“位置质量”（quality of position）=4[“不精确”（approximate）]。为在小比例尺 ENC 内实现数据综合，应考虑采用该种编码方式。
- 可通航水域内单体建筑物编码的相关内容，见 A.6.2.1 节。

区别：建筑物（Building）；陆标（Landmark）；铁路（Railway）；道路（Road）

A.6.2 建筑物（Building）

IHO 定义：建筑物（BUILDING）。相对永久性的结构物，有屋顶，通常有围墙。它为一些特殊用途（例如工作或者娱乐场所）或居住而设计，应着重给予标明（国防地理空间信息工作组；要素数据字典注册系统，2010 年）。				
S-101 地理要素：Building（BUISGL）				
几何单形：点、曲面				
现实世界	纸质海图符号	ECDIS 符号		
S-101 属性	**S-57 缩写**	**允许编码值**	**类型**	**多重性**
建筑物形状 building shape	（BUISHP）	5. 高层建筑 high-rise building 6. 金字塔形 pyramid 7. 圆柱形 cylindrical 8. 球形 spherical 9. 立方体形 cubic	EN	0,1
颜色 colour	（COLOUR）	1. 白色 white 2. 黑色 black 3. 红色 red 4. 绿色 green 5. 蓝色 blue 6. 黄色 yellow 7. 灰色 grey 8. 棕色 brown 9. 琥珀色 amber 10. 紫色 violet 11. 橙色 orange 12. 洋红色 magenta 13. 粉红色 pink	EN	0,* (ordered)

色彩图案 colour pattern	（COLPAT）	1. 横条纹 horizontal stripes 2. 竖条纹 vertical stripes 3. 斜条纹 diagonal stripes 4. 方格 squared 5. 条纹（方向未知） stripes （direction unknown） 6. 边界条纹 border stripe	EN	0,1
状态 condition	(CONDTN)	1. 在建 under construction 2. 废弃 ruined 5. 拟建 planned construction	EN	0,1
高程 elevation	(ELEVAT)		RE	0,1
要素名称 feature name			C	0,*
显示名称 display name			(S) BO	0,1
语言 language		ISO 639-2/T	(S) TE	0,1
名称 name	(OBJNAM) (NOBJNM)		(S) TE	1,1
功能 function	(FUNCTN)	2. 港长办公室 harbour-master's office 3. 海关 customs office 4. 卫生局 health office 5. 医院 hospital 6. 邮局 post office 7. 酒店 hotel 8. 火车站 railway station 9. 警察局 police station	EN	0,*

功能 function	(FUNCTN)	10. 水上警察局 water-police station 11. 引航站 pilot office 12. 引航瞭望台 pilot lookout 13. 银行 bank office 14. 区域控制总部 headquarters for district control 15. 转运棚 / 仓库 transit shed/warehouse 16. 工厂 factory 17. 发电站 power station 18. 行政楼 administrative 19. 教育机构 educational facility 20. 教堂 church 21. 小教堂 chapel 22. 寺庙 temple 23. 宝塔 pagoda 24. 神社 Shinto shrine 25. 佛寺 Buddhist temple 26. 清真寺 mosque 27. 清真教墓地 marabout 28. 瞭望台 lookout 29. 通信台 communication 30. 电视台 television 31. 无线电台 radio	EN	0,*

功能 function	(FUNCTN)	32. 雷达 radar 33. 灯标支撑 light support 34. 微波站 microwave 35. 冷却 cooling 36. 观察 observation 37. 报时球塔 timeball 38. 时钟 clock 39. 控制台 control 40. 飞艇停泊 airship mooring 41. 体育馆 stadium 42. 汽车站 bus station 44. 海上救援控制处 sea rescue control 45. 气象台 observatory 46. 碎矿厂 ore crusher 47. 船库 boathouse 48. 泵站 pumping station	EN	0,*
高度 height	(HEIGHT)		RE	0,1
要素多重性 multiplicity of features			C	0,1
多重性已知 multiplicity known			(S) BO	1,1
要素数量 number of features			(S) IN	0,1

结构物材质 nature of construction	(NATCON)	1. 砖石 masonry 2. 混凝土 concreted 6. 木质 wooden 7. 金属 metal 8. 玻璃钢 glass reinforced plastic（GRP） 12. 玻璃 glass	EN	0,*
雷达显著 radar conspicuous	(CONRAD)		BO	0,1
报告日期 reported date	(SORDAT)	ISO 8601:2004	TD	0,1
状况 status	(STATUS)	4. 不用的 not in use 7. 临时的 temporary 8. 私有的 private 12. 发光的 illuminated 13. 历史的 historic 14. 公共的 public	EN	0,*
固定净空高度 vertical clearance fixed			C	0,1
竖向净空值 vertical clearance value	(VERCLR)		(S) RE	1,1
垂直不确定度 vertical uncertainty			(S) C	0,1
固定不确定度 uncertainty fixed	(VERACC)		(S) RE	1,1
不确定度变量系数 uncertainty variable factor			(S) RE	0,1

垂直基准面 vertical datum	(VERDAT)	3. 平均海平面 mean sea level 16. 平均高潮面 mean high water 17. 平均大潮高潮面 mean high water springs 18. 高潮面 high water 19. 近似平均海平面 approximate mean sea level 20. 大潮高潮面 high water springs 21. 平均高高潮面 mean higher high water 24. 当地基准面 local datum 25. 1985 年国际大湖基准面 international great lakes datum 1985 26. 平均水平面 mean water level 28. 大潮高高潮面 higher high water large tide 29. 略最高高潮面 nearly highest high water 30. 最高天文潮面 highest astronomical tide	EN	0,1
垂直距离 vertical length	(VERLEN)		RE	0,1
视觉显著 visually conspicuous	(CONVIS)	1. 视觉显著 visually conspicuous 2. 视觉不显著 not visually conspicuous 3. 突出可见 prominent	EN	0,1
最小比例尺 scale minimum	(SCAMIN)	见 A.2.5.9 节	IN	0,1
在水域内 in the water			BO	0,1

INT 1 引用：D5-6，8，13；E10.1，10.3，11，13-18；F51，60-63

A.6.2.1 建筑物（Building）（见 S-4 – B-325；B-328.1；B-362.2；B-370.3；B-370.5；B-372 和 B-373.1-4）

ENC 数据最大显示比例尺相对较大时，应精确、单独对海滨住宅、陆标和部分公共建筑进行编码。对城区、郊区、村庄和其他建筑群区内的建筑物进行一般性表示时，编码人员必须准确表示建筑物的范围和建筑密度。

建筑群区内，只有海滨住宅、陆标和某些公共建筑应单独编码。

内陆超过 1 英里（或 2 千米）的不重要零散建筑必须省略。距离岸线较近的地方，分散建筑可以用若干有代表性的建筑物概括，但要足以准确表示建筑密度。

公共建筑（邮局和医院除外）主要作为可视要素或岸上参照点，不考虑其特定功能。除非作为对航行有帮助的陆标，否则只在 ENC 数据最大显示比例尺时编码。

用作宗教场所的建筑物通常会成为重要陆标；它们的大小和结构物（塔楼、尖顶、圆顶等）通常引人注目。此类建筑十分突出或显眼时，纳入编码对象的空间范围应延伸至内陆数英里处，且需要带有充分的信息以便于识别。如 ENC 数据最大显示比例尺允许，建筑物应编码为面状要素，并注意重要要素（陆标）。

建筑物与陆标、筒仓或罐不同，如需编码，必须使用“建筑物”（Building）要素。

备注：

- 陆标相关内容，可参见 A.7.2 节；罐、筒仓和水塔相关内容，参见 A.7.3 节。常用的编码组合相关内容，参见 A.7.1 节。
- 如果建筑物主要用作助航标志（如灯塔），则要素关联“结构物 / 设备”（Structure/Equipment）（见 A.25.14 节）只能与“建筑物”（Building）要素一同使用。
- 废弃（ruined）建筑物的编码方式应当与完好建筑物相同，但属性“状态”（condition）=2[“废弃”（ruined）]。
- 位于或部分位于可通航水域内的带顶船库或其他建筑物，所有相关要素都应按照“现实世界”中的情况编码。例如，码头应编码为“岸线结构物”（Shoreline Construction）、浮筒编码为“浮筒”（Ponton）、系泊柱编码为“系泊绞缆设施”（Mooring/Warping Facility）。带顶区域可用面状“建筑物”（Building）要素覆盖，设置属性“功能”（function）=47[“船库”（boathouse）]。如果该结构物所提供的服务已知，也可以使用“小型船用设施”（Small Craft Facility）（见 A.22.8 节）或“港口设施”（Harbour Facility）要素（见 A.22.7 节）编码。
- 可通航水域内或可通航水域上方的建筑物，布尔型属性“在水域内”（in the water）必须设置为 True，表示 ECDIS 基础显示包含该要素。此类结构物位于水域内时，支撑结构物（如桩、支柱）无须编码。
- 除非建筑物位于可通航水域上方（即属性“在水域内”（in the water）设置为 True，如船库），否则复杂属性“固定净空高度”（vertical clearance fixed）不得填写。
- 如果用面状要素表示建筑物的真实形状，且突出要素（如作为结构物一部分的塔、尖顶）需要编码时，必须创建两个要素（见下图 A-6.1）：
    - 主建筑物的面状“建筑物”（Building）要素；
    - 突出可见要素的点状“陆标”（Landmark）要素。

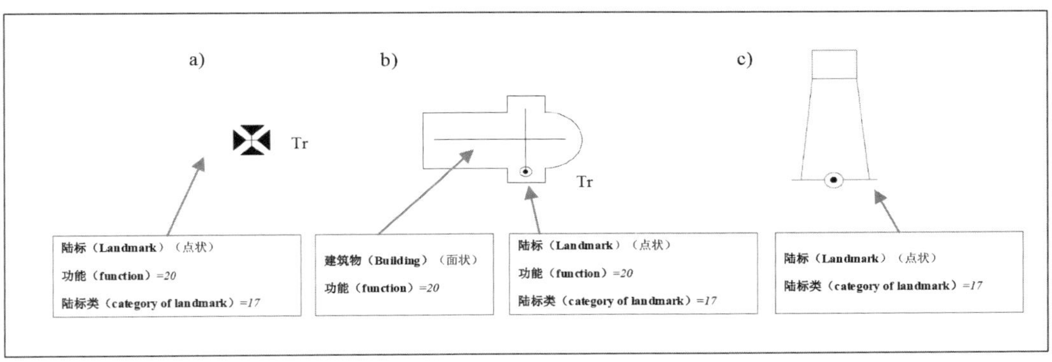

图A-6.1　陆标

A.6.2.2　港务局（Harbour office）（见 S-4 – B-325）

如需编码港务局，必须使用“建筑物”（Building）要素，且属性“功能”（function）应至少是下列值之一：

2- 港长办公室（harbour-master’s office）

3- 海关（customs office）

4- 卫生局（health office）

11- 引航站（pilot office）

A.6.2.3　转运棚（Transit shed）和仓库（warehouse）（见 S-4 – B-328.1）

如需编码转运棚（transit shed）和仓库（warehouse），必须使用“建筑物”（Building）要素，并设置属性“功能”（function）=15[“转运棚 / 仓库”（transit shed/warehouse）]；必要时，“要素名称（名称）”[feature name（name）]= 棚屋名称或数量。

区别：建筑群区（Built-Up Area）；海岸警卫站（Coastguard Station）；陆标（Landmark）；救助站（Rescue Station）；筒仓 / 罐（Silo/Tank）

要素 / 信息关联

类型	关联名称	关联端					
		类	角色	多重性	类	角色	多重性
组合	结构物 / 设备（Structure/ Equipment）	建筑物（Building）	有支撑	0,1	昼标（Daymark）、雾号（Fog Signal）、航空障碍灯（Light Air Obstruction）、环向灯标（Light All Around）、探雾灯（Light Fog Detector）、扇形光灯（Light Sectored）、实体 AIS 助航标志（Physical AIS Aid to Navigation）、雷达应答器（Radar Transponder Beacon）、反射器（Retroreflector）、交通信号站（Signal Station Traffic）、告警信号站（Signal Station Warning）	支撑	0,*
聚合	方位线系统聚合（Range System Aggregation）	建筑物（Building）	构成	1,*	方位线系统（Range System）	包含	0,1

A.6.3　机场（Airport/airfield）

IHO 定义：机场（AIRPORT/AIRFIELD）。全部或部分可用于飞机起降和移动的陆地区域（包括建筑、作业装置和设备）（改编自：国防地理空间信息工作组；要素数据字典注册系统，2010 年）。

S-101 地理要素：Airport/Airfield（AIRARE）

几何单形：点、曲面

现实世界	纸质海图符号	ECDIS 符号

S-101 属性	S-57 缩写	允许编码值	类型	多重性
机场类 category of airport/airfield	(CATAIR)	1. 军用机场 military aeroplane airport 2. 民用机场 civil aeroplane airport 3. 军用直升机机场 military heliport 4. 民用直升机机场 civil heliport 5. 滑翔机机场 glider airfield	EN	0,*

机场类 category of airport/airfield	(CATAIR)	6. 小型飞机机场 small planes airfield 8. 应急机场 emergency airfield 9. 搜救机场 search and rescue airfield	EN	0,*
状态 condition	(CONDTN)	1. 在建 under construction 2. 废弃 ruined 3. 填筑中 under reclamation 5. 拟建 planned construction	EN	0,1
要素名称 feature name			C	0,*
显示名称 display name			(S) BO	0,1
语言 language		ISO 639-2/T	(S) TE	0,1
名称 name	(OBJNAM) (NOBJNM)		(S) TE	1,1
报告日期 reported date	(SORDAT)	ISO 8601：2004	TD	0,1
状况 status	(STATUS)	1. 永久 permanent 2. 偶尔 occasional 4. 不使用 not in use 5. 周期性 / 间歇性 periodic/intermittent 6. 保留 reserved 7. 临时 temporary 8. 私有 private 12. 有照明 illuminated 14. 公共 public	EN	0,*
最小比例尺 scale minimum	(SCAMIN)	见 A.2.5.9 节	IN	0,1

INT 1 引用：D17

A.6.3.1 机场（Airfield）（见 S-4 – B-366）

ENC 数据最大显示比例尺为大中比例尺时，距离岸线几英里范围内的机场（airfield 或 airport）均须在海图上表示；它们对于沿岸航行具有重要意义，大量视觉和听觉要素都与机场以及空中交通相关。

ENC 数据最大显示比例尺较大时，机场应当用下列要素组合编码："机场"（Airport/Airfield）（面状）、"跑道"（Runway）（面状或线状）、"建筑物"（Building）（面状或点状）和"陆标"（Landmark）（面状或点状）。该组要素中至少必须有一个"机场"（Airport/Airfield）或"跑道"（Runway）。

ENC 数据最大显示比例尺较小时，机场应编码为点状"机场"（Airport/Airfield）。

备注：

- 如果单体建筑物视觉显著，必须编码为独立要素。
- 如需编码控制塔，必须使用"陆标"（Landmark）要素，并设置属性"功能"（function）=39（控制）和"陆标类"=17["塔"（tower）]。如需编码其他建筑，必须使用"建筑物"（Building）要素。
- 如需编码海上飞机起降区，必须使用"海上飞机起降区"（Seaplane Landing Area）要素（见 A.16.5 节）。
- 与空中航行、航空障碍灯关联的助航标志相关内容，见助航标志相关章节。

区别：跑道（Runway）；海上飞机起降区（Seaplane Landing Area）

A.6.4 跑道（Runway）

IHO 定义：跑道（RUNWAY）。陆地机场里划定的矩形区域，用于飞机起落时沿其长线滑行（改编自：IHO 词典 – S-32）。

S-101 地理要素：Runway （RUNWAY）

几何单形：点、曲线、曲面

现实世界	纸质海图符号	ECDIS 符号

S-101 属性	S-57 缩写	允许编码值	类型	多重性
跑道类 category of runway	(CATRUN)	1. 飞机跑道 aeroplane runway 2. 直升机停机坪 helicopter landing pad	EN	0,*
状态 condition	(CONDTN)	1. 在建 under construction 2. 废弃 ruined 3. 填筑中 under reclamation 5. 拟建 planned construction	EN	0,1
要素名称 feature name			C	0,*
显示名称 display name			(S) BO	0,1
语言 language		ISO 639-2/T	(S) TE	0,1
名称 name	(OBJNAM) (NOBJNM)		(S) TE	1,1

结构物材质 nature of construction	(NATCON)	1. 砖石 masonry 2. 混凝土 concreted 4. 硬面 hard surfaced 5. 无铺面 unsurfaced 6. 木质 wooden 7. 金属 metal	EN	0,*
周期性日期范围 periodic date range			C	0,*
终止日期 date end	(PEREND)	ISO 8601：2004	(S) TD	1,1
开始日期 date start	(PERSTA)	ISO 8601：2004	(S) TD	1,1
报告日期 reported date	(SORDAT)	ISO 8601：2004	TD	0,1
状况 status	(STATUS)	1. 永久 permanent 2. 偶尔 occasional 4. 不使用 not in use 5. 周期性 / 间歇性 periodic/intermittent 6. 保留 reserved 7. 临时 temporary 8. 私有 private 12. 有照明 illuminated 14. 公共 public	EN	0,*
最小比例尺 scale minimum	(SCAMIN)	见 A.2.5.9 节	IN	0,1

INT 1 引用：D17

A.6.4.1 机场（Airfield）（见 S-4 – B-366）

ENC 数据最大显示比例尺为大中比例尺时，距离岸线若干英里的机场（airfield 或 airport）均应当编码；它们对于沿岸航行具有重要意义，大量视觉和听觉要素都与其以及空中交通相关。

ENC 数据最大显示比例尺较大时，机场应当用下列要素组合编码：“机场”（Airport/Airfield）（面状）、“跑道”（Runway）（面状或线状）、“建筑物”（Building）（面状或点状）和“陆标”（Landmark）（面状或点状）这组要素中，至少必须有一个“机场”（Airport/Airfield）或“跑道”（Runway）。

备注：

- 两条或两条以上交叉跑道可作为一个面状要素进行编码。
- 如需编码海上飞机起降区，必须使用“海上飞机起降区”（Seaplane Landing Area）要素（见 A.16.5 节）。
- 与空中航行、航空障碍灯相关的助航标志，参见助航标志相关章节。

区别：机场（Airport/Airfield）；海上飞机起降区（Seaplane Landing Area）

A.6.5 桥梁（Bridge）

IHO 定义：桥梁（BRIDGE）。架设在凹地或障碍物（如水面、铁路等）上方以供车辆或行人通行的结构物（IHO 词典 – S-32）。

S-101 地理要素：Bridge （BRIDGE）

几何单形：曲线、曲面、无

现实世界	纸质海图符号	ECDIS 符号

S-101 属性	S-57 缩写	允许编码值	类型	多重性
桥梁类 category of bridge	(CATBRG)	1. 固定桥 fixed bridge 2. 开合桥 opening bridge 3. 平转桥 swing bridge 4. 升降桥 lifting bridge 5. 竖转桥 bascule bridge 6. 浮桥 pontoon bridge 7. 吊桥 drawbridge 8. 运输桥 transporter bridge 9. 步行桥 footbridge 10. 高架桥 viaduct 11. 水道桥 aqueduct 12. 悬索桥 suspension bridge	EN	0,1

颜色 colour	(COLOUR)	1. 白色 white 2. 黑色 black 3. 红色 red 4. 绿色 green 5. 蓝色 blue 6. 黄色 yellow 7. 灰色 grey 8. 棕色 brown 9. 琥珀色 amber 10. 紫色 violet 11. 橙色 orange 12. 洋红色 magenta 13. 粉红色 pink	EN	0,* (ordered)
色彩图案 colour pattern	(COLPAT)	1. 横条纹 horizontal stripes 2. 竖条纹 vertical stripes 3. 斜条纹 diagonal stripes 4. 方格 squared 5. 条纹（方向未知） stripes （direction unknown） 6. 边界条纹 border stripe	EN	0,1
状态 condition	(CONDTN)	1. 在建 under construction 2. 废弃 ruined 5. 拟建 planned construction	EN	0,1

要素名称 feature name			C	0,*
显示名称 display name			(S) BO	0,1
语言 language		ISO 639-2/T	(S) TE	0,1
名称 name	(OBJNAM) (NOBJNM)		(S) TE	1,1
固定日期范围 fixed date range			C	0,1
终止日期 date end	(DATEND)	ISO 8601：2004	(S) TD	0,1
开始日期 date start	(DATSTA)	ISO 8601：2004	(S) TD	0,1
高度 height	(HEIGHT)		RE	0,1
结构物材质 nature of construction	(NATCON)	1. 砖石 masonry 2. 混凝土 concreted 6. 木质 wooden 7. 金属 metal 11. 网格 latticed	EN	0,*
雷达显著 radar conspicuous	(CONRAD)		BO	0,1
报告日期 reported date	(SORDAT)	ISO 8601：2004	TD	0,1
状况 status	(STATUS)	1. 永久 permanent 2. 偶尔 occasional 4. 不使用 not in use 5. 周期性 / 间歇性 periodic/intermittent 7. 临时 temporary 12. 有照明 illuminated	EN	0,*

视觉显著 visually conspicuous	(CONVIS)	1. 视觉显著 visually conspicuous 2. 视觉不显著 not visually conspicuous 3. 突出可见 prominent	EN	0,1
最小比例尺 scale minimum	(SCAMIN)	见 A.2.5.9 节	IN	0,1

INT 1 引用：D20-24

A.6.5.1 桥梁（Bridge）（见 S-4 – B-381）

如需编码桥梁，必须使用“桥梁”（Bridge）要素。ENC 数据最大显示比例尺下，可通航 / 不可通航水域上方的桥梁均可编码。如果桥梁在可通航水域上方，桥跨和桥墩必须通过“桥梁聚合”（Bridge Aggregation）与“桥梁”进行关联（参见 A.25.4 节）[即“桥梁”要素没有几何形状，但使用其组成要素的几何形状]。如果桥梁在不可通航水域上方，如有必要，必须使用没有组成要素的“桥梁”要素进行编码 [即“桥梁”要素有线状或面状几何形状]。

当 ENC 数据在“最大显示比例尺”条件下，且用于在有障碍物状况下的导航及具体航行规划，如果已知高潮面与固定式架空障碍物之间的净空高度，则必须表示。净空高度的基准面必须是高潮面，最好是潮位可预报的最高天文潮位面（Highest Astronomical Tide，HAT）。竖向净空必须使用“固定桥跨”（Span Fixed）或“活动桥跨”（Span Opening）（见 A.6.6 节和 A.6.7 节）要素进行编码，使用复杂属性“固定净空高度”（vertical clearance fixed）、“封闭净空高度”（vertical clearance closed）或“开启净空高度”（vertical clearance open）以及与桥跨相关的子属性。在潮差不明显的区域，净空高度的基准面应当为平均海平面（Mean Sea Level，MSL）。

备注：

- 如果在 ENC 数据最大显示比例尺下水路可通航，则桥梁下方的水域必须使用“水深区”（Depth Area）、“疏浚区”（Dredged Area）或“未测区”（Unsurveyed Area）[以及合适的“等深线”（Depth Contour）和“水深”（Sounding）] 要素进行编码。如果在 ENC 数据最大显示比例尺下的水路不可通航，桥梁下方的水域使用“陆地区”（Land Area）要素进行编码。
- 桥梁有固定净空高度、封闭净空高度或开启净空高度时，仅表示净空高度所指的部分，应使用“固定桥跨”（Span Fixed）或“活动桥跨”（Span Opening）要素（见 A.6.6 节和 A.6.7 节）进行编码。必须使用关联要素“桥梁聚合”（Bridge Aggregation）（见 A.25.4 节）将所有已编码的桥跨与“桥梁”（Bridge）要素进行关联。示例见下图。如未标注桥梁净空高度，且该桥梁下方的水域在 ENC 数据最大显示比例尺下可通航，必须编码单个“固定桥跨”或“活动桥跨”，并用空值（null）填写强制性净空高度属性。
- 如需编码可通航水域上方桥梁，“桥梁类”（category of bridge）属性为强制性属性。
- 必要时，桥梁结构物（见 A.2.5.7 节）最高点的高度使用“高度”（height）属性编码。
- 如需编码滑桥，必须使用“桥梁”（Bridge）要素，设置属性“桥梁类”（category of bridge）=7[“吊桥”（drawbridge）]。
- 如需编码桥梁上或与之相关的距离标志，必须使用“距离标志”（Distance Mark）要素（见 A.8.9 节）。
- 在可通航水域内，如有可能，桥墩必须使用“塔架 / 桥墩”（Pylon/Bridge Support）要素进行编码，并设置属性“塔架类”（category of pylon）=4[“桥梁 / 桥塔”（bridge/pylon tower）] 或 5[“桥墩”（bridge pier）]。
- 桥梁上的道路或铁路不强制进行编码。

A.6.5.2　常用桥梁类型编码示例

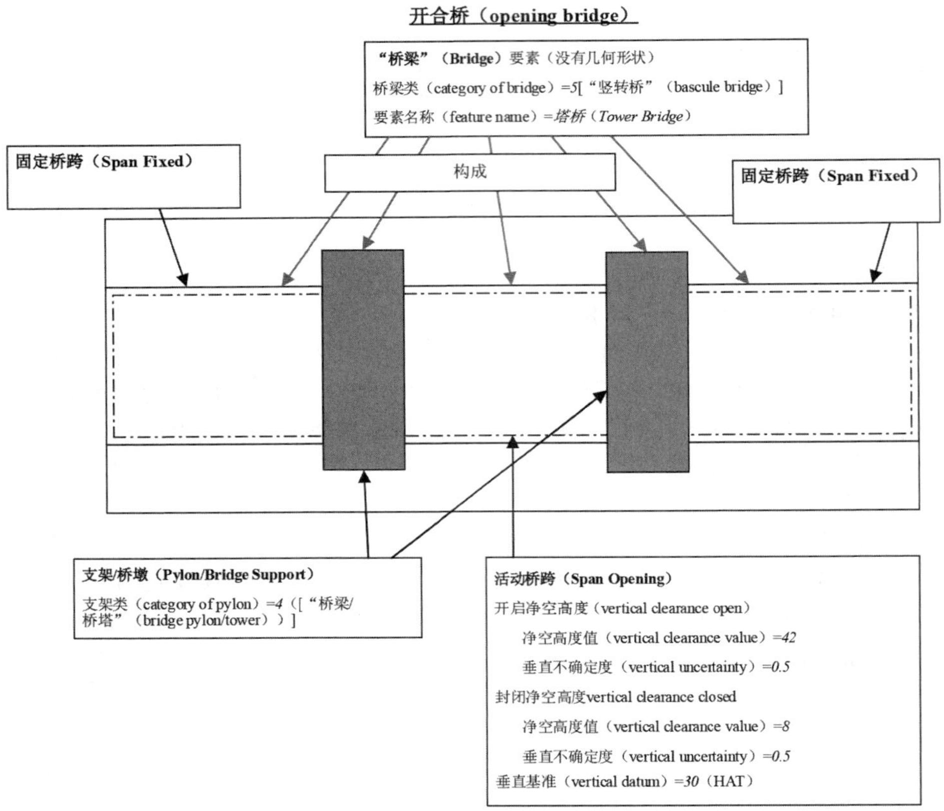

图A-6.2　开合桥 – 示例

区别：架空管道（Pipeline Overhead）；塔架 / 桥墩（Pylon/Bridge Support）；固定桥跨（Span Fixed）；活动桥跨（Span Opening）

要素 / 信息关联

类型	关联名称	关联端					
		类	角色	多重性	类	角色	多重性
组合	结构物 / 设备（Structure/ Equipment）	桥梁（Bridge）	有支撑	0,1	昼标（Daymark）、雾号（Fog Signal）、航空障碍灯（Light Air Obstruction）、环向灯标（Light All Around）、探雾灯（Light Fog Detector）、扇形光灯（Light Sectored）、实体 AIS 助航标志（Physical AIS Aid to Navigation）、雷达应答器（Radar Transponder Beacon）、反射器（Retroreflector）、交通信号站（Signal Station Traffic）、告警信号站（Signal Station Warning）	支撑	0,*
聚合	桥梁聚合（Bridge Aggregation）	桥梁（Bridge）	包含	1,1	固定桥跨（Span Fixed）、活动桥跨（Span Opening）、塔架 / 桥墩（Pylon/Bridge Support）	构成	1,*

A.6.6　固定桥跨（Span fixed）

IHO 定义：固定桥跨（SPAN FIXED）。桥面上连续跨越多个桥墩的固定组成部分（改编自：国防地理空间信息工作组；要素数据字典注册系统，2013 年）。				
S-101 地理要素：Span Fixed				
几何单形：曲线、曲面				
现实世界	纸质海图符号	ECDIS 符号		
S-101 属性	**S-57 缩写**	**允许编码值**	**类型**	**多重性**
固定日期范围 fixed date range			C	0,1
终止日期 date end	(DATEND)	ISO 8601：2004	(S) TD	0,1
开始日期 date start	(DATSTA)	ISO 8601：2004	(S) TD	0,1
固定水平净宽 horizontal clearance fixed			C	0,1
水平净空 horizontal clearance value	(HORCLR)		(S) RE	1,1
水平距离不确定度 horizontal distance uncertainty	(HORACC)		(S) RE	0,1
固定净空高度 vertical clearance fixed			C	1,1
竖向净空值 vertical clearance value	(VERCLR)		(S) RE	1,1
垂直不确定度 vertical uncertainty			(S) C	0,1
固定不确定度 uncertainty fixed	(VERACC)		(S) RE	1,1
不确定度变量系数 uncertainty variable factor			(S) RE	0,1
垂直基准面 vertical datum	(VERDAT)	3. 平均海平面 mean sea level 16. 平均高潮面 mean high water 17. 平均大潮高潮面 mean high water springs 18. 高潮面 high water 19. 近似平均海平面 approximate mean sea level 20. 大潮高潮面 high water springs 21. 平均高高潮面 mean higher high water	EN	0,1

垂直基准面 vertical datum	(VERDAT)	24. 当地基准面 local datum 25. 1985 年国际大湖基准面 international great lakes datum 1985 26. 平均水平面 mean water level 28. 大潮高高潮面 higher high water large tide 29. 略最高高潮面 nearly highest high water 30. 最高天文潮面 highest astronomical tide	EN	0,1

INT 1 引用：

A.6.6.1 固定桥跨（Span fixed）

如需编码桥墩之间固定部分的净空特征（垂直或水平），必须使用“固定桥跨”（Span Fixed）要素；必须使用关联要素“桥梁聚合”（Bridge Aggregation）（见 A.25.4 节）将“固定桥跨”（Span Fixed）与“桥梁”（Bridge）要素（见 A.6.5 节）进行关联。与“桥梁”（Bridge）关联的“固定桥跨”（Span Fixed）要素的示例见 A.6.5 节。

在 ENC“最大适配显示比例尺”时，如果已知高潮面和固定式架空障碍物之间的竖向净空，则必须表示，该数据可用于架空障碍物下的导航和具体航行规划。净空高度的基准面必须是高潮面，最好是潮位明显区域的最高天文潮位面（Highest Astronomical Tide，HAT）。必须使用复杂属性“固定净空高度”（vertical clearance fixed）以及与该要素相关的子属性对净空高度进行赋值，向下取整到最接近的整米（除非在 10 米以下，此时可以使用米和分米）。在潮差不明显的区域，净空高度的基准面应当为平均海平面（Mean Sea Level，MSL）。

备注：

- 仅当桥跨在 ENC 数据最大显示比例尺下完全或部分位于可通航水域上时，才需要编码“固定桥跨”（Span Fixed）要素。
- 如果在 ENC 数据最大显示比例尺下无法逐个显示可通航水域上方固定桥梁的各个桥跨，那么整个桥梁都应当用单个“固定桥跨”（Span Fixed）要素覆盖，并根据最重要的可航行桥跨填写属性。

区别：桥梁（Bridge）；架空电缆（Cable Overhead）；传送装置（Conveyor）；架空管道（Pipeline Overhead）；活动桥跨（Span Opening）

要素 / 信息关联

类型	关联名称	关联端					
		类	角色	多重性	类	角色	多重性
组合	结构物 / 设备（Structure/ Equipment）	固定桥跨（Span Fixed）	有支撑	0,1	昼标（Daymark）、雾号（Fog Signal）、航空障碍灯（Light Air Obstruction）、环向灯标（Light All Around）、探雾灯（Light Fog Detector）、扇形光灯（Light Sectored）、实体 AIS 助航标志（Physical AIS Aid to Navigation）、雷达应答器（Radar Transponder Beacon）、反射器（Retroreflector）、交通信号站（Signal Station Traffic）、告警信号站（Signal Station Warning）	支撑	0,*
聚合	桥梁聚合（Bridge Aggregation）	固定桥跨（Span Fixed）	构成	1,*	桥梁（Bridge）	包含	1,1

A.6.7　活动桥跨（Span opening）

IHO 定义：活动桥跨（SPAN OPENING）。桥面上连续横跨多个桥墩的活动部分（改编自：国防地理空间信息工作组；要素数据字典注册系统，2013 年）。		
S-101 地理要素：Span Opening		
几何单形：曲线、曲面		
现实世界	纸质海图符号	ECDIS 符号

S-101 属性	S-57 缩写	允许编码值	类型	多重性
fixed date range 固定日期范围			C	0,1
date end 终止日期	(DATEND)	ISO 8601：2004	(S) TD	0,1
date start 开始日期	(DATSTA)	ISO 8601：2004	(S) TD	0,1
horizontal clearance fixed 固定水平净宽			C	0,1
horizontal clearance value 水平净空	(HORCLR)		(S) RE	1,1
horizontal distance uncertainty 水平距离不确定度	(HORACC)		(S) RE	0,1
vertical clearance closed 封闭净空高度			C	1,1
vertical clearance value 竖向净空值	(VERCCL)		(S) RE	1,1
vertical uncertainty 垂直不确定度			(S) C	0,1
uncertainty fixed 固定不确定度	(VERACC)		(S) RE	1,1
uncertainty variable factor 不确定度变量系数			(S) RE	0,1
vertical clearance open 开启净空高度			C	1,1
vertical clearance value 竖向净空值	(VERCOP)		(S) RE	1,1
vertical uncertainty 垂直不确定度			(S) C	0,1
uncertainty fixed 固定不确定度	(VERACC)		(S) RE	1,1
uncertainty variable factor 不确定度变量系数			(S) RE	0,1

vertical datum 垂直基准面	(VERDAT)	3. 平均海平面 mean sea level 16. 平均高潮面 mean high water 17. 平均大潮高潮面 mean high water springs 18. 高潮面 high water 19. 近似平均海平面 approximate mean sea level 20. 大潮高潮面 high water springs 21. 平均高高潮面 mean higher high water 24. 当地基准面 local datum 25. 1985 国际大湖基准 lakes datum 1985 26. 平均水平面 mean water level 28. 大潮高高潮面 higher high water large tide 29. 略最高高潮面 nearly highest high water 30. 最高天文潮面 highest astronomical tide	EN	0,1

INT 1 引用：

A. 6.7.1 活动桥跨（Span opening）

如需编码桥墩之间开放部分的净空特征（垂直或水平），必须使用“活动桥跨”（Span Opening）要素；必须使用关联“桥梁聚合”（Bridge Aggregation）（见 A.25.4 节）将“活动桥跨”（Span Opening）与“桥梁”（Bridge）要素（见 A.6.5 节）进行关联。与“桥梁”（Bridge）关联的“活动桥跨”（Span Opening）要素示例见 A.6.5 节。

在 ENC“最大适配显示比例尺”时，如果已知高潮面与活动式架空障碍物之间的竖向净空，则必须显示，该数据可用于架空障碍物下的导航和具体航行规划。净空高度的基准面必须是高潮面，最好是潮位明显区域的最高天文潮位面（Highest Astronomical Tide，HAT）。必须使用复杂属性“封闭净空高度”（vertical clearance closed）和“开启净空高度”（vertical clearance open）以及与该要素相关的子属性对净空高度进行赋值，向下取整到最接近的整米（除非在 10 米以下，此时可以使用米和分米）。在潮差不明显的区域，净空高度的基准面应当为平均海平面（Mean Sea Level，MSL）。

备注：

- 仅当桥跨在 ENC 数据最大显示比例尺下完全或部分位于可通航水域上方时，才需要编码“活动桥跨”（Span Opening）要素。
- 如果在 ENC 数据最大显示比例尺下无法逐个显示可通航水域上方的各个桥跨，那么整个桥梁都应当用单个“活动桥跨”（Span Opening）要素覆盖，并根据活动桥跨填写属性。
- 复杂属性“封闭净空高度”（vertical clearance closed）和“开启净空高度”（vertical clearance open）必须同时编码，用于表示开放的（垂直开放）和封闭的（垂直封闭）净空值。如果开启净空高度不受限制，“开启净空高度”（vertical clearance open）必须填写为空值（null）。

- 如需编码桥跨开启或封闭的时间信息，包括所有计划的封闭时间或国家法定节假日的调整时间，应使用信息类型“服务时间”（Service Hour）（见 A.24.2 节）或“非标准工作日”（Non-Standard Working Day）（见 A.24.3 节）的相关实例完成。

区别：桥梁（Bridge）；架空电缆（Cable Overhead）；传送装置（Conveyor）；架空管道（Pipeline Overhead）；固定桥跨（Span Fixed）

要素 / 信息关联

类型	关联名称	关联端					
		类	角色	多重性	类	角色	多重性
组合	结构物 / 设备（Structure/ Equipment）	活动桥跨（Span Opening）	有支撑	0,1	昼标（Daymark）、雾号（Fog Signal）、航空障碍灯（Light Air Obstruction）、环向灯标（Light All Around）、探雾灯（Light Fog Detector）、扇形光灯（Light Sectored）、实体 AIS 助航标志（Physical AIS Aid to Navigation）、雷达应答器（Radar Transponder Beacon）、反射器（Retroreflector）、交通信号站（Signal Station Traffic）、告警信号站（Signal Station Warning）	支撑	0,*
聚合	桥梁聚合（Bridge Aggregation）	活动桥跨（Span Opening）	构成	1,*	桥梁（Bridge）	包含	1,1
关联	附加信息（Additional Information）	活动桥跨（Span Opening）	为......提供的信息	1,*	非标准工作日（Non-Standard Working Day）、服务时间（Service Hour）	提供信息	0,1

A.6.8 传送装置（Conveyor）

IHO 定义：传送装置（CONVEYOR）。通过传送带或传送链来运送货物或人员的机械装置（改编自：国防地理空间信息工作组；要素数据字典注册系统，2010 年）。

S-101 地理要素：Conveyor（CONVYR）

几何单形：曲线、曲面

现实世界	纸质海图符号	ECDIS 符号

S-101 属性	S-57 缩写	允许编码值	类型	多重性
传送装置类 category of conveyor	(CATCON)	1. 架空缆索（有电话） aerial cableway （telepheric） 2. 传送装置 conveyor 3. 滑道 flume 4. 电梯 / 升降梯 lift/elevator	EN	0,1

颜色 colour	(COLOUR)	1. 白色 white 2. 黑色 black 3. 红色 red 4. 绿色 green 5. 蓝色 blue 6. 黄色 yellow 7. 灰色 grey 8. 棕色 brown 9. 琥珀色 amber 10. 紫色 violet 11. 橙色 orange 12. 洋红色 magenta 13. 粉红色 pink	EN	0,* (ordered)
色彩图案 colour pattern	(COLPAT)	1. 横条纹 horizontal stripes 2. 竖条纹 vertical stripes 3. 斜条纹 diagonal stripes 4. 方格 squared 5. 条纹（方向未知） stripes （direction unknown） 6. 边界条纹 border stripe	EN	0,1
状态 condition	(CONDTN)	1. 在建 under construction 2. 废弃 ruined 5. 拟建 planned construction	EN	0,1

要素名称 feature name			C	0,*
显示名称 　display name			(S) BO	0,1
语言 　language		ISO 639-2/T	(S) TE	0,1
名称 　name	(OBJNAM) (NOBJNM)		(S) TE	1,1
固定日期范围 fixed date range			C	0,1
终止日期 　date end	(DATEND)	ISO 8601：2004	(S) TD	0,1
开始日期 　date start	(DATSTA)	ISO 8601：2004	(S) TD	0,1
高度 height	(HEIGHT)		RE	0,1
起重能力 lifting capacity	(LIFCAP)		RE	0,1
要素多重性 multiplicity of features			C	0,1
多重性已知 　multiplicity known			(S) BO	1,1
要素数量 　number of features			(S) IN	0,1
产品 product	(PRODCT)	4. 石 stone 5. 煤 coal 6. 矿石 ore 10. 铝土矿 bauxite 11. 焦炭 coke 12. 铁锭 iron ingots 13. 盐 salt 14. 砂 sand 15. 木材 timber	EN	0,1

产品 product	(PRODCT)	16. 木屑 / 木片 sawdust/wood chips 17. 废金属 scrap metal 22. 谷物 grain 25. 粘土 clay	EN	0,1
雷达显著 radar conspicuous	(CONRAD)		BO	0,1
报告日期 reported date	(SORDAT)	ISO 8601：2004	TD	0,1
状况 status	(STATUS)	4. 不使用 not in use 12. 有照明 illuminated	EN	0,*
固定净空高度 vertical clearance fixed			C	0,1
竖向净空值 vertical clearance value	(VERCLR)		(S) RE	1,1
垂直不确定度 vertical uncertainty			(S) C	0,1
固定不确定度 uncertainty fixed	(VERACC)		(S) RE	1,1
不确定度变量系数 uncertainty variable factor			(S) RE	0,1
垂直基准面 vertical datum	(VERDAT)	3. 平均海平面 mean sea level 16. 平均高潮面 mean high water 17. 平均大潮高潮面 mean high water springs 18. 高潮面 high water 19. 近似平均海平面 approximate mean sea level 20. 大潮高潮面 high water springs 21. 平均高高潮面 mean higher high water 24. 当地基准面 local datum 25. 1985 年国际大湖基准面 International great lakes datum 1985	EN	0,1

垂直基准面 vertical datum	(VERDAT)	26. 平均水平面 mean water level 28. 大潮高高潮面 higher high water large tide 29. 略最高高潮面 nearly highest high water 30. 最高天文潮面 highest astronomical tide	EN	0,1
垂直距离 vertical length	(VERLEN)		RE	0,1
视觉显著 visually conspicuous	(CONVIS)	1. 视觉显著 visually conspicuous 2. 视觉不显著 not visually conspicuous 3. 突出可见 prominent	EN	0,1
最小比例尺 scale minimum	(SCAMIN)	见 A.2.5.9 节	IN	0,1

INT 1 引用：D25

A.6.8.1　传送装置（Conveyor）（见 S-4 – B-382.3）

如需编码传送装置，必须使用“传送装置”（Conveyor）要素。

在最大显示比例尺最大的 ENC 数据中，如果已知高潮面和固定式架空障碍物之间的净空高度，则必须表示，该数据可用于在有障碍物状况下的导航及具体航行规划。净空高度的基准面必须是高潮面，最好是潮位明显区域的最高天文潮位面（Highest Astronomical Tide，HAT）。必须使用复杂属性“固定净空高度”（vertical clearance fixed）以及与该要素相关的子属性对竖向净空进行赋值，向下取整到最接近的整米（除非在 10 米以下，此时可以使用米和分米）。在潮差不明显的区域，净空高度的基准面应当为平均海平面（Mean Sea Level，MSL）。

备注：

- 如需编码架空缆车，必须使用“传送装置”（Conveyor）要素，并设置属性“传送装置类”（category of Conveyor）=1[“架空缆索（有电话）”（aerial cableway（telepheric））]。
- 在可通航水域中，如有可能，传送装置塔架必须使用“塔架 / 桥墩”（Pylon/Bridge Support）要素（见 A.6.11 节）编码，并设置属性“塔架类”（category of pylon）=3[“架空索道 / 高架塔”（aerial cableway/sky pylon）]。

区别：架空电缆（Cable Overhead）；起重机（Crane）；塔架 / 桥墩（Pylon/Bridge Support）

要素 / 信息关联

类型	关联名称	关联端					
		类	角色	多重性	类	角色	多重性
组合	结构物 / 设备（Structure/ Equipment）	传送装置（Conveyor）	有支撑	0,1	昼标（Daymark）、雾号（Fog Signal）、航空障碍灯（Light Air Obstruction）、环向灯标（Light All Around）、探雾灯（Light Fog Detector）、扇形光灯（Light Sectored）、实体 AIS 助航标志（Physical AIS Aid to Navigation）、雷达应答器（Radar Transponder Beacon）、反射器（Retroreflector）、交通信号站（Signal Station Traffic）、告警信号站（Signal Station Warning）	支撑	0,*

A.6.9 架空电缆（Overhead cable）

IHO 定义：架空电缆（CABLE, OVERHEAD）。由电线杆或塔架架起的通过航道上方或在航道附近的电缆，由多股纤维、塑料、金属或玻璃组成的单个连续绳状束（改编自：国防地理空间信息工作组；要素数据字典注册系统，2012 年）。

S-101 地理要素：Cable Overhead（CBLOHD）

几何单形：曲线

现实世界	纸质海图符号	ECDIS 符号

S-101 属性	S-57 缩写	允许编码值	类型	多重性
电缆类 category of cable	(CATCBL)	1. 电力线 power line 3. 输电线 transmission line 4. 电话线 telephone 5. 电报线 telegraph	EN	0,1
状态 condition	(CONDTN)	1. 在建 under construction 5. 拟建 planned construction	EN	0,1
固定日期范围 fixed date range			C	0,1
终止日期 date end	(DATEND)	ISO 8601：2004	(S) TD	0,1
开始日期 date start	(DATSTA)	ISO 8601：2004	(S) TD	0,1
冰况系数 ice factor	(ICEFAC)		RE	0,1
要素名称 feature name			C	0,*
显示名称 display name			(S) BO	0,1
语言 language		ISO 639-2/T	(S) TE	0,1
名称 name	(OBJNAM) (NOBJNM)		(S) TE	1,1
要素多重性 multiplicity of features			C	0,1
多重性已知 multiplicity known			(S) BO	1,1

要素数量 number of features			(S) IN	0,1
雷达显著 radar conspicuous	(CONRAD)		BO	0,1
报告日期 reported date	(SORDAT)	ISO 8601：2004	TD	0,1
状况 status	(STATUS)	1. 永久 permanent 4. 不使用 not in use 5. 周期性 / 间歇性 periodic/intermittent 7. 临时 temporary 12. 有照明 illuminated 28. 有浮标标示 buoyed	EN	0,*
固定净空高度 vertical clearance fixed			C	0,1
竖向净空值 vertical clearance value	(VERCLR)		(S) RE	1,1
垂直不确定度 vertical uncertainty			(S) C	0,1
固定不确定度 uncertainty fixed	(VERACC)		(S) RE	1,1
不确定度变量系数 uncertainty variable factor			(S) RE	0,1
安全净空高度 vertical clearance safe			C	0,1
竖向净空值 vertical clearance value	(VERCSA)		(S) RE	1,1
垂直不确定度 vertical uncertainty			(S) C	0,1
固定不确定度 uncertainty fixed	(VERACC)		(S) RE	1,1
不确定度变量系数 uncertainty variable factor			(S) RE	0,1

垂直基准面 vertical datum	(VERDAT)	3. 平均海平面 mean sea level 16. 平均高潮面 mean high water 17. 平均大潮高潮面 mean high water springs 18. 高潮面 high water 19. 近似平均海平面 approximate mean sea level 20. 大潮高潮面 high water springs 21. 平均高高潮面 mean higher high water 24. 当地基准面 local datum 25. 1985 年国际大湖基准面 international great lakes datum 1985 26. 平均水平面 mean water level 28. 大潮高高潮面 higher high water large tide 29. 略最高高潮面 nearly highest high water 30. 最高天文潮面 highest astronomical tide	EN	0,1
视觉显著 visually conspicuous	(CONVIS)	1. 视觉显著 visually conspicuous 2. 视觉不显著 not visually conspicuous 3. 突出可见 prominent	EN	0,1
最小比例尺 scale minimum	(SCAMIN)	见 A.2.5.9 节	IN	0,1

INT 1 引用：D26，27

A.6.9.1　架空电缆（Overhead cable）（见 S-4 – B-382）

如需编码架空电缆，必须使用“架空电缆”（Cable Overhead）要素。

在最大显示比例尺最大的 ENC 数据中，如果已知高潮面和固定式架空障碍物之间的净空高度，则必须表示，该数据可用于在有障碍物状况下的导航及具体航行规划。净空高度的基准面必须是高潮面，最好是潮位明显区域的最高天文潮位面（Highest Astronomical Tide，HAT）。必须使用复杂属性“固定净空高度”（vertical clearance fixed）或“安全净空高度”（vertical clearance safe）以及与该要素相关的子属性对净空高度进行赋值，向下取整到最接近的整米（除非在 10 米以下，此时可以使用米和分米）。在潮差不明显的区域，净空高度的基准面应当为平均海平面（Mean Sea Level，MSL）。

特高压电力线或输电线，可能需要 2 ~ 5 米的附加净空高度，以避免放电。如果已知，必须使用“安全净空高度”（vertical clearance safe）对授权安全净空（即“安全净空高度”）进行赋值，即物理净空减去安全系数，同时以安全净空值对子属性“竖向净空值”（vertical clearance value）进行赋值。

备注：

- 如需编码电话电缆，必须使用“传送装置”（Conveyor）要素（见 A.6.8 节）编码，并设置属性“传送装置类”（CATCON）=1[“架空索道（有电）”（aerial cableway（telepheric））]。
- 如果电缆在已知位置装有雷达反射器，则必须将其编码为独立的“雷达反射器”（Radar Reflector）要素（见 20.17 节）。若整条电缆均为雷达显著，而 ENC 数据最大显示比例尺太小无法显示单个反射器，或雷达反射器位置未知，则应使用“雷达显著”（radar conspicuous）属性对“架空电缆”（Cable Overhead）编码。
- 在可通航水域中，如有可能，必须使用“塔架 / 桥墩”（Pylon/Bridge Support）要素（见 A.6.11 节）对架空电缆塔架进行编码，并设置属性“塔架类”（category of pylon）=1 或 2。

区别：电缆区（Cable Area）；海底电缆（Cable Submarine）；传送装置（Conveyor）；塔架 / 桥墩（Pylon/Bridge Support）

要素 / 信息关联

类型	关联名称	关联端					
		类	角色	多重性	类	角色	多重性
组合	结构物 / 设备（Structure/ Equipment）	架空电缆（Cable Overhead）	有支撑	0,1	雷达反射器（Radar Reflector）	支撑	0,*

A.6.10 架空管道（Pipeline，overhead）

IHO 定义：架空管道（OVERHEAD PIPELINE）。由支柱支撑的通过可航水域上方或在可航水域附近的管线，用来传输物资，目前主要是油和气体（改编自：IHO 词典 – S-32 和 S-57 第 3.1 版，附录 A，第 1 章，第 1.119 页，2000 年 11 月）。

S-101 地理要素：Pipeline Overhead（PIPOHD）

几何单形：曲线

现实世界	纸质海图符号	ECDIS 符号

S-101 属性	S-57 缩写	允许编码值	类型	多重性
管道 / 导管类 category of pipeline/pipe	(CATPIP)	2. 排放管道 outfall pipe 3. 抽吸管道 intake pipe 4. 下水道 sewer 6. 供给管道 supply pipe	EN	0,1
状态 condition	(CONDTN)	1. 在建 under construction 5. 拟建 planned construction	EN	0,1
要素名称 feature name			C	0,*

显示名称 display name			(S) BO	0,1
语言 language		ISO 639-2/T	(S) TE	0,1
名称 name	(OBJNAM) (NOBJNM)		(S) TE	1,1
固定日期范围 fixed date range			C	0,1
终止日期 date end	(DATEND)	ISO 8601：2004	(S) TD	0,1
开始日期 date start	(DATSTA)	ISO 8601：2004	(S) TD	0,1
要素多重性 multiplicity of features			C	0,1
多重性已知 multiplicity known			(S) BO	1,1
要素数量 number of features			(S) IN	0,1
产品 product	(PRODCT)	1. 油 oil 2. 气 gas 3. 水 water 7. 化学品 chemicals 8. 饮用水 drinking water 9. 奶乳 milk 18. 液化天然气 liquefied natural gas（LNG） 19. 液化石油气 liquefied petroleum gas（LPG） 20. 葡萄酒 wine 22. 谷物 grain	EN	0,*
雷达显著 radar conspicuous	(CONRAD)		BO	0,1
报告日期 reported date	(SORDAT)	ISO 8601：2004	TD	0,1

状况 status	(STATUS)	1. 永久 permanent 4. 不使用 not in use 7. 临时 temporary 12. 有照明 illuminated	EN	0,*
固定净空高度 vertical clearance fixed			C	0,1
竖向净空值 vertical clearance value	(VERCLR)		(S) RE	1,1
垂直不确定度 vertical uncertainty			(S) C	0,1
固定不确定度 uncertainty fixed	(VERACC)		(S) RE	1,1
不确定度变量系数 uncertainty variable factor			(S) RE	0,1
垂直基准面 vertical datum	(VERDAT)	3. 平均海平面 mean sea level 16. 平均高潮面 mean high water 17. 平均大潮高潮面 mean high water springs 18. 高潮面 high water 19. 近似平均海平面 approximate mean sea level 20. 大潮高潮面 high water springs 21. 平均高高潮面 mean higher high water 24. 当地基准面 local datum 25. 1985 年国际大湖基准面 International great lakes datum 1985 26. 平均水平面 mean water level 28. 大潮高高潮面 higher high water large tide 29. 略最高高潮面 nearly highest high water 30. 最高天文潮面 highest astronomical tide	EN	0,1

视觉显著 visually conspicuous	(CONVIS)	1. 视觉显著 visually conspicuous 2. 视觉不显著 not visually conspicuous 3. 突出可见 prominent	EN	0,1
最小比例尺 scale minimum	(SCAMIN)	见 A.2.5.9 节	IN	0,1

INT 1 引用：D28

A.6.10.1 架空管道（Overhead pipeline）（见 S-4 – B-383）

如需编码跨越或靠近可通航水域的架空管道，必须使用“架空管道”（Pipeline Overhead）要素。

在最大显示比例尺最大的 ENC 数据中，如果已知高潮面和固定式架空障碍物之间的净空高度，则必须表示，该数据可用于在有障碍物状况下的导航及具体航行规划。净空高度的基准面必须是高潮面，最好是潮位明显区域的最高天文潮位面（Highest Astronomical Tide，HAT）。必须使用复杂属性“固定净空高度”（vertical clearance fixed）以及与该要素相关的子属性对竖向净空进行赋值，向下取整到最接近的整米（除非在 10 米以下，此时可以使用米和分米）。在潮差不明显的区域，净空高度的基准面应当为平均海平面（Mean Sea Level，MSL）。

备注：

- 在可通航水域上方编码的架空管道，其属性“固定净空高度”（vertical clearance fixed）是强制性的。
- 架空管道废弃不用时，需使用属性“状况”（status）=4[“不使用”（not in use）] 对其编码，不得对“管道类”（category of pipe）和“产品”（product）属性编码。
- 如果管道在已知位置装有雷达反射器，则必须将其编码为独立的“雷达反射器”（Radar Reflector）要素（见 A.20.17 节）。若整条管道均为雷达显著，而 ENC 数据最大显示比例尺太小无法显示单个反射器，或雷达反射器位置未知，则应使用属性“雷达显著”（radar conspicuous）对“架空管道”（Pipeline Overhead）编码。

区别：海底 / 陆地管道（Pipeline Submarine/On Land）；海底管道区（Submarine Pipeline Area）

要素 / 信息关联

类型	关联名称	关联端					
		类	角色	多重性	类	角色	多重性
组合	结构物 / 设备（Structure/ Equipment）	架空管道（Pipeline Overhead）	有支撑	0,1	昼标（Daymark）、雾号（Fog Signal）、航空障碍灯（Light Air Obstruction）、环向灯标（Light All Around）、探雾灯（Light Fog Detector）、扇形光灯（Light Sectored）、实体 AIS 助航标志（Physical AIS Aid to Navigation）、雷达应答器（Radar Transponder Beacon）、反射器（Retroreflector）、交通信号站（Signal Station Traffic）、告警信号站（Signal Station Warning）	支撑	0,*

A.6.11　塔架 / 桥墩（Pylon/bridge support）

IHO 定义：塔架 / 桥墩（PYLON/BRIDGE SUPPORT）。一种垂直支撑结构物，例如钢架或钢筋混凝土结构物，用以支撑电缆，桥梁等（S-57 第 3.1 版，附录 A，第 1 章，第 1.125 页，2000 年 11 月）。		
S-101 地理要素：Pylon/Bridge Support（PYLONS）		
几何单形：点、曲面		
现实世界	纸质海图符号	ECDIS 符号

S-101 属性	S-57 缩写	允许编码值	类型	多重性
塔架类 category of pylon	(CATPYL)	1. 输电塔 / 杆 power transmission pylon/pole 2. 电报线塔架 / 杆 telephone/telegraph pylon/pole 3. 架空索道 / 高架塔 aerial cableway/sky pylon 4. 桥塔 / 架 bridge pylon/tower 5. 桥墩 bridge pier	EN	1,1
颜色 colour	(COLOUR)	1. 白色 white 2. 黑色 black 3. 红色 red 4. 绿色 green 5. 蓝色 blue 6. 黄色 yellow 7. 灰色 grey 8. 棕色 brown 9. 琥珀色 amber 10. 紫色 violet 11. 橙色 orange 12. 洋红色 magenta 13. 粉红色 pink	EN	0,* (ordered)

色彩图案 colour pattern	(COLPAT)	1. 横条纹 horizontal stripes 2. 竖条纹 vertical stripes 3. 斜条纹 diagonal stripes 4. 方格 squared 5. 条纹（方向未知） stripes （direction unknown） 6. 边界条纹 border stripe	EN	0,1
状态 condition	(CONDTN)	1. 在建 under construction 2. 废弃 ruined 5. 拟建 planned construction	EN	0,1
要素名称 feature name			C	0,*
显示名称 display name			(S) BO	0,1
语言 language		ISO 639-2/T	(S) TE	0,1
名称 name	(OBJNAM) (NOBJNM)		(S) TE	1,1
固定日期范围 fixed date range			C	0,1
终止日期 date end	(DATEND)	ISO 8601：2004	(S) TD	0,1
开始日期 date start	(DATSTA)	ISO 8601：2004	(S) TD	0,1
高度 height	(HEIGHT)		RE	0,1
要素多重性 multiplicity of features			C	0,1
多重性已知 multiplicity known			(S) BO	1,1
要素数量 number of features			(S) IN	0,1

结构物材质 nature of construction	(NATCON)	1. 砖石 masonry 2. 混凝土 concreted 6. 木质 wooden 7. 金属 metal 11. 网格 latticed	EN	0,*
雷达显著 radar conspicuous	(CONRAD)		BO	0,1
报告日期 reported date	(SORDAT)	ISO 8601：2004	TD	0,1
状况 status	(STATUS)	4. 不使用 not in use 12. 有照明 illuminated	EN	0,*
垂直距离 vertical length	(VERLEN)		RE	0,1
视觉显著 visually conspicuous	(CONVIS)	1. 视觉显著 visually conspicuous 2. 视觉不显著 not visually conspicuous 3. 突出可见 prominent	EN	0,1
水位效应 water level effect	(WATLEV)	1. 高潮时部分淹没 partly submerged at high water 2. 高出 always dry 3. 水下 / 淹没 always under water/ submerged 4. 干出 covers and uncovers 5. 适淹 awash 6. 洪水泛滥淹没 subject to inundation or flooding	EN	0,1
最小比例尺 scale minimum	(SCAMIN)	见 A.2.5.9 节	IN	0,1

INT 1 引用：D26

A.6.11.1 塔架和桥墩（Pylons and bridge support）（见 S-4 – B-381.5 和 B-382.1）

如果支撑桥梁和电缆的塔架位于可通航水道内或可能有助于航行定位，则至少应在最大显示比例尺的 ENC 数据中表示其实际位置。

备注：

- 属性“水位效应”（water level effect）=1,2 或 6 的面状“塔架 / 桥墩”（Pylon/Bridge Support）要素，必须用面状“陆地区”（Land Area）要素覆盖（见 A.5.4 节）。

区别：陆标（Landmark）

要素 / 信息关联

类型	关联名称	关联端					
		类	角色	多重性	类	角色	多重性
组合	结构物 / 设备（Structure/ Equipment）	塔架 / 桥墩（Pylon/Bridge Support）	有支撑	0,1	昼标（Daymark）、雾号（Fog Signal）、航空障碍灯（Light Air Obstruction）、环向灯标（Light All Around）、探雾灯（Light Fog Detector）、扇形光灯（Light Sectored）、实体 AIS 助航标志（Physical AIS Aid to Navigation）、雷达应答器（Radar Transponder Beacon）、反射器（Retroreflector）、交通信号站（Signal Station Traffic）、告警信号站（Signal Station Warning）	支撑	0,*
聚合	桥梁聚合（Bridge Aggregation）	塔架 / 桥墩（Pylon/Bridge Support）	构成	1,*	桥梁（Bridge）	包含	0,1

A.6.12 围栏 / 围墙（Fence/wall）

IHO 定义：围栏 / 围墙（FENCE/WALL）。人为设立的障碍，用作围墙、界线或防护目的（改编自：国防地理空间信息工作组；要素数据字典注册系统，2013 年）。

S-101 地理要素：Fence/Wall（FNCLNE）

几何单形：曲线

现实世界	纸质海图符号	ECDIS 符号

S-101 属性	S-57 缩写	允许编码值	类型	多重性
栅栏 / 围墙类 category of fence	(CATFNC)	1. 栅栏 fence 3. 树篱 hedge 4. 围墙 wall	EN	0,*

颜色 colour	(COLOUR)	1. 白色 white 2. 黑色 black 3. 红色 red 4. 绿色 green 5. 蓝色 blue 6. 黄色 yellow 7. 灰色 grey 8. 棕色 brown 9. 琥珀色 amber 10. 紫色 violet 11. 橙色 orange 12. 洋红色 magenta 13. 粉红色 pink	EN	0,* (ordered)
色彩图案 colour pattern	(COLPAT)	1. 横条纹 horizontal stripes 2. 竖条纹 vertical stripes 3. 斜条纹 diagonal stripes 4. 方格 squared 5. 条纹（方向未知） stripes（direction unknown） 6. 边界条纹 border stripe	EN	0,1
状态 condition	(CONDTN)	1. 在建 under construction 2. 废弃 ruined 5. 拟建 planned construction	EN	0,1

高程 elevation	(ELEVAT)		RE	0,1
要素名称 feature name			C	0,*
显示名称 display name			(S) BO	0,1
语言 language		ISO 639-2/T	(S) TE	0,1
名称 name	(OBJNAM) (NOBJNM)		(S) TE	1,1
高度 height	(HEIGHT)		RE	0,1
结构物材质 nature of construction	(NATCON)	1. 砖石 masonry 2. 混凝土 concreted 3. 散砾石 loose boulders 6. 木质 wooden 7. 金属 metal 11. 网格 latticed	EN	0,*
雷达显著 radar conspicuous	(CONRAD)		BO	0,1
报告日期 reported date	(SORDAT)	ISO 8601：2004	TD	0,1
状况 status	(STATUS)	1. 永久 permanent 7. 临时 temporary 12. 有照明 illuminated 13. 历史性 historic	EN	0,*
垂直距离 vertical length	(VERLEN)		RE	0,1
视觉显著 visually conspicuous	(CONVIS)	1. 视觉显著 visually conspicuous 2. 视觉不显著 not visually conspicuous 3. 突出可见 prominent	EN	0,1

最小比例尺 scale minimum	(SCAMIN)	见 A.2.5.9 节	IN	0,1

INT 1 引用：

A.6.12.1　围栏和围墙（Fence and wall）

如需编码围栏或围墙，必须使用“围栏 / 围墙”（Fence/Wall）要素。

备注：

- 无。

区别：

A.6.13　铁路（Railway）

IHO 定义：铁路（RAILWAY）。一种单线或双线平行铁轨，上面可行驶火车或有轨电车（国防地理空间信息工作组；要素数据字典注册系统，2010 年）。

S-101 地理要素：Railway（RAILWY）

几何单形：曲线

现实世界	纸质海图符号	ECDIS 符号

S-101 属性	S-57 缩写	允许编码值	类型	多重性
状态 condition	(CONDTN)	1. 在建 under construction 2. 废弃 ruined 5. 拟建 planned construction	EN	0,1
要素名称 feature name			C	0,*
显示名称 display name			(S) BO	0,1
语言 language		ISO 639-2/T	(S) TE	0,1
名称 name	(OBJNAM) (NOBJNM)		(S) TE	1,1
高度 height	(HEIGHT)		RE	0,1
报告日期 reported date	(SORDAT)	ISO 8601：2004	TD	0,1
状况 status	(STATUS)	1. 永久 permanent 4. 不使用 not in use 6. 保留 reserved 12. 有照明 illuminated	EN	0,*

状况 status	(STATUS)	13. 历史性 historic 14. 公共 public	EN	0,*
最小比例尺 scale minimum	(SCAMIN)	见 A.2.5.9 节	IN	0,1

INT 1 引用：D13

A.6.13.1 铁路（Railway）（见 S-4 – B-328.4 和 B-362）

在城市地区，对沿海几英里范围内的铁路进行描述是ENC具备的部分功能，可为陆地开发程度提供一种通用提示。在总体经济欠发达地区，对通达孤立港口的铁路进行描绘，会引起人们对这些港口的注意，可能对运输业有益。ENC数据最大显示比例尺为大中比例尺时，应对铁路进行编码。

铁路以及关联桥梁、信号站和其他结构物沿岸线铺设或向下延伸至岸线时，可以作为关键的识别要素。通常无须描绘较小的关联要素（立柱、龙门架等）。

如需编码铁路，必须使用“铁路”（Railway）要素。

备注：

- 如需编码火车站（railway station），必须使用“建筑物”（Building）要素，并设置属性“功能”（function）=8[“火车站”（railway station）]。ENC 数据显示比例尺最大时，可使用“建筑物”（Building）要素的属性“要素名称”（feature name）填写铁路枢纽或铁路总站的名称。
- 必要时，废弃（基本完好无损）的铁路也应编码为属性“状况”（status）=4[“不使用”（not in use）] 的“铁路”（Railway）。

区别：道路（Road）；岸线结构物（Shoreline Construction）；隧道（Tunnel）

A.6.14 道路（Road）

IHO 定义：道路（ROAD）。专门铺设的路面，供有轮车辆或行人通行（改编自：国防地理空间信息工作组；要素数据字典注册系统，2013 年）。

S-101 地理要素：Road （ROADWY）

几何单形：曲线、曲面

现实世界	纸质海图符号	ECDIS 符号

S-101 属性	S-57 缩写	允许编码值	类型	多重性
道路类 category of road	(CATROD)	1. 高速公路 motorway 2. 主干道 major road 3. 支干道 minor road 4. 小道 / 小路 track/path 5. 主要街道 major street 6. 次要街道 minor street	EN	0,1

状态 condition	(CONDTN)	1. 在建 under construction 2. 废弃 ruined 5. 拟建 planned construction	EN	0,1
要素名称 feature name			C	0,*
显示名称 display name			(S) BO	0,1
语言 language		ISO 639-2/T	(S) TE	0,1
名称 name	(OBJNAM) (NOBJNM)		(S) TE	1,1
结构物材质 nature of construction	(NATCON)	4. 硬面 hard surfaced 5. 无铺面 unsurfaced	EN	0,*
报告日期 reported date	(SORDAT)	ISO 8601：2004	TD	0,1
状况 status	(STATUS)	1. 永久 permanent 4. 不使用 not in use 6. 保留 reserved 7. 临时 temporary 8. 私有 private 12. 有照明 illuminated 13. 历史性 historic 14. 公共 public	EN	0,*
最小比例尺 scale minimum	(SCAMIN)	见 A.2.5.9 节	IN	0,1

INT 1 引用：D7,10-12

A.6.14.1　道路（Road）和小路（Track）（见 S-4 – B-365）

对于“最大显示比例尺”最大的沿岸系列 ENC 数据，以及“最大显示比例尺”较大的 ENC 数据，所有延伸至岸线的道路和小路都应在最大显示比例尺允许的条件下予以编码。必须特别注意小桥墩、船坞和码头所用的当地道路。应当对沿海几英里范围内的内陆主干道路编码，以反映当地的开发程度，但应省略小路和所有 / 部分支干道路。在道路较少的总体欠发达地区，可能需要对内陆小路编码。

ENC 数据最大显示比例尺为小比例尺时，必须省略道路。

如需编码道路或轨道，必须使用“道路”（Road）要素。

备注：

- 无。

区别：长堤 / 栈道（Causeway）；铁路（Railway）

A.6.15　隧道（Tunnel）

IHO 定义：隧道（TUNNEL）。两端通向地面，穿过海底，或贴于海床，或穿过地下，或穿过高山的通道（S-57 第 3.1 版，附录 A，第 1 章，第 1.191 页，2000 年 11 月）。

S-101 地理要素：Tunnel（TUNNEL）

几何单形：曲线、曲面

现实世界	纸质海图符号	ECDIS 符号

S-101 属性	S-57 缩写	允许编码值	类型	多重性
状态 condition	(CONDTN)	1. 在建 under construction 2. 废弃 ruined 5. 拟建 planned construction	EN	0,1
要素名称 feature name			C	0,*
显示名称 display name			(S) BO	0,1
语言 language		ISO 639-2/T	(S) TE	0,1
名称 name	(OBJNAM) (NOBJNM)		(S) TE	1,1
固定水平净宽 horizontal clearance fixed			C	0,1
水平净空 horizontal clearance value	(HORCLR)		(S) RE	1,1
水平距离不确定度 horizontal distance uncertainty	(HORACC)		(S) RE	0,1
报告日期 reported date	(SORDAT)	ISO 8601：2004	TD	0,1

状况 status	(STATUS)	1. 永久 permanent 3. 推荐 recommended 4. 不使用 not in use 6. 保留 reserved 8. 私有 private 14. 公共 public	EN	0,*
固定净空高度 vertical clearance fixed			C	0,1
竖向净空值 vertical clearance value	(VERCLR)		(S) RE	1,1
垂直不确定度 vertical uncertainty			(S) C	0,1
固定不确定度 uncertainty fixed	(VERACC)		(S) RE	1,1
不确定度变量系数 uncertainty variable factor			(S) RE	0,1
垂直基准面 vertical datum	(VERDAT)	3. 平均海平面 mean sea level 16. 平均高潮面 mean high water 17. 平均大潮高潮面 mean high water springs 18. 高潮面 high water 19. 近似平均海平面 approximate mean sea level 20. 大潮高潮面 high water springs 21. 平均高高潮面 mean higher high water 24. 当地基准面 local datum 25. 1985 国际大湖基准 international great lakes datum 1985 26. 平均水平面 mean water level 28. 大潮高高潮面 higher high water large tide 29. 略最高高潮面 nearly highest high water 30. 最高天文潮面 highest astronomical tide	EN	0,1

最小比例尺 scale minimum	(SCAMIN)	见 A.2.5.9 节	IN	0,1

INT 1 引用：D16

A.6.15.1 隧道（Tunnel）（见 S-4 – B-363.1）

如需编码隧道，必须使用“隧道”（Tunnel）要素。

备注：

- 如果隧道中存在水道，且水道在ENC数据最大显示比例尺下可以通航，则必须编码为通航渠道（见A.8.8.1节），同时使用“深度区”（Depth Area）或“疏浚区”（Dredged Area）与“隧道”（Tunnel）要素配合使用。水道的覆盖区域不得包含“陆地区”（Land Area）要素。
- 如需编码隧道中的水道，且该水道在ENC数据最大显示比例尺下不可通航，则必须使用”渠道/运河”（Canal）要素（见 A.8.8 节）与“隧道”（Tunnel）要素配合使用。该隧道必须用“陆地区”（Land Area）要素覆盖。此时，不得在“隧道”（Tunnel）要素上对复杂属性“固定水平净宽”（horizontal clearance fixed）和“固定净空高度”（vertical clearance fixed）编码。
- 如果隧道中没有水道（但有铁路、道路等），只需对“隧道”（Tunnel）要素进行编码（隧道中的铁路或道路部分不得编码），且该要素必须用“陆地区”（Land Area）、“深度区”（Depth Area）、“疏浚区”（Dredged Area）或“未测区”（Unsurveyed Area）等适当要素覆盖。此时，不得在“隧道”（Tunnel）要素上对复杂属性“固定水平净宽”（horizontal clearance fixed）和“固定净空高度”（vertical clearance fixed）编码。

区别：铁路（Railway）；道路（Road）

A.7 地理要素——陆标（Landmark）

A.7.1 建筑物（Building）、陆标（Landmark）、罐（Tank）、筒仓（Silo）：通用编码组合

下表中，“/”符号表示该属性对于某些要素类不存在。空白表示编码人员可以为该属性选择相关值。表格中是最常见的编码示例，也可以使用其他编码组合。

表 A-7.1 建筑物、陆标、罐和筒仓 – 编码

要素（英文）	要素（中文）	INT1	要素类（英文）	要素类（中文）	功能 function	陆标类 category of landmark	产品 product	筒仓/罐类 category of silo/tank
Administrative	行政楼		Building	建筑物	18	/	/	/
Bank office	银行		Building	建筑物	13	/	/	/
Boundary mark	界标		Landmark	陆标		23	/	/
Buddhist temple	佛寺	E16	Building	建筑物	25	/	/	/
Bus station	巴士站		Building	建筑物	42	/	/	/
Cairn	堆石标	Q100	Landmark	陆标	/	1	/	/
Cemetery	墓地	E19	Landmark	陆标		2	/	/
Chapel	小教堂	E11	Building	建筑物	21	/	/	/
Chimney	烟囱	E22	Landmark	陆标		3	/	
Church	教堂	E10.1	Building	建筑物	20	/	/	/
Church dome, Cupola	圆顶或穹顶教堂	E10.4	Landmark	陆标	20	15	/	/

要素（英文）	要素（中文）	INT1	要素类（英文）	要素类（中文）	功能 function	陆标类 category of landmark	产品 product	筒仓 / 罐类 category of silo/tank
Church spire	尖塔形教堂	E10.3	Landmark	陆标	20	20	/	/
Church tower	塔形教堂	E10.2	Landmark	陆标	20	17	/	/
Clock tower	钟楼		Landmark	陆标	38	17	/	/
Column	圆柱	E24	Landmark	陆标	/	10	/	/
Communication mast	通信杆		Landmark	陆标	29	7	/	/
Communication tower	通信塔		Landmark	陆标	29	17	/	/
Control tower	指挥塔		Landmark	陆标	39	17	/	/
Cooling tower	冷却塔		Landmark	陆标	35	17	/	/
Cross, Calvary	十字架	E12	Landmark	陆标		14	/	/
Customs office	海关	F61	Building	建筑物	3	/	/	/
Dish aerial	碟形天线	E31	Landmark	陆标		4	/	/
Dome or cupola, part of a building	建筑的一部分，圆顶或穹顶		Landmark	陆标		15	/	/
Educational facility	教育机构		Building	建筑物	19	/	/	/
Factory	工厂		Building	建筑物	16	/	/	/
Flagstaff, Flagpole	旗杆	E27	Landmark	陆标		5	/	/
Flare stack on land	陆上烟囱	E23	Landmark	陆标		6	/	/
Grain elevator	谷物升降机		Silo/Tank	筒仓 / 罐	/	/	22	3
Harbour-master’s office	港长办公室	F60	Building	建筑物	2	/	/	/
Headquarters for district control	区域控制总部		Building	建筑物	14	/	/	/
Health office	卫生局	F62.1	Building	建筑物	4	/	/	/
Hospital	医院	F62.2	Building	建筑物	5	/	/	/
Hotel	酒店	D6	Building	建筑物	7	/	/	/
House, Building	住宅建筑	D5	Building	建筑物		/	/	/
Large rock or boulder on land	陆上的大岩石或巨砾		Landmark	陆标	/	21	/	/
Light house (tower)	灯塔（塔形）	P1	Landmark	陆标	33	17	/	/
Light house (other shapes)	灯塔（其他形状）	P1	Building	建筑物	33	/	/	/
Lookout station in general	一般瞭望台		Building	建筑物	28	/	/	/

要素（英文）	要素（中文）	INT1	要素类（英文）	要素类（中文）	功能 function	陆标类 category of landmark	产品 product	简仓 / 罐类 category of silo/tank
Lookout tower	瞭望塔		Landmark	陆标	28	17	/	/
Marabout	清真教墓地	E18	Building	建筑物	27	/	/	/
Mast in general	一般桅杆		Landmark	陆标		7	/	/
Memorial plaque	纪念碑		Landmark	陆标		11	/	/
Microwave tower	微波塔		Landmark	陆标	34	17	/	/
Minaret	宣礼塔	E17	Landmark	陆标	26	20	/	/
Monument	纪念碑	E24	Landmark	陆标		9	/	/
Mooring mast	系泊桩		Landmark	陆标	40	7	/	/
Mosque	清真寺	E17	Building	建筑物	26	/	/	/
Obelisk	方尖碑	E24	Landmark	陆标	/	12	/	/
Observation tower	观测塔		Landmark	陆标	36	17	/	/
Observation wheel	观景摩天轮		Landmark	陆标	/	24	/	/
Pagoda	宝塔	E14	Building	建筑物	23	/	/	/
Pilot lookout	引航瞭望台	T2	Building	建筑物	12	/	/	/
Pilot office	引航站	T3	Building	建筑物	11	/	/	/
Police station	警察局		Building	建筑物	9	/	/	/
Post office	邮局	F63	Building	建筑物	6	/	/	/
Power station	发电站		Building	建筑物	17	/	/	/
Radar dome	雷达穹顶	E30.4	Landmark	陆标	32	15	/	/
Radar mast	雷达架	E30.1	Landmark	陆标	32	7	/	/
Radar scanner	雷达天线	E30.3	Landmark	陆标		16	/	/
Radar tower	雷达塔	E30.2	Landmark	陆标	32	17	/	/
Radio mast	无线电杆	E28	Landmark	陆标	31	7	/	/
Radio tower	无线电塔	E29	Landmark	陆标	31	17	/	/
Railway station	火车站	D13	Building	建筑物	8	/	/	/
Shinto shrine	神社	E15	Building	建筑物	24	/	/	/
Silo	筒仓	E33	Silo/Tank	筒仓 / 罐	/	/		1
Spire, part of a building	尖塔，建筑物的一部分		Landmark	陆标		20	/	/
Stadium	体育馆		Building	建筑物	41	/	/	/
Statue	雕像	E24	Landmark	陆标		13	/	/
Tank	罐	E32	Silo/Tank	筒仓 / 罐	/	/		2
Television mast	电视杆	E28	Landmark	陆标	30	7	/	/
Television tower	电视塔	E29	Landmark	陆标	30	17	/	/
Temple	庙宇	E13	Building	建筑物	22	/	/	/
Timeball tower	报时球塔		Landmark	陆标	37	17	/	/

要素（英文）	要素（中文）	INT1	要素类（英文）	要素类（中文）	功能 function	陆标类 category of landmark	产品 product	筒仓 / 罐类 category of silo/tank
Torii	牌坊		Landmark	陆标	/	25	/	/
Tower	塔	E20	Landmark	陆标		17	/	/
Tower, part of a building	塔，建筑的一部分		Landmark	陆标		17	/	/
Transit shed, Warehouse	转运棚、仓库	F51	Building	建筑物	15	/	/	/
Triangulation mark	三角点		Landmark	陆标		22	/	/
Water tower	水塔	E21	Silo/Tank	筒仓 / 罐	/	/	3 或 8	4
Water-police station	水上警察局		Building	建筑物	10	/	/	/
Windmill	风车	E25	Landmark	陆标		18	/	/
Windmotor	风力涡轮机	E26.1 L5.1	Wind Turbine	风力发电机	/	/	/	/

备注：

- 如需编码海上陆标 [用“陆标类”（category of landmark ）属性定义的]，ECDIS 系统属性必须填写“在水域内”（in the water）（见 A.30.3 节），确保 ECDIS 始终显示该要素。如装有灯标，应按第 A.19 节的规则编码，应将“建筑物”（Building）、“风力发电机”（Wind Turbine）、“陆标”（Landmark）或“筒仓 / 罐”（Silo/Tank）作为相关灯标设备要素（见 A.18.1 节）的结构物要素。
- 风力发电机编码规则见 A.7.4 节。

A.7.2 陆标（Landmark）

IHO 定义：陆标（LANDMARK）。在固定位置的显著物体，用于指示位置或方向（IHO 词典 – S-32）。

S-101 地理要素：Landmark （LNDMRK）

几何单形：点、曲线、曲面

现实世界	纸质海图符号	ECDIS 符号

S-101 属性	S-57 缩写	允许编码值	类型	多重性
陆标类 category of landmark	(CATLMK)	1. 堆石标 cairn 2. 墓地 cemetery 3. 烟囱 chimney 4. 碟形天线 dish aerial 5. 旗杆（旗竿） flagstaff （flagpole） 6. 火炬烟囱 flare stack	EN	1,*

陆标类 category of landmark	(CATLMK)	7. 桅杆 mast 8. 风向袋 windsock 9. 纪念碑 monument 10. 圆柱（柱状物） column （pillar） 11. 纪念牌匾 memorial plaque 12. 方尖碑 obelisk 13. 雕像 statue 14. 十字架 cross 15. 圆顶 dome 16. 雷达天线 radar scanner 17. 塔 tower 18. 风车 windmill 20. 尖塔 / 宣礼塔 spire/minaret 21. 陆地上大岩石或巨砾 large rock or boulder on land 22. 三角点 triangulation mark 23. 界标 boundary mark 24. 观景摩天轮 observation wheel 25. 牌坊 torii	EN	1,*
专用标志类 category of special purpose mark	(CATSPM)	16. 导标 leading mark 17. 测距标 measured distance mark 41. 避险标 clearing mark	EN	0,*

颜色 colour	(COLOUR)	1. 白色 white 2. 黑色 black 3. 红色 red 4. 绿色 green 5. 蓝色 blue 6. 黄色 yellow 7. 灰色 grey 8. 棕色 brown 9. 琥珀色 amber 10. 紫色 violet 11. 橙色 orange 12. 洋红色 magenta 13. 粉红色 pink	EN	0,* (ordered)
色彩图案 colour pattern	(COLPAT)	1. 横条纹 horizontal stripes 2. 竖条纹 vertical stripes 3. 斜条纹 diagonal stripes 4. 方格 squared 5. 条纹（方向未知） stripes （direction unknown） 6. 边界条纹 border stripe	EN	0,1
状态 condition	(CONDTN)	1. 在建 under construction 2. 废弃 ruined 4. 无翼 wingless 5. 拟建 planned construction	EN	0,1

高程 elevation	(ELEVAT)		RE	0,1
要素名称 feature name			C	0,*
显示名称 display name			(S) BO	0,1
语言 language		ISO 639-2/T	(S) TE	0,1
名称 name	(OBJNAM) (NOBJNM)		(S) TE	1,1
功能 function	(FUNCTN)	2. 港长办公室 harbour-master's office 3. 海关 customs office 4. 卫生局 health office 5. 医院 hospital 6. 邮局 post office 7. 酒店 hotel 8. 火车站 railway station 9. 警察局 police station 10. 水上警察局 water-police station 11. 引航站 pilot office 12. 引航瞭望台 pilot lookout 13. 银行 bank office 14. 区域控制总部 headquarters for district control 15. 转运棚 / 仓库 transit shed/warehouse 16. 工厂 factory 17. 发电站 power station 18. 行政楼 administrative	EN	0,*

功能 function	(FUNCTN)	19. 教育机构 educational facility 20. 教堂 church 21. 小教堂 chapel 22. 寺庙 temple 23. 宝塔 pagoda 24. 神社 Shinto shrine 25. 佛寺 Buddhist temple 26. 清真寺 mosque 27. 清真教墓地 marabout 28. 瞭望台 lookout 29. 通信台 communication 30. 电视台 television 31. 无线电台 radio 32. 雷达 radar 33. 灯标支撑 light support 34. 微波站 microwave 35. 冷却塔 cooling 36. 观察站 observation 37. 报时球塔 timeball 38. 时钟 clock 39. 控制台 control 40. 飞艇停泊 airship mooring	EN	0,*

功能 function	(FUNCTN)	41. 体育馆 stadium 42. 汽车站 bus station 44. 海上救援控制处 sea rescue control 45. 气象台 observatory 46. 碎矿厂 ore crusher 47. 船库 boathouse 48. 泵站 pumping station	EN	0,*
高度 height	(HEIGHT)		RE	0,1
要素多重性 multiplicity of features			C	0,1
多重性已知 multiplicity known			(S) BO	1,1
要素数量 number of features			(S) IN	0,1
结构物材质 nature of construction	(NATCON)	1. 砖石 masonry 2. 混凝土 concreted 3. 散砾石 loose boulders 6. 木质 wooden 7. 金属 metal 8. 玻璃钢 glass reinforced plastic（GRP） 11. 网格 latticed 12. 玻璃 glass	EN	0,*
雷达显著 radar conspicuous	(CONRAD)		BO	0,1
报告日期 reported date	(SORDAT)	ISO 8601：2004	TD	0,1

状况 status	(STATUS)	2. 偶尔 occasional 4. 不使用 not in use 5. 周期性 / 间歇性 periodic/intermittent 7. 临时 temporary 8. 私有 private 12. 有照明 illuminated 13. 历史性 historic 14. 公共 public	EN	0,*
垂直距离 vertical length	(VERLEN)		RE	0,1
视觉显著 visually conspicuous	(CONVIS)	1. 视觉显著 visually conspicuous 2. 视觉不显著 not visually conspicuous 3. 突出可见 prominent	EN	1,1
最小比例尺 scale minimum	(SCAMIN)	见 A.2.5.9 节	IN	0,1
在水域内 in the water			BO	0,1

INT 1 引用：D8；E10.2-10.4，22-31；L11；Q100

A.7.2.1　建筑物（Building）、陆标（landmark）、罐（tank）、筒仓（silo）（见 S-4 – B-373；B-373.6；B-374.3-5；B-374.7；B-375.1-2；B- 456.2；B-487.3）

根据高度和地形分类为陆标的结构物，纳入编码对象的空间范围可达内陆数英里内。

ENC 数据最大显示比例尺相对较大时，应精确、单独对海滨住宅、陆标和部分公共建筑进行编码。对城区、郊区、村庄和其他建筑群区内的建筑物进行一般性表示时，编码人员必须准确表示建筑物的范围和建筑密度。

如需编码陆标（不包括罐或筒仓），必须使用“陆标”（Landmark）要素。

备注：

- 建筑物见 A.6.2 节；筒仓、罐和水塔见 A.7.3 节。常用编码组合见 A.7.1 节。风力发电机见 A.7.4 节。海上平台的烟囱见 A.14.1.1 节。
- 如果结构物主要用作助航标志（如灯塔），则要素关联“结构物 / 设备”（Structure/Equipment）（见 A.25.14 节）必须与“陆标”（Landmark）要素共同使用。
- 如需编码水塔，必须使用“筒仓 / 罐”（Silo/Tank）要素（见 A.7.3 节）。
- 废弃（ruined）陆标的编码方式应当与完好陆标相同，但应设置属性“状态”（condition）=2[“废弃”（ruined）]。
- 无线电和电视杆 / 塔的可见距离较远，即使位于内陆，也应编码为陆标。其通常装有航空障碍灯。

- 为便于海员识别陆标，可以标注结构物顶部相对于地面的高度 [“垂直距离”（vertical length）]，也可以参照通用高程基准 [“高度”（height）]。
- 宗教场所建筑物通常是重要陆标；其大小和结构物（塔楼、尖顶、圆顶等）非常醒目。此类建筑十分突出或显眼时，纳入编码对象的空间范围可达内陆数英里处（见下图 A-7.1 中例 a、例 b）。
- 只有当“陆标”（Landmark）用于叠标线前 / 后导向标、安全线或测距线时，才能使用“专用标志类”（category of special purpose mark）属性。“专用标志类”（category of special purpose mark）的值，尤其是如 16[“导标”（leading mark）]、17[“测距标”（measured distance mark）] 或 41[“避险标”（clearing mark）]，应当用于此类目的。
- 可通航水域内陆标的布尔型属性“在水域内”（in the water），必须设置为 True，表示 ECDIS 基本显示中包含该要素。此类结构物位于水中时，任何支撑结构物（如桩）均无须编码。
- 用面状表示此类建筑物的真实形状，且需对其突出可见要素（如作为结构物一部分的塔、尖塔）编码时，必须创建两个要素（见下图 A-7.1 b）：
  - 主建筑物的面状“建筑物”（Building）要素；
  - 突出可见要素的点状“陆标”（Landmark）要素。

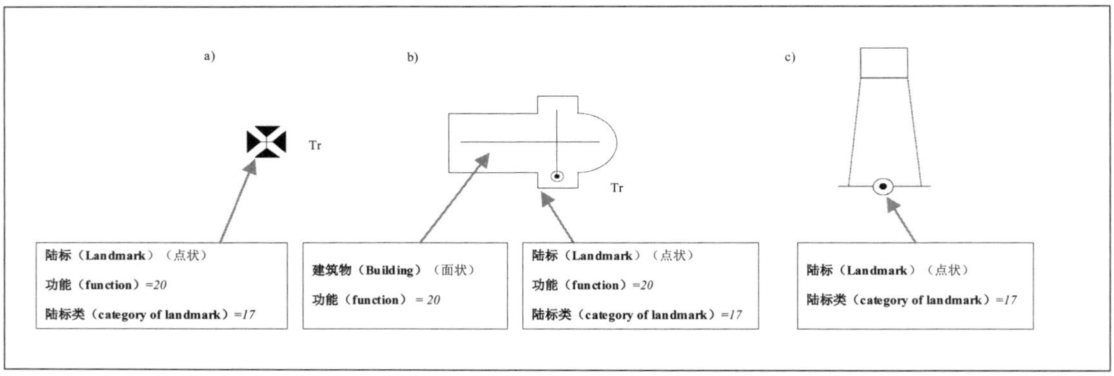

图A-7.1　陆标

- 不是所有陆标都是视觉显著。某个要素为视觉显著（即从海上方向清晰可见）时，必须对“视觉显著”（visually conspicuous）属性编码（见 S-4 – B-340）。

区别：专用 / 通用立标（Beacon Special Purpose/General）；建筑物（Building）；昼标（Daymark）；塔架 / 桥墩（Pylon/Bridge Support）；筒仓 / 罐（Silo/Tank）；风力发电机（Wind Turbine）

要素 / 信息关联

类型	关联名称	关联端					
		类	角色	多重性	类	角色	多重性
组合	结构物 / 设备（Structure/Equipment）	陆标（Landmark）	有支撑	0,1	昼标（Daymark）、雾号（Fog Signal）、航空障碍灯（Light Air Obstruction）、环向灯标（Light All Around）、探雾灯（Light Fog Detector）、扇形光灯（Light Sectored）、实体 AIS 助航标志（Physical AIS Aid to Navigation）、雷达应答器（Radar Transponder Beacon）、反射器（Retroreflector）、交通信号站（Signal Station Traffic）、告警信号站（Signal Station Warning）	支撑	0,*

聚合	方位线系统聚合（Range System Aggregation）	陆标（Landmark）	构成	1,*	方位线系统（Range System）	包含	0,1
聚合	航道辅助（Fairway Auxiliary）	陆标（Landmark）	有辅助	1,*	航道（Fairway）	辅助	0,1

A.7.3 筒仓 / 罐（Silo/tank）

IHO 定义：筒仓 / 罐（SILO/TANK）。用于储存散装材料、液体或气体的大型储存结构物（改编自：国防地理空间信息工作组；要素数据字典注册系统，2012 年）。		
S-101 地理要素：Silo/Tank（SILTNK）		
几何单形：点、曲面		
现实世界	纸质海图符号	ECDIS 符号

S-101 属性	S-57 缩写	允许编码值	类型	多重性
建筑物形状 building shape	(BUISHP)	5. 高层建筑 high-rise building 6. 金字塔形 pyramid 7. 圆柱形 cylindrical 8. 球形 spherical 9. 立方体形 cubic	EN	0,1
筒仓 / 罐类 category of silo/tank	(CATSIL)	1. 普通筒仓 silo in general 2. 普通罐 tank in general 3. 谷物升降机 grain elevator 4. 水塔 water tower	EN	0,1
颜色 colour	(COLOUR)	1. 白色 white 2. 黑色 black 3. 红色 red 4. 绿色 green	EN	0,* (ordered)

颜色 colour	(COLOUR)	5. 蓝色 blue 6. 黄色 yellow 7. 灰色 grey 8. 棕色 brown 9. 琥珀色 amber 10. 紫色 violet 11. 橙色 orange 12. 洋红色 magenta 13. 粉红色 pink	EN	0,* (ordered)
色彩图案 colour pattern	(COLPAT)	1. 横条纹 horizontal stripes 2. 竖条纹 vertical stripes 3. 斜条纹 diagonal stripes 4. 方格 squared 5. 条纹（方向未知） stripes （direction unknown） 6. 边界条纹 border stripe	EN	0,1
状态 condition	(CONDTN)	1. 在建 under construction 2. 废弃 ruined 5. 拟建 planned construction	EN	0,1
高程 elevation	(ELEVAT)		RE	0,1
要素名称 feature name			C	0,*
显示名称 display name			(S) BO	0,1
语言 language		ISO 639-2/T	(S) TE	0,1

名称 name	(OBJNAM) (NOBJNM)		(S) TE	1,1
高度 height	(HEIGHT)		RE	0,1
要素多重性 multiplicity of features			C	0,1
多重性已知 multiplicity known			(S) BO	1,1
要素数量 number of features			(S) IN	0,1
结构物材质 nature of construction	(NATCON)	1. 砖石 masonry 2. 混凝土 concreted 6. 木质 wooden 7. 金属 metal 8. 玻璃钢 glass reinforced plastic （GRP）	EN	0,*
产品 product	(PRODCT)	1. 油 oil 2. 气 gas 3. 水 water 5. 煤 coal 7. 化学品 chemicals 8. 饮用水 drinking water 9. 奶乳 milk 13. 盐 salt 14. 砂 sand 16. 木屑 / 木片 sawdust/wood chips 18. 液化天然气 liquefied natural gas （LNG） 19. 液化石油气 liquefied petroleum gas （LPG）	EN	0,*

产品 product	(PRODCT)	20. 葡萄酒 wine 21. 水泥 cement 22. 谷物 grain 23. 冰 ice	EN	0,*
雷达显著 radar conspicuous	(CONRAD)		BO	0,1
报告日期 reported date	(SORDAT)	ISO 8601：2004	TD	0,1
状况 status	(STATUS)	4. 不使用 not in use 12. 有照明 illuminated 13. 历史性 historic	EN	0,*
垂直距离 vertical length	(VERLEN)		RE	0,1
视觉显著 visually conspicuous	(CONVIS)	1. 视觉显著 visually conspicuous 2. 视觉不显著 not visually conspicuous 3. 突出可见 prominent	EN	0,1
最小比例尺 scale minimum	(SCAMIN)	见 A.2.5.9 节	IN	0,1
在水域内 in the water			BO	0,1

INT 1 引用：E2，32-33

A.7.3.1 罐（Tank）、筒仓（Silo）（见 S-4 – B-340.2 和 B-376）

孤立的罐或储气罐可作为良好的陆标，如有可能，应按比例（即面状）表示，以作固定标志物。例如，炼油厂中的油罐组可用于一般位置识别，但因个别油罐的位置不确定，一般不用于精确定位。

如需编码罐或筒仓，必须使用“筒仓 / 罐”（Silo/Tank）要素。

备注：

- 建筑物见 A.6.2 节；陆标见 A.7.2 节。常用编码组合见 A.7.1 节。
- 必要时，相邻筒仓 / 罐组编码必须使用“生产 / 仓储区”（Production/Storage Area）要素（见 A.7.6 节）。对于单个的、视觉显著的筒仓，或油罐区内的油罐，可在“生产 / 仓储区”（Production/Storage Area）范围内编码为“筒仓 / 罐”（Silo/Tank）。可使用复杂属性“要素多重性”（multiplicity of features）表示单个结构物中的多个筒仓。
- 可通航水域内或可通航水域上方罐或筒仓的布尔型属性“在水域内”（in the water），必须设置为 True，表示 ECDIS 基本显示中包含该要素。此类结构物位于水中时，任何支撑结构物（如桩）均无须编码。

区别：建筑物（Building）；陆标（Landmark）；生产 / 仓储区（Production/Storage Area）

要素 / 信息关联

类型	关联名称	关联端					
		类	角色	多重性	类	角色	多重性
组合	结构物 / 设备（Structure/ Equipment）	筒仓 / 罐（Silo/Tank）	有支撑	0,1	昼标（Daymark）、雾号（Fog Signal）、航空障碍灯（Light Air Obstruction）、环向灯标（Light All Around）、探雾灯（Light Fog Detector）、扇形光灯（Light Sectored）、实体 AIS 助航标志（Physical AIS Aid to Navigation）、雷达应答器（Radar Transponder Beacon）、反射器（Retroreflector）、交通信号站（Signal Station Traffic）、告警信号站（Signal Station Warning）	支撑	0,*
聚合	方位线系统聚合（Range System Aggregation）	筒仓 / 罐（Silo/Tank）	构成	1,*	方位线系统（Range System）	包含	0,1

A.7.4 风力发电机（Wind turbine）

IHO 定义：风力发电机（WIND TURBINE）。用于风力发电的塔及其相关设备，可设在海上，分为固定式和移动式（IHO 词典 – S-32）。		
S-101 地理要素：Wind Turbine		
几何单形：点		
现实世界	纸质海图符号	ECDIS 符号

S-101 属性	S-57 缩写	允许编码值	类型	多重性
颜色 colour	(COLOUR)	1. 白色 white 2. 黑色 black 3. 红色 red 4. 绿色 green 5. 蓝色 blue 6. 黄色 yellow 7. 灰色 grey 8. 棕色 brown	EN	0,* (ordered)

颜色 colour	(COLOUR)	9. 琥珀色 amber 10. 紫色 violet 11. 橙色 orange 12. 洋红色 magenta 13. 粉红色 pink	EN	0,* (ordered)
色彩图案 colour pattern	(COLPAT)	1. 横条纹 horizontal stripes 2. 竖条纹 vertical stripes 3. 斜条纹 diagonal stripes 4. 方格 squared 5. 条纹（方向未知） stripes （direction unknown） 6. 边界条纹 border stripe	EN	0,1
状态 condition	(CONDTN)	1. 在建 under construction 4. 无翼 wingless 5. 拟建 planned construction	EN	0,1
高程 elevation	(ELEVAT)		RE	0,1
要素名称 feature name			C	0,*
显示名称 display name			(S) BO	0,1
语言 language		ISO 639-2/T	(S) TE	0,1
名称 name	(OBJNAM) (NOBJNM)		(S) TE	1,1
固定日期范围 fixed date range			C	0,1
终止日期 date end	(DATEND)	ISO 8601：2004	(S) TD	0,1
开始日期 date start	(DATSTA)	ISO 8601：2004	(S) TD	0,1

高度 height	(HEIGHT)		RE	0,1
要素多重性 multiplicity of features			C	0,1
多重性已知 multiplicity known			(S) BO	1,1
要素数量 number of features			(S) IN	0,1
结构物材质 nature of construction	(NATCON)	2. 混凝土 concreted 6. 木质 wooden 7. 金属 metal 8. 玻璃钢 glass reinforced plastic （GRP） 11. 网格 latticed	EN	0,*
雷达显著 radar conspicuous	(CONRAD)		BO	0,1
报告日期 reported date	(SORDAT)	ISO 8601：2004	TD	0,1
状况 status	(STATUS)	1. 永久 permanent 2. 偶尔 occasional 4. 不使用 not in use 5. 周期性 / 间歇性 periodic/intermittent 7. 临时 temporary 8. 私有 private 12. 有照明 illuminated 13. 历史性 historic 14. 公共 public 28. 有浮标标示 buoyed	EN	0,*
固定净空高度 vertical clearance fixed			C	0,1

竖向净空值 vertical clearance value	(VERCLR)		(S) RE	1,1
垂直不确定度 vertical uncertainty			(S) C	0,1
固定不确定度 uncertainty fixed	(VERACC)		(S) RE	1,1
不确定度变量系数 uncertainty variable factor			(S) RE	0,1
垂直基准面 vertical datum	(VERDAT)	3. 平均海平面 mean sea level 16. 平均高潮面 mean high water 17. 平均大潮高潮面 mean high water springs 18. 高潮面 high water 19. 近似平均海平面 approximate mean sea level 20. 大潮高潮面 high water springs 21. 平均高高潮面 mean higher high water 24. 当地基准面 local datum 25. 1985 年国际大湖基准面 international great lakes datum 1985 26. 平均水平面 mean water level 28. 大潮高高潮面 higher high water large tide 29. 略最高高潮面 nearly highest high water 30. 最高天文潮面 highest astronomical tide	EN	0,1
垂直距离 vertical length	(VERLEN)		RE	0,1
视觉显著 visually conspicuous	(CONVIS)	1. 视觉显著 visually conspicuous 2. 视觉不显著 not visually conspicuous 3. 突出可见 prominent	EN	0,1
水位效应 water level effect	(WATLEV)	2. 高出 always dry 7. 漂浮 floating	EN	0,1

最小比例尺 scale minimum	(SCAMIN)	见 A.2.5.9 节	IN	0,1
在水域内 in the water			BO	0,1

INT 1 引用：L2，10-15，17

A.7.4.1 风力发电机（Wind turbine）（见 S-4 – B-374.6；B-445.8-9）

风力发电机通常是高大的多叶片结构物，一般有两到三个叶片；海上风力发电机可能妨碍航行，但可见距离一般较远，可作为视觉参考。风力发电机旨在为大型社区或国家电网供电，一般成组出现（称为“风电场”）。浮式海上风力发电机由锚泊索具固定，可能有大幅水平位移和垂直位移。

如需编码风力发电机，必须使用“风力发电机”（Wind Turbine）要素。

备注：

- “高程”（elevation）属性仅用于陆上风力发电机。
- 为便于海员识别陆上风力发电机，可以标注顶高，参照地面高度 [“垂直距离”（vertical length）]，也可以参照通用高程基准 [“高度”（height）]。
- 海上风力发电机的布尔型属性“在水域内”（in the water）必须设置为 True，表示 ECDIS 的基本显示中包含该要素。此类结构物位于水中时，任何支撑结构物（如桩）均无须编码。
- 海上风力发电机 [属性“在水域内”（in the water）=True] 的“高度”（height）属性仅与固定式发电机相关，参考垂直基准面（见 A.2.5.7 节）。
- 海上风力发电机的“垂直距离”（vertical length）属性仅与漂浮式风力发电机相关，参考海平面。
- 废弃风力发电机的编码方式与完好风力发电机相同，但需设置属性“状态”（condition）=4[“无翼”（wingless）]。
- 如需编码已拆除风力发电机的位置，必须使用“碍锚地”（Foul Ground）要素（见 A.13.7 节）；但如果资料来源表明所有剩余结构物在海底上方，且非常突出，妨碍水面航行，则必须使用“障碍物”（Obstruction）要素进行编码（见 A.13.6 节）。
- 如需编码海上风电场，必须使用“海上作业区”（Offshore Production area）要素（见 A.14.6 节）。如需编码陆上风电场，必须使用“生产 / 仓储区”（Production/Storage area）要素（见 A.7.6 节）。
- 风力发电机可能装有灯标（见 A.19 节）或雾号（见 A.20.18 节），如已安装，应按 A.19 节的规则进行编码，“风力发电机”（Wind Turbine）应当作灯标设备要素的结构物要素。
- 海上风力发电机周围近海安全区的编码，见 A.14.1.3 节。

区别：专用 / 通用立标（Beacon Special Purpose/General）；建筑物（Building）；昼标（Daymark）；陆标（Landmark）；海上平台（Offshore Platform）；海上作业区（Offshore Production Area）；塔架 / 桥墩（Pylon/Bridge Support）；筒仓 / 罐（Silo/Tank）

要素 / 信息关联

类型	关联名称	关联端					
		类	角色	多重性	类	角色	多重性
组合	结构物 / 设备（Structure/Equipment）	风力发电机（Wind Turbine）	有支撑	0,1	昼标（Daymark）、雾号（Fog Signal）、航空障碍灯（Light Air Obstruction）、环向灯标（Light All Around）、探雾灯（Light Fog Detector）、扇形光灯（Light Sectored）、实体 AIS 助航标志（Physical AIS Aid to Navigation）、雷达应答器（Radar Transponder Beacon）、反射器（Retroreflector）、交通信号站（Signal Station Traffic）、告警信号站（Signal Station Warning）	支撑	0,*

A.7.5 防御工事（Fortified structure）

IHO 定义：防御工事（FORTIFIED STRUCTURE）。用于军事防御目的专门设计或加固的结构物（改编自：国防地理空间信息工作组；要素数据字典注册系统，2010 年）。

S-101 地理要素：Fortified Structure （FORSTC）

几何单形：点、曲线、曲面

现实世界	纸质海图符号	ECDIS 符号

S-101 属性	S-57 缩写	允许编码值	类型	多重性
防御工事类 category of fortified structure	(CATFOR)	1. 城堡 castle 2. 堡垒 fort 3. 炮台 battery 4. 碉堡 blockhouse 5. 防御塔 fortified tower 6. 多面堡 redoubt 8. 加固潜艇避风地 fortified submarine shelter 9. 壁垒 rampart	EN	0,1
状态 condition	(CONDTN)	1. 在建 under construction 2. 废弃 ruined	EN	0,1
要素名称 feature name			C	0,*
显示名称 display name			(S) BO	0,1
语言 language		ISO 639-2/T	(S) TE	0,1
名称 name	(OBJNAM) (NOBJNM)		(S) TE	1,1
高度 height	(HEIGHT)		RE	0,1

结构物材质 nature of construction	(NATCON)	1. 砖石 masonry 2. 混凝土 concreted 3. 散砾石 loose boulders 6. 木质 wooden 7. 金属 metal	EN	0,*
雷达显著 radar conspicuous	(CONRAD)		BO	0,1
报告日期 reported date	(SORDAT)	ISO 8601：2004	TD	0,1
状况 status	(STATUS)	4. 不使用 not in use 7. 临时 temporary 8. 私有 private 12. 有照明 illuminated 13. 历史性 historic 14. 公共 public 28. 有浮标标示 buoyed	EN	0,*
垂直距离 vertical length	(VERLEN)		RE	0,1
视觉显著 visually conspicuous	(CONVIS)	1. 视觉显著 visually conspicuous 2. 视觉不显著 not visually conspicuous 3. 突出可见 prominent	EN	0,1
最小比例尺 scale minimum	(SCAMIN)	见 A.2.5.9 节	IN	0,1
在水域内 in the water			BO	0,1

INT 1 引用：E34.1-3

A.7.5.1 防御工事（Fortified structure）（见 S-4 – B-379）

部分海岸线上建有突出可见的防御工事，大多已经废弃、腐朽或用于非军事目的。此类结构物包括大型城堡、堡垒乃至小型瞭望台，可能是海角或海岸线上醒目的要素。如国内法允许，ENC 数据最大显示比例尺时，此类可能从海上可见的要素应予编码。

如需编码防御工事，必须使用“防御工事”（Fortified Structure）要素。

备注：

- 如需编码圆形石造碉堡，必须使用“防御工事”（Fortified Structure）要素，并设置属性“防御工事类”（category of fort）=5[“防御塔”（fortified tower）]。
- 如已安装灯标，应按第 A.19 节的规则编码，将“防御工事”（Fortified Structure）视为相关灯标设备要素（见 A.18.1 节）的结构物要素。
- 可通航水域内防御工事的布尔型属性“在水域内”（in the water）必须设置为 True，表示 ENC 基本显示中包含该要素。此类结构物位于水中时，任何支撑结构物（如桩）均无须编码。

区别：建筑物（Building）；栅栏 / 围墙（Fence/Wall）；陆标（Landmark）

要素 / 信息关联

类型	关联名称	关联端					
		类	角色	多重性	类	角色	多重性
组合	结构物 / 设备（Structure/Equipment）	防御工事（Fortified Structure）	有支撑	0,1	昼标（Daymark）、雾号（Fog Signal）、航空障碍灯（Light Air Obstruction）、环向灯标（Light All Around）、探雾灯（Light Fog Detector）、扇形光灯（Light Sectored）、实体 AIS 助航标志（Physical AIS Aid to Navigation）、雷达应答器（Radar Transponder Beacon）、反射器（Retroreflector）、交通信号站（Signal Station Traffic）、告警信号站（Signal Station Warning）	支撑	0,*
聚合	方位线系统聚合（Range System Aggregation）	防御工事（Fortified Structure）	构成	1,*	方位线系统（Range System）	包含	0,1

A.7.6 生产 / 仓储区（Production/storage area）

IHO 定义：生产 / 仓储区（PRODUCTION/STORAGE AREA）。陆地上用于开采或储存自然资源的区域（S-57 第 3.1 版，附录 A，第 1 章，第 1.124 页，2000 年 11 月）。		
S-101 地理要素：Production/Storage Area （PRDARE）		
几何单形：点、曲面		
现实世界	纸质海图符号	ECDIS 符号

S-101 属性	S-57 缩写	允许编码值	类型	多重性
生产区类 category of production area	(CATPRA)	1. 采石场 quarry 2. 矿井 mine 3. 矿堆 stockpile 4. 发电站区 power station area 5. 炼油区 refinery area 6. 贮木场 timber yard 7. 工厂区 factory area 8. 油罐群 tank farm 9. 风电场 wind farm 10. 矿渣堆 / 废石堆 slag heap/spoil heap 11. 生产厂房 production plant	EN	1,1
状态 condition	(CONDTN)	1. 在建 under construction 2. 废弃 ruined 3. 填筑中 under reclamation 5. 拟建 planned construction	EN	0,1
高程 elevation	(ELEVAT)		RE	0,1
要素名称 feature name			C	0,*
显示名称 display name			(S) BO	0,1
语言 language		ISO 639-2/T	(S) TE	0,1
名称 name	(OBJNAM) (NOBJNM)		(S) TE	1,1
固定日期范围 fixed date range			C	0,1

终止日期 date end	(DATEND)	ISO 8601：2004	(S) TD	0,1
开始日期 date start	(DATSTA)	ISO 8601：2004	(S) TD	0,1
高度 height	(HEIGHT)		RE	0,1
产品 product	(PRODCT)	1. 油 oil 2. 气 gas 3. 水 water 4. 石 stone 5. 煤 coal 6. 矿石 ore 7. 化学品 chemicals 8. 饮用水 drinking water 9. 奶乳 milk 10. 铝土矿 bauxite 11. 焦炭 coke 12. 铁锭 iron ingots 13. 盐 salt 14. 砂 sand 15. 木材 timber 16. 木屑 / 木片 sawdust/wood chips 17. 废金属 scrap metal 18. 液化天然气 liquefied natural gas（LNG）	EN	0,*

产品 product	(PRODCT)	19. 液化石油气 liquefied petroleum gas（LPG） 20. 葡萄酒 wine 21. 水泥 cement 22. 谷物 grain 23. 电力 electricity 25. 粘土 clay	EN	0,*
雷达显著 radar conspicuous	(CONRAD)		BO	0,1
报告日期 reported date	(SORDAT)	ISO 8601：2004	TD	0,1
状况 status	(STATUS)	4. 不使用 not in use 12. 有照明 illuminated	EN	0,*
垂直距离 vertical length	(VERLEN)		RE	0,1
视觉显著 visually conspicuous	(CONVIS)	1. 视觉显著 visually conspicuous 2. 视觉不显著 not visually conspicuous 3. 突出可见 prominent	EN	0,1
最小比例尺 scale minimum	(SCAMIN)	见 A.2.5.9 节	IN	0,1

INT 1 引用：E26.2，35.1-2，36；F52

A.7.6.1　生产和仓储区（Production and storage area）（见 S-4 – B-328.2；B-367；B-374.6）

近岸地带的生产区或仓储区通常是海员用于辅助定位的显著陆标。采石场开挖面、仓库、发电站、炼油厂、木材厂、工厂、油罐群、风力发电机组、矿渣堆等要素，应在最大显示比例尺最大的 ENC 数据中予以表示。

如需编码生产 / 仓储区，必须使用“生产 / 仓储区”（Production/Storage Area）要素。

备注：

- 如果此类区域内包含单体建筑物或设备要素，如 ENC 数据最大显示比例尺允许，此类要素应编码为独立要素，如面状“生产 / 仓储区”（Production/Storage Area）内的“建筑物”（Building）、“起重机”（Crane）、“陆标”（Landmark）或“筒仓 / 罐”（Silo/Tank）。
- 如果从海上可见，采石场开挖面应编码为“陡崖”（cliff）（见 A.5.1 节），设置属性“斜坡类”（category of slope）=6[“陡崖”（cliff）]。

区别：自由港区（Free Port Area）；海上作业区（Offshore Production Area）

A.8 地理要素——港口（Port）

A.8.1 在建和拟建工程（见 S-4 – B-329）

ENC 很少显示在建工程的具体状态，因为编码人员可能对此毫不知情，即便知情，工程状态也可能在 ENC 更新（见 A.31 节）期间发生变化。如可以向海员提供“在建”（under construction）、“填筑中”（under reclamation）或“拟建”（planned construction）等工程状态信息，必须使用适当的要素[如“岸线结构物”（Shoreline Construction）、“长堤 / 栈道”（Causeway）、“港池区”（Dock Area）、“干船坞”（Dry Dock）、“海底 / 陆地管道”（Pipeline Submarine/On Land）]，属性“状态”（condition）的值填写为 1[“在建”（under construction）]、3[“填筑中”（under reclamation）] 或 5[“拟建”（planned construction）]。如编码人员希望为海员提供此类信息，但工程信息（工程性质和范围）未知，则应使用“警告区”（Caution Area）要素（见 A.16.10 节），并使用信息类型“航海信息”（Nautical Information）（见 A.24.4 节）的相关实例和复杂属性“信息”（information）对已知信息编码。

如需向海员说明工程的最新日期，必须使用属性“报告日期”（reported date）（见 A.27.148 节）。

工程开始前已有的海岸线仍应编码为“海岸线”（Coastline）或“岸线结构物”（Shoreline Construction）要素，直至工程竣工。

随着工程的进展和向生产机构提供的信息增多，ENC 数据应发布更新数据集或新版数据集（见 A.31.2.3 节）。

竣工后，必须根据本文档相关章节要求对新要素进行完整编码，并收入更新数据集或新版数据集（见 A.31 节）。

A.8.1.1 陆上工程（见 S-4 – B-329.1）

如有可能，从海上可见的突出要素应按上述方式编码。挖掘中的新码头、船闸、渠道等也应采用类似编码。此类工程竣工前必须用“陆地区”（Land Area）要素（见 A.5.4 节）覆盖。

A.8.1.2 海上工程（见 S-4 – B-329.2-5）

从岸线向海上延伸的海上工程，如果未来的岸线（包括码头等）已知，则必须按 A.8.1 节所述，使用适当的要素进行编码。工程竣工和新岸线建成前，应保留现有的岸线。填筑区或在建区必须用相关地表要素覆盖。工程刚开工，或在计划中但尚未开工的区域，使用“深度区”（Depth Area）要素；正在填筑或施工但仍有水覆盖的区域，使用“未测区”（Unsurveyed Area）要素；对于已填筑完成（即高出）的区域，使用“陆地区”（Land Area）要素。

必要时，应根据 A.8.1 节所述内容，竣工后完全淹没或部分淹没的海上工程（如导流堤或管道）必须使用与竣工要素相关的适当要素进行编码。此类工程（视状况而定）必须使用相关的水深信息（如已知）属性或“未测区”（Unsurveyed Area）覆盖。

工程的范围或性质未知但必须编码时，应按 A.8.1 节所述，使用“警告区”（Caution Area）要素进行编码。

由于标记海上工程界线的灯标和浮标可能未经通告即移除，所以仅在安全的情况下才需要编码。或者，可通过对信息类型“航海信息”（Nautical Information）（见 A.24.4 节）的相关实例、复杂属性“信息”（Information）、子属性“文本”（text）[如“由红色灯标标记的外围”（Outer end marked by red lights）] 进行编码，以表示此类信息。

A.8.2　检查站（Checkpoint）

IHO 定义：检查站（CHECKPOINT）。官方设立的用于货物及人员登记、申报、检查的地方（改编自：国防地理空间信息工作组；要素数据字典注册系统，2010 年）。		
S-101 地理要素：Checkpoint （CHKPNT）		
几何单形：点、曲面		
现实世界	纸质海图符号	ECDIS 符号

S-101 属性	S-57 缩写	允许编码值	类型	多重性
检查站类 category of checkpoint	(CATCHP)	1. 海关 custom	EN	0,1
要素名称 feature name			C	0,*
显示名称 display name			(S) BO	0,1
语言 language		ISO 639-2/T	(S) TE	0,1
名称 name	(OBJNAM) (NOBJNM)		(S) TE	1,1
状况 status	(STATUS)	1. 永久 permanent 2. 偶尔 occasional 5. 周期性 / 间歇性 periodic/intermittent 7. 临时 temporary 9. 强制性 mandatory 12. 有照明 illuminated	EN	0,*
最小比例尺 scale minimum	(SCAMIN)	见 A.2.5.9 节	IN	0,1

INT 1 引用：

A.8.2.1　检查站（Checkpoint）

如需编码官方设立的登记、申报或检查货物和人员的场所，必须使用“检查站”（Checkpoint）要素。

备注：

- “检查站”（Checkpoint）只用于此类功能的编码。此外，如需编码实体要素[如“建筑物”（building）、“栅栏”（fence）、“闸门”（gate）]，必须使用相关要素[如“建筑物”（Building）、“陆标”（Landmark）]。

区别：关税区（Custom Zone）

A.8.3 报废船（Hulk）

IHO 定义：报废船（HULK）。永久停泊或搁浅的船舶，可能已被丢弃或另作他用，其配件和上层结构物可能已拆除（改编自：IHO 词典 – S-32）。

S-101 地理要素：Hulk（HULKES）

几何单形：点、曲面

现实世界	纸质海图符号	ECDIS 符号		
S-101 属性	**S-57 缩写**	**允许编码值**	**类型**	**多重性**
报废船类 category of hulk	（CATHLK）	1. 水上餐厅 floating restaurant 2. 历史古船 historic ship 3. 浮式博物馆 floating museum 4. 浮式住宅 floating accommodation 5. 浮式防波堤 floating breakwater 6. 水上赌场 casino 7. 训练船 training vessel	EN	0,*
颜色 colour	(COLOUR)	1. 白色 white 2. 黑色 black 3. 红色 red 4. 绿色 green 5. 蓝色 blue 6. 黄色 yellow 7. 灰色 grey 8. 棕色 brown 9. 琥珀色 amber 10. 紫色 violet 11. 橙色 orange 12. 洋红色 magenta 13. 粉红色 pink	EN	0,* (ordered)

色彩图案 colour pattern	(COLPAT)	1. 横条纹 horizontal stripes 2. 竖条纹 vertical stripes 3. 斜条纹 diagonal stripes 4. 方格 squared 5. 条纹（方向未知） stripes （direction unknown） 6. 边界条纹 border stripe	EN	0,1
状态 condition	(CONDTN)	1. 在建 under construction 2. 废弃 ruined 5. 拟建 planned construction	EN	0,1
要素名称 feature name			C	0,*
显示名称 display name			(S) BO	0,1
语言 language		ISO 639-2/T	(S) TE	0,1
名称 name	(OBJNAM) (NOBJNM)		(S) TE	1,1
水平长度 horizontal length	(HORLEN)		RE	0,1
水平宽度 horizontal width	(HORWID)		RE	0,1
雷达显著 radar conspicuous	(CONRAD)		BO	0,1
报告日期 reported date	(SORDAT)	ISO 8601：2004	TD	0,1
垂直距离 vertical length	(VERLEN)		RE	0,1
视觉显著 visually conspicuous	(CONVIS)	1. 视觉显著 visually conspicuous 2. 视觉不显著 not visually conspicuous 3. 突出可见 prominent	EN	0,1
最小比例尺 scale minimum	(SCAMIN)	见 A.2.5.9 节	IN	0,1

INT 1 引用：F34

A.8.3.1　报废船（Hulk）（见 S-4 – B-330）

如需编码永久停泊的船舶，必须使用“报废船”（Hulk）要素。

备注：

- 除非线状要素的边缘同时也是面状“陆地区”（Land Area）的边界，否则面状“报废船”（Hulk）要素不得以线状“海岸线”（Coastline）或“岸线结构物”（Shoreline Construction）要素为边界。
- 如需编码海上生产（floating production）、储存（storage）和卸载（off-loading）船舶，必须使用“海上平台”（Offshore Platform）要素（见 A.14.1 节），设置属性“海上平台类”（category of offshore platform）=8[“海上生产储存卸载船舶”（floating production，storage and off-loading（FPSO））]。
- 如需编码用作浮式防波堤（floating breakwater）的报废船，必须使用“报废船”（Hulk）要素，并设置属性“报废船类”（category of hulk）=5[“浮式防波堤”（floating breakwater）]。如需编码任何其他结构物的浮式防波堤，必须使用要素“岸线结构物”（Shoreline Construction）（见 A.8.6 节），并设置属性“岸线结构物类”（category of shoreline construction）=1[“防波堤”（breakwater）]、“水位效应”（water effect）=7[“漂浮”（floating）]。

区别：海上平台（Offshore Platform）；岸线结构物（Shoreline Construction）；沉船（Wreck）

要素 / 信息关联

类型	关联名称	关联端					
		类	角色	多重性	类	角色	多重性
组合	结构物 / 设备（Structure/Equipment）	报废船（Hulk）	有支撑	0,1	昼标（Daymark）、雾号（Fog Signal）、航空障碍灯（Light Air Obstruction）、环向灯标（Light All Around）、探雾灯（Light Fog Detector）、扇形光灯（Light Sectored）、实体 AIS 助航标志（Physical AIS Aid to Navigation）、雷达应答器（Radar Transponder Beacon）、反射器（Retroreflector）、交通信号站（Signal Station Traffic）、告警信号站（Signal Station Warning）	支撑	0,*

A.8.4　桩（Pile）

IHO 定义：桩（PILE）。一根长而重的原木或一段钢材、木材、混凝土等构筑物，插入地面或海底，作为支撑结构物，例如码头桩、防波堤或者海洋环境中的孤立柱（IHO 词典 – S-32）。				
S-101 地理要素：Pile（PILPNT）				
几何单形：点、曲线、曲面				
现实世界	纸质海图符号		ECDIS 符号	
S-101 属性	**S-57 缩写**	**允许编码值**	**类型**	**多重性**
桩类 category of pile	(CATPLE)	1. 桩 stake 3. 柱 post 4. 三脚架 tripodal	EN	0,1

桩类 category of pile	(CATPLE)	5. 桩材 piling 6. 桩柱区 area of piles 7. 管道 pipe	EN	0,1
颜色 colour	(COLOUR)	1. 白色 white 2. 黑色 black 3. 红色 red 4. 绿色 green 5. 蓝色 blue 6. 黄色 yellow 7. 灰色 grey 8. 棕色 brown 9. 琥珀色 amber 10. 紫色 violet 11. 橙色 orange 12. 洋红色 magenta 13. 粉红色 pink	EN	0,* (ordered)
色彩图案 colour pattern	(COLPAT)	1. 横条纹 horizontal stripes 2. 竖条纹 vertical stripes 3. 斜条纹 diagonal stripes 4. 方格 squared 5. 条纹（方向未知） stripes（direction unknown） 6. 边界条纹 border stripe	EN	0,1

状态 condition	(CONDTN)	1. 在建 under construction 2. 废弃 ruined 5. 拟建 planned construction	EN	0,1
要素名称 feature name			C	0,*
显示名称 display name			(S) BO	0,1
语言 language		ISO 639-2/T	(S) TE	0,1
名称 name	(OBJNAM) (NOBJNM)		(S) TE	1,1
固定日期范围 fixed date range			C	0,1
终止日期 date end	(DATEND)	ISO 8601：2004	(S) TD	0,1
开始日期 date start	(DATSTA)	ISO 8601：2004	(S) TD	0,1
高度 height	(HEIGHT)		RE	0,1
雷达显著 radar conspicuous	(CONRAD)		BO	0,1
报告日期 reported date	(SORDAT)	ISO 8601：2004	TD	0,1
状况 status	(STATUS)	1. 永久 permanent 4. 不使用 not in use 6. 保留 reserved 7. 临时 temporary 8. 私有 private 12. 有照明 illuminated 14. 公共 public	EN	0,*
垂直距离 vertical length	(VERLEN)		RE	0,1

视觉显著 visually conspicuous	(CONVIS)	1. 视觉显著 visually conspicuous 2. 视觉不显著 not visually conspicuous 3. 突出可见 prominent	EN	0,1
最小比例尺 scale minimum	(SCAMIN)	见 A.2.5.9 节	IN	0,1

INT 1 引用：F22

A.8.4.1　桩（Pile）（见 S-4 – B-327.3）

如需编码用于系泊绞缆设施或助航标志以外的桩，必须使用“桩”（Pile）要素。

备注：

- 必要时，必须使用“障碍物”（Obstruction）要素（见 A.13.6 节）对危及航行的桩或柱进行编码，同时设置属性“障碍物类”（category of obstruction）=1[“突出物 / 桩墩”（snag/stump）]，不得使用“桩”（Pile）编码。
- 线状“桩”（Pile）必须仅用于“桩类”（category of pile）属性 =5[“桩材”（piling）] 的“桩”（Pile），有时也称为“排桩”（row of piles）或“板桩”（sheet piling）。ENC 数据最大显示比例尺为小比例尺时，桩柱可以用点状几何单形编码。
- 面状“桩”（Pile）仅用于属性为“桩类”（category of pile）=6[“桩区”（area of piles）] 的“桩”（Pile）。ENC 数据最大显示比例尺为小比例尺时，桩柱区可以用点状几何单形编码。
- 必要时，资料来源上用作助航标志的桩和杆必须使用适当的立标要素 [如“专用 / 通用立标”（Beacon Special Purpose/General）] 进行编码，设置属性“立标形状”（beacon shape）=1[“桩、杆、竿、柱”（stake，pole，perch，post）]。
- 系泊绞缆设施桩或柱的编码规则参见 A.8.14.1 节。

区别：方位立标（Beacon Cardinal）；孤立危险物立标（Beacon Isolated Danger）；侧面立标（Beacon Lateral）；安全水域立标（Beacon Safe Water）；专用 / 通用立标（Beacon Special Purpose/General）；系泊绞缆设施（Mooring/Warping Facility）

要素 / 信息关联

类型	关联名称	关联端					
		类	角色	多重性	类	角色	多重性
组合	结构物 / 设备（Structure/ Equipment）	桩（Pile）	有支撑	0,1	昼标（Daymark）、雾号（Fog Signal）、航空障碍灯（Light Air Obstruction）、环向灯标（Light All Around）、探雾灯（Light Fog Detector）、扇形光灯（Light Sectored）、实体 AIS 助航标志（Physical AIS Aid to Navigation）、雷达应答器（Radar Transponder Beacon）、反射器（Retroreflector）、交通信号站（Signal Station Traffic）、告警信号站（Signal Station Warning）	支撑	0,*
聚合	方位线系统聚合（Range System Aggregation）	桩（Pile）	构成	1,*	方位线系统（Range System）	包含	0,1

关联	助航标志关联（Aids to Navigation Association）	桩（Pile）	构成	1,*	群岛海道（Archipelagic Sea lane）、航道系统（Fairway System）、桥梁（Bridge）、深水航道（Deep Water Route）、双向航道（Two-Way Route）	包含	0,1
聚合	航道辅助（Fairway Auxiliary）	桩（Pile）	有辅助	1,*	航道（Fairway）	辅助	0,1

A.8.5 堤（Dyke）

IHO 定义：堤（DYKE）。人工建筑的用来蓄水或阻水的结构物（IHO 词典 – S-32）。

S-101 地理要素：Dyke （DYKCON）

几何单形：曲线、曲面

现实世界	纸质海图符号	ECDIS 符号

S-101 属性	S-57 缩写	允许编码值	类型	多重性
状态 condition	(CONDTN)	1. 在建 under construction 2. 废弃 ruined 3. 填筑中 under reclamation 5. 拟建 planned construction	EN	0,1
要素名称 feature name			C	0,*
显示名称 display name			(S) BO	0,1
语言 language		ISO 639-2/T	(S) TE	0,1
名称 name	(OBJNAM) (NOBJNM)		(S) TE	1,1
固定日期范围 fixed date range			C	0,1
终止日期 date end	(DATEND)	ISO 8601：2004	(S) TD	0,1
开始日期 date start	(DATSTA)	ISO 8601：2004	(S) TD	0,1
高度 height	(HEIGHT)		RE	0,1

结构物材质 nature of construction	(NATCON)	1. 砖石 masonry 2. 混凝土 concreted 3. 散砾石 loose boulders 4. 硬面 hard surfaced 5. 无铺面 unsurfaced 6. 木质 wooden 7. 金属 metal	EN	0,*
雷达显著 radar conspicuous	(CONRAD)		BO	0,1
报告日期 reported date	(SORDAT)	ISO 8601：2004	TD	0,1
垂直距离 vertical length	(VERLEN)		RE	0,1
视觉显著 visually conspicuous	(CONVIS)	1. 视觉显著 visually conspicuous 2. 视觉不显著 not visually conspicuous 3. 突出可见 prominent	EN	0,1
最小比例尺 scale minimum	(SCAMIN)	见 A.2.5.9 节	IN	0,1

INT 1 引用：F1

A.8.5.1　堤（Dyke）（见 S-4 – B-313.1）

堤和海堤主要用于防洪，形状一般较规则。如需编码堤，必须使用“堤”（Dyke）要素。

备注：

- 如需编码临海边缘与岸线重合的堤，必须使用“堤”（Dyke）要素，沿其临海边缘使用线状“岸线结构物”（Shoreline Construction）要素，不填写“岸线结构物类”（category of shoreline construction）属性值。
- “堤”（Dyke）要素为面状时，必须使用“陆地区”（Land Area）要素覆盖。
- 编绘比例尺较大时，堤顶（堤顶线）可编码为“坡顶线”（Slope Topline）要素（见 A.5.15 节），并设置属性“斜坡类”（category of slope）=2[“路堤”（embankment）]。

区别：水坝（Dam）；倾斜地面（Sloping Ground）；坡顶线（Slope Topline）

A.8.6 岸线结构物（Shoreline construction）

IHO 定义：岸线结构物（SHORELINE CONSTRUCTION）。建于水中或水域和陆地之间的固定（非漂浮）人工建造物，也用于表示导流墙，不一定连接岸线或是岸线的一部分（S-57 第 3.1 版，附录 A，第 1 章，第 1.154 页，2000 年 11 月，修订版）。

S-101 地理要素：Shoreline Construction（SLCONS）

几何单形：点、曲线、曲面

现实世界	纸质海图符号	ECDIS 符号

S-101 属性	S-57 缩写	允许编码值	类型	多重性
岸线结构物类 category of shoreline construction	(CATSLC)	1. 防波堤 breakwater 2. 排流堤（丁坝） groyne（groin） 3. 突堤 mole 4. 突堤式码头 pier（jetty） 5. 栈桥式码头 promenade pier 6. 顺岸码头 wharf（quay） 7. 导流堤 training wall 8. 堆石堤 rip rap 9. 护岸 revetment 10. 海堤 sea wall 11. 登岸阶梯 landing steps 12. 坡道 ramp 13. 船台滑道 slipway 14. 碰垫 fender 15. 实面码头 solid face wharf 16. 露天码头 open face wharf 17. 原木坡道 log ramp 20. 游泳设施 swimming facility	EN	0,1

颜色 colour	(COLOUR)	1. 白色 white 2. 黑色 black 3. 红色 red 4. 绿色 green 5. 蓝色 blue 6. 黄色 yellow 7. 灰色 grey 8. 棕色 brown 9. 琥珀色 amber 10. 紫色 violet 11. 橙色 orange 12. 洋红色 magenta 13. 粉红色 pink	EN	0,* (ordered)
色彩图案 colour pattern	(COLPAT)	1. 横条纹 horizontal stripes 2. 竖条纹 vertical stripes 3. 斜条纹 diagonal stripes 4. 方格 squared 5. 条纹（方向未知） stripes（direction unknown） 6. 边界条纹 border stripe	EN	0,1
状态 condition	(CONDTN)	1. 在建 under construction 2. 废弃 ruined 3. 填筑中 under reclamation 5. 拟建 planned construction	EN	0,1

要素名称 feature name			C	0,*
显示名称 display name			(S) BO	0,1
语言 language		ISO 639-2/T	(S) TE	0,1
名称 name	(OBJNAM) (NOBJNM)		(S) TE	1,1
固定日期范围 fixed date range			C	0,1
终止日期 date end	(DATEND)	ISO 8601：2004	(S) TD	0,1
开始日期 date start	(DATSTA)	ISO 8601：2004	(S) TD	0,1
高度 height	(HEIGHT)		RE	0,1
固定水平净宽 horizontal clearance fixed			C	0,1
水平净空 horizontal clearance value	(HORCLR)		(S) RE	1,1
水平距离不确定度 horizontal distance uncertainty	(HORACC)		(S) RE	0,1
水平长度 horizontal length	(HORLEN)		RE	0,1
水平宽度 horizontal width	(HORWID)		RE	0,1
结构物材质 nature of construction	(NATCON)	1. 砖石 masonry 2. 混凝土 concreted 3. 散砾石 loose boulders 4. 硬面 hard surfaced 5. 无铺面 unsurfaced 6. 木质 wooden 7. 金属 metal 8. 玻璃钢 glass reinforced plastic （GRP） 11. 网格 latticed	EN	0,*

雷达显著 radar conspicuous	(CONRAD)		BO	0,1
报告日期 reported date	(SORDAT)	ISO 8601：2004	TD	0,1
状况 status	(STATUS)	1. 永久 permanent 2. 偶尔 occasional 3. 推荐 recommended 4. 不使用 not in use 6. 保留 reserved 7. 临时 temporary 8. 私有 private 12. 有照明 illuminated 13. 历史性 historic 14. 公共 public 28. 有浮标标示 buoyed	EN	0,*
垂直距离 vertical length	(VERLEN)		RE	0,1
视觉显著 visually conspicuous	(CONVIS)	1. 视觉显著 visually conspicuous 2. 视觉不显著 not visually conspicuous 3. 突出可见 prominent	EN	0,1
水位效应 water level effect	(WATLEV)	1. 高潮时部分淹没 partly submerged at high water 2. 高出 always dry 3. 水下 / 淹没 always under water/ submerged 4. 干出 covers and uncovers 5. 适淹 awash	EN	0,1

水位效应 water level effect	(WATLEV)	6. 洪水泛滥淹没 subject to inundation or flooding 7. 漂浮 floating	EN	0,1
最小比例尺 scale minimum	(SCAMIN)	见 A.2.5.9 节	IN	0,1

INT 1 引用：F2.1，2.2，4.1-6.3，12-15，23，30-33.2

A.8.6.1 海岸线（Coastline）

自然岸线、湖岸和河岸应编码为“海岸线”（Coastline）（见 A.5.3 节），人工岸线、湖岸、河堤、渠道岸和港池的边缘应编码为“岸线结构物”（Shoreline Construction）。例外情况是，湖泊、河流、渠道、码头或港池在 ENC 数据最大显示比例尺下不可通航时，边缘不得编码为“海岸线”（Coastline）或“岸线结构物”（Shoreline Construction）。

此类要素是“陆地区”（Land Area）要素的边缘。

A.8.6.2 人工岸线（Artificial coastline）（见 S-4 – B-313；B-320-322；B-324 和 B-329）

如需编码 ENC 数据最大显示比例尺下可通航的人工岸线、湖岸、河堤、渠道岸和港池边缘，必须使用“岸线结构物”（Shoreline Construction）要素。

在最大显示比例尺最大的 ENC 数据中，应具体说明岸线结构物是否用于船舶停泊。大多数状况下，相关信息（名称或泊位号、沿岸深度、系缆柱、货棚、起重机或轨道线）加上桥墩和码头等轮廓明显的要素，足以说明可供船舶停靠。无法靠泊的岸线结构物（如防波堤、海堤），可对坡面（如结构物的潮间带部分）编码，说明无法供船舶停靠。如果可能误导海员，可通过对面状“障碍物”（Obstruction）要素的编码（见 A.13.6 节），使临海边缘与岸线结构物平行，指示危险。

图 A-8.1 是岸线结构物（如突堤）示意图，包含靠泊设施（INT1-F12），顶部相对平坦（abcdlmna），坡面部分高于高潮面（nmldefgn），局部位于潮间带（dopqrhgfed）。

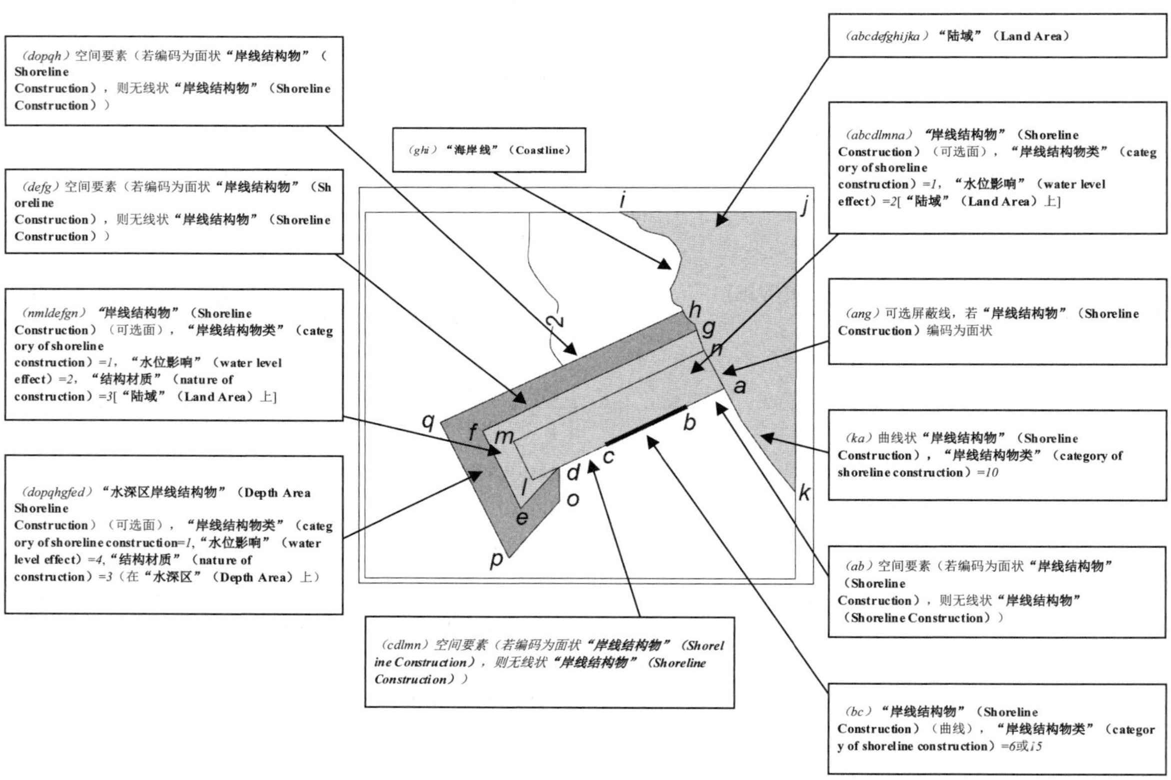

图A-8.1　岸线结构物

备注：

- 上述岸线结构物的三个面均可编码为独立的面状“岸线结构物”（Shoreline Construction）要素；必须编码屏蔽线（ang）；如果部分“岸线结构物”的边缘具有不同特征 [如（bc）属性“岸线结构物类”（category of shoreline construction）=6 或 15]，则应编码为单独的线状“岸线结构物”要素。也可将岸线结构物组成部分的所有边缘编码为线状“岸线结构物”要素。
- 在此例中，高潮线以上的岸线结构物表面必须使用面状“陆地区”（Land Area）要素覆盖，潮间带岸线结构物表面必须使用面状“深度区”（Depth Area）要素覆盖，并设置属性“水深范围最小值”（depth range minimum value）=-H（见 A.11.7.3 节）。
- 如有可能，“岸线结构物”（Shoreline Construction）要素必须分解为各个组成部分，使用“岸线结构物类”（category of shoreline construction）和资料来源所示“水位效应”（water level effect）等对其组成部分进行分类。
- 如资料来源仅用文字而非明确的字符 [如“码头”（pier）、“排流堤”（groyne）、“柱”（post）] 表示某个要素存在，则需使用“警告区”（Caution Area）要素（见 A.16.10 节）或“信息区”（Information Area）要素（见 A.16.11 节）编码；并使用信息类型“航海信息”（Nautical Information）（见 A.24.4 节）的相关实例和复杂属性“信息”（information）对文本说明进行编码。如果此类信息事关航行安全，则应使用“警告区”。
- 必要时，必须使用“岸线结构物类”（category of shoreline construction）的适当值并设置“水位效应”（water level effect）=3[“水下 / 淹没”（always under water/submerged）] 或 4[“干出”（covers and uncovers）] 对潮间带或水下人工岩壁（如不依附岸线的导流堤）编码。

区别：长堤 / 栈道（Causeway）；海岸线（Coastline）；干船坞（Dry Dock）；浮船坞（Floating Dock）；船台（Gridiron）；陆地区（Land Area）；浮码头（Pontoon）

要素 / 信息关联

类型	关联名称	关联端					
		类	角色	多重性	类	角色	多重性
组合	结构物 / 设备（Structure/ Equipment）	岸线结构物（Shoreline Construction）	有支撑	0,1	昼标（Daymark）、雾号（Fog Signal）、航空障碍灯（Light Air Obstruction）、环向灯标（Light All Around）、探雾灯（Light Fog Detector）、扇形光灯（Light Sectored）、实体 AIS 助航标志（Physical AIS Aid to Navigation）、雷达应答器（Radar Transponder Beacon）、反射器（Retroreflector）、交通信号站（Signal Station Traffic）、告警信号站（Signal Station Warning）	支撑	0,*

A.8.7 长堤 / 栈道（Causeway）

IHO 定义：长堤 / 栈道（CAUSEWAY）。是一段高出地面的通过低洼、泥泞地段或水域的通道（IHO 词典 – S-32）。		
S-101 地理要素：Causeway（CAUSWY）		
几何单形：曲线、曲面		
现实世界	纸质海图符号	ECDIS 符号

S-101 属性	S-57 缩写	允许编码值	类型	多重性
状态 condition	(CONDTN)	1. 在建 under construction 2. 废弃 ruined 3. 填筑中 under reclamation 5. 拟建 planned construction	EN	0,1
要素名称 feature name			C	0,*
显示名称 display name			(S) BO	0,1
语言 language		ISO 639-2/T	(S) TE	0,1
名称 name	(OBJNAM) (NOBJNM)		(S) TE	1,1
结构物材质 nature of construction	(NATCON)	1. 砖石 masonry 2. 混凝土 concreted 3. 散砾石 loose boulders 4. 硬面 hard surfaced 5. 无铺面 unsurfaced 6. 木质 wooden 7. 金属 metal	EN	0,*
报告日期 reported date	(SORDAT)	ISO 8601：2004	TD	0,1

状况 status	(STATUS)	1. 永久 permanent 7. 临时 temporary 8. 私有 private 12. 有照明 illuminated 14. 公共 public	EN	0,*
水位效应 water level effect	(WATLEV)	1. 高潮时部分淹没 partly submerged at high water 2. 高出 always dry 3. 水下 / 淹没 always under water/ submerged 4. 干出 covers and uncovers 5. 适淹 awash 6. 洪水泛滥淹没 subject to inundation or flooding	EN	0,1
最小比例尺 scale minimum	(SCAMIN)	见 A.2.5.9 节	IN	0,1

INT 1 引用：F3

A.8.7.1　长堤 / 栈道（Causeway）（见 S-4 – B-313.3）

长堤是凸起道路，主要用作穿过潮湿地面或潮间带的路线。

如需编码长堤，必须使用“长堤 / 栈道”（Causeway）要素。

备注：

- 无。

区别：水坝（Dam）；道路（Road）

A.8.8　渠道 / 运河（Canal）

IHO 定义：渠道 / 运河（CANAL）。是一个人工水道，其中无水流或由人为控制水流，用于航行，排水或土地灌溉（IHO 词典 – S-32）。

S-101 地理要素：Canal（CANALS）

几何单形：曲线、曲面

现实世界	纸质海图符号	ECDIS 符号

S-101 属性	S-57 缩写	允许编码值	类型	多重性
渠道类 category of canal	(CATCAN)	1. 运输渠 transportation 2. 排水渠 drainage 3. 灌溉渠 irrigation	EN	0,1

状态 condition	(CONDTN)	1. 在建 under construction 2. 废弃 ruined 3. 填筑中 under reclamation 5. 拟建 planned construction	EN	0,1
固定日期范围 fixed date range			C	0,1
终止日期 date end	(DATEND)	ISO 8601：2004	(S) TD	0,1
开始日期 date start	(DATSTA)	ISO 8601：2004	(S) TD	0,1
固定水平净宽 horizontal clearance fixed			C	0,1
水平净空 horizontal clearance value	(HORCLR)		(S) RE	1,1
水平距离不确定度 horizontal distance uncertainty	(HORACC)		(S) RE	0,1
水平宽度 horizontal width	(HORWID)		RE	0,1
要素名称 feature name			C	0,*
显示名称 display name			(S) BO	0,1
语言 language		ISO 639-2/T	(S) TE	0,1
名称 name	(OBJNAM) (NOBJNM)		(S) TE	1,1
报告日期 reported date	(SORDAT)	ISO 8601：2004	TD	0,1
状况 status	(STATUS)	1. 永久 permanent 3. 推荐 recommended 4. 不使用 not in use 5. 周期性 / 间歇性 periodic/intermittent 6. 保留 reserved 8. 私有 private 14. 公共 public	EN	0,*

最小比例尺 scale minimum	(SCAMIN)	见 A.2.5.9 节	IN	0,1

INT 1 引用：F40

A.8.8.1　渠道 / 运河（Canal）（见 S-4 – B-361）

如需编码不可通航的渠道，必须使用“渠道 / 运河”（Canal）要素。

备注：

- 如果渠道在 ENC 数据最大显示比例尺下可以通航，必须使用“水深区”（Depth Area）或“疏浚区”（Dredged area）（见 A.11.7 和 A.11.4 节）要素进行编码，渠道河岸编码必须使用“海岸线”（Coastline）或“岸线结构物”（Shoreline Construction）要素。该渠道不得编码为“渠道 / 运河”（Canal）要素。如需编码渠道名称，必须使用“海域 / 命名水域”（Sea Area/Named Water）要素，并设置属性“海域类”（category of sea area）=51[“渠道 / 运河”（canal）]。
- 如果在 ENC 数据最大显示比例尺下渠道可以通航，编码渠道时应特别考虑，如通航区内的最小深度、架空净空高度、沿渠道距离、船闸和闸门（以及所有相关交通信号）。
- 如需编码 ENC 数据最大显示比例尺下不可通航的渠道，必须使用”渠道 / 运河”（Canal）要素，用“陆地区”（Land Area）要素覆盖。对渠道名称编码，应使用”渠道 / 运河”要素上的复杂属性“要素名称”（feature name）。

区别：河流（River）；湖泊（Lake）；潮路（Tideway）

A.8.9　距离标志（Distance mark）

IHO 定义：距离标志（DISTANCE MARK）。指从一个或以固定可视物或以没有具体实物的确定位置为起始点量取的距离，通常见于渠道（S-57 第 3.1 版，附录 A，第 1 章，第 1.55 页，2000 年 11 月）。

S-101 地理要素：Distance Mark（DISMAR）

几何单形：点

现实世界	纸质海图符号	ECDIS 符号

S-101 属性	S-57 缩写	允许编码值	类型	多重性
距离标志类 category of distance mark	(CATDIS)	1. 未实际安装的距离标志 distance mark not physically installed 2. 杆形可视标志 visible mark, pole 3. 牌形可视标志 visible mark, board 4. 形状未知的可视标志 visible mark, unknown shape	EN	0,1
要素名称 feature name			C	0,*
显示名称 display name			(S) BO	0,1
语言 language		ISO 639-2/T	(S) TE	0,1
名称 name	(OBJNAM) (NOBJNM)		(S) TE	1,1

固定日期范围 fixed date range			C	0,1
终止日期 date end	(DATEND)	ISO 8601：2004	(S) TD	0,1
开始日期 date start	(DATSTA)	ISO 8601：2004	(S) TD	0,1
里程 measured distance value	(INFORM) (NINFOM)		C	1,1
测距单位 distance unit of measurement		1. 米 metres 2. 码 yards 3. 公里 kilometres 4. 英里 statute miles 5. 海里 nautical miles	(S) EN	1,1
参考位置 reference location			(S) TE	0,1
航道距离 waterway distance			(S) RE	1,1
最小比例尺 scale minimum	(SCAMIN)	见 A.2.5.9 节	IN	0,1

INT 1 引用：B25.1-2

A.8.9.1　距离标志（Distance mark）（见 S-4– B-307 和 B-361.3）

航道的距离标志，其度量单位为海里、公里或其他，在最大显示比例尺最大的 ENC 数据中较为可用。

如需编码距离标志，必须使用“距离标志”（Distance Mark）要素。

备注：

- 用子属性“参考位置”（reference location）表示测量距离原点（即起始位置）。
- 用于编码岸上两个叠标之间的测量距离，见 A.15.4.2 节。

区别：专用 / 通用立标（Beacon Special Purpose/General）

A.8.10　闸门（Gate）

IHO 定义：闸门（GATE）。一种能旋转、推拉、升降以封堵出航道入口或通道的结构物（国防地理空间信息工作组；要素数据字典注册系统，2012 年）。

S-101 地理要素：Gate（GATCON）

几何单形：点、曲线、曲面

现实世界	纸质海图符号	ECDIS 符号

S-101 属性	S-57 缩写	允许编码值	类型	多重性
闸门类 category of gate	(CATGAT)	2. 防洪闸 flood barrage gate 3. 坞门 caisson 4. 闸门 lock gate 5. 堤坝闸门 dyke gate 6. 水闸 sluice	EN	0,1
状态 condition	(CONDTN)	1. 在建 under construction 2. 废弃 ruined 5. 拟建 planned construction	EN	0,1
水深范围最小值 depth range minimum value	(DRVAL1)		RE	0,1
要素名称 feature name			C	0,*
显示名称 　display name			(S) BO	0,1
语言 　language		ISO 639-2/T	(S) TE	0,1
名称 　name	(OBJNAM) (NOBJNM)		(S) TE	1,1
开启水平净宽 horizontal clearance open			C	0,1
水平净空 　horizontal clearance value	(HORCLR)		(S) RE	1,1
水平距离不确定度 　horizontal distance uncertainty	(HORACC)		(S) RE	0,1
结构物材质 nature of construction	(NATCON)	1. 砖石 masonry 2. 混凝土 concreted 6. 木质 wooden 7. 金属 metal	EN	0,*

垂直测量质量 quality of vertical measurement	(QUASOU)	2. 深度或最浅深度未知 depth or least depth unknown 3. 可疑水深 doubtful sounding 4. 不可靠水深 unreliable sounding 6. 最浅水深已知 least depth known 7. 最浅深度未知（给出安全富余量） least depth unknown, safe clearance at value shown	EN	0,*
状况 status	(STATUS)	1. 永久 permanent 4. 不使用 not in use 6. 保留 reserved 16. 有人看守 watched 17. 无人看守 un-watched	EN	0,*
开启净空高度 vertical clearance open			C	0,1
竖向净空值 vertical clearance value	(VERCLR)		(S) RE	1,1
垂直不确定度 vertical uncertainty			(S) C	0,1
固定不确定度 uncertainty fixed	(VERACC)		(S) RE	1,1
不确定度变量系数 uncertainty variable factor			(S) RE	0,1
垂直基准面 vertical datum	(VERDAT)	3. 平均海平面 mean sea level 16. 平均高潮面 mean high water 17. 平均大潮高潮面 mean high water springs 18. 高潮面 high water 19. 近似平均海平面 approximate mean sea level 20. 大潮高潮面 high water springs 21. 平均高高潮面 mean higher high water	EN	0,1

垂直基准面 vertical datum	(VERDAT)	24. 当地基准面 local datum 25. 1985 国际大湖基准 international great lakes datum 1985 26. 平均水平面 mean water level 28. 大潮高高潮面 higher high water large tide 29. 略最高高潮面 nearly highest high water 30. 最高天文潮面 highest astronomical tide	EN	0,1
垂直不确定度 vertical uncertainty			C	0,1
固定不确定度 uncertainty fixed	(SOUACC)		(S) RE	1,1
不确定度变量系数 uncertainty variable factor			(S) RE	0,1
最小比例尺 scale minimum	(SCAMIN)	见 A.2.5.9 节	IN	0,1

INT 1 引用：F27，41.1-2，42-43

A.8.10.1　闸门（Gate）（见 S-4 – B-326.5-7）

如需编码控制水流的闸门，必须使用“闸门”（Gate）要素。应始对闸门关闭的（向海）位置进行编码。

备注：

- 面状“闸门”（Gate）必须同样使用“深度区”（Depth Area）、“未测区”（Unsurveyed Area）或“陆地区”（Land Area）要素覆盖。
- ENC 数据最大显示比例尺下可通航的闸门，“开启水平净宽”（horizontal clearance open）属性是强制性的。
- “水深范围最小值”（depth range minimum value）属性用于编码已知的闸门门槛最浅水深。

区别：干船坞（Dry Dock）；浮船坞（Floating Dock）

A.8.11　水坝（Dam）

IHO 定义：水坝（DAM）。为控制水流，提高水位或防止洪水而修建的堤坝（IHO 词典 – S-32）。

S-101 地理要素：Dam（DAMCON）

几何单形：曲线、曲面

现实世界	纸质海图符号	ECDIS 符号

S-101 属性	S-57 缩写	允许编码值	类型	多重性
水坝类 category of dam	(CATDAM)	1. 堰 weir 2. 坝 dam 3. 拦洪坝 flood barrage	EN	0,1

颜色 colour	(COLOUR)	1. 白色 white 2. 黑色 black 3. 红色 red 4. 绿色 green 5. 蓝色 blue 6. 黄色 yellow 7. 灰色 grey 8. 棕色 brown 9. 琥珀色 amber 10. 紫色 violet 11. 橙色 orange 12. 洋红色 magenta 13. 粉红色 pink	EN	0,* (ordered)
色彩图案 colour pattern	(COLPAT)	1. 横条纹 horizontal stripes 2. 竖条纹 vertical stripes 3. 斜条纹 diagonal stripes 4. 方格 squared 5. 条纹（方向未知） stripes （direction unknown） 6. 边界条纹 border stripe	EN	0,1
状态 condition	(CONDTN)	1. 在建 under construction 2. 废弃 ruined 3. 填筑中 under reclamation 5. 拟建 planned construction	EN	0,1

要素名称 feature name			C	0,*
显示名称 display name			(S) BO	0,1
语言 language		ISO 639-2/T	(S) TE	0,1
名称 name	(OBJNAM) (NOBJNM)		(S) TE	1,1
固定日期范围 fixed date range			C	0,1
终止日期 date end	(DATEND)	ISO 8601：2004	(S) TD	0,1
开始日期 date start	(DATSTA)	ISO 8601：2004	(S) TD	0,1
高度 height	(HEIGHT)		RE	0,1
结构物材质 nature of construction	(NATCON)	1. 砖石 masonry 2. 混凝土 concreted 3. 散砾石 loose boulders 6. 木质 wooden 7. 金属 metal	EN	0,*
雷达显著 radar conspicuous	(CONRAD)		BO	0,1
状况 status	(STATUS)		EN	0,*
垂直距离 vertical length	(VERLEN)	1. 永久 permanent 2. 偶尔 occasional 6. 保留 reserved 7. 临时 temporary 8. 私有 private 14. 公共 public 28. 有浮标标示 buoyed	RE	0,1

视觉显著 visually conspicuous	(CONVIS)	1. 视觉显著 visually conspicuous 2. 视觉不显著 not visually conspicuous 3. 突出可见 prominent	EN	0,1
水位效应 water level effect	(WATLEV)	1. 高潮时部分淹没 partly submerged at high water 2. 高出 always dry 3. 水下 / 淹没 always under water/ submerged 6. 洪水泛滥淹没 subject to inundation or flooding	EN	0,1
最小比例尺 scale minimum	(SCAMIN)	见 A.2.5.9 节	IN	0,1

INT 1 引用：F43，44

A.8.11.1　水坝（Dam）（见 S-4 – B-364.2）

如需编码坝、堰或拦洪坝，必须使用“水坝”（Dam）要素。

- “水坝”（Dam）要素必须使用“陆地区”（Land Area）要素覆盖。
- 水坝的几何包括所有闸门。闸门应作为独立的“闸门”（Gate feature）要素进行编码。
- 如需编码临海边缘与岸线重合的水坝，必须使用“水坝”（Dam）和沿临海边缘的线状“岸线结构物”（Shoreline Construction）要素，且“岸线结构物类”（category of shoreline construction）属性不赋值。
- 如需编码水下堰（submerged weir），必须使用“水坝”（Dam）要素，设置属性“水位效应”（water level effect）=3[“水下 / 淹没”（always under water/submerged）]。

A.8.11.2　拦洪坝（Flood barrage）（见 S-4 – B-326.7）

如需编码拦洪坝（flood barrage）的固定部分，且在编绘比例尺下拦洪坝位于可通航水域，则必须使用“水坝”（Dam）要素，设置属性“水坝类”（category of dam）=3[“拦洪坝”（flood barrage）]，且拦洪坝须用“陆地区”（Land Area）要素覆盖。如需编码拦洪坝的活动部分，必须使用“闸门”（Gate）要素，设置属性“闸门类”（category of gate）=2[“防洪闸”（flood barrage gate）]，且拦洪坝的活动部分必须使用“深度区”（Depth Area）要素覆盖。

对 ENC 数据最大显示比例尺下不可通航水域内的拦洪坝，无须对闸门编码。此时，“水坝”（Dam）要素必须横跨河流或湖泊。

区别：长堤 / 栈道（Causeway）；堤（Dyke）；油障（Oil Barrier）；道路（Road）

A.8.12　起重机（Crane）

IHO 定义：起重机（CRANE）。用于吊起、移动、吊落物品的一种机械，它利用吊杆或架空轨道吊运作业（国防地理空间信息工作组；要素数据字典注册系统，2010 年）。

S-101 地理要素：Crane（CRANES）

几何单形：点、曲线、曲面

现实世界	纸质海图符号	ECDIS 符号

S-101 属性	S-57 缩写	允许编码值	类型	多重性
起重机类 category of crane	(CATCRN)	2. 集装箱起重机 / 起重机架 container crane/gantry 3. 人字起重架 sheerlegs 4. 移动式起重机 travelling crane 5. “A” 字起重机 A-frame 6. 龙门起重机 goliath crane	EN	0,1
颜色 colour	(COLOUR)	1. 白色 white 2. 黑色 black 3. 红色 red 4. 绿色 green 5. 蓝色 blue 6. 黄色 yellow 7. 灰色 grey 8. 棕色 brown 9. 琥珀色 amber 10. 紫色 violet 11. 橙色 orange 12. 洋红色 magenta 13. 粉红色 pink	EN	0,* (ordered)
色彩图案 colour pattern	(COLPAT)	1. 横条纹 horizontal stripes 2. 竖条纹 vertical stripes 3. 斜条纹 diagonal stripes 4. 方格 squared 5. 条纹（方向未知） stripes （direction unknown） 6. 边界条纹 border stripe	EN	0,1

状态 condition	(CONDTN)	1. 在建 under construction 2. 废弃 ruined 5. 拟建 planned construction	EN	0,1
要素名称 feature name			C	0,*
显示名称 display name			(S) BO	0,1
语言 language		ISO 639-2/T	(S) TE	0,1
名称 name	(OBJNAM) (NOBJNM)		(S) TE	1,1
高度 height	(HEIGHT)		RE	0,1
起重能力 lifting capacity	(LIFCAP)		RE	0,1
方位 orientation			C	0,1
方位不确定度 orientation uncertainty			(S) RE	0,1
方位值 orientation value	(ORIENT)		(S) RE	1,1
半径 radius	(RADIUS)	米 Metres	RE	0,1
状况 status	(STATUS)	1. 永久 permanent 4. 不使用 not in use 6. 保留 reserved 12. 有照明 illuminated	EN	0,*
固定净空高度 vertical clearance fixed			C	0,1
竖向净空值 vertical clearance value	(VERCLR)		(S) RE	1,1
垂直不确定度 vertical uncertainty			(S) C	0,1

固定不确定度 uncertainty fixed	(VERACC)		(S) RE	1,1
不确定度变量系数 uncertainty variable factor			(S) RE	0,1
垂直基准面 vertical datum	(VERDAT)	3. 平均海平面 mean sea level 16. 平均高潮面 mean high water 17. 平均大潮高潮面 mean high water springs 18. 高潮面 high water 19. 近似平均海平面 approximate mean sea level 20. 大潮高潮面 high water springs 21. 平均高高潮面 Mean higher high water 24. 当地基准面 local datum 25. 1985 年国际大湖基准面 international great lakes datum 1985 26. 平均水平面 mean water level 28. 大潮高高潮面 higher high water large tide 29. 略最高高潮面 nearly highest high water 30. 最高天文潮面 highest astronomical tide	EN	0,1
垂直距离 vertical length	(VERLEN)		RE	0,1
视觉显著 visually conspicuous	(CONVIS)	1. 视觉显著 visually conspicuous 2. 视觉不显著 not visually conspicuous 3. 突出可见 prominent	EN	0,1
最小比例尺 scale minimum	(SCAMIN)	见 A.2.5.9 节	IN	0,1
在水域内 in the water			BO	0,1

INT 1 引用：F53.1-3

A.8.12.1 起重机（Crane）（见 S-4 – B-328.3）

如需编码起重机，必须使用“起重机”（Crane）要素。

备注：

- 标绘此类要素的主要目的是便于海员识别特定泊位等。
- 必要时可以使用复杂属性“方位”（orientation）对起重机臂架轴线（通常垂直于码头）相对真北的角距进行编码。
- 人字起重架（sheerleg）或移动式起重机（travelling）根据所在位置而定。如需编码轨道，必须使用“轨道”（Railway）要素（见 A.6.13 节）。
- 如果装有灯标，应按第 A.19 节的规定进行编码，“起重机”（Crane）应视为相关灯标设备要素（见 A.18.2 节）的结构物要素。
- 可通航水域内起重机的布尔型属性“在水域内”（in the water）必须设置为 True，表示 ECDIS 基础显示中包含该要素。此类结构物位于水域内时，任何支撑结构物（如桩、柱）均无须编码。

区别：传送装置（Conveyor）

要素 / 信息关联

类型	关联名称	关联端					
		类	角色	多重性	类	角色	多重性
组合	结构物 / 设备（Structure/ Equipment）	起重机（Crane）	有支撑	0,1	昼标（Daymark）、雾号（Fog Signal）、航空障碍灯（Light Air Obstruction）、环向灯标（Light All Around）、探雾灯（Light Fog Detector）、扇形光灯（Light Sectored）、实体 AIS 助航标志（Physical AIS Aid to Navigation）、雷达应答器（Radar Transponder Beacon）、反射器（Retroreflector）、交通信号站（Signal Station Traffic）、告警信号站（Signal Station Warning）	支撑	0,*

A.8.13 泊位（Berth）

IHO 定义：泊位（BERTH）。码头上船只可以停靠的有名称或编号的地方（IHO 词典 – S-32）。

S-101 地理要素：Berth（BERTHS）

几何单形：点、曲线、曲面

现实世界	纸质海图符号	ECDIS 符号

S-101 属性	S-57 缩写	允许编码值	类型	多重性
水深范围最小值 depth range minimum value	(DRVAL1)		RE	0,1
要素名称 feature name			C	1,*
显示名称 display name			(S) BO	0,1

语言 language		ISO 639-2/T	(S) TE	0,1
名称 name	(OBJNAM) (NOBJNM)		(S) TE	1,1
固定日期范围 fixed date range			C	0,1
终止日期 date end	(DATEND)	ISO 8601：2004	(S) TD	0,1
开始日期 date start	(DATSTA)	ISO 8601：2004	(S) TD	0,1
水平净空长度 horizontal clearance length			RE	0,1
水平净空宽度 horizontal clearance width			RE	0,1
最大允许吃水深度 maximum permitted draught	(INFORM) (NINFOM)		RE	0,1
周期性日期范围 periodic date range			C	0,*
终止日期 date end	(PEREND)	ISO 8601：2004	(S) TD	1,1
开始日期 date start	(PERSTA)	ISO 8601：2004	(S) TD	1,1
垂直测量质量 quality of vertical measurement	(QUASOU)	1. 水深已知 depth known 2. 深度或最浅深度未知 depth or least depth unknown	EN	0,*
状况 status	(STATUS)	1. 永久 permanent 2. 偶尔 occasional 5. 周期性 / 间歇性 periodic/intermittent 7. 临时 temporary 9. 强制性 mandatory 12. 有照明 illuminated	EN	0,*
垂直不确定度 vertical uncertainty			C	0,1
固定不确定度 uncertainty fixed	(SOUACC)		(S) RE	1,1

不确定度变量系数 uncertainty variable factor			(S) RE	0,1
最小比例尺 scale minimum	(SCAMIN)	见 A.2.5.9 节	IN	0,1

INT 1 引用：F12，19

A.8.13.1 泊位（Berth）（见 S-4 – B-321；B-321.6-8）

为便于海员在港口和海港内靠泊，至少应当在最大显示比例尺最大的 ENC 数据中，对编号、名称或字母表示的泊位信息进行编码。

如需编码泊位，必须使用“泊位”（Berth）要素。

备注：

- “泊位”（Berth）要素用于编码船舶可以贴近岸线结构物靠泊的地方。岸线结构物本身应当用“岸线结构物”（Shoreline Construction）（见 A.8.6 节）要素进行编码。
- 属性“水平净空长度”（horizontal clearance length）和“水平净空宽度”（horizontal clearance width）分别用于编码主管机构管理的已知泊位长度和宽度。
- 强制性复杂属性“要素名称”（feature name）用于编码泊位名称或编号。“水深范围最小值”（depth range minimum value）和“最大允许吃水深度”（maximum permitted draught）属性分别用于编码泊位已知最浅物理深度和最大允许吃水深度。
- 必要时，码头设施（如集装箱、油轮、轮渡）必须使用“港口设施”（Harbour Facility）要素进行编码（见 A.22.7 节）。
- 船舶登陆地点应编码为小型船用设施（见 A.22.8 节）。
- 锚泊位相关编码见 A.16.4 节。

区别：锚位（Anchor Berth）；港池区（Dock Area）；系泊绞缆设施（Mooring/Warping Facility）；岸线结构物（Shoreline Construction）

要素 / 信息关联

类型	关联名称	关联端					
		类	角色	多重性	类	角色	多重性
聚合	系泊设施聚合（Mooring Trot Aggregation）	泊位（Berth）	构成	1,*	系泊设施（Mooring Trot）	包含	0,1

A.8.14 系泊绞缆设施（Mooring/warping facility）

IHO 定义：系泊绞缆设施（MOORING/WARPING FACILITY）。系泊船只的设备或装置（改编自：IHO 词典 – S-32）。

S-101 地理要素：Mooring/Warping Facility（MORFAC）

几何单形：点、曲线、曲面

现实世界	纸质海图符号		ECDIS 符号	
S-101 属性	**S-57 缩写**	**允许编码值**	**类型**	**多重性**
浮标形状 buoy shape	(BOYSHP)	1. 锥形（纺锤形、尖顶式） conical（nun, ogival） 2. 罐形（圆柱形） can（cylindrical） 3. 球形 spherical 4. 柱形 pillar	EN	0,1

浮标形状 buoy shape	(BOYSHP)	5. 杆形（轴形） spar（spindle） 6. 桶形（大桶） barrel（tun） 7. 超大型浮标 superbuoy 8. 冰区浮标 ice buoy	EN	0,1
系泊绞缆设施类 category of mooring/warping facility	(CATMOR)	1. 系缆柱 dolphin 2. 罗经矫正桩 deviation dolphin 3. 系船柱 bollard 4. 系船坝 tie-up wall 5. 桩或柱 post or pile 6. 链 / 索 / 缆 chain/wire/cable 7. 系泊浮筒 mooring buoy	EN	1,1
颜色 colour	(COLOUR)	1. 白色 white 2. 黑色 black 3. 红色 red 4. 绿色 green 5. 蓝色 blue 6. 黄色 yellow 7. 灰色 grey 8. 棕色 brown 9. 琥珀色 amber 10. 紫色 violet 11. 橙色 orange 12. 洋红色 magenta 13. 粉红色 pink	EN	0,* (ordered)

色彩图案 colour pattern	(COLPAT)	1. 横条纹 horizontal stripes 2. 竖条纹 vertical stripes 3. 斜条纹 diagonal stripes 4. 方格 squared 5. 条纹（方向未知） stripes （direction unknown） 6. 边界条纹 border stripe	EN	0,1
状态 condition	(CONDTN)	1. 在建 under construction 2. 废弃 ruined 5. 拟建 planned construction	EN	0,1
高程 elevation	(ELEVAT)		RE	0,1
要素名称 feature name			C	0,*
显示名称 display name			(S) BO	0,1
语言 language		ISO 639-2/T	(S) TE	0,1
名称 name	(OBJNAM) (NOBJNM)		(S) TE	1,1
固定日期范围 fixed date range			C	0,1
终止日期 date end	(DATEND)	ISO 8601：2004	(S) TD	0,1
开始日期 date start	(DATSTA)	ISO 8601：2004	(S) TD	0,1
高度 height	(HEIGHT)		RE	0,1
结构物材质 nature of construction	(NATCON)	1. 砖石 masonry 2. 混凝土 concreted 6. 木质 wooden 7. 金属 metal	EN	0,*

周期性日期范围 periodic date range			C	0,*
终止日期 date end	*(PEREND)*	ISO 8601：2004	(S) TD	1,1
开始日期 date start	*(PERSTA)*	ISO 8601：2004	(S) TD	1,1
垂直测量质量 quality of vertical measurement	(QUASOU)	2. 深度或最浅深度未知 depth or least depth unknown 3. 可疑水深 doubtful sounding 4. 不可靠水深 unreliable sounding 6. 最浅水深已知 least depth known 7. 最浅深度未知（给出安全富余量） least depth unknown, safe clearance at value shown	EN	0,*
雷达显著 radar conspicuous	(CONRAD)		BO	0,1
报告日期 reported date	(SORDAT)	ISO 8601. 2004	TD	0,1
状况 status	(STATUS)	1. 永久 permanent 2. 偶尔 occasional 3. 推荐 recommended 4. 不使用 not in use 5. 周期性 / 间歇性 periodic/intermittent 6. 保留 reserved 7. 临时 temporary 8. 私有 private 12. 有照明 illuminated 14. 公共 public 18. 疑存 existence doubtful	EN	0,*
垂直距离 vertical length	(VERLEN)		RE	0,1

视觉显著 visually conspicuous	(CONVIS)	1. 视觉显著 visually conspicuous 2. 视觉不显著 not visually conspicuous 3. 突出可见 prominent	EN	0,1
水位效应 water level effect	(WATLEV)	1. 高潮时部分淹没 partly submerged at high water 2. 高出 always dry 3. 水下 / 淹没 always under water/ submerged 4. 干出 covers and uncovers 5. 适淹 awash 6. 洪水泛滥淹没 subject to inundation or flooding	EN	0,1
最小比例尺 scale minimum	(SCAMIN)	见 A.2.5.9 节	IN	0,1

INT 1 引用：F20-22；Q40-43

A.8.14.1　系泊绞缆设施（Mooring/warping facility）（见 S-4 – B-327.1-4；B-431.5-6）

如需编码系泊绞缆设施，必须使用“系泊绞缆设施”（Mooring/Warping Facility）要素。

备注：

- 如需编码系泊桩（pile）或柱（post），必须使用“系泊绞缆设施”（Mooring/Warping Facility）要素，设置属性“系泊绞缆设施类”（category of mooring/warping facility）=5[“桩或柱”（pile or post）]。如果桩或柱不用于系泊，见 A.8.4 节。
- 对航行构成威胁的系泊柱必须使用“障碍物”（Obstruction）要素进行编码，设置属性“障碍物类”（category of obstruction）=1[“突出物 / 桩墩”（snag/stump）]。如对航行不构成威胁，必须使用“系泊绞缆设施”（Mooring/Warping Facility）要素进行编码，设置属性“系泊绞缆设施类”（category of mooring/warping facility）=5[“桩或柱”（pile or post）]，“状态”（condition）=2[“废弃”（ruined）]。
- “水位效应”（water level effect）=1，2 或 6 的面状“系泊绞缆设施”（Mooring/Warping Facility）要素，必须使用“陆地区”（Land Area）要素覆盖。
- 系泊设施的编码规则见 A.8.21 节。

A.8.14.1.1　系泊浮标（Mooring buoy）（见 S-4 – B-431.5）

如需编码系泊浮标（mooring buoy），必须使用“系泊绞缆设施”（Mooring/Warping Facility）要素，设置属性“系泊绞缆设施类”（category of mooring/warping facility）=7[“系泊浮标”（mooring buoy）]。系泊浮标编码时，系泊绞缆设施必须填写“浮标形状”（buoy shape）属性。

区别：专用 / 通用立标（Beacon Special Purpose/General）；专用 / 通用浮标（Buoy Special Purpose/General）；系泊设施（Mooring Trot）；桩（Pile）

要素 / 信息关联							
类型	关联名称	关联端					
		类	角色	多重性	类	角色	多重性
组合	结构物 / 设备（Structure/ Equipment）	系泊绞缆设施（Mooring/ Warping Facility）	有支撑	0,1	昼标（Daymark）、雾号（Fog Signal）、航空障碍灯（Light Air Obstruction）、环向灯标（Light All Around）、探雾灯（Light Fog Detector）、扇形光灯（Light Sectored）、实体 AIS 助航标志（Physical AIS Aid to Navigation）、雷达应答器（Radar Transponder Beacon）、反射器（Retroreflector）、交通信号站（Signal Station Traffic）、告警信号站（Signal Station Warning）	支撑	0,*
聚合	系泊设施聚合（Mooring Trot Aggregation）	系泊绞缆设施（Mooring/ Warping Facility）	构成	1,*	系泊设施（Mooring Trot）	包含	0,1
聚合	方位线系统聚合（Range System Aggregation）	系泊绞缆设施（Mooring/ Warping Facility）	构成	1,*	方位线系统（Range System）	包含	0,1

A.8.15　干船坞（Dry dock）

IHO 定义：干船坞（DRY DOCK）。可将船浮起来再将水排出而露出船底（以供修理）的有闸门的人工水池，英文名也可称“graving dock”（IHO 词典 – S-32）。		
S-101 地理要素：Dry Dock（DRYDOC）		
几何单形：曲面		
现实世界	纸质海图符号	ECDIS 符号

S-101 属性	S-57 缩写	允许编码值	类型	多重性
状态 condition	(CONDTN)	1. 在建 under construction 2. 废弃 ruined 3. 填筑中 under reclamation 5. 拟建 planned construction	EN	0,1
水深范围最小值 depth range minimum value	(DRVAL1)		RE	0,1
高程 elevation	(ELEVAT)		RE	0,1

要素名称 feature name			C	0,*
显示名称 display name			(S) BO	0,1
语言 language		ISO 639-2/T	(S) TE	0,1
名称 name	(OBJNAM) (NOBJNM)		(S) TE	1,1
水平净空长度 horizontal clearance length			RE	0,1
水平净空宽度 horizontal clearance width	(HORCLR)		RE	0,1
水平长度 horizontal length	(HORLEN)		RE	0,1
水平宽度 horizontal width	(HORWID)		RE	0,1
最大允许吃水深度 maximum permitted draught	(INFORM) (NINFOM)		RE	0,1
垂直测量质量 quality of vertical measurement	(QUASOU)	2. 深度或最浅深度未知 depth or least depth unknown 3. 可疑水深 doubtful sounding 4. 不可靠水深 unreliable sounding 6. 最浅水深已知 least depth known 7. 最浅深度未知（给出安全富余量） least depth unknown, safe clearance at value shown 8. 报告值（未测量） value reported (not surveyed) 9. 报告值（未核实） value reported (not confirmed)	EN	0,*
状况 status	(STATUS)	1. 永久 permanent 4. 不使用 not in use 6. 保留 reserved 8. 私有 private 12. 有照明 illuminated 14. 公共 public	EN	0,*

垂直不确定度 vertical uncertainty			C	0,1
固定不确定度 uncertainty fixed	(SOUACC)		(S) RE	1,1
不确定度变量系数 uncertainty variable factor			(S) RE	0,1
最小比例尺 scale minimum	(SCAMIN)	见 A.2.5.9 节	IN	0,1

INT 1 引用：F25

A.8.15.1　干船坞（Dry dock）（见 S-4 – B-326.1）

干船坞（或干坞）是一种人工港池，可将船舶浮起进行清洁和维修。可用闸门或坞门封闭干船坞入口，抽干水后露出船底。

如需编码干船坞，必须使用“干船坞”（Dry Dock）要素。

备注：

- 干船坞必须使用“陆地区”（Land Area）要素覆盖。除“闸门”（Gate）要素外，干船坞边缘不得编码为独立要素 [如“海岸线”（Coastline）、“岸线结构物”（Shoreline Construction）]。
- 属性“水平净空长度”（horizontal clearance length）和“水平净空宽度”（horizontal clearance width）分别用于对主管部门规定的、闸门开放时已知的干船坞可通航部分的长度和宽度进行编码。必要时，干船坞本身的最小物理长宽必须分别用“水平长度”（horizontal length）和“水平宽度”（horizontal width）属性填写。
- 属性“水深范围最小值”（depth range minimum value）和“最大允许吃水深度”（maximum permitted draught）分别用于对船坞打开时已知的最浅物理深度和最大允许吃水深度进行编码。

区别：港池区（Dock Area）；浮船坞（Floating Dock）；闸门（Gate）；岸线结构物（Shoreline Construction）

A.8.16　浮船坞（Floating dock）

IHO 定义：浮船坞（FLOATING DOCK）。干船坞的一种，这种船坞有一个或多个浮码头，可以把浮码头部分沉入水中托住船只，然后排出筒中的水使船底离开水面（IHO 词典 – S-32）。

S-101 地理要素：Floating Dock（FLODOC）

几何单形：点、曲线、曲面

现实世界	纸质海图符号	ECDIS 符号

S-101 属性	S-57 缩写	允许编码值	类型	多重性
颜色 colour	(COLOUR)	1. 白色 white 2. 黑色 black 3. 红色 red 4. 绿色 green 5. 蓝色 blue 6. 黄色 yellow	EN	0,* (ordered)

颜色 colour	(COLOUR)	7. 灰色 grey 8. 棕色 brown 9. 琥珀色 amber 10. 紫色 violet 11. 橙色 orange 12. 洋红色 magenta 13. 粉红色 pink	EN	0,* (ordered)
色彩图案 colour pattern	(COLPAT)	1. 横条纹 horizontal stripes 2. 竖条纹 vertical stripes 3. 斜条纹 diagonal stripes 4. 方格 squared 5. 条纹（方向未知） stripes （direction unknown） 6. 边界条纹 border stripe	EN	0,1
状态 condition	(CONDTN)	1. 在建 under construction 2. 废弃 ruined 5. 拟建 planned construction	EN	0,1
水深范围最小值 depth range minimum value	(DRVAL1)		RE	0,1
要素名称 feature name			C	0,*
显示名称 display name			(S) BO	0,1
语言 language		ISO 639-2/T	(S) TE	0,1
名称 name	(OBJNAM) (NOBJNM)		(S) TE	1,1

固定日期范围 fixed date range			C	0,1
终止日期 date end	(DATEND)	ISO 8601：2004	(S) TD	0,1
开始日期 date start	(DATSTA)	ISO 8601：2004	(S) TD	0,1
水平净空长度 horizontal clearance length			RE	0,1
水平净空宽度 horizontal clearance width	(HORCLR)		RE	0,1
水平长度 horizontal length	(HORLEN)		RE	0,1
水平宽度 horizontal width	(HORWID)		RE	0,1
起重能力 lifting capacity	(LIFCAP)		RE	0,1
最大允许吃水深度 maximum permitted draught	(INFORM) (NINFOM)		RE	0,1
雷达显著 radar conspicuous	(CONRAD)		BO	0,1
状况 status	(STATUS)	1. 永久 permanent 4. 不使用 not in use 6. 保留 reserved 7. 临时 temporary 8. 私有 private 12. 有照明 illuminated	EN	0,*
垂直距离 vertical length	(VERLEN)		RE	0,1
视觉显著 visually conspicuous	(CONVIS)	1. 视觉显著 visually conspicuous 2. 视觉不显著 not visually conspicuous 3. 突出可见 prominent	EN	0,1
最小比例尺 scale minimum	(SCAMIN)	见 A.2.5.9 节	IN	0,1

INT 1 引用：F26

A.8.16.1 浮船坞（Floating dock）（见 S-4 – B-326.2）

如需编码浮船坞，必须使用“浮船坞”（Floating Dock）要素。

备注：

- “浮船坞”（Floating Dock）要素必须使用“深度区”（Depth Area）、“疏浚区”（Dredged）或“未测区”（Unsurveyed Area）要素覆盖。面状“浮船坞”（Floating Dock）要素的边界不得编码为独立要素 [如“海岸线”（Coastline）或“岸线结构物”（Shoreline Construction）]。
- “水平净空长度”（horizontal clearance length）和“水平净空宽度”（horizontal clearance width）属性分别用于对主管部门规定的、闸门开放时已知的浮船坞可通航部分的长度和宽度进行编码。必要时，干船坞本身的最小物理长宽必须分别用“水平长度”（horizontal length）和“水平宽度”（horizontal width）属性填写。
- “水深范围最小值”（depth range minimum value）和“最大允许吃水深度”（maximum permitted draught）属性分别用于船坞打开时已知最浅物理深度和最大允许吃水深度编码。

区别：港池区（Dock Area）；干船坞（Dry Dock）

要素 / 信息关联

类型	关联名称	关联端					
		类	角色	多重性	类	角色	多重性
组合	结构物 / 设备（Structure/ Equipment）	浮船坞（Floating Dock）	有支撑	0,1	昼标（Daymark）、雾号（Fog Signal）、航空障碍灯（Light Air Obstruction）、环向灯标（Light All Around）、探雾灯（Light Fog Detector）、扇形光灯（Light Sectored）、实体 AIS 助航标志（Physical AIS Aid to Navigation）、雷达应答器（Radar Transponder Beacon）、反射器（Retroreflector）、交通信号站（Signal Station Traffic）、告警信号站（Signal Station Warning）	支撑	0,*

A.8.17 浮码头（Pontoon）

IHO 定义：浮码头（PONTOON）。一种漂浮结构物，通常是矩形的，充当登陆处、码头端或桥架（改编自：IHO 词典 – S-32）。

S-101 地理要素：Pontoon（PONTON）

几何单形：点、曲线、曲面

现实世界	纸质海图符号	ECDIS 符号

S-101 属性	S-57 缩写	允许编码值	类型	多重性
状态 condition	(CONDTN)	1. 在建 under construction 2. 废弃 ruined 5. 拟建 planned construction	EN	0,1

要素名称 feature name			C	0,*
显示名称 display name			(S) BO	0,1
语言 language		ISO 639-2/T	(S) TE	0,1
名称 name	(OBJNAM) (NOBJNM)		(S) TE	1,1
固定日期范围 fixed date range			C	0,1
终止日期 date end	(DATEND)	ISO 8601：2004	(S) TD	0,1
开始日期 date start	(DATSTA)	ISO 8601：2004	(S) TD	0,1
周期性日期范围 periodic date range			C	0,*
终止日期 date end	(PEREND)	ISO 8601：2004	(S) TD	1,1
开始日期 date start	(PERSTA)	ISO 8601：2004	(S) TD	1,1
雷达显著 radar conspicuous	(CONRAD)		BO	0,1
状况 status	(STATUS)	1. 永久 permanent 2. 偶尔 occasional 4. 不使用 not in use 5. 周期性 / 间歇性 periodic/intermittent 6. 保留 reserved 7. 临时 temporary 8. 私有 private 12. 有照明 illuminated 14. 公共 public	EN	0,*
垂直距离 vertical length	(VERLEN)		RE	0,1

视觉显著 visually conspicuous	(CONVIS)	1. 视觉显著 visually conspicuous 2. 视觉不显著 not visually conspicuous 3. 突出可见 prominent	EN	0,1
最小比例尺 scale minimum	(SCAMIN)	见 A.2.5.9 节	IN	0,1

INT 1 引用：F16

A.8.17.1 浮码头（Pontoon）（见 S-4 – B-324.3）

如需编码浮码头，必须使用“浮码头”（Pontoon）要素。

备注：

- “浮码头”（Pontoon）要素必须使用“深度区”（Depth Area）、“疏浚区”（Dredged Area）或“未测区”（Unsurveyed Area）要素覆盖。面状“浮码头”（Pontoon）要素不得以线状“海岸线”（Coastline）或“岸线结构物”（Shoreline Construction）要素为边缘，除非线状要素的边缘同时也是面状“陆地区”（Land Area）要素的边缘。

区别：桥梁（Bridge）；系泊绞缆设施（Mooring/Warping Facility）；岸线结构物（Shoreline Construction）

要素 / 信息关联

类型	关联名称	关联端					
		类	角色	多重性	类	角色	多重性
组合	结构物 / 设备（Structure/ Equipment）	浮筒（Pontoon）	有支撑	0,1	昼标（Daymark）、雾号（Fog Signal）、航空障碍灯（Light Air Obstruction）、环向灯标（Light All Around）、探雾灯（Light Fog Detector）、扇形光灯（Light Sectored）、实体 AIS 助航标志（Physical AIS Aid to Navigation）、雷达应答器（Radar Transponder Beacon）、反射器（Retroreflector）、交通信号站（Signal Station Traffic）、告警信号站（Signal Station Warning）	支撑	0,*

A.8.18 港池区（Dock area）

IHO 定义：港池区（DOCK AREA）。为船只系泊而人工围造的区域，有的港池区有闸门调节水位（S-57 第 3.1 版，附录 A，第 1 章，第 1.56 页，2000 年 11 月）。

S-101 地理要素：Dock Area（DOCARE）

几何单形：曲面

现实世界	纸质海图符号	ECDIS 符号		
S-101 属性	**S-57 缩写**	**允许编码值**	**类型**	**多重性**
船坞类 category of dock	(CATDOC)	1. 潮汐型 tidal 2. 非潮汐型（湿坞） non-tidal （wet dock）	EN	0,1

状态 condition	(CONDTN)	1. 在建 under construction 2. 废弃 ruined 3. 填筑中 under reclamation 5. 拟建 planned construction	EN	0,1
要素名称 feature name			C	0,*
显示名称 display name			(S) BO	0,1
语言 language		ISO 639-2/T	(S) TE	0,1
名称 name	(OBJNAM) (NOBJNM)		(S) TE	1,1
固定日期范围 fixed date range			C	0,1
终止日期 date end	(DATEND)	ISO 8601：2004	(S) TD	0,1
开始日期 date start	(DATSTA)	ISO 8601：2004	(S) TD	0,1
固定水平净宽 horizontal clearance fixed			C	0,1
水平净空 horizontal clearance value	(HORCLR)		(S) RE	1,1
水平距离不确定度 horizontal distance uncertainty	(HORACC)		(S) RE	0,1
水平净空长度 horizontal clearance length			RE	0,1
水平净空宽度 horizontal clearance width			RE	0,1
最大允许吃水深度 maximum permitted draught			RE	0,1
状况 status	(STATUS)	1. 永久 permanent 4. 不使用 not in use 6. 保留 reserved 8. 私有 private 14. 公共 public	EN	0,*

INT 1 引用：F27，28

A.8.18.1 潮汐型和非潮汐型港池（basin）（见 S-4 – B-326.3-4）

如需编码不可通航的港池区，必须使用“港池区”（Dock Area）要素。

备注：

- 如果港池在 ENC 数据最大显示比例尺下可通航，必须使用“深度区”（Depth Area）、“疏浚区”（Dredged Area）或“未测区”（Unsurveyed Area）（见 A.11.7.4 节）要素进行编码；由地理要素构成的船坞边缘必须使用适当的要素 [如“海岸线”（Coastline）、“岸线结构物”（Shoreline Construction）或“闸门”（Gate）] 进行编码。该船坞不得编码为“港池区”（Dock Area）。如需编码港池名称，必须使用“海域 / 命名水域”（Sea Area/Named Water Area）要素。
    - 如果港池在 ENC 数据最大显示比例尺下不可通航，必须使用“港池区”（Dock Area）要素进行编码。港池名称必须使用“港池区”（Dock Area）复杂属性“要素名称”（feature name）编码。除非潮汐型船坞“闸门”（Gate）要素外，港池边缘不得编码为独立要素 [如“海岸线”（Coastline）、“岸线结构物”（Shoreline Construction）]。
    - “港池区”（Dock Area）是地表的组成部分。
    - 必要时，复杂属性“固定水平净宽”（horizontal clearance fixed）可用于对港池区入口的大小进行编码。
    - “水平净空长度”（horizontal clearance length）和“水平净空宽度”（horizontal clearance width）属性分别用于主管部门规定的、港池区可通航部分的已知长度和宽度编码。
    - 在非潮汐型港池中，水深的参照基准可以与开放水域不同。如果该水域在 ENC 数据最大显示比例尺下可通航，必须使用“深度基准面”（Sounding Datum）元要素进行编码，设置属性“垂直基准面”（vertical datum）=24[“当地基准面”（local datum）]，与船坞覆盖区域一致。
    - 现实中，（在 ENC 数据最大显示比例尺下）小型命名非通航港池区可能位于大型可通航港池区内，名称和特征不同。如需编码此类区域，“海域 / 命名水域”（Sea Area/Named Water Area）可与“港池区”（Dock Area）重叠。

区别：泊位（Berth）；货物过驳区（Cargo Transhipment Area）；干船坞（Dry Dock）；浮船坞（Floating Dock）；闸门（Gate）；港区 (行政管理)[Harbour Area（Administrative）]；港口设施（Harbour Facility）

A.8.19 船台（Gridiron）

IHO 定义：船台（GRIDIRON）。在潮间地带架设的木结构物框架，可以在低潮时支撑船体以维修露出的船壳，也叫作倾斜架（IHO 词典 – S-32）。

S-101 地理要素：Gridiron（GRIDRN）

几何单形：曲面

现实世界	纸质海图符号	ECDIS 符号

S-101 属性	S-57 缩写	允许编码值	类型	多重性
要素名称 feature name			C	0,*
显示名称 display name			(S) BO	0,1
语言 language		ISO 639-2/T	(S) TE	0,1
名称 name	(OBJNAM) (NOBJNM)		(S) TE	1,1

水平长度 horizontal length	(HORLEN)		RE	0,1
水平宽度 horizontal width	(HORWID)		RE	0,1
结构物材质 nature of construction	(NATCON)	1. 砖石 masonry 2. 混凝土 concreted 6. 木质 wooden 7. 金属 metal 11. 网格 latticed	EN	0,*
状况 status	(STATUS)	1. 永久 permanent 4. 不使用 not in use 6. 保留 reserved 8. 私有 private 14. 公共 public 28. 有浮标标示 buoyed	EN	0,*
垂直距离 vertical length	(VERLEN)		RE	0,1
水位效应 water level effect	(WATLEV)	1. 高潮时部分淹没 partly submerged at high water 4. 干出 covers and uncovers 5. 适淹 awash	EN	0,1
最小比例尺 scale minimum	(SCAMIN)	见 A.2.5.9 节	IN	0,1

INT 1 引用：F24

A.8.19.1 船台（Gridiron）（见 S-4 – B-326.8）

如需编码船台，必须使用“船台”（Gridiron）要素。

备注：

- 由于船台通常位于潮间带，因此“船台”（Gridiron）只需在最大显示比例尺最大的 ENC 数据中编码。

区别：干船坞（Dry Dock）；浮船坞（Floating Dock）

A.8.20 船闸（Lock）

IHO 定义：船闸（LOCK BASIN）。水道上的一个通船闸，允许船只从一个水位通向另一个水位（IHO 词典 – S-32）。				
S-101 地理要素：Lock Basin（LOKBSN）				
几何单形：曲面				
现实世界	纸质海图符号		ECDIS 符号	
S-101 属性	**S-57 缩写**	**允许编码值**	**类型**	**多重性**
要素名称 feature name			C	0,*
显示名称 display name			(S) BO	0,1
语言 language		ISO 639-2/T	(S) TE	0,1
名称 name	(OBJNAM) (NOBJNM)		(S) TE	1,1
固定日期范围 fixed date range			C	0,1
终止日期 date end	(DATEND)	ISO 8601：2004	(S) TD	0,1
开始日期 date start	(DATSTA)	ISO 8601：2004	(S) TD	0,1
固定水平净宽 horizontal clearance fixed			C	0,1
水平净空 horizontal clearance value	(HORCLR)		(S) RE	1,1
水平距离不确定度 horizontal distance uncertainty	(HORACC)		(S) RE	0,1
水平长度 horizontal length	(HORLEN)		RE	0,1
水平宽度 horizontal width	(HORWID)		RE	0,1
状况 status	(STATUS)	1. 永久 permanent 4. 不使用 not in use 6. 保留 reserved 8. 私有 private 13. 历史性 historic 14. 公共 public 16. 有人看守 watched 17. 无人看守 un-watched	EN	0,*

INT 1 引用：F41.1

A.8.20.1 船闸（Lock）（见 S-4 – B-326.6）

船闸是渠道或非潮汐型港池入口处的封闭结构物，两端有闸门封闭。如需编码不可通航的船闸，必须使用“船闸”（Lock Basin）要素。

备注：

- 如果船闸在 ENC 数据最大显示比例尺下可通航，必须使用“深度区”（Depth Area）、“疏浚区”（Dredged Area）或“未测区”（Unsurveyed Area）（见 A.11.7.4 节）要素进行编码；由地理要素构成的船闸边缘必须使用适当的要素 [如“海岸线”（Coastline）、“岸线结构物”（Shoreline Construction）或“闸门”（Gate）] 编码。该船闸不得编码为“船闸”（Lock Basin）。如需编码船闸名称，必须使用“海域 / 命名水域”（Sea Area/Named Water Area）要素。
- 如果船闸在 ENC 数据最大显示比例尺下不可通航，必须使用“船闸”（Lock Basin）要素进行编码。编码船闸名称必须使用“船闸”（Lock Basin）要素的复杂属性“要素名称”（feature name）。
- “船闸”（Lock Basin）是地表的一部分。
- 闸门应编码为“闸门”（Gate）要素，并设置属性“闸门类”（category of gate）=4[“闸门”（lock gate）] 或 3[“坞门”（caisson）]。ENC 数据最大显示比例尺较小时，船闸可仅使用“闸门”（Gate）编码，不用“船闸”（Lock Basin）。

区别：渠道（Canal）；闸门（Gate）

A.8.21 系泊设施（Mooring trot）

IHO 定义：系泊设施（MOORING TROT）。系泊点是可以固定船舶的地方（IHO 词典 – S-32）。
系泊设施是在指由锚泊装置、系泊缆绳、浮标和中继缆绳上的系泊泊位共同组成的系泊系统。

S-101 地理要素：Mooring Trot

几何单形：无

现实世界	纸质海图符号	ECDIS 符号

S-101 属性	S-57 缩写	允许编码值	类型	多重性
要素名称 feature name			C	0,*
显示名称 display name			(S) BO	0,1
语言 language		ISO 639-2/T	(S) TE	0,1
名称 name	(OBJNAM) (NOBJNM)		(S) TE	1,1

INT 1 引用：Q42

A.8.21.1 系泊设施（Mooring trot）（见 S-4 – B-431.6）

完整的系泊设施由锚泊装置（ground tackle）、系泊缆绳（mooring cable）、浮标（buoy）和中继缆绳（junction cable）上的系泊泊位（mooring berth）组成。下列注释是对上图 A-8.2 的说明：

（a）锚泊装置应使用“障碍物”（Obstruction）要素（见 A.13.6 节）进行编码，设置属性“障碍物类”（category of obstruction）=9[“锚泊装置”（ground tackle）]。

（b）系泊缆绳应使用“海底电缆”（Cable Submarine）要素（见 A.14.2 节）进行编码，设置属性“电缆类”（category of cable）=6[“系泊缆绳 / 链”（mooring cable/chain）]。

（c）浮标应使用“系泊绞缆设施”（Mooring/Warping Facility）要素进行编码，设置属性“系泊绞缆设施类”（category of mooring/warping facility）=7[“系泊浮标”（mooring buoy）]。

（d）锚泊泊位应该使用“泊位”（Berth）要素进行编码。

（e）中继缆绳应使用“系泊绞缆设施”（Mooring/Warping Facility）要素进行编码，设置属性“系泊绞缆设施类”（category of mooring/warping facility）=6[“链 / 索 / 缆”（chain/wire/cable）]。

所有此类要素都应使用关联“系泊设施聚合”（Mooring Trot Aggregation）（见 A.25.10 节）在“系泊设施”（Mooring Trot）要素进行聚合，使用“系泊设施”（Mooring Trot）的复杂属性“要素名称”（feature name）填写系泊设施名称。

备注：

- 系泊设施中单个系泊点的名称和编号必须使用相关“泊位”（Berth）要素上的“要素名称”（feature name）进行编码。

区别：泊位（Berth）；系泊绞缆设施（Mooring/Warping Facility）

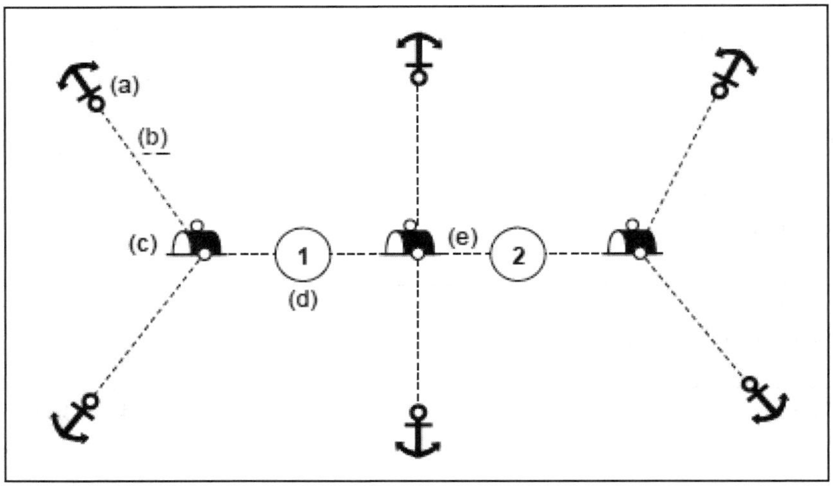

图A-8.2　系泊设施

要素 / 信息关联

类型	关联名称	关联端					
		类	角色	多重性	类	角色	多重性
聚合	系泊设施聚合（Mooring Trot Aggregation）	系泊设施（Mooring Trot）	包含	0,1	泊位（Berth）、海底电缆（Cable Submarine）、系泊绞缆设施（Mooring/Warping Facility）、障碍物（Obstruction）	构成	2,*

A.9　地理要素——地形术语（Topographic Terms）

A.9.1　海域 / 命名水域（Sea area/named water area）

IHO 定义：海域 / 命名水域（SEA AREA/NAMED WATER AREA）。海洋中确定的地理部分或其他可航水域，可以由其范围内的适当命名确定（S-57 第 3.1 版，附录 A，第 1 章，第 1.151 页，2000 年 11 月）。		
S-101 地理要素：Sea Area/Named Water Area（SEAARE）		
几何单形：点、曲面		
现实世界	纸质海图符号	ECDIS 符号

S-101 属性	S-57 缩写	允许编码值	类型	多重性
海域类 category of sea area	(CATSEA)	2. 狭航道 gat 3. 浅滩 bank 4. 深渊 deep 5. 海湾 bay 6. 海沟 trench 7. 海盆 basin 8. 泥滩 mud flats 9. 暗礁 reef 10. 贴岸礁 ledge 11. 峡谷 canyon 12. 峡口 narrows 13. 沙洲 shoal 14. 圆丘 knoll 15. 海脊 ridge 16. 海山 seamount 17. 尖峰 pinnacle 18. 深海平原 abyssal plain 19. 深海高原 plateau 20. 山嘴 spur 21. 大陆架 shelf 22. 海槽 trough 23. 凹谷 saddle	EN	0,1

海域类 category of sea area	(CATSEA)	24. 深海丘陵 abyssal hills 25. 海底坡 apron 26. 群岛坡地 archipelagic apron 27. 边缘地 borderland 28. 大陆边缘 continental margin 29. 大陆隆 continental rise 30. 海底陡坡 escarpment 31. 扇形海底 fan 32. 破裂带 fracture zone 33. 海底裂谷 gap 34. 平顶海山 guyot 35. 山丘 hill 36. 海底穴 hole 37. 防洪堤 levee 38. 中央裂谷 median valley 39. 壕沟 moat 40. 山地 mountains 41. 海峰 peak 42. 同深海区 province 43. 海隆 rise 44. 海底峡谷 sea channel 45. 海山山脉 seamount chain	EN	0,1

海域类 category of sea area	(CATSEA)	46. 陆架外缘 shelf-edge 47. 海槛 sill 48. 大陆坡 slope 49. 沿岸阶地 terrace 50. 海谷 valley 51. 水道 canal 52. 湖泊 lake 53. 河流 river 54. 河段 reach 55. 潮间礁 intertidal cay 56. 海底火山 submarine volcano	EN	0,1
要素名称 feature name			C	0,*
显示名称 display name			(S) BO	0,1
语言 language		ISO 639-2/T	(S) TE	0,1
名称 name	(OBJNAM) (NOBJNM)		(S) TE	1,1
最小比例尺 scale minimum	(SCAMIN)	见 A.2.5.9 节	IN	0,1

INT 1 引用：

A.9.1.1　海域 (Sea area)（见 S-4 – B-550）

海底要素和一般海域（包括潮间带）可以通过名称识别，也可用其他地理要素（如等深线、海岸线）的空间类型界定。此类区域编码时，必须使用“海域 / 命名水域”（Sea Area/Named Water Area）要素。

备注：

- 至少在复杂属性“要素名称”（feature name）或“海域类”（category of sea area）属性中选择一个填写“海域 / 命名水域”（Sea Area/Named Water Area）值。
- 该要素与“地面地带”（Land Region）（见 A.5.11 节）要素的用途类似，但仅用于海洋。
- 如有可能，应通过其他要素 [例如“等深线”（Depth Contour）、“海岸线”（Coastline）] 所用的现有曲线来界定面状“海域 / 命名水域”（Sea Area/Named Water Area）要素。但如有必要，该面状要素也可用其他曲线界定（此类曲线是为闭合表面或描述新表面而创建的）。
- 面状“海域 / 命名水域”（Sea Area/Named Water Area）要素可以重叠。
- 地理名称的其他编码规则参见 A.2.5.8 节。

区别：行政区（Administration Area）；深度区（Depth Area）；海床区（Seabed Area）

A.10 地理要素——潮汐（Tide）、海流（Current）

A.10.1 潮汐数据（见 S-4 – B-406 至 B-408）

ECDIS 中潮汐信息是可选项。在 ENC 中只有潮流和海流信息需要编码。如何在 ECDIS 中实现潮汐预报模型或嵌入实时潮汐观测应用，将是 S-100 通用海洋测绘数据模型附加产品规范的主题。

A.10.2 潮汐流 / 洪水 / 低潮（Tidal stream – flood/ebb)

IHO 定义：潮汐流（TIDAL STREAMS）。伴随潮水涨落产生的海水的水平交替运动，是由潮汐引力引起的，英文也称“tidal current”（IHO 词典 – S-32）。
可以由大潮涨落潮的离散变化率值，给出近似潮流变化率（S-57 第 3.1 版，附录 A，第 1 章，第 1.173 页，2000 年 11 月）。

S-101 地理要素：Tidal Stream – Flood/Ebb（TS_FEB）

几何单形：点、曲面

现实世界	纸质海图符号	ECDIS 符号

S-101 属性	S-57 缩写	允许编码值	类型	多重性
潮流类 category of tidal stream	(CAT_TS)	1. 涨潮流 flood stream 2. 落潮流 ebb stream 3. 其他潮流 other tidal flow	EN	1,1
要素名称 feature name			C	0,*
显示名称 display name			(S) BO	0,1
语言 language		ISO 639-2/T	(S) TE	0,1
名称 name	(OBJNAM) (NOBJNM)		(S) TE	1,1
固定日期范围 fixed date range			C	0,1
终止日期 date end	(DATEND)	ISO 8601：2004	(S) TD	0,1
开始日期 date start	(DATSTA)	ISO 8601：2004	(S) TD	0,1
方位 orientation			C	1,1
方位不确定度 orientation uncertainty			(S) RE	0,1
方位值 orientation value	(ORIENT)		(S) RE	1,1

速度 speed			C	1,1
最大速度 speed maximum	(CURVEL)	10.0 ≥最大速度 > 最小速度 10.0 ≥ speed maximum > speed minimum	(S) RE	1,1
最小速度 speed minimum		0.1 ≤最小速度 < 最大速度 0.1 ≤ speed minimum < speed maximum	(S) RE	0,1
最小比例尺 scale minimum	(SCAMIN)	见 A.2.5.9 节	IN	0,1

INT 1 引用：H40，41

A.10.2.1 潮流（涨潮 / 落潮）（见 S-4 – B-407 和 B-407.4）

"潮流"一词（英语：tidal streams，法语：courants de mare，美式用法：tidal currents）表示水体的周期性水平运动，起源于天文学。潮流与海流（英语：current，法语：courants généraux）不同，海流与天文条件无关。实践中，海员会同时经历潮流和海流。潮流根据其流向确定。"涨潮流"（flood stream）和"落潮流"（ebb stream）分别表示涨潮或落潮时水体的水平运动。为避免混淆，如果当地高低潮时水流方向没有变化，必须注明水流方向。

如果数据不足以生成表格信息 ["潮流表数据"（Tidal Stream Panel Data），见 A.10.5 节]，或有其他要求，包含潮流涨落方向或速率的单一观测值应当编码，最好对应大潮时的最大速率。

如需编码潮流涨落方向或速率，必须使用"潮流 – 涨潮 / 落潮"（Tide Stream – Flood/Ebb）要素。

备注：

- 如果为已知，大潮潮流的最大方向和速率（速度）必须使用复杂属性"方位"（orientation）和"速度"（speed）编码，单位为海里，保留至小数点后一位。计算流速时，也应考虑河流和河口处因河水流动产生的永久性水流。如果此处水流流速复杂多变，无法表示某个值，"速度"（speed）[子属性为"最高速度"（speed maximum）] 应填写空值（null）。

区别：非重力流（Non-Gravitational）；潮流表数据（Tidal Stream Panel Data）

A.10.3 非重力流（Current – non-gravitational）

IHO 定义：非重力流（CURRENT – NON-GRAVITATIONAL）。非潮汐引力引起的任何水流，英文也称"non-tidal current"（IHO 词典 – S-32）。

S-101 地理要素：Current – Non-Gravitational（CURENT）

几何单形：点、曲线、曲面

现实世界	纸质海图符号	ECDIS 符号

S-101 属性	S-57 缩写	允许编码值	类型	多重性
要素名称 feature name			C	0,*
显示名称 display name			(S) BO	0,1
语言 language		ISO 639-2/T	(S) TE	0,1
名称 name	(OBJNAM) (NOBJNM)		(S) TE	1,1
固定日期范围 fixed date range			C	0,1

终止日期 date end	(DATEND)	ISO 8601：2004	(S) TD	0,1
开始日期 date start	(DATSTA)	ISO 8601：2004	(S) TD	0,1
方位 orientation			C	1,1
方位不确定度 orientation uncertainty			(S) RE	0,1
方位值 orientation value	(ORIENT)		(S) RE	1,1
周期性日期范围 periodic date range			C	0,*
终止日期 date end	*(PEREND)*	ISO 8601：2004	(S) TD	1,1
开始日期 date start	(PERSTA)	ISO 8601：2004	(S) TD	1,1
速度 speed			C	1,1
最大速度 speed maximum	(CURVEL)	10.0 ≥ 最大速度 > 最小速度 10.0 ≥ speed maximum > speed minimum	(S) RE	1,1
最小速度 speed minimum		0.1 ≤最小速度 < 最大速度 0.1 ≤ speed minimum < speed maximum	(S) RE	0,1
状况 status	(STATUS)	5. 周期性 / 间歇性 periodic/intermittent	EN	0,1
最小比例尺 scale minimum	(SCAMIN)	见 A.2.5.9 节	IN	0,1

INT 1 引用：H42，43

A.10.3.1　海流数据（Current data）（见 S-4 – B-408）

本文档中的“海流”（current）一词多用于描述与天文条件无关（即“无引力”）且方向不变的水体运动。海流用水体流动的方向描述。“潮流”的相关内容，见 A.10.2 节和 A.10.5 节。

海流分为：

- 河流和河口处的水流；
- 其他受限水域 [如伊斯坦布尔海峡（博斯普鲁斯海峡）] 内的稳定海流；
- 永久性或季节性洋流；
- 短时风生流。

只有海面海流需要编码。对危及船舶安全的海流（包括主要海流和永久涡流）进行描述非常重要。

如需编码非重力流，必须使用“非重力流”（Current – Non- Gravitational）要素。

备注：

- 如果为已知，海流的最大速率（速度）必须使用复杂属性“方位”（orientation）和“速度”（speed）编码，单位为海里，保留至小数点后一位。如果强度不同，最好注明最小强度和最大强度（若已知）。

- 在潮流水域中，河水的流动交替增强了退潮流、减弱了涨潮流，为便于航行，此类组合效应必须编码，如有必要，这种组合潮流必须使用“潮汐流 / 洪水 / 低潮”（Tidal Stream–Flood/Ebb）或“潮流表数据”（Tidal Stream Panel Data）（见 A.10.2 和 A.10.5 节）要素进行编码。在潮流可忽略不计的受限水域内，海流方向和速率应使用“非重力流”（Current – Non- Gravitational）编码。
- 海流通常是永久性或季节性，强度和方向复杂多变，覆盖范围广泛。必要时，此类信息必须使用面状“非重力流”（Current – Non- Gravitational）要素进行编码。如海流强度和方向随季节变化，应使用复杂属性“周期性日期范围”（periodic date range）。这种编码方式需要多个“非重力流”要素，属性根据季节性变化填写，在 ENC 中重合。如果海流方向复杂多变以致无法表示，复杂属性“方位（方位值）”[orientation（orientation value）] 必须填写空值（null）。“非重力流”编码为面状要素时，多发生这种情况。
- 当地的天气状况可能造成强大的短时风生流，无法标绘。如存在已知危险（例如，来自某一特定方向的风导致船舶意外搁浅），可使用“警告区”（Caution Area）（见 A.16.10 节）要素添加警示说明。相关信息参见其他出版物（如航路指南）。

区别：潮流（涨潮 / 落潮）[Tidal Stream （Flood/Ebb）]；潮流表数据（Tidal Stream Panel Data）

A.10.4　紊流（Water turbulence）

IHO 定义：紊流（WATER TURBULENCE）。水的扰动造成了紊流，它是由波浪、水流、潮流、风、小块浅滩及障碍物等任意组合产生的（IHO 词典 – S-32）。

S-101 地理要素：Water Turbulence（WATTUR）

几何单形：点、曲线、曲面

现实世界	纸质海图符号	ECDIS 符号

S-101 属性	S-57 缩写	允许编码值	类型	多重性
紊流类 category of water turbulence	(CATWAT)	1. 拍岸浪 breakers 2. 涡流 eddies 3. 湍流 overfalls 4. 潮激 tide rips 5. 爆波（浪） bombora	EN	1,1
要素名称 feature name			C	0,*
显示名称 display name			(S) BO	0,1
语言 language		ISO 639-2/T	(S) TE	0,1
名称 name	(OBJNAM) (NOBJNM)		(S) TE	1,1
最小比例尺 scale minimum	(SCAMIN)	见 A.2.5.9 节	IN	0,1

INT 1 引用：H44，45；K17

A.10.4.1 湍流（Overfalls）、急流（Races）、拍岸浪（Breakers）、涡流（Eddies）（见 S-4 – B-423）

如需编码海水扰动，必须使用“紊流”（Water Turbulence）要素。

备注：

- 如需编码外围浅滩上的拍岸浪，必须与引起拍岸浪的要素 [如“暗礁 / 适淹礁”（Underwater/Awash Rock）] 在同一位置，使用“紊流”（Water Turbulence）要素。
- 面状“紊流”（Water Turbulence）要素必须使用“深度区”（Depth Area）或“未测区”（Unsurveyed Area）覆盖。

区别：急流（Rapids）；瀑布（Waterfall）

A.10.5 潮流表数据（Tidal stream panel data）

IHO 定义：潮流表数据（TIDAL STREAM PANEL DATA）。伴随潮水涨落产生的海水的水平交替运动，是由潮汐引力引起的（IHO 词典 – S-32）。可以由高潮前或后固定时间间隔的离散变化率值，给出近似潮流变化率（S-57 第 3.1 版，附录 A，第 1 章，第 1.176 页，2000 年 11 月）。

S-101 地理要素：Tidal Stream Panel Data（TS_PAD）

几何单形：点、曲面

现实世界	纸质海图符号	ECDIS 符号

S-101 属性	S-57 缩写	允许编码值	类型	多重性
要素名称 feature name			C	0, *
显示名称 display name			(S) BO	0,1
语言 language		ISO 639-2/T	(S) TE	0,1
名称 name	(OBJNAM) (NOBJNM)		(S) TE	1,1
站名 station name	(TS_TSP)		TE	1,1
站号 station number	(TS_TSP)		IN	0,1
潮流通告板值 tidal stream panel values	(TS_TSP)		C	1,*（有序的）
参考潮位 reference tide		1. 高潮 high water 2. 低潮 low water	(S) EN	1,1

参考潮位类型 reference tide type		1. 大潮 springs 2. 小潮 neaps 3. 中潮 mean	(S) EN	1,1
潮流深度 stream depth			(S) RE	0,1
潮流值 tidal stream value			(S) C	1,*（有序的）
方位 orientation			(S) C	1,1
方位不确定度 orientation uncertainty			(S) RE	0,1
方位值 orientation value	(ORIENT)		(S) RE	1,1
最大速度 speed maximum		10.0 ≥ 最大速度 10.0 ≥ speed maximum	(S) RE	1,1
潮位时间差 time relative to tide			(S) RE	1,1
最小比例尺 scale minimum	(SCAMIN)	见 A.2.5.9 节	IN	0,1

INT 1 引用：H31，46

A.10.5.1 潮流表（Tidal stream panel）（见 S-4 – B-407 和 B-407.2-3）

"潮流"一词（英语：tidal streams，法语：courants de mare，美式用法：tidal currents）表示水体的周期性水平运动，起源于天文学。与海流不同（英语：currents，法语：courants généraux），海流与天文条件无关。现实中，海员会同时经历潮流和海流。潮流根据其流向确定。"涨潮流"（flood stream）和"落潮流"（ebb stream）分别表示涨潮或落潮时水体的水平运动。为避免混淆，如果当地高低潮时水流方向没有变化，必须注明水流方向。

如需编码潮流表和站点，其通常在纸质海图上显示，必须使用"潮流表数据"（Tide Stream Panel Data）要素。

以这种方式编码的潮流值应为大潮流速，即与潮差相关的潮流速率。"潮差"（tidal range）指平均大潮高潮面（MHWS）和平均大潮低潮面（MLWS）之间的高度差。

备注：

- 强制复杂属性"潮流通告板值"（tidal stream panel values）的构成方式："站名"（station name）和"站号"（station number）属性组合，可在 ECDIS"选取报告"（Pick Report）显示中再现纸质潮流表的等效布局。"潮流表数据"（Tide Stream Panel Data）要素编码与 S-57 TS_PAD 物标类的对比示例如下：
  - S-57 编码：TS_TSP 属的性填写
  - 0014，普利茅斯（德文波特），HW，113,0.1，332,0.6，331,1.1，342，1.0，347，0.7，333，0.5，317，0.3，178，0.3，146，0.6，140，1.0，143，1.1，143，0.8，138，0.3
  - S-101 编码：（复杂属性用斜体表示，编码值用蓝色文本表示）

区别：非重力流（Current–Non-Gravitational）；潮流 - 涨潮 / 落潮（Tidal Stream–Flood/Ebb）

表 A-10.1　潮流表数据 – 示例

<table>
<tr><th colspan="4">潮流表数据（要素）</th></tr>
<tr><td>站名（station name）</td><td colspan="3">普利茅斯（德文波特）[Plymouth (Devonport)]</td></tr>
<tr><td>站号（station number）</td><td colspan="3">0014</td></tr>
<tr><td colspan="4">潮流通告板值（tidal stream panel values）</td></tr>
<tr><td>参考潮位（reference tide）</td><td colspan="3">高潮（high water）</td></tr>
<tr><td>参考潮位类型（reference tide type）</td><td colspan="3">大潮（springs）</td></tr>
<tr><td rowspan="3">潮流值（tidal stream value）</td><td>方位（orientation）</td><td>方位值（orientation value）</td><td>113</td></tr>
<tr><td colspan="2">最大速度（speed maximum）</td><td>0.1</td></tr>
<tr><td colspan="2">潮位时间差（time relative to tide）</td><td>-6</td></tr>
<tr><td rowspan="3">潮流值（tidal stream value）</td><td>方位（orientation）</td><td>方位值（orientation value）</td><td>332</td></tr>
<tr><td colspan="2">最大速度（speed maximum）</td><td>0.6</td></tr>
<tr><td colspan="2">潮位时间差（time relative to tide）</td><td>-5</td></tr>
<tr><td rowspan="3">潮流值（tidal stream value）</td><td>方位（orientation）</td><td>方位值（orientation value）</td><td>331</td></tr>
<tr><td colspan="2">最大速度（speed maximum）</td><td>1.1</td></tr>
<tr><td colspan="2">潮位时间差（time relative to tide）</td><td>-4</td></tr>
<tr><td rowspan="3">潮流值（tidal stream value）</td><td>方位（orientation）</td><td>方位值（orientation value）</td><td>342</td></tr>
<tr><td colspan="2">最大速度（speed maximum）</td><td>1.0</td></tr>
<tr><td colspan="2">潮位时间差（time relative to tide）</td><td>-3</td></tr>
<tr><td rowspan="3">潮流值（tidal stream value）</td><td>方位（orientation）</td><td>方位值（orientation value）</td><td>347</td></tr>
<tr><td colspan="2">最大速度（speed maximum）</td><td>0.7</td></tr>
<tr><td colspan="2">潮位时间差（time relative to tide）</td><td>-2</td></tr>
<tr><td rowspan="3">潮流值（tidal stream value）</td><td>方位（orientation）</td><td>方位值（orientation value）</td><td>333</td></tr>
<tr><td colspan="2">最大速度（speed maximum）</td><td>0.5</td></tr>
<tr><td colspan="2">潮位时间差（time relative to tide）</td><td>-1</td></tr>
<tr><td rowspan="3">潮流值（tidal stream value）</td><td>方位（orientation）</td><td>方位值（orientation value）</td><td>317</td></tr>
<tr><td colspan="2">最大速度（speed maximum）</td><td>0.3</td></tr>
<tr><td colspan="2">潮位时间差（time relative to tide）</td><td>0</td></tr>
<tr><td rowspan="3">潮流值（tidal stream value）</td><td>方位（orientation）</td><td>方位值（orientation value）</td><td>178</td></tr>
<tr><td colspan="2">最大速度（speed maximum）</td><td>0.3</td></tr>
<tr><td colspan="2">潮位时间差（time relative to tide）</td><td>1</td></tr>
<tr><td rowspan="3">潮流值（tidal stream value）</td><td>方位（orientation）</td><td>方位值（orientation value）</td><td>146</td></tr>
<tr><td colspan="2">最大速度（speed maximum）</td><td>0.6</td></tr>
<tr><td colspan="2">潮位时间差（time relative to tide）</td><td>2</td></tr>
<tr><td rowspan="3">潮流值（tidal stream value）</td><td>方位（orientation）</td><td>方位值（orientation value）</td><td>140</td></tr>
<tr><td colspan="2">最大速度（speed maximum）</td><td>1.0</td></tr>
<tr><td colspan="2">潮位时间差（time relative to tide）</td><td>3</td></tr>
</table>

潮流值（tidal stream value）	方位（orientation）	方位值（orientation value）	143
	最大速度（speed maximum）		1.1
	潮位时间差（time relative to tide）		4
潮流值（tidal stream value）	方位（orientation）	方位值（orientation value）	143
	最大速度（speed maximum）		0.8
	潮位时间差（time relative to tide）		5
潮流值（tidal stream value）	方位（orientation）	方位值（orientation value）	138
	最大速度（speed maximum）		0.3
	潮位时间差（time relative to tide）		6

A.11 地理要素——深度（Depth）

A.11.1 深度表示的综合

测量数据或海图比例尺缩小时，所需的制图综合具有以下影响：

a. 为安全起见，一般会删除深水点，保留浅水点。应保留足够的深水点，完整地显示深度区。这样便于海员通过回声测深仪验证所在位置，或选择深度适当的锚地。

b. 综合过程包括：标绘主要等深线外靠海一侧的浅滩，将曲折的等深线展平，向外海一侧扩展。然而，深水中陡然变浅的浅水区比逐渐上升的浅水区更加危险，编码人员不得将等深线过度向外海一侧扩展。如果编码人员认为海员依赖回声测深仪探测渐变水深，且如果有危险就有警告，那么，如果水深突然变深（steep-to）时，会造成严重误导，危及 ENC 用户航行安全。

c. 由于上述浅水区“扩展”，在 ENC 数据集上找到空间显示航道中最深水深点的连线越来越困难，甚至根本无法显示航道。但即使是在最大显示比例尺为小比例尺时，显示可用航道及其最浅水深也非常重要。编码人员应当主要通过等深线来标绘狭水道，而非水深点。

d. 即使是近岸水域内的干出礁和小岛这类危险物，也需要进行综合。必须遵守以下原则：虽然它们独立存在且特别危险，但也必须尽可能予以准确表示；如果成群出现，可进行典型描述，在空间允许的情况下尽可能单独表示最外层的要素。

A.11.2 深度的表示：一般原则

有关深度表示的部分原则总结如下：

a. 暗沙、浅滩及通航水道中海底山脊（沙洲）上方的最浅水深必须表示。还应特别注意，全面准确地表示所有其他“关键”部位，如航线及其相邻区域，航道和推荐航线沿线、锚地、码头、泊位，以及港口和港池入口处的控制水深。如有可能，最深和最浅水深均应表示，如狭水道中最深水域的连线。但浅滩斜坡脊线（crest line）附近的深水点不应选取，以免产生“在浅水之间有深水航道”的印象。

b. 水深点和等深线应配合使用，合理表示海底要素，包括所有重要的断坡。

c. 水深密度应根据海底类型决定。平坦区域或缓坡和松散沉积物形成的浅滩水深密度应当最小，且应均匀分布；但水深间隔应当随深度的增加不断增大。非常规海底应当增加水深密度，并且水深的分布特征可能与日常不同。陡坡应当用密集的封闭等深线表示，进而不会因水深而造成失真。

d. 在复杂多变区域，如果不同日期的测量相近且不完全匹配，等深线上可以留有间隙，提示海员水深有间断。

e. 如有可能，对于最大显示比例尺较小的 ENC 数据，其水深应从最大显示比例尺较大的 ENC 中选取。

f. 高潮可通航水域中干出高度选取原则，必须与水深选取原则一致。

g. 如果未精测，建议省略部分标准等深线。

A.11.3 水深（Sounding）

IHO 定义：水深（SOUNDING）。按某一垂直基准面折算成的测量深度或图载深度（可能是干出高度），或测深过程（改编自：IHO 词典－S-32）。				
S-101 地理要素：Sounding（SOUNDG）				
几何单形：点集				
现实世界	纸质海图符号	ECDIS 符号		
S-101 属性	**S-57 缩写**	**允许编码值**	**类型**	**多重性**
要素名称 feature name			C	0,*
显示名称 display name			(S) BO	0,1
语言 language		ISO 639-2/T	(S) TE	0,1
名称 name	(OBJNAM) (NOBJNM)		(S) TE	1,1
垂直测量质量 quality of vertical measurement	(QUASOU)	1. 水深已知 depth known 3. 可疑水深 doubtful sounding 4. 不可靠水深 unreliable sounding 8. 报告值（未测量） value reported (not surveyed) 9. 报告值（未核实） value reported (not confirmed)	EN	0,*
报告日期 reported date	(SORDAT)	ISO 8601：2004	TD	0,1
状况 status	(STATUS)	18. 疑存 existence doubtful	EN	0,1
垂直测量技术 technique of vertical measurement	(TECSOU)	1. 回声测深仪测量 found by echo-sounder 2. 侧扫声呐测量 found by side scan sonar 3. 多波束测量 found by multi-beam	EN	0,*

垂直测量技术 technique of vertical measurement	(TECSOU)	4. 潜水员测量 found by diver 5. 测深绳测量 found by lead-line 6. 钢索扫海 swept by wire-drag 8. 垂直声学系统扫测 swept by vertical acoustic system 9. 电磁传感器测量 found by electromagnetic sensor 10. 摄影测量 photogrammetry 11. 卫星影像测量 satellite imagery 12. 水准测量 found by levelling 13. 侧扫声呐扫测 swept by side scan sonar 15. 激光雷达测量 found by LIDAR 16. 合成孔径雷达测量 synthetic aperture radar 17. 高光谱图像 hyperspectral imagery	EN	0,*
垂直不确定度 vertical uncertainty			C	0,1
固定不确定度 uncertainty fixed	(SOUACC)		(S) RE	1,1
不确定度变量系数 uncertainty variable factor			(S) RE	0,1
最小比例尺 scale minimum	(SCAMIN)	见 A.2.5.9 节	IN	0,1

INT 1 引用：I10，14，15

A.11.3.1　水深（Sounding）（见 S-4 – B-412 和 B-413.1）

礁石或珊瑚尖峰是障碍物，必须使用“暗礁 / 适淹礁”（Underwater/Awash Rock）（INT1，K14，见 A.13.4 节）要素对相关水深编码，使用该要素的“水深值”（value of sounding）属性填写水深值。

水深和未测到底水深（见 A.11.8 节）的几何形状用三维数组（纬度、经度、深度）表示。为提高效率，多个水深应在同一个空间类型内编码，前提是所有空间属性及地理要素属性在组内保持一致。

由于 ENC 的水深乘法因子（CMFZ）为 100，水深可以采用米为单位，编码至小数点后两位。干出水深须表示为负值。

危险线包围的水深参见 A.13.1 节和 A.13.2 节。

表 A-11.1 描述了“垂直测量质量”（quality of vertical measurement）、“原始资料日期”（source date）和空间属性“水平测量质量”（quality of horizontal measurement）属性：

表 A-11.1 水深 – 属性编码

水深	S-4	INT 1	水平测量质量 quality of horizontal measurement	垂直测量质量 quality of vertical measurement	备注
在真实位置	B-412.1	I10		1 或 < 未定义 > 1 or *<undefined>*	可使用“水平测量质量”（quality of horizontal measurement）=10 进行编码
纸质海图上位置偏移	B-412.2	I11 I12		1 或 < 未定义 > 1 or *<undefined>*	空间类型必须在真实位置编码。ENC 中不存在“水深点移位”情况
可信度较低	B-412.4	I14	4	4	
干出	B-413	I15		1 或 < 未定义 > 1 or *<undefined>*	负值
疑存	B-424.4	I2		3	应使用“状况”（status）=18 对疑存进行编码
已报告但未确认		I3 I4	8	9	可用时，须使用属性“报告日期”（reported date）对报告年进行编码

备注：

- 编码人员在编码比周围深度区更浅的水深时，应当注意，使用某些 ECDIS 显示设置时，部分“水深”（Sounding）要素不会被显示。考虑到上述水深可能对航行构成威胁，编码人员应进一步核实原始资料，以便对与水深密切相关的补充等深线和水深区信息进行编码。编码人员也可以考虑使用替代要素 [如“障碍物”（Obstruction）] 对水深编码。
- 如果“垂直测量技术”（technique of vertical measurement）属性与重叠在“测量质量”（Quality of Survey）要素（见 A.3.10 节）上的“垂直测量技术”编码值不同，“水深”（Sounding）要素才能填写“垂直测量技术”属性；此类信息对航行非常重要。
- “水深”（Sounding）要素被元要素“测量质量”（Quality of Survey）覆盖时，除非“垂直测量质量”（quality of vertical measurement）属性值与“测量质量”的“垂直测量质量”（quality of vertical measurement）属性值不同，否则不得填写“水深”要素的“垂直测量质量”属性。
- 未测到底水深见 A.11.8 节。

区别：深度区（Depth Area）；深度 – 未测到底（Depth–No Bottom Found）；障碍物（Obstruction）；暗礁 / 适淹礁（Underwater/Awash Rock;）；沉船（Wreck）

A.11.4 疏浚区（Dredged area）

IHO 定义：疏浚区（DREDGED AREA）。海床经过人工疏浚以增加水深的区域（IHO 词典 – S-32）。

S-101 地理要素：Dredged Area（DRGARE）

几何单形：曲面

现实世界	纸质海图符号	ECDIS 符号

S-101 属性	S-57 缩写	允许编码值	类型	多重性
水深范围最小值 depth range minimum value	(DRVAL1)	DRVAL1 ≤ DRVAL2	RE	1,1
水深范围最大值 depth range maximum value	(DRVAL2)	DRVAL2 ≥ DRVAL1	RE	0,1

疏浚日期 dredged date	(SORDAT)		TD	0,1
要素名称 feature name			C	0,*
显示名称 display name			(S) BO	0,1
语言 language		ISO 639-2/T	(S) TE	0,1
名称 name	(OBJNAM) (NOBJNM)		(S) TE	1,1
最大允许吃水深度 maximum permitted draught			RE	0,1
垂直测量质量 quality of vertical measurement	(QUASOU)	10. 维护深度 maintained depth 11. 不定期维护 not regularly maintained	EN	0,1
		1. 禁止抛锚 anchoring prohibited 2. 限制抛锚 anchoring restricted 3. 禁止捕捞 fishing prohibited 4. 限制捕捞 fishing restricted 5. 禁止拖网 trawling prohibited 6. 限制拖网 trawling restricted 8. 限制进入 entry restricted 11. 禁止潜水 diving prohibited 12. 限制潜水 diving restricted 13. 无伴流 no wake 16. 禁止卸载 discharging prohibited 17. 限制卸载 discharging restricted 18. 禁止工矿业勘探 / 开发 industrial or mineral exploration/ development prohibited		

限制 restriction	(RESTRN)	19. 限制工矿业勘探 / 开发 industrial or mineral exploration/ development restricted 20. 禁止钻探 drilling prohibited 21. 限制钻探 drilling restricted 23. 禁止转运货物（过驳） cargo transhipment (lightening) prohibited 25. 禁止停靠 stopping prohibited 27. 限速 speed restricted 39. 禁止游泳 swimming prohibited	EN	0,*
垂直测量技术 technique of vertical measurement	(TECSOU)	1. 回声测深仪测量 found by echo-sounder 2. 侧扫声呐测量 found by side scan sonar 3. 多波束测量 found by multi-beam 6. 钢索扫海 swept by wire-drag 8. 垂直声学系统扫测 swept by vertical acoustic system 9. 电磁传感器测量 found by electromagnetic sensor 13. 侧扫声呐扫测 swept by side scan sonar 15. 激光雷达测量 found by LIDAR 16. 合成孔径雷达测量 synthetic aperture radar 17. 高光谱图像 hyperspectral imagery	EN	0,*
垂直不确定度 vertical uncertainty			C	0,1
固定不确定度 uncertainty fixed	(SOUACC)		(S) RE	1,1
不确定度变量系数 uncertainty variable factor			(S) RE	0,1

INT 1 引用：I20-23

A.11.4.1　疏浚区（Dredged area）（见 S-4 – B-414）

如需编码疏浚区，必须使用“疏浚区”（Dredged Area）要素。

备注：

- 必须使用“水深范围最小值”(Depth Range Minimum Value)属性来编码疏浚区的疏浚水深。必要时，必须使用“水深范围最大值”（Depth Range Maximum Value）属性来编码原始资料疏浚区水深范围中的较深水深。
- 不得编码疏浚区边界上重合的线状地理要素，除非疏浚区边界的一部分对应海岸线（见 A.5.3.1 节）。
- 疏浚区经常发生淤积，导致疏浚区内识别的水深浅于设计的疏浚水深。必要时，浅水深度应使用“水深”（Sounding）编码，添加适当的底层水深信息 [“深度区”（Depth Area）和“等深线”（Depth Contour）] 表示深度。也可将“疏浚区”（Dredged Area）的属性“水深范围最大值”（depth range maximum value）设置为疏浚区的设计疏浚水深，将“水深范围最小值”（depth range minimum value）属性设置为最浅水深值；或者，可使用信息类型“航海信息”（Nautical Information）（见 A.24.4 节）的相关实例、复杂属性“信息”（Information）对覆盖较浅水深范围的“警告区”（Caution Area）要素进行编码。如果浅水深度靠近疏浚区边界，可以调整疏浚区界线，将浅水深度排除在疏浚区外。另见 S-4 – B-414.5。
- 未维持疏浚水深的疏浚区，可使用“原始资料日期”（source date）属性对最新的控制测量年份进行编码。维持疏浚水深的疏浚区无须标明疏浚年份。
- 如果“疏浚区”（Dredged Area）要素已填写复杂属性“垂直不确定度”（vertical uncertainty），则该属性必须高于“测深数据质量”（Quality of Bathymetric Data）元要素（见 A.3.7 节）复杂属性“垂直不确定度”（vertical uncertainty）所指示的精度。
- “疏浚区”（Dredged Area）要素是地表的组成部分。

区别：深度区（Depth Area）；倾废场（Dumping Ground）；扫测区（Swept Area）

要素 / 信息关联

类型	关联名称	关联端					
		类	角色	多重性	类	角色	多重性
聚合	航道辅助（Fairway Auxiliary）	疏浚区（Dredged Area）	有辅助	1,*	航道（Fairway）	辅助	0,1

A.11.5　扫测区（Swept area）

IHO 定义：扫测区（SWEPT AREA）。已确定在指定深度没有航行障碍物的区域（IHO 词典 – S-32）。				
S-101 地理要素：Swept Area（SWPARE）				
几何单形：曲面				
现实世界	纸质海图符号		ECDIS 符号	
S-101 属性	**S-57 缩写**	**允许编码值**	**类型**	**多重性**
水深范围最小值 depth range minimum value	(DRVAL1)		RE	1,1
扫测日期 swept date	(SORDAT)		TD	0,1
最小比例尺 scale minimum	(SCAMIN)	见 A.2.5.9 节	IN	0,1

INT 1 引用：I24

A.11.5.1 扫测区（Swept area）（见 S-4 – B-415）

如需编码扫测区，必须使用“扫测区”（Swept Area）要素。

必须使用“水深”（Sounding）和“等深线”（Depth Contour）要素对扫测区内展现的原位测深和等深线进行编码。必须对“测深数据质量”（Quality of Bathymetric Data）元要素进行编码，提供“扫测区”（Swept Area）质量信息（见 A.3.7 节）。复杂属性“垂直不确定度”（vertical uncertainty）可用于“测深数据质量”（Quality of Bathymetric Data）要素，以说明扫测深度的精度，否则必须将其填写为 0；“水平位置不确定度（固定不确定度）”[horizontal position uncertainty（uncertainty fixed）] 必须填写为 0。“测深数据质量”（Quality of Bathymetric Data）要素的“水深范围最大值”（depth range maximum value）必须与“扫测区”（Swept Area）扫测深度的值 [即“水深范围最小值”（depth range minimum value）] 相等。必要时必须编码单独的“测深数据质量”（Quality of Bathymetric Data）要素，以提供扫测区内任意底层测深的水深或位置精度信息。

图A-11.1 扫测区 – 测深数据质量

即使区域内没有原位测深和等深线，“扫测区”（Swept Area）要素也必须与“深度区”（Depth Area）或“疏浚区”（Dredged Area）要素重叠。如果水深信息不足，无法在“深度区”（Depth Area）或“疏浚区”（Dredged Area）要素上对“水深范围最小值”（depth range minimum value）和“水深范围最大值”（depth range maximum value）属性进行编码，则“水深范围最小值”（depth range minimum value）应设置为扫测深度，“水深范围最大值”（depth range maximum value）应设置为空值（null）。

备注：

- 扫测区的扫测深度必须使用“水深范围最小值”（depth range minimum value）属性进行编码。
- 必要时，扫测日期必须填写“扫测日期”（swept date）属性。
- “扫测区”（Swept Area）要素不得重叠。

区别：深度区（Depth Area）；疏浚区（Dredged Area）；未测区（Unsurveyed Area）

要素 / 信息关联							
类型	关联名称	关联端					
		类	角色	多重性	类	角色	多重性
聚合	航道辅助 （Fairway Auxiliary）	扫测区 （Swept Area）	有辅助	1,*	航道 （Fairway）	辅助	0,1

A.11.6　等深线（Depth contour）

IHO 定义：等深线（DEPTH CONTOUR）。等深线是等水深点的连线。为清晰简明起见，水深通常明显偏离海图上的测深点、标识点及其他细节，因而，等深线通常表示的是实测资料描绘的勘测线的近似设置，也称“深度曲线”（depth curve）（IHO 词典 – S-32）。				
S-101 地理要素：Depth Contour （DEPCNT）				
几何单形：曲线				
现实世界	纸质海图符号		ECDIS 符号	
S-101 属性	S-57 缩写	允许编码值	类型	多重性
等深线值 value of depth contour	(VALDCO)		RE	1,1
最小比例尺 scale minimum	(SCAMIN)	见 A.2.5.9 节	IN	0,1

INT 1 引用：I15，30，31

A.11.6.1　等深线（Depth contour）（见 S-4 – B-404.2；B-410；B-411 至 B-411.5；B-413 和 B-413.1）

ENC 的标准系列等深线为：干出线（0 米等深线 – 潮汐可达区域）、2 米、5 米、10 米、15 米、20 米、30 米、50 米、100 米、200 米、300 米、400 米、500 米、1000 米、2000 米等。2 米、5 米或 15 米等深线作用不大时可以省略；ENC 数据最大显示比例尺较小时，应省略所有 30 米（最大显示比例尺 1：1,500,000 和 1：3,000,000）或 200 米（最大显示比例尺 1：10,000,000）的等深线。无须表示完整的等深线序列，如陡坡和孤立尖峰周围的水深。

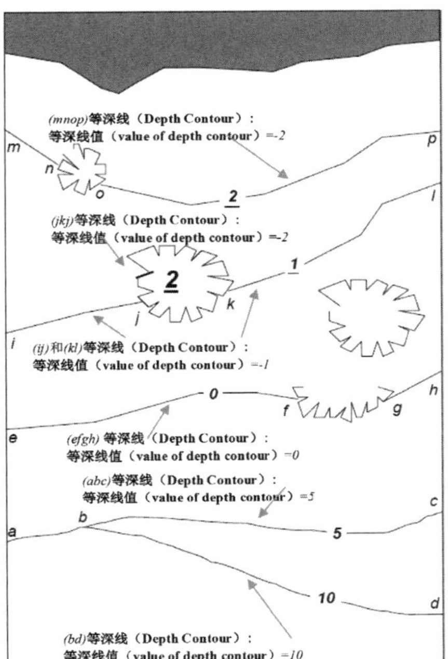

图A-11.2　等深线

对于某一大片海域，如果存在辅助等深线数据（如 3 米、8 米、25 米、40 米、75 米和 10 米或 100 米倍数等深线），除此之外唯一的深度信息是水深点，那么可以显示这些辅助等深线，用于描述特定的测深要素，或便于特定类型的航行。测量大陆架边界可能要用到 2500 米等深线（见《联合国海洋法公约》第 76 条）。

ENC 数据集最大显示比例尺较大（如供港口航行或靠泊的数据集）时；或在富余水深至关重要的区域内，可在相应水深范围（适用于可能在其间航行的最深吃水船舶）内采用较小的等深线间隔（如 1 米，若需提供与水深相同的深度精度，则为 0.1 米）。此类编码旨在充分利用 ECDIS 的安全水深表示功能。

干出礁（见 INT1-J20）或珊瑚礁（见 INT1-J22）区域的边界可能与 0 米等深线重合（见图 A-11.2 中“fg”）。如需编码该边界，必须使用“等深线”（Depth Contour），并设置属性“等深线值”（value of depth contour）=0。

在原始资料上，有时需要对陡坡的等深线进行综合，删除密集等深线，留下单一等深线（见图 A-11.2 中“ab”）。此时，必须使用斜坡的最浅深度对该等深线进行编码。

如果可以，等深线必须闭合，或与数据集的边界、海岸线要素或其他等深线相连，以定义闭合区域。

与等深线关联的空间质量可用信息类型“空间质量”（Spatial Quality）和属性“水平测量质量”（quality of horizontal measurement）（见 A.28.13 节）进行编码。仅当等深线的空间质量与该区域内测深数据的整体质量不一致时，才需要编码，如基础元要素“测深数据质量”（Quality of Bathymetric Data）（见 A.3.7 节）所述。

备注：

- 编码干出等深线时必须负值填入“等深线值”（value of depth contour）属性。

区别：海岸线（Coastline）；深度区（Depth Area）；水深（Sounding）

A.11.7 深度区（Depth Area）

IHO 定义：深度区（Depth Area）。具有确定水深范围的水域（S-57 第 3.1 版，附录 A，第 1 章，第 1.51 页，2000 年 11 月）。

S-101 地理要素：Depth Area（DEPARE）

几何单形：曲面

现实世界	纸质海图符号	ECDIS 符号

S-101 属性	S-57 缩写	允许编码值	类型	多重性
水深范围最小值 depth range minimum value	(DRVAL1)	DRVAL1 < DRVAL2	RE	1,1
水深范围最大值 depth range maximum value	(DRVAL2)	DRVAL2 > DRVAL1	RE	1,1

INT 1 引用：

A.11.7.1 深度区（Depth Area）（见 S-4 – B-410）

海域、潮间带和河流、湖泊和渠道的可通航部分必须划分出深度区，此类区域均具有若干水深范围。

必须尽可能使用已有等深线来创建深度区。

备注：

- 某一 ENC 数据集内最深“深度区”（Depth Area）的“水深范围最大值”（depth range maximum value）应使用该数据集标准等深线范围的下一级等深线进行编码，而标准等深线范围应适用于 ENC 数据的最大显示比例尺（见 A.11.6.1 节）。同时需注意，用于相同或类似最大显示比例尺的相邻 ENC 数据集的水深范围也必须考虑在内。
- “深度区”（Depth Area）要素是地表的一部分。

A.11.7.2 深度区的几何形状

如果原始资料上的面状深度区未闭合，可能要使用没有关联线要素的边界来封闭深度区。这种操作在数据集边界上是强制性的（见下图 A-11.3）。

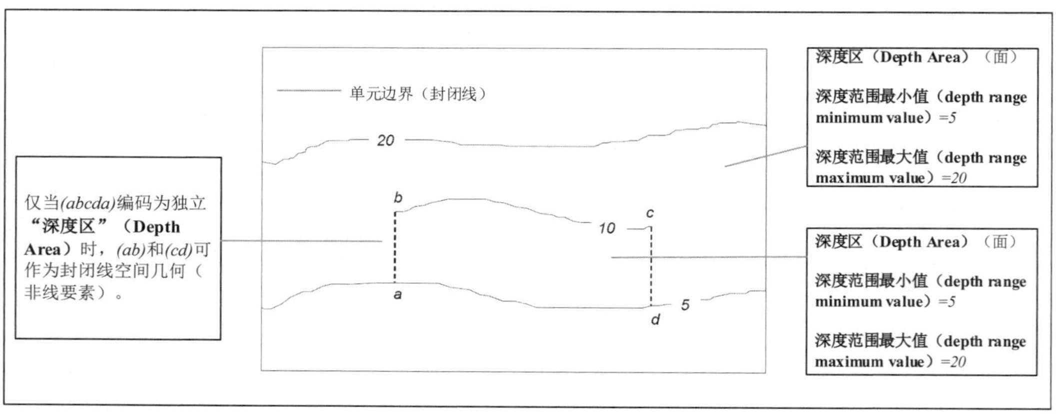

图A-11.3　深度区的几何形状

备注：

- 对于“等深线”（Depth Contour）要素上的孤立短线，如（bc），生产机构可自行决定是否将（abcda）小型区域单独编码为“深度区”（Depth Area）要素，或仅将 (bc) 曲线编码为单个“深度区”（Depth Area）内属性“水深范围最小值”（depth range minimum value）=5、“水深范围最大值”（depth range maximum value）=20 的浮式“等深线”（Depth Contour）要素。

A.11.7.3 水深范围最小值和水深范围最大值属性在普通深度区中的用法

每个深度区都应使用与该区域最浅水深和最深水深相应值对“水深范围最小值”（depth range minimum value）和“水深范围最大值”（depth range maximum value）进行编码。除最浅区域和最深区域外，这些值应当从数据集中已编码的等深线值中选取。

对于干出高度偏离真实位置的干出区，应使用“深度区”（Depth Area）要素进行编码，同时将“水深范围最小值”（depth range minimum value）设置为干出高度的值，将“水深范围最大值”（depth range maximum value）设置为数据集等深线值（通常为 0）。或者，也可将“深度区”（Depth Area）的“水深范围最小值”（depth range minimum value）设置为 -H [H 的定义见下图 A-11.4 注释 (a)]，同时，干出高度使用信息类型“航海信息”（Nautical Information）（见 A.24.4 节）的相关实例、复杂属性“信息”（information）和子属性“文本”（text）[如，“干出 1.4”（Dries 1.4）] 进行编码。

如果深度区紧邻不可通航水道，应在可通航水域和不可通航水域的交界处对闭合曲线（即非线状地理要素）进行编码。相关内容见 A.11.7.4 节。

下图 A-11.4 中，“min”表示属性“水深范围最小值”（depth range minimum value），“max”表示属性“水深范围最大值”（depth range maximum value）。

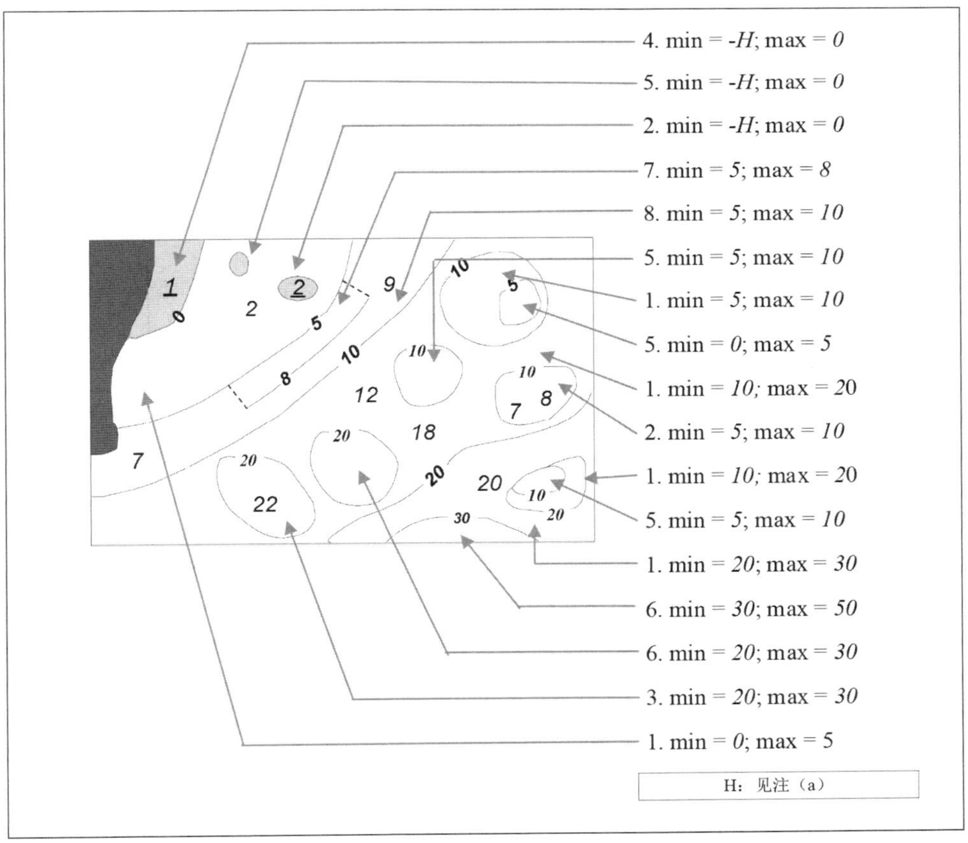

图A-11.4 深度区

注（a）：H= 海岸线基准高度（参照深度基准面），或取整后的值 [如，例（1）源文件显示的最高干出等深线值；或例（2）如果海岸线基准与深度基准面相同，值为 0。

在以下各条款中，段落数字表示图 A-11.4 中的项数字。这些条款并未包括所有编码场景。

1. 如果水深区由两个或多个等深线界定：

- “水深范围最小值”（depth range minimum value）应选取恰好小于“水深范围最大值”（depth range maximum value）的数据集等深线的值。
- “水深范围最大值”（depth range maximum value）应选取区域边界处最深等深线的值。

2. 如果最深水深用等深线表示，最浅水深用水深点（浅水）表示：

- “水深范围最小值”（depth range minimum value）应选取恰好小于水深值或 -H 的数据集等深线的值。
- “水深范围最大值”（depth range maximum value）应选取等深线的值。

3. 如果最深水深用水深点表示，最浅水深用等深线（深水）表示：

- “水深范围最小值”（depth range minimum value）应选取等深线的值。
- “水深范围最大值”（depth range maximum value）应选取恰好高于或等于水深值的数据集等深线的值。

4. 如果最浅水深由海岸线定义：

- “水深范围最小值”（depth range minimum value）应选取 -H 的值。
- “水深范围最大值”（depth range maximum value）应选取该区域边缘处最浅数据集等深线的值。

5. 如果水深区是浅水区且仅由一条等深线界定，不包含水深：

- “水深范围最小值”（depth range minimum value）应选取恰好小于等深线值或 -H 的数据集等深线的值。
- “水深范围最大值”（depth range maximum value）应选取等深线的值。

6. 如果水深区是深水区，且仅由一条等深线界定，不包含水深点：

- “水深范围最小值”（depth range minimum value）应选取等深线的值。
- “水深范围最大值”（depth range maximum value）应选取恰好高于等深线值的标准等深线的值。

7. 如果水深区由一边不完整（如在未完全测量区）而另一边完整的等深线界定：

- 该区域为可选水深区。相关内容见 A.11.7.2 节和图 A-11.3。

8. 如果水深区用完整的等深线界定，但包含一个不完整的（浮式）等深线：

- “水深范围最小值”（depth range minimum value）应选取最浅等深线的值。
- “水深范围最大值”（depth range maximum value）应选取最深等深线的值。

注释　无论是否对上述第 7 条中的“可选水深区”编码，此编码均为强制性。

A.11.7.4　河流（River）、渠道（Canal）、湖泊（Lake）、港池（Basin）、船闸（Lock）

如果此类区域在 ENC 数据最大显示比例尺下可通航，必须使用地表要素“深度区”（Depth Area）、“疏浚区”（Dredged Area）或“未测区”（Unsurveyed Area），以及海岸线类型要素“海岸线”（Coastline）或“岸线结构物”（Shoreline Construction）编码。如需编码此类区域的性质和名称，必须使用“海域 / 命名水域”（Sea Area/Named Water Area）要素。

如果这些区域为必要，且在 ENC 数据最大显示比例尺下不可通航，则必须使用“河流”（River）、”渠道 / 运河”（Canal）或“湖泊”（Lake）要素进行编码。这些要素必须用“陆地区”（Land Area）要素覆盖。

A.11.7.5　连续变化区域（见 S-4 – B-416）

如需编码连续变化深度区，基础要素“测深数据质量”（Quality of Bathymetric Data）的属性必须填写“时变类”（category of temporal variation）=2 [“可能会变化，预计会出现明显变浅的情况”（likely to change and significant shoaling expected）] 或 3 [“可能会变化，但预计不会出现明显变浅的情况”（likely to change but significant shoaling not expected）]（见 A.3.7 节）。

此类区域必须始终与“深度区”（Depth Area）要素重叠。

原始资料上显示“水深变浅”（less water）的区域，必须使用“警告区”（Caution Area）要素进行编码（见 A.16.10 节）。“水深变浅”区域中的警示信息必须使用信息类型“航海信息”（Nautical Information）（见 A.24.4 节）的相关实例、复杂属性“信息”（information）进行编码。

沙纹必须使用要素“沙纹”（Sandwave）（见 A.12.3 节）编码。

区别：等深线（Depth Contour）；疏浚区（Dredged Area）；障碍物（Obstruction）；海域 / 命名水域（Sea Area/Named Water Area）；水深（Sounding）；未测区（Unsurveyed Area）；沉船（Wreck）

A.11.8 深度 – 未测到底（Depth–no bottom found）

IHO 定义：深度 – 未测到底（DEPTH – NO BOTTOM FOUND）。测深时此深度尚未测到海底（改编自：IHO 词典 – S-32）。				
S-101 地理要素：Depth–No Bottom Found				
几何单形：点集				
现实世界	纸质海图符号	ECDIS 符号		
S-101 属性	**S-57 缩写**	**允许编码值**	**类型**	**多重性**
垂直测量技术 technique of vertical measurement	(TECSOU)	1. 回声测深仪测量 found by echo-sounder 2. 侧扫声呐测量 found by side scan sonar 3. 多波束测量 found by multi-beam 5. 测深绳测量 found by lead-line 6. 钢索扫海 swept by wire-drag 8. 垂直声学系统扫测 swept by vertical acoustic system 9. 电磁传感器测量 found by electromagnetic sensor 13. 侧扫声呐扫测 swept by side scan sonar 15. 激光雷达测量 found by LIDAR 16. 合成孔径雷达测量 synthetic aperture radar 17. 高光谱图像 hyperspectral imagery	EN	0,*
最小比例尺 scale minimum	(SCAMIN)	见 A.2.5.9 节	IN	0,1

INT 1 引用：I13

A.11.8.1 未测到底水深（见 S-4 – B-412.3）

如需编码某一未测到底的水深，必须使用“水深 – 未测到底”（Depth – No Bottom Found）要素。

水深（见 A.11.3 节）和未测到底水深的几何形状包含在一个三维数组（纬度、经度、深度）内。为提高效率，多个未测到底水深应在同一个空间类型内编码，前提是所有空间属性及地理要素属性在组内保持一致。

虽然 ENC 的水深乘法因子（CMFZ）为 100，但未测到底水深必须编码为整米值。

备注：

- 已系统测量（如 LIDAR 测量）但未发现深度的编码区域，其相关内容可参见 A.11.5.1 节。

区别：深度区（Depth Area）；水深（Sounding）；扫测区（Swept Area）

A.11.9 水深信息不足的区域

A.11.9.1 测量不足区（Inadequately surveyed area）（见 S-4 – B-417）

测量不足区（inadequately surveyed area）可定义为基于老旧测深绳测量或其他开放性质的测量（如勘测），或非海道测量（如地震勘测）的区域。此类测量无法发现测线间所有的浅水区，也可能记录水深（recoded depth）的选取没有“舍深取浅”（shoal-biased）。

测量不足区应使用“未测区”（Unsurveyed Area）要素进行编码，该区域（非水深区）内也可能编码了水深点和等深线；或使用“深度区”（Depth Area）要素进行编码。此类深度区“水深范围最小值”（depth range minimum value）和“水深范围最大值”（depth range maximum value）属性应当有显式水深值。

此类区域还必须使用“测深数据质量”（Quality of Bathymetric Data）要素覆盖（见 A.3.7 节），设置适当属性值，通常为“时变类”（category of temporal variation）=6 [“未评估”（unassessed）]，“要素探测（可探测重要要素）”[features detected (significant features detected)]=False，“海底全覆盖”（full seafloor coverage）=False。可视情通过“测量质量”（Quality of Survey）元要素（见 A.3.10 节）添加其他信息。

警示说明应使用面状“警告区”（Caution Area）要素（见 A.16.10 节）和信息类型“航海信息”（Nautical Information）（见 A.24.4）的相关实例进行编码。

A.11.9.2 纸质海图上细节描述极少的区域的测深

特定用途 ENC 中几乎没有水深信息的区域，应使用以下方式之一编码：

A.11.9.2.1 省略测深区

对于少量深度详情的纸质海图测深区域，在使用相应的数据最大显示比例尺进行编码时，建议编码人员参考大比例尺纸质海图或最大显示比例尺的 ENC 数据集，并对该数据进行制图综合。这样做是为了确保有足够的信息编码，以免与较大的最大显示比例尺覆盖范围发生冲突。以下建议是此种情况的最低编码要求：

如果有较大的最大显示比例尺 ENC 覆盖范围可用，应检查较大比例数据集，确定整个区域内除潮间带区域之外的最浅“深度区”（Depth Area）要素。然后，应从较大最大显示比例尺覆盖范围对潮间带进行综合，继而创建一个“深度区”（Depth Area）要素，其属性“水深范围最小值”（depth range minimum value）和“水深范围最大值”（depth range maximum value）应从较大比例尺中获得的值进行编码，对应于测深的剩余区域。

如果不存在较大的最大显示比例尺覆盖范围，可创建一个单一的“深度区”（Depth Area）要素覆盖省略测深区。“深度区”（Depth Area）要素的“水深范围最小值”（depth range minimum value）应设置为其所适用的颜色的最小值（示例：如果 5 ~ 20 米区域使用蓝色，则省略测深区的“水深范围最小值”（depth range minimum value）应设置为 5）。“水深范围最大值”（depth range maximum value）应设置为周围地表多边形颜色的最小值。

无论何种情况，此类区域都应始终用“警告区”（Caution Area）要素覆盖，该要素的边界应当与周围地表要素严格一致（见 A.2.5.3.2 节）。

编码人员应考虑海员“缩小”（zoom out）ENC 显示比例尺时，ECDIS 显示中过度综合省略测深区的效果。

A.11.9.2.2 过度简化测深区

在这些区域内，与测深相关的信息（如等深线、危险物、礁石区、独立礁石、海底底质、疏浚区、未测区）应照常单独编码。

在过度简化测深区内，应创建一个覆盖“深度区”（Depth Area）要素的“警告区”（Caution Area）要素，并使用信息类型“航海信息”（Nautical Information）（见 A.24.4 节）的相关实例，对警示说明进行编码。

A.11.9.3 多次测量之间的水深间断（见 S-4 – B-416.1）

相邻或重叠的原始测深数据（source bathymetric survey）之间的水深间断可能由以下原因导致：

- 水深连续多变区域的（见 A.11.7.5 节）测量时间间隔较长；或
- 相邻区域的测深数据质量存在显著差异（见 A.3.7 节）。

插入不精确等深线无法妥善解决重要水深间断问题，可能会影响制图人员对范围内的 ENC GROUP1 数据覆盖进行完整、非重叠的编码。需要表示此类重要水深间断时，应对一个“极窄”（very narrow）的“未测区”（Unsurveyed Area）要素进行编码。

“极窄区域”在 ENC 数据最大显示比例尺下的宽度应至少为 0.3 毫米。

备注：

- 可填写信息类型“航海信息”（Nautical Information）（见 A.24.4）的相关实例、复杂属性“信息”（information）和子属性“文本”（text）[如“测量之间的不连续性”（Discontinuity between surveys）] 来完成“未测区”（Unsurveyed Area）的指示目的。
- 为向海员提供水深连续多变区可靠的编码数据，“测深数据质量”（Quality of Bathymetric Data）要素（见 A.3.7 节）的属性应降级，与可靠度较低（或稍旧）的数据相对应。

A.11.9.4 卫星影像作为信息来源

有些区域可能仅有来自卫星影像（satellite imagery）的浅水深信息。如果可以用卫星影像（如干出线、5 米或 10 米等深线）通过插值计算判断水深，且该区域几乎没有其他可靠源测量信息，应考虑在 ENC 中显示这些信息。

源自卫星影像的浅水区，必须使用相关水深范围的“深度区”（Depth Area）和“等深线”（Depth Contour）要素进行编码。此类操作只能用于未经系统测量的区域。通过卫星影像获取的水深信息区域，必须使用“测深数据质量”（Quality of Bathymetric Data）元要素（见 A.3.7 节）覆盖。该要素的推荐属性包括“时变类”（category of temporal variation）=6 [“未评估”（unassessed）]、“要素探测（可探测重要要素）”[features detected (significant features detected)]=False、“海底全覆盖”（full seafloor coverage achieved）=False。该区域也可用“测量质量”（Quality of Survey）要素覆盖（见 A.3.10 节），其属性“垂直测量技术”（technique of vertical measurement）=11[“卫星影像测量”（satellite imagery）]。

某些情况下，卫星影像可以表明来源于原始测量数据的现有海图信息已随时间发生了变化。必要时，应将“测深数据质量”（Quality of Bathymetric Data）元要素的“时变类”（category of temporal variation）属性修改为 2 [“可能会变化，预计会出现明显变浅的情况”（likely to change and significant shoaling expected）] 或 3 [“可能会变化，但预计不会出现明显变浅的情况”（likely to change but significant shoaling not expected）]。如果生产机构认为海图测深质量不佳，可考虑用上述卫星影像数据替换现有的制图信息，设置“时变类”（category of temporal variation）=2 [“可能会变化，预计会出现明显变浅的情况”（likely to change and significant shoaling expected）] 或 3 [“可能会变化，但预计不会出现明显变浅的情况”（likely to change but significant shoaling not expected）]。

A.11.10 未测区（Unsurveyed area）

IHO 定义：未测区（UNSURVEYED AREA）。未经过水深测量的区域（IHO 词典 – S-32）。		
S-101 地理要素：Unsurveyed Area（UNSARE）		
几何单形：曲面		
现实世界	纸质海图符号	ECDIS 符号

INT 1 引用：I25

A.11.10.1 未测区（Unsurveyed area）（见 S-4 – B-418）

未测区可被定义为没有系统性海道测量数据的区域。可能仅有走航式测线或其他各种来源的数据（如独立船舶报告）。

几乎没有测深测量信息的区域必须使用“未测区”（Unsurveyed Area）要素进行编码。

如有需要，此类区域必须用“测深数据质量”（Quality of Bathymetric Data）要素（见 A.3.7 节）覆盖，设置属性“时变类”（category of temporal variation）=6 [“未评估”（unassessed）]，“数据评估”（data assessment）=1 [“已评估”（assessed）]，“要素探测（最浅水深已探测和可探测重要要素）” [features detected (least depth of detected features measured and significant features detected)]=False、“海底全覆盖”（full seafloor coverage achieved）=False，“水平位置不确定度（固定不确定度）” [horizontal position uncertainty (uncertainty fixed)]=[空（null）]，“垂直位置不确定度”（vertical position uncertainty）=[空（null）]。

备注：

- “未测区”（Unsurveyed Area）要素是地表的一部分。

区别：

A.12 地理要素——底质（Nature of the Seabed）

A.12.1 海床区（Seabed area）

IHO 定义：海床区（SEABED AREA）。包括其物质构成和物理属性，也称底质，英文可称为“nature of bottom”，“character (or characteristics) of the bottom”或“ quality of the bottom”（改编自：IHO 词典 – S-32）。		
S-101 地理要素：Seabed Area （SBDARE）		
几何单形：点、曲线、曲面		
现实世界	纸质海图符号	ECDIS 符号

S-101 属性	S-57 缩写	允许编码值	类型	多重性
要素名称 feature name			C	0,*
显示名称 display name			(S) BO	0,1
语言 language		ISO 639-2/T	(S) TE	0,1
名称 name	(OBJNAM) (NOBJNM)		(S) TE	1,1

表面特性 surface characteristics			C	1,*（有序的）
表面性质 nature of surface	(NATSUR)	1. 泥 mud 2. 粘土 clay 3. 淤泥 silt 4. 沙 sand 5. 石 stone 6. 砾 gravel 7. 圆砾 pebbles 8. 卵石 cobbles 9. 岩 rock 11. 熔岩 lava 14. 珊瑚 coral 17. 贝壳 shells 18. 巨砾 boulder	(S) EN	0,1
表面性质限定术语 nature of surface – qualifying terms	(NATQUA)	1. 精细 fine 2. 中等 medium 3. 粗糙 coarse 4. 破碎 broken 5. 粘性 sticky 6. 柔软 soft 7. 刚性 stiff 8. 火山灰 volcanic 9. 石灰质 calcareous 10. 坚硬 hard	(S) EN	0,3

海底层级 underlying layer			(S) IN	0,1
水位效应 water level effect	(WATLEV)	3. 水下 / 淹没 always under water/ submerged 4. 干出 covers and uncovers 5. 适淹 awash	EN	0,1
最小比例尺 scale minimum	(SCAMIN)	见 A.2.5.9 节	IN	0,1

INT 1 引用：J1-12，30-39

A.12.1.1 海床描述（见 S-4 – B-425 至 B-427）

在数据最大显示比例适当的 ENC 内，应当详细表示已知的海床（底部）性质（特性）信息，便于：

- 抛锚时提供锚固特征指南；
- 在浅水区航行时，辅助评估浅滩的稳定性，区分礁石与松散物质；
- 指示低潮区可供船舶安全靠泊的位置；
- 便于渔民和潜艇驾驶员了解深水海底底质。

如需编码相同底质的海域，必须使用“海床区”（Seabed Area）要素。

备注：

- 一般而言，由于海底样本多在各地分散取样，无法根据实际范围确定海床区。因此，海床区的特征可以根据位置单独予以表示。
- 强制性复杂属性“表面特性”（surface characteristics），必须至少填写子属性“表面性质”（nature of surface）或“表面性质限定术语”（nature of surface – qualifying terms）其中之一。
- 如果海底由混合物质构成，“表面特性”（surface characteristics）必须依次填入值，首先给出主要成分。
- 如果海底包含与航行或锚定有关的分层物质，“表面特性”（surface characteristics）必须依次填入值，首先给出主要成分，子属性“海底层级”（underlying layer）的值设置为 0。表面以下连续多层的“海底层级”（underlying layer）设置为 1、2......

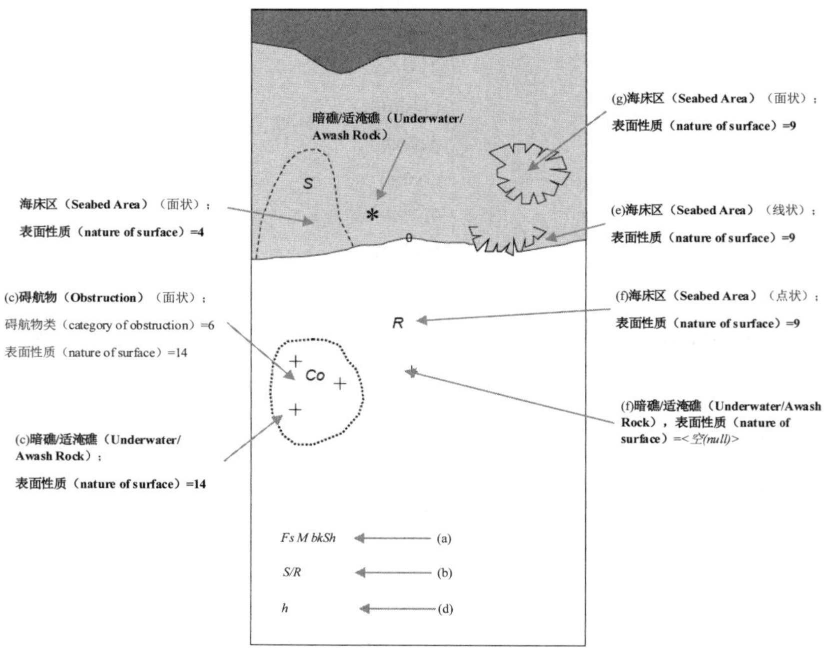

图A-11.5 海床区

以下内容的段落标号与上图 A-11.5 中的示例对应。

（a）混合底质：应首先填写主要底质 [“表面性质”（nature of surface）] 及其“表面性质限定术语”（nature of surface–qualifying terms）。必要时，可使用复杂属性“表面特性”（surface characteristics）。随后以重要性为序，继续按照“表面特性”（surface characteristics）的实际顺序填写其他底质；

（b）底层物质：需使用与混合底质同样的方式编码，用表层以下各层的适当级别填写子属性“海底层级”（underlying layer）。表层必须首先编码，然后是海底层级编码。

（c）高出型珊瑚礁，应表示为表面（INT1-K16）：面状“障碍物”（Obstruction）要素必须使用“障碍物类”（category of obstruction）=6 [“险恶地”（foul area）]，“表面性质”（nature of surface）=14 [珊瑚（coral）] 和“水位效应”（water level effect）=3 [永久位于水下 / 淹没（always underwater/submerged）] 属性编码。该要素必须使用“深度区”（Depth Area）或“未测区”（Unsurveyed Area）覆盖。该区域内可显示某些危险点（point danger）。独立危险点应使用“暗礁 / 适淹礁”（Underwater/Awash Rock）要素进行编码，并设置属性“表面性质”（nature of surface）=14 [“珊瑚”（coral）]。

（d）硬底：需设置属性“表面性质限定术语”（nature of surface–qualifying terms）=10 [“坚硬的”（hard）]，并将“表面性质”（nature of surface）填写为空值（null）。

（e）原始资料显示，表面性质在潮间带或干出线沿线，有时呈现为一条开放的线而非一个封闭的区域。此时，线状要素“海床区”（Seabed Area）应当编码，设置属性“水位效应”(water level effect)=4 [“干出”（covers and uncovers）]。

（f）如有必要，危及航行安全的礁石必须使用“暗礁 / 适淹礁”（Underwater/Awash Rock）要素进行编码。海底礁石的属性应使用“海床区”（Seabed Area）要素进行编码。

（g）面状“海床区”（Seabed Area）要素位于潮间带时，应设置“水位效应”(water level effect)=4 [“干出”（covers and uncovers）] 编码，便于 ECDIS 显示潮间带礁石或珊瑚符号。

- 应显示 2000 米及更浅深度的海底底质。如有必要，深水区的海底底质也可予以显示。

表 A-12.1 列出了“表面性质”（nature of surface）和“表面性质限定术语”（nature of surface–qualifying terms）最常用的编码组合（可能还存在其他编码组合）。

区别：沙纹（Sandwave）；海域 / 命名水域（Sea Area/Named Water Area）；海草 / 海藻（Weed/Kelp）

表 A-12.1 海床区—常用编码组合

限定术语 表面性质	1 精细 （fine）	2 中等 （medium）	3 粗糙 （coarse）	4 破碎 （broken）	5 粘性 （sticky）	6 柔软 （soft）	7 刚性 （stiff）	8 火山灰 （volcanic）	9 石灰质 （calcareous）	10 坚硬 （hard）
1 泥（Mud）					x	x	x	x	x	
2 粘土（Clay）					x	x	x			
3 淤泥（Silt）					x	x	x			
4 沙（Sand）	x	x	x			x		x	x	
5 石（Stone）								x	x	
6 砾（Gravel）								x	x	

7 圆砾 （Pebbles）								x	x	
8 卵石 （Cobbles）								x	x	
9 岩（Rock）								x	x	
11 熔岩 （Lava）								x		
14 珊瑚 （Coral）				x		x				
17 贝壳 （Shells）				x					x	
18 巨砾 （Boulder）								x	x	

A.12.2 海草 / 海藻（Weed/kelp）

IHO 定义：海草 / 海藻（WEED/KELP）。带状海底藻类植物的通称（国际海事词典，第二版）。				
S-101 地理要素：Weed/Kelp（WEDKLP）				
几何单形：点、曲面				
现实世界	纸质海图符号		ECDIS 符号	
S-101 属性	**S-57 缩写**	**允许编码值**	**类型**	**多重性**
海草 / 海藻类 category of weed/kelp	(CATWED)	1. 巨藻 kelp 2. 海藻 seaweed 3. 海草 seagrass 4. 马尾藻 sargasso	EN	0,1
要素名称 feature name			C	0,*
显示名称 display name			(S) BO	0,1
语言 language		ISO 639-2/T	(S) TE	0,1

名称 name	(OBJNAM) (NOBJNM)		(S) TE	1,1
最小比例尺 scale minimum	(SCAMIN)	见 A.2.5.9 节	IN	0,1

INT 1 引用：J13.1，13.2

A.12.2.1 海草 - 海藻（Weed - Kelp）（见 S-4 – B-428.2）

如需编码海草或海藻，必须使用“海草 / 海藻”（Weed/Kelp）要素。

备注：

- 对海员而言，出现海藻通常意味着有暗礁。

区别：海床区（Seabed Area）；植被（Vegetation）

A.12.3 沙纹（Sandwave）

IHO 定义：沙纹（SANDWAVE）。在浅水中由沙组成的很大的波浪状的流动沉积物。波长可达 100 米，波幅可达 20 米，英文也写作“sand-wave”或“sand wave”，也称“巨波痕”（mega-ripple）（IHO 词典 – S-32）。				
S-101 地理要素：Sandwave（SNDWAV）				
几何单形：点、曲线、曲面				
现实世界	纸质海图符号		ECDIS 符号	
S-101 属性	**S-57 缩写**	**允许编码值**	**类型**	**多重性**
垂直距离 vertical length	(VERLEN)		RE	0,1
最小比例尺 scale minimum	(SCAMIN)	见 A.2.5.9 节	IN	0,1

INT 1 引用：J14

A.12.3.1 沙纹（Sandwave）（见 S-4 – B-428.1）

沙纹区的水深可能小于图载水深，由于测量不一定是在沙纹刚好形成的时间进行，所以沙纹区可能会对海员构成威胁。研究表明，垂直面上的沙纹流动最为明显；无风天气或潮流周期内的特定时间，波峰处会出现高点。因此，务必提示海员存在沙纹，可在 ENC 中显示此类信息。

如需编码沙纹，必须使用“沙纹”（Sandwave）要素。

备注：

- 应使用“测深数据质量”（Quality of Bathymetric Data）（见 A.3.7 节），并使用属性“时变类”（category of temporal variation）表示沙纹活动造成的海底移动性质。
- 如果已知，用“垂直距离”（vertical length）属性填写海底沙纹的波幅。
- 必须注意，沙纹区的水深不能过度综合，复杂的等深线和波峰波谷之间水深的显著变化，有助于引起人们对沙纹的注意。然而，由于波峰和波谷间的差值可能位于标准等深线之间，或 ENC 数据最大显示比例尺不足以单独显示沙纹或最浅水深外的任何信息。应当对“沙纹”（Sandwave）要素进行编码，以便引起人们的注意。如有必要，可使用信息类型“航海信息”（Nautical Information）（见 A.24.4 节）的相关实例和复杂属性“信息”（information）表示沙纹可能构成航行威胁。
- 如果频繁重复测量能显示最浅水深的变化情况，应使用近年来测得的最浅水深进行编码。不同时间测量资料混合使用时必须谨慎，尤其不能忽视长期加深的水深。

区别：海床区（Seabed Area）

A.12.4 喷泉（Spring）

IHO 定义：喷泉（SPRING）。从地面或海底自然冒出的或水流或其他物质；位于海底的称为海底喷泉（IHO 词典 – S-32）。

S-101 地理要素：Spring（SPRING）

几何单形：点

现实世界	纸质海图符号	ECDIS 符号

S-101 属性	S-57 缩写	允许编码值	类型	多重性
要素名称 feature name			C	0,*
显示名称 display name			(S) BO	0,1
语言 language		ISO 639-2/T	(S) TE	0,1
名称 name	(OBJNAM) (NOBJNM)		(S) TE	1,1
最小比例尺 scale minimum	(SCAMIN)	见 A.2.5.9 节	IN	0,1

INT 1 引用：J15

A.12.4.1 海底泉（Spring）（见 S-4 – B-428.3）

海底喷泉可能导致回声测深出错。如需编码海底喷泉，必须使用“喷泉”（Spring）要素。

备注：

- 无。

区别：

A.13 地理要素——礁石（Rock）、沉船（Wreck）、碍锚地（Foul Ground）、障碍物（Obstruction）

除 ENC 指出明显不适合航行的区域外，所有航行危险物的全部信息均应编码。必须尽可能全面、充分地提供净空深度信息（不论其深度如何），不得主观臆断划分“危险”（dangerous）水深和“非危险”（non-dangerous）水深，便于深吃水船舶和潜艇等各类船舶的导航人员自行评估风险。

由于 ECDIS 的显示可能存在问题，应将点状孤立危险物 [“暗礁”（Underwater Rock）、“沉船”（Wreck）和“障碍物”（Obstruction）] 编码为独立节点；即不应在连接节点上编码。

A.13.1 界定沉船或障碍物区域的危险线

危险线封闭区域必须使用面状要素“沉船”（Wreck）（见 A.13.5 节）或“障碍物”（Obstruction）（见 A.13.6 节）编码，编码时，属性值反映该区域内最浅点状要素的特征。该区域还必须视情用“深度区”（Depth Area）或“未测区”（Unsurveyed Area）要素覆盖。

如需编码此类区域中的一个或多个最浅水深，除面状要素外，还必须使用点状要素对各深度进行编码。

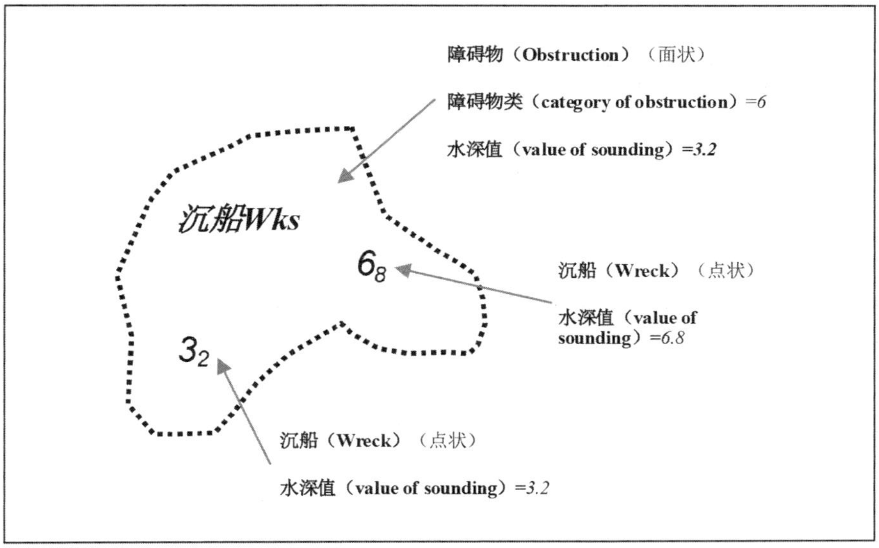

图A-13.1　沉船区

A.13.2　界定航行不安全区域的危险线（见 S-4 – B-420.1）

界定航行不安全区域的危险线，应使用面状“障碍物”（Obstruction）要素进行编码，并设置属性“障碍物类”（category of obstruction）=6 [“险恶地”（foul area）]。

A.13.3　可疑危险物（见 S-4 – B-424）

应使用要素属性“垂直测量质量”（quality of vertical measurement）、“状况”（status）和空间属性“水平测量质量”（quality of horizontal measurement）对可疑危险物要素进行编码：

表 A-13.1　可疑危险物 – 属性编码

	S-4	INT 1	水平测量质量 quality of horizontal measurement	垂直测量质量 quality of vertical measurement	状态 status
概位（Position approximate）	B-424.1	B7	4		
疑位（Position doubtful）	B-424.2	B8	5		
疑存（Existence doubtful）	B-424.3	I1			18
可疑水深（Doubtful sounding）	B-424.4	I2		3	
据报危险物（Reported danger）	B-424.5	I3.1，3.2	7 或 8	8 或 9	

备注：

- “概位”（approximate positions）、“疑位”（doubtful positions）和“疑存”（doubtful existence）等概念，也用于危险物以外的要素（如，地标、浮标）。
- 原始资料上的“变色水域”（Discoloured water）表示可能存在浅水区。如有必要，必须使用“变色水域”（Discoloured Water）要素进行编码（见 A.13.8 节）。

A.13.4 礁石（潮间 / 适淹 / 淹没）

IHO 定义：暗礁 / 适淹礁（UNDERWATER/AWASH ROCK）。干出、适淹或在水下的石质或珊瑚质固体（S-57 第 3.1 版，附录 A，第 1 章，第 1.194 页，2000 年 11 月）。

S-101 地理要素：Underwater/Awash Rock（UWTROC）

几何单形：点

现实世界	纸质海图符号	ECDIS 符号

S-101 属性	S-57 缩写	允许编码值	类型	多重性
水深说明 exposition of sounding	(EXPSOU)	1. 在周围深度区内 within the range of depth of the surrounding depth area 2. 比周围深度区浅 shoaler than the range of depth of the surrounding depth area	EN	0,1
要素名称 feature name			C	0,*
显示名称 display name			(S) BO	0,1
语言 language		ISO 639-2/T	(S) TE	0,1
名称 name	(OBJNAM) (NOBJNM)		(S) TE	1,1
表面性质 nature of surface	(NATSUR)	14. 珊瑚 coral	EN	0,1
垂直测量质量 quality of vertical measurement	(QUASOU)	1. 水深已知 depth known 2. 深度或最浅深度未知 depth or least depth unknown 3. 可疑水深 doubtful sounding 4. 不可靠水深 unreliable sounding 6. 最浅水深已知 least depth known 7. 最浅深度未知（给出安全富余量） least depth unknown, safe clearance at value shown 8. 报告值（未测量） value reported (not surveyed) 9. 报告值（未核实） value reported (not confirmed)	EN	0,*
报告日期 reported date	(SORDAT)	ISO 8601：2004	TD	0,1
状况 status	(STATUS)	18. 疑存 existence doubtful	EN	0,1

垂直测量技术 technique of vertical measurement	(TECSOU)	1. 回声测深仪测量 found by echo-sounder 2. 侧扫声呐测量 found by side scan sonar 3. 多波束测量 found by multi-beam 4. 潜水员测量 found by diver 5. 测深绳测量 found by lead-line 6. 钢索扫海 swept by wire-drag 8. 垂直声学系统扫测 swept by vertical acoustic system 9. 电磁传感器测量 found by electromagnetic sensor 10. 摄影测量 photogrammetry 11. 卫星影像测量 satellite imagery 12. 水准测量 found by leveling 13. 侧扫声呐扫测 swept by side scan sonar 15. 激光雷达测量 found by LIDAR 16. 合成孔径雷达测量 synthetic aperture radar 17. 高光谱图像 hyperspectral imagery	EN	0,*
水深值 value of sounding	(VALSOU)		RE	1,1
垂直不确定度 vertical uncertainty			C	0,1
固定不确定度 uncertainty fixed	(SOUACC)		(S) RE	1,1
不确定度变量系数 uncertainty variable factor			(S) RE	0,1
水位效应 water level effect	(WATLEV)	3. 水下 / 淹没 always under water/ submerged 4. 干出 covers and uncovers 5. 适淹 awash	EN	1,1
最小比例尺 scale minimum	(SCAMIN)	见 A.2.5.9 节	IN	0,1

默认净空深度 default clearance depth			RE	0,1
周围深度 surrounding depth			RE	0,1

INT 1 引用：K11-15

A.13.4.1 可能淹没的礁石（见 S-4 – B-421.2 至 B-421.4）

除 ENC 指出明显不适合航行的区域外（见 S-4 – B-401 和 B-402），所有航行危险信息均应编码。必须尽可能全面、充分地提供净空深度信息（不论其深度如何），不得主观臆断划分“危险”（dangerous）水深和“非危险”（non-dangerous）水深，便于深吃水船舶和潜艇等各类船舶的导航人员自行评估风险。

暗礁可能干出；也可能适淹，或者始终位于水下。

“垂直测量质量”（quality of vertical measurement）、“水位效应”（water level effect）、“报告日期”（reported date）属性和“水平测量质量”（quality of horizontal measurement）空间属性的相关填写信息见下表：

表 A-13.2 暗礁 – 属性编码

礁石（Rock）或珊瑚礁（Coral reef）	INT 1	水位效应 water level effect	垂直测量质量 quality of vertical measurement	备注
干出，水深未知	K11	4	2 或 < 未定义 >	见以下有关属性“水深说明”（exposition of sounding）的备注
干出，水深已知	K11	4	除 2 外所有值；或 < 未定义 >	“水深值”（value of sounding）为负值
适淹	K12	5		
始终淹没，水深未知	K13	3	2 或 < 未定义 >	见以下有关属性“水深说明”（exposition of sounding）的备注
始终淹没，水深已知	K14	3	除 2 外所有值；或 < 未定义 >	
已报告，未确认	I3.1，3.2	3,4 或 5	9	如果可用，需在“报告日期”（reported date）中对报告年进行编码 属性“水平测量质量”（quality of horizontal measurement）的值应设置为 8 [“已报告，未确认”（reported, not confirmed）]

备注：

- 明礁（小岛）见 A.5.4.2 节。
- 应使用上述属性组合其中之一对所有“暗礁 / 适淹礁”（Underwater/Awash Rock）要素进行编码。
- 复杂属性“垂直不确定度”（vertical uncertainty）的相关填写规则，参见 A.3.7.1.3 节“测深数据质量”（Quality of Bathymetric Data）。
- 应使用单个“暗礁 / 适淹礁”（Underwater/Awash Rock）要素对点测深和相关海底底质（对水面航行无危险的暗礁）表示的礁石进行编码，水深值用“水深值”（value of sounding）属性编码。如果对“暗礁 / 适淹礁”（Underwater/Awash Rock）编码，则不得编码重叠的“水深”（Sounding）要素。
- 区域礁石和珊瑚礁要素见 A.12.1.1 节。
- 当一组礁石被危险线包围，应将其中每块礁石编码为单独的“暗礁 / 适淹礁”（Underwater/Awash Rock）要素，并以“障碍物”（Obstruction）要素（见 A.13.6 节）覆盖。

- 对“水深值”（value of sounding）属性为空 (null)，且原始资料表明其要素深度在周围深度区内（within the range of the surrounding depth area）的“暗礁 / 适淹礁”（Underwater/Awash Rock）要素进行编码时，为避免在 ECDIS 中显示非必要的孤立危险符号，应设置“水深说明”（exposition of sounding）=1 [“在周围深度区内”(within the range of the surrounding depth area）]。

区别：障碍物（Obstruction）；海床区（Seabed Area）；水深（Sounding）；沉船（Wreck）

A.13.5 沉船（Wreck）

IHO 定义：沉船（WRECK）。搁浅或沉没的船只的残骸（IHO 词典 – S-32）。

S-101 地理要素：Wreck（WRECKS）

几何单形：点、曲面

现实世界	纸质海图符号	ECDIS 符号

S-101 属性	S-57 缩写	允许编码值	类型	多重性
沉船类 category of wreck	(CATWRK)	1. 非危险沉船 non-dangerous wreck 2. 危险沉船 dangerous wreck 3. 分散的沉船残骸 distributed remains of wreck 4. 露桅沉船 wreck showing mast/masts 5. 露出部分船体或上层结构物的沉船 wreck showing any portion of hull or superstructure	EN	0,1
水深说明 exposition of sounding	(EXPSOU)	1. 在周围深度区内 within the range of depth of the surrounding depth area 2. 比周围深度区浅 shoaler than the range of depth of the surrounding depth area 3. 比周围深度区深 deeper than the range of depth of the surrounding depth area	EN	0,1
要素名称 feature name			C	0,*
显示名称 display name			(S) BO	0,1
语言 language		ISO 639-2/T	(S) TE	0,1
名称 name	(OBJNAM) (NOBJNM)		(S) TE	1,1
高度 height	(HEIGHT)		RE	0,1

垂直测量质量 quality of vertical measurement	(QUASOU)	1. 水深已知 depth known 2. 深度或最浅深度未知 depth or least depth unknown 3. 可疑水深 doubtful sounding 4. 不可靠水深 unreliable sounding 6. 最浅水深已知 least depth known 7. 最浅深度未知（给出安全富余量） least depth unknown, safe clearance at value shown 8. 报告值（未测量） value reported (not surveyed) 9. 报告值（未核实） value reported (not confirmed)	EN	0,*
雷达显著 radar conspicuous	(CONRAD)		BO	0,1
报告日期 reported date	(SORDAT)	ISO 8601：2004	TD	0,1
状况 status	(STATUS)	7. 临时 temporary 13. 历史性 historic 18. 疑存 existence doubtful	EN	0,*
垂直测量技术 technique of vertical measurement	(TECSOU)	1. 回声测深仪测量 found by echo-sounder 2. 侧扫声呐测量 found by side scan sonar 3. 多波束测量 found by multi-beam 4. 潜水员测量 found by diver 5. 测深绳测量 found by lead-line 6. 钢索扫海 swept by wire-drag 8. 垂直声学系统扫测 swept by vertical acoustic system 9. 电磁传感器测量 found by electromagnetic sensor 10. 摄影测量 photogrammetry	EN	0,*

垂直测量技术 technique of vertical measurement	(TECSOU)	11. 卫星影像测量 satellite imagery 12. 水准测量 found by levelling 13. 侧扫声呐扫测 swept by side scan sonar 15. 激光雷达测量 found by LIDAR 16. 合成孔径雷达测量 synthetic aperture radar 17. 高光谱图像 hyperspectral imagery	EN	0,*
水深值 value of sounding	(VALSOU)		RE	0,1
垂直不确定度 vertical uncertainty			C	0,1
固定不确定度 uncertainty fixed	(SOUACC)		(S) RE	1,1
不确定度变量系数 uncertainty variable factor			(S) RE	0,1
视觉可见 visually conspicuous	(CONVIS)	1. 视觉显著 visually conspicuous 2. 视觉不显著 not visually conspicuous 3. 突出可见 prominent	EN	0,1
水位效应 water level effect	(WATLEV)	1. 高潮时部分淹没 partly submerged at high water 2. 高出 always dry 3. 水下 / 淹没 always under water/ submerged 4. 干出 covers and uncovers 5. 适淹 awash	EN	1,1
最小比例尺 scale minimum	(SCAMIN)	见 A.2.5.9 节	IN	0,1
默认净空深度 default clearance depth			RE	0,1
周围深度 surrounding depth			RE	0,1

INT 1 引用：K20-31

A.13.5.1　沉船（Wreck）（见 S-4 – B-422，B-422.1 至 B-422.8）

不论沉船水深为多少，都必须编码，同时应视情考虑潜艇和渔船，但水深一般不超过 2000 米（拖网捕捞的水深多在 400 米，偶尔达到 2000 米）。

属性“沉船类”（category of wreck）、“垂直测量质量”（quality of vertical measurement）、“垂直测量技术”（technique of vertical measurement）和 “水位效应” （water level effect）的相关填写信息见下表。

下表中， “/” 符号表示该属性与沉船实例无关，所以不得编码。空白表示编码人员可以选择相关的属性值。

表 A-13.3　沉船 – 属性编码

沉船… Wrecks…	S-4	INT 1	沉船类 category of wreck	水位效应 water level effect	垂直测量质量 quality of vertical measurement	垂直测量技术 technique of vertical measurement
露出船体或上层结构物的任意部分（高潮可见）	B-422.2	K24 K20	5	1 或 2	/	/
露出船体或上层结构物的任意部分（低潮可见）	B-422.2	K24 K21	5	4		
干出	B-422.2	K24 K21	4 或 5	4		
适淹				5		
高潮时仅桅杆可见	B-422.2	K25	4 或 5	1	/	/
低潮时仅桅杆可见	B-422.2	K25	4	4		
测量水深	B-422.4	K26		3	1,6 或 <未定义> 1, 6	
测量水深和钢索扫海	B-422.3	K27		3	6	6
潜水测深	B-422.3	K27		3	1 或 6	4
水深未知，责任生产机构认为危险	B-422.6	K28	2	3	2* 或 <未定义>	/
水深未知，责任生产机构认为无危险	B-422.6	K29	1	3	2* 或 <未定义>	/
水深未知，有安全净深	B-422.5	K30		3	7	/
分散的沉船残骸	B-422.8	K31	3			
已报告，未确认	B-424.5	I3.1 I3.2			9	

所有沉船编码都应从上述属性组合中择一使用。

* 对于最浅水深未知的沉船，其属性 “垂直测量质量” （quality of vertical measurement）的值为 2 [“深度或最浅深度未知” （depth or least depth unknown）]，不适用于沉船附近的海底水深。

应尽可能提供沉船的详细定量信息，这对在 ECDIS 中绘制沉船尤为重要。此举常导致沉船被符号化为障碍物，但实际上并没有危险。如果沉船水深未知，制图人员应估算安全净深值（见 S-4 – B-422.5），并设置 “垂直测量质量” （quality of vertical measurement）=7 [“最浅深度未知（给出安全富余量）” （least depth unknown，safe clearance at value shown）]。

备注：

- 必须至少填写“沉船类”（category of wreck）或“水深值”（value of sounding）属性其中之一。
- “高度”（height）属性仅与“水位效应”（water level effect）属性 =1 [“高潮时部分淹没”（partly submerged at high water）] 或 2 [“高出”（always dry）] 的沉船相关。
- 复杂属性“垂直不确定度”（vertical uncertainty）的相关填写规则，参见 A.3.7.1.3 节“测深数据质量”（Quality of Bathymetric Data）。
- 已报告但未确认的沉船，必须使用“报告日期”（reported date）属性填写已知报告日期。
- 必要时，零散分布的沉船残骸（distributed remains of wreck）必须编码为“沉船”（Wreck）要素，设置属性“沉船类”（category of wreck）=3 [“分散的沉船残骸”（distributed remains of wreck）distributed remains of wreck）]。即使沉船对船舶不构成威胁，也不得编码为“碍锚地”（foul ground）（见 A.13.7 节）。
- 编码“沉船”（Wreck）要素时，属性填写应遵循 S-4 B-422 节的相关规则。沉船水深已知，或沉船水深未知，但安全净深可估测时，应当填写“水深值”（value of sounding）和“垂直测量质量”（quality of vertical measurement）属性。如果水深已知，或水深未知但估测安全净深已确定，无须填写“沉船类”（category of wreck）=1 [“非危险沉船”（non-dangerous wreck）] 或 2 [“危险沉船”（dangerous wreck）]，因为海员已掌握判断沉船危险与否的定量信息。
- 对“水深值”（value of sounding）属性未填写或为空（null），且原始资料表明其要素深度在周围深度区内（within the range of the surrounding depth area）的“沉船”（Wreck）要素进行编码时，应设置“水深说明”（exposition of sounding）=1 [“在周围深度区内”（within the range of the surrounding depth area）]，避免 ECDIS 显示非必要的孤立危险物符号。
- 参照深度基准面可见或部分可见的沉船，高度或干出高度（如果已知）需要编码。这样便于区分“始终可见”（always visible）或“仅在低潮时可见”（only visible at low tide）的沉船。

A.13.5.1.1　*表示沉船的真实形状（大比例尺 ENC）（见 S-4 – B-422.1）*

通常会给出沉船内的水深和高度，显示船体或上层结构物（如桅杆、烟囱）的最高点。此类要素编码时必须：

- 使用面状“沉船”（Wreck）要素，所有的填写属性均适用于沉船最高点。
- 高出的沉船要素使用点状“地面高程”（Land Elevation）要素进行编码；可使用信息类型“航海信息”（Nautical Information）（见 A.24.4 节）的相关实例、复杂属性“信息”（information）对各要素（如桅杆、烟囱）的类型进行编码。
- 使用“水深”（Sounding）要素对始终淹没或干出的沉船要素进行编码；可使用信息类型“航海信息”（Nautical Information）（见 A.24.4 节）的相关实例、复杂属性“信息”（information）对各要素（如桅杆、烟囱）的类型进行编码，这意味着必须对这些水深进行单独编码。

A.13.5.1.2　*更改沉船分类*

用于区分“危险”沉船和“非危险”沉船的传统标准，大多是基于沉船上方的估算深度阈值（如 20 米、28 米）。各国的标准不尽相同，且随着时间的推移，标准也发生变化（原因是大型船舶的吃水越来越深）。尽管沉船可能会对附近的船舶构成威胁，但“非危险沉船”（non-dangerous wreck）一词仍在使用。遗憾的是，海员不一定了解这个情况，或者由于标准的变化，编码为“非危险”的沉船可能含义不尽相同。因此，水深未知的“危险”沉船和“非危险”沉船最好重新评估，执行 S-4-B-422 的规则。

A.13.5.2　历史沉船（Historic wreck）（见 S-4 – B-422）

为保护具有重要历史文化价值（如海葬）的沉船，防止未经授权的行为（如潜水、打捞或抛锚）干扰，许多国家在历史沉船周围划定了保护区。在最大显示比例尺最大的 ENC 数据中，此类覆盖沉船的区域应予编码。

对历史沉船周围的限制区编码，必须使用“航行限制区”（Restricted Area Navigational）（见 A.17.8 节）或“监管限制区”（Restricted Area Regulatory）要素（见 A.17.9 节），并设置属性“限制区类”（category of restricted area）=10 [“历史沉船区”（historic wreck area）]。

另外，沉船本身应编码为“沉船”（Wreck）要素，设置属性“状况”（status）=13 [“历史性”（historic）]。

区别：深度区（Depth Area）；报废船（Hulk）；障碍物（Obstruction）；水深（Sounding）；暗礁 / 适淹礁（Underwater/Awash Rock）

A.13.6 障碍物（Obstruction）

IHO 定义：障碍物（OBSTRUCTION）。任何妨碍或阻止航行，特别是妨碍船只通行或对航行构成危险的物体，常用来指孤立的航行危险物（IHO 词典 – S-32）。		
S-101 地理要素：Obstruction（OBSTRN）		
几何单形：点、曲线、曲面		
现实世界	纸质海图符号	ECDIS 符号

S-101 属性	S-57 缩写	允许编码值	类型	多重性
障碍物类 category of obstruction	(CATOBS)	1. 突出物 / 桩墩 snag/stump 2. 井口 wellhead 3. 扩散器 diffuser 4. 木笼 crib 5. 鱼礁 fish haven 6. 险恶地 foul area 8. 防冰栅 ice boom 9. 锚泊装置 ground tackle 10. 水栅 boom 12. 波浪能装置 wave energy device 13. 海底数据采集系统（ODAS） subsurface ocean data acquisition system (ODAS) 14. 人工礁 artificial reef 15. 井口基盘 template 16. 管汇 manifold 17. 水下冰丘 submerged pingo 18. 平台残骸 remains of platform 19. 科学仪器 scientific instrument 20. 水下涡轮机 underwater turbine	EN	0,1

状态 condition	(CONDTN)	1. 在建 under construction 2. 废弃 ruined 5. 拟建 planned construction	EN	0,1
水深说明 exposition of sounding	(EXPSOU)	1. 在周围深度区内 within the range of depth of the surrounding depth area 2. 比周围深度区浅 shoaler than the range of depth of the surrounding depth area 3. 比周围深度区深 deeper than the range of depth of the surrounding depth area	EN	0,1
要素名称 feature name			C	0,*
显示名称 display name			(S) BO	0,1
语言 language		ISO 639-2/T	(S) TE	0,1
名称 name	(OBJNAM) (NOBJNM)		(S) TE	1,1
高度 height	(HEIGHT)		RE	0,1
最大允许吃水深度 maximum permitted draught			RE	0,1
表面性质 nature of surface	(NATSUR)	1. 泥 mud 2. 粘土 clay 3. 淤泥 silt 4. 沙 sand 5. 石 stone 6. 砾 gravel 7. 圆砾 pebbles 8. 卵石 cobbles 9. 岩 rock	EN	0,*

表面性质 nature of surface	(NATSUR)	11. 熔岩 lava 14. 珊瑚 coral 17. 贝壳 shells 18. 巨砾 boulder	EN	0,*
产品 product	(PRODCT)	1. 油 oil 2. 气 gas 3. 水 water 8. 饮用水 drinking water 23. 电力 electricity	EN	0,*
垂直测量质量 quality of vertical measurement	(QUASOU)	1. 水深已知 depth known 2. 深度或最浅深度未知 depth or least depth unknown 3. 可疑水深 doubtful sounding 4. 不可靠水深 unreliable sounding 6. 最浅水深已知 least depth known 7. 最浅深度未知（给出安全富余量） least depth unknown, safe clearance at value shown 8. 报告值（未测量） value reported (not surveyed) 9. 报告值（未核实） value reported (not confirmed)	EN	0,*
报告日期 reported date	(SORDAT)	ISO 8601：2004	TD	0,1
状况 status	(STATUS)	1. 永久 permanent 4. 不使用 not in use 5. 周期性 / 间歇性 periodic/intermittent 7. 临时 temporary 8. 私有 private	EN	0,*

状况 status	(STATUS)	13. 历史性 historic 18. 疑存 existence doubtful 28. 有浮标标示 buoyed	EN	0,*
垂直测量技术 technique of vertical measurement	(TECSOU)	1. 回声测深仪测量 found by echo-sounder 2. 侧扫声呐测量 found by side scan sonar 3. 多波束测量 found by multi-beam 4. 潜水员测量 found by diver 5. 测深绳测量 found by lead-line 6. 钢索扫海 swept by wire-drag 8. 垂直声学系统扫测 swept by vertical acoustic system 9. 电磁传感器测量 found by electromagnetic sensor 10. 摄影测量 photogrammetry 11. 卫星影像测量 satellite imagery 12. 水准测量 found by levelling 13. 侧扫声呐扫测 swept by side scan sonar 15. 激光雷达测量 found by LIDAR 16. 合成孔径雷达测量 synthetic aperture radar 17. 高光谱图像 hyperspectral imagery	EN	0,*
水深值 value of sounding	(VALSOU)		RE	0,1
垂直距离 vertical length	(VERLEN)		RE	0,1
垂直不确定度 vertical uncertainty			C	0,1
固定不确定度 uncertainty fixed	(SOUACC)		(S) RE	1,1
不确定度变量系数 uncertainty variable factor			(S) RE	0,1

水位效应 water level effect	(WATLEV)	1. 高潮时部分淹没 partly submerged at high water 2. 高出 always dry 3. 水下 / 淹没 always under water/ submerged 4. 干出 covers and uncovers 5. 适淹 awash 7. 漂浮 floating	EN	1,1
最小比例尺 scale minimum	(SCAMIN)	见 A.2.5.9 节	IN	0,1
默认净空深度 default clearance depth			RE	0,1
周围深度 surrounding depth			RE	0,1

INT 1 引用：K1，31，40-43，46；L21，23；Q42

A.13.6.1 障碍物（Obstruction）和险恶地（foul area）（见 S-4– B-327.5，B-420.1，B-422.8-9，B-431.6，B-445.1，B-447.5 和 B-447.7）

对突出物、桩墩、井口、扩散器、木笼、鱼礁、险恶地、水栅、防冰栅、已拆除平台的场址、锚泊装置、波浪能装置、水下涡轮机、海底数据采集系统（ODAS）、人工礁等要素进行编码时，必须使用“障碍物”（Obstruction）要素。

属性“垂直测量质量”（quality of vertical measurement）、“垂直测量技术”（technique of vertical measurement）和“水位效应”（water level effect）的填写信息见下表 A-13.4：

下表中，“/”符号表示该属性与障碍物实例无关，不得编码。空白表示编码人员可以为该属性选择相关值。

表 A-13.4 障碍物 – 属性编码

障碍物 Obstruction...	INT 1	水位效应 water level effect	垂直测量质量 quality of vertical measurement	垂直测量技术 technique of vertical measurement
水深未知	K40	3 或 4	2* 或 < 未定义 > 2* or <undefined>	/
最浅水深未知	K41	3 或 4	1 或 6	
钢索扫海水深显示	K42	3	6	6
潜水员测量	K42	3	1 或 6	4

所有障碍物编码都应从上述属性组合中择一使用。

最浅水深未知的障碍物，其属性“垂直测量质量”（quality of vertical measurement）的值填写为 2 [“深度或最浅深度未知”（depth or least depth unknown）]，不适用于障碍物附近的海底水深。

重要的是，编码障碍物时，需注意“障碍物类”（category of obstruction）属性值 =6 [“险恶地”（foul area）] 和碍锚地（foul ground）的区别：

“险恶地”（foul area）指对航行有多种未知危险的区域。在 ENC 上编码时，“障碍物类”（category of obstruction）属性 =6 [“险恶地”（foul area）] 的面状“障碍物”（Obstruction）要素，在 ECDIS“基础显示”中显示为“障碍物”。其相关警告表示：船舶进入或穿过该区域不安全。

"碍锚地"（foul ground）指可以安全航行，但应避免在其内抛锚、开采资源或拖底捕捞的区域。在 ENC 上对其进行编码时，面状"碍锚地"（Foul Ground）要素在 ECDIS"其他显示"中显示为"可安全航行但抛锚危险的海底区域"，向海员表明该区域是安全的，海员可以进入或通过此类区域，但不应在此开采资源或进行其他水下活动。

某些情况下，原始资料上指示的碍锚地被误解为险恶地，导致其在 ENC 上编码为"障碍物"（Obstruction），"障碍物类"（category of obstruction）=6 ["险恶地"（foul area）]。编码错误会导致 ECDIS 显示该区域航行不安全，可能使海员误解。

碍锚地指可安全航行，但应避免在其内抛锚、开采资源或拖底捕捞的区域，必须使用"碍锚地"（Foul Ground）要素进行编码。原始资料可能误标为"险恶地"，在相应要素编码前，应先确定其是否为"碍锚地"。

备注：

至少应填写"高度"（height）和"水深值"（value of sounding）属性其中之一。

- 如果任何障碍物上的最浅水深已知，必须使用"水深值"（value of sounding）属性编码。如果障碍物（如鱼礁）对通过该要素的船舶有最大允许吃水深度要求，必须使用"最大允许吃水深度"（maximum permitted draught）属性填写（如果已知）。
- "高度"（height）属性仅与"水位效应"（water level effect）属性 =1 ["高潮时部分淹没"（partly submerged at high water）] 或 2["高出"（always dry）] 的"障碍物"（Obstruction）要素相关。
- "垂直距离"（vertical length）属性用于填写海底上方障碍物的距离。
- 复杂属性"垂直不确定度"（vertical uncertainty）的相关填写规则，参见 A.3.7.1.3 节"测深数据质量"（Quality of Bathymetric Data）。
- 已报告但未确认的障碍物，必须使用属性"报告日期"（reported date）填写报告日期（如果已知）。
- 如果危险水下要素、危险水下区域或漂浮要素的性质不明确，必须使用"障碍物"（Obstruction）编码。
- 面状"障碍物"（Obstruction）要素必须视情用地表要素覆盖。
- 在 ENC 数据最大显示比例尺下无法安全航行且有大量危险物的区域，应使用面状"障碍物"（Obstruction）要素进行编码，设置属性"障碍物类"（category of obstruction）=6 ["险恶地"（foul area）]。
- 如需对"水深值"（value of sounding）属性为空（null）的"障碍物"（Obstruction）要素进行编码，且原始资料表明要素的深度在周围深度区内，应设置"水深说明"（exposition of sounding）=1 ["在周围深度区内"（within the range of the surrounding depth area）]，以避免 ECDIS 显示非必要的孤立危险物符号。
- 纸质海图上围绕单个符号或水深（例如 INT1-K26、K27、K40(b) 或 K41 至 K43.1）的危险线圆圈不能作为独立的面状要素进行编码。然而，危险线表示要素的真实形状时，应使用面状"沉船"（Wreck）或"障碍物"（Obstruction）要素进行编码。大中比例尺纸质海图上，单个危险物圆圈内的水深必须使用点状"障碍物"（Obstruction）要素进行编码。此时的水深值必须使用"水深值"（value of sounding）属性编码。小比例尺海图上，危险物圆圈内的水深可以表示"已报告但未确认"（reported, not confirmed）的水深。此类水深应进行评估，判断是否将其编码为"障碍物"（Obstruction）要素，或属性 QUAOU=9["报告值（未核实）"（value reported （not confirmed））] 的"水深"（Sounding）要素。
- 海底上方被削断的平台必须编码为"障碍物"（Obstruction），在海底削断的平台应编码为"碍锚地"（Foul Ground）（见 A.13.7 节）。
- 高出的障碍物（如木笼），必须以"陆地区"（Land Area）要素覆盖。
- 被认为是"鱼类聚集装置"（Fish Aggregating Devices，FAD）的要素必须编码为"障碍物"（Obstruction）要素，设置其属性"障碍物类"（category of obstruction）=5 ["鱼礁"（fish haven）]。如果 FAD 是故意沉没以形成鱼塘的船舶，则应将其编码为"沉船"（Wreck）（见 A.13.5 节）。
- "海底数据采集系统"（subsurface Ocean Data Acquisition System，ODAS）如需编码，无论其是在海底，还是通过水下浮标在水域中悬浮，都必须使用"障碍物"（Obstruction）要素进行编码，设置"障碍物类"（category of obstruction）=14 ["海底数据采集系统"（subsurface ocean data acquisition system）]。ODAS 浮标必须编码为"专用 / 通用浮标"（Buoy Special Purpose/General）要素（见 A.20.5 节）。

区别：深度区（Depth Area）；捕鱼设施（Fishing Facility）；碍锚地（Foul Ground）；海水养殖场（Marine Farm/Culture）；暗礁 / 适淹礁（Underwater/awash Rock）；紊流（Water Turbulence）；沉船（Wreck）

要素 / 信息关联							
类型	关联名称	关联端					
		类	角色	多重性	类	角色	多重性
聚合	系泊设施聚合（Mooring Trot Aggregation）	障碍物（Obstruction）	构成	1,*	系泊设施（Mooring Trot）	包含	0,1

A.13.7 碍锚地（Foul ground）

IHO 定义：碍锚地（FOUL GROUND）。在此区域可安全航行，但是应避免抛锚、开采资源或拖底捕捞（IHO 词典 – S-32）。				
S-101 地理要素：Foul Ground（OBSTRN）				
几何单形：点、曲线、曲面				
现实世界	纸质海图符号	ECDIS 符号		
S-101 属性	S-57 缩写	允许编码值	类型	多重性
要素名称 feature name			C	0,*
显示名称 display name			(S) BO	0,1
语言 language		ISO 639-2/T	(S) TE	0,1
名称 name	(OBJNAM) (NOBJNM)		(S) TE	1,1
垂直测量质量 quality of vertical measurement	(QUASOU)	1. 水深已知 depth known 2. 深度或最浅深度未知 depth or least depth unknown 3. 可疑水深 doubtful sounding 4. 不可靠水深 unreliable sounding 6. 最浅水深已知 least depth known 7. 最浅深度未知（给出安全富余量） least depth unknown, safe clearance at value shown 8. 报告值（未测量） value reported (not surveyed) 9. 报告值（未核实） value reported (not confirmed)	EN	0,*
报告日期 reported date	(SORDAT)	ISO 8601：2004	TD	0,1

状况 status	(STATUS)	13. 历史性 historic 18. 疑存 existence doubtful 28. 有浮标标示 buoyed	EN	0,*
垂直测量技术 technique of vertical measurement	(TECSOU)	1. 回声测深仪测量 found by echo-sounder 2. 侧扫声呐测量 found by side scan sonar 3. 多波束测量 found by multi-beam 4. 潜水员测量 found by diver 5. 测深绳测量 found by lead-line 6. 钢索扫海 swept by wire-drag 8. 垂直声学系统扫测 swept by vertical acoustic system 9. 电磁传感器测量 found by electromagnetic sensor 10. 摄影测量 photogrammetry 11. 卫星影像测量 satellite imagery 12. 水准测量 found by levelling 13. 侧扫声呐扫测 swept by side scan sonar 15. 激光雷达测量 found by LIDAR 16. 合成孔径雷达测量 synthetic aperture radar 17. 高光谱图像 hyperspectral imagery	EN	0,*
水深值 value of sounding	(VALSOU)		RE	0,1
垂直不确定度 vertical uncertainty			C	0,1
固定不确定度 uncertainty fixed	(SOUACC)		(S) RE	1,1
不确定度变量系数 uncertainty variable factor			(S) RE	0,1

水位效应 water level effect	(WATLEV)	3. 水下 / 淹没 always under water/ submerged 4. 干出 covers and uncovers 5. 适淹 awash	EN	0,1
最小比例尺 scale minimum	(SCAMIN)	见 A.2.5.9 节	IN	0,1

INT 1 引用：

A.13.7.1 碍锚地（Foul ground）（见 S-4 – B-422.8）

如需编码水面航行安全但海底作业不安全的区域，必须使用“碍锚地”（Foul Ground）要素。此类区域与属性设置为“障碍物类”（category of obstruction）=6 [“险恶地”（foul area）] 的“障碍物”（Obstruction）要素不同，后者无法确保水面航行安全。

“垂直测量质量”（quality of vertical measurement）和“垂直测量技术”（technique of vertical measurement）属性的填写相关信息如下表 A-13.5 所示。

下表中，“/”表示该属性与“碍锚地”（Foul Ground）无关，所以不得编码。空白表示编码人员可以为该属性选择相关值。

表 A-13.5 碍锚地 – 属性编码

碍锚地 Foul Ground...	INT 1	水位效应 water level effect	垂直测量质量 quality of vertical measurement	垂直测量技术 technique of vertical measurement
水深未知	K40	3 或 4	2* 或 <未定义>	/
最浅水深未知	K41	3 或 4	1 或 6	
钢索扫海水深显示	K42	3	6	6
潜水员测量	K42	3	1 或 6	4

所有碍锚地编码都应从上述属性组合中择一使用。

* 最浅水深未知的碍锚地，“垂直测量质量”（quality of vertical measurement）属性的值填写为 2 [“深度或最浅深度未知”（depth or least depth unknown）]，不适用于碍锚地附近的海底水深。

备注：

- 已知任何碍锚地上的最浅水深，必须使用“水深值”（value of sounding）属性编码。
- 复杂属性“垂直不确定度”（vertical uncertainty）的相关填写规则，参见 A.3.7.1.3 节“测深数据质量”（Quality of Bathymetric Data）。
- 已报告但未确认的碍锚地，必须使用“报告日期”（reported date）属性填写报告日期（如果已知）。
- 面状“碍锚地”（Foul Ground）要素必须视情用地表要素覆盖。
- 在海底削断的平台应编码为“碍锚地”（Foul Ground），海底上方被削断的平台必须编码为“障碍物”（Obstruction）（见 A.13.6 节）。
- 必须使用“沉船”（Wreck）要素（见 A.13.5 节）对分散的沉船残骸编码，不得编码为“碍锚地”（Foul Ground）。

区别：深度区（Depth Area）；捕鱼设施（Fishing Facility）；海上养殖场（Marine Farm/Culture）；障碍物（Obstruction）；海床区（Seabed Area）；暗礁 / 适淹礁（Underwater/Awash Rock）；紊流（Water Turbulence）；沉船（Wreck）

A.13.8　变色水域（Discoloured water）

IHO 定义：变色水域（DISCOLOURED WATER）。可能存在（也可能不存在）浅滩的非自然变色海域（海图手册，第 1 卷，NOAA）。

S-101 地理要素：Discoloured Water（CTNARE）

几何单形：点、曲面

现实世界	纸质海图符号	ECDIS 符号		
S-101 属性	**S-57 缩写**	**允许编码值**	**类型**	**多重性**
报告日期 reported date	(SORDAT)	ISO 8601：2004	TD	0,1
最小比例尺 scale minimum	(SCAMIN)	见 A.2.5.9 节	IN	0,1

INT 1 引用：

A.13.8.1　变色水域（Discoloured water）（见 S-4 – B-424.6）

如需编码可能存在浅滩的变色水域，必须使用“变色水域”（Discoloured Water）要素。

备注：

- 要素“变色水域”（Discoloured Water）仅表示可能存在浅滩的水域，即发现变色，但没有测深数据支持是否存在浅滩。
- “变色水域”（Discoloured Water）要素必须使用“深度区”（Depth Area）或“未测区”（Unsurveyed Area）要素覆盖。

区别：警告区（Caution Area）；障碍物（Obstruction）；暗礁 / 适淹礁（Underwater/Awash Rock）；沉船（Wreck）

A.13.9　捕鱼设备（Fishing facility）

IHO 定义：捕鱼设备（FISHING FACILITY）。用于捕鱼的一种工具，对船舶航行通常是一种障碍，它的安放位置常随季节变化（S-57 第 3.1 版，附录 A，第 1 章，1.70 页，2000 年 11 月）。

S-101 地理要素：Fishing Facility（FSHFAC）

几何单形：点、曲线、曲面

现实世界	纸质海图符号	ECDIS 符号		
S-101 属性	**S-57 缩写**	**允许编码值**	**类型**	**多重性**
捕鱼设备类 category of fishing facility	(CATFIF)	1. 渔栅 fishing stake 2. 渔网 fish trap 3. 鱼梁 fish weir 4. 金枪鱼网 tunny net	EN	0,1
状态 condition	(CONDTN)	1. 在建 under construction 2. 废弃 ruined 5. 拟建 planned construction	EN	0,1

要素名称 feature name			C	0,*
显示名称 display name			(S) BO	0,1
语言 language		ISO 639-2/T	(S) TE	0,1
名称 name	(OBJNAM) (NOBJNM)		(S) TE	1,1
周期性日期范围 periodic date range			C	0,*
终止日期 date end	(PEREND)	ISO 8601：2004	(S) TD	1,1
开始日期 date start	(PERSTA)	ISO 8601：2004	(S) TD	1,1
报告日期 reported date	(SORDAT)	ISO 8601：2004	TD	0,1
状况 status	(STATUS)	1. 永久 permanent 4. 不使用 not in use 5. 周期性 / 间歇性 periodic/intermittent 6. 保留 reserved 7. 临时 temporary 8. 私有 private 12. 有照明 illuminated 18. 疑存 existence doubtful 28. 有浮标标示 buoyed	EN	0,*
垂直距离 vertical length	(VERLEN)		RE	0,1
最小比例尺 scale minimum	(SCAMIN)	见 A.2.5.9 节	IN	0,1

INT 1 引用：K44，45

A.13.9.1 捕鱼设备（Fishing facility）（见 S-4 – B-447 和 B-447.1-3）

捕鱼设备多位于浅水区，但金枪鱼网往往设在深水区。金枪鱼网可能非常大，绵延数海里，形成障碍物。

如需编码捕鱼设备，必须使用“捕鱼设施”（Fishing Facility）要素。

备注：

- “垂直距离”（vertical length）属性用于填写海底上方捕鱼设备的高度。
- 如有必要，浮式渔具设备必须编码为“专用 / 通用浮标”（Buoy Special Purpose/General）要素（见 A.20.5 节）。如有必要，水下渔具设备（鱼梁）必须编码为“障碍物”（Obstruction）（见 A.13.6 节）。

区别：海上养殖场（Marine Farm/Culture）；障碍物（Obstruction）

要素 / 信息关联							
类型	关联名称	关联端					
		类	角色	多重性	类	角色	多重性
组合	结构物 / 设备（Structure/ Equipment）	捕鱼设施（Fishing Facility）	有支撑	0,1	昼标（Daymark）、雾号（Fog Signal）、航空障碍灯（Light Air Obstruction）、环向灯标（Light All Around）、探雾灯（Light Fog Detector）、扇形光灯（Light Sectored）、实体 AIS 助航标志（Physical AIS Aid to Navigation）、雷达反射器（Radar Reflector）、雷达应答器（Radar Transponder Beacon）、反射器（Retroreflector）、交通信号站（Signal Station Traffic）、告警信号站（Signal Station Warning）	支撑	0,*

A.13.10 海上养殖场（Marine farm/culture）

IHO 定义：海上养殖场（MARINE FARM/CULTURE）。由笼子、网、筏和浮子或立杆围成的用来人工养殖鱼、贝等的水域。也叫作渔场（fish farm）（IHO 词典 – S-32）。				
S-101 地理要素：Marine Farm/Culture（MARCUL）				
几何单形：点、曲线、曲面				
现实世界	纸质海图符号	ECDIS 符号		
S-101 属性	S-57 缩写	允许编码值	类型	多重性
海水养殖场类 category of marine farm/ culture	(CATMFA)	1. 甲壳类动物 crustaceans 2. 可食用双壳类软体动物 edible bivalve molluscs 3. 鱼 fish 4. 海藻 seaweed 5. 珍珠养殖场 pearl culture farm	EN	0,1
水深说明 exposition of sounding	(EXPSOU)	1. 在周围深度区内 within the range of depth of the surrounding depth area 2. 比周围深度区浅 shoaler than the range of depth of the surrounding depth area	EN	0,1
要素名称 feature name			C	0,*

显示名称 display name			(S) BO	0,1
语言 language		ISO 639-2/T	(S) TE	0,1
名称 name	(OBJNAM) (NOBJNM)		(S) TE	1,1
固定日期范围 fixed date range			C	0,1
终止日期 date end	(DATEND)	ISO 8601：2004	(S) TD	0,1
开始日期 date start	(DATSTA)	ISO 8601：2004	(S) TD	0,1
周期性日期范围 periodic date range			C	0,*
终止日期 date end	*(PEREND)*	ISO 8601：2004	(S) TD	1,1
开始日期 date start	(PERSTA)	ISO 8601：2004	(S) TD	1,1
垂直测量质量 quality of vertical measurement	(QUASOU)	1. 水深已知 depth known 2. 深度或最浅深度未知 depth or least depth unknown 3. 可疑水深 doubtful sounding 4. 不可靠水深 unreliable sounding 6. 最浅水深已知 least depth known 7. 最浅深度未知（给出安全富余量） least depth unknown, safe clearance at value shown 8. 报告值（未测量） value reported (not surveyed) 9. 报告值（未核实） value reported (not confirmed)	EN	0,*
限制 restriction	(RESTRN)	1. 禁止抛锚 anchoring prohibited 2. 限制抛锚 anchoring restricted 3. 禁止捕捞 fishing prohibited 4. 限制捕捞 fishing restricted 5. 禁止拖网 trawling prohibited	EN	0,*

限制 restriction	(RESTRN)	6. 限制拖网 trawling restricted 7. 禁止进入 entry prohibited 8. 限制进入 entry restricted 9. 禁止疏浚 dredging prohibited 10. 限制疏浚 dredging restricted 11. 禁止潜水 diving prohibited 12. 限制潜水 diving restricted 13. 无伴流 no wake 14. 避航区 area to be avoided 15. 禁止施工 construction prohibited 16. 禁止卸载 discharging prohibited 17. 限制卸载 discharging restricted 18. 禁止工矿业勘探 / 开发 industrial or mineral exploration/development prohibited 19. 限制工矿业勘探 / 开发 industrial or mineral exploration/development restricted 20. 禁止钻探 drilling prohibited 21. 限制钻探 drilling restricted 22. 禁止挪动历史古迹 removal of historical artefacts prohibited 23. 禁止转运货物（过驳） cargo transhipment (lightening) prohibited 24. 禁止拖曳 dragging prohibited 25. 禁止停靠 stopping prohibited 26. 禁止着陆 landing prohibited 27. 限速 speed restricted 39. 禁止游泳 swimming prohibited	EN	0,*

状况 status	(STATUS)	1. 永久 permanent 2. 偶尔 occasional 4. 不使用 not in use 5. 周期性 / 间歇性 periodic/intermittent 6. 保留 reserved 7. 临时 temporary 8. 私有 private 14. 公共 public 16. 有人看守 watched 17. 无人看守 un-watched 28. 有浮标标示 buoyed	EN	0,*
水深值 value of sounding	(VALSOU)		RE	0,1
垂直距离 vertical length	(VERLEN)		RE	0,1
垂直不确定度 vertical uncertainty			C	0,1
固定不确定度 uncertainty fixed	(SOUACC)		(S) RE	1,1
不确定度变量系数 uncertainty variable factor			(S) RE	0,1
水位效应 water level effect	(WATLEV)	1. 高潮时部分淹没 partly submerged at high water 2. 高出 always dry 3. 水下 / 淹没 always under water/ submerged 4. 干出 covers and uncovers 5. 适淹 awash 7. 漂浮 floating	EN	1,1
最小比例尺 scale minimum	(SCAMIN)	见 A.2.5.9 节	IN	0,1

INT 1 引用：K47，48

A.13.10.1 海水养殖场（Marine farm）（见 S-4 – B- 447.4 和 B-447.6）

海水养殖场是由笼子、网、筏子和浮子或立杆围成的水域，用于人工养殖鱼类、贝类等。可能会妨碍航行，可能有浮标或灯标标示。有时不限于近岸水域。浅水区有贝类养殖场。根据吃水深度和潮差状况，高潮时船舶一般可在海水养殖场内航行，但抛锚或停靠可能对养殖场造成损坏。

如需编码海水养殖场，必须使用“海水养殖场”（Marine Farm/Culture）要素。

备注：

- 至少应填写属性“高度”（height）和“水深值”（value of sounding）其中之一。
- 如需编码要素的最浅水深，必须使用“水深说明”（exposition of sounding）、“垂直测量质量”（quality of vertical measurement）和强制性属性“水深值”（value of sounding）属性。“海水养殖场”（Marine Farm/Culture）要素以最大显示比例尺覆盖海底某区域时，“水深值”（value of sounding）属性的值表示形成或支撑海水养殖场的任何结构物或海水养殖场自身区域内的最浅水深（如果已知）。如果要素部分或全部位于水下，必须使用强制性属性“水位效应”（water level effect）对最浅部分的水位进行编码。
- 必须对属性“水位效应”（water level effect）=1 [“高潮时部分淹没”（partly submerged at high water）] 或 2 [“高出”（always dry）] 的“海水养殖场”（Marine Farm/Culture）要素填写属性“高度”（height）。
- 海水养殖场与海底之间的距离应使用“垂直距离”（vertical length）属性编码。
- 必要时，与海水养殖场相关的锚泊装置必须编码为“障碍物”（Obstruction）要素（见 A.13.6 节）。

A.13.10.2 鱼礁（Fish haven）（见 S-4 – B- 447.5）

如需编码鱼礁（fish haven），必须使用“障碍物”（Obstruction）要素，填写属性“障碍物类”（category of obstruction）=5 [“鱼礁”（fish haven）]。

区别：捕鱼设施（Fishing Facility）；障碍物（Obstruction）

A.14 地理要素——海上设施（Offshore Installation）

A.14.1 海上平台（Offshore platform）

IHO 定义：海上平台（OFFSHORE PLATFORM）。一种固定或漂浮的永久性海上结构物（改编自：IHO 词典 – S-32）。

S-101 地理要素：Offshore Platform（OFSPLF）

几何单形：点、曲面

现实世界	纸质海图符号	ECDIS 符号

S-101 属性	S-57 缩写	允许编码值	类型	多重性
海上平台类 category of offshore platform	(CATOFP)	1. 油井架 / 钻井 oil derrick/rig 2. 生产平台 production platform 3. 观测 / 研究平台 observation/research platform 4. 铰接式装载平台 articulated loading platform (ALP) 5. 单锚腿系泊 single anchor leg mooring (SALM) 6. 系泊塔 mooring tower	EN	0,1

海上平台类 category of offshore platform	(CATOFP)	7. 人工岛 artificial island 8. 浮式生产储卸船 floating production, storage and off-loading vessel (FPSO) 9. 居住平台 accommodation platform 10. 导航、通信和控制浮标 navigation, communication and control buoy (NCCB) 11. 浮式油罐 floating oil tank	EN	0,1
颜色 colour	(COLOUR)	1. 白色 white 2. 黑色 black 3. 红色 red 4. 绿色 green 5. 蓝色 blue 6. 黄色 yellow 7. 灰色 grey 8. 棕色 brown 9. 琥珀色 amber 10. 紫色 violet 11. 橙色 orange 12. 洋红色 magenta 13. 粉红色 pink	EN	0,*（有序的）
色彩图案 colour pattern	(COLPAT)	1. 横条纹 horizontal stripes 2. 竖条纹 vertical stripes 3. 斜条纹 diagonal stripes	EN	0,1

色彩图案 colour pattern	(COLPAT)	4. 方格 squared 5. 条纹（方向未知） stripes (direction unknown) 6. 边界条纹 border stripe	EN	0,1
状态 condition	(CONDTN)	1. 在建 under construction 2. 废弃 ruined 5. 拟建 planned construction	EN	0,1
要素名称 feature name			C	0,*
显示名称 display name			(S) BO	0,1
语言 language		ISO 639-2/T	(S) TE	0,1
名称 name	(OBJNAM) (NOBJNM)		(S) TE	1,1
固定日期范围 fixed date range			C	0,1
终止日期 date end	(DATEND)	ISO 8601：2004	(S) TD	0,1
开始日期 date start	(DATSTA)	ISO 8601：2004	(S) TD	0,1
火炬烟囱 flare stack	(LNDMRK)		BO	0,1
高度 height	(HEIGHT)		RE	0,1
产品 product	(PRODCT)	1. 油 oil 2. 气 gas 3. 水 water 18. 液化天然气 liquefied natural gas（LNG） 19. 液化石油气 liquefied petroleum gas（LPG） 23. 电力 electricity	EN	0,*

雷达显著 radar conspicuous	(CONRAD)		BO	0,1
报告日期 reported date	(SORDAT)	ISO 8601：2004	TD	0,1
状况 status	(STATUS)	1. 永久 permanent 2. 偶尔 occasional 4. 不使用 not in use 7. 临时 temporary 8. 私有 private 12. 有照明 illuminated 28. 有浮标标示 buoyed	EN	0,*
垂直距离 vertical length	(VERLEN)		RE	0,1
视觉可见 visually conspicuous	(CONVIS)	1. 视觉显著 visually conspicuous 2. 视觉不显著 not visually conspicuous 3. 突出可见 prominent	EN	0,1
水位效应 water level effect	(WATLEV)	2. 高出 always dry 7. 漂浮 floating	EN	1,1
最小比例尺 scale minimum	(SCAMIN)	见 A.2.5.9 节	IN	0,1

INT 1 引用：L2，10-15，17

A.14.1.1　海上平台（Offshore platform）（见 S-4 – B-445.2；B-445.4 和 B-445.5）

有多种不同类型的海上平台，通常是钢筋或混凝土结构物，后者靠重力作用固定在海底。“张力腿平台”（Tension Leg Platforms，TLP）由半潜式平台构成，通过平台浮力保持张力的钢丝绳拴在其正下方的海底沉箱上。

平台可用于多种目的。平台可以装有以下任何设备：钻探和生产设备；油气分离和处理装置；泵 - 管站；发电机。平台可能配备有起重机、直升机停机坪、可容纳 350 人的住所。平台可单独存在，也可通过管道连为一组。有些平台彼此距离很近，通过桥梁或水下电缆连为一体。有时废气或废油在平台或平台附近伸出的烟囱臂内燃烧，形成火炬。

如需编码永久性海上平台，必须使用“海上平台”（Offshore Platform）要素。

备注：

- “高度”（height）属性仅与固定平台有关，参照垂直基准面（见 A.2.5.7 节）。

- “垂直距离”（vertical length）属性仅与漂浮平台有关，参照海平面。
- 如需编码已拆除平台的位置，必须使用“碍锚地”（Foul Ground）要素（见 A.13.7 节）。如果原始资料表明已拆除平台的残余部分远高于海底，对海面航行造成障碍，必须使用“障碍物”（Obstruction）要素（见 A.13.6 节）编码。
- 平台可设有灯标（见 A.19 节）、雾号（见 A.20.18 节）、直升机停机坪（见 A.6.3 节）和火炬烟囱。如装有灯标，应按 A.19 节的规则对灯标编码，“海上平台”（Offshore Platform）应视为灯标设备要素的结构物要素。如需编码火炬烟囱（flare stack），必须填写“海上平台”（Offshore Platform）的布尔型属性“火炬烟囱”（flare stack）=True。

A.14.1.2 井口（Wellhead）（见 S-4 – B-445.1）

开发油气田时，可能会钻出大量油气井。部分不再使用的井会在海底或海底以下封闭并废弃，此类井与航行无关，无须编码。

水下井口（submerged wellhead）指突出海底一定距离，封盖临时废弃（或“暂停运行”）油气井的海底结构物。其关联的管道和其他设备通常高出海底 2 ~ 6 米，有时达 15 米。部分水下井口用钢筋笼封盖，以避开拖网渔具。有时井口可能会伸出海面。不同深度的井口会对捕捞活动、深吃水船和拖曳设备构成威胁，所以至少应在最大显示比例尺最大的 ENC 数据中，对这些井口及相关浮标编码。

如需编码井口，必须使用点状“障碍物”（Obstruction）要素（见 A.13.6 节），其属性包括：

障碍物类（category of obstruction）	-	2 - 井口（wellhead）
高度（height）		
状况（status）	-	4 - 不使用（废弃不用的）（not in use，disused）
水深值（value of sounding）		
垂直距离（vertical length）	-	井口在海底上方的垂直高度（vertical length of the wellhead above the seabed）
水位效应（water level effect）	-	2 - 高出（always dry）（高潮时露出的井口） 3 - 水下 / 淹没（always under water/submerged）

A.14.1.3 海上安全带（Offshore safety zone）（见 S-4 – B-445.6）

根据《联合国海洋法公约》（UNCLOS），沿海国可在其专属经济区（EEZ）及大陆架人工岛、设施和结构物周围设立安全带。此类设施包括钻井平台、生产平台、井口、系泊设施及其他相关结构物。安全带通常从设施的最外围外扩 500 米。安全带内可采取相关措施确保航行和设施安全。

如需编码海上安全带，必须使用“航行限制区”（Restricted Area Navigational）要素（见 A.17.8 节）或“监管限制区”（Restricted Area Regulatory）要素（见 A.17.9 节），并设置属性“限制区类”（category of restricted area）=1 [“海上安全带”（offshore safety zone）]。

A.14.1.4 海上烟囱（Offshore flare stack）（见 S-4 – B-445.2）

和陆上炼油厂一样，海上管道的终端可能会燃烧生产平台或平台附近独立结构物“火炬烟囱”中的气体。

如需指示海上平台是否有火炬烟囱，必须填写“火炬烟囱”（flare stack）属性。

备注：

如需编码陆上烟囱，必须使用“陆标”（Landmark）（见 A.7.2 节）要素进行编码。

区别：作业浮标（Buoy Installation）；报废船（Hulk）；陆标（Landmark）；海上作业区（Offshore Production Area）；风力发电机（Wind Turbine）

要素 / 信息关联							
类型	关联名称	关联端					
		类	角色	多重性	类	角色	多重性
组合	结构物 / 设备（Structure/ Equipment）	海上平台（Offshore Platform）	有支撑	0,1	昼标（Daymark）、雾号（Fog Signal）、航空障碍灯（Light Air Obstruction）、环向灯标（Light All Around）、探雾灯（Light Fog Detector）、扇形光灯（Light Sectored）、实体 AIS 助航标志（Physical AIS Aid to Navigation）、雷达应答器（Radar Transponder Beacon）、反射器（Retroreflector）、交通信号站（Signal Station Traffic）、告警信号站（Signal Station Warning）	支撑	0,*

A.14.2　海底电缆（Submarine cable）

IHO 定义：海底电缆（SUBMARINE CABLE）。放置于水下或者埋入海底的电缆 / 纤维或钢缆 / 铁链（IHO 词典 – S-32）。				
S-101 地理要素：Cable Submarine（CBLSUB）				
几何单形：曲线				
现实世界	纸质海图符号	ECDIS 符号		
S-101 属性	S-57 缩写	允许编码值	类型	多重性
埋置深度 buried depth	(BURDEP)		RE	0,1
电缆类 category of cable	(CATCBL)	1. 电力线 power line 6. 系泊缆 / 链 mooring cable/chain 7. 轮渡电缆 ferry 8. 光纤电缆 fibre optic cable	EN	0,1
状态 condition	(CONDTN)	1. 在建 under construction 5. 拟建 planned construction	EN	0,1
要素名称 feature name			C	0,*
显示名称 display name			(S) BO	0,1
语言 language		ISO 639-2/T	(S) TE	0,1
名称 name	(OBJNAM) (NOBJNM)		(S) TE	1,1

固定日期范围 fixed date range			C	0,1
终止日期 date end	(DATEND)	ISO 8601：2004	(S) TD	0,1
开始日期 date start	(DATSTA)	ISO 8601：2004	(S) TD	0,1
状况 status	(STATUS)	1. 永久 permanent 4. 不使用 not in use 13. 历史性 historic 18. 疑存 existence doubtful	EN	0,*
最小比例尺 scale minimum	(SCAMIN)	见 A.2.5.9 节	IN	0,1

INT 1 引用：L30.1，31.1，32；Q42

A.14.2.1 海底电缆（Submarine cable）（见 S-4 – B-443；B-443.1-2 和 B-443.7-8）

海底电缆用于输电或通信。所有电力线和大多数通信电缆都带有危险电压。海底电缆对船舶和生命具有潜在危险，特别是对从事海底拖网作业的渔船。海底电缆多在海底下方水深不到 1000 米处掩埋；但仍有大量海底电缆未掩埋。抛锚、拖网或其他海底作业易对海底电缆造成损坏；即便是小型船舶的锚具也能透过松软的海底，破坏电缆。通信电缆受损会导致大范围国内和国际通信中断，电力线受损会导致断电。

应对海底电缆（包括废弃电缆）进行编码，提示抛锚、拖网或从事其他海底作业的船舶有电缆存在，以便：

- 提示海员其船舶存在的潜在危险，包括因缠绕或破坏电缆引发触电、小型船舶渔具或锚钩挂电缆造成翻船或渔具（拖网或锚索）丢失。
- 防止破坏电缆，避免造成服务中断。

有源电缆的编码深度应为 2000 米（船舶可能钩挂电缆遇险的最深水深）。

编码海底电缆必须使用“海底电缆”（Cable Submarine）要素。

备注：

- 如果电缆各段的埋置深度不同，应编码为多个要素。
- 必要时，必须设置“电缆类”（category of cable）=8 [“光纤电缆”（fibre optic cable）]，填写通讯电缆（如电话电缆、光纤电缆等）。
- 如果电缆已废弃（not in use），编码时应设置“状况”（status）=4 [“不使用”（not in use）] 属性，“电缆类”（category of cable）属性不需编码。废弃电缆很少回收，如果对其编码会造成数据混乱。而且某些电缆被削断或拖离原位，其位置的准确记录可能不完整，应选择性地予以编码。如果废弃电缆穿过锚地或已知存在海底活动的区域（如拖网渔场），在最大显示比例尺最大的 ENC 数据中应予以编码，前提是此类数据不得压盖重要信息。
- 某些情况下，高压电力线可能导致船舶磁罗盘出现误差；此时如果收到报告，应视作“局部磁力异常”（见 A.4.2 节）。
- 如需提供电缆所有者 / 运营商的联系方式（如在电缆受损，或需赔偿避免损坏电缆而造成的锚具损失等情况下），必须使用信息类型“联系方式”（Contact Details）（见 A.24.1 节）的相关实例。
- 掩埋较深、不易被锚定损坏的电缆无须编码（避免海员被不必要地禁止锚定或捕捞）。一些情况下此类电缆可编码为“海底电缆”（Cable Submarine），并使用“埋置深度”（buried depth）属性对其额定深度进行编码。

区别：架空电缆（Cable Overhead）；电缆区（Cable Area）

要素 / 信息关联

类型	关联名称	关联端					
		类	角色	多重性	类	角色	多重性
聚合	系泊设施聚合（Mooring Trot Aggregation）	海底电缆（Cable Submarine）	构成	1,*	系泊设施（Mooring Trot）	包含	0,1

A.14.3 海底电缆区（Submarine cable area）

IHO 定义：电缆区（CABLE AREA）。指有一条或多条海底电缆的区域（S-57 第 3.1 版，附录 A，第 1 章，第 1.70 页，2000 年 11 月）。

S-101 地理要素：Cable Area（CBLARE）

几何单形：曲面

现实世界	纸质海图符号	ECDIS 符号

S-101 属性	S-57 缩写	允许编码值	类型	多重性
电缆类 category of cable	(CATCBL)	1. 电力线 power line 7. 轮渡电缆 ferry 8. 光纤电缆 fibre optic cable	EN	0,*
要素名称 feature name			C	0,*
显示名称 display name			(S) BO	0,1
语言 language		ISO 639-2/T	(S) TE	0,1
名称 name	(OBJNAM) (NOBJNM)		(S) TE	1,1
固定日期范围 fixed date range			C	0,1
终止日期 date end	(DATEND)	ISO 8601：2004	(S) TD	0,1
开始日期 date start	(DATSTA)	ISO 8601：2004	(S) TD	0,1
限制 restriction	(RESTRN)	1. 禁止抛锚 anchoring prohibited 2. 限制抛锚 anchoring restricted 3. 禁止捕捞 fishing prohibited 4. 限制捕捞 fishing restricted	EN	0,*

限制 restriction	(RESTRN)	5. 禁止拖网 trawling prohibited 6. 限制拖网 trawling restricted 7. 禁止进入 entry prohibited 8. 限制进入 entry restricted 9. 禁止疏浚 dredging prohibited 11. 禁止潜水 diving prohibited 12. 限制潜水 diving restricted 13. 无伴流 no wake 14. 避航区 area to be avoided 16. 禁止卸载 discharging prohibited 17. 限制卸载 discharging restricted 18. 禁止工矿业勘探 / 开发 industrial or mineral exploration/ development prohibited 20. 禁止钻探 drilling prohibited 23. 禁止转运货物（过驳） cargo transhipment (lightening) prohibited 24. 禁止拖曳 dragging prohibited 25. 禁止停靠 stopping prohibited 27. 限速 speed restricted 39. 禁止游泳 swimming prohibited	EN	0,*
状况 status	(STATUS)	1. 永久 permanent 7. 临时 temporary 13. 历史性 historic	EN	0,*

最小比例尺 scale minimum	(SCAMIN)	见 A.2.5.9 节	IN	0,1

INT 1 引用：L30.2，31.2

A.14.3.1　海底电缆区（Submarine cable area）（见 S-4 – B-439.3 和 B-443.3）

以下情形，应使用海底电缆区进行编码：

- 电缆区内电缆（含废弃电缆）数量众多，无法在不破坏 ENC 清晰度的情况下单独编码；
- 监管机构指定的电缆（一条或多条）保护区域。

编码海底电缆区必须使用“电缆区”（Cable Area）要素。

备注：

- 如已填写，“状况”（status）属性仅用于海底电缆区状态编码，不包括电缆状态。
- 电缆区外边界形成的封闭区域须禁止 / 不建议进行锚定及某些捕捞活动，即电缆区外边界必须位于最外层电缆实际线路的安全距离外。
- 如需提供电缆所有者 / 运营商的联系方式（如电缆受损，或需赔偿避免损坏电缆而造成锚具损失等情况下），必须使用信息类型“联系方式”（Contact Details）（见 A.24.1 节）的相关实例。

区别：架空电缆（Cable Overhead）；海底电缆（Cable Submarine）

A.14.4　海底 / 陆地管道（Submarine/land pipeline）

IHO 定义：管道（PIPELINE）。用于输送液体、泥浆或气体的一组连接导管（国防地理空间信息工作组；要素数据字典注册系统，2012 年）。

S-101 地理要素：Pipeline Submarine/On Land（PIPSOL）

几何单形：曲线

现实世界	纸质海图符号	ECDIS 符号

S-101 属性	S-57 缩写	允许编码值	类型	多重性
埋置深度 buried depth	(BURDEP)		RE	0,1
管道 / 导管类 category of pipeline/pipe	(CATPIP)	2. 排放管道 outfall pipe 3. 抽吸管道 intake pipe 4. 下水道 sewer 5. 鼓泡系统 bubbler system 6. 供给管道 supply pipe 7. 气泡幕 bubble curtain	EN	0,*
状态 condition	(CONDTN)	1. 在建 under construction 5. 拟建 planned construction	EN	0,1

水深范围最小值 depth range minimum value	(DRVAL1)	DRVAL1 ≤ DRVAL2	RE	0,1
水深范围最大值 depth range maximum value	(DRVAL2)	DRVAL2 ≤ DRVAL1	RE	0,1
要素名称 feature name			C	0,*
显示名称 display name			(S) BO	0,1
语言 language		ISO 639-2/T	(S) TE	0,1
名称 name	(OBJNAM) (NOBJNM)		(S) TE	1,1
固定日期范围 fixed date range			C	0,1
终止日期 date end	(DATEND)	ISO 8601：2004	(S) TD	0,1
开始日期 date start	(DATSTA)	ISO 8601：2004	(S) TD	0,1
要素多重性 multiplicity of features			C	0,1
多重性已知 multiplicity known			(S) BO	1,1
要素数量 number of features			(S) IN	0,1
产品 product	(PRODCT)	1. 油 oil 2. 气 gas 3. 水 water 7. 化学品 chemicals 8. 饮用水 drinking water 9. 奶乳 milk 18. 液化天然气 liquefied natural gas（LNG） 19. 液化石油气 liquefied petroleum gas（LPG）	EN	0,*
报告日期 reported date	(SORDAT)	ISO 8601：2004	TD	0,1

限制 restriction	(RESTRN)	1. 禁止抛锚 anchoring prohibited 3. 禁止捕捞 fishing prohibited 4. 限制捕捞 fishing restricted 5. 禁止拖网 trawling prohibited 8. 限制进入 entry restricted 9. 禁止疏浚 dredging prohibited 11. 禁止潜水 diving prohibited 12. 限制潜水 diving restricted 13. 无伴流 no wake 14. 避航区 area to be avoided 16. 禁止卸载 discharging prohibited 17. 限制卸载 discharging restricted 18. 禁止工矿业勘探 / 开发 industrial or mineral exploration/ development prohibited 20. 禁止钻探 drilling prohibited 23. 禁止转运货物（过驳） cargo transhipment (lightening) prohibited 24. 禁止拖曳 dragging prohibited 25. 禁止停靠 stopping prohibited 26. 禁止着陆 landing prohibited 27. 限速 speed restricted 39. 禁止游泳 swimming prohibited	EN	0,*

状况 status	(STATUS)	1. 永久 permanent 4. 不使用 not in use 7. 临时 temporary 12. 有照明 illuminated	EN	0,*
垂直距离 vertical length	(VERLEN)		RE	0,1
最小比例尺 scale minimum	(SCAMIN)	见 A.2.5.9 节	IN	0,1

INT 1 引用：D29；L40.1，41.1，42，44

A.14.4.1 海底 / 陆地管道（Pipelines, submarine or on land）（见 S-4 – B-377；B-444；B-444.1-2；B-444.4-5 和 B-444.7）

海底管道可分为两种主要类型：

- 油、化学品、气体和水供给管道是很多区域内的重要要素。管线通常有混凝土保护层，可以产生沉降浮力，导致外径显著增加。管道一般直接在海底铺设，低洼地带或空洞位置下方有物理支撑。某些情况下（如在浅水区或近岸），如果管道外径导致上方水深显著变浅，管道可以在沟槽中铺设或埋置。
- 虽然有时用混凝土外壳保护脆弱的管道连接处，但在任何情况下，都应认为管道易受锚泊或拖网损坏。天然气管道对船舶构成严重威胁，可导致船舶失火、爆炸，或者失去浮力。石油和化学品管道发生断裂会危及环境。供水管道受损会影响居民区供水，主要是岛屿供水，造成混乱或供水污染。鉴于以上情况，在恰当的最大显示比例尺 ENC 数据中，均应对海底管道进行编码。
- 排放口和进水口（如下水道和冷却水进水口）通常是近岸水域的重要要素。特别是对小型船舶而言，此类管道对航行构成潜在威胁。管道也容易受损。至少应在最大显示比例尺最大的 ENC 数据中进行编码。

编码海底 / 陆地管道必须使用“海底 / 陆地管道”（Pipeline Submarine/On Land）要素。

备注：

- 如果埋置深度沿管线变化，管道应编码为多个要素。
- “水深范围最小值”（depth range minimum value）和“水深范围最大值”（depth range maximum value）属性分别用于管道上方的最浅水深和最深水深编码。
- 使用气泡幕防止溢油时，必须编码为“油障”（Oil Barrier）要素（见 A.16.21 节），设置属性“油障类”（category of oil barrier）=1 [“防溢油 – 高压管道”（oil retention–high pressure pipe）]。
- 如果管道已废弃（not in use），编码时应设置属性“状况”（status）=4[“不使用”（not in use）]，属性“管道 / 导管类”（category of pipeline/pipe）、“产品”（product）不应编码。
- “水下管道”（sub-surface pipeline）一词描述水体中“漂浮”的管道（见 S-4 – B-444.9）。对其编码时应使用“海底 / 陆地管道”（Pipeline Submarine/On Land）要素，并以管道上方的最小设计水深填写属性“水深范围最小值”（depth range minimum value）；属性“水深范围最大值”（depth range maximum value）则应以管道上方的最大设计水深填写。如认为图片文件（如管道间隙示意图）有用，可使用信息类型“航海信息”（Nautical Information）（见 A.24.4 节）的相关实例、属性“图示显示”（pictorial representation）引用。
- 如需提供海底管道所有者 / 运营商的联系方式（如海底管道受损，或需赔偿避免损坏海底管道而造成锚具损失等情况下），必须使用信息类型“联系方式”（Contact Details）（见 A.24.1 节）的相关实例。
- 掩埋较深、不易被锚具损坏的海底管道无须编码（避免海员被不必要地禁止锚定或捕捞）。一些情况下此类管道可编码为“海底 / 陆地管道”（Pipeline Submarine/On Land），使用“埋置深度”（buried depth）属性对其额定深度进行编码。
- 陆地深埋的管道无须编码。

A.14.4.2 扩散器（Diffuser）、木笼（Crib）

编码扩散器（diffuser）和木笼（crib）必须使用“障碍物”（Obstruction）要素，设置属性“障碍物类”（category of obstruction）=3 [“扩散器”（diffuser）] 或 4 [“木笼”（crib）]。

区别：架空管道（Pipeline Overhead）；海底管道区（Submarine Pipeline Area）

A.14.5 海底管道区（Submarine pipeline area）

IHO 定义：海底管道区（SUBMARINE PIPELINE AREA）。拥有一条或多条管线的区域（改编自：S-57 第 3.1 版，附录 A，第 1 章，第 1.118 页，2000 年 11 月）。

S-101 地理要素：Submarine Pipeline Area（PIPARE）

几何单形：点、曲面

现实世界	纸质海图符号	ECDIS 符号

S-101 属性	S-57 缩写	允许编码值	类型	多重性
管道 / 导管类 category of pipeline/pipe	(CATPIP)	2. 排水管道 outfall pipe 3. 抽吸管道 intake pipe 4. 下水道 sewer 5. 鼓泡系统 bubbler system 6. 供给管道 supply pipe	EN	0,*
要素名称 feature name			C	0,*
显示名称 display name			(S) BO	0,1
语言 language		ISO 639-2/T	(S) TE	0,1
名称 name	(OBJNAM) (NOBJNM)		(S) TE	1,1
固定日期范围 fixed date range			C	0,1
终止日期 date end	(DATEND)	ISO 8601：2004	(S) TD	0,1
开始日期 date start	(DATSTA)	ISO 8601：2004	(S) TD	0,1
产品 product	(PRODCT)	. 油 oil 2. 气 gas 3. 水 water	EN	0,*

产品 product	(PRODCT)	17. 化学品 chemicals 8. 饮用水 drinking water 18. 液化天然气 liquefied natural gas（LNG） 19. 液化石油气 liquefied petroleum gas（LPG）	EN	0,*
限制 restriction	(RESTRN)	1. 禁止抛锚 anchoring prohibited 2. 限制抛锚 anchoring restricted 3. 禁止捕捞 fishing prohibited 4. 限制捕捞 fishing restricted 5. 禁止拖网 trawling prohibited 6. 限制拖网 trawling restricted 7. 禁止进入 entry prohibited 8. 限制进入 entry restricted 9. 禁止疏浚 dredging prohibited 10. 限制疏浚 dredging restricted 11. 禁止潜水 diving prohibited 12. 限制潜水 diving restricted 13. 无伴流 no wake 14. 避航区 area to be avoided 15. 禁止施工 construction prohibited 16. 禁止卸载 discharging prohibited 17. 限制卸载 discharging restricted 18. 禁止工矿业勘探 / 开发 industrial or mineral exploration/ development prohibited	EN	0,*

限制 restriction	(RESTRN)	19. 限制工矿业勘探 / 开发 industrial or mineral exploration/ development restricted 20. 禁止钻探 drilling prohibited 21. 限制钻探 drilling restricted 22. 禁止挪动历史古迹 removal of historical artefacts prohibited 23. 禁止转运货物（过驳） cargo transhipment (lightening) prohibited 24. 禁止拖曳 dragging prohibited 25. 禁止停靠 stopping prohibited 26. 禁止着陆 landing prohibited 39. 禁止游泳 swimming prohibited		
状况 status	(STATUS)	1. 永久 permanent 4. 不使用 not in use 7. 临时 temporary	EN	0,*
最小比例尺 scale minimum	(SCAMIN)	见 A.2.5.9 节	IN	0,1

INT 1 引用：L40.2，41.2

A.14.5.1 海底管道区（Submarine pipeline area）（见 S-4 – B-439.3 和 B-444.3）

以下情形，应对海底管道区进行编码：

- 海底管道区内管道（含废弃管道）数量众多，无法在不破坏 ENC 清晰度的情况下单独编码；
- 监管机构指定的管道（一条或多条）保护区域。

如需编码海底管道区，必须使用“海底管道区”（Submarine Pipeline Area）要素。

备注：

- 如果已填写“状况”（status）属性，该属性仅用于管道区的状况，而不包括管道的状况。
- 海底管道区外边界必须对应于于禁止 / 不建议锚泊及某些捕捞活动的区域，即海底管道区外边界必须位于最外层管道实际线路的安全距离外。
- 如果管道被废弃（not in use），应设置属性“状况”（status）=4 [“不使用”（not in use）] 对“海底管道区”（Submarine Pipeline Area）编码，“管道 / 导管类”（category of pipeline/pipe）、“产品”（product）属性不应编码。
- 如需提供海底管道所有者 / 运营商的联系方式（如海底管道受损，或需赔偿避免损坏海底管道而造成锚具损失等情况下），必须使用信息类型“联系方式”（Contact Details）（见 A.24.1 节）的相关实例。

区别：架空管道（Pipeline Overhead）；海底 / 陆地管道（Pipeline Submarine/On land）

A.14.6 海上作业区（Offshore production area）

IHO 定义：海上作业区（OFFSHORE PRODUCTION AREA）。具有海上作业设备的区域（改编自：S-57 第 3.1 版，附录 A，第 1 章，第 1.113 页，2000 年 11 月）。

S-101 地理要素：Offshore Production Area（OSPARE）

几何单形：曲面

现实世界	纸质海图符号	ECDIS 符号

S-101 属性	S-57 缩写	允许编码值	类型	多重性
海上作业区类 category of offshore production area		1. 海上风电场 offshore wind farm 2. 波浪发电场 wave farm 3. 海流发电场 current farm 4. 油罐群 tank farm 5. 海底物质开采区 seabed material extraction area	EN	0,1
状态 condition	(CONDTN)	1. 在建 under construction 2. 废弃 ruined 4. 无翼 wingless 5. 拟建 planned construction	EN	0,1
要素名称 feature name			C	0,*
显示名称 display name			(S) BO	0,1
语言 language		ISO 639-2/T	(S) TE	0,1
名称 name	(OBJNAM) (NOBJNM)		(S) TE	1,1
固定日期范围 fixed date range			C	0,1
终止日期 date end	(DATEND)	ISO 8601：2004	(S) TD	0,1
开始日期 date start	(DATSTA)	ISO 8601：2004	(S) TD	0,1
高度 height	(HEIGHT)		RE	0,1

产品 product	(PRODCT)	1. 油 oil 2. 气 gas 4. 石 stone 6. 矿石 ore 10. 铝土矿 bauxite 14. 砂 sand 23. 电力 electricity	EN	0,*
雷达显著 radar conspicuous	(CONRAD)		BO	0,1
报告日期 reported date	(SORDAT)	ISO 8601：2004	TD	0,1
限制 restriction	(RESTRN)	1. 禁止抛锚 anchoring prohibited 2. 限制抛锚 anchoring restricted 3. 禁止捕捞 fishing prohibited 4. 限制捕捞 fishing restricted 5. 禁止拖网 trawling prohibited 6. 限制拖网 trawling restricted 7. 禁止进入 entry prohibited 8. 限制进入 entry restricted 9. 禁止疏浚 dredging prohibited 10. 限制疏浚 dredging restricted 11. 禁止潜水 diving prohibited 12. 限制潜水 diving restricted 13. 无伴流 no wake	EN	0,*

限制 restriction	(RESTRN)	14. 避航区 area to be avoided 15. 禁止施工 construction prohibited 16. 禁止卸载 discharging prohibited 17. 限制卸载 discharging restricted 18. 禁止工矿业勘探 / 开发 industrial or mineral exploration/ development prohibited 19. 限制工矿业勘探 / 开发 industrial or mineral exploration/ development restricted 20. 禁止钻探 drilling prohibited 21. 限制钻探 drilling restricted 22. 禁止挪动历史古迹 removal of historical artefacts prohibited 23. 禁止转运货物（过驳） cargo transhipment (lightening) prohibited 24. 禁止拖曳 dragging prohibited 25. 禁止停靠 stopping prohibited 26. 禁止着陆 landing prohibited 27. 限速 speed restricted 39. 禁止游泳 swimming prohibited	EN	0,*
状况 status	(STATUS)	1. 永久 permanent 4. 不使用 not in use 7. 临时 temporary 8. 私有 private 12. 有照明 illuminated 28. 有浮标标示 buoyed	EN	0,*

垂直距离 vertical length	(VERLEN)		RE	0,1
视觉可见 visually conspicuous	(CONVIS)	1. 视觉显著 visually conspicuous 2. 视觉不显著 not visually conspicuous 3. 突出可见 prominent	EN	0,1
最小比例尺 scale minimum	(SCAMIN)	见 A.2.5.9 节	IN	0,1

INT 1 引用：L4，5.2

A.14.6.1 海上作业区（Offshore production area）（见 S-4 – B-445.3；B-445.7；B-445.11 和 B-445.12）

全球多地均在开发油气田。尽管基本油气开采方法已趋于成熟，但系统和结构物的细节可能会因不同油气田的特点而异，且始终在发展变化。典型的油气田一般通过固定在海底的生产平台开采油气。所有生产平台都使用管道将油气输送至设施平台，在平台进行初步处理、压缩和输送。然后通过管道将油气输送至附近的储油罐、油船装载浮码头或浮码头，或直接输送至岸上的油罐区。一个设施平台可存储多个生产平台的油气，也可供给多个油轮装载浮码头或储存单元。此类设施平台有时称为“海上油田钻井平台”（Field Terminal Platform）。改装油轮或特制船舶通常永久系泊，用作设施平台、浮码头或油气存储装置。

其他海上能源生产设施包括风力发电机、水下海流发电机。也可使用其他利用潮流能和波浪能的方法。

海上作业区编码必须使用“海上作业区”（Offshore Production Area）要素。

备注：

- 必要时，风电场的基本信息（如叶片直径、叶片净空高度等）应使用信息类型“航海信息”（Nautical Information）（见 A.24.4 节）的相关实例和复杂属性“信息”（information）进行编码。单个海上风力发电机编码应使用“风力发电机”（Wind Turbine）要素（见 A.7.4 节）。
- 波浪发电场或海流发电场（或涡轮机场）内的单个波浪能装置，或水下涡轮机，应使用“障碍物”（Obstruction）要素（见 A.13.6 节）编码；如果存在相关水上结构物，应使用相关要素 [如“海上平台”（Offshore Platform）或“专用 / 通用立标”（Beacon Special Purpose/General）] 编码。与该要素相关的任何限制区的范围和性质，应使用“航行限制区”（Restricted Area Navigational）要素（见 A.17.8 节）或“监管限制区”（Restricted Area Regulatory）要素（见 A.17.9 节）编码。
- 近海开采区应使用“海上作业区”（Offshore Production Area）要素进行编码，“海上作业区类”（category of offshore production area）和“产品”（product）属性填写适当的值；同时设置“状态”（condition）=1 [“在建”（under construction）]。可使用信息类型“航海信息”（Nautical Information）（见 A.24.4 节）的相关实例、复杂属性“信息”（Information）添加区域内的活动说明。该区域开采活动结束时，“状态”（condition）属性和任何相关注释都可从该要素中删除。

A.14.6.2 海上油轮装载系统（Offshore tanker loading system）（见 S-4 – B-445.4）

虽然部分油气田开采的油气经海底管道输送上岸，但深水区或某些港口附近也使用多种系泊装置，供大型船舶装载和浮式储存船 / 装置永久系泊。此类海上系统包括大型系泊浮码头（用于系泊 500000 吨以下的船舶）和其下端在海底结构物上固定的平台。可供船舶进行船首或船尾系泊，船舶可随风力或潮流摆动。固定式的称为“单点系泊”（Single Point Mooring，SPM），系船浮筒形式称为“单浮筒系泊”（Single Buoy Mooring，SBM）。SPM、SBM 和生产平台一样，大多装有灯标和雾号。

如需编码海上油轮装载系统，必须使用“作业浮标”（Buoy Installation）要素（见 A.20.7 节）。

如需编码铰接塔（articulated tower），必须使用“海上平台”（Offshore Platform）要素（见 A.14.1 节），并填写如下属性：

海上平台类（category of offshore platform）-	4 - 铰接式装载平台（articulated loading platform，ALP） 5 - 单锚腿系泊（single anchor leg mooring，SALM） 8 - 浮式生产储卸船（floating production, storage and off-loading vessel，FPSO） 10 - 导航、通信和控制浮标（navigation, communication and control buoy，NCCB）（可能带有存储设施）

区别：专属经济区（Exclusive Economic Zone）；海上平台（Offshore Platform）；风力发电机（Wind Turbine）

A.15　地理要素——航线与航道（Tracks and Routes）

A.15.1　导向线（Leading line）、安全线（Clearing line）、叠标线（Transit line）及推荐航线（Recommended track）（见 S-4 – B-433 和 B-434）

导向线（leading line）、安全线（clearing line）、叠标线（transit line）和推荐航线（recommended track）编码，必须使用“导航线”（Navigation Line）、“推荐航线”（Recommended Track）要素（见 A.15.4 节和 A.15.5 节）和相关点状航标要素（见 A.20 节）。此类编码用于可视助航标志与无线电助航标志。

需注意，北美地区使用“range”，而不用“transit”和“leading line”。

A.15.1.1　方位线系统（Range system）——关系

方位线系统编码应使用“方位线系统聚合”（Range System Aggregation）关联（见 A.25.12 节）将“导航线”（Navigation Line）、“推荐航线”（Recommended Track）、航标要素与要素“方位线系统”（Range System）（见 A.15.6 节）进行关联。

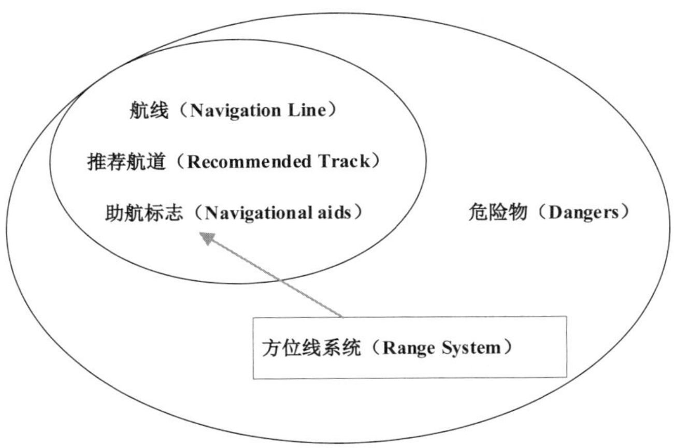

图A-15.1　方位线系统

备注：

- 方位线系统的所有构成要素必须对“最小比例尺”（scale minimum）（见 A.2.5.9 节）属性填写相同的值。

A.15.2 通航分道（Traffic lane）

通航分道（traffic lane）是在规定界限内实行单向通航的区域。天然障碍物（Natural obstacles），包括形成分隔带的障碍物，可构成通航分道的边界（IMO 船舶定线制）。此类通航道可由以下要素构成：“分道通航制分道”（Traffic Separation Scheme Lane Part）和“深水航道分道”（Deep Water Route Part）。

图A-15.2 通航分道－示例

A.15.3 分道通航制（Traffic separation scheme）和分道通航制系统（见 S-4 – B-435.1-3）

分道通航制（traffic separation scheme，TSS）是一种定线制，旨在通过恰当的方式划定通航分道，分隔相反的交通流（IMO 船舶定线制）。分道通航制通过建立分隔带、分隔线或通航分道，分隔海上相反的交通流。可包括沿岸通航带或深水航道。分隔带或分隔线可分隔：

1）船舶朝相反或大致相反方向行驶的通航分道；

2）近海通航分道；

3）特定类别船舶同向行驶的通航分道。

分道通航制编码必须使用：

- 深水航道（DW）——已划定界线范围的航道，该航道在海图上所示的海底净空及水下障碍物（IMO 船舶定线制）已进行精确测量。深水航道编码使用“深水航道中心线”（Deep Water Route Centreline）、“深水航道分道”（Deep Water Route Part）和“深水航道”（Deep Water Routes）要素（见 A.15.13 节至 A.15.15 节）。
- “沿岸通航带”（Inshore Traffic Zone）（见 A.15.16 节）；
- “警戒区”（Precautionary Area）（见 A.15.17 节）；
- “通航分隔线”（Traffic Separation Line）、“分道通航带”（Traffic Separation Zone）、“分道通航制边界”（Traffic Separation Scheme Boundary）、“分道通航制交汇处”（Traffic Separation Scheme Crossing）、“分道通航制分道”（Traffic Separation Scheme Lane Part）、“分道通航制环行道”（Traffic Separation Scheme Roundabout）和“分道通航制”（Traffic Separation Scheme）（见 A.15.18 节至 A.15.24 节）；

- 助航标志要素（见 A.18 节至 A.21 节）。

提前通知变更分道通航制的相关规则，参见 A.31.1.1 节。

编码分道通航制（TSS）系统，必须使用关联“分道通航制聚合”（Traffic Separation Scheme Aggregation）（见 A.25.16 节），将要素“深水航道中心线”（Deep Water Route Centreline），“深水航道分道”（Deep Water Route Part），“沿岸通航带”（Inshore Traffic Zone），“警戒区”（Precautionary Area），“通航分隔线”（Traffic Separation Line），“分道通航带”（Traffic Separation Zone），“分道通航制边界”（Traffic Separation Scheme Boundary）、“分道通航制交汇处”（Traffic Separation Scheme Crossing）、“分道通航制分道”（Traffic Separation Scheme Lane Part）、“分道通航制环行道”（Traffic Separation Scheme Roundabout）以及航标要素（若已在 TSS 或深水航道规定中说明）与“分道通航制”（Traffic Separation Scheme）（见 A.15.24 节）相关联。如需完整表示分道通航制名称，必须使用“分道通航制”（Traffic Separation Scheme）的属性“要素名称”（feature name）。分道通航制如需添加文本信息，应使用“警告区”（Caution Area）（见 A.16.10 节）或“信息区”（Information Area）要素（见 A.16.11 节），这两个要素包含信息类型“航海信息”（Nautical Information）（见 A.24.4 节）的相关实例和复杂属性“信息”（information）。

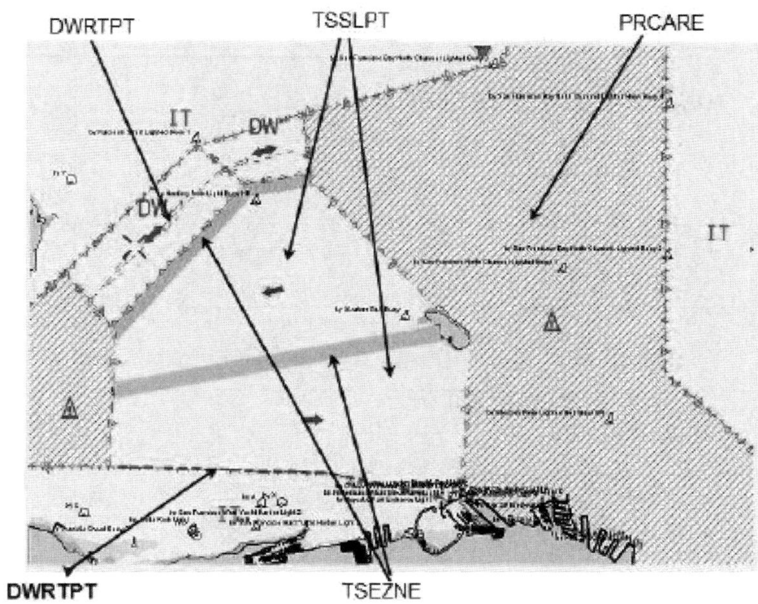

图A-15.3　分道通航制（TSS）和深水航道（DW）示例

备注：

- 分道通航制系统可包含在其他定线制（如深水航道或双向航道）或另一个分道通航制系统中，共同构成完整的交通定线系统。对定线制之间的关系进行编码，可使用“分道通航制聚合”（Traffic Separation Scheme Aggregation）将系统中定义各定线制的命名组合（如果定线制中包含单个要素，即为“相关要素”）相关联，形成层级关系（见 A.25.16 节）。包含在不同定线制中的独立元素不能聚合到单个命名组合中。
- TSS、TSS 系统或深水航道的所有构成要素必须对“最小比例尺”（scale minimum）属性（见 A.2.5.9 节）填写相同的值。

A.15.4 导航线（Navigation line）

IHO 定义：导航线（NAVIGATION LINE）。一条由连接两个助航标志一直延伸到航行相关水域的直线构成的线（法国海洋海道局）。		
S-101 地理要素：Navigation Line（NAVLNE）		
几何单形：曲线		
现实世界	纸质海图符号	ECDIS 符号

S-101 属性	S-57 缩写	允许编码值	类型	多重性
导航线类 category of navigation line	(CATNAV)	1. 安全线 clearing line 2. 叠标线 transit line 3. 具有推荐航线的导向线 leading line bearing a recommended track	EN	1,1
固定日期范围 fixed date range			C	0,1
终止日期 date end	(DATEND)	ISO 8601：2004	(S) TD	0,1
开始日期 date start	(DATSTA)	ISO 8601：2004	(S) TD	0,1
测量距离 measured distance			IN	0,1
方位 orientation			C	1,1
方位不确定度 orientation uncertainty			(S) RE	0,1
方位值 orientation value	(ORIENT)		(S) RE	1,1
周期性日期范围 periodic date range			C	0,*
终止日期 date end	(PEREND)	ISO 8601：2004	(S) TD	1,1
开始日期 date start	(PERSTA)	ISO 8601：2004	(S) TD	1,1
状况 status	(STATUS)	1. 永久 permanent 2. 偶尔 occasional 5. 周期性 / 间歇性 periodic/intermittent	EN	0,*

状况 status	(STATUS)	7. 临时 temporary 8. 私有 private 14. 公共 public	EN	0,*
最小比例尺 scale minimum	(SCAMIN)	见 A.2.5.9 节	IN	0,1

INT 1 引用：M1-2；Q122

A.15.4.1　导航线（Navigation line）（见 S-4 – B-433）

在没有浮标标明危险物的礁石区，以及帆船（并非始终保持直线行驶）和其他小型船舶可能在近岸航行的区域，安全线十分重要。标记孤立危险物的叠标可基于立标或其他竖立在岸上的标志来指示孤立危险物位置（大致位置，除非有两对立标）。在 ENC 数据最大显示比例尺允许的情况下，必须对基于立标或灯标的导航线进行编码。当基于自然要素的导航线有用时（特别是在其他助航标志不足的情况下），则应在 ENC 数据最大显示比例尺上编码。

如需编码导航线，必须使用“导航线”（Navigation Line）要素。

“导航线”（Navigation Line）和“推荐航线”（Recommended Track）（见 A.15.5 节）的具体用法见下表 A-15.1 和下图 A-15.4：

表 A-15.1　导航线 – 属性编码

序号		导航线 Navigation Line	推荐航线 Recommended Track	助航标志 Navigational Aids
1	导航线上的推荐航线	导航线类（category of navigation line）=3	推荐航线类（category of recommended track）=1	至少 2
2	导航线标志上的安全线	导航线类（category of navigation line）=1	无	至少 2
3	导航线标志上的叠标线	导航线类（category of navigation line）=2	无	至少 2
4	方位线上的推荐航线	导航线类（category of navigation line）=3	推荐航线类（category of recommended track）=1	1
5	方位线上的安全线	导航线类（category of navigation line）=1	无	1
6	方位线上的叠标线	导航线类（category of navigation line）=2	无	1
7	不基于固定标志的推荐航线	无	推荐航线类（category of recommended track）=2	无

备注：

- 强制复杂属性“方位值”（orientation value）的赋值必须是海上方位值。
- 导航线的范围取决于助航标志的可见距离。
- 推荐航线指船舶应在其范围内航行的航线。

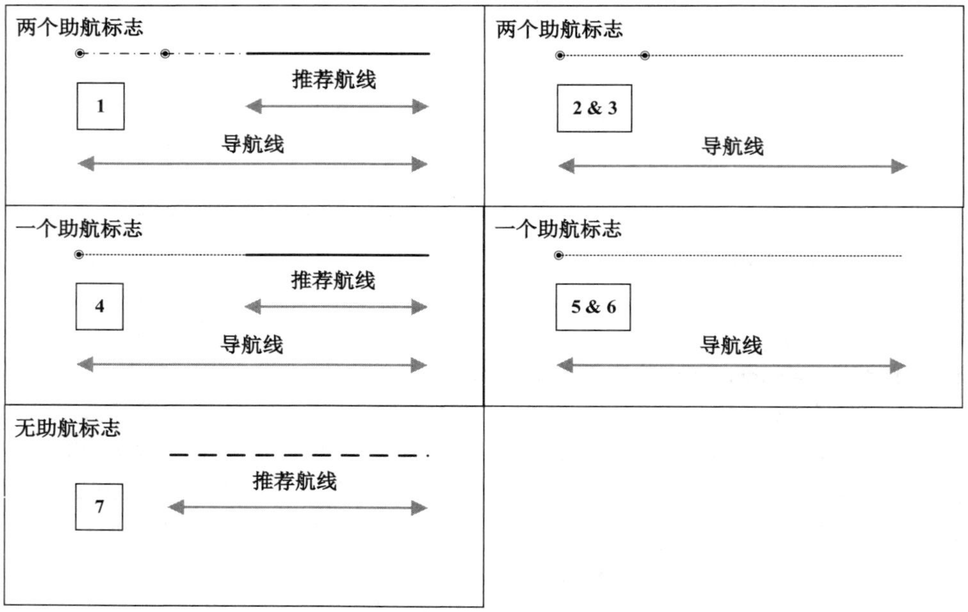

图A-15.4　导航线 – 几何编码

A.15.4.2　测量距离（Measured distance）（见 S-4 – B-458）

如果航行路线位于导航线或方位线上，必须按上表 A-15.1 和上图 A-15.4 所述（例 1 或例 4）的规则进行编码。否则必须编码为“导航线”（Navigation Line）要素，设置属性“导航线类”（category of navigation line）为空（null）。在这两种情况下，如需编码测量距离，必须使用属性“测量距离”（measured distance）。

如需编码叠标线，必须使用“导航线”（Navigation Line）要素，设置属性“导航线类”（category of navigation line）=2[“叠标线”（transit line）]。

如需编码立标，必须使用“专用 / 通用立标”（Beacon Special Purpose/General）要素，设置属性“专用标志类”（category of special purpose mark）= 17[“测距标”（measured distance mark）]。

某些情况下，用于测距的一条或多条叠标线，可能包含一个现有地标作为前标或后标。此时，如需编码“陆标”（Land mark），还须设置“专用标志类”（category of special purpose mark）= 17[“测距标”（measured distance mark）]。

如果整个测量距离系统存在于单个数据集中，必须使用“方位线系统聚合”（Range System Aggregation）（见 A.25.12 节）关联将每条叠标线及其立标与要素“方位线系统”（Range System）（见 A.15.6 节）进行关联。这两种关联和航行线路必须与“方位线系统”（Range System）的另一个实例关联，形成层级关系。

备注：

- 包含测量距离的所有要素必须对“最小比例尺”（scale minimum）属性（见 A.2.5.9 节）填写相同的值。

区别：推荐航道中心线（Recommended Route）；推荐航线（Recommended Track）

要素 / 信息关联

类型	关联名称	关联端					
		类	角色	多重性	类	角色	多重性
聚合	方位线系统聚合（Range System Aggregation）	导航线（Navigation Line）	构成	1,*	方位线系统（Range System）	包含	0,1

A.15.5　推荐航线（Recommended track）

IHO 定义：推荐航线（RECOMMENDED TRACK）。经过仔细检查，尽最大可能确保没有危险物，推荐船舶航行的航道（IMO 船舶定线制）。

S-101 地理要素：Recommended Track（RECTRC）

几何单形：曲线

现实世界	纸质海图符号	ECDIS 符号

S-101 属性	S-57 缩写	允许编码值	类型	多重性
推荐航线类 category of recommended track	(CATTRK)	1. 基于固定标志系统 based on a system of fixed marks 2. 不基于固定标志系统 not based on a system of fixed marks	EN	1,1
水深范围最小值 depth range minimum value	(DRVAL1)		RE	0,1
要素名称 feature name			C	0,*
显示名称 display name			(S) BO	0,1
语言 language		ISO 639-2/T	(S) TE	0,1
名称 name	(OBJNAM) (NOBJNM)		(S) TE	1,1
固定日期范围 fixed date range			C	0,1
终止日期 date end	(DATEND)	ISO 8601：2004	(S) TD	0,1
开始日期 date start	(DATSTA)	ISO 8601：2004	(S) TD	0,1
最大允许吃水深度 maximum permitted draught	(INFORM) (NINFOM)		RE	0,1
方位值 orientation value	(ORIENT)		RE	1,1
周期性日期范围 periodic date range			C	0,*
终止日期 date end	(PEREND)	ISO 8601：2004	(S) TD	1,1
开始日期 date start	(PERSTA)	ISO 8601：2004	(S) TD	1,1
垂直测量质量 quality of vertical measurement	(QUASOU)	1. 水深已知 depth known 2. 深度或最浅深度未知 depth or least depth unknown 6. 最浅水深已知 least depth known	EN	0,*

状况 status	(STATUS)	1. 永久 permanent 2. 偶尔 occasional 5. 周期性 / 间歇性 periodic/intermittent 7. 临时 temporary 9. 强制性 mandatory 12. 有照明 illuminated 16. 有人看守 watched 17. 无人看守 un-watched	EN	0,*
垂直测量技术 technique of vertical measurement	(TECSOU)	1. 回声测深仪测量 found by echo-sounder 2. 侧扫声呐测量 found by side scan sonar 3. 多波束测量 found by multi-beam 6. 钢索扫海 swept by wire-drag 8. 垂直声学系统扫测 swept by vertical acoustic system 9. 电磁传感器测量 found by electromagnetic sensor 13. 侧扫声呐扫测 swept by side scan sonar 15. 激光雷达测量 found by LIDAR 16. 合成孔径雷达测量 synthetic aperture radar 17. 高光谱图像 hyperspectral imagery	EN	0,*
交通流 traffic flow	(TRAFIC)	1. 驶进 inbound 2. 驶出 outbound 3. 单向 one-way 4. 双向 two-way	EN	1,1

垂直不确定度 vertical uncertainty			C	0,1
固定不确定度 uncertainty fixed	(SOUACC)		(S) RE	1,1
不确定度变量系数 uncertainty variable factor			(S) RE	0,1
最小比例尺 scale minimum	(SCAMIN)	见 A.2.5.9 节	IN	0,1

INT 1 引用：M3-6

A.15.5.1　推荐航线（Recommended track）（见 S-4 – B-432.1；B-434 和 B-434.1-4）

推荐航线（track）和航道（fairway）通常由若干部分（有时称为“航线段”）构成，这些部分位于靠近航线或航道两侧的危险物之间。航线的某些部分通常用作导航线（见 A.15.1 节）。此时，航线（track）与航道（fairway）的区别在于：航线没有规定的外边界，而航道有。

需注意，“推荐”航线和其他“推荐”定线制由其他部门划定，而非制图者。“推荐”（Recommended）一词与“推荐航线”和其他“推荐定线制”共同使用，通常意味着由主管部门（如在其港口范围内的港务局或海事安全局）推荐，可经 IMO 批准。有时此类推荐可能源自有资质的测量人员的直接建议或根据以往先例。

推荐航线包含与海道相关的所有推荐航道中心线，供船舶在浅水中安全航行。此类航线的使用一般由海员自行决定，可根据船舶吃水、潮汐状况、助航标志的完备性而定。

如需编码推荐航线，必须使用“推荐航线”（Recommended Track）要素。“导航线”（Navigation Line）和“推荐航线”（Recommended Track）（见 A.15.5 节）的具体用法见下表 A-15.2 和图 A-15.5：

表 A-15.2　推荐航线 – 属性编码

序号		导航线 Navigation Line	推荐航线 Recommended Track	助航标志 Navigational Aid
1	导航线上的推荐航线	导航线类（category of navigation line）=3	推荐航线类（category of recommended track）=1	至少 2
2	导航线标志上的安全线	导航线类（category of navigation line）=1	无	至少 2
3	导航线标志上的叠标线	导航线类（category of navigation line）=2	无	至少 2
4	方位线上的推荐航线	导航线类（category of navigation line）=3	推荐航线类（category of recommended track）=1	1
5	方位线上的安全线	导航线类（category of navigation line）=1	无	1
6	方位线上的叠标线	导航线类（category of navigation line）=2	无	1
7	不基于固定标志的推荐航线	无	推荐航线类（category of recommended track）=2	无

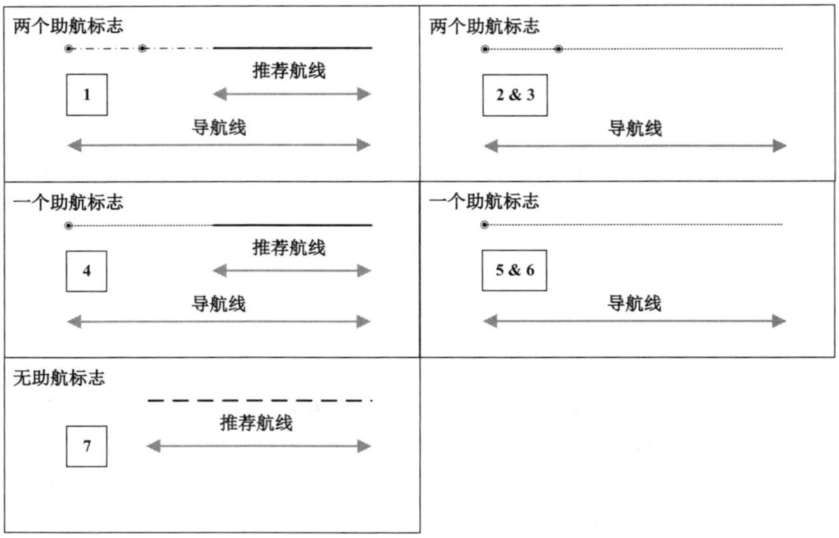

图A-15.5　推荐航线 – 几何编码

备注：

- 必要时，“水深范围最小值”（depth range minimum value）属性可用于编码航线最浅水深。
- 必要时，“最大允许吃水深度”（maximum permitted draught）属性可用于编码航线允许的最大吃水深度。
- 推荐航线是船舶用于航行（见上图 A-15.5）的那部分航线（见 A.15.4 节）。
- 对于双向推荐航线，只需 [在强制性属性“方位值”（orientation value）中] 对一个方位值进行编码；另一个值可以推算得出（即“方位值”（orientation value）+180°）。在属性“方位值”（orientation value）上编码的方位值应为海上方位值。如果无法确定“向海方向”，应使用小于 180° 的值。
- 当推荐航线交通流（traffic flow）为单向 [属性“交通流”（traffic flow）=1，2 或 3] 时，与“推荐航线”（Recommended Track）相关的线路方向（考虑线路的数字化方向及其反向）必须与交通流同向，确保 ECDIS 正确显示航向。

区别：航道（Fairway）；导航线（Navigation Line）；推荐航道中心线（Recommended Route Centreline）；推荐通航分道（Recommended Traffic Lane Part）

要素 / 信息关联

类型	关联名称	关联端					
		类	角色	多重性	类	角色	多重性
聚合	方位线系统聚合（Range System Aggregation）	推荐航线（Recommended Track）	构成	1,*	方位线系统（Range System）	包含	0,1
聚合	航道辅助（Fairway Auxiliary）	推荐航线（Recommended Track）	有辅助	1,*	航道（Fairway）	辅助	0,1

A.15.6　方位线系统（Range system）

IHO 定义：方位线系统（RANGE SYSTEM）。同一水平方向上的两个或多个要素，特别是助航标志，标示船舶航行的重要通道，如航道。其中，离观察者最近的助航标志是前标，最远的是后标（改编自：IHO 词典 – S-32）。

S-101 地理要素：Range System

几何单形：无

现实世界	纸质海图符号		ECDIS 符号	
S-101 属性	**S-57 缩写**	**允许编码值**	**类型**	**多重性**
要素名称 feature name			C	0,*
显示名称 　display name			(S) BO	0,1
语言 　language		ISO 639-2/T	(S) TE	0,1
名称 　name	(OBJNAM) (NOBJNM)		(S) TE	1,1
最大允许吃水深度 maximum permitted draught			RE	0,1

INT 1 引用：

A.15.6.1　方位线系统（Range system）（见 S4 – B-433）

如需编码导航线、安全线、叠标线以及推荐航线，必须使用"导航线"（Navigation Line）和"推荐航线"（Recommended Track）要素（见 A.15.4 和 A.15.5 节）及相关的点状航标要素（见 A.18-21 节）。此编码适用于可视助航标志和无线电助航标志。

对于方位线系统的编码，应使用"方位线系统聚合"（Range System Aggregation）关联（见 A.25.12 节）将"导航线"（Navigation Line）、"推荐航道中心线"（Recommended Route Centreline）、"推荐航线"（Recommended Track）要素与"方位线系统"（Range System）要素相关联。

备注：

- 方位线系统的名称应使用复杂属性"要素名称"（feature name）填写。
- 方位线系统的所有构成要素必须对"最小比例尺"（scale minimum）（见 A.2.5.9 节）属性填写相同的值。
- 可进一步聚合多个"方位线系统"（Range System）要素，构成更高层级的方位线系统。

区别：

要素 / 信息关联

类型	关联名称	关联端					
		类	角色	多重性	类	角色	多重性
聚合	方位线系统聚合（Range System Aggregation）	方位线系统（Range System）	包含	0,1	方位立标（Beacon Cardinal）、孤立危险物立标（Beacon Isolated Danger）、侧面立标（Beacon Lateral）、安全水域立标（Beacon Safe Water）、专用/通用立标（Beacon Special Purpose/General）、建筑物（Building）、昼标（Daymark）、防御工事（Fortified Structure）、陆标（Landmark）、环向灯标（Light All Around）、扇形光灯（Light Sectored）、系泊绞缆设施（Mooring/Warping Facility）、航线（Navigation Line）、桩（Pile）、推荐航道中心线（Recommended Route Centreline）、推荐航线（Recommended Track）、筒仓/罐（Silo/Tank）	构成	1,*

聚合	航道辅助（Fairway Auxiliary）	方位线系统（Range System）	有辅助	1,*	航道（Fairway）	辅助	0,1

A.15.7 航道（Fairway）

IHO 定义：航道（FAIRWAY）。河流、港口里供较大船舶航行的主要水道部分，通常也指船舶进出港时应行使的航道，也称为“船舶航道”（ship channel）（国际海事词典，第 2 版）。

S-101 地理要素：Fairway（FAIRWY）

几何单形：曲面

现实世界	纸质海图符号	ECDIS 符号

S-101 属性	S-57 缩写	允许编码值	类型	多重性
水深范围最小值 depth range minimum value	(DRVAL1)		RE	0,1
要素名称 feature name			C	0,*
显示名称 display name			(S) BO	0,1
语言 language		ISO 639-2/T	(S) TE	0,1
名称 name	(OBJNAM) (NOBJNM)		(S) TE	1,1
固定日期范围 fixed date range			C	0,1
终止日期 date end	(DATEND)	ISO 8601：2004	(S) TD	0,1
开始日期 date start	(DATSTA)	ISO 8601：2004	(S) TD	0,1
最大允许吃水深度 maximum permitted draught			RE	0,1
方位值 orientation value	(ORIENT)		RE	0,1
垂直测量质量 quality of vertical measurement	(QUASOU)	1. 水深已知 depth known 2. 深度或最浅深度未知 depth or least depth unknown 6. 最浅水深已知 least depth known	EN	0,*
限制 restriction	(RESTRN)	1. 禁止抛锚 anchoring prohibited 2. 限制抛锚 anchoring restricted 3. 禁止捕捞 fishing prohibited	EN	0,*

限制 restriction	(RESTRN)	4. 限制捕捞 fishing restricted 5. 禁止拖网 trawling prohibited 6. 限制拖网 trawling restricted 8. 限制进入 entry restricted 9. 禁止疏浚 dredging prohibited 10. 限制疏浚 dredging restricted 11. 禁止潜水 diving prohibited 12. 限制潜水 diving restricted 13. 无伴流 no wake 15. 禁止施工 construction prohibited 16. 禁止卸载 discharging prohibited 17. 限制卸载 discharging restricted 18. 禁止工矿业勘探 / 开发 industrial or mineral exploration/development prohibited 19. 限制工矿业勘探 / 开发 industrial or mineral exploration/development restricted 20. 禁止钻探 drilling prohibited 21. 限制钻探 drilling restricted 22. 禁止挪动历史古迹 removal of historical artefacts prohibited 23. 禁止转运货物（过驳） cargo transhipment (lightening) prohibited 24. 禁止拖曳 dragging prohibited 25. 禁止停靠 stopping prohibited	EN	0,*

限制 restriction	(RESTRN)	27. 限速 speed restricted 39. 禁止游泳 swimming prohibited	EN	0,*
状况 status	(STATUS)	1. 永久 permanent 3. 推荐 recommended 6. 保留 reserved 7. 临时 temporary 9. 强制性 mandatory 28. 有浮标标示 buoyed	EN	0,*
交通流 traffic flow	(TRAFIC)	1. 驶进 inbound 2. 驶出 outbound 3. 单向 one-way 4. 双向 two-way	EN	0,1
垂直不确定度 vertical uncertainty			C	0,1
固定不确定度 uncertainty fixed	(SOUACC)		(S) RE	1,1
不确定度变量系数 uncertainty variable factor			(S) RE	0,1
最小比例尺 scale minimum	(SCAMIN)	见 A.2.5.9 节	IN	0,1

INT 1 引用：M18

A.15.7.1　航道（Fairways）（见 S-4 – B-432.1（c）和 B-434.5）

航道，也称“船舶航道”（Ship Channel），是进出河流或港口的主要航道。由监管部门指定的航道可视为定线制（Routeing Measure）。

如需编码航道，必须使用“航道”（Fairway）要素。

备注：

- 航道中的最浅水深（如果已知）使用“水深范围最小值”（depth range minimum value）属性进行编码。
- 如果标记航道的立标或浮标偏离实际航道界限，则应使用信息类型“航海信息”（Nautical Information）（见 A.24.4 节）的相关实例和复杂属性“信息”（information）提示。

区别：深水航道中心线（Deep Water Route Centreline）；深水航道分道（Deep Water Route Part）；分道通航制分道（Traffic Separation Scheme Lane Part）

要素 / 信息关联

类型	关联名称	关联端					
		类	角色	多重性	类	角色	多重性
聚合	航道聚合（Fairway Aggregation）	航道（Fairway）	构成	2,*	航道系统（Fairway System）	包含	0,1
关联	航道辅助（Fairway Auxiliary）	航道（Fairway）	辅助	0,1	方位立标（Beacon Cardinal）、孤立危险物立标（Beacon Isolated Danger）、侧面立标（Beacon Lateral）、安全水域立标（Beacon Safe Water）、专用/通用立标（Beacon Special Purpose/General）、方位浮标（Buoy Cardinal）、应急沉船示位浮标（Buoy Emergency Wreck Marking）、孤立危险物浮标（Buoy Isolated Danger）、侧面浮标（Buoy Lateral）、安全水域浮标（Buoy Safe Water）、专用/通用浮标（Buoy Special Purpose/General）、警告区（Caution Area）、昼标（Daymark）、疏浚区（Dredged Area）、灯浮（Light Float）、灯船（Light Vessel）、陆标（Landmark）、桩（Pile）、方位线系统（Range System）、推荐航道中心线（Recommended Route Centreline）、推荐航线（Recommended Track）、航行限制区（Restricted Area Navigational）、监管限制区（Restricted Area Regulatory）、扫测区（Swept Area）	有辅助	1,*

A.15.8 航道系统（Fairway system）

IHO 定义：航道系统（FAIRWAY）。河流、港口里供较大船舶航行的主要水道部分，通常也指船舶进出港时应行使的航道，也称为“船舶航道”（ship channel）（国际海事词典，第 2 版）。
航道系统由相互关联的航道要素组成，构成了一个复杂航道系统。

S-101 地理要素：Fairway System

几何单形：无

现实世界	纸质海图符号	ECDIS 符号

S-101 属性	S-57 缩写	允许编码值	类型	多重性
要素名称 feature name			C	0,*

显示名称 display name			(S) BO	0,1
语言 language		ISO 639-2/T	(S) TE	0,1
名称 name	(OBJNAM) (NOBJNM)		(S) TE	1,1
固定日期范围 fixed date range			C	0,1
终止日期 date end	(DATEND)	ISO 8601：2004	(S) TD	0,1
开始日期 date start	(DATSTA)	ISO 8601：2004	(S) TD	0,1
最大允许吃水深度 maximum permitted draught			RE	0,1
周期性日期范围 periodic date range			C	0,*
终止日期 date end	(PEREND)	ISO 8601：2004	(S) TD	1,1
开始日期 date start	(PERSTA)	ISO 8601：2004	(S) TD	1,1

INT 1 引用：M18

A.15.8.1 航道系统（Fairway system）（见 S-4 – B-432.1(c) 和 B-434.5）

航道，也称“船舶航道”（Ship Channel），是进出河流或港口的主要通道。监管部门指定的航道可视为定线制（Routeing Measure）。

航道系统由两个或多个“航道”（Fairway）要素组成，构成了复杂航道定线系统，例如由多条弯道组成的长航道。为定义完整的航道系统，必须使用“航道聚合”（Fairway Aggregation）关联（见 A.25.7 节）将多个“航道”（Fairway）要素聚合到“航道系统”（Fairway System）要素中。

备注：

- 必须使用复杂属性“要素名称”（feature name）填写完整航道系统的名称。
- 如需填写航道系统的文本信息，应使用信息类型“航海信息”（Nautical Information）（见 A.24.4 节）的相关实例和复杂属性“信息”（information）；如果认为该信息对安全航行至关重要，则使用“警告区”（Caution Area）要素（见 A.16.10 节）。

区别：深水航道（Deep Water Route）；分道通航制（Traffic Separation Scheme）；双向航道（Two-Way Route）

要素 / 信息关联

类型	关联名称	关联端					
		类	角色	多重性	类	角色	多重性
聚合	航道聚合（Fairway Aggregation）	航道系统（Fairway System）	包含	0,1	航道（Fairway）	构成	2,*

关联	助航标志关联（Aids to Navigation Association）	航道系统（Fairway System）	包含	0,1	方位立标（Beacon Cardinal）、孤立危险物立标（Beacon Isolated Danger）、侧面立标（Beacon Lateral）、安全水域立标（Beacon Safe Water）、专用/通用立标（Beacon Special Purpose/General）、方位浮标（Buoy Cardinal）、应急沉船示位浮标（Buoy Emergency Wreck Marking）、孤立危险物浮标（Buoy Isolated Danger）、侧面浮标（Buoy Lateral）、安全水域浮标（Buoy Safe Water）、专用/通用浮标（Buoy Special Purpose/General）、昼标（Daymark）、灯浮（Light Float）、灯船（Light Vessel）、陆标（Landmark）、桩（Pile）	构成	1,*

A.15.9　推荐航道中心线（Recommended route centreline）

IHO 定义：推荐航道中心线（RECOMMENDED ROUTE CENTRELINE）。推荐航路的“中心线”（S-57 第 3.1 版，附录 A，第 1 章，第 1.137 页，2000 年 11 月）。				
S-101 地理要素：Recommended Route Centreline　（RCRTCL）				
几何单形：曲线				
现实世界	纸质海图符号	ECDIS 符号		
S-101 属性	**S-57 缩写**	**允许编码值**	**类型**	**多重性**
推荐航线类 category of recommended track	(CATTRK)	1. 基于固定标志系统 based on a system of fixed marks 2. 不基于固定标志系统 not based on a system of fixed marks	EN	1,1
水深范围最小值 depth range minimum value	(DRVAL1)		RE	0,1
要素名称 feature name			C	0,*
显示名称 　display name			(S) BO	0,1
语言 　language		ISO 639-2/T	(S) TE	0,1
名称 　name	(OBJNAM) (NOBJNM)		(S) TE	1,1
固定日期范围 fixed date range			C	0,1
终止日期 　date end	(DATEND)	ISO 8601：2004	(S) TD	0,1

开始日期 date start	(DATSTA)	ISO 8601：2004	(S) TD	0,1
方位值 orientation value	(ORIENT)		RE	0,1
周期性日期范围 periodic date range			C	0,*
终止日期 date end	(PEREND)	ISO 8601：2004	(S) TD	1,1
开始日期 date start	(PERSTA)	ISO 8601：2004	(S) TD	1,1
垂直测量质量 quality of vertical measurement	(QUASOU)	1. 水深已知 depth known 2. 深度或最浅深度未知 depth or least depth unknown 3. 可疑水深 doubtful sounding 4. 不可靠水深 unreliable sounding 6. 最浅水深已知 least depth known	EN	0,*
状况 status	(STATUS)	1. 永久 permanent 5. 周期性 / 间歇性 periodic/intermittent 6. 保留 reserved 9. 强制性 mandatory	EN	0,*
垂直测量技术 technique of vertical measurement	(TECSOU)	1. 回声测深仪测量 found by echo-sounder 3. 多波束测量 found by multi-beam 6. 钢索扫海 swept by wire-drag 8. 垂直声学系统扫测 swept by vertical acoustic system 9. 电磁传感器测量 found by electromagnetic sensor 3. 侧扫声呐扫测 swept by side scan sonar 15. 激光雷达测量 found by LIDAR 16. 合成孔径雷达测量 synthetic aperture radar	EN	0,*

垂直测量技术 technique of vertical measurement	(TECSOU)	17. 高光谱图像 hyperspectral imagery	EN	0,*
交通流 traffic flow	(TRAFIC)	1. 驶进 inbound 2. 驶出 outbound 3. 单向 one-way 4. 双向 two-way	EN	0,1
垂直不确定度 vertical uncertainty			C	0,1
固定不确定度 uncertainty fixed	(SOUACC)		(S) RE	1,1
不确定度变量系数 uncertainty variable factor			(S) RE	0,1
最小比例尺 scale minimum	(SCAMIN)	见 A.2.5.9 节	IN	0,1

INT 1 引用：M28.1

A.15.9.1　推荐航道中心线（Recommended route）（见 S-4 – B-435.4）

推荐航道中心线（recommended route）是一条宽度不确定的航道，为便于船舶通航，多用中心线浮标标示（IMO 船舶定线制，2010 年）。IMO 指定的推荐航道中心线详见 IMO 出版物《船舶定线》E 部分。此类定线制包含（经由原雷区）进入波罗的海的航道要素（如叠标航道）。与推荐航线（recommended track，见 A.15.5 节）不同，推荐航道中心线通常留有足够的海上空间供船舶在中心线右侧航行。

如需编码推荐航道中心线，必须使用“推荐航道中心线”（Recommended Route Centreline）要素。

备注：

- “水深范围最小值”（depth range minimum value）属性可用于航道最浅水深（如果已知）编码。
- 对于推荐航道中心线，仅 [在强制性属性“方位值”（orientation value）中] 对一个方位值进行编码；另一个方位值可以推算得出（即“方位值”（orientation value）+180°）。在复杂属性“方位值”（orientation value）上编码的方位值应为海上方位值。如果无法界定“向海方向”，则应使用小于 180° 的值。
- 当交通流为单向 [属性“交通流”（traffic flow）=1，2 或 3] 时，与“推荐航道中心线”（Recommended Route Centreline）相关的线路方向（考虑线路的数字化方向及其反向）必须与交通流同向，确保 ECDIS 正确显示航行方向。

区别：推荐航线（Recommended Track）；推荐通航分道（Recommended Traffic Lane Part）

要素 / 信息关联

类型	关联名称	关联端					
		类	角色	多重性	类	角色	多重性
聚合	方位线系统聚合（Range System Aggregation）[1]	推荐航道中心线（Recommended Route Centreline）	构成	1,*	方位线系统（Range System）	包含	0,1

1　译者注：原文关联方向有误。

聚合	航道辅助（Fairway Auxiliary）	推荐航道中心线（Recommended Route Centreline）	有辅助	1,*	航道（Fairway）	辅助	0,1

A.15.10 双向航道分道（Two-way route part）

IHO 定义：双向航道分道（TWO-WAY ROUTE PART）。双向航道中只能沿一个方向（或者反方向）航行的区域（S-57 第 3.1 版，附录 A，第 1 章，第 1.193 页，2000 年 11 月）。		
S-101 地理要素：Two-Way Route Part（TWRTPT）		
几何单形：曲面		
现实世界	纸质海图符号	ECDIS 符号

S-101 属性	S-57 缩写	允许编码值	类型	多重性
推荐航线类 category of recommended track	(CATTRK)	1. 基于固定标志系统 based on a system of fixed marks 2. 不基于固定标志系统 not based on a system of fixed marks	EN	0,1
水深范围最小值 depth range minimum value	(DRVAL1)		RE	0,1
固定日期范围 fixed date range			C	0,1
终止日期 date end	(DATEND)	ISO 8601：2004	(S) TD	0,1
开始日期 date start	(DATSTA)	ISO 8601：2004	(S) TD	0,1
方位值 orientation value	(ORIENT)		RE	1,1
垂直测量质量 quality of vertical measurement	(QUASOU)	1. 水深已知 depth known 2. 深度或最浅深度未知 depth or least depth unknown 3. 可疑水深 doubtful sounding 4. 不可靠水深 unreliable sounding 6. 最浅水深已知 least depth known	EN	0,*
状况 status	(STATUS)	1. 永久 permanent 3. 推荐 recommended 6. 保留 reserved 9. 强制性 mandatory	EN	0,*

垂直测量技术 technique of vertical measurement	(TECSOU)	1. 回声测深仪测量 found by echo-sounder 3. 多波束测量 found by multi-beam 5. 测深绳测量 found by lead-line 6. 钢索扫海 swept by wire-drag 8. 垂直声学系统扫测 swept by vertical acoustic system 9. 电磁传感器测量 found by electromagnetic sensor 13. 侧扫声呐扫测 swept by side scan sonar 15. 激光雷达测量 found by LIDAR 16. 合成孔径雷达测量 synthetic aperture radar 17. 高光谱图像 hyperspectral imagery	EN	0,*
交通流 traffic flow	(TRAFIC)	1. 驶进 inbound 2. 驶出 outbound 3. 单向 one-way 4. 双向 two-way	EN	1,1
垂直不确定度 vertical uncertainty			C	0,1
固定不确定度 uncertainty fixed	(SOUACC)		(S) RE	1,1
不确定度变量系数 uncertainty variable factor			(S) RE	0,1
最小比例尺 scale minimum	(SCAMIN)	见 A.2.5.9 节	IN	0,1

INT 1 引用：M28.2

A.15.10.1　双向航道（Two-way Route）（见 S-4 – B-435.6）

双向航道是在规定界限内实行双向通航的区域，旨在保证船舶安全通过航行困难水域或危险水域（IMO 船舶定线制，2010 年）。由一个或多个区域组成，船舶沿一条方位线或与其相反的方位线双向通航。此类航道由监管机构制定，可经 IMO 批准。IMO 指定的双向航道参见出版物《船舶定线》E 部分。如需编码此类区域，必须使用“双向航道分道”（Two-Way Route Part）要素。此类航道通常是双向通航，但部分航道仅限单向通航。

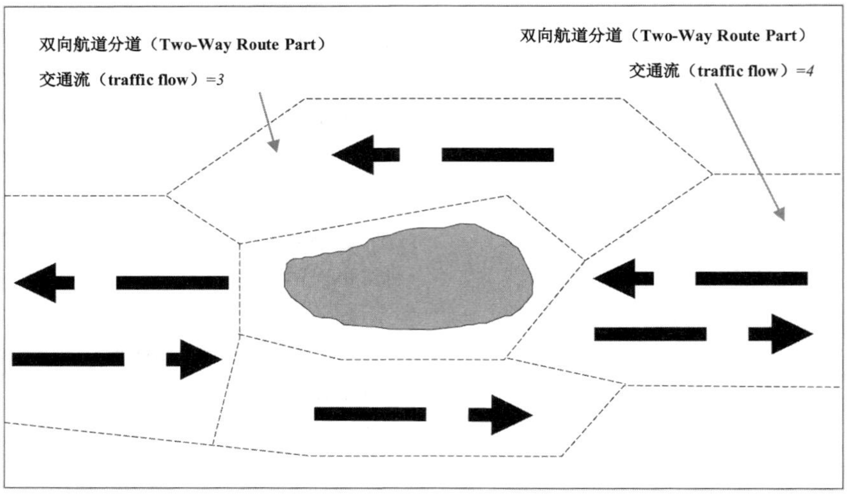

图A-15.6　双向航道内的单向交通流

如需编码包含多个单向（one-way）路段的双向（two-way）航道，不同路段必须独立使用“双向航道”（Two-Way Route）要素进行编码，设置属性“交通流”（traffic flow）= 3 [“单向”（one-way）] 或 4 [“双向”（two-way）]。在单向路段，强制性属性“方位值”（orientation value）必须指示交通流的真实方向，而非相反方向。在双向路段，“方位值”（orientation value）可以指示交通流的任一方向。

备注：

- 双向航道分道的方向通过分道中心线定义，与双向航道的大致方向相关。
- 属性“水深范围最小值”（depth range minimum value）用于分道上最浅水深（必要时）的编码。
- 为了完整地编码双向航道，可使用“双向航道聚合”（Two-Way Route Aggregation）关联（见 A.25.17 节）将“双向航道分道”（Two-Way Route Part）要素与“双向航道”（Two-Way Route）（见 A.15.11 节）要素关联。如需表示完整双向航道的名称，应使用“双向航道”要素的复杂属性“要素名称”（feature name）。如需编码深水航道的文本信息，应使用信息类型“航海信息”（Nautical Information）（见 A.24.4 节）的相关实例和复杂属性“信息”（information）。
- 对于构成完整双向航道的所有“双向航道分道”（Two-Way Route Part）要素，必须对“最小比例尺”（scale minimum）属性（见 A.2.5.9 节）填写相同的值。
- 双向航道可并入其他定线制（如分道通航制），构成完整的定线制系统。对于定线制之间关系的编码，可使用“分道通航制聚合”（Traffic Separation Scheme Aggregation），将定义定线制的各要素（或相关要素，前提是定线制由单个要素组成）与要素“分道通航制”（Traffic Separation Scheme）关联，构成层级关系。包含在不同定线制中的独立元素不得并入单个“分道通航制”要素。

区别：深水航道分道（Deep Water Route Part）；推荐航道分道（Recommended Traffic Lane Part）；分道通航制分道（Traffic Separation Scheme Lane Part）

要素 / 信息关联

类型	关联名称	关联端					
		类	角色	多重性	类	角色	多重性
聚合	双向航道聚合（Two-Way Route Aggregation）	双向航道分道（Two-Way Route Part）	构成	2,*	双向航道（Two-Way Route）	包含	0,1

聚合	分道通航制聚合（Traffic Separation Scheme Aggregation）	双向航道分道（Two-Way Route Part）	构成	1,*	分道通航制（Traffic Separation Scheme）	包含	0,1

A.15.11　双向航道（Two-way route）

IHO 定义：双向航道（TWO-WAY ROUTE）。在规定界限内建立的双向航行航道，以确保船只安全通过航行困难区或危险区（IMO 船舶定线制）。				
S-101 地理要素：Two-Way Route				
几何单形：无				
现实世界	纸质海图符号		ECDIS 符号	
S-101 属性	**S-57 缩写**	**允许编码值**	**类型**	**多重性**
要素名称 feature name			C	0,*
显示名称 　display name			(S) BO	0,1
语言 　language		ISO 639-2/T	(S) TE	0,1
名称 　name	(OBJNAM) (NOBJNM)		(S) TE	1,1
最大允许吃水深度 maximum permitted draught			RE	0,1

INT 1 引用：M28.2

A.15.11.1　双向航道（Two-way route）（见 S4 – B-435.6）

定义完整的双向航道系统，必须使用“双向航道聚合”（Two-Way Route Aggregation）关联将“双向航道分道”（Two-Way Route Part）要素与“双向航道”（Two-Way Route）要素关联。

备注：

- 双向航道名称必须用复杂属性“要素名称”（feature name）填写。
- 如需填写双向航道的文本信息，应使用信息类型“航海信息”（Nautical Information）（见 A.24.4 节）的相关实例和复杂属性“信息”（information）；如认为该信息对安全航行至关重要，使用“警告区”（Caution Area）要素（见 A.16.10 节）。

区别：深水航道（Deep Water Route）；航道系统（Fairway System）；分道通航制（Traffic Separation Scheme）

要素 / 信息关联

类型	关联名称	关联端					
		类	角色	多重性	类	角色	多重性
聚合	双向航道聚合（Two-Way Route Aggregation）	双向航道（Two-Way Route）	包含	0,1	双向航道分道（Two-Way Route Part）	构成	2,*
聚合	分道通航制聚合（Traffic Separation Scheme Aggregation）	双向航道（Two-Way Route）	构成	1,*	分道通航制（Traffic Separation Scheme）	包含	0,1

关联	助航标志关联（Aids to Navigation Association）	双向航道（Two-Way Route）	包含	0,1	方位立标（Beacon Cardinal）、孤立危险物立标（Beacon Isolated Danger）、侧面立标（Beacon Lateral）、安全水域立标（Beacon Safe Water）、专用/通用立标（Beacon Special Purpose/General）、方位浮标（Buoy Cardinal）、应急沉船示位浮标（Buoy Emergency Wreck Marking）、孤立危险物浮标（Buoy Isolated Danger）、侧面浮标（Buoy Lateral）、安全水域浮标（Buoy Safe Water）、专用/通用浮标（Buoy Special Purpose/General）、昼标（Daymark）、灯浮（Light Float）、灯船（Light Vessel）、陆标（Landmark）、桩（Pile）	构成	1,*

A.15.12 推荐航道分道（Recommended traffic lane part）

IHO 定义：推荐航道分道（RECOMMENDED TRAFFIC LANE PART）。一种交通流模式，表示无法或无须按规定航向通航时的推荐航行方向（IMO 船舶定线制）。

S-101 地理要素：Recommended Traffic Lane Part（RCTLPT）

几何单形：点、曲面

现实世界	纸质海图符号	ECDIS 符号

S-101 属性	S-57 缩写	允许编码值	类型	多重性
固定日期范围 fixed date range			C	0,1
终止日期 date end	(DATEND)	ISO 8601：2004	(S) TD	0,1
开始日期 date start	(DATSTA)	ISO 8601：2004	(S) TD	0,1
方位值 orientation value	(ORIENT)		RE	1,1
状况 status	(STATUS)	1. 永久 permanent 6. 保留 reserved 9. 强制性 mandatory	EN	0,*

最小比例尺 scale minimum	(SCAMIN)	见 A.2.5.9 节	IN	0,1

INT 1 引用：M26.1-2

A.15.12.1　推荐航道分道（Recommended traffic lane part）（见 S-4 – B-435.5）

一种交通流模式，表示无法或无须按规定航向通航时的推荐航行方向（IMO 船舶定线制，2010 年）。IMO 指定的推荐航行方向参见 IMO 出版物《船舶定线》E 部分。有些海道测量局与交通部门协商后，在主要港口进港外航道增加了推荐航向，目的是指示最佳通航路线，最大限度降低船舶迎头相撞的风险。

如需编码有推荐航向（通常沿一个方向）的区域，必须使用“推荐航道分道”（Recommended Traffic Lane Part）要素：

两个 TSS（分道通航制）之间（INT1–M26.1）；

- 在 TSS（分道通航制）入口处；
- 沿深水航道外侧（INT1–M26.2）。

备注：

- 未划定区域时，应当用点要素进行编码。
- 推荐航道分道的航向用分道中心线定义，与推荐航道中心线中交通流的大致方向相关。

区别：

A.15.13　深水航道中心线（Deep water route centreline）

IHO 定义：深水航道中心线（DEEP WATER ROUTE CENTRELINE）。深水航道的中心线，该航道的宽度没有明确给出（S-57 第 3.1 版，附录 A，第 1 章，第 1.49 页，2000 年 11 月）。

S-101 地理要素：Deep Water Route Centreline（DWRTCL）

几何单形：曲线

现实世界	纸质海图符号	ECDIS 符号

S-101 属性	S-57 缩写	允许编码值	类型	多重性
推荐航线类 category of recommended track	(CATTRK)	1. 基于固定标志系统 based on a system of fixed marks 2. 不基于固定标志系统 not based on a system of fixed marks	EN	1,1
分道通航制类 category of traffic separation scheme	(CATTSS)	1. IMO 批准 IMO – adopted 2. 非 IMO 批准 not IMO – adopted	EN	0,1
水深范围最小值 depth range minimum value	(DRVAL1)		RE	0,1
要素名称 feature name			C	0,*
显示名称 　display name			(S) BO	0,1
语言 　language		ISO 639-2/T	(S) TE	0,1
名称 　name	(OBJNAM) (NOBJNM)		(S) TE	1,1

固定日期范围 fixed date range			C	0,1
终止日期 date end	(DATEND)	ISO 8601：2004	(S) TD	0,1
开始日期 date start	(DATSTA)	ISO 8601：2004	(S) TD	0,1
方位值 orientation value	(ORIENT)		RE	1,1
垂直测量质量 quality of vertical measurement	(QUASOU)	1. 水深已知 depth known 2. 深度或最浅深度未知 depth or least depth unknown 3. 可疑水深 doubtful sounding 4. 不可靠水深 unreliable sounding 6. 最浅水深已知 least depth known 7. 最浅深度未知（给出安全富余量） least depth unknown, safe clearance at value shown	EN	0,*
状况 status	(STATUS)	1. 永久 permanent 3. 推荐 recommended 6. 保留 reserved 9. 强制性 mandatory	EN	0,*
垂直测量技术 technique of vertical measurement	(TECSOU)	1. 回声测深仪测量 found by echo-sounder 3. 多波束测量 found by multi-beam 5. 测深绳测量 found by lead-line 6. 钢索扫海 swept by wire-drag 8. 垂直声学系统扫测 swept by vertical acoustic system 9. 电磁传感器测量 found by electromagnetic sensor 13. 侧扫声呐扫测 swept by side scan sonar 15. 激光雷达测量 found by LIDAR	EN	0,*

垂直测量技术 technique of vertical measurement	(TECSOU)	16. 合成孔径雷达测量 synthetic aperture radar 17. 高光谱图像 hyperspectral imagery	EN	0,*
交通流 traffic flow	(TRAFIC)	1. 驶进 inbound 2. 驶出 outbound 3. 单向 one-way 4. 双向 two-way	EN	1,1
垂直不确定度 vertical uncertainty			C	0,1
固定不确定度 uncertainty fixed	(SOUACC)		(S) RE	1,1
不确定度变量系数 uncertainty variable factor			(S) RE	0,1
最小比例尺 scale minimum	(SCAMIN)	见 A.2.5.9 节	IN	0,1

INT 1 引用：M27.3

A.15.13.1 深水航道中心线（Deep Water routes centreline）（见 S-4 – B-435.3）

完整的深水航道（DW）由一个或多个区域构成，在这些区域内，单向交通流按固定方向行驶，双向交通流按一个固定方向和相反方向行驶。

如需编码深水航道中心线（宽度未明确定义），必须使用“深水航道中心线”（Deep Water Route Centreline）要素。

备注：

- 对于深水航道中心线，仅需 [在强制性属性“方位值”（orientation value）中] 对一个方位值进行编码；另一个值可以推算得出（即“方位值”（orientation value）+180°）。在复杂属性“方位值”（orientation value）上编码的方位值应为海上方位值。如果无法界定“向海方向”，则应使用小于 180° 的值。
- 当交通流为单向 [属性“交通流”（traffic flow）=1，2 或 3] 时，与“深水航道中心线”（Deep Water Route Centreline）相关的线路方向（考虑线路的数字化方向及其反向）必须与交通流同向，确保 ECDIS 正确显示航行方向。
- 仅当关联中未包含单个要素时，才应使用复杂属性“要素名称”（feature name）见 A.15.15.1 节。
- 如需完整编码深水航道，可使用关联“深水航道聚合”（Deep Water Route Aggregation）（见 A.25.6 节）和“助航标志关联”（Aids to Navigation Association）（见 A.25.2 节），将“深水航道中心线”（Deep Water Route Centreline）、“深水航道分道”（Deep Water Route Part）要素、航标要素（若已在定义深水航道的规定中说明）与“深水航道”（Deep Water Route）要素（见 A.15.5 节）关联。如需表示完整的深水航道名称，应使用“深水航道”（Deep Water Route）要素的复杂属性“要素名称”（feature name）。如需编码深水航道的文本信息，应使用信息类型“航海信息”（Nautical Information）（见 A.24.4 节）的相关实例和复杂属性“信息”（information）。
- 深水航道与疏浚区不同，可能位于港务局直接监管之外的近海水域（虽然部分水域确实属于深水港进港外航道）。大多数情况下无法完全保证标注最浅水深。航道内的最浅水深应像 ENC 数据集上其他地方一样用水深点编码，这样海员就不会认为水深是连续监测的。但如果海道测量局能确定深水航道中存在最浅水深，必须使用“水深范围最小值”（depth range minimum value）属性填写。

- 深水航道可并入其他定线制（如分道通航制），构成完整的交通定线制系统。对于定线制之间关系的编码，可使用“分道通航制聚合”（Traffic Separation Scheme Aggregation），将定义定线制的各要素（或相关要素，前提是定线制由单个要素组成）与要素“分道通航制”（Traffic Separation Scheme）关联，构成层级关系。包含在不同定线制中的独立元素不得并入单个“分道通航制”（Traffic Separation Scheme）要素。
- IMO 指定的深水航道参见 IMO 出版物《船舶定线》C 部分。

区别：深水航道分道（Deep Water Route Part）

要素 / 信息关联

类型	关联名称	关联端					
		类	角色	多重性	类	角色	多重性
聚合	深水航道聚合（Deep Water Route Aggregation）	深水航道中心线（Deep Water Route Centreline）	构成	2,*	深水航道（Deep Water Route）	包含	0,1
聚合	分道通航制聚合（Traffic Separation Scheme Aggregation）	深水航道中心线（Deep Water Route Centreline）	构成	1,*	分道通航制（Traffic Separation Scheme）	包含	0,1

A.15.14 深水航道分道（Deep water route part）

IHO 定义：深水航道分道（DEEP WATER ROUTE PART）。深水航道中只能沿相同方向航行的区域。

S-101 地理要素：Deep Water Route Part（DWRTPT）

几何单形：曲面

现实世界	纸质海图符号	ECDIS 符号

S-101 属性	S-57 缩写	允许编码值	类型	多重性
分道通航制类 category of traffic separation scheme	(CATTSS)	1. IMO 批准 IMO – adopted 2. 非 IMO 批准 not IMO – adopted	EN	0,1
水深范围最小值 depth range minimum value	(DRVAL1)		RE	1,1
要素名称 feature name			C	0,*
显示名称 display name			(S) BO	0,1
语言 language		ISO 639-2/T	(S) TE	0,1
名称 name	(OBJNAM) (NOBJNM)		(S) TE	1,1
固定日期范围 fixed date range			C	0,1
终止日期 date end	(DATEND)	ISO 8601：2004	(S) TD	0,1

开始日期 date start	(DATSTA)	ISO 8601：2004	(S) TD	0,1
方位值 orientation value	(ORIENT)		RE	1,1
垂直测量质量 quality of vertical measurement	(QUASOU)	1. 水深已知 depth known 2. 深度或最浅深度未知 depth or least depth unknown 3. 可疑水深 doubtful sounding 4. 不可靠水深 unreliable sounding 6. 最浅水深已知 least depth known 7. 最浅深度未知（给出安全富余量） least depth unknown, safe clearance at value shown	EN	0,*
限制 restriction	(RESTRN)	1. 禁止抛锚 anchoring prohibited 2. 限制抛锚 anchoring restricted 3. 禁止捕捞 fishing prohibited 4. 限制捕捞 fishing restricted 5. 禁止拖网 trawling prohibited 6. 限制拖网 trawling restricted 8. 限制进入 entry restricted 9. 禁止疏浚 dredging prohibited 10. 限制疏浚 dredging restricted 11. 禁止潜水 diving prohibited 12. 限制潜水 diving restricted 13. 无伴流 no wake 16. 禁止卸载 discharging prohibited	EN	0,*

限制 restriction	(RESTRN)	17. 限制卸载 discharging restricted 18. 禁止工矿业勘探 / 开发 industrial or mineral exploration/development prohibited 19. 限制工矿业勘探 / 开发 industrial or mineral exploration/development restricted 20. 禁止钻探 drilling prohibited 21. 限制钻探 drilling restricted 22. 禁止挪动历史古迹 removal of historical artefacts prohibited 23. 禁止转运货物（过驳） cargo transhipment (lightening) prohibited 24. 禁止拖曳 dragging prohibited 25. 禁止停靠 stopping prohibited 27. 限速 speed restricted	EN	0,*
状况 status	(STATUS)	1. 永久 permanent 3. 推荐 recommended 6. 保留 reserved 9. 强制性 mandatory 28. 有浮标标示 buoyed	EN	0,*
垂直测量技术 technique of vertical measurement	(TECSOU)	1. 回声测深仪测量 found by echo-sounder 3. 多波束测量 found by multi-beam 5. 测深绳测量 found by lead-line 6. 钢索扫海 swept by wire-drag 8. 垂直声学系统扫测 swept by vertical acoustic system	EN	0,*

垂直测量技术 technique of vertical measurement	(TECSOU)	9. 电磁传感器测量 found by electromagnetic sensor 13. 侧扫声呐扫测 swept by side scan sonar 15. 激光雷达测量 found by LIDAR 16. 合成孔径雷达测量 synthetic aperture radar 17. 高光谱图像 hyperspectral imagery	EN	0,*
交通流 traffic flow	(TRAFIC)	1. 驶进 inbound 2. 驶出 outbound 3. 单向 one-way 4. 双向 two-way	EN	1,1
垂直不确定度 vertical uncertainty			C	0,1
固定不确定度 uncertainty fixed	(SOUACC)		(S) RE	1,1
不确定度变量系数 uncertainty variable factor			(S) RE	0,1
最小比例尺 scale minimum	(SCAMIN)	见 A.2.5.9 节	IN	0,1

INT 1 引用：M27.1-2

A.15.14.1　深水航道分道（Deep Water route part）（见 S-4 – B-435；B-435.3 和 B-436.3）

完整的深水航道（DW）由一个或多个区域构成，在这些区域内，单向交通流按固定方向行驶，双向交通流按一个固定方向和相反方向行驶。

如需编码此类区域，必须使用“深水航道分道”（Deep Water Route Part）要素。

备注：

- 仅当关联中未包含单个要素时（见 A.15.15.1 节），才使用复杂属性“要素名称”（feature name）。
- 航道必须使用“深度区”（Depth Area）要素覆盖。
- 深水航道分道可与“分道通航制分道”（Traffic Separation Scheme Lane Part）要素重叠。
- 如需完整编码深水航道，可使用关联“深水航道聚合”（Deep Water Route Aggregation）（见 A.25.6 节）和“助航标志关联”（Aids to Navigation Association）（见 A.25.2 节），将“深水航道中心线”（Deep Water Route Centreline）、“深水航道分道”（Deep Water Route Part）要素、航标要素（若已在定义深水航道的规定中说明）与“深水航道”（Deep Water Route）要素（见 A.15.5 节）进行关联。如需表示完整的深水航道名称，应使用“深水航道”要素的复杂属性“要素名称”（feature name）。如需编码深水航道的文本信息，应使用信息类型“航海信息”（Nautical Information）（见 A.24.4 节）的相关实例和复杂属性“信息”（information）。
- 深水航道与疏浚区不同，可能位于港务局直接监管之外的近海水域（虽然部分水域确实属于深水港进港外航道）。大多数情况下无法完全保证标注最浅水深。航道内的最浅水深应像 ENC 数据集上其他地方一样用水深点编码，这样海员就不会认为水深是连续监测的。但如果海道测量局能确定深水航道中存在最浅水深，必须使用“水深范围最小值”（depth range minimum value）属性填写。

- 深水航道分道的方向用分道中心线定义，应当与深水航道中交通流的大致方向相关。
- 深水航道可并入其他定线制（如分道通航制），构成完整的交通定线制系统。对于定线制之间关系的编码，可使用“分道通航制聚合”（Traffic Separation Scheme Aggregation），将定义定线制的各要素（或相关要素，前提是定线制由单个要素组成）与要素“分道通航制”（Traffic Separation Scheme）关联，构成层级关系。包含在不同定线制的独立元素不得并入单个“分道通航制”（Traffic Separation Scheme）要素。
- IMO 指定的深水航道参见 IMO 出版物《船舶定线》C 部分。

区别：深水航道中心线（Deep Water Route Centreline）；双向航道分道（Two-Way Route Part）

要素 / 信息关联

类型	关联名称	关联端					
		类	角色	多重性	类	角色	多重性
聚合	深水航道聚合（Deep Water Route Aggregation）	深水航道分道（Deep Water Route Part）	构成	2,*	深水航道（Deep Water Route）	包含	0,1
聚合	分道通航制聚合（Traffic Separation Scheme Aggregation）	深水航道分道（Deep Water Route Part）	构成	1,*	分道通航制（Traffic Separation Scheme）	包含	0,1

A.15.15 深水航道（Deep Water route）

IHO 定义：深水航道（DEEP WATER ROUTE）。在指定区域的有限范围内，对海底及水下障碍物最浅水深，经过精确测量并在海图上标示的航道（IMO 船舶定线制）。

S-101 地理要素：Deep Water Route

几何单形：无

现实世界	纸质海图符号	ECDIS 符号

S-101 属性	S-57 缩写	允许编码值	类型	多重性
分道通航制类 category of traffic separation scheme	(CATTSS)	1. IMO 批准 IMO – adopted 2. 非 IMO 批准 not IMO – adopted	EN	0,1
要素名称 feature name			C	0,*
显示名称 display name			(S) BO	0,1
语言 language		ISO 639-2/T	(S) TE	0,1
名称 name	(OBJNAM) (NOBJNM)		(S) TE	1,1

INT 1 引用：M27.1-3

A.15.15.1 深水航道（Deep Water route）（见 S4 – B-435.3）

定义完整的深水航道（DW）系统，可使用关联“深水航道聚合”（Deep Water Route Aggregation）（见 A.25.6 节）和“助航标志关联”（Aids to Navigation Association）（见 A.25.2 节）将“深水航道中心线”（Deep Water Route Centreline）、“深水航道分道”（Deep Water Route Part）要素、相关助航标志要素与“深水航道”（Deep Water Route）要素关联。

备注：

- 深水航道名称必须使用复杂属性“要素名称”（feature name）填写。
- 如需填写深水航道的文本信息，应使用信息类型“航海信息”（Nautical Information）的相关实例（见 A.24.4 节）和复杂属性“信息”（information）；如果认为该信息对安全航行至关重要，使用“警告区”（Caution Area）要素（见 A.16.10 节）。

区别：航道系统（Fairway System）；分道通航制（Traffic Separation Scheme）；双向航道（Two-Way Route）

要素 / 信息关联

类型	关联名称	关联端					
		类	角色	多重性	类	角色	多重性
聚合	深水航道聚合（Deep Water Route Aggregation）	深水航道（Deep Water Route）	包含	0,1	深水航道中心线（Deep Water Route Centreline）、深水航道分道（Deep Water Route Part）	构成	2,*
聚合	分道通航制聚合（Traffic Separation Scheme Aggregation）	深水航道（Deep Water Route）	构成	1,*	分道通航制（Traffic Separation Scheme）	包含	0,1
关联	助航标志关联（Aids to Navigation Association）	深水航道（Deep Water Route）	包含	0,1	方位立标（Beacon Cardinal）、孤立危险物立标（Beacon Isolated Danger）、侧面立标（Beacon Lateral）、安全水域立标（Beacon Safe Water）、专用 / 通用立标（Beacon Special Purpose/General）、方位浮标（Buoy Cardinal）、应急沉船示位浮标（Buoy Emergency Wreck Marking）、作业浮标（Buoy Installation）、孤立危险物浮标（Buoy Isolated Danger）、侧面浮标（Buoy Lateral）、安全水域浮标（Buoy Safe Water）、专用 / 通用浮标（Buoy Special Purpose/General）、昼标（Daymark）、灯浮（Light Float）、灯船（Light Vessel）、陆标（Landmark）、桩（Pile）	构成	1,*

A.15.16 沿岸通航带（Inshore traffic zone）

IHO 定义：沿岸通航带（INSHORE TRAFFIC ZONE）。在分道通航制靠岸的边界和邻接海岸之间指定区域的定线制区域，要遵循《国际海上避碰规则》规定（改编自：IMO 船舶定线制）。

S-101 地理要素：Inshore Traffic Zone（ISTZNE）

几何单形：曲面

现实世界	纸质海图符号	ECDIS 符号

S-101 属性	S-57 缩写	允许编码值	类型	多重性
固定日期范围 fixed date range			C	0,1
终止日期 date end	(DATEND)	ISO 8601：2004	(S) TD	0,1
开始日期 date start	(DATSTA)	ISO 8601：2004	(S) TD	0,1
限制 restriction	(RESTRN)	1. 禁止抛锚 anchoring prohibited 2. 限制抛锚 anchoring restricted 3. 禁止捕捞 fishing prohibited 4. 限制捕捞 fishing restricted 5. 禁止拖网 trawling prohibited 6. 限制拖网 trawling restricted 8. 限制进入 entry restricted 9. 禁止疏浚 dredging prohibited 10. 限制疏浚 dredging restricted 11. 禁止潜水 diving prohibited 12. 限制潜水 diving restricted 13. 无伴流 no wake 16. 禁止卸载 discharging prohibited 17. 限制卸载 discharging restricted	EN	0,*

限制 restriction	(RESTRN)	18. 禁止工矿业勘探 / 开发 industrial or mineral exploration/development prohibited 19. 限制工矿业勘探 / 开发 industrial or mineral exploration/development restricted 20. 禁止钻探 drilling prohibited 21. 限制钻探 drilling restricted 22. 禁止挪动历史古迹 removal of historical artefacts prohibited 23. 禁止转运货物（过驳） cargo transhipment (lightening) prohibited 24. 禁止拖曳 dragging prohibited 25. 禁止停靠 stopping prohibited 27. 限速 speed restricted	EN	0,*
状况 status	(STATUS)	1. 永久 permanent 3. 推荐 recommended 6. 保留 reserved 9. 强制性 mandatory 16. 有人看守 watched 17. 无人看守 un-watched	EN	0,*
最小比例尺 scale minimum	(SCAMIN)	见 A.2.5.9 节	IN	0,1

INT 1 引用：M25.1，25.2

A.15.16.1 沿岸通航带（Inshore traffic zone）（见 S-4 – B-435.1）

“沿岸通航带”（Inshore Traffic Zone）要素仅用于编码分道通航制陆地边界和相邻岸线之间的指定区域。

备注：

- 过境航行大多不得使用沿岸通航带。分隔带或分隔线将沿岸通航带内的交通与相邻通航区内的交通分隔开来（见 A.15.19 节和 A.15.20 节）。沿岸通航带可以毗邻警告区（见 A.15.17 节）。

区别：警戒区（Precautionary Area）；分道通航制交汇处（Traffic Separation Scheme Crossing）；分道通航制分道（Traffic Separation Scheme Lane Part）；分道通航制环行道（Traffic Separation Scheme Roundabout）；分道通航带（Traffic Separation Zone）

要素 / 信息关联							
类型	关联名称	关联端					
		类	角色	多重性	类	角色	多重性
聚合	分道通航制聚合（Traffic Separation Scheme Aggregation）	沿岸通航带（Inshore Traffic Zone）	构成	1,*	分道通航制（Traffic Separation Scheme）	包含	0,1

A.15.17 警戒区（Precautionary area）

IHO 定义：警戒区（PRECAUTIONARY AREA）。一种特定区域内航线制定方法，在这个区域里，船只航行需特别注意，并推荐了船只流向（IMO 船舶定线制）。				
S-101 地理要素：Precautionary Area（PRCARE）				
几何单形：点、曲面				
现实世界	纸质海图符号	ECDIS 符号		
S-101 属性	**S-57 缩写**	**允许编码值**	**类型**	**多重性**
分道通航制类 category of traffic separation scheme	(CATTSS)	1. IMO 批准 IMO – adopted 2. 非 IMO 批准 not IMO – adopted	EN	0,1
要素名称 feature name			C	0,*
显示名称 display name			(S) BO	0,1
语言 language		ISO 639-2/T	(S) TE	0,1
名称 name	(OBJNAM) (NOBJNM)		(S) TE	1,1
固定日期范围 fixed date range			C	0,1
终止日期 date end	(DATEND)	ISO 8601：2004	(S) TD	0,1
开始日期 date start	(DATSTA)	ISO 8601：2004	(S) TD	0,1
限制 restriction	(RESTRN)	1. 禁止抛锚 anchoring prohibited 2. 限制抛锚 anchoring restricted 3. 禁止捕捞 fishing prohibited 4. 限制捕捞 fishing restricted	EN	0,*

限制 restriction	(RESTRN)	5. 禁止拖网 trawling prohibited 6. 限制拖网 trawling restricted 8. 限制进入 entry restricted 9. 禁止疏浚 dredging prohibited 10. 限制疏浚 dredging restricted 11. 禁止潜水 diving prohibited 12. 限制潜水 diving restricted 13. 无伴流 no wake 14. 避航区 area to be avoided 16. 禁止卸载 discharging prohibited 17. 限制卸载 discharging restricted 18. 禁止工矿业勘探 / 开发 industrial or mineral exploration/ development prohibited 19. 限制工矿业勘探 / 开发 industrial or mineral exploration/ development restricted 20. 禁止钻探 drilling prohibited 21. 限制钻探 drilling restricted 22. 禁止挪动历史古迹 removal of historical artefacts prohibited 23. 禁止转运货物（过驳） cargo transhipment (lightening) prohibited 24. 禁止拖曳 dragging prohibited 25. 禁止停靠 stopping prohibited 27. 限速 speed restricted	EN	0,*

状况 status	(STATUS)	1. 永久 permanent 9. 强制性 mandatory 28. 有浮标标示 buoyed	EN	0,*
最小比例尺 scale minimum	(SCAMIN)	见 A.2.5.9 节	IN	0,1

INT 1 引用：M16，24

A.15.17.1 警戒区（Precautionary area）（见 S-4 – B-435.2）

警戒区一般是 IMO 指定的某些汇合区域或交叉通航使用的区域，多与分道通航制有关。如需编码此类区域，必须使用“警戒区”（Precautionary Area）要素。

备注：

- 对相关警告信息的编码，必须使用信息类型“航海信息”（Nautical Information）（见 A.24.4 节）的相关实例和复杂属性“信息”（information）。
- “警戒区”（Precautionary Area）要素可与分道通航制的其他要素重叠，如“分道通航制环行道”（Traffic Separation Scheme Roundabout）、“分道通航制分道”（Traffic Separation Scheme Lane Part）、“分道通航制交汇处”（Traffic Separation Scheme Crossing）等。

区别：警告区（Caution Area）；深水航道分道（Deep Water Route Part）；沿岸通航带（Inshore Traffic Zone）；航行限制区（Restricted Area Navigational）；监管限制区（Restricted Area Regulatory）；分道通航制边界（Traffic Separation Scheme Boundary）；分道通航制交汇处（Traffic Separation Scheme Crossing）；分道通航制分道（Traffic Separation Scheme Lane Part）；分道通航制环行道（Traffic Separation Scheme Roundabout）；分道通航带（Traffic Separation Zone）；双向航道分道（Two-Way Route Part）

要素 / 信息关联

类型	关联名称	关联端					
		类	角色	多重性	类	角色	多重性
聚合	分道通航制聚合（Traffic Separation Scheme Aggregation）	警戒区（Precautionary Area）	构成	1,*	分道通航制（Traffic Separation Scheme）	包含	0,1
关联	附加信息（Additional Information）	警戒区（Precautionary Area）	为……提供的信息	1,*	航海信息（Nautical Information）	提供信息	0,1

A.15.18 分道通航制分道（Traffic separation scheme lane part）

IHO 定义：分道通航制分道（TRAFFIC SEPARATION SCHEME LANE PART）。交通流流向通常沿某一方向的通航分道（改编自：S-57 第 3.1 版，附录 A，第 1 章，第 1.187 页，2000 年 11 月）。		
S-101 地理要素：Traffic Separation Scheme Lane Part（TSSLPT）		
几何单形：曲面		
现实世界	纸质海图符号	ECDIS 符号

S-101 属性	S-57 缩写	允许编码值	类型	多重性
固定日期范围 fixed date range			C	0,1
终止日期 date end	(DATEND)	ISO 8601：2004	(S) TD	0,1
开始日期 date start	(DATSTA)	ISO 8601：2004	(S) TD	0,1
方位值 orientation value	(ORIENT)		RE	0,1
限制 restriction	(RESTRN)	1. 禁止抛锚 anchoring prohibited 2. 限制抛锚 anchoring restricted 3. 禁止捕捞 fishing prohibited 4. 限制捕捞 fishing restricted 5. 禁止拖网 trawling prohibited 6. 限制拖网 trawling restricted 8. 限制进入 entry restricted 9. 禁止疏浚 dredging prohibited 10. 限制疏浚 dredging restricted 11. 禁止潜水 diving prohibited 12. 限制潜水 diving restricted 13. 无伴流 no wake 16. 禁止卸载 discharging prohibited 17. 限制卸载 discharging restricted 18. 禁止工矿业勘探 / 开发 industrial or mineral exploration/development prohibited 19. 限制工矿业勘探 / 开发 industrial or mineral exploration/development restricted	EN	0,*

限制 restriction	(RESTRN)	20. 禁止钻探 drilling prohibited 21. 限制钻探 drilling restricted 22. 禁止挪动历史古迹 removal of historical artefacts prohibited 23. 禁止转运货物（过驳） cargo transhipment (lightening) prohibited 24. 禁止拖曳 dragging prohibited 25. 禁止停靠 stopping prohibited 27. 限速 speed restricted	EN	0,*
状况 status	(STATUS)	1. 永久 permanent 3. 推荐 recommended 6. 保留 reserved 9. 强制性 mandatory 28. 有浮标标示 buoyed	EN	0,*
最小比例尺 scale minimum	(SCAMIN)	见 A.2.5.9 节	IN	0,1

INT 1 引用：M20.1-3，22

A.15.18.1 分道通航制分道（Traffic separation scheme lane）（见 S-4 – B-435.1）

通航分道（traffic lane）是在规定界限内实行单向通航的区域。天然障碍物，包括形成分隔带的障碍物，可构成通航分道的边界（IHO 词典 – S-32）。完整的分道通航制分道由一个或多个区域构成，在此类区域内，交通流按规定方向行驶。如需编码此类区域，必须使用“分道通航制分道”（Traffic Separation Scheme Lane Part）要素。

备注：

- “方位值”（orientation value）属性对于所有“分道通航制分道”（Traffic Separation Scheme Lane Part）要素而言都是强制性的（交汇点除外）。
- 交汇点（junction）与交叉点（crossing）和环行道（roundabout）不同，必须单独使用“分道通航制分道”（Traffic Separation Scheme Lane Part）要素进行编码。该要素的“方位值”（orientation value）属性必须省略，以免造成一条分道比另一条分道优先的印象（见 INT1-M22）。警告文本的编码可使用信息类型“航海信息”（Nautical Information）（见 A.24.4 节）的相关实例和复杂属性“信息”（information）。在某些情况下，航道相遇点或交叉点可能设立警戒区（见 A.15.17.1 节）。
- 分道通航制分道的方向用分道中心线定义，与通航分道中交通流的大致方向相关。

区别：推荐航道分道（Recommended Traffic Lane Part）；通航分隔线（Traffic Separation Line）；分道通航制边界（Traffic Separation Scheme Boundary）；分道通航制交汇处（Traffic Separation Scheme Crossing）；分道通航制环行道（Traffic Separation Scheme Roundabout）；分道通航带（Traffic Separation Zone）

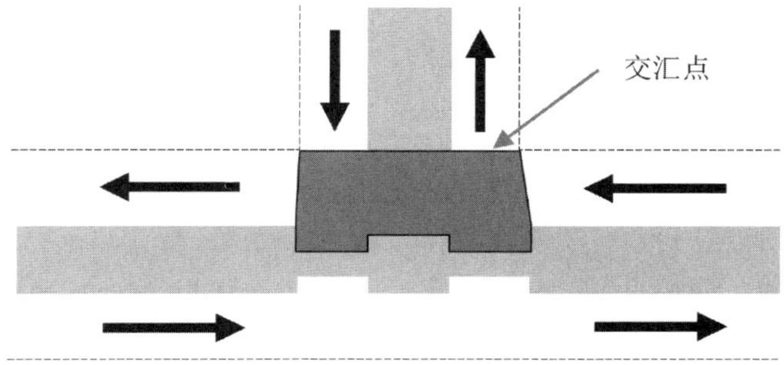

图A-15.7 交汇点

要素 / 信息关联

类型	关联名称	关联端					
		类	角色	多重性	类	角色	多重性
聚合	分道通航制聚合（Traffic Separation Scheme Aggregation）	分道通航制分道（Traffic Separation Scheme Lane Part）	构成	1,*	分道通航制（Traffic Separation Scheme）	包含	0,1

A.15.19 分道通航带（Traffic separation zone）

IHO 定义：分道通航带（TRAFFIC SEPARATION ZONE）。分隔交通通道的区域带，在这些通航分道中，有的是船舶对向或近似对向航行，有的分属相邻不同海域，有的用于特定类型的船舶同向航行（IMO 船舶定线制）。		
S-101 地理要素：Traffic Separation Zone（TSEZNE）		
几何单形：曲面		
现实世界	纸质海图符号	ECDIS 符号

S-101 属性	S-57 缩写	允许编码值	类型	多重性
固定日期范围 fixed date range			C	0,1
终止日期 date end	(DATEND)	ISO 8601：2004	(S) TD	0,1
开始日期 date start	(DATSTA)	ISO 8601：2004	(S) TD	0,1
状况 status	(STATUS)	1. 永久 permanent 3. 推荐 recommended 9. 强制性 mandatory 28. 有浮标标示 buoyed	EN	0,*
最小比例尺 scale minimum	(SCAMIN)	见 A.2.5.9 节	IN	0,1

INT 1 引用：M13，20.1，20.3，21

A.15.19.1　分道通航带（Traffic separation zone）（见 S-4 – B-435.1 和 B-436.3）

“分道通航带”（Traffic Separation Zone）要素仅用于编码两条通航分道之间的分隔带，或通航分道和沿岸通航带之间的分隔带，或环行道中心部分。

备注：

- 无。

区别：通航分隔线（Traffic Separation Line）；分道通航制边界（Traffic Separation Scheme Boundary）；分道通航制交汇处（Traffic Separation Scheme Crossing）；分道通航制分道（Traffic Separation Scheme Lane Part）；分道通航制环行道（Traffic Separation Scheme Roundabout）

要素 / 信息关联

类型	关联名称	关联端					
		类	角色	多重性	类	角色	多重性
聚合	分道通航制聚合（Traffic Separation Scheme Aggregation）	分道通航带（Traffic Separation Zone）	构成	1,*	分道通航制（Traffic Separation Scheme）	包含	0,1

A.15.20　通航分隔线（Traffic separation line）

IHO 定义：通航分隔线（TRAFFIC SEPARATION LINE）。通航分隔线是分隔交通通道的线，在这些通航分道中，有的是船舶对向或近似对向航行，有的分属相邻不同海域，有的用于特定类型的船舶同向航行（IMO 船舶定线制）。

S-101 地理要素：Traffic Separation Line（TSELNE）

几何单形：曲线

现实世界	纸质海图符号	ECDIS 符号

S-101 属性	S-57 缩写	允许编码值	类型	多重性
固定日期范围 fixed date range			C	0,1
终止日期 date end	(DATEND)	ISO 8601：2004	(S) TD	0,1
开始日期 date start	(DATSTA)	ISO 8601：2004	(S) TD	0,1
状况 status	(STATUS)	1. 永久 permanent 3. 推荐 recommended 9. 强制性 mandatory 28. 有浮标标示 buoyed	EN	0,*
最小比例尺 scale minimum	(SCAMIN)	见 A.2.5.9 节	IN	0,1

INT 1 引用：M12

A.15.20.1 通航分隔线（Traffic separation line）（见 S-4 – B-435.1 和 B-436.3）

“通航分隔线”（Traffic Separation Line）要素仅用于编码两条通航分道间的共同边界，或通航分道和沿岸通航带间的共同边界。

备注：

- 无。

区别：分道通航制边界（Traffic Separation Scheme Boundary）；分道通航制交汇处（Traffic Separation Scheme Crossing）；分道通航制分道（Traffic Separation Scheme Lane Part）；分道通航制环行道（Traffic Separation Scheme Roundabout）；分道通航带（Traffic Separation Zone）

要素 / 信息关联

类型	关联名称	关联端					
		类	角色	多重性	类	角色	多重性
聚合	分道通航制聚合（Traffic Separation Scheme Aggregation）	通航分隔线（Traffic Separation Line）	构成	1,*	分道通航制（Traffic Separation Scheme）	包含	0,1

A.15.21 分道通航制边界（Traffic separation scheme boundary）

IHO 定义：分道通航制边界（TRAFFIC SEPARATION SCHEME BOUNDARY）。通航分道或分道通航制环行道的外边界（S-57 第 3.1 版，附录 A，第 1 章，第 1.185 页，2000 年 11 月）。

S-101 地理要素：Traffic Separation Scheme Boundary（TSSBND）

几何单形：曲线

现实世界	纸质海图符号	ECDIS 符号

S-101 属性	S-57 缩写	允许编码值	类型	多重性
固定日期范围 fixed date range			C	0,1
终止日期 date end	(DATEND)	ISO 8601：2004	(S) TD	0,1
开始日期 date start	(DATSTA)	ISO 8601：2004	(S) TD	0,1
状况 status	(STATUS)	1. 永久 permanent 3. 推荐 recommended 9. 强制性 mandatory 28. 有浮标标示 buoyed	EN	0,*
最小比例尺 scale minimum	(SCAMIN)	见 A.2.5.9 节	IN	0,1

INT 1 引用：M15

A.15.21.1 分道通航制边界（Traffic separation scheme boundary）（见 S-4 – B-435.1）

“分道通航制边界”（Traffic Separation Scheme Boundary）要素仅用于编码通航分道区域，或分道通航制环行道外边界。

备注：

- “分道通航制边界”（Traffic Separation Scheme Boundary）不得用于编码分道通航制分道或环行道与分道通航带间的边界，也不得用于编码分道通航带和沿岸通航带间的边界。

区别：通航分隔线（Traffic Separation Line）；分道通航制交汇处（Traffic Separation Scheme Crossing）；分道通航制分道（Traffic Separation Scheme Lane Part）；分道通航制环行道（Traffic Separation Scheme Roundabout）；分道通航带（Traffic Separation Zone）

要素 / 信息关联

类型	关联名称	关联端					
		类	角色	多重性	类	角色	多重性
聚合	分道通航制聚合（Traffic Separation Scheme Aggregation）	分道通航制边界（Traffic Separation Boundary）	构成	1,*	分道通航制（Traffic Separation Scheme）	包含	0,1

A.15.22 分道通航制交汇处（Traffic separation scheme crossing）

IHO 定义：分道通航制交汇处（TRAFFIC SEPARATION SCHEME CROSSING）。通航带的交叉区域（S-57 第 3.1 版，附录 A，第 1 章，第 1.186 页，2000 年 11 月）。

S-101 地理要素：Traffic Separation Scheme Crossing（TSSCRS）

几何单形：曲面

现实世界	纸质海图符号	ECDIS 符号

S-101 属性	S-57 缩写	允许编码值	类型	多重性
固定日期范围 fixed date range			C	0,1
终止日期 date end	(DATEND)	ISO 8601：2004	(S) TD	0,1
开始日期 date start	(DATSTA)	ISO 8601：2004	(S) TD	0,1
限制 restriction	(RESTRN)	1. 禁止抛锚 anchoring prohibited 2. 限制抛锚 anchoring restricted 3. 禁止捕捞 fishing prohibited 4. 限制捕捞 fishing restricted 5. 禁止拖网 trawling prohibited	EN	0,*

限制 restriction	(RESTRN)	6. 限制拖网 trawling restricted 8. 限制进入 entry restricted 9. 禁止疏浚 dredging prohibited 10. 限制疏浚 dredging restricted 11. 禁止潜水 diving prohibited 12. 限制潜水 diving restricted 13. 无伴流 no wake 16. 禁止卸载 discharging prohibited 17. 限制卸载 discharging restricted 18. 禁止工矿业勘探 / 开发 industrial or mineral exploration/ development prohibited 19. 限制工矿业勘探 / 开发 industrial or mineral exploration/ development restricted 20. 禁止钻探 drilling prohibited 21. 限制钻探 drilling restricted 22. 禁止挪动历史古迹 removal of historical artefacts prohibited 23. 禁止转运货物（过驳） cargo transhipment (lightening) prohibited 24. 禁止拖曳 dragging prohibited 25. 禁止停靠 stopping prohibited 27. 限速 speed restricted	EN	0,*
状况 status	(STATUS)	1. 永久 permanent 3. 推荐 recommended	EN	0,*

状况 status	(STATUS)	6. 保留 reserved 9. 强制性 mandatory	EN	0,*
最小比例尺 scale minimum	(SCAMIN)	见 A.2.5.9 节	IN	0,1

INT 1 引用：M23

A.15.22.1　分道通航制交汇处（Traffic separation scheme crossing）（见 S-4 – B-435.1）

“分道通航制交汇处”（Traffic Separation Scheme Crossing）要素仅用于至少有四条通航分道交叉点的编码。

备注：

- 交汇点（junction）与交叉点（crossing）和环行道（roundabout）不同，应使用“分道通航制分道”（Traffic Separation Scheme Lane Part）（见 A.15.18 节）要素进行编码。
- 要素“分道通航制交汇处”（Traffic Separation Scheme Crossing）不得在其中心与要素“分道通航带”（Traffic Separation Zone）重叠。
- 在某些情况下，航道相遇点或交叉点会设立警戒区（见 A.15.17.1 节）。

区别：通航分隔线（Traffic Separation Line）；分道通航制边界（Traffic Separation Scheme Boundary）；分道通航制分道（Traffic Separation Scheme Lane Part）；分道通航制环行道（Traffic Separation Scheme Roundabout）；分道通航带（Traffic Separation Zone）

要素 / 信息关联

类型	关联名称	关联端					
		类	角色	多重性	类	角色	多重性
聚合	分道通航制聚合（Traffic Separation Scheme Aggregation）	分道通航制交汇处（Traffic Separation Scheme Crossing）	构成	1,*	分道通航制（Traffic Separation Scheme）	包含	0,1

A.15.23　分道通航制环行道（Traffic separation scheme roundabout）

IHO 定义：分道通航制环行道（TRAFFIC SEPARATION SCHEME ROUNDABOUT）。特定区域内，由分隔点或环行分隔带和环行通航分道构成的定线制。环形道内，船舶围绕分隔点或分隔区域以逆时针方向航行（IMO 船舶定线制）。

S-101 地理要素：Traffic Separation Scheme Roundabout（TSSRON）

几何单形：曲面

现实世界	纸质海图符号	ECDIS 符号

S-101 属性	S-57 缩写	允许编码值	类型	多重性
固定日期范围 fixed date range			C	0,1
终止日期 date end	(DATEND)	ISO 8601：2004	(S) TD	0,1
开始日期 date start	(DATSTA)	ISO 8601：2004	(S) TD	0,1

限制 restriction	(RESTRN)	1. 禁止抛锚 anchoring prohibited 2. 限制抛锚 anchoring restricted 3. 禁止捕捞 fishing prohibited 4. 限制捕捞 fishing restricted 5. 禁止拖网 trawling prohibited 6. 限制拖网 trawling restricted 8. 限制进入 entry restricted 9. 禁止疏浚 dredging prohibited 10. 限制疏浚 dredging restricted 11. 禁止潜水 diving prohibited 12. 限制潜水 diving restricted 13. 无伴流 no wake 16. 禁止卸载 discharging prohibited 17. 限制卸载 discharging restricted 18. 禁止工矿业勘探 / 开发 industrial or mineral exploration/ development prohibited 19. 限制工矿业勘探 / 开发 industrial or mineral exploration/ development restricted 20. 禁止钻探 drilling prohibited 21. 限制钻探 drilling restricted 22. 禁止挪动历史古迹 removal of historical artefacts prohibited 23. 禁止转运货物（过驳） cargo transhipment (lightening) prohibited	EN	0,*

限制 restriction	(RESTRN)	24. 禁止拖曳 dragging prohibited 25. 禁止停靠 stopping prohibited 27. 限速 speed restricted	EN	0,*
状况 status	(STATUS)	1. 永久 permanent 3. 推荐 recommended 6. 保留 reserved 9. 强制性 mandatory	EN	0,*
最小比例尺 scale minimum	(SCAMIN)	见 A.2.5.9 节	IN	0,1

INT 1 引用：M21

A.15.23.1　分道通航制环行道（Traffic separation scheme roundabout）（见 S-4 – B-435.1）

"分道通航制环行道"（Traffic Separation Scheme Roundabout）要素仅用于指定分隔点或分隔带逆时针通航区域的编码。

备注：

- 交汇点（junction）与交叉点（crossing）和环行道（roundabout）不同，应使用"分道通航制分道"（Traffic Separation Scheme Lane Part）（见 A.15.18 节）要素进行编码。
- "分道通航制环行道"（Traffic Separation Scheme Roundabout）要素不得在其中心与"分道通航带"（Traffic Separation Zone）要素重叠。
- 在某些情况下，航道相遇点或交叉点会设立警戒区（见 A.15.17.1 节）。

区别：通航分隔线（Traffic Separation Line）；分道通航制边界（Traffic Separation Scheme Boundary）；分道通航制交汇处（Traffic Separation Scheme Crossing）；分道通航制分道（Traffic Separation Scheme Lane Part）；分道通航带（Traffic Separation Zone）

要素 / 信息关联

类型	关联名称	关联端					
		类	角色	多重性	类	角色	多重性
聚合	分道通航制聚合（Traffic Separation Scheme Aggregation）	分道通航制环行道（Traffic Separation Scheme Roundabout）	构成	1,*	分道通航制（Traffic Separation Scheme）	包含	0,1

A.15.24　分道通航制（Traffic separation scheme）

IHO 定义：分道通航制（TRAFFIC SEPARATION SCHEME）。一个旨在通过隔离对向航行的船舶来减少拥挤区或交通汇集区内船舶碰撞危险的通行方案（IMO 船舶定线制）。
S-101 地理要素：Traffic Separation Scheme

几何单形：无				
现实世界	纸质海图符号		ECDIS 符号	
S-101 属性	**S-57 缩写**	**允许编码值**	**类型**	**多重性**
分道通航制类 category of traffic separation scheme	(CATTSS)	1. IMO 批准 IMO–adopted 2. 非 IMO 批准 not IMO–adopted	EN	0,1
要素名称 feature name			C	0,*
显示名称 display name			(S) BO	0,1
语言 language		ISO 639-2/T	(S) TE	0,1
名称 name	(OBJNAM) (NOBJNM)		(S) TE	1,1
最大允许吃水深度 maximum permitted draught			RE	0,1

INT 1 引用：M20.1-27.3，29.1

A.15.24.1　分道通航制（Traffic separation scheme）（见 S-4 – B-435.1-3）

如需编码分道通航制（Traffic separation scheme，TSS），则必须使用：

深水航道（DW）——已划定界线范围的航道，该航道在海图上所示的海底净空及水下障碍物已进行精确测量（IMO 船舶定线制）。编码深水航道需使用“深水航道中心线（Deep Water Route Centreline）”“深水航道分道”（Deep Water Route Part）和“深水航道”（Deep Water Route）要素（见 A.15.13 至 A.15.15 节）；

- “沿岸通航带”（Inshore Traffic Zone）（见 A.15.6 节）；
- “警戒区”（Precautionary Area）（见 A.15.17 节）；
- “通航分隔线”（Traffic Separation Line）、“分道通航带”（Traffic Separation Zone）、“分道通航制边界”（Traffic Separation Scheme Boundary）、“分道通航制交汇处”（Traffic Separation Scheme Crossing）、“分道通航制分道”（Traffic Separation Scheme Lane Part）、“分道通航制环行道”（Traffic Separation Scheme Roundabout）（见 A.15.18 至 A.15.23 节）
- 助航标志要素（见 A.18 至 A.21 节）。

为完整定义分道通航制系统，必须使用关联“分道通航制聚合”（Traffic Separation Scheme Aggregation）（见 A.25.16 节）将以上要素与“分道通航制”（Traffic Separation Scheme）要素进行关联。

备注：

- 必须使用复杂属性“要素名称”（feature name）填写分道通航制名称。
- 如需编码分道通航制中经 IMO 批准的避航区（Area to be Avoided），必须使用“航行限制区”（Restricted Area Navigational）要素（见 A.17.8 节），并设置属性“限制”（Restriction）=14 [“避航区”（area to be avoided）]。
- 如需填写分道通航制的文本信息，应使用信息类型“航海信息”（Nautical Information）的相关实例（见 A.24.4 节）和复杂属性“信息”（information）；如认为该信息对安全航行至关重要，使用“警告区”（Caution Area）要素（见 A.16.10 节）。

区别：深水航道（Deep Water Route）；航道系统（Fairway System）；双向航道（Two-Way Route）

要素 / 信息关联							
类型	关联名称	关联端					
		类	角色	多重性	类	角色	多重性
聚合	分道通航制聚合（Traffic Separation Scheme Aggregation）	分道通航制（Traffic Separation Scheme）	包含	0,1	方位立标（Beacon Cardinal）、孤立危险物立标（Beacon Isolated Danger）、侧面立标（Beacon Lateral）、安全水域立标（Beacon Safe Water）、专用/通用立标（Beacon Special Purpose/General）、方位浮标（Buoy Cardinal）、应急沉船示位浮标（Buoy Emergency Wreck Marking）、孤立危险物浮标（Buoy Isolated Danger）、侧面浮标（Buoy Lateral）、安全水域浮标（Buoy Safe Water）、专用/通用浮标（Buoy Special Purpose/General）、深水航道（Deep Water Route）、深水航道中心线（Deep Water Route Centreline）、昼标（Daymark）、深水航道分道（Deep Water Route Part）、沿岸通航带（Inshore Traffic Zone）、陆标（Landmark）、灯浮（Light Float）、灯船（Light Vessel）、桩（Pile）、警戒区（Precautionary Area）、航行限制区（Restricted Area Navigational）、监管限制区（Restricted Area Regulatory）、通航分隔线（Traffic Separation Line）、分道通航制（Traffic Separation Scheme）、分道通航制边界（Traffic Separation Scheme Boundary）、分道通航制交汇处（Traffic Separation Scheme Crossing）、分道通航制分道（Traffic Separation Scheme Lane Part）、分道通航制环行道（Traffic Separation Scheme Roundabout）、分道通航带（Traffic Separation Zone）、双向航道（Two- Way Route）、双向航道分道（Two-Way Route Part）	构成	1,*
关联	警告区关联（Caution Area Association）	分道通航制（Traffic Separation Scheme）	包含	0,1	警告区（Caution Area）	构成	0,*

A.15.25 群岛海道区（Archipelagic Sea Lane area）

IHO 定义：群岛海道区（ARCHIPELAGIC SEA LANE AREA）。群岛国为船舶和飞机指定的海上航道（IHO 词典 – S-32）。				
S-101 地理要素：Archipelagic Sea Lane Area（ARCSLN）				
几何单形：曲面				
现实世界	纸质海图符号		ECDIS 符号	
S-101 属性	**S-57 缩写**	**允许编码值**	**类型**	**多重性**
要素名称 feature name			C	0,*
显示名称 display name			(S) BO	0,1
语言 language		ISO 639-2/T	(S) TE	0,1
名称 name	(OBJNAM) (NOBJNM)		(S) TE	1,1
固定日期范围 fixed date range			C	0,1
终止日期 date end	(DATEND)	ISO 8601：2004	(S) TD	0,1
开始日期 date start	(DATSTA)	ISO 8601：2004	(S) TD	0,1
国籍 nationality	(NATION)		TE	1,1
最小比例尺 scale minimum	(SCAMIN)	见 A.2.5.9 节	IN	0,1

INT 1 引用：M17

15.25.1 群岛海道区（Archipelagic Sea Lane area）（见 S-4 – B-435.10）

《联合国海洋法公约》（UNCLOS）第 53 条规定：

"群岛国可以指定海上航道……，供外国船舶连续快速通过……经过……其群岛水域和毗连的领海。……所有船舶……均在此类海上通道享有群岛海道通行权……[其中] 包括航经群岛水域用于国际通航的所有普通航道……"（注释：本摘录省略了《联合国海洋法公约》中有关飞机和空中航道的内容）（IHO S-4 B-435.10，C-51 附录 2 第二部分）。

任何希望指定群岛海道（Archipelagic Sea Lane，ASL）的群岛国家必须向 IMO 提交申请，包括《联合国海洋法公约》要求的所有普通航道和通航水道。IMO 根据《联合国海洋法公约》有关规定批准群岛海道。

如需编码群岛海道，必须使用"群岛海道区"（Archipelagic Sea Lane Area）要素和"群岛海道轴线"（Archipelagic Sea Lane Axis）（见 A.15.26 节）以及必要的助航标志要素。

《联合国海洋法公约》第 53 条和 IMO《船舶定线》H 部分规定了群岛海道的特征。详见 IHO 出版物 C-51（联合国海洋法公约技术手册）。

此类要素关系的编码规则见 A.15.27 节。

备注：

- "群岛海道区"（Archipelagic Sea Lane Area）要素用于编码群岛海道区。
- 在某些情况下，只有轴线 ["群岛海道轴线"（Archipelagic Sea Lane Axis），见 A.15.26 节] 上的准确信息可用；此时，可能无法编码"群岛海道区"（Archipelagic Sea Lane Area）的范围。

- 为编码群岛海道（ASL）系统，可使用“群岛海道聚合”（ASL Aggregation）关联（见 A.25.3 节）和“助航标志关联”（Aids to Navigation Association）（见 A.25.2 节）将“群岛海道区”（Archipelagic Sea Lane Area）、“群岛海道轴线”（Archipelagic Sea Lane Axis）要素以及相关助航标志要素（若已在定义 ASL 的规定中说明）与“群岛海道区”（Archipelagic Sea Lane Area）（见 A.15.27 节）要素进行关联。如需表示完整的群岛海道系统名称，应使用“群岛海道”（Archipelagic Sea Lane）要素的复杂属性“要素名称”（feature name）。如需填写群岛海道的文本信息，应使用信息类型“航海信息”（Nautical Information）（见 A.24.4 节）的相关实例和复杂属性“信息”（information）。
- 除非群岛海道中为船舶安全通行而指定分道通航制，否则群岛海道内不得进行交通分隔。

区别：行政区（Administration Area）；群岛海道（Archipelagic Sea Lane）；群岛海道轴线（Archipelagic Sea Lane Axis）；警告区（Caution Area）；航道（Fairway）；沿岸通航带（Inshore Traffic Zone）；推荐航道分道（Recommended Traffic Lane Part）；航行限制区（Restricted Area Navigational）；监管限制区（Restricted Area Regulatory）；潜水艇航道（Submarine Transit Lane）；分道通航制分道（Traffic Separation Scheme Lane Part）；分道通航带（Traffic Separation Zone）；双向航道分道（Two-Way Route Part）

要素 / 信息关联

类型	关联名称	关联端					
		类	角色	多重性	类	角色	多重性
聚合	群岛海道聚合（ASL Aggregation）	群岛海道区（Archipelagic Sea Lane Area）	构成	1,*	群岛海道（Archipelagic Sea Lane）	包含	0,1

15.26 群岛海道轴线（Archipelagic Sea Lane Axis）

IHO 定义：群岛海道轴线（ARCHIPELAGIC SEA LANE AXIS）。用来确定群岛航道的最大范围，不是用来表示航道的最深水深，也不是推荐航线。

S-101 地理要素：Archipelagic Sea Lane Axis（ASLXIS）

几何单形：曲线

现实世界	纸质海图符号	ECDIS 符号

S-101 属性	S-57 缩写	允许编码值	类型	多重性
要素名称 feature name			C	0,*
显示名称 display name			(S) BO	0,1
语言 language		ISO 639-2/T	(S) TE	0,1
名称 name	(OBJNAM) (NOBJNM)		(S) TE	1,1
固定日期范围 fixed date range			C	0,1
终止日期 date end	(DATEND)	ISO 8601：2004	(S) TD	0,1
开始日期 date start	(DATSTA)	ISO 8601：2004	(S) TD	0,1

国籍 nationality	(NATION)		TE	1,1
最小比例尺 scale minimum	(SCAMIN)	见 A.2.5.9 节	IN	0,1

INT 1 引用：M17

A.15.26.1 群岛海道轴线（Archipelagic Sea Lane Axis）（见 S-4 – B-435.10）

《联合国海洋法公约》（UNCLOS）第 53 条规定：

"群岛国可以指定海上航道……，供外国船舶连续快速通过……经过……其群岛水域和毗连的领海。……所有船舶……均在此类海上通道享有群岛海道通行权……[其中]包括航经群岛水域用于国际通航的所有普通航道……"（注释：本摘录省略了《联合国海洋法公约》中有关飞机和空中航道的内容）（IHO S-4 B-435.10，C-51 附录 2 第二部分）。

群岛海道轴线在 ENC 中的编码仅用于确定海上航道范围。该轴线不指示 IMO 出版物《船舶定线》A 部分规定的任何航道或推荐航线。

备注：

- 为编码群岛海道（ASL）系统，可使用"群岛海道聚合"（ASL Aggregation）关联（见 A.25.3 节）和"助航标志关联"（Aids to Navigation Association）（见 A.25.2 节）将"群岛海道区"（Archipelagic Sea Lane Area）、"群岛海道轴线"（Archipelagic Sea Lane Axis）要素以及相关助航标志要素（若已在定义 ASL 的规定中说明）与"群岛海道区"（Archipelagic Sea Lane Area）（见 A.15.25 节）要素进行关联。如需表示完整的群岛海道系统名称，应使用"群岛海道"（Archipelagic Sea Lane）要素的复杂属性"要素名称"（feature name）。如需填写群岛海道的文本信息，应使用信息类型"航海信息"（Nautical Information）（见 A.24.4 节）的相关实例和复杂属性"信息"（information）。
- 群岛海道轴线系统所有构成要素必须对"最小比例尺"（scale minimum）属性（见 A.2.5.9 节）填写相同的值。

区别：行政区（Administration Area）；群岛海道（Archipelagic Sea Lane）；群岛海道区（Archipelagic Sea Lane Area）；警告区（Caution Area）；深水航道中心线（Deep Water Route Centreline）；航道（Fairway）；沿岸通航带（Inshore Traffic Zone）；航线（Navigation Line）；推荐航道中心线（Recommended Route Centreline）；推荐航线（Recommended Track）；推荐航道分道（Recommended Traffic Lane Part）；航行限制区（Restricted Area Navigational）；监管限制区（Restricted Area Regulatory）；潜水艇航道（Submarine Transit Lane）；分道通航制分道（Traffic Separation Scheme Lane Part）；通航分隔线（Traffic Separation Line）；分道通航带（Traffic Separation Zone）；双向航道分道（Two-Way Route Part）

要素 / 信息关联

类型	关联名称	关联端					
		类	角色	多重性	类	角色	多重性
聚合	群岛海道聚合（ASL Aggregation）	群岛海道轴线（Archipelagic Sea Lane Axis）	构成	1,*	群岛海道（Archipelagic Sea Lane）	包含	0,1

A.15.27 群岛海道（Archipelagic Sea Lane）

IHO 定义：群岛海道（ARCHIPELAGIC SEA LANE）。群岛国为船舶和飞机指定的海上航道（IHO 词典 – S-32）。

S-101 地理要素：Archipelagic Sea Lane

几何单形：无

现实世界	纸质海图符号	ECDIS 符号

S-101 属性	S-57 缩写	允许编码值	类型	多重性
要素名称 feature name			C	0,*

显示名称 display name			(S) BO	0,1
语言 language		ISO 639-2/T	(S) TE	0,1
名称 name	(OBJNAM) (NOBJNM)		(S) TE	1,1

INT 1 引用：M17

A.15.27.1 群岛海道（Archipelagic Sea Lane）（见 S4 – B-435.10）

为定义完整的群岛海道轴线系统，必须将“群岛海道区”（Archipelagic Sea Lane Area）、群岛海道轴线（Archipelagic Sea Lane Axis）要素以及相关的助航标志整合到“群岛海道”（Archipelagic Sea Lane）要素。

备注：

- 群岛海道名称必须使用复杂属性“要素名称”（feature name）进行赋值。
- 如需填写群岛海道的文本信息，应使用信息类型“航海信息”（Nautical Information）的相关实例（见 A.24.4 节）和复杂属性“信息”（information）；如认为该信息对安全航行至关重要，使用“警告区”（Caution Area）要素（见 A.16.10 节）。

区别：行政区（Administration Area）；群岛海道区（Archipelagic Sea Lane Area）；群岛海道轴线（Archipelagic Sea Lane Axis）；警告区（Caution Area）；航道（Fairway）；航道系统（Fairway System）；沿岸通航带（Inshore Traffic Zone）；航行限制区（Restricted Area Navigational）；监管限制区（Restricted Area Regulatory）；潜水艇航道（Submarine Transit Lane）；分道通航制分道（Traffic Separation Scheme Lane Part）；分道通航带（Traffic Separation Zone）；双向航道（Two-Way Route）；双向航道分道（Two-Way Route Part）

要素 / 信息关联

类型	关联名称	关联端					
		类	角色	多重性	类	角色	多重性
聚合	群岛海道聚合（ASL Aggregation）	群岛海道（Archipelagic Sea Lane）	包含	0,1	群岛海道区（Archipelagic Sea Lane Area）、群岛海道轴线（Archipelagic Sea Lane Axis）	构成	1,*
关联	助航标志关联（Aids to Navigation Association）	群岛海道（Archipelagic Sea Lane）	包含	0,1	方位立标（Beacon Cardinal）、孤立危险物立标（Beacon Isolated Danger）、侧面立标（Beacon Lateral）、安全水域立标（Beacon Safe Water）、专用/通用立标（Beacon Special Purpose/General）、方位浮标（Buoy Cardinal）、应急沉船示位浮标（Buoy Emergency Wreck Marking）、作业浮标（Buoy Installation）、孤立危险物浮标（Buoy Isolated Danger）、侧面浮标（Buoy Lateral）、安全水域浮标（Buoy Safe Water）、专用/通用浮标（Buoy Special Purpose/General）、昼标（Daymark）、灯浮（Light Float）、灯船（Light Vessel）、陆标（Landmark）、桩（Pile）	构成	1,*

关联	警告区关联（Caution Area Association）	群岛海道（Archipelagic Sea Lane）	包含	0,1	警告区（Caution Area）	构成	0,*

A.15.28 无线电呼叫点（Radio calling-in point）

IHO 定义：无线电呼叫点（RADIO CALLING-IN POINT）。船舶需向交通控制中心进行报告的指定位置，也称“报告点”（reporting point）或“无线电报告点”（radio reporting point）（IHO 词典 – S-32）。		
S-101 地理要素：Radio Calling-In Point（RDOCAL）		
几何单形：点、曲线		
现实世界	纸质海图符号	ECDIS 符号

S-101 属性	S-57 缩写	允许编码值	类型	多重性
呼号 call sign	(CALSGN)		TE	0,1
通信频道 communication channel	(COMCHA)		TE	0,*
要素名称 feature name			C	0,*
显示名称 display name			(S) BO	0,1
语言 language		ISO 639-2/T	(S) TE	0,1
名称 name	(OBJNAM) (NOBJNM)		(S) TE	1,1
固定日期范围 fixed date range			C	0,1
终止日期 date end	(DATEND)	ISO 8601：2004	(S) TD	0,1
开始日期 date start	(DATSTA)	ISO 8601：2004	(S) TD	0,1
方位值 orientation value	(ORIENT)		RE	0,2
周期性日期范围 periodic date range			C	0,*
终止日期 date end	(PEREND)	ISO 8601：2004	(S) TD	1,1
开始日期 date start	(PERSTA)	ISO 8601：2004	(S) TD	1,1
		1. 永久 permanent 3. 推荐 recommended		

状况 status	(STATUS)	4. 不使用 not in use 5. 周期性 / 间歇性 periodic/intermittent 6. 保留 reserved 7. 临时 temporary 9. 强制性 mandatory	EN	0,*
交通流 traffic flow	(TRAFIC)	1. 驶进 inbound 2. 驶出 outbound 3. 单向 one-way 4. 双向 two-way	EN	1,1
最小比例尺 scale minimum	(SCAMIN)	见 A.2.5.9 节	IN	0,1

INT 1 引用：M40.1-2

A.15.28.1　无线电呼叫（报告）点 [Radio calling-in (reporting) point]（见 S-4 – B-488.1 和 B-488.2）

无线电报告点，即无线电呼叫点，为便于交通管制，设立在某些繁忙水道和进港航道。船舶在经过此类点或固定报告线时，应通过甚高频（VHF）向交通控制中心报告。

如需编码无线电报告点或报告线，必须使用“无线电呼叫点”（Radio Calling-In Point）要素。

备注：

- 每个点状“无线电呼叫点”（Radio Calling-In Point）要素都必须使用“方位值”（orientation value）属性携带至少一个方位。如需编码反向方位，用以表示适用“无线电呼叫点”（Radio Calling-In Point）要素的方位线及其反方向，则必须设置属性“交通流”（traffic flow）=4 [“双向”（two-way）]。如果同一个位置用于交通流的另一个方向（非反向），则第二个“方位值”（orientation value）属性必须编码。
- 复杂属性“要素名称”（feature name）、子属性“名称”（name）用于编码“无线电呼叫点”（Radio Calling-In Point）的名称或字母数字指示符。
- 必要时，使用信息类型“航海信息”（Nautical Information）（见 A.24.4 节）的相关实例和复杂属性“信息”（information）添加信息。例如无线电报告要求仅涉及某类船舶时。
- 对线状“无线电呼叫点”（Radio Calling-In Point）要素进行编码，线条的方向必须具有相关性（考虑曲线的数字化方向及其反向），因此需报告的通航方向应是在右侧。线要素无须填写“方位值”（orientation value）值。
- 如需编码包含无线电报告点或要求定期报告位置的船舶交通服务区，应使用“船舶交通服务区”（Vessel Traffic Service Area）要素（见 A.22.2 节）。
- 应使用“通信频道”（communication channel）属性表示各 VHF 频道（见 A.27.74 节）。

区别：无线电站（Radio Station）；引航员登船点（Pilot Boarding Place）；船舶交通服务区（Vessel Traffic Service Area）

A.15.29 轮渡航路（Ferry route）

IHO 定义：轮渡航路（FERRY ROUTE）。用于渡船从一岸横渡到另一岸的一段航路（国防地理空间信息工作组；要素数据字典注册系统，2010 年）。		
S-101 地理要素：Ferry Route（FERYRT）		
几何单形：曲线、曲面		
现实世界	纸质海图符号	ECDIS 符号

S-101 属性	S-57 缩写	允许编码值	类型	多重性
轮渡类 category of ferry	(CATFRY)	1. 自由航行轮渡 free moving ferry 2. 缆线轮渡 cable ferry 3. 冰轮渡 ice ferry 5. 高速轮渡 high speed ferry	EN	1,*
要素名称 feature name			C	0,*
显示名称 display name			(S) BO	0,1
语言 language		ISO 639-2/T	(S) TE	0,1
名称 name	(OBJNAM) (NOBJNM)		(S) TE	1,1
固定日期范围 fixed date range			C	0,1
终止日期 date end	(DATEND)	ISO 8601：2004	(S) TD	0,1
开始日期 date start	(DATSTA)	ISO 8601：2004	(S) TD	0,1
周期性日期范围 periodic date range			C	0,*
终止日期 date end	(PEREND)	ISO 8601：2004	(S) TD	1,1
开始日期 date start	(PERSTA)	ISO 8601：2004	(S) TD	1,1
状况 status	(STATUS)	1. 永久 permanent 2. 偶尔 occasional 4. 不使用 not in use	EN	0,*

状况 status	(STATUS)	5. 周期性 / 间歇性 periodic/intermittent 6. 保留 reserved 7. 临时 temporary 8. 私有 private 9. 强制性 mandatory 14. 公共 public	EN	0,*
最小比例尺 scale minimum	(SCAMIN)	见 A.2.5.9 节	IN	0,1

INT 1 引用：M50，51

A.15.29.1　轮渡（Ferry）（见 S-4 – B-438）

在最大显示比例尺最大的 ENC 数据中，轮渡航线应当在以下情况下编码：

- 轮渡航路穿过狭水道时，以提醒过往船舶注意；
- 轮渡航路较短，可以用适当的精度表示时；
- 在港口导航 ENC 上，作为该区域的一般信息表示。

如需编码轮渡航路，必须使用“轮渡航路”（Ferry Route）要素。

备注：

- 虽然 ENC 数据集在适当的最大显示比例尺时应当显示码头，但通常不使用属性“港口设施类”（category of harbour facility）=1 [“滚装码头”（RoRo-terminal）] 或 3 [“轮渡码头”（ferry terminal）] 的“港口设施”（Harbour Facility）（见 A.22.7）要素对根据天气、潮流和交通量变化的长途轮渡进行编码。

区别：

A.15.30　雷达线（Radar line）

IHO 定义：雷达线（RADAR LINE）。在能见度较低时船只可以由海岸雷达站引导的航线，也称“雷达引导航线”（radar guided track）（IHO 词典 – S-32）。

S-101 地理要素：Radar Line（RADLNE）

几何单形：曲线

现实世界	纸质海图符号	ECDIS 符号

S-101 属性	S-57 缩写	允许编码值	类型	多重性
要素名称 feature name			C	0,*
显示名称 display name			(S) BO	0,1
语言 language		ISO 639-2/T	(S) TE	0,1
名称 name	(OBJNAM) (NOBJNM)		(S) TE	1,1

方位值 orientation value	(ORIENT)		RE	1,1
状况 status	(STATUS)	1. 永久 permanent 2. 偶尔 occasional 3. 推荐 recommended 4. 不使用 not in use 7. 临时 temporary	EN	0,*
最小比例尺 scale minimum	(SCAMIN)	见 A.2.5.9 节	IN	0,1

INT 1 引用：M32.1-2

A.15.30.1　雷达参考线（Radar reference line）（见 S-4 – B-487.2）

雷达参考线是与船舶交通服务（Vessel Traffic Service，VTS）雷达显示器上的线对应的航道中心线。该线可作为位置参考线，能见度较低时，便于 VTS 机构向船舶提供其相对于该线的位置。ENC 数据的最大显示比例尺适当时，必须标绘雷达参考线。

如需编码雷达参考线，必须使用“雷达线”（Radar Line）要素。

备注：

- 在强制性属性“方位值”（orientation value）上编码的方位值应为海上方位值。如果无法界定“向海方向”，则应使用小于 180° 的值。
- 如需编码包含雷达线的 VTS 区，应使用“船舶交通服务区”（Vessel Traffic Service Area）要素（见 A.22.2 节）。

区别：雷达有效作用距离（Radar Range）；推荐航线（Recommended Track）；船舶交通服务区（Vessel Traffic Service Area）

A.15.31　雷达有效作用距离（Radar range）

IHO 定义：雷达有效作用距离（RADAR RANGE）。雷达监测站的覆盖范围。在此范围内船只可请求岸站雷达帮助，特别在能见度不良时（改编自：国防地理空间信息工作组；要素数据字典注册系统，2010 年）。

S-101 地理要素：Radar Range（RADRNG）

几何单形：曲面

现实世界	纸质海图符号	ECDIS 符号

S-101 属性	S-57 缩写	允许编码值	类型	多重性
通信频道 communication channel	(COMCHA)		TE	0,*
要素名称 feature name			C	0,*
显示名称 　display name			(S) BO	0,1
语言 　language		ISO 639-2/T	(S) TE	0,1

名称 name	(OBJNAM) (NOBJNM)		(S) TE	1,1
固定日期范围 fixed date range			C	0,1
终止日期 date end	(DATEND)	ISO 8601：2004	(S) TD	0,1
开始日期 date start	(DATSTA)	ISO 8601：2004	(S) TD	0,1
状况 status	(STATUS)	1. 永久 permanent 2. 偶尔 occasional 4. 不使用 not in use 7. 临时 temporary	EN	0,*
最小比例尺 scale minimum	(SCAMIN)	见 A.2.5.9 节	IN	0,1

INT 1 引用：M31

A.15.31.1　雷达有效作用距离（Radar range）（见 S-4 – B-487.1）

多数大型港口都有覆盖航道的雷达监测系统，用于指引船舶航行，特别是在能见度较低的情况下。该系统的最大作用距离形成一个弧形或一系列相互重叠的弧形。

如需编码雷达有效作用距离，必须使用“雷达有效作用距离”（Radar Range）要素。

备注：

- 应使用属性“通信频道”（communication channel）表示各 VHF 频道（见 A.27.74 节）。

区别：雷达线（Radar Line）；船舶交通服务区（Vessel Traffic Service Area）

A.15.32　雷达站（Radar station）

IHO 定义：雷达站（RADAR STATION）。一个具有发射超高频无线电波，并检测由固体物体反射回来的信号以判定这些目标的位置的发射装置的台站（国际海事词典，第 2 版）。

S-101 地理要素：Radar Station（RADSTA）

几何单形：点

现实世界	纸质海图符号	ECDIS 符号

S-101 属性	S-57 缩写	允许编码值	类型	多重性
呼号 call sign	(CALSGN)		TE	0,1
雷达站类 category of radar station	(CATRAS)	1. 雷达监视站 radar surveillance station 2. 海岸雷达站 coast radar station	EN	0,*
通信频道 communication channel	(COMCHA)		TE	0,*

要素名称 feature name			C	0,*
显示名称 display name			(S) BO	0,1
语言 language		ISO 639-2/T	(S) TE	0,1
名称 name	(OBJNAM) (NOBJNM)		(S) TE	1,1
高度 height	(HEIGHT)		RE	0,1
周期性日期范围 periodic date range			C	0,*
终止日期 date end	(PEREND)	ISO 8601：2004	(S) TD	1,1
开始日期 date start	(PERSTA)	ISO 8601：2004	(S) TD	1,1
状况 status	(STATUS)	1. 永久 permanent 2. 偶尔 occasional 4. 不使用 not in use 7. 临时 temporary 8. 私有 private	EN	0,*
最大作用距离值 value of maximum range	(VALMXR)		RE	0,1
最小比例尺 scale minimum	(SCAMIN)	见 A.2.5.9 节	IN	0,1

INT 1 引用：M30；S1

A.15.32.1 雷达站（Radar station）（见 S-4 – B-485.1 和 B-487.3）

如需编码雷达站，必须使用“雷达站”（Radar Station）要素。

备注：

- 海岸雷达站是岸基雷达站，海员可通过无线电进行联系并获取位置。此类雷达站正逐步被其他定位方式所取代。
- “雷达站”（Radar Station）要素仅用于技术设备本身的编码，与其所在的建筑物或结构物无关。如需编码此类建筑物或结构物（如桅杆、塔楼、雷达穹顶），必须使用适当的要素 [如“建筑物”（Building）、“陆标”（Landmark）]。“雷达站”（Radar Station）要素和其所在的结构物之间无须进行“结构物 / 设备”（Structure/Equipment）关联。
- “高度”（height）属性用于雷达发射装置高度（如果已知）的编码。
- 应使用“通信频道”（communication channel）属性表示各 VHF 频道（见 A.27.74 节）。

区别：雷达线（Radar Line）；雷达有效作用距离（Radar Range）；雷达应答器（Radar Transponder Beacon）

A.16 地理要素——区域（Area）、界线（Limit）

A.16.1 国际疆界和国家界线（见 S-4 – B-440）

《1982 年联合国海洋法公约》（UNCLOS）于 1994 年 11 月 16 日生效。《联合国海洋法公约》包含航行规定和确定各类海区范围的规定。上述规定对加入该公约的所有国家均有约束力。《联合国海洋法公约》技术方面的内容参见 IHO 出版物 C-51。

IHO 成员国应根据《联合国海洋法公约》的规定，在特定 ENC 系列上表示本国基线和海上界线。

海员关心国际海上疆界的准确位置主要出于两个方面的原因：

- 跨越疆界时可能受不同法律法规的管辖，对航行有一定影响，如浮标系统、引航规则、捕捞权、报告程序、环境保护条例等；
- 疆界穿过近海岛屿群时，海员可能希望知道某个岛屿位于疆界的哪一侧。

A.16.2 海事管辖区（Maritime jurisdiction area）

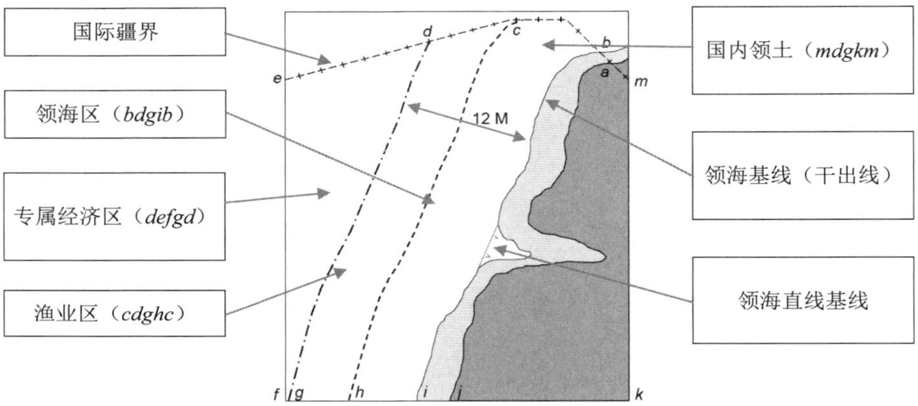

图A-16.1 海事管辖区

A.16 节各小节说明了海洋管辖区的编码规则。有时，根据国际条约规定，这些“面状”（area）实际上可能被定义为线状（linear），也可能未充分定义，所以边界可能需要编码为线状要素。A.2.2 节定义了 ENC 中允许使用的要素及其几何单形，但不得将海事管辖区相关的要素类大量编码为线状要素。

如需编码线状海事管辖区要素，必须使用 A.16 节下文中相应的要素类。如果相关要素类不得使用“曲线”几何单形，线状海事管辖区要素必须编码为“极窄”面状要素，并屏蔽所有不相关面状要素的边缘（即不沿参考线，见 A.2.5.10 节）。注意，如果可以定义为面状要素，不得使用该方式。

“极窄面”应是具有与参考线对应边的曲面，在 ENC 数据最大显示比例尺下，宽度至少为 0.3 毫米。此类面状要素的注意事项必须使用信息类型“航海信息”（Nautical Information）（见 A.24.4 节）的相关实例和复杂属性“信息”（information）进行编码。

A.16.2.1 存在争议的海事管辖区（Maritime jurisdiction areas in dispute）

根据《联合国海洋法公约》（UNCLOS，1982 年 12 月 10 日）第 55 条，沿海国的领海区不得与专属经济区重叠。有时，两个或两个以上沿海国边界上的小型区域在设立海事管辖区方面可能存在争议，可能导致争议区内小范围领海与专属经济区重叠。

两个或两个以上沿海国的海事管辖区存在争议时，一个沿海国提出的领海 [“领海区”（Territorial Sea Area）] 可能与另一个沿海国提出的“专属经济区”（Exclusive Economic Zone）相重叠。此时，争议区应使用独立的“领海区”（Territorial Sea Area）要素和“专属经济区”（Exclusive Economic Zone）要素进行编码，并设置布尔型属性“存在争议”（in dispute）为 True，以争议国的国家代码（遵循 ISO3166）（见 A.27.129 节）填写强制性属性“国籍”（nationality）。

A.16.3 锚泊区（Anchorage area）

IHO 定义：锚泊区（ANCHORAGE AREA）。船舶或水上飞机锚泊或可以锚泊的区域（改编自：IHO 词典 – S-32）。

S-101 地理要素：Anchorage Area（ACHARE）

几何单形：点、曲面

现实世界	纸质海图符号	ECDIS 符号

S-101 属性	S-57 缩写	允许编码值	类型	多重性
锚地类 category of anchorage	(CATACH)	1. 无限制锚地 unrestricted anchorage 2. 深水锚地 deep water anchorage 3. 油轮锚地 tanker anchorage 4. 爆炸物锚地 explosives anchorage 5. 检疫锚地 quarantine anchorage 6. 海上飞机锚地 seaplane anchorage 7. 小船锚地 small craft anchorage 8. 小船系泊区 small craft mooring area 9. 24 小时锚地 anchorage for periods up to 24 Hours 10. 限时锚地 anchorage for a limited period of time 14. 候泊锚地 waiting anchorage 15. 报告锚地 reported anchorage	EN	0,*
要素名称 feature name			C	0,*
显示名称 display name			(S) BO	0,1
语言 language		ISO 639-2/T	(S) TE	0,1

名称 name	(OBJNAM) (NOBJNM)		(S) TE	1,1
固定日期范围 fixed date range			C	0,1
终止日期 date end	(DATEND)	ISO 8601：2004	(S) TD	0,1
开始日期 date start	(DATSTA)	ISO 8601：2004	(S) TD	0,1
周期性日期范围 periodic date range			C	0,*
终止日期 date end	(PEREND)	ISO 8601：2004	(S) TD	1,1
开始日期 date start	(PERSTA)	ISO 8601：2004	(S) TD	1,1
限制 restriction	(RESTRN)	2. 限制抛锚 anchoring restricted 3. 禁止捕捞 fishing prohibited 4. 限制捕捞 fishing restricted 5. 禁止拖网 trawling prohibited 6. 限制拖网 trawling restricted 8. 限制进入 entry restricted 9. 禁止疏浚 dredging prohibited 10. 限制疏浚 dredging restricted 11. 禁止潜水 diving prohibited 12. 限制潜水 diving restricted 13. 无伴流 no wake 15. 禁止施工 construction prohibited 16. 禁止卸载 discharging prohibited 17. 限制卸载 discharging restricted	EN	0,*

限制 restriction	(RESTRN)	18. 禁止工矿业勘探 / 开发 industrial or mineral exploration/ development prohibited 19. 限制工矿业勘探 / 开发 industrial or mineral exploration/ development restricted 20. 禁止钻探 drilling prohibited 21. 限制钻探 drilling restricted 23. 禁止转运货物（过驳） cargo transhipment (lightening) prohibited 24. 禁止拖曳 dragging prohibited 27. 限速 speed restricted 39. 禁止游泳 swimming prohibited	EN	0,*
状况 status	(STATUS)	1. 永久 permanent 2. 偶尔 occasional 3. 推荐 recommended 4. 周期性 / 间歇性 periodic/intermittent 5. 保留 reserved 6. 临时 temporary 7. 私有 private 8. 强制性 mandatory 14. 公共 public	EN	0,*
最小比例尺 scale minimum	(SCAMIN)	见 A.2.5.9 节	IN	0,1

INT 1 引用：N10，12.1-9，14；Q44

A.16.3.1 锚地（Anchorage）（见 S-4 – B-431.1；B-431.3 和 B-431.7）

如果监管机构（如港务局）划定了锚地的界限，在最大显示比例尺最大的 ENC 数据中必须显示。如有必要，例如用于规划航线，也可在其他最大显示比例尺时中显示。

如需编码锚泊区（包括海上飞机锚地），必须使用“锚泊区”（Anchorage Area）要素。

备注：

- 复杂属性“要素名称”（feature name）和子属性“名称”（name）用于“锚泊区”（Anchorage Area）名称或编号的编码。
- 必要时，可使用信息类型“航海信息”（Nautical Information）（见 A.24.4 节）的相关实例和复杂属性“信息”（information）添加其他锚地信息。
- 没有划定边界的单个推荐锚地应编码为点状要素“锚泊区”（Anchorage Area），并设置属性“锚地类别”（category of anchorage）=1 [“无限制锚地”（unrestricted anchorage）]、“状况”（status）=3 [“推荐”（recommended）]。
- 有多个小船系泊设施的区域应编码为面状要素“锚泊区”（Anchorage Area），并设置“锚地类”（category of anchorage）=8 [“小船系泊区”（small craft mooring area）]。系泊浮筒的相关编码内容，参见 A.8.14 节。
- 如需编码使用时长不超过 24 小时的锚地，必须设置“锚地类”（category of anchorage）=9 [“24 小时锚地”（anchorage for periods up to 24 hours）]。
- 如需编码有特定时限的锚地，必须设置“锚地类”（category of anchorage）=10 [“限时锚地”（anchorage for limited period of time）]。具体时间限制应使用信息类型“航海信息”（Nautical Information）（见 A.24.4 节）的相关实例、复杂属性“信息”（information）和子属性“文本”（text）[如“锚地限时 12 小时”（Anchorage limited to 12 hours）] 编码。
- 必要时，必须将禁止抛锚（anchoring prohibited）的区域编码为“航行限制区”（Restricted Area Navigational）（见 A.17.8 节），并设置属性“限制”（restriction）=1 [“禁止抛锚”（anchoring prohibited）]。

区别：锚位（Anchor Berth）；系泊绞缆设施（Mooring/Warping Facility）

A.16.4 锚位（Anchor berth）

IHO 定义：锚位（ANCHOR BERTH）。单个船舶或海上飞机等可以锚泊的指定区域（S-57 第 3.1 版，附录 A，第 1 章，第 1.6 页，2000 年 11 月）。

S-101 地理要素：Anchor Berth（ACHBRT）

几何单形：点、曲面

现实世界	纸质海图符号	ECDIS 符号

S-101 属性	S-57 缩写	允许编码值	类型	多重性
锚泊类 category of anchorage	(CATACH)	1. 无限制锚地 unrestricted anchorage 2. 深水锚地 deep water anchorage 3. 油轮锚地 tanker anchorage 4. 爆炸物锚地 explosives anchorage 5. 检疫锚地 quarantine anchorage 6. 海上飞机锚地 seaplane anchorage 7. 小船锚地 small craft anchorage 8. 小船系泊区 small craft mooring area	EN	0,*

锚泊类 category of anchorage	(CATACH)	9. 24 小时锚地 anchorage for periods up to 24 Hours 10. 限时锚地 anchorage for a limited period of time 14. 候泊锚地 waiting anchorage	EN	0,*
要素名称 feature name			C	0,*
显示名称 display name			(S) BO	0,1
语言 language		ISO 639-2/T	(S) TE	0,1
名称 name	(OBJNAM) (NOBJNM)		(S) TE	1,1
固定日期范围 fixed date range			C	0,1
终止日期 date end	(DATEND)	ISO 8601：2004	(S) TD	0,1
开始日期 date start	(DATSTA)	ISO 8601：2004	(S) TD	0,1
周期性日期范围 periodic date range			C	0,*
终止日期 date end	(PEREND)	ISO 8601：2004	(S) TD	1,1
开始日期 date start	(PERSTA)	ISO 8601：2004	(S) TD	1,1
半径 radius	(RADIUS)	米 Metres	RE	0,1
状况 status	(STATUS)	1. 永久 permanent 2. 偶尔 occasional 3. 推荐 recommended 4. 不使用 not in use 5. 周期性 / 间歇性 periodic/intermittent 6. 保留 reserved 7. 临时 temporary	EN	0,*

状况 status	(STATUS)	8. 私有 private 9. 强制性 mandatory 14. 公共 public	EN	0,*
最小比例尺 scale minimum	(SCAMIN)	见 A.2.5.9 节	IN	0,1

INT 1 引用：N11.1，11.2

A.16.4.1 锚位（Anchor berth）（见 S-4 – B-431.2）

如果监管机构（如港务局）划定了锚地（包括锚泊位）的界限，在最大显示比例尺最大的 ENC 数据中必须予以显示。如有必要，例如用于规划航线，也可在其他最大显示比例尺时中显示。

如需编码锚位，必须使用“锚位”（Anchor Berth）要素。

备注：

- 复杂属性“要素名称”（feature name）和子属性“名称”（name）用于“锚位”（Anchor Berth）名称或编号的编码。如果一组锚位的公共名称已知，该公共名称应使用覆盖锚位区域的“海域 / 命名水域”（Sea Area/Named Water Area）要素进行编码（见 A.9.1 节）。
- 必要时，可使用信息类型“航海信息”（Nautical Information）（见 A.24.4 节）的相关实例和复杂属性“信息”（information）添加其他锚地信息。
- 如果锚位由一个中心点和一个旋转区定义，那么该锚位应为点状要素；该旋转区的半径使用属性“半径”（radius）编码。

区别：锚泊区（Anchorage Area）；泊位（Berth）；系泊绞缆设施（Mooring/Warping Facility）

A.16.5 海上飞机起降区（Seaplane landing area）

IHO 定义：海上飞机起降区（SEAPLANE LANDING AREA）。规定用于海上飞机起降的水域（S-57 第 3.1 版，附录 A，第 1 章，第 1.152 页，2000 年 11 月）。

S-101 地理要素：Seaplane Landing Area（SPLARE）

几何单形：点、曲面

现实世界	纸质海图符号	ECDIS 符号

S-101 属性	S-57 缩写	允许编码值	类型	多重性
要素名称 feature name			C	0,*
显示名称 display name			(S) BO	0,1
语言 language		ISO 639-2/T	(S) TE	0,1
名称 name	(OBJNAM) (NOBJNM)		(S) TE	1,1
周期性日期范围 periodic date range			C	0,*
终止日期 date end	(PEREND)	ISO 8601：2004	(S) TD	1,1

开始日期 date start	(PERSTA)	ISO 8601：2004	(S) TD	1,1
限制 restriction	(RESTRN)	1. 禁止抛锚 anchoring prohibited 2. 限制抛锚 anchoring restricted 3. 禁止捕捞 fishing prohibited 4. 限制捕捞 fishing restricted 5. 禁止拖网 trawling prohibited 6. 限制拖网 trawling restricted 7. 禁止进入 entry prohibited 8. 限制进入 entry restricted 9. 禁止疏浚 dredging prohibited 10. 限制疏浚 dredging restricted 11. 禁止潜水 diving prohibited 12. 限制潜水 diving restricted 13. 无伴流 no wake 15. 禁止施工 construction prohibited 16. 禁止卸载 discharging prohibited 17. 限制卸载 discharging restricted 18. 禁止工矿业勘探 / 开发 industrial or mineral exploration/ development prohibited 19. 限制工矿业勘探 / 开发 industrial or mineral exploration/ development restricted 20. 禁止钻探 drilling prohibited 21. 限制钻探 drilling restricted	EN	0,*

限制 restriction	(RESTRN)	22. 禁止挪动历史古迹 removal of historical artefacts prohibited 23. 禁止转运货物（过驳） cargo transhipment (lightening) prohibited 24. 禁止拖曳 dragging prohibited 25. 禁止停靠 stopping prohibited 27. 限速 speed restricted 39. 禁止游泳 swimming prohibited	EN	0,*
状况 status	(STATUS)	1. 永久 permanent 2. 偶尔 occasional 3. 推荐 recommended 4. 不使用 not in use 5. 周期性 / 间歇性 periodic/intermittent 6. 保留 reserved 7. 临时 temporary 8. 私有 private 9. 强制性 mandatory 14. 公共 public	EN	0,*
最小比例尺 scale minimum	(SCAMIN)	见 A.2.5.9 节	IN	0,1

INT 1 引用：N13

A.16.5.1 海上飞机起降区（Seaplane landing area）（见 S-4 – B-449.6）

如需编码海上飞机起降区，必须使用“海上飞机起降区”（Seaplane Landing Area）要素。

备注：

- 如需编码海上飞机消防取水区，必须使用“海上飞机起降区”（Seaplane Landing Area）要素。
- 如需编码海上飞机锚地（seaplane anchorage），必须使用“锚泊区”（Anchorage Area）（见 A.16.3 节）要素，并设置属性“锚地类”（category of anchorage）=6 [“海上飞机锚地”（seaplane anchorage）]。

区别：机场区（Airport Area）；跑道（Runway）

A.16.6　倾废场（Dumping ground）

IHO 定义：倾废场（DUMPING GROUND）。准许倾倒废弃物，或其他（爆炸性、化学废料等）更危险有害物的海域（S-57 第 3.1 版，附录 A，第 1 章，第 1.59 页，2000 年 11 月）。

S-101 地理要素：Dumping Ground（DMPGRD）

几何单形：点、曲面

现实世界	纸质海图符号	ECDIS 符号		
S-101 属性	S-57 缩写	允许编码值	类型	多重性
倾废场类 category of dumping ground	(CATDPG)	2. 化学废物倾废场 chemical waste dumping ground 3. 核废料倾废场 nuclear waste dumping ground 4. 爆炸物倾废场 explosives dumping ground 5. 抛泥场 spoil ground 6. 船舶倾废场 vessel dumping ground	EN	0,*
废弃日期 date disused			TD	0,1
要素名称 feature name			C	0,*
显示名称 display name			(S) BO	0,1
语言 language		ISO 639-2/T	(S) TE	0,1
名称 name	(OBJNAM) (NOBJNM)		(S) TE	1,1
限制 restriction	(RESTRN)	1. 禁止抛锚 anchoring prohibited 2. 限制抛锚 anchoring restricted 3. 禁止捕捞 fishing prohibited 4. 限制捕捞 fishing restricted 5. 禁止拖网 trawling prohibited 6. 限制拖网 trawling restricted 7. 禁止进入 entry prohibited 8. 限制进入 entry restricted	EN	0,*

限制 restriction	(RESTRN)	9. 禁止疏浚 dredging prohibited 10. 限制疏浚 dredging restricted 11. 禁止潜水 diving prohibited 12. 限制潜水 diving restricted 13. 无伴流 no wake 17. 限制卸载 discharging restricted 18. 禁止工矿业勘探 / 开发 industrial or mineral exploration/ development prohibited 19. 限制工矿业勘探 / 开发 industrial or mineral exploration/ development restricted 20. 禁止钻探 drilling prohibited 21. 限制钻探 drilling restricted 22. 禁止挪动历史古迹 removal of historical artefacts prohibited 23. 禁止转运货物（过驳） cargo transhipment (lightening) prohibited 24. 禁止拖曳 dragging prohibited 25. 禁止停靠 stopping prohibited 27. 限速 speed restricted	EN	0,*
状况 status	(STATUS)	1. 永久 permanent 2. 偶尔 occasional 4. 不使用 not in use 6. 保留 reserved 7. 临时 temporary	EN	0,*

最小比例尺 scale minimum	(SCAMIN)	见 A.2.5.9 节	IN	0,1

INT 1 引用：N23，24，62.1，62.2

A.16.6.1 倾废场（Dumping ground）（见 S-4 – B-442；B-446 和 B-446.1）

在海上指定区域内倾倒的物质（与填海工程相关的物质除外），可根据其对海员的影响做如下分类：

一般在到达海底之前解体的物质（如污水污泥），对航行基本没有影响，通常无须标绘。

疏浚作业或其他工程产生的弃土，可能显著降低抛泥场的图载水深。

可能在海底形成堆积的有害物质，包括爆炸物和化学品。

对于倾倒的有害物质不大可能对水深构成重大影响的，这种倾废场主要被编码为警告区，对抛锚、拖网或其他水下作业发出警告。

如需编码倾废场，必须使用“倾废场”（Dumping Ground）要素。

备注：

- 面状要素“倾废场”（Dumping Ground）必须用地表要素适当覆盖，如“水深区”（Depth Area）或“未测区”（Unsurveyed Area）。
- 废弃的有害物质倾废场被视为“始终危险”，在最大显示比例尺最大的 ENC 数据中必须编码，并设置属性“状况”（status）=4 [“不使用”（not in use）]。倾废场的停用日期（如果已知）可使用“废弃日期”（date disused）属性填写。
- 抛泥场内，如果因抛泥作业导致水深显著浅于图载水深，可视为“未测区”（unsurveyed area）（见 A.11.10 节）。此时，区域内的水深和等深线可以省略。

A.16.6.2 抛泥场（Spoil ground）、疏浚区（Dredging area）（见 S-4 – B-446）

抛泥场是专用区域，远离航道，位于深水区，用于抛掷疏浚作业产生的废料（淤泥）。抛泥场对海员的影响在于可能存在大量物质，导致可用水深变浅。

挖掘（或疏浚）区指疏浚船舶可能在此聚集的区域，此类区域的（如用于施工目的的）沙、石会被带上岸。虽然此类区域可能意味着实际水深大于图载水深，但对海员而言，更多意味着碰撞风险。可为航行提供足够水深的疏浚航道是“疏浚区”（dredged areas），不得与“正在疏浚区”（dredging areas）混淆。

如需编码抛泥场（spoil ground），必须使用“倾废场”（Dumping Ground）要素，并设置属性“倾废场类”（category of dumping ground）=5 [“抛泥场”（spoil ground）]。

如需编码疏浚区，必须使用“航行限制区”（Restricted Area Navigation）（见 A.17.8 节）或“监管限制区”（Restricted Area Regulatory）要素（见 A.17.9 节），并设置属性“限制区类”（category of restricted area）=21 [“疏浚区”（dredging areas）]。必要时，必须使用“海上作业区”（Offshore Production Area）要素（见 A.14.6 节）对因施工等目的的挖掘海底材料（如沙、石）的区域进行编码，并设置属性“生产作业区类”（category of production area）=13 [“海底材料开采区”（seabed material extraction area）]。

区别：疏浚区（Dredged Area）

A.16.7 军事训练区（Military practice area）

IHO 定义：军事训练区（MILITARY PRACTICE AREA）。用来进行军事演习的区域，也称“演习区”（exercise area）（IHO 词典 – S-32）。

S-101 地理要素：Military Practice Area（MIPARE）

几何单形：点、曲面

现实世界	纸质海图符号	ECDIS 符号

S-101 属性	S-57 缩写	允许编码值	类型	多重性
军事训练区类 category of military practice area	(CATMPA)	2. 鱼雷演习区 torpedo exercise area	EN	0,*

军事训练区类 category of military practice area	(CATMPA)	3. 潜艇演习区 submarine exercise area 4. 射击危险区 firing danger area 5. 布雷演习区 mine-laying practice area 6. 轻武器靶场 small arms firing range	EN	0,*
要素名称 feature name			C	0,*
显示名称 display name			(S) BO	0,1
语言 language		ISO 639-2/T	(S) TE	0,1
名称 name	(OBJNAM) (NOBJNM)		(S) TE	1,1
固定日期范围 fixed date range			C	0,1
终止日期 date end	(DATEND)	ISO 8601：2004	(S) TD	0,1
开始日期 date start	(DATSTA)	ISO 8601：2004	(S) TD	0,1
国籍 nationality	(NATION)		TE	0,1
周期性日期范围 periodic date range			C	0,*
终止日期 date end	(PEREND)	ISO 8601：2004	(S) TD	1,1
开始日期 date start	(PERSTA)	ISO 8601：2004	(S) TD	1,1
限制 restriction	(RESTRN)	1. 禁止抛锚 anchoring prohibited 2. 限制抛锚 anchoring restricted 3. 禁止捕捞 fishing prohibited 4. 限制捕捞 fishing restricted 5. 禁止拖网 trawling prohibited 6. 限制拖网 trawling restricted	EN	0,*

限制 restriction	(RESTRN)	7. 禁止进入 entry prohibited 8. 限制进入 entry restricted 9. 禁止疏浚 dredging prohibited 10. 限制疏浚 dredging restricted 11. 禁止潜水 diving prohibited 12. 限制潜水 diving restricted 13. 无伴流 no wake 15. 禁止施工 construction prohibited 16. 禁止卸载 discharging prohibited 17. 限制卸载 discharging restricted 18. 禁止工矿业勘探 / 开发 industrial or mineral exploration/ development prohibited 19. 限制工矿业勘探 / 开发 industrial or mineral exploration/ development restricted 20. 禁止钻探 drilling prohibited 21. 限制钻探 drilling restricted 22. 禁止挪动历史古迹 removal of historical artefacts prohibited 23. 禁止转运货物（过驳） cargo transhipment (lightening) prohibited 24. 禁止拖曳 dragging prohibited 25. 禁止停靠 stopping prohibited 26. 禁止着陆 landing prohibited 27. 限速 speed restricted 39. 禁止游泳 swimming prohibited	EN	0,*

状况 status	(STATUS)	1. 永久 permanent 2. 偶尔 occasional 5. 周期性 / 间歇性 periodic/intermittent 6. 保留 reserved 7. 临时 temporary 16. 有人看守 watched 17. 无人看守 un-watched	EN	0,*
最小比例尺 scale minimum	(SCAMIN)	见 A.2.5.9 节	IN	0,1

INT 1 引用：N30-33

A.16.7.1 军事训练区（Military practice area）（见 S-4 – B-441.1-6）

海上军事训练区（或演习区）分为多种类型，可根据其对海员的影响做如下分类：

- 射击危险区，有时也称“射击训练区”；即永久性或临时性靶场，包括炸弹、鱼雷和导弹靶场；
- 布雷训练（扫雷）区；
- 潜艇演习区；
- 其他演习区。

编码军事训练区可指示某种航行限制或其他权利限制。对限制措施的效力以及侵犯领海和其他水域无害通过权的理解可能存在分歧。如需标绘此类区域，即便其训练流程有待观察，或这些区域似乎破坏了海洋自由，也应告知海员（不一定通过 ENC）：公布某项法律或法规的细则仅仅是出于航运安全和便利的考虑，不代表承认该项法律或法规具有国际效力。通过这种方式表明，侵权行为是不可容忍的，但海员仍会收到警告——这是安全航行所必需的。

如需编码军事训练区，必须使用“军事训练区”（Military Practice Area）要素。

备注：

- 潜艇演习区一般不予编码，因为此类区域过宽，无法标绘，且警告（需留心观察）效果不显著。但是，如果潜艇演习区位于主航道或进港航道或其附近，则予以编码。
- 海上射击危险区通常由国际航标协会（IALA）在其周边设置的专用浮标或专门设立的灯标、立标和目标物进行标记。必要时，上述标记必须按常规方式进行编码，便于海员识别其位置或危害。
- 布雷训练（扫雷）区意味着海底可能存在未爆炸水雷或深水炸弹以及无害训练地雷。

区别：警告区（Caution Area）；航行限制区（Restricted Area Navigational）；监管限制区（Restricted Area Regulatory）；潜水艇航道（Submarine Transit Lane）

A.16.8 行政区（Administration area）

IHO 定义：行政区（ADMINISTRATION AREA）。一个限定的实施行政管理的区域，可能有名称，也可能无名称。		
S-101 地理要素：Administration Area（ADMARE）		
几何单形：曲面		
现实世界	纸质海图符号	ECDIS 符号

S-101 属性	S-57 缩写	允许编码值	类型	多重性
存在争议 in dispute			BO	0,1
管辖区 jurisdiction	(JRSDTN)	1. 国际 international 2. 国内 national 3. 国内分区 national sub-division	EN	1,1
要素名称 feature name			C	0,*
显示名称 display name			(S) BO	0,1
语言 language		ISO 639-2/T	(S) TE	0,1
名称 name	(OBJNAM) (NOBJNM)		(S) TE	1,1
国籍 nationality	(NATION)		TE	0,*
最小比例尺 scale minimum	(SCAMIN)	见 A.2.5.9 节	IN	0,1

INT 1 引用：N40，41

A.16.8.1 国界及国家领土（International and national territories）（见 S-4 – B-440.1 和 B-440.3）

国际海事疆界线是根据邻国或相对国间的协议划定的。疆界线有时根据等距线或“中间”线原则商定。但出于各种原因，通常是商定疆界线，甚至根据该原则谈判确定的疆界线很少是真正的中间线。

在航行方面，国际疆界线不同部分的重要性不尽相同。在近岸水域，国际疆界线可能是两个国家领海或“内水”（internal waters）（如海湾封闭线或直线基线系统内）的分界线。在海上，可能是专属经济区或大陆架疆界。

如需编码已命名的国际或国家领土，必须使用“行政区”（Administration Area）要素。

备注：

- 国际陆地疆界线应当编码（至少是岸线附近）。

区别：毗连区（Contiguous Zone）；大陆架（Continental Shelf Area）；专属经济区（Exclusive Economic Zone）；渔业区（Fishery Zone）；地面地带（Land Region）；领海区（Territorial Sea Area）；船舶交通服务区（Vessel Traffic Service Area）

A.16.9 货物过驳区（Cargo transhipment area）

IHO 定义：货物过驳区（CARGO TRANSHIPMENT AREA）。用于在船只之间转载货物的指定区域，通常用于减少大型船舶的吃水，也称“过驳区”（lightening area）或“货物转运区”（cargo transfer area）（改编自：IHO 词典 – S-32）。

S-101 地理要素：Cargo Transhipment Area （CTSARE）

几何单形：点、曲面

现实世界	纸质海图符号	ECDIS 符号

S-101 属性	S-57 缩写	允许编码值	类型	多重性
要素名称 feature name			C	0,*

显示名称 display name			(S) BO	0,1
语言 language		ISO 639-2/T	(S) TE	0,1
名称 name	(OBJNAM) (NOBJNM)		(S) TE	1,1
固定日期范围 fixed date range			C	0,1
终止日期 date end	(DATEND)	ISO 8601：2004	(S) TD	0,1
开始日期 date start	(DATSTA)	ISO 8601：2004	(S) TD	0,1
周期性日期范围 periodic date range			C	0,*
终止日期 date end	(PEREND)	ISO 8601：2004	(S) TD	1,1
开始日期 date start	(PERSTA)	ISO 8601：2004	(S) TD	1,1
限制 restriction	(RESTRN)	2. 限制抛锚 anchoring restricted 3. 禁止捕捞 fishing prohibited 4. 限制捕捞 fishing restricted 5. 禁止拖网 trawling prohibited 6. 限制拖网 trawling restricted 8. 限制进入 entry restricted 9. 禁止疏浚 dredging prohibited 10. 限制疏浚 dredging restricted 11. 禁止潜水 diving prohibited 12. 限制潜水 diving restricted 13. 无伴流 no wake 15. 禁止施工 construction prohibited	EN	0,*

限制 restriction	(RESTRN)	16. 禁止卸载 discharging prohibited 17. 限制卸载 discharging restricted 18. 禁止工矿业勘探 / 开发 industrial or mineral exploration/ development prohibited 19. 限制工矿业勘探 / 开发 industrial or mineral exploration/ development restricted 20. 禁止钻探 drilling prohibited 21. 限制钻探 drilling restricted 22. 禁止挪动历史古迹 removal of historical artefacts prohibited 24. 禁止拖曳 dragging prohibited 27. 限速 speed restricted 39. 禁止游泳 swimming prohibited	EN	0,*
状况 status	(STATUS)	1. 永久 permanent 2. 偶尔 occasional 3. 推荐 recommended 5. 周期性 / 间歇性 periodic/intermittent 6. 保留 reserved 7. 临时 temporary 9. 强制性 mandatory	EN	0,*
最小比例尺 scale minimum	(SCAMIN)	见 A.2.5.9 节	IN	0,1

INT 1 引用：N64

A.16.9.1　货物过驳区（Cargo transhipment area）（见 S-4 – B-449.4）

将石油或其他货物从大型船舶转运至小船舶的港外专用区域。所选区域相对隐蔽，位于主航道之外。货物转运的目的大多是减少大型船舶吃水，便于进港，所以此类作业通常称为“过驳”，此类区域称为“过驳区”或“货物转运区”。

如需编码货物过驳区，必须使用“货物过驳区”（Cargo Transhipment Area）要素。

备注：

- 编码货物过驳区应能够提示其他船舶可能遇到操纵能力受限的船舶。过驳区管理规则的编码应当使用“限制”（Restriction）属性或信息类型“航海信息”（Nautical Information）（见 A.24.4 节）的相关实例和复杂属性“信息”（information）。

区别：港池区（Dock Area）；港区（行政管理）[Harbour Area（Administrative）]；港口设施（Harbour Facility）

A.16.10 警告区（Caution area）

IHO 定义：警告区（CAUTION AREA）。通常是指航海者应清楚了解的影响航行安全的区域（S-57 第 3.1 版，附录 A，第 1 章，第 1.33 页，2000 年 11 月）。

S-101 地理要素：Caution Area（CTNARE）

几何单形：点、曲面

现实世界	纸质海图符号	ECDIS 符号

S-101 属性	S-57 缩写	允许编码值	类型	多重性
状态 condition	(CONDTN)	1. 在建 under construction 3. 填筑中 under reclamation 5. 拟建 planned construction	EN	0,1
固定日期范围 fixed date range			C	0,1
终止日期 date end	(DATEND)	ISO 8601：2004	(S) TD	0,1
开始日期 date start	(DATSTA)	ISO 8601：2004	(S) TD	0,1
周期性日期范围 periodic date range			C	0,*
终止日期 date end	(PEREND)	ISO 8601：2004	(S) TD	1,1
开始日期 date start	(PERSTA)	ISO 8601：2004	(S) TD	1,1
报告日期 reported date	(SORDAT)	ISO 8601：2004	TD	0,1
状况 status	(STATUS)	5. 周期性 / 间歇性 periodic/intermittent 7. 临时 temporary	EN	0,1
最小比例尺 scale minimum	(SCAMIN)	见 A.2.5.9 节	IN	0,1

INT 1 引用：

A.16.10.1　警告区（Caution area）（见 S-4 – B-242）

如需标示海员应当知悉其环境条件对航行安全有影响的区域（如水深持续变化的区域），且不能使用其他要素类型编码，必须使用“警告区”（Caution Area）要素。该要素可用于标示与特定要素没有直接关系的危险物、风险、规则或建议。

备注：

- 编码相关警示信息，必须将信息类型“航海信息”（Nautical Information）（见 A.24.4 节）的实例与“警告区”（Caution Area）进行关联。
- 如果该信息用于特定区域，则“警告区”（Caution Area）要素应仅覆盖该区域。
- 如需编码的信息呈线性空间分布，应使用面状“极窄”“警告区”（Caution Area）要素（在 ENC 数据最大显示比例尺下约 0.3 毫米宽）进行编码，与线性海事管辖区编码类似（见 A.16.2 节）。
- 对海员可能有帮助，但对安全航行影响不大，且不能使用其他要素类型编码的信息，应使用“信息区”（Information Area）要素（见 A.16.11 节）、信息类型“航海信息”（Nautical Information）的相关实例和复杂属性“信息”（information）编码。这种编码旨在减少因过度使用“警告区”（Caution Area）要素以致 ECDIS 发出警报或过度提示。
- 应最大限度地减少注释数量，力求精简、准确、易懂。应尽量避免使用海道测量术语（行话），优先使用通俗易懂的词语，比如使用“水深”（depths）代替“测深”（bathymetry）。
- 为确保 ECDIS 正确显示，面状“警告区”（Caution Area）要素不应与“等深线”（Depth Contour）和 ECDIS 显示优先级较高的其他要素共用某个几何形状，因为“警告区”（Caution Area）显示为“开放式”（open ended），可能误导海员。出现这种情况时，应将“警告区”（Caution Area）的边缘向外延伸，避开“共用”边，这样足以避免“重复几何”验证错误（即在 ENC 数据最大显示比例尺下至少为 0.3 毫米宽）。

区别：避碰规则界线（Collision Regulations Limit）；水深不连续（Depth Discontinuity）；信息区（Information Area）；障碍物（Obstruction）；暗礁 / 适淹礁（Underwater/Awash Rock）；未测区（Unsurveyed Area）；沉船（Wreck）

要素 / 信息关联

类型	关联名称	关联端					
		类	角色	多重性	类	角色	多重性
关联	附加信息（Additional Information）	警告区（Caution Area）	为……提供的信息	1,*	航海信息（Nautical Information）	提供信息	0,1
关联	警告区关联（Caution Area Association）	警告区（Caution Area）	构成	0,*	群岛海道（Archipelagic Sea Lane）、分道通航制（Traffic Separation Scheme）	包含	0,1
聚合	航道辅助（Fairway Auxiliary）	警告区（Caution Area）	有辅助	1,*	航道（Fairway）	辅助	0,1

A.16.11　信息区（Information area）

IHO 定义：信息区（INFORMATION AREA）。区域内包含关于航行的一般信息，不包含与航行安全不直接相关的信息。

S-101 地理要素：Information Area

几何单形：点、曲线、曲面

现实世界	纸质海图符号		ECDIS 符号	
S-101 属性	**S-57 缩写**	**允许编码值**	**类型**	**多重性**
要素名称 feature name			C	0,*
显示名称 display name			(S) BO	0,1
语言 language		ISO 639-2/T	(S) TE	0,1
名称 name	(OBJNAM) (NOBJNM)		(S) TE	1,1
固定日期范围 fixed date range			C	0,1
终止日期 date end	(DATEND)	ISO 8601：2004	(S) TD	0,1
开始日期 date start	(DATSTA)	ISO 8601：2004	(S) TD	0,1
周期性日期范围 periodic date range			C	0,*
终止日期 date end	(PEREND)	ISO 8601：2004	(S) TD	1,1
开始日期 date start	(PERSTA)	ISO 8601：2004	(S) TD	1,1
报告日期 reported date	(SORDAT)	ISO 8601：2004	TD	0,1
最小比例尺 scale minimum	(SCAMIN)	见 A.2.5.9 节	IN	0,1

INT 1 引用：

A.16.11.1　信息区（Information area）（见 S-4 – B-242）

如需编码对海员有帮助但对航行安全无重大影响的信息，且不能使用现有要素，则必须使用“信息区”（Information Area）要素。

备注：

- 使用“信息区”（Information Area）要素对生产机构确定的航海信息进行编码，“警告区”（Caution Area）要素不能保证触发 ECDIS 警报。
- 对相关信息的编码，必须将信息类型“航海信息”（Nautical Information）（见 A.24.4 节）的相关实例、复杂属性“信息”（Information）与“信息区”（Information Area）进行关联。
- 如果某条信息适用于特定区域，则“信息区”（Information Area）要素应仅覆盖该区域。
- 如需编码的信息呈线性空间分布，应使用面状“极窄”“信息区”（Information Area）要素（在 ENC 数据最大显示比例尺下约 0.3 毫米宽）进行编码，与线性海事管辖区编码方法类似（见 A.16.2 节）。

区别：警告区（Caution Area）；避碰规则界线（Collision Regulations Limit）；水深不连续（Depth Discontinuity）；障碍物（Obstruction）；暗礁 / 适淹礁（Underwater/Awash Rock）；未测区（Unsurveyed Area）；沉船（Wreck）

要素 / 信息关联							
类型	关联名称	关联端					
		类	角色	多重性	类	角色	多重性
关联	附加信息（Additional Information）	信息区（Information Area）	为……提供的信息	1,*	航海信息（Nautical Information）	提供信息	0,1

A.16.12 毗连区（Contiguous Zone）

IHO 定义：毗连区（CONTIGUOUS ZONE）。与沿海国家领海邻接的区带，该区带可由领海基线向外延伸 24 海里，沿海国可根据国际法在该区内实行某些控制（IHO 词典 – S-32）。				
S-101 地理要素：Contiguous Zone（CONZNE）				
几何单形：曲面				
现实世界	纸质海图符号	ECDIS 符号		
S-101 属性	**S-57 缩写**	**允许编码值**	**类型**	**多重性**
存在争议 in dispute			BO	0,1
国籍 nationality	(NATION)		TE	1,*
固定日期范围 fixed date range			C	0,1
终止日期 date end	(DATEND)	ISO 8601：2004	(S) TD	0,1
开始日期 date start	(DATSTA)	ISO 8601：2004	(S) TD	0,1
最小比例尺 scale minimum	(SCAMIN)	见 A.2.5.9 节	IN	0,1

INT 1 引用：N44

A.16.12.1 毗连区（Contiguous Zone）（见 S-4 – B-440.6）

毗连区是邻接领海的区域，沿海国可在该区域内实施必要的管制，以预防或惩罚在其领土或领海内违反其海关、财政、移民或卫生法律法规的行为。根据《联合国海洋法公约》，该区域的外边界不得超过领海基线 24 海里。

如需编码毗连区，必须使用“毗连区”（Contiguous Zone）要素。

备注：

- 对于两个或两个以上沿海国间的海事管辖权争议区，其编码规则见 A.16.2.1 节。

区别：行政区（Administration Area）；大陆架（Continental Shelf Area）；专属经济区（Exclusive Economic Zone）；渔业区（Fishery Zone）；领海区（Territorial Sea Area）

A.16.13 大陆架（Continental Shelf area）

IHO 定义：大陆架（CONTINENTAL SHELF AREA）。沿海国的大陆架被定义为由海地区域的海床和海底土构成，这个区域可通过自然延伸超出其领海或领土范围，这个延伸限度可达到大陆限界的外缘，当大陆外缘不足 200 海里时这个限度为 200 海里（IHO 出版物，C-51）。
S-101 地理要素：Continental Shelf Area（COSARE）
几何单形：曲面

现实世界	纸质海图符号		ECDIS 符号	
S-101 属性	**S-57 缩写**	**允许编码值**	**类型**	**多重性**
要素名称 feature name			C	0,*
显示名称 display name			(S) BO	0,1
语言 language		ISO 639-2/T	(S) TE	0,1
名称 name	(OBJNAM) (NOBJNM)		(S) TE	1,1
国籍 nationality	(NATION)		TE	1,*
最小比例尺 scale minimum	(SCAMIN)	见 A.2.5.9 节	IN	0,1

INT 1 引用：N46

A.16.13.1　大陆架（Continental Shelf）（见 S-4 – B-440.8）

划定领海基线 200 海里外的大陆架非常复杂，详见《联合国海洋公约法》（见 IHO 出版物 C-51）。沿海国对大陆架行使主权的目的是勘探和开发大陆架自然资源。《联合国海洋公约法》有关划定大陆架边界的程序非常复杂。如果已按这些程序执行，ENC 数据最大显示比例尺适当时应予以编码。

如需编码大饳架，必须使用“大陆架”（Continental Shelf Area）要素。

备注：

- 无。

区别：行政区（Administration Area）；毗连区（Contiguous Zone）；专属经济区（Exclusive Economic Zone）；渔业区（Fishery Zone）；领海区（Territorial Sea Area）

A.16.14　关税区（Custom zone）

IHO 定义：关税区（CUSTOM ZONE）。国家海关法规有效的区域（S-57 第 3.1 版，附录 A，第 1 章，第 1.46 页，2000 年 11 月）。

S-101 地理要素：Custom Zone（CUSZNE）

几何单形：曲面

现实世界	纸质海图符号		ECDIS 符号	
S-101 属性	**S-57 缩写**	**允许编码值**	**类型**	**多重性**
国籍 nationality	(NATION)		TE	1,1
最小比例尺 scale minimum	(SCAMIN)	见 A.2.5.9 节	IN	0,1

INT 1 引用：N48

A.16.14.1　关税区（Custom Zone）（见 S-4 – B-440.2）

如需编码关税区，必须使用“关税区”（Custom Zone）要素。

由监管机构提供详细信息的关税区，应在覆盖该关税区、最大显示比例尺最大的 ENC 数据内予以编码。

备注：

- 无。

区别：检查站（Check Point）；自由港区（Free Port Area）

A.16.15 专属经济区（Exclusive Economic Zone）

IHO 定义：专属经济区（EXCLUSIVE ECONOMIC ZONE）。从领海基线向外延伸 200 海里的区域，根据《联合国海洋法公约》，沿海国在这个范围内享有一定的使用权和控制权（IHO 词典 – S-32）。

S-101 地理要素：Exclusive Economic Zone（EXEZNE）

几何单形：曲面

现实世界	纸质海图符号	ECDIS 符号

S-101 属性	S-57 缩写	允许编码值	类型	多重性
存在争议 in dispute			BO	0,1
国籍 nationality	(NATION)		TE	1,*
最小比例尺 scale minimum	(SCAMIN)	见 A.2.5.9 节	IN	0,1

INT 1 引用：N47

A.16.15.1 专属经济区（Exclusive Economic Zone）（见 S-4 – B-440.9）

沿海国在专属经济区内享有以下主权：勘探、开发、使用、养护、管理海床和底土及其上覆水域自然资源（不论是生物资源还是非生物资源），以及其他经济开发和区域勘测活动，例如水力发电、海流发电以及风力发电等。

如需编码专属经济区（Exclusive Economic Zone，EEZ），必须使用“专属经济区”（Exclusive Economic Zone）要素。

备注：

- 对于两个或两个以上沿海国间的海事管辖权争议区，其编码规则参见 A.16.2.1 节。

区别：行政区（Administration Area）；毗连区（Contiguous Zone）；大陆架（Continental Shelf Area）；渔业区（Fishery Zone）；领海区（Territorial Sea Area）

A.16.16 渔业区（Fishery zone）

IHO 定义：渔业区（FISHERY ZONE）。沿海国拥有专属捕捞权和管理权的近海区域（IHO 词典 – S-32）。

S-101 地理要素：Fishery Zone（FSHZNE）

几何单形：曲面

现实世界	纸质海图符号	ECDIS 符号

S-101 属性	S-57 缩写	允许编码值	类型	多重性
要素名称 feature name			C	0,*
显示名称 display name			(S) BO	0,1
语言 language		ISO 639-2/T	(S) TE	0,1
名称 name	(OBJNAM) (NOBJNM)		(S) TE	1,1
国籍 nationality	(NATION)		TE	1,1

状况 status	(STATUS)	1. 永久 permanent 5. 周期性 / 间歇性 periodic/intermittent 6. 保留 reserved 7. 临时 temporary	EN	0,*
最小比例尺 scale minimum	(SCAMIN)	见 A.2.5.9 节	IN	0,1

INT 1 引用：N45

A.16.16.1　渔业区（Fishery zone）（见 S-4 – B-440.7）

渔业区指沿海国宣布由本国独立行使渔业管理权的领海之外区域。如果该国允许他国在部分区域开展渔业活动，最好同时编码整片区域和特许区域。某些情况下，权利主张区域被描述为“保护区”（Conservation Zone），从务实的角度出发，这些区域可以与渔业区分为一类，因为其预期功能均为采取渔业保护措施。渔业区权利主张的范围大多位于从领海基线起算的固定范围内（某些情况下为 200 海里）。

如需编码渔业区，必须使用“渔业区”（Fishery Zone）要素。

备注：

- 渔业区一般与其他的国内管辖区重合，如大陆架和专属经济区。此时，生产机构可在国内管辖区覆盖的其他区域内省略“渔业区”（Fishery Zone），因为这些区域内适用的渔业法规通常模糊不清。
- 渔业区的边界（如 6 英里、12 英里）可以用复杂属性“要素名称”（feature name）进行编码。

区别：行政区（Administration Area）；毗连区（Contiguous Zone）；大陆架（Continental Shelf Area）；专属经济区（Exclusive Economic Zone）；渔场（Fishing Ground）；航行限制区（Restricted Area Navigational）；监管限制区（Restricted Area Regulatory）；领海区（Territorial Sea Area）

A.16.17　渔场（Fishing ground）

IHO 定义：渔场（FISHING GROUND）。经常进行捕鱼的海域（改编自：IHO 词典 – S-32）。

S-101 地理要素：Fishing Ground（FSHGRD）

几何单形：曲面

现实世界	纸质海图符号	ECDIS 符号

S-101 属性	S-57 缩写	允许编码值	类型	多重性
要素名称 feature name			C	0,*
显示名称 display name			(S) BO	0,1
语言 language		ISO 639-2/T	(S) TE	0,1
名称 name	(OBJNAM) (NOBJNM)		(S) TE	1,1
周期性日期范围 periodic date range			C	0,*

终止日期 date end	(PEREND)	ISO 8601：2004	(S) TD	1,1
开始日期 date start	(PERSTA)	ISO 8601：2004	(S) TD	1,1
限制 restriction	(RESTRN)	1. 禁止抛锚 anchoring prohibited 2. 限制抛锚 anchoring restricted 4. 限制捕捞 fishing restricted 5. 禁止拖网 trawling prohibited 6. 限制拖网 trawling restricted 8. 限制进入 entry restricted 9. 禁止疏浚 dredging prohibited 10. 限制疏浚 dredging restricted 11. 禁止潜水 diving prohibited 12. 限制潜水 diving restricted 15. 禁止施工 construction prohibited 16. 禁止卸载 discharging prohibited 17. 限制卸载 discharging restricted 18. 禁止工矿业勘探 / 开发 industrial or mineral exploration/ development prohibited 19. 限制工矿业勘探 / 开发 industrial or mineral exploration/ development restricted 20. 禁止钻探 drilling prohibited 21. 限制钻探 drilling restricted 22. 禁止挪动历史古迹 removal of historical artefacts prohibited	EN	0,*

限制 restriction	(RESTRN)	23. 禁止转运货物（过驳） cargo transhipment (lightening) prohibited 24. 禁止拖曳 dragging prohibited 25. 禁止停靠 stopping prohibited 26. 禁止着陆 landing prohibited 27. 限速 speed restricted 39. 禁止游泳 swimming prohibited	EN	0,*
状况 status	(STATUS)	1. 永久 permanent 5. 周期性 / 间歇性 periodic/intermittent 6. 保留 reserved 7. 临时 temporary 8. 私有 private 14. 公共 public 16. 有人看守 watched 17. 无人看守 un-watched 28. 有浮标标示 buoyed	EN	0,*
最小比例尺 scale minimum	(SCAMIN)	见 A.2.5.9 节	IN	0,1

INT 1 引用：

A.16.17.1 渔场（Fishing ground）

如需编码渔场，必须使用“渔场”（Fishing Ground）要素。

备注：

- 无。

区别：渔业区（Fishery Zone）；海水养殖场（Marine Farm/Culture）

A.16.18 自由港区（Free port area）

IHO 定义：自由港区（FREE PORT AREA）。在港内可免除进出口关税(除非货物进入国内)，以便货物重新装载，运往其他国家（IHO 词典 – S-32）。

S-101 地理要素：Free Port Area（FRPARE）				
几何单形：曲面				
现实世界	纸质海图符号	ECDIS 符号		
S-101 属性	**S-57 缩写**	**允许编码值**	**类型**	**多重性**
要素名称 feature name			C	0,*
显示名称 display name			(S) BO	0,1
语言 language		ISO 639-2/T	(S) TE	0,1
名称 name	(OBJNAM) (NOBJNM)		(S) TE	1,1
状况 status	(STATUS)	1. 永久 permanent 6. 保留 reserved 8. 私有 private 14. 公共 public	EN	0,*
最小比例尺 scale minimum	(SCAMIN)	见 A.2.5.9 节	IN	0,1

INT 1 引用：

A.16.18.1　自由港区（Free port area）

如需编码自由港区，必须使用“自由港区”（Free Port Area）要素。

备注：

- 无。

区别：关税区（Custom Zone）；生产 / 仓储区（Production/Storage Area）

A.16.19　港区（行政管理）[Harbour area （administrative）]

IHO 定义：港区（HARBOUR AREA）。港务部门行使管理职能的区域（S-57 第 3.1 版，附录 A，第 1 章，第 1.80 页，2000 年 11 月）。				
S-101 地理要素：Harbour Area（Administrative）（HRBARE）				
几何单形：曲面				
现实世界	纸质海图符号	ECDIS 符号		
S-101 属性	**S-57 缩写**	**允许编码值**	**类型**	**多重性**
要素名称 feature name			C	0,*
显示名称 display name			(S) BO	0,1

语言 language		ISO 639-2/T	(S) TE	0,1
名称 name	(OBJNAM) (NOBJNM)		(S) TE	1,1
状况 status	(STATUS)	1. 永久 permanent 4. 不使用 not in use 6. 保留 reserved 8. 私有 private 14. 公共 public	EN	0,*
最小比例尺 scale minimum	(SCAMIN)	见 A.2.5.9 节	IN	0,1

INT 1 引用：N49

A.16.19.1　行政港区（Administrative harbour area）（见 S-4 – B-430.1）

如有可能，至少在最大显示比例尺最大的 ENC 数据中表示行政港区，便于海员遵守港口规定。

如需编码行政港区，必须使用“港区（行政管理）”[Harbour Area （Administrative）] 要素。

备注：

- 如需编码没有管辖权的命名港区，必须使用“海域 / 命名水域”（Sea Area/Named Water Area）要素（见 A.9.1 节）。
- 如果认为符号化处理不适当，可以用屏蔽线压盖港界符号。

区别：港池区（Dock Area）；海域 / 命名水域（Sea Area/Named Water Area）

A.16.20　贮木场（Log pond）

IHO 定义：贮木场（LOG POND）。由漂浮的木头围起的用来存储原木的水域（S-57 第 3.1 版，附录 A，第 1 章，第 1.102 页，2000 年 11 月）。

S-101 地理要素：Log Pond （LOGPON）

几何单形：点、曲面

现实世界	纸质海图符号	ECDIS 符号

S-101 属性	S-57 缩写	允许编码值	类型	多重性
要素名称 feature name			C	0,*
显示名称 display name			(S) BO	0,1
语言 language		ISO 639-2/T	(S) TE	0,1
名称 name	(OBJNAM) (NOBJNM)		(S) TE	1,1
周期性日期范围 periodic date range			C	0,*

终止日期 date end	(PEREND)	ISO 8601：2004	(S) TD	1,1
开始日期 date start	(PERSTA)	ISO 8601：2004	(S) TD	1,1
状况 status	(STATUS)	1. 永久 permanent 2. 偶尔 occasional 5. 周期性 / 间歇性 periodic/intermittent 6. 保留 reserved 7. 临时 temporary 8. 私有 private	EN	0,*
最小比例尺 scale minimum	(SCAMIN)	见 A.2.5.9 节	IN	0,1

INT 1 引用：N61

A.16.20.1　贮木场（Log pond）（见 S-4 – B-449.2）

如需编码贮木场（也称“贮木池”，booming ground），必须使用“贮木场”（Log Pond）要素。

备注：

- 季节性贮木场必须使用复杂属性“周期性日期范围”（periodic date range）编码。
- 任何柱、桩或其他贮木场边界的支撑物均无须单独编码。

区别：

A.16.21　油障（Oil barrier）

IHO 定义：油障（OIL BARRIER）。防止和控制水面石油扩散的浮式屏障（国防地理空间信息工作组；要素数据字典注册系统，2010 年）。

S-101 地理要素：Oil Barrier（OILBAR）

几何单形：曲线

现实世界	纸质海图符号	ECDIS 符号

S-101 属性	S-57 缩写	允许编码值	类型	多重性
油障类 category of oil barrier	(CATOLB)	1. 阻油管（高压管） oil retention (high pressure pipe) 2. 围油栏 floating oil barrier	EN	0,1
状态 condition	(CONDTN)	1. 在建 under construction 2. 废弃 ruined 5. 拟建 planned construction	EN	0,1

要素名称 feature name			C	0,*
显示名称 display name			(S) BO	0,1
语言 language		ISO 639-2/T	(S) TE	0,1
名称 name	(OBJNAM) (NOBJNM)		(S) TE	1,1
固定日期范围 fixed date range			C	0,1
终止日期 date end	(DATEND)	ISO 8601：2004	(S) TD	0,1
开始日期 date start	(DATSTA)	ISO 8601：2004	(S) TD	0,1
报告日期 reported date	(SORDAT)	ISO 8601：2004	TD	0,1
状况 status	(STATUS)	1. 永久 permanent 2. 偶尔 occasional 4. 不使用 not in use 5. 周期性 / 间歇性 periodic/intermittent 7. 临时 temporary 8. 私有 private	EN	0,*
最小比例尺 scale minimum	(SCAMIN)	见 A.2.5.9 节	IN	0,1

INT 1 引用：F29

A.16.21.1 油障（Oil barrier）（见 S-4 – B-449.2）

如需编码油障，必须使用“油障”（Oil Barrier）要素。

备注：

- 无。

区别：

A.16.22 直线领海基线（Straight Territorial Sea Baseline）

IHO 定义：直线领海基线（STRAIGHT TERRITORIAL SEA BASELINE）。基线是指测量领海或其他外部界限的起始线（IHO 词典 – S-32）。直线基线是连接低潮线上各指定或离散点的一系列直线，这些点一般称为“直线基线基点”（IHO 词典 – S-32）。

S-101 地理要素：Straight Territorial Sea Baseline（STSLNE）

几何单形：曲线				
现实世界	纸质海图符号		ECDIS 符号	
S-101 属性	**S-57 缩写**	**允许编码值**	**类型**	**多重性**
国籍 nationality	(NATION)		TE	1,1
最小比例尺 scale minimum	(SCAMIN)	见 A.2.5.9 节	IN	0,1

INT 1 引用：N42

A.16.22.1 直线领海基线（Straight Territorial Sea Baseline）（见 S-4 – B-440.4）

领海由以下要素划定：

- 领海基线（干出线）；
- 直线领海基线；
- 国际海事疆界（见 A.16.1 节）；
- 领海外海边界（见 A.16.2 节）。

术语“基线”（Baseline）指测量领海宽度、毗连区外边界、专属经济区以及某些情况下大陆架的起始线，也是内水和领海的分界线。内水包括领海基线向陆地一侧的所有海域，以及河流、湖泊等内陆水域。

正常基线是大陆、岛屿或低潮高地的低潮线（《联合国海洋法公约》中没有明确定义），如沿海国官方认可的大比例海图所示；因此 ENC 无须表示。低潮时干出的天然地貌（如礁石、珊瑚礁、沙堤）可视为低潮高地，包含在基线内（详见《联合国海洋法公约》，IHO 出版物 C-51）。

直线基线可用作：

- 跨过河口或江口的封闭线；
- 跨过管辖海湾或历史海湾入口的封闭线；
- 直线领海基线系统的一部分，如用于连接凹陷岸线上向海各点、周边有群岛且不稳定的海岸线；
- 群岛基线。

如需编码直线领海基线，必须使用“直线领海基线”（Straight Territorial Sea Baseline）要素。

备注：

- 无。

区别：

A.16.23 领海区（Territorial Sea area）

IHO 定义：领海区（TERRITORIAL SEA AREA）。从领海基线向外海方向不超过 12 海里宽的水域（IHO 词典 – S-32）。				
S-101 地理要素：Territorial Sea Area（TESARE）				
几何单形：曲面				
现实世界	纸质海图符号		ECDIS 符号	
S-101 属性	**S-57 缩写**	**允许编码值**	**类型**	**多重性**
存在争议 in dispute			BO	0,1
国籍 nationality	(NATION)		TE	1,*
限制 restriction	(RESTRN)	2. 限制抛锚 anchoring restricted 4. 限制捕捞 fishing restricted	EN	0,*

限制 restriction	(RESTRN)	6. 限制拖网 trawling restricted 8. 限制进入 entry restricted 9. 禁止疏浚 dredging prohibited 10. 限制疏浚 dredging restricted 12. 限制潜水 diving restricted 17. 限制卸载 discharging restricted 18. 禁止工矿业勘探 / 开发 industrial or mineral exploration/ development prohibited 19. 限制工矿业勘探 / 开发 industrial or mineral exploration/ development restricted 20. 禁止钻探 drilling prohibited 21. 限制钻探 drilling restricted 22. 禁止挪动历史古迹 removal of historical artefacts prohibited 23. 禁止转运货物（过驳） cargo transhipment (lightening) prohibited 24. 禁止拖曳 dragging prohibited 27. 限速 speed restricted	EN	0,*
最小比例尺 scale minimum	(SCAMIN)	见 A.2.5.9 节	IN	0,1

INT 1 引用：N43

A.16.23.1 领海（Territorial Sea）（见 S-4 – B-440.5）

领海由以下要素划定：

- 领海基线（干出线）；
- 直线领海基线（见 A.16.1 节）；
- 国际海事疆界（见 A.16.2 节）；
- 领海外海边界。

沿海国在领海内行使主权，但必须遵守国际法规则，包括外国船舶无害通过权。

如需编码领海区，必须使用“领海区”（Territorial Sea Area）要素。

备注：

- 对于两个或两个以上沿海国间的海事管辖权争议区，其编码规则参见 A.16.2.1 节。

区别：行政区（Administration Area）；毗连区（Contiguous Zone）；大陆架（Continental Shelf Area）；专属经济区（Exclusive Economic Zone）；渔业区（Fishery Zone）；航行限制区（Restricted Area Navigational）；监管限制区（Restricted Area Regulatory）

A.16.24 潜水艇航道（Submarine transit lane）

IHO 定义：潜水艇航道（SUBMARINE TRANSIT LANE）。供潜艇在水下或水面航行的航道（IHO 词典 – S-32）。				
S-101 地理要素：Submarine Transit Lane（SUBTLN）				
几何单形：曲面				
现实世界	纸质海图符号	ECDIS 符号		
S-101 属性	**S-57 缩写**	**允许编码值**	**类型**	**多重性**
要素名称 feature name			C	0,*
显示名称 display name			(S) BO	0,1
语言 language		ISO 639-2/T	(S) TE	0,1
名称 name	(OBJNAM) (NOBJNM)		(S) TE	1,1
国籍 nationality	(NATION)		TE	0,1
限制 restriction	(RESTRN)	1. 禁止抛锚 anchoring prohibited 2. 限制抛锚 anchoring restricted 3. 禁止捕捞 fishing prohibited 4. 限制捕捞 fishing restricted 5. 禁止拖网 trawling prohibited 6. 限制拖网 trawling restricted 7. 禁止进入 entry prohibited 8. 限制进入 entry restricted 9. 禁止疏浚 dredging prohibited 10. 限制疏浚 dredging restricted 11. 禁止潜水 diving prohibited	EN	0,*

限制 restriction	(RESTRN)	12. 限制潜水 diving restricted 13. 无伴流 no wake 16. 禁止卸载 discharging prohibited 17. 限制卸载 discharging restricted 18. 禁止工矿业勘探 / 开发 industrial or mineral exploration/ development prohibited 19. 限制工矿业勘探 / 开发 industrial or mineral exploration/ development restricted 20. 禁止钻探 drilling prohibited 21. 限制钻探 drilling restricted 22. 禁止挪动历史古迹 removal of historical artefacts prohibited 23. 禁止转运货物（过驳） cargo transhipment (lightening) prohibited 24. 禁止拖曳 dragging prohibited 25. 禁止停靠 stopping prohibited 27. 限速 speed restricted	EN	0,*
最小比例尺 scale minimum	(SCAMIN)	见 A.2.5.9 节	IN	0,1

INT 1 引用：N33

A.16.24.1 潜水艇航道（Submarine transit lane）（见 S-4 – B-441.5）

潜水艇航道一般不进行编码，因为此类区域过宽，无法标绘，且警告（需留心观察）效果不显著。但是，如果潜水艇航道位于主航道或进港航道或其附近，可予以编码。

如需编码潜水艇航道，必须使用“潜水艇航道”（Submarine Transit Lane）要素。

备注：

- 无。

区别：军事训练区（Military Practice Area）

A.16.25 引航区（Pilotage district）

IHO 定义：引航区（PILOTAGE DISTRICT）。有引航服务的区域，由主管港务局负责管理引航服务，并规定其适用情况（1987 年英国引航法）。

S-101 地理要素：Pilotage District（PILDST）				
几何单形：曲面				
现实世界	纸质海图符号	ECDIS 符号		
S-101 属性	**S-57 缩写**	**允许编码值**	**类型**	**多重性**
通信频道 communication channel	(COMCHA)		TE	0,*
要素名称 feature name			C	0,*
显示名称 display name			(S) BO	0,1
语言 language		ISO 639-2/T	(S) TE	0,1
名称 name	(PILDST) (NPLDST)		(S) TE	1,1
最小比例尺 scale minimum	(SCAMIN)	见 A.2.5.9 节	IN	0,1

INT 1 引用：

A.16.25.1 引航区（Pilotage district）（见 S-4 – B-491）

如需编码引航规则适用区，应使用“引航区”（Pilotage District）要素。

备注：

- 对相关规则的编码，必须将信息类型“航海信息”（Nautical Information）（见 A.24.4 节）的实例与“引航区”（Pilotage District）进行关联。
- 如引航规则的边界与港湾或港口的界线重合，则无须编码“引航区”（Pilotage District）要素。
- 对于引航区与任何相关引航员登船点之间的关系，应使用关联“引航区关联”（Pilotage District Association）要素（见 A.25.11 节）进行编码。

区别：引航员登船点（Pilot Boarding Place）

要素 / 信息关联

类型	关联名称	关联端					
		类	角色	多重性	类	角色	多重性
关联	引航区关联（Pilotage district association）	引航区（Pilotage District）	包含	0,1	引航员登船点（Pilot Boarding Place）	构成	1,*

A.16.26 避碰规则界线（Collision regulations limit）

IHO 定义：避碰规则界线（COLLISION REGULATIONS LIMIT）。《1972 年国际海上避碰规则公约》（COLREGs）。内河航行规则与国际航行规则之间的分界线。		
S-101 地理要素：Collision Regulations Limit		
几何单形：曲线		
现实世界	纸质海图符号	ECDIS 符号

S-101 属性	S-57 缩写	允许编码值	类型	多重性
要素名称 feature name			C	0,*
显示名称 display name			(S) BO	0,1
语言 language		ISO 639-2/T	(S) TE	0,1
名称 name	(OBJNAM) (NOBJNM)		(S) TE	1,1
固定日期范围 fixed date range			C	0,1
终止日期 date end	(DATEND)	ISO 8601：2004	(S) TD	0,1
开始日期 date start	(DATSTA)	ISO 8601：2004	(S) TD	0,1
周期性日期范围 periodic date range			C	0,*
终止日期 date end	(PEREND)	ISO 8601：2004	(S) TD	1,1
开始日期 date start	(PERSTA)	ISO 8601：2004	(S) TD	1,1
法规引用 regulation citation			TE	0,1
最小比例尺 scale minimum	(SCAMIN)	见 A.2.5.9 节	IN	0,1

INT 1 引用：

A.16.26.1　避碰规则界线（Collision regulations limit）

如需编码避碰规则（COLREG）分界线，必须使用“避碰规则界线”（Collision Regulation Limit）要素。

备注：

- 如需编码国内法规引用，必须使用“法规引用”（regulation citation）属性。

区别：行政区（Administration Area）

A.17　地理要素——限制区（Restricted Area）- 综述

有许多区域不鼓励或禁止在其范围内从事某些活动，或禁止某类船舶进入。其中，按规定限制或禁止航行的区域统称为“限制区”（Restricted Area）（或其他近义词）。“禁止”或其同义词适用于违规活动相关的情形，例如“禁止抛锚”“禁止进入”等。

如需编码限制区，必须使用要素“航行限制区”（Restricted Area Navigational）（见 A.17.8 节）或“监管限制区”（Restricted Area Regulatory）（见 A.17.9 节）；或使用其他包含属性“限制”（restriction）的要素 [如“锚泊区”（Anchorage Area）、“电缆区”（Cable Area）、“货物过驳区”（Cargo

Transhipment Area）、“倾废场”（Dumping Ground）、“疏浚区”（Dredged Area）、“深水航道分道”（Deep Water Route Part）、“航道”（Fairway）、“渔场”（Fishing Ground）、“港口设施”（Harbour Facility）、“沿岸通航带”（Inshore Traffic Zone）、“海水养殖场”（Marine Farm/Culture）、“军事训练区”（Military Practice Area）、“海上作业区”（Offshore Production Area）、“海底管道区”（Submarine Pipeline Area）、“海底/陆地管道”（Pipeline Submarine/On Land）、“警戒区”（Precautionary Area）、“海上飞机起降区”（Seaplane Landing Area）、“潜水艇航道”（Submarine Transit Lane）、“领海区”（Territorial Sea Area）、“分道通航制交汇处”（Traffic Separation Scheme Crossing）、“分道通航制分道”（Traffic Separation Scheme Lane Part）、“分道通航制环行道”（Traffic Separation Scheme Roundabout）]。

判断某一特定限制区属于航行性质还是监管性质，取决于该区域内的限制类型，即“限制”（restriction）属性填写的是“航行限制区”（Restricted Area Navigational）还是“监管限制区”（Restricted Area Regulatory）。仅当“限制”属性的某项允许值适用于某区域时，“航行限制区”（Restricted Area Navigational）才需要编码。

备注：

- 属性“限制区类”（category of restricted area）用于说明监管原因，“限制”（restriction）属性则用于说明限制情况。
- 如果一个区域同时有航行限制和监管限制，则要素“航行限制区”（Restricted Area Navigational）和“监管限制区”（Restricted Area Regulatory）的实例都应编码。
- 必要时，可使用信息类型“航海信息”（Nautical Information）（见 A.24.4 节）的相关实例和复杂属性“信息”（information）添加其他解释信息（如纸质海图中的注意事项）。
- 对于范围内可从事滑水、水上摩托、风筝冲浪和划船等娱乐活动的区域，必要时，必须编码为“航行限制区”（Restricted Area Navigational）或“监管限制区”（Restricted Area Regulatory），并设置属性“限制区类”（category of restricted area）=32 [“旅游区”（recreation area）]。
- 如果海员应当了解某区域环境条件会影响航行安全，该区域编码必须使用“警告区”（Caution Area）要素（见 A.16.10 节），该要素可用于标示与特定要素没有直接关系的危险物、风险、规则或建议（比如水深多变区域）。

A.17.1　雷区（Minefield）（见 S-4 – B-441.8）

如需编码雷区（minefield），必须使用“航行限制区”（Restricted Area Navigational）或“监管限制区”（Restricted Area Regulatory），填写属性“限制区类”（category of restricted area）=14 [“雷区”（minefield）]。原雷区编码也应填写属性“状况”（status）=4 [“不使用”（not in use）]。

A.17.2　消磁场（Degaussing range）（见 S-4 – B-448）

消磁（或退磁）区通常是直径约为 0.2 海里的区域，可在该范围内测量船舶的磁场。海底安装有传感器和电缆，有电缆消磁场和岸基控制台。消磁场多用醒目的浮标标示，意义在于提示海员禁止在此抛锚和拖网，以及当船舶使用消磁场时需要避开的范围。

如需编码消磁场，必须使用“航行限制区”（Restricted Area Navigational）或“监管限制区”（Restricted

Area Regulatory）要素，并设置属性“限制区类”（category of restricted area）=8 [“消磁场”（degaussing range）]。

A.17.3　自然保护区（Nature reserve）（见 S-4 – B-437.3）

如需编码海洋自然保护区，必须使用“航行限制区”（Restricted Area Navigational）或“监管限制区”（Restricted Area Regulatory）要素，并设置属性“限制区类”（category of restricted area）=4 [“自然保护区”（nature reserve）]。

A.17.4　最大航速限制（Speed limit）（见 S-4 – B-430.2）

为防止伴流（wake），船舶在港内的航速一般有限制。如需编码此种限制，必须使用“航行限制区”（Restricted Area Navigational）要素，并设置属性“限制区类”（category of restricted area）=24 [“无伴流区”（no wake area）] 或 13 [“无伴流”（no wake）]。如最大航速限制已知且需要编码，必须使用“限制”（restriction）=27 [“限速”（speed restricted）]，并用复杂属性“船舶限速”（vessel speed limit）、子属性“最大航速限制”（speed limit）对最大航速限制进行编码。

如需编码用于标示带有最大航速限制的“航行限制区”（Restricted Area Navigational）的浮标 / 立标标志，必须使用“专用 / 通用浮标”（Buoy Special Purpose/General）或“专用 / 通用立标”（Beacon Special Purpose/General）要素（分别参见 A.20.12 和 A.20.5 节），并设置属性“专用标志类”（category of special purpose mark）=24 [“减少伴流”标志（“reduce wake” mark）] 或 25 [“限速标”（speed limit mark）]。最大航速限制及其测量单位应使用信息类型“航海信息”（Nautical Information）的相关实例（见 A.24.4 节）、复杂属性“信息”（information）和子属性“文本”（text）编码 [如：“最大航速限制为 6 节”（Speed limit is 6 knots）]。

A.17.5　限制抛锚（Anchoring restricted）（见 S-4 – B-431.4）

如需编码限制抛锚区，必须使用“航行限制区”（Restricted Area Navigational）要素（见 A.17.9 节）或其他具有“限制”（restriction）属性（见 A.17 节）的要素，其中，“限制”（restriction）=1 [“禁止抛锚”（anchoring prohibited）] 或 2 [“限制抛锚”（anchoring restricted）]。限制方面的补充信息应使用信息类型“航海信息”（Nautical Information）（见 A.24.4 节）的相关实例和复杂属性“信息”（information）进行编码。

A.17.6　避航区（Area to be avoided）（见 S-4 – B-435.7）

如需编码 IMO 避航区，必须使用“航行限制区”（Restricted Area Navigational）要素（见 A.17.8 节），并填写属性“限制”（restriction）=14 [“避航区”（area to be avoided）]。助航标志周围的 IMO 避航区也须使用属性“限制区类”（category of restricted area）=12 [“助航标志安全带”（navigation aid safety zone）] 进行编码。

备注：

除 IMO 避航区外，禁止进入或限制进入的区域应使用“航行限制区”（Restricted Area Navigational）进行编码，设置“限制”（restriction）=7 [“禁止进入”（entry prohibited）] 或 8 [“限制进入”（entry restricted）]。

A.17.7　环境敏感海域（Environmentally Sensitive Sea Area）（见 S-4 – B-437）

如有必要且可行，在考虑 ENC 数据最大显示比例尺及环境敏感海域（Environmentally Sensitive Sea Area，ESSA）范围的前提下，ENC 应表示环境敏感海域（ESSA）。如无必要或不可行，ESSA 的详细信息只能收录在《航路指南》（Sailing Directions）等相关出版物中。应注意，ENC 数据最大显示比例尺较小时，ENC 数据表示的环境敏感区应是对航行规划有帮助的。

如需编码环境敏感海域，必须使用“航行限制区”（Restricted Area Navigational）（见 A.17.8 节）或“监管限制区”（Restricted Area Regulatory）（见 A.17.9 节）要素，并设置“限制区类”（category of restricted area）=27 [“环境敏感海域”（ESSA）] 或 28 [“特别敏感海域”（PSSA）]。

原始资料上用点状符号表示的环境敏感区，应使用小型面状限制区要素进行编码。

A.17.8　航行限制区（Restricted area navigational）

IHO 定义：限制区（RESTRICTED AREA）。是由某专门机构规定的陆上 / 水上特定区域，在该区域内，进出或航行要受到某些特殊条件的限制（改编自：IHO 词典 – S-32）。航行限制区是指限制条件对船舶航行有直接影响的区域。				
S-101 地理要素：Restricted Area Navigational　（RESARE）				
几何单形：曲面				
现实世界	纸质海图符号	ECDIS 符号		
S-101 属性	**S-57 缩写**	**允许编码值**	**类型**	**多重性**
限制区类 category of restricted area	(CATREA)	1. 海上安全带 offshore safety zone 4. 自然保护区 nature reserve 5. 鸟类保护区 bird sanctuary 6. 狩猎保护区 game reserve 7. 海豹保护区 seal sanctuary 8. 消磁场 degaussing range 9. 军事区 military area 10. 历史沉船区 historic wreck area 12. 助航标志安全带 navigational aid safety zone 14. 雷区 minefield 18. 游泳区 swimming area 19. 等候区 waiting area 20. 科研区 research area	EN	0,*

限制区类 category of restricted area	(CATREA)	21. 疏浚区 dredging area 22. 鱼类保护区 fish sanctuary 23. 生态保护区 ecological reserve 24. 无伴流区 no wake area 25. 掉头区 swinging area 27. 环境敏感海域 environmentally sensitive sea area 28. 特别敏感海域 particularly sensitive sea area 29. 分离区 disengagement area 30. 港口安全区 port security area 31. 珊瑚保护区 coral sanctuary 32. 娱乐区 recreation area	EN	0,*
要素名称 feature name			C	0,*
显示名称 display name			(S) BO	0,1
语言 language		ISO 639-2/T	(S) TE	0,1
名称 name	(OBJNAM) (NOBJNM)		(S) TE	1,1
固定日期范围 fixed date range			C	0,1
终止日期 date end	(DATEND)	ISO 8601：2004	(S) TD	0,1
开始日期 date start	(DATSTA)	ISO 8601：2004	(S) TD	0,1
周期性日期范围 periodic date range			C	0,*
终止日期 date end	(PEREND)	ISO 8601：2004	(S) TD	1,1
开始日期 date start	(PERSTA)	ISO 8601：2004	(S) TD	1,1

限制 restriction	(RESTRN)	1. 禁止抛锚 anchoring prohibited 2. 限制抛锚 anchoring restricted 7. 禁止进入 entry prohibited 8. 限制进入 entry restricted 13. 无伴流 no wake 14. 避航区 area to be avoided 25. 禁止停靠 stopping prohibited 26. 禁止着陆 landing prohibited 27. 限速 speed restricted	EN	1,*
状况 status	(STATUS)	1. 永久 permanent 2. 偶尔 occasional 3. 推荐 recommended 4. 不使用 not in use 5. 周期性 / 间歇性 periodic/intermittent 6. 保留 reserved 7. 临时 temporary 9. 强制性 mandatory 18. 疑存 existence doubtful 28. 有浮标标示 buoyed	EN	0,*
船舶限速 vessel speed limit			C	0,*
最大航速限制 speed limit			(S) RE	1,1
船舶类 vessel class			(S) TE	0,1

最小比例尺 scale minimum	(SCAMIN)	见 A.2.5.9 节	IN	0,1

INT 1 引用：L3；M29.1；N2.1-2，20-22，25，34，63

A.17.8.1 航行限制区（Navigational restricted area）（见 S-4 – B-422；B-430.2；B-431.4；B-435.7；B-435.11；B-437.1-7；B-439；B-439.2-4；B-441，1；B-445.9；B-445.11-12；B-446.4，B-448.1）

如需编码航行限制区，必须使用要素“航行限制区”（Restricted Area Navigational）或其他具有“限制”（restriction）属性的要素，如“锚泊区”（Anchorage Area）、“电缆区”（Cable Area）、“倾废场”（Dumping Ground）、“疏浚区”（Dredged Area）、“深水航道分道”（Deep Water Route Part）、“航道”（Fairway）、“渔场”（Fishing Ground）、“港口设施”（Harbour Facility）、“沿岸通航带”（Inshore Traffic Zone）、“海水养殖场”（Marine Farm/Culture）、“军事训练区”（Military Practice Area）、“海上作业区”（Offshore Production Area）、“海底管道区”（Submarine Pipeline Area）、“海底 / 陆地管道”（Pipeline Submarine/On Land）、“警戒区”（Precautionary Area）、“海上飞机起降区”（Seaplane Landing Area）、“潜水艇航道”（Submarine Transit Lane）、“领海区”（Territorial Sea Area）、“分道通航制交汇处”（Traffic Separation Scheme Crossing）、“分道通航制分道”（Traffic Separation Scheme Lane Part）、“分道通航制环行道”（Traffic Separation Scheme Roundabout）。

备注：

- 仅当属性“限制”（restriction）的某项允许值适用于该区域时，才需要编码“航行限制区”（Restricted Area Navigational）。
- 术语“禁锚区”（no anchoring area）用于标示“禁锚区”IMO 定线制。必要时，此类区域必须编码为“航行限制区”（Restricted Area Navigational），填写属性“限制”（restriction）=1 [“禁止抛锚”（anchoring prohibited）]。

区别：锚泊区（Anchorage Area）；电缆区（Cable Area）；警告区（Caution Area）；避碰规则界线（Collision Regulations Limit）；深水航道分道（Deep Water Route Part）；深水区（Depth Area）；疏浚区（Dredged Area）；倾废场（Dumping Ground）；航道（Fairway）；信息区（Information Area）；军事训练区（Military Practice Area）；监管限制区（Restricted Area Regulatory）；海底管道区（Submarine Pipeline Area）；扫测区（Swept Area）

要素 / 信息关联

类型	关联名称	关联端					
		类	角色	多重性	类	角色	多重性
聚合	分道通航制聚合（Traffic Separation Scheme Aggregation）	航行限制区（Restricted Area Navigational）	构成	1,*	分道通航制（Traffic Separation Scheme）	包含	0,1
聚合	航道辅助（Fairway Auxiliary）	航行限制区（Restricted Area Navigational）	有辅助	1,*	航道（Fairway）	辅助	0,1

A.17.9 监管限制区（Restricted area regulatory）

IHO 定义：限制区（RESTRICTED AREA）。是由某专门机构规定的陆上 / 水上特定区域，在该区域内，进出或航行要受到某些特殊条件的限制（改编自：IHO 词典 – S-32）。监管限制区的限制条件对船舶航行没有直接影响，但对区域内的活动有影响。		
S-101 地理要素：Restricted Area Regulatory（RESARE）		
几何单形：曲面		
现实世界	纸质海图符号	ECDIS 符号

S-101 属性	S-57 缩写	允许编码值	类型	多重性
限制区类 category of restricted area	(CATREA)	1. 海上安全带 offshore safety zone 4. 自然保护区 nature reserve 5. 鸟类保护区 bird sanctuary 6. 狩猎保护区 game reserve 7. 海豹保护区 seal sanctuary 8. 消磁场 degaussing range 9. 军事区 military area 10. 历史沉船区 historic wreck area 12. 助航标志安全带 navigational aid safety zone 14. 雷区 minefield 18. 游泳区 swimming area 19. 等候区 waiting area 20. 科研区 research area 21. 疏浚区 dredging area 22. 鱼类保护区 fish sanctuary 23. 生态保护区 ecological reserve 25. 掉头区 swinging area 27. 环境敏感海域 environmentally sensitive sea area 28. 特别敏感海域 particularly sensitive sea area 29. 分离区 disengagement area 30. 港口安全区 port security area 31. 珊瑚保护区 coral sanctuary 32. 娱乐区 recreation area	EN	0,*

要素名称 feature name			C	0,*
显示名称 display name			(S) BO	0,1
语言 language		ISO 639-2/T	(S) TE	0,1
名称 name	(OBJNAM) (NOBJNM)		(S) TE	1,1
固定日期范围 fixed date range			C	0,1
终止日期 date end	(DATEND)	ISO 8601：2004	(S) TD	0,1
开始日期 date start	(DATSTA)	ISO 8601：2004	(S) TD	0,1
周期性日期范围 periodic date range			C	0,*
终止日期 date end	(PEREND)	ISO 8601：2004	(S) TD	1,1
开始日期 date start	(PERSTA)	ISO 8601：2004	(S) TD	1,1
限制 restriction	(RESTRN)	3. 禁止捕捞 fishing prohibited 4. 限制捕捞 fishing restricted 5. 禁止拖网 trawling prohibited 6. 限制拖网 trawling restricted 9. 禁止疏浚 dredging prohibited 10. 限制疏浚 dredging restricted 11. 禁止潜水 diving prohibited 12. 限制潜水 diving restricted 15. 禁止施工 construction prohibited 16. 禁止卸载 discharging prohibited 17. 限制卸载 discharging restricted 18. 禁止工矿业勘探 / 开发 industrial or mineral exploration/ development prohibited	EN	0,*

限制 restriction	(RESTRN)	19. 限制工矿业勘探 / 开发 industrial or mineral exploration/ development restricted 20. 禁止钻探 drilling prohibited 21. 限制钻探 drilling restricted 22. 禁止挪动历史古迹 removal of historical artefacts prohibited 23. 禁止转运货物（过驳） cargo transhipment (lightening) prohibited 24. 禁止拖曳 dragging prohibited 39. 禁止游泳 swimming prohibited	EN	0,*
状况 status	(STATUS)	1. 永久 permanent 2. 偶尔 occasional 3. 推荐 recommended 4. 不使用 not in use 5. 周期性 / 间歇性 periodic/intermittent 6. 保留 reserved 7. 临时 temporary 9. 强制性 mandatory 18. 疑存 existence doubtful 28. 有浮标标示 buoyed	EN	0,*
最小比例尺 scale minimum	(SCAMIN)	见 A.2.5.9 节	IN	0,1

INT 1 引用：L3；N21-22，25，31，34，63

A.17.9.1　一般限制区（见 S-4 – B-422；B-437.1-7；B-439；B-439.2-4；B-441.1；B-445.9；B445.11-12；B-446.4 和 B-448.1）

如需编码监管限制区，必须使用要素“监管限制区”（Restricted Area Navigational）或其他具有“限制”（restriction）属性的要素，如“锚泊区”（Anchorage Area）、“电缆区”（Cable Area）、“倾废场”（Dumping Ground）、“疏浚区”（Dredged Area）、“深水航道分道”（Deep Water Route Part）、“航道”（Fairway）、“渔场”（Fishing Ground）、“港口设施”（Harbour Facility）、“沿岸通航带”（Inshore Traffic Zone）、“海水养殖场”（Marine Farm/Culture）、“军事训

练区”（Military Practice Area）、“海上作业区”（Offshore Production Area）、“海底管道区”（Submarine Pipeline Area）、“海底 / 陆地管道”（Pipeline Submarine/On Land）、“警戒区”（Precautionary Area）、“海上飞机起降区”（Seaplane Landing Area）、“潜水艇航道”（Submarine Transit Lane）、“领海区”（Territorial Sea Area）、“分道通航制交汇处”（Traffic Separation Scheme Crossing）、“分道通航制分道”（Traffic Separation Scheme Lane Part）、“分道通航制环行道”（Traffic Separation Scheme Roundabout）。

备注：

- 必须至少填写“限制区类”（category of restricted area）或“限制”（restriction）其中一个属性。

区别：锚泊区（Anchorage Area）；电缆区（Cable Area）；警告区（Caution Area）；避碰规则界线（Collision Regulations Limit）；深水航道分道（Deep Water Route Part）；深水区（Depth Area）；疏浚区（Dredged Area）；倾废场（Dumping Ground）；航道（Fairway）；信息区（Information Area）；军事训练区（Military Practice Area）；航行限制区（Restricted Area Navigational）；海底管道区（Submarine Pipeline Area）；扫测区（Swept Area）

要素 / 信息关联

类型	关联名称	关联端					
		类	角色	多重性	类	角色	多重性
聚合	分道通航制聚合（Traffic Separation Scheme Aggregation）	监管限制区（Restricted Area Regulatory）	构成	1,*	分道通航制（Traffic Separation Scheme）	包含	0,1
聚合	航道辅助（Fairway Auxiliary）	监管限制区（Restricted Area Regulatory）	有辅助	1,*	航道（Fairway）	辅助	0,1

A.18 地理要素——助航标志（Aids to Navigation）– 综述

A.18.1 构成助航标志组成部分的地理要素

助航标志由固定或浮式结构物要素构成，此类要素是助航标志专用，可安装设备要素。

本文档确定助航标志与相关地理要素之间的关系（关联）时，用三个“基本类型”（base class）定义相关关联中包含的助航标志地理要素。这三个“基类”是：

- 结构物要素：包括“方位立标”（Beacon Cardinal）、“孤立危险物立标”（Beacon Isolated Danger）、“侧面立标”（Beacon Lateral）、“安全水域立标”（Beacon Safe Water）、“专用 / 通用立标”（Beacon Special Purpose/General）、“方位浮标”（Buoy Cardinal）、“应急沉船示位浮标”（Buoy Emergency Wreck Marking）、“作业浮标”（Buoy Installation）、“孤立危险物浮标”（Buoy Isolated Danger）、“侧面浮标”（Buoy Lateral）、“安全水域浮标”（Buoy Safe Water）、“专用 / 通用浮标”（Buoy Special Purpose/General）、“昼标”（Daymark）、“灯浮”（Light Float）、“灯船”（Light Vessel）、“陆标”（Landmark）、“桩”（Pile）。
- 设备要素：包括“昼标”（Daymark）、“雾号”（Fog Signal）、“航空障碍灯”（Light Air Obstruction）、“环向灯标”（Light All Around）、“探雾灯”（Light Fog Detector）、“扇

形光灯”（Light Sectored）、“实体 AIS 助航标志”（Physical AIS Aid to Navigation）、“雷达反射器”（Radar Reflector）、“雷达应答器”（Radar Transponder Beacon）、“反射器”（Retroreflector）、“交通信号站”（Signal Station Traffic）、“告警信号站”（Signal Station Warning）。

- 助航标志要素：包括“方位立标”（Beacon Cardinal）、“孤立危险物立标”（Beacon Isolated Danger）、“侧面立标”（Beacon Lateral）、“安全水域立标”（Beacon Safe Water）、“专用 / 通用立标”（Beacon Special Purpose/General）、“方位浮标”（Buoy Cardinal）、“应急沉船示位浮标”（Buoy Emergency Wreck Marking）、“作业浮标”（Buoy Installation）、“孤立危险物浮标”（Buoy Isolated Danger）、“侧面浮标”（Buoy Lateral）、“安全水域浮标”（Buoy Safe Water）、“专用 / 通用浮标”（Buoy Special Purpose/General）、“昼标”（Daymark）、“灯浮”（Light Float）、“灯船”（Light Vessel）、“桩”（Pile）。

结构物要素与设备要素间关系的编码规则见 A.18.2 节。

备注：

- 非专用助航标志结构物也可能装有助航设备要素，包括：桥梁（Bridge）、建筑物（Building）、架空电缆（Cable Overhead）、传送装置（Conveyor）、起重机（Crane）、浮船坞（Floating Dock）、防御工事（Fortified Structure）、捕鱼设施（Fishing Facility）、报废船（Hulk）、陆标（Landmark）、系泊绞缆设施（Mooring/Warping Facility）、海上平台（Offshore Platform）、架空管道（Pipeline Overhead）、浮码头（Pontoon）、塔架 / 桥墩（Pylon/Bridge Support）、障碍物（Obstruction）、岸线结构物（Shoreline Construction）、筒仓 / 罐（Silo/Tank）、固定桥跨（Span Fixed）、活动桥跨（Span Opening）、风力发电机（Wind Turbine）、沉船（Wreck），如需编码与设备要素位置相同的此类支撑结构物，必须将其作为独立要素进行编码，并与设备要素的位置共用相同的空间类型（如点结构物），或覆盖设备要素的位置（如线状或面状结构物）。
- 雷达反射器附属于助航标志时，不得作为单独要素进行编码。如需编码，必须填写布尔型属性“雷达显著”（radar conspicuous）=True。
- 救助站及海岸警卫站与航行无关，不得作为助航标志设备要素的一部分。如需编码与航标位置相同的救助站或海岸警卫站，必须将其作为独立要素进行编码，并与助航标志共用相同的空间类型。

A.18.2 关系（Relationship）

必须创建“结构物 / 设备”（Structure/Equipment）要素关联（见 A.25.14 节），将助航标志的不同组成要素关联起来。如已创建，必须是一个结构物要素与一个或多个设备要素关联。一个设备要素不得与多个结构物要素关联，一个要素也不能同时是结构物要素和设备要素。

需注意，“昼标”（Daymark）可以是结构物要素或设备要素（见 A.18.1 节，结构物及设备要素列表）；若助航标志包含“昼标”（Daymark），且原始资料上没有其他（可用作主要素的）基础结构物，“昼标”（Daymark）应编码为主要素。

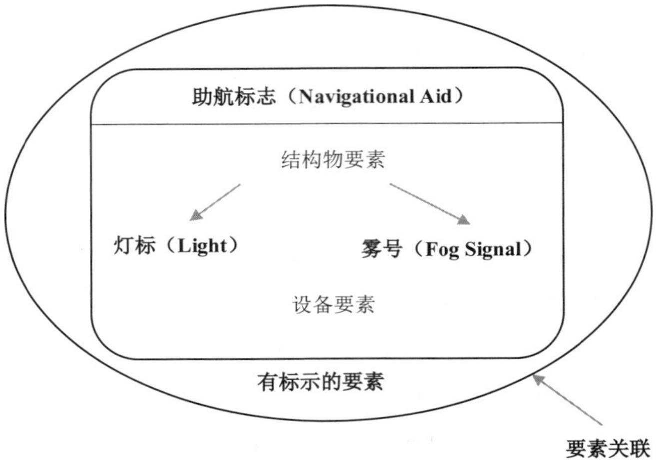

图A-18.1　助航标志 – 结构物/设备关联

陆地上基础结构物的性质未知或不存在结构物要素时，设备要素可以作为结构物要素；如存在灯标要素（另见 A.19.1.8 节），应优先考虑。如果出现此类情况，灯标必须编码为“结构物 / 设备”（Structure/Equipment）关系中的结构物要素。也可在设备要素同一位置将点状要素“桩”（Pile）或“专用 / 通用立标”（Beacon Special Purpose/General）编码为结构物要素。灯标位于水域内，且原始资料未表示结构物要素时，无论灯标高度为多少，面状要素“桩”（Pile）或“专用 / 通用立标”（Beacon Special Purpose/General）均应编码为结构物要素。这样在白天导航期间没有灯光时，也可以确保 ECDIS 系统会显示一个符号。

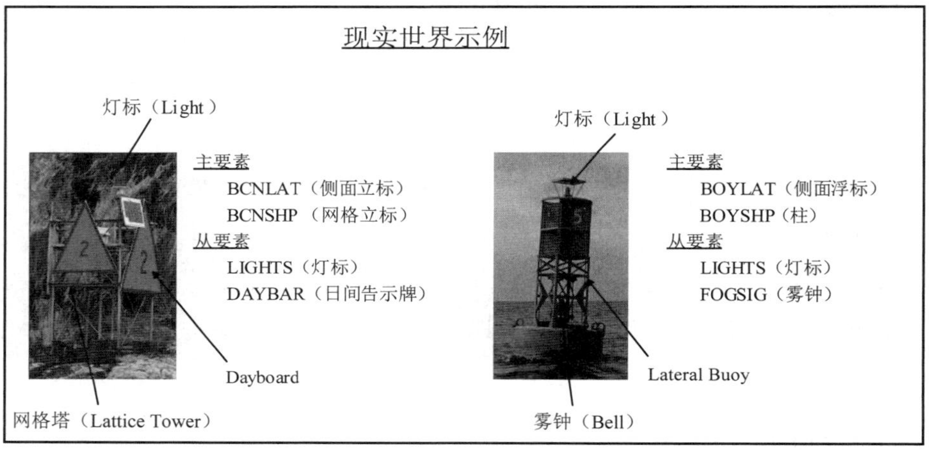

图A-18.2　助航标志 – 结构物/设备要素关联：现实世界示例

在上述现实世界的示例中，助航标志的结构物及设备要素均为点状空间类型，且必须共用同一个地理点状空间类型。

如需编码助航标志名称，必须使用结构物要素的复杂属性“要素名称”（feature name）。该名称不得在设备要素上重复。如果名称在支撑结构物上，且用拉丁字母书写，必须使用与复杂属性“要素名称”（feature name）[子属性“名称”（name），子属性“语言”（language）未赋值] 以相同的拼写方式编码。如果名称不是拉丁字母，必须使用“要素名称”（feature name）[“名称”（name）] 进行编码，子属性“语言”（language）填写适当的值；在“要素名称”（feature name）[“名称”（name）]迭代中使用音译进行编码，“语言”（language）不填写任何值。

构成助航标志的所有点要素必须使用同一个地理点状空间实例。

备注：

- “结构物 / 设备”（Structure/Equipment）关联关系中设备要素的时间属性“终止日期”（date end）和“开始日期”（date start），其填写规则见 A.2.4.9 节。

A.18.3　浮标系统（Buoyage system）与浮标方向（Direction of buoyage）（见 S-4–B-461）

浮标系统分为侧面（lateral）标志系统和方位（cardinal）标志系统，也可能合二为一。侧面标系统根据固定浮标方向而定。方位标系统只取决于罗经的主要点位。专用浮标通常标记某个区域（如演习区或倾废场）的边界或中心区，可能没有侧面标志系统或方位标志系统的特征。

IALA 海上浮标系统包括 A 区和 B 区，详见其他出版物（如《英国手册 NP 735》“IALA 海上浮标系统”）。虽被称为“浮标系统”，但所有的固定标志物和浮式标志物也适用 IALA（但灯塔、扇形光灯、导航灯 / 标、主要浮式灯标及海上结构物上的灯标除外）。IALA 包含六类标志物：侧面（Lateral）标志、方位（Cardinal）标志、孤立危险物（Isolated danger）标志、安全水域（Safe water）标志、专用（Special）标志和应急沉船示位（Emergency Wreck Marking）标志，可任意组合使用。

A.18.3.1　浮标系统（Buoyage system）与浮标方向（Direction of buoyage）（见 S-4 – B-461）

数据集覆盖区域的浮标系统以及必要时采用的浮标方向，必须使用“航标制度”（Navigational System of Marks）和“本地浮标方向”（Local Direction of Buoyage）元要素进行编码：

包含数据的数据集各部分必须使用“航标制度”（Navigational System of Marks）要素（见 A.3.5 节）覆盖，使用强制性属性“海上标志体系”（marks navigational-system of）表示有效的浮标系统。“航标制度”（Navigational System of Marks）要素不得重叠。

数据集中某些地方浮标的方向是当地规则决定的，必须予以说明。此类区域应单独编码为“本地浮标方向”（Local Direction of Buoyage）要素（见 A.3.6 节），使用强制性属性“方位值”（orientation value）表示浮标方向。“本地浮标方向”（Local Direction of Buoyage）要素不得重叠，但在适用本地浮标方向的区域内，该要素必须与“航标制度”（Navigational System of Marks）要素重叠，见图 A-18.3。

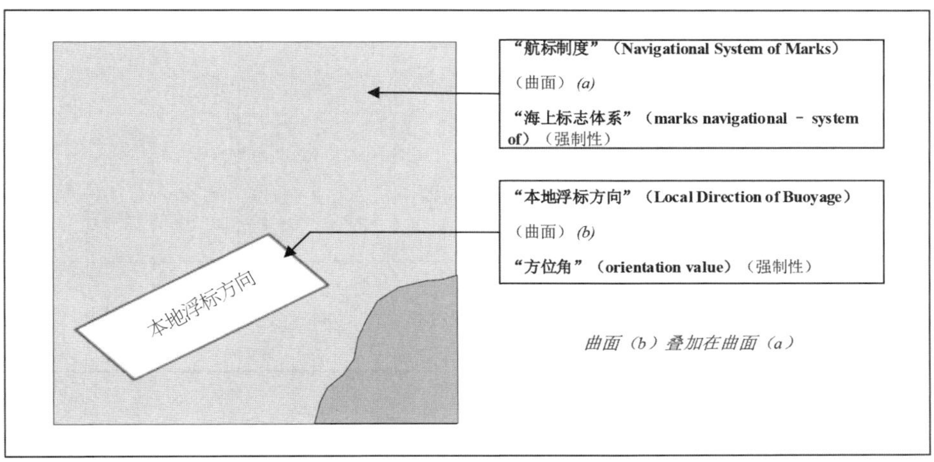

图A-18.3　浮标系统和方向

个别浮标和立标可能不属于通用浮标系统的一部分。应当用浮标和立标要素上的“海上标志体系”（marks navigational–system of）属性进行编码。

A.18.3.1.1 IALA A 区或 B 区的 IALA 标志编码

在下表中，“/”符号表示表示该属性对于某些要素类不存在。该表格是最常见的编码示例，也可能存在其他编码组合。浮标的编码，在“要素”栏中用“浮标”（Buoy）代替“立标”（Beacon）。复杂属性“顶标”（topmark）的子属性值可见表 A-18.3。

表 A-18.1 IALA 方位标和侧面标 – 属性编码

现实世界要素（英文）	现实世界要素（中文）	INT 1	要素（英文）	要素（中文）	方位标志类 category of cardinal mark	颜色 colour	色彩图案 colour pattern	海上标志体系 marks navigational–system of
North cardinal beacon	北方位立标	Q130.3	Beacon Cardinal	方位立标	1	2,6	1	1 和 2（IALA A 和 B）
East cardinal beacon	东方位立标	Q130.3	Beacon Cardinal	方位立标	2	2,6,2	1	1 和 2（IALA A 和 B）
South cardinal beacon	南方位立标	Q130.3	Beacon Cardinal	方位立标	3	6,2	1	1 和 2（IALA A 和 B）
West cardinal beacon	西方位立标	Q130.3	Beacon Cardinal	方位立标	4	6,2,6	1	1 和 2（IALA A 和 B）
Port lateral beacon	左侧立标	Q130.1	Beacon Lateral	侧面立标	1	3	/	1（IALA A）
Starboard lateral beacon	右侧立标	Q130.1	Beacon Lateral	侧面立标	2	4	/	1（IALA A）
Preferred channel to starboard lateral beacon	推荐航道中心线左侧立标	Q130.1	Beacon Lateral	侧面立标	3	3,4,3	1	1（IALA A）
Preferred channel to port lateral beacon	推荐航道中心线右侧立标	Q130.1	Beacon Lateral	侧面立标	4	4,3,4	1	1（IALA A）
Port lateral beacon	左侧立标	Q130.1	Beacon Lateral	侧面立标	1	4	/	2（IALA B）
Starboard lateral beacon	右侧立标	Q130.1	Beacon Lateral	侧面立标	2	3	/	2（IALA B）
Preferred channel to starboard lateral beacon	推荐航道中心线左侧立标	Q130.1	Beacon Lateral	侧面立标	3	4,3,4	1	2（IALA B）
Preferred channel to port lateral beacon	推荐航道中心线右侧立标	Q130.1	Beacon, Lateral	侧面立标	4	3,4,3	1	2（IALA B）

表 A-18.2 IALA 孤立危险物标、安全水域标、应急沉船示位标和专用 / 通用标 – 属性编码

现实世界要素（英文）	现实世界要素（中文）	INT 1	要素（英文）	要素（中文）	颜色 colour	色彩图案 colour pattern	海上标志体系 marks navigational–system of
Isolated danger beacon	孤立危险物立标	Q130.4	Beacon Isolated Danger	孤立危险物立标	2,3,2	1	1 和 2（IALA A 和 B）
Safe water beacon	安全水域立标	Q130.5	Beacon Safe Water	安全水域立标	3,1 或 1,3	2	1 和 2（IALA A 和 B）
Special purpose beacon	专用立标	Q130.6	Beacon Special Purpose/ General	专用 / 通用立标	6	/	1 和 2（IALA A 和 B）
Emergency wreck marking buoy	应急沉船示位浮标		Buoy Emergency Wreck Marking	应急沉船示位浮标	5,6	2	1 或 2（IALA A 或 B）

表 A-18.3 IALA 顶标 – 属性编码

现实世界要素（英文）	现实世界要素（中文）	INT 1	要素（英文）	要素（中文）	顶标 / 昼标形状 topmark / daymark shape	颜色 colour	色彩图案 colour pattern	海上标志体系 marks navigational–system of
North cardinal topmark	北方位顶标	Q130.3	Beacon Cardinal	方位立标	13	2	/	1 和 2（IALA A 和 B）
East cardinal topmark	东方位顶标	Q130.3	Beacon Cardinal	方位立标	11	2	/	1 和 2（IALA A 和 B）
South cardinal topmark	南方位顶标	Q130.3	Beacon Cardinal	方位立标	14	2	/	1 和 2（IALA A 和 B）
West cardinal topmark	西方位顶标	Q130.3	Beacon Cardinal	方位立标	10	2	/	1 和 2（IALA A 和 B）
Isolated danger topmark	孤立危险物顶标	Q130.4	Beacon Isolated Danger	孤立危险物立标	4	2	/	1 和 2（IALA A 和 B）
Port lateral topmark	左侧顶标	Q130.1	Beacon Lateral	侧面立标	5	3	/	1（IALA A）
Starboard lateral topmark	右侧顶标	Q130.1	Beacon Lateral	侧面立标	1	4	/	1（IALA A）

现实世界要素（英文）	现实世界要素（中文）	INT 1	要素（英文）	要素（中文）	顶标 / 昼标形状 topmark / daymark shape	颜色 colour	色彩图案 colour pattern	海上标志体系 marks navigational–system of
Port lateral topmark	左侧顶标	Q130.1	Beacon Lateral	侧面立标	5	4	/	2（IALA B）
Starboard lateral topmark	右侧顶标	Q130.1	Beacon Lateral	侧面立标	1	3	/	2（IALA B）
Safe water topmark	安全水域顶标	Q130.1	Beacon Safe Water	安全水域立标	3	3	2	1 和 2（IALA A 和 B）
Special purpose topmark	专用顶标	Q130.1	Beacon Special Purpose/ General	专用 / 通用立标	7	6	/	1 和 2（IALA A 和 B）
Emergency wreck marking topmark	应急沉船示位顶标		Buoy Emergency Wreck Marking	应急沉船示位浮标	8	6	/	1 或 2（IALA A 或 B）

A.19 地理要素——灯标（Light）

灯标在 ENC 中编码时，必须根据灯标类型使用下列要素：

- “环向灯标”（Light All Around）（见 A.19.2 节），海员可见的视野范围内特征相同的灯标（全方位可见灯），不包括探雾灯和航空障碍灯；
- “扇形光灯”（Light Sectored）（见 A.19.3 节），具有一个或多个不同特性扇区灯光的灯标，包括定光灯和有遮蔽或部分扇区遮蔽的灯标；
- “探雾灯”（Light Fog Detector）（见 A.19.4 节），可以自动判断能见度条件，并据此自动开关雾号；
- “航空障碍灯”（Light Air Obstruction）（见 A.19.5 节），用于标示空中航行有危险的障碍物。

灯标编码必须判断灯质及用途，据此确定最恰当的灯标要素。

A.19.1 灯标（Light）概述

A.19.1.1 灯光节奏（Rhythms of light）（见 S-4 – B-471.2）

最主要的灯质就是灯光节奏（严格来说，定光灯标及部分互闪灯标没有“节奏”）。

如需编码灯光节奏，必须使用复杂属性“灯光节奏”（rhythm of light）、子属性“灯质”（light characteristic）及“信号组”（signal group）。填写“灯光节奏”时，子属性“信号组”“信号周期”（signal period）及“信号序列”（signal sequence）等仅对非定光灯标 [子属性“灯质”≠ 1（“定光的”（fixed））] 有效；其中，“信号组”和“信号周期”为强制性属性。

下表对子属性的用法做了规定；其中包含最常见的编码示例；也可能包含其他编码组合：

表 A-19.1 灯光节奏 – 常见编码示例

灯光节奏（Rhythms of lights）	F	Oc	Oc(2)	Oc(2+3)	Iso	Fl	Fl(3)	LFl
灯质（light characteristic）	1	8	8	8	7	2	2	3
信号组（signal group）	禁止	(1)	(2)	(2+3)	(1)	(1)	(3)	(1)

灯光节奏（Rhythms of lights）	Q	Q(3)	IQ	VQ	VQ(3)	IVQ	UQ	IUQ
灯质（light characteristic）	4	4	9	5	5	10	6	11
信号组（signal group）	(1)	(3)	( )	(1)	(3)	( )	(1)	( )

灯光节奏（Rhythms of lights）	Mo(K)	FFl	Q(6)+LFl	VQ(6)+ LFl	Al.WR	Al.Fl.WR	Al.Fl (2W+1R)	Al.Oc (4)WR
灯质（light characteristic）	12	13	25	26	28	19	19	17
信号组（signal group）	(K)	()(1)	(6)(1)	(6)(1)	( )	(1)	(2+1)	(4)

从海员的角度看，部分新建灯标在夜间是“定闪光”（fixed and flashing，FFL），而现实世界的要素却是两个上下排列的灯标，其中一个是定光（fixed，F），另一个是闪光（flashing，Fl）。已知实际存在两个独立要素时，必须编码为独立的灯标要素。此时，两个“环向灯标”（Light All Around）要素——其中一个带有复杂属性“灯光节奏”（rhythm of light）、子属性“灯质”（light characteristic）=1 [“定光”（fixed）]，另一个“灯质”（light characteristic）=2 [“闪光”（flashing）]，而并非编码为一个“灯质”（light characteristic）=13 [“定闪光”（fixed/flash）] 的“环向灯标”（Light All Around）。

A.19.1.2 灯标类型和功能（见 S-4 – B-471.1）

灯标类型及其功能编码，必须使用“灯标类”（category of light）属性（见 A.27.34 节）。

A.19.1.3 灯高（Elevations of light）（见 S-4 – B-471.6）

灯高是指光源与 ENC 数据高度参考面间的垂直距离（见 A.2.5.7 节）。

如需编码固定结构物上的灯高，必须使用“高度”（height）属性。

如需编码浮式结构物水面以上的灯标高度，必须使用信息类型“航海信息”（Nautical Information）（见 A.24.4 节）的相关实例和复杂属性“信息”（information）。

A.19.1.4 发光时间和发光条件（见 S-4 – B-473）

A.19.1.4.1 夜灯（Night light）

如需编码夜灯（night light），灯标要素属性必须填写“灯标发光条件”（exhibition condition of light）=4 [“夜灯”（night light）]。

A.19.1.4.2 无人看守灯（Unwatched light）（见 S-4 – B-473.1）

该信息不应编码，但对于没有备用安排或应急安排的无人看守灯，属性可填写“状况”（status）=17 [“无人看守”（unwatched）]。

A.19.1.4.3 平时熄灭灯（Occasional light）（见 S-4 – B-473.2）

如需编码平时熄灭灯，属性必须填写“状况”（status）=2 [“偶尔”（occasional）]。如需编码不定期发光的私人灯标，属性必须填写“状况”（status）=2，8 [“偶尔”（occasional），“私有”（private）]。

A.19.1.4.4　昼灯（Daytime light）（见 S-4 – B-473.4）

如需编码 24 小时发光且灯质不变的灯标，属性必须填写“灯标发光条件”（exhibition condition of light）=1 [“灯质固定灯”（light shown without change of character）]。

如需编码昼夜灯质不同的灯标，必须使用共用同一个空间点的两个灯标要素：

- “灯标发光条件”（exhibition condition of light）=2 [“昼灯”（daytime light）] 的灯标要素；
- “灯标发光条件”（exhibition condition of light）=4 [“夜灯”（night light）] 的灯标要素。

A.19.1.4.5　雾灯（Fog light）（见 S-4 – B-473.5）

如需编码雾天或能见度不佳时发光的灯标，必须使用灯标要素，填写属性“灯标发光条件”（exhibition condition of light）=3 [“雾灯”（fog light）]、“状况”（status）=2 [“偶尔”（occasional）]。

如需编码雾天发光与正常能见度下发光不同的灯标，必须使用共用同一空间点的两个灯标要素：

- “灯标发光条件”（exhibition condition of light）=3 [“雾灯”（fog light）]、“状况”（status）=2 [“偶尔”（occasional）] 的灯标要素；
- “灯标发光条件”（exhibition condition of light）=2 [“昼灯”（daytime light）] 或 4 [“夜灯”（night light）] 的灯标要素，同时使用信息类型“航海信息”（Nautical Information）（见 A.24.4 节）的相关实例和复杂属性“信息”（information），并填写子属性“文本”（text）= “有雾时灯质改变”（Character of the light changes in fog）。

注意雾灯与探雾灯（fog detector light）间的区别。后者是自动判断能见度条件，并据此开关雾号的灯标，必要时，必须使用“探雾灯”（Light Fog Detector）要素对其编码。

A.19.1.4.6　手动开启灯标（Manually-activated light）（见 S-4 – B-473.5）

如灯标通过无线电开启（radio activated），“信号生成”（signal generation）属性值必须填写 5 [“无线电开启”（radio activated）]。如需编码灯标开启的联系信息，必须使用信息类型“联系方式”（Contact Details）（见 A.24.1 节）。必须使用“附加信息”（Additional Information）关联将“联系方式”（Contact Details）与灯标要素关联。

如果通过呼叫人工台的方式开关灯标，“信号生成”（signal generation）的属性值必须填写 6 [“呼叫开启”（call activated）]。人工台的联系信息编码，必须使用“联系方式”（Contact Details）信息类型。必须使用“附加信息”（Additional Information）关联将“联系方式”（Contact Details）与灯标要素关联。

A.19.1.5　导向灯（Leading light）（见 S-4 – B-475.6）

如需编码导向灯，必须使用恰当的灯标要素，按以下方式填写属性：

“灯标类”（category of light）= 4,12- 前导向灯（front leading light）
4,13- 后导向灯（rear leading light）
4,14- 下导向灯（lower leading light）
4,15- 上导向灯（upper leading light）

备注：

- 即使导向灯在原始资料上合并为单个符号，每个灯标也必须用不同的要素单独编码。灯标必须在真实位置上，即如果原始资料（如纸质海图）标绘了一个带注记（如 2F.Bu）的灯标，必须进一步核实，判断每个灯标的真实位置及其全部属性。编绘人员应注意，此时，图载灯标的位置通常与后导向灯的位置对应。

- 导航线编码必须使用 A.15.1 节所述的方式。

A.19.1.6　灯塔（Lighthouse）（见 S-4 – B-457.3）

如需编码灯塔（lighthouse），必须使用“陆标”（Landmark）要素（见 A.7.2 节），填写属性“陆标类”（category of landmark）=17 [“塔”（tower）]、“功能”（function）=33 [“灯标支撑”（light support）]；或使用“建筑物”（Building）要素（见 A.6.2 节），填写属性“功能”（function）=33 [“灯标支撑”（light support）]。

如需编码灯塔的属性要素“高程”（elevation）、“高度”（height）和“垂直距离”（vertical length），必须根据 A.19.1.3 节的规则。

如果灯塔长时间熄灭或不发光，必须填写“陆标 / 建筑物”（Landmark/Building）的属性“状况”（status）=4 [“未使用”（not in use）]，同时移除灯标要素。如果灯塔用泛光灯照明，还必须填写“状况”（status）的附加值 =12 [“照明的”（illuminated）]。暂时熄灭的灯标，相关内容见 A.31.2.2 节第 10(i) 条。

A.19.1.7　各类特殊灯标

表 A-19.2　特殊灯标类型

类型（英文）	类型（中文）	S-4	灯标类 category of light	备注
Subsidiary light	辅助灯	B-471.8	10	编码为独立于主要灯标要素的灯标
Aero light	航空灯	B-476.1	5	
Air obstruction light	航空障碍灯	B-476.2		使用“航空障碍灯”（Light Air Obstruction）要素进行编码
Fog detector light	探雾灯	B-477		使用“探雾灯”（Light Fog Detector）要素进行编码
Bearing light	方位灯		18	
Flood light	泛光灯	B-478.2	8	只有从海上可见的泛光灯才需要编码。发光结构物应使用适当的要素类编码，属性“状况”（status）=12 [“照明的”（illuminated）]
Synchronized lights	同步灯	B-478.3		“状况”（status）=15 系列同步灯的定义可通过要素关联“方位线系统关联”（Range System Association）（见 A.25.12 节）将灯标要素与“方位线系统”（Range System）关联
Strip light	条形灯	B-478.5	9	

类型（英文）	类型（中文）	S-4	灯标类 category of light	备注
Spot light	聚光灯		11	只有从海上可见的聚光灯才需要编码。发光要素的编码应使用合适的要素类，设置属性“状况”（status）=12 [“照明的”（illuminated）]
Emergency light	应急灯		17	必须编码为独立于主要灯标要素的灯标
Horizontally disposed lights	水平灯组	B-471.8	19	灯标数量必须使用复杂属性“要素多重性”（multiplicity of features）进行编码
Vertically disposed lights	垂直灯组	B-471.8	20	灯标数量必须使用复杂属性“要素多重性”（multiplicity of features）进行编码

A.19.1.8　灯标结构物（Light structure）

水域中的灯标要素必须带有结构物要素，通常是立标，如“侧面立标”（Beacon Lateral）、“专用 / 通用立标”（Beacon Special Purpose/General）；或其他固定结构物，如“海上平台”（Offshore Platform）；又或浮式助航标志的浮标结构物，如“侧面浮标”（Buoy Lateral）、“专用 / 通用浮标”（Buoy Special Purpose/General）。灯标位于水域内且原始资料未对结构物进行说明，无论灯高为多少，面状要素“桩”（Pile）或“专用 / 通用立标”（Beacon Special Purpose/General）均应作为结构物要素进行编码。这样在白天导航期间没有灯光时，也可以确保 ECDIS 系统会显示一个符号。

ECDIS 的灯标图示表达规则使用 360 度光弧显示全向灯 [布尔型属性“主灯”（major light）=True]。在陆地上，如果助航标志的结构物未在灯标位置编码，海员就无法通过显示中心点进行定位：

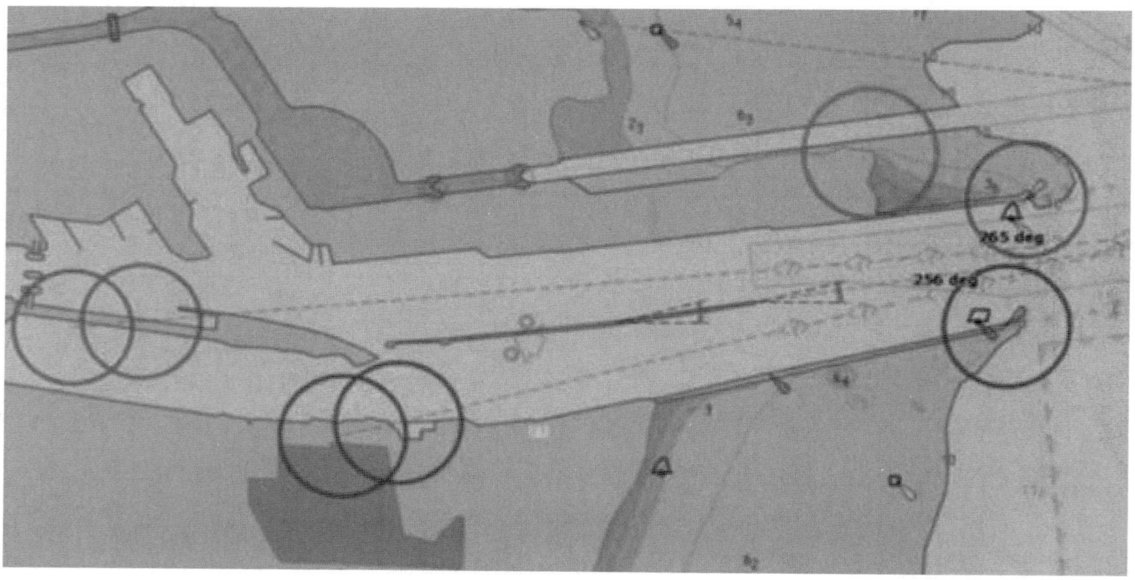

图A-19.1　ECDIS中的全向灯显示

因此，建议编码者将助航标志的结构物 [如“专用 / 通用立标”（Beacon Special Purpose/General）、“桩”（Pile）] 编码为灯标结构物；其中，如果结构物的性质未知，陆地上的所有灯标均编码为主灯标。

A.19.2　环向灯标（Light all around）

IHO 定义：灯标（LIGHT）。灯标是发光或装有灯的助航设备（IHO 词典 – S-32）。环向灯标是指各个航海视野均可见且灯质不变的灯标。

S-101 地理要素：Light All Around　（LIGHTS）

几何单形：点

现实世界	纸质海图符号	ECDIS 符号

S-101 属性	S-57 缩写	允许编码值	类型	多重性
灯标类 category of light	(CATLIT)	4. 导向灯 leading light 5. 航空灯 aero light 8. 泛光灯 flood light 9. 条形灯 strip light 10. 辅助灯 subsidiary light 11. 聚光灯 spotlight 12. 前灯 front 13. 后灯 rear 14. 低灯 lower 15. 上灯 upper 17. 应急灯 emergency 18. 方位灯 bearing light 19. 水平灯组 horizontally disposed 20. 垂直灯组 vertically disposed	EN	0,*
颜色 colour	(COLOUR)	1. 白色 white 3. 红色 red 4. 绿色 green 5. 蓝色 blue	EN	1,* (ordered)

颜色 colour	(COLOUR)	6. 黄色 yellow 9. 琥珀色 amber 10. 紫色 violet 11. 橙色 orange	EN	1,* (ordered)
灯标发光条件 exhibition condition of light	(EXCLIT)	1. 灯质固定灯 light shown without change of character 2. 昼灯 daytime light 3. 雾灯 fog light 4. 夜灯 night light	EN	0,1
要素名称 feature name			C	0,*
显示名称 display name			(S) BO	0,1
语言 language		ISO 639-2/T	(S) TE	0,1
名称 name	(OBJNAM) (NOBJNM)		(S) TE	1,1
固定日期范围 fixed date range			C	0,1
终止日期 date end	(DATEND)	ISO 8601：2004	(S) TD	0,1
开始日期 date start	(DATSTA)	ISO 8601：2004	(S) TD	0,1
高度 height	(HEIGHT)		RE	0,1
灯光能见度 light visibility	(LITVIS)	1. 高光强 high intensity 2. 低光强 low intensity	EN	0,1
主灯 major light			BO	0,1
海上标志体系 marks navigational–system of	(MARSYS)	1. IALA A 2. IALA B 9. 无系统 no system 11. CEVNI	EN	0,1

要素多重性 multiplicity of features			C	0,1
多重性已知 multiplicity known			(S) BO	1,1
要素数量 number of features	(MLTYLT)		(S) IN	0,1
周期性日期范围 periodic date range			C	0,*
终止日期 date end	(PEREND)	ISO 8601：2004	(S) TD	1,1
开始日期 date start	(PERSTA)	ISO 8601：2004	(S) TD	1,1
灯光节奏 rhythm of light			C	1,1
灯质 light characteristic	(LITCHR)	1. 定光 fixed 2. 闪光 flashing 3. 长闪光 long-flashing 4. 快闪光 quick-flashing 5. 甚快闪光 very quick-flashing 6. 连续超快闪光 ultra quick-flashing 7. 等明暗光 isophased 8. 明暗光 occulting 11. 间断超快闪光 interrupted ultra quick flashing 12. 莫尔斯光 morse 13. 定闪光 fixed and flash 14. 闪长闪光 flash and long-flash 15. 明暗互闪光 occulting and flash 16. 定长闪光 fixed and long-flash 17. 明暗互光 occulting alternating	(S) EN	1,1

灯质 light characteristic	(LITCHR)	18. 长互闪光 long-flash alternating 19. 互闪光 flash alternating 25. 快闪加长闪光 quick-flash plus long- flash 26. 甚快闪加长闪光 very quick-flash plus long-flash 27. 超快闪加长闪光 ultra quick-flash plus long-flash 28. 互光 alternating 29. 定光和互闪光 fixed and alternating flashing	(S) EN	1,1
信号组 signal group	(SIGGRP)		(S) TE	0,* (ordered)
信号周期 signal period	(SIGPER)		(S) RE	0,1
信号序列 signal sequence	(SIGSEQ)		(S) C	0,* (ordered)
信号时长 signal duration			(S) RE	1,1
信号状况 signal status		1. 发光 / 有声 lit/sound 2. 熄灭 / 无声 eclipsed/silent	(S) EN	1,1
信号生成 signal generation	(SIGGEN)	5. 无线电开启 radio activated 6. 呼叫开启 call activated	EN	0,1
状况 status	(STATUS)	1. 永久 permanent 2. 偶尔 occasional 4. 不使用 not in use 5. 周期性 / 间歇性 periodic/intermittent 6. 保留 reserved 7. 临时 temporary 8. 私有 private	EN	0,*

状况 status	(STATUS)	11. 熄灭 extinguished 14. 公共 public 15. 同步 synchronized 16. 有人看守 watched 17. 无人看守 un-watched	EN	0,*
标定作用距离值 value of nominal range	(VALNMR)		RE	0,1
垂直基准面 vertical datum	(VERDAT)	3. 平均海平面 mean sea level 16. 平均高潮面 mean high water 17. 平均大潮高潮面 mean high water springs 18. 高潮面 high water 19. 近似平均海平面 Approximate mean sea level 20. 大潮高潮面 high water springs 21. 平均高高潮面 mean higher high water 24. 当地基准面 local datum 25. 1985 年国际大湖基准面 international great lakes datum 1985 26. 平均水平面 mean water level 28. 大潮高高潮面 higher high water large tide 29. 略最高高潮面 nearly highest high water 30. 最高天文潮面 highest astronomical tide	EN	0,1
最小比例尺 scale minimum	(SCAMIN)	见 A.2.5.9 节	IN	0,1
闪光角度 flare angle			IN	0,1

INT 1 引用：P1-65

A.19.2.1 环向灯标（All around light）（见 S-4 – B-470）

如需编码环向灯标（不含探雾灯和航空障碍灯），必须使用“环向灯标”（Light All Round）要素。该要素必须是结构物要素上的设备要素（见 A.18.2 节），而结构物要素也可以是同一位置的其他灯标要素（如存在且没有可用的结构物要素），使用“结构物 / 设备”（Structure/Equipment）要素进行关联。

IALA 海上浮标系统规则不适用于大多数陆地灯标，适用于次要灯标，但不适用于导向灯、部分扇形光灯及主要浮灯。一般而言，扇形光灯标记航道时遵循 IALA 惯例。

各种灯标类型及灯质的编码规则见 A.19.1.1 至 A.19.1.7 节。

备注：

- 所有扇形光灯，无论是单扇扇形光灯、多扇扇形光灯，还是故意遮蔽扇形或被障碍物完全 / 部分遮蔽的扇形光灯，都必须使用“扇形光灯”（Light Sectored）要素进行编码（见 A.19.3 节）；定光扇形光灯或方位灯的编码，见 A.19.3.1.2 节。
- 必要时，探雾灯或航空障碍灯的编码必须使用“探雾灯”（Light Fog Detector）和“航空障碍灯”（Light Air Obstruction）要素（见 A.19.4 节和 A.19.5 节）。
- 如需编码照明技术信息（如霓虹灯），必须使用信息类型“航海信息”（Nautical Information）（见 A.24.4 节）的相关实例和复杂属性“信息”（information）。
- 如需编码海上聚光灯，必须使用信息类型“航海信息”（Nautical Information）的相关实例和复杂属性“信息”（information）。
- 作为主灯（major light）[布尔型属性“主灯”（major light）=True] 编码的陆上灯标，必须具有结构物要素（见 A.19.1.8 节），以便于在 ECDIS 中明确指示灯标位置。
- 属性“垂直基准面”（vertical datum）仅用于“高度”（height）；仅当该值与“坐标参照系头字段”[CRSH] 域中 VDAT 子域的编码值不同时，或与“垂直基准面”（Vertical Datum of Data）元要素“垂直基准面”（vertical datum）的值不同时，才须编码。
- 灯标布尔型属性“主灯”（major light）填写为 True，表示其是“主要”灯标——决定了灯标在 ECDIS 中的显示方式，而不基于灯标重要性的任意法定 / 正式的分类。一般而言，主灯属于海上使用灯标，射程多在 15 英里或以上，位置在外港。但判断是否属于主灯还包括其他某些因素，包括地理区域内导航（以及非导航）灯标的数量和灯质，以及该区域的具体导航需求。数据集显示某个灯标为主灯应当根据 ECDIS 的显示要求而定，由生产机构自行掌握。
- 主灯名称非常重要。如果灯标名称与任何其他编码要素无关，至少在最大显示比例尺最大的 ENC 数据中，必须用“要素名称”（feature name）进行赋值。如果灯标名称明显与灯标所在的命名要素同名，如“圣凯瑟琳角”（Saint Catherine’s Point），则灯标名称无须重复。

区别：方位立标（Beacon Cardinal）；孤立危险物立标（Beacon Isolated Danger）；侧面立标（Beacon Lateral）；安全水域立标（Beacon Safe Water）；专用 / 通用立标（Beacon Special Purpose/General）；方位浮标（Buoy Cardinal）；作业浮标（Buoy Installation）；孤立危险物浮标（Buoy Isolated Danger）；侧面浮标（Buoy Lateral）；安全水域浮标（Buoy Safe Water）；专用 / 通用浮标（Buoy Special Purpose/General）；航空障碍灯（Light Air Obstruction）；指向灯（Light Directional）；灯浮（Light Float）；探雾灯（Light Fog Detector）；扇形光灯（Light Sectored）；灯船（Light Vessel）

要素 / 信息关联

类型	关联名称	关联端					
		类	角色	多重性	类	角色	多重性
组合	结构物 / 设备（Structure/ Equipment）	环向灯标（Light All Around）	支撑	0,*	方位立标（Beacon Cardinal）、孤立危险物立标（Beacon Isolated Danger）、侧面立标（Beacon Lateral）、安全水域立标（Beacon Safe Water）、专用 / 通用立标（Beacon Special Purpose/ General）、桥梁（Bridge）、建筑物（Building）、方位浮标（Buoy Cardinal）、应急沉船示位浮标（Buoy Emergency Wreck Marking）、作业浮标（Buoy Installation）、孤立危险物浮标（Buoy Isolated Danger）、侧面浮标（Buoy Lateral）、安全水域浮标（Buoy Safe Water）、专用 / 通用浮标（Buoy Special Purpose/ General）、起重机（Crane）、传送装置（Conveyor）、昼标（Daymark）、捕鱼设施（Fishing Facility）、浮船坞（Floating Dock）、防御工事（Fortified Structure）、报废船（Hulk）、陆标（Landmark）、环向灯标（Light All Around）、灯浮（Light Float）、灯船（Light Vessel）、系泊绞缆设施（Mooring/Warping Facility）、海上平台（Offshore Platform）、桩（Pile）、架空管道（Pipeline Overhead）、浮码头（Pontoon）、塔架 / 桥墩（Pylon/ Bridge Support）、岸线结构物（Shoreline Construction）、筒仓 / 罐（Silo/Tank）、固定桥跨（Span Fixed）、活动桥跨（Span Opening）、风力发电机（Wind Turbine）	有支撑	0,1
组合	结构物 / 设备（Structure/ Equipment）	环向灯标（Light All Around）	有支撑	0,1	雾号（Fog Signal）、环向灯标（Light All Around）、探雾灯（Light Fog Detector）、反射器（Retroreflector）	支撑	0,*

聚合	方位线系统聚合（Range System Aggregation）	环向灯标（Light All Around）	构成	1,*	方位线系统（Range System）	包含	0,1
聚合	分道通航制聚合（Traffic Separation Scheme Aggregation）	环向灯标（Light All Around）	构成	1,*	分道通航制（Traffic Separation Scheme）	包含	0,1
关联	助航标志关联（Aids to Navigation Association）	环向灯标（Light All Around）	构成	1,*	群岛海道（Archipelagic Sea Lane）、桥梁（Bridge）、深水航道（Deep Water Route）、航道系统（Fairway System）、分道通航制（Traffic Separation Scheme）、双向航道（Two-Way Route）	包含	0,1

A.19.3 扇形光灯（Sector light）

IHO 定义：灯标（LIGHT）。灯标是发光或装有灯的助航设备（IHO 词典 – S-32）。扇形光灯是具有一个或多个扇形区的灯标，各扇形区之间或扇形区内部具有不同灯质。

S-101 地理要素：Light Sectored （LIGHTS）

几何单形：点

现实世界	纸质海图符号	ECDIS 符号

S-101 属性	S-57 缩写	允许编码值	类型	多重性
灯标类 category of light	(CATLIT)	4. 导向灯 leading light 5. 航空灯 aero light 8. 泛光灯 flood light 9. 条形灯 strip light 10. 辅助灯 subsidiary light 11. 聚光灯 spotlight 12. 前灯 front 13. 后灯 rear 14. 低灯 lower 15. 上灯 upper	EN	0,*

灯标类 category of light	(CATLIT)	17. 应急灯 emergency 18. 方位灯 bearing light 19. 水平灯组 horizontally disposed 20. 垂直灯组 vertically disposed	EN	0,*
灯标发光条件 exhibition condition of light	(EXCLIT)	1. 灯质固定灯 light shown without change of character 2. 昼灯 daytime light 4. 夜灯 night light	EN	0,1
要素名称 feature name			C	0,*
显示名称 display name			(S) BO	0,1
语言 language		ISO 639-2/T	(S) TE	0,1
名称 name	(OBJNAM) (NOBJNM)		(S) TE	1,1
固定日期范围 fixed date range			C	0,1
终止日期 date end	(DATEND)	ISO 8601：2004	(S) TD	0,1
开始日期 date start	(DATSTA)	ISO 8601：2004	(S) TD	0,1
高度 height	(HEIGHT)		RE	0,1
海上标志体系 marks navigational–system of	(MARSYS)	1. IALA A 2. IALA B 9. 无系统 no system 11. 欧洲内河航道通航规范 CEVNI	EN	0,1
周期性日期范围 periodic date range			C	0,*
终止日期 date end	(PEREND)	ISO 8601：2004	(S) TD	1,1
开始日期 date start	(PERSTA)	ISO 8601：2004	(S) TD	1,1

扇形特征 sector characteristics			C	1,*
灯质 light characteristic	(LITCHR)	1. 定光 fixed 2. 闪光 flashing 3. 长闪光 long-flashing 4. 快闪光 quick-flashing 5. 甚快闪光 very quick-flashing 6. 连续超快闪光 ultra quick-flashing 7. 等明暗光 isophased 8. 明暗光 occulting 11. 间断超快闪光 interrupted ultra quick flashing 12. 莫尔斯光 morse 13. 定闪光 fixed and flash 14. 闪长闪光 flash and long-flash 15. 明暗互闪光 occulting and flash 16. 定长闪光 fixed and long-flash 17. 明暗互光 occulting alternating 18. 长互闪光 long-flash alternating 19. 互闪光 flash alternating 25. 快闪加长闪光 quick-flash plus long- flash 26. 甚快闪加长闪光 very quick-flash plus long-flash 27. 超快闪加长闪光 ultra quick-flash plus long-flash 28. 互光 alternating 29. 定光和互闪光 fixed and alternating flashing	(S) EN	1,1

光弧 light sector			(S) C	1,*
颜色 colour	(COLOUR)	1. 白色 white 3. 红色 red 4. 绿色 green 5. 蓝色 blue 6. 黄色 yellow 9. 琥珀色 amber 10. 紫色 violet 11. 橙色 orange	(S) EN	1,* (ordered)
定向特征 directional character			(S) C	0,1
莫尔效应 moiré effect			(S) BO	0,1
方位 orientation			(S) C	1,1
方位不确定度 orientation uncertainty			(S) RE	0,1
方位值 orientation value	(ORIENT)		(S) RE	1,1
灯光能见度 light visibility	(LITVIS)	1. 高光强 high intensity 2. 低光强 low intensity 3. 弱光 faint 4. 增强 intensified 5. 非增强 unintensified 6. 故意限制能见度 visibility deliberately restricted 8. 部分遮蔽 partially obscured 9. 范围线内可见 visible in line of range	(S) EN	0,*

扇形界限 sector limit			(S) C	0,1
扇形界限 1 sector limit one			(S) C	1,1
扇形方位角 sector bearing	(SECTR1)	扇形界限 1/ 扇形方位角≠扇形界限 2/ 扇形方位角（0＝360） sector limit one/sector bearing ≠ sector limit two/sector bearing (0 = 360)	(S) RE	1,1
扇形线长度 sector line length			(S) IN	0,1
扇形界限 2 sector limit two			(S) C	1,1
扇形方位角 sector bearing	(SECTR2)	扇形界限 2/ 扇形方位角≠扇形界限 1/ 扇形方位角（0＝360） sector limit two/sector bearing ≠ sector limit one/sector bearing; (0 = 360)	(S) RE	1,1
扇形线长度 sector line length			(S) IN	0,1
标定作用距离值 value of nominal range	(VALNMR)		(S) RE	0,1
扇形信息 sector information			(S) C	0,*
语言 language		ISO 639-2/T	(S) TE	0,1
文本 text	(INFORM) (NINFOM)		(S) TE	1,1
扇形延伸范围 sector extension			(S) IN	0,1
信号组 signal group	(SIGGRP)		(S) TE	0,* (ordered)
信号周期 signal period	(SIGPER)		(S) RE	0,1
信号序列 signal sequence	(SIGSEQ)		(S) C	0,* (ordered)
信号时长 signal duration			(S) RE	1,1
信号状况 signal status		1. 发光 / 有声 lit/sound 2. 熄灭 / 无声 eclipsed/silent	(S) EN	1,1

信号生成 signal generation	(SIGGEN)	5. 无线电开启 radio activated 6. 呼叫开启 call activated	EN	0,1
状况 status	(STATUS)	1. 永久 permanent 2. 偶尔 occasional 4. 不使用 not in use 5. 周期性 / 间歇性 periodic/intermittent 6. 保留 reserved 7. 临时 temporary 8. 私有 private 11. 熄灭 extinguished 14. 公共 public 15. 同步 synchronized 16. 有人看守 watched 17. 无人看守 un-watched	EN	0,*
垂直基准面 vertical datum	(VERDAT)	3. 平均海平面 mean sea level 16. 平均高潮面 mean high water 17. 平均大潮高潮面 mean high water springs 18. 高潮面 high water 19. 近似平均海平面 approximate mean sea level 20. 大潮高潮面 high water springs 21. 平均高高潮面 mean higher high water 24. 当地基准面 local datum	EN	0,1

垂直基准面 vertical datum	(VERDAT)	25. 1985 年国际大湖基准面 international great lakes datum 1985 26. 平均水平面 mean water level 28. 大潮高高潮面 higher high water large tide 29. 略最高高潮面 nearly highest high water 30. 最高天文潮面 highest astronomical tide	EN	0,1
最小比例尺 scale minimum	(SCAMIN)	见 A.2.5.9 节	IN	0,1

INT 1 引用：P1-65

A.19.3.1 扇形光灯（Sectored light）（见 S-4 – B-475）

如需编码一个或多个扇形构成的灯光，必须使用“扇形光灯”（Light Sectored）要素。该要素必须是某结构物要素上的设备要素（见 A.18.1 节），该结构物要素可以是同一位置的其他灯标要素（如存在且没有可用的结构物要素），使用“结构物 / 设备”（Structure/equipment）要素关联。

IALA 海上浮标系统规则不适用于大多数陆地灯标，适用于次要灯标，但不适用于导向灯、部分扇形光灯及主要浮灯。一般而言，扇形光灯标记航道时遵循 IALA 惯例。

各种灯标类型及灯质的编码规则见 A.19.1.1 至 A.19.1.7 节。

备注：

- 复杂属性“扇形特征”（sector characteristics）、子复杂属性“扇形光弧”（light sector）用于填写灯标的不同扇形（不发光的扇形区除外）。如果各扇形区的灯光节奏不同（如复杂灯标的扇形），必须分别填写“扇形特征”（sector characteristics）的实例。
- 若“扇形界限”（sector limit）的子复杂属性“扇形界限 1”（sector limit one）[“扇形角度”（sector angle）]=0、“扇形界限 2”（sector limit two）[“扇形角度”（sector angle）]=360（即将环向灯标编码为扇形光灯），则禁止填写子复杂属性“扇形界限”（sector limit）。
- 如果某个扇形光灯具有定向功能，必须使用“扇形光弧”（light sector）的复杂子属性“定向灯质”（directional character）编码。如果该扇形内是增强灯，则必须填写”扇形光弧”（light sector）子属性“灯光能见度”（light visibility）=4 [“增强”（intensified）]；对于定向光弧，子复杂属性“扇形界限”（sector limit）是可选属性。
- 如果某个扇形光灯不具有定向功能，则“扇形特征”（sector characteristics）子复杂属性“扇形界限”（sector limit）是强制性属性，不得填写子属性“定向特征”（directional character）。
- 扇形区的范围应当覆盖对海员有帮助的区域。如有必要将扇形区的长度限制在对海员有帮助的范围内，避免 ECDIS 屏幕杂乱，必须使用复杂属性“扇形界限”（sector limit）的子属性“扇形线长度”（sector line length）。
- 如果航道由一系列“扇形光灯”（Light Sectored）白光照亮的连续可通航水域组成，该航道可以用“航道”（Fairway）（见 A.15.7 节）要素进行编码。

如需编码与全部扇形区均有关的补充信息，必须使用信息类型“航海信息”（Nautical Information）（见 A.24.4 节）的相关实例。如果补充信息仅与个别扇形区 [如复杂（明暗）扇形光灯的扇形（见 A.19.3.1.3 节）] 相关，必须使用子复杂属性“扇形光弧”（light sector）的复杂子属性“扇形信息”（sector information）编码。

- 如需编码照明技术信息（如霓虹灯），必须使用信息类型“航海信息”（Nautical Information）的相关实例、复杂属性“信息”（information）。

- 属性“垂直基准面”（vertical datum）仅用于“高度”（height）；仅当该值与“坐标参照系头字段”[CRSH]域中VDAT子域的编码值不同时，或与“垂直基准面”（Vertical Datum of Data）元要素“垂直基准面”（vertical datum）的值不同时，才须编码。
- 主灯名称非常重要。如果灯标名称与其他编码要素无关，至少在最大显示比例尺最大的ENC数据中，应当使用复杂属性“要素名称”（feature name）填写。如果灯标名称明显与灯标所在的命名要素同名，如“圣凯瑟琳角”（Saint Catherine’s Point），则灯标名称无须重复。

A.19.3.1.1 障碍物遮蔽的灯标（见S-4 – B-475.3）

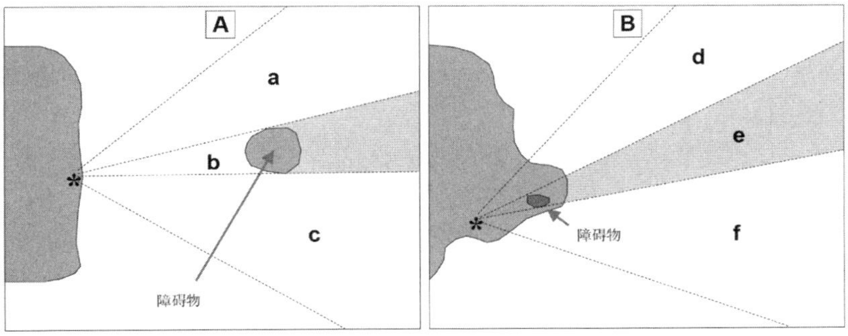

图A-19.2 遮蔽扇形光灯

如果一个已编码的灯标在海上障碍物以外可通航扇区内有遮蔽（见上图A-19.2（A）），必须使用“扇形光灯”（Light Sectored）要素进行编码，同时使用复杂属性”扇形光弧”（light sector）对各扇形（a）–（c）编码。（b）部分遮蔽（partially obscured）的扇形必须具有子属性“灯光能见度”（light visibility）=8 [“部分遮蔽”（partially obscured）] 的“扇形光弧”（light sector），并且子属性“标定作用距离值”（value of nominal range）设置为灯标至障碍物的距离。从海上方向 [（a）和（c）] 可见的灯标，其所在的扇区必须单独编码为“扇形光弧”（light sector）。

如果灯标和障碍物之间没有可通航水域（见图A-19.2（B）中（e）），则遮蔽扇区不得有已编码的”扇形光弧”（light sector），除非在扇区的可通航部分有微弱灯光——应使用“扇形光弧”（light sector）编码，填写子属性“灯光能见度”（light visibility）=3 [“弱光”（faint）]。从海上方向 [（d）和（f）] 可见的灯标，其所在的扇形必须单独编码为“扇形特征”（sector characteristics）。

A.19.3.1.2 定向灯（Directional light）（见S-4 – B-475.7-8）

有多种定向灯 [directional (direction) light] 在用，但所有的定向灯均有一个共同点，即用于指示规定航向的扇形区都非常窄。此类扇形区的两侧可能包含：

- 不发光扇形区或非强光扇形区。
- 颜色或灯质不同的扇形灯。部分定向灯非常精确，扇形区边缘的变色角度在1分以下（0.02°）。从3.5千米以外的距离观察，水平偏移距离不超过1米。此外，光束边缘的亮度不会减弱，也不会因观察者远离中轴线导致亮度减弱。

莫尔效应标（moiré effect mark）[或可变箭头标志（variable arrow mark）] 是一种短距离（一般多达2千米）方位“灯”，用钠灯为屏幕提供黄色背景（达3平方米），观察者可在屏幕中心线上看到一条垂直的黑线，需要修正航向时能看到可变箭头标志。该系统日夜均可使用，也可用作靠码头停泊船舶的停船线。

如需编码具有定向功能的扇形光灯，必须使用“扇形光灯”（Light Sectored）要素。

备注：

- “具有定向功能的特定扇形光灯”通过填写复杂属性“扇形特征”（sector characteristics）和子复杂属性“定向特征”（directional character）进行编码。
- 没有与定向灯相关的“推荐航线”（Recommended Track）或“导航线”（Navigation Line）要素时，只能对强制复杂子属性“方位”（orientation）进行编码，用于指示定向扇形光灯导航线的方位。如果定向扇形光灯具有相关的“推荐航线”（Recommended Track）或“导航线”（Navigation Line），扇形光灯的“方位”（orientation）[“方位值”（orientation value）] 必须填写空值（null）。

- 对于发挥定向作用的扇形光灯，“扇形光弧”（light sector）复杂子属性“扇形界限”（sector limit）是可选的。
- 莫尔效应灯标的布尔型属性“莫尔效应”（moiré effect）必须填写为 True。
- 如需编码与定向灯相关的推荐航线或航线，必须使用 A.15.1 节所述方法。

A.19.3.1.3 **明暗扇形光灯**（Oscillating light sector）

随着导航灯技术的进步，已发展出大量多扇形区、多颜色和多灯质的复合导航灯，部分灯标带有明暗扇形灯，在限制航行区可大量使用。此类灯标可以包含 7 个扇形区，中央扇形区非常狭窄，有强光、固定白色扇形区，可发挥定向灯功能。在 IALA A 区中，该定向灯两侧的扇形区装有互光灯，从白到绿（右舷）和从白到红（左舷）互闪和明暗互闪，熄灭时长随距离定光灯所指示航线的偏离程度而递增。此类灯标两侧通常有定光绿（右舷）红（左舷）窄条扇形光灯。此外，还有一些外缘扇形光灯，绿（右舷）红（左舷）明暗互闪，熄灭时长随距离定光灯所指示航线的偏离程度而递增，直至变为等明暗或闪光灯。IALA B 区颜色相反。某些情况下，此类复合灯标可能不适用于 IALA 系统。每一个外缘扇形光灯可能都很窄。

如需编码明暗扇形光灯，应使用“扇形光灯”（Light Sectored）要素；同时，复杂属性“扇形特征”（sector characteristics）的编码如下：

IALA A 区中，扇形光灯从白到绿（右舷）和从白到红（左舷）互闪和明暗互闪，熄灭时长随距离定光灯所指示航线的偏离程度而递增：

“扇形特征”（sector characteristics）：“灯质”（light characteristic）=28 [“互光”（alternating）]；“颜色”（colour）=1，3 [“白色”（White），“红色”（Red）]；“扇形界限”（sector limit）；“扇形信息（文本）”[sector information（text）]=“白光随灯标方位的增加而减少”（White phase decreases as bearing to light increases）

“扇形特征”（sector characteristics）：“灯质”（light characteristic）=28 [“互光”（alternating）]；“颜色”（colour）=1，4 [“白色”（White），“绿色”（Green）]；“扇形界限”（sector limit）；“扇形信息（文本）”[sector information（text）]=“白光随灯标方位的减少而增加”（White phase increases as bearing to light decreases）

IALA B 区中，灯标从白到红（右舷）和从白到绿（左舷）互闪和明暗互闪的幅度递增，熄灭时长随距离定光灯所指示航线的偏离程度而递增；上述编码中的“红”和“绿”互换。

IALA A 区中，灯光绿（右舷）红（左舷）明暗互闪，熄灭时长随距离定光灯指示的航线的偏离程度而递增，直至变为等明暗或闪光：

“扇形特征”（sector characteristics）：“灯质”（light characteristic）=8 [“明暗光”（occulting）]；“颜色”（colour）=3 [“红色”（Red）]；“扇形界限”（sector limit）；“扇形信息（文本）”[sector information（text）]=“灯光相位随灯标方位角的增加而减少”（Light phase decreases as bearing to light increases）

“扇形特征”（sector characteristics）：“灯质”（light characteristic）=8 [“明暗光”（occulting）]；“颜色”（colour）=4 [“绿色”（Green）]；“扇形界限”（sector limit）；“扇形信息（文本）”[sector information（text）]=“灯光相位随灯标方位角的增加而增加”（Light phase increases as bearing to light increases）

IALA B 区中，灯光红（右舷）绿（左舷）互闪和明暗互闪，熄灭时长随距离定光灯指示的航线的偏离程度而递增，直至变为等明暗或闪光；上述编码中的“红”和“绿”互换。

非 IALA 明暗灯标的编码与上述规则类似。例如，一个灯标包含白色扇形光灯时，其熄灭时长随距离定光灯指示的航线的偏离程度而递增，直至变为等明暗或闪光。

有定向灯的航道左侧扇形区的编码规则如下：

“扇形特征”（sector characteristics）：“灯质”（light characteristic）=8 [“明暗光”（occulting）]；“颜色”（colour）=1 [“白色”（White）]；“扇形界限”（sector limit）；“扇形信息（文本）”[sector information（text）]=“灯光相位随灯标方位角的增加而减少”（Light phase decreases as bearing to light increases）

有定向灯的航道右侧扇形区的编码规则如下：

“扇形特征”（sector characteristics）：“灯质”（light characteristic）=8 [“明暗光”（occulting）]；“颜色”（colour）=1 [“白色”（White）]；“扇形界限”（sector limit）；“扇形信息（文本）”[sector information（text）]=“灯光相位随灯标方位角的增加而增加”（Light phase increases as bearing to light increase）

所有其他扇形光灯必须使用“扇形特征”（sector characteristics）进行编码，根据光弧的特征对子属性（包括“扇形光弧”（light sector）或“定向特征”（directional character）。

区别：方位立标（Beacon Cardinal）；孤立危险物立标（Beacon Isolated Danger）；侧面立标（Beacon Lateral）；安全水域立标（Beacon Safe Water）；专用 / 通用立标（Beacon Special/General）；方位浮标（Buoy Cardinal）；作业浮标（Buoy Installation）；孤立危险物浮标（Buoy Isolated Danger）；侧面浮标（Buoy Lateral）；安全水域浮标（Buoy Safe Water）；专用 / 通用浮标（Buoy Special/General）；航空障碍灯（Light Air Obstruction）；环向灯标（Light All Around）；灯浮（Light Float）；探雾灯（Light Fog Detector）；灯船（Light Vessel）

要素 / 信息关联

类型	关联名称	关联端					
		类	角色	多重性	类	角色	多重性
组合	结构物 / 设备（Structure/ Equipment）	扇形光灯（Light Sectored）	支撑	0,*	方位立标（Beacon Cardinal）、孤立危险物立标（Beacon Isolated Danger）、侧面立标（Beacon Lateral）、安全水域立标（Beacon Safe Water）、专用 / 通用立标（Beacon Special Purpose/General）、桥梁（Bridge）、建筑物（Building）、方位浮标（Buoy Cardinal）、应急沉船示位浮标（Buoy Emergency Wreck Marking）、作业浮标（Buoy Installation）、孤立危险物浮标（Buoy Isolated Danger）、侧面浮标（Buoy Lateral）、安全水域浮标（Buoy Safe Water）、专用 / 通用浮标（Buoy Special Purpose/General）、起重机（Crane）、传送装置（Conveyor）、昼标（Daymark）、捕鱼设施（Fishing Facility）、浮船坞（Floating Dock）、防御工事（Fortified Structure）、报废船（Hulk）、陆标（Landmark）、环向灯标（Light All Around）、扇形光灯（Light Sectored）、灯浮（Light Float）、灯船（Light Vessel）、系泊绞缆设施（Mooring/Warping Facility）、海上平台（Offshore Platform）、桩（Pile）、架空管道（Pipeline Overhead）、浮码头（Pontoon）、塔架 / 桥墩（Pylon/Bridge Support）、岸线结构物（Shoreline Construction）、筒仓 / 罐（Silo/Tank）、固定桥跨（Span Fixed）、活动桥跨（Span Opening）、风力发电机（Wind Turbine）	有支撑	0,1
组合	结构物 / 设备（Structure/ Equipment）	扇形光灯（Light Sectored）	有支撑	0,1	雾号（Fog Signal）、探雾灯（Light Fog Detector）、反射器（Retroreflector）	支撑	0,*

聚合	方位线系统聚合（Range System Aggregation）	扇形光灯（Light Sectored）	构成	1,*	方位线系统（Range System）	包含	0,1
聚合	分道通航制聚合（Traffic Separation Scheme Aggregation）	扇形光灯（Light Sectored）	构成	1,*	分道通航制（Traffic Separation Scheme）	包含	0,1
关联	助航标志关联（Aids to Navigation Association）	扇形光灯（Light Sectored）	构成	1,*	群岛海道（Archipelagic Sea Lane）、桥梁（Bridge）、深水航道（Deep Water Route）、航道系统（Fairway System）、分道通航制（Traffic Separation Scheme）、双向航道（Two-Way Route）	包含	0,1

A.19.4 探雾灯（Fog detector light）

IHO 定义：探雾灯（FOG DETECTOR LIGHT）。灯标是发光或装有灯的助航设备（IHO 词典 – S-32）。探雾灯是一种用于自动判断能见度，并据此开关雾号（音响信号）的灯标（IHO 词典 – S-32）。

S-101 地理要素：Light Fog Detector （LIGHTS）

几何单形：点

现实世界	纸质海图符号	ECDIS 符号

S-101 属性	S-57 缩写	允许编码值	类型	多重性
颜色 colour	(COLOUR)	1. 白色 white 3. 红色 red 4. 绿色 green 5. 蓝色 blue 6. 黄色 yellow 9. 琥珀色 amber 10. 紫色 violet 11. 橙色 orange	EN	0,*
要素名称 feature name			C	0,*
显示名称 display name			(S) BO	0,1

语言 language		ISO 639-2/T	(S) TE	0,1
名称 name	(OBJNAM) (NOBJNM)		(S) TE	1,1
固定日期范围 fixed date range			C	0,1
终止日期 date end	(DATEND)	ISO 8601：2004	(S) TD	0,1
开始日期 date start	(DATSTA)	ISO 8601：2004	(S) TD	0,1
高度 height	(HEIGHT)		RE	0,1
周期性日期范围 periodic date range			C	0,*
终止日期 date end	(PEREND)	ISO 8601：2004	(S) TD	1,1
开始日期 date start	(PERSTA)	ISO 8601：2004	(S) TD	1,1
灯光节奏 rhythm of light			C	0,1
灯质 light characteristic	(LITCHR)	1. 定光 fixed 2. 闪光 flashing 3. 长闪光 long-flashing 4. 快闪光 quick-flashing 5. 甚快闪光 very quick-flashing 6. 连续超快闪光 ultra quick-flashing 7. 等明暗光 isophased 8. 明暗光 occulting 11. 间断超快闪光 interrupted ultra quick flashing 12. 莫尔斯光 morse 13. 定闪光 fixed and flash 14. 闪长闪光 flash and long-flash	(S) EN	1,1

灯质 light characteristic	(LITCHR)	15. 明暗互闪光 occulting and flash 16. 定长闪光 fixed and long-flash 17. 明暗互光 occulting alternating 18. 长互闪光 long-flash alternating 19. 互闪光 flash alternating 25. 快闪加长闪光 quick-flash plus long- flash 26. 甚快闪加长闪光 very quick-flash plus long-flash 27. 超快闪加长闪光 ultra quick-flash plus long-flash 28. 互光 alternating 29. 定光和互闪光 fixed and alternating flashing	(S) EN	1,1
信号组 signal group	(SIGGRP)		(S) TE	0,* (ordered)
信号周期 signal period	(SIGPER)		(S) RE	0,1
信号序列 signal sequence	(SIGSEQ)		(S) C	0,* (ordered)
信号时长 signal duration			(S) RE	1,1
信号状况 signal status		1. 发光 / 有声 lit/sound 2. 熄灭 / 无声 eclipsed/silent	(S) EN	1,1
信号生成 signal generation	(SIGGEN)	5. 无线电开启 radio activated 6. 呼叫开启 call activated	EN	0,1
状况 status	(STATUS)	1. 永久 permanent 2. 偶尔 occasional 4. 不使用 not in use 5. 周期性 / 间歇性 periodic/intermittent	EN	0,*

状况 status	(STATUS)	6. 保留 reserved 7. 临时 temporary 8. 私有 private 11. 熄灭 extinguished 14. 公共 public 15. 同步 synchronized 16. 有人看守 watched 17. 无人看守 un-watched	EN	0,*
垂直基准面 vertical datum	(VERDAT)	3. 平均海平面 mean sea level 16. 平均高潮面 mean high water 17. 平均大潮高潮面 mean high water springs 18. 高潮面 high water 19. 近似平均海平面 approximate mean sea level 20. 大潮高潮面 high water springs 21. 平均高高潮面 mean higher high water 24. 当地基准面 local datum 25. 1985 年国际大湖基准面 international great lakes datum 1985 26. 平均水平面 mean water level 28. 大潮高高潮面 higher high water large tide 29. 略最高高潮面 nearly highest high water 30. 最高天文潮面 highest astronomical tide	EN	0,1
最小比例尺 scale minimum	(SCAMIN)	见 A.2.5.9 节	IN	0,1

闪光角度 flare angle			IN	0,1

INT 1 引用：P62

A.19.4.1 探雾灯（Fog detector light）（见 S-4 – B-477）

如需编码能够自动判断能见度并据此开关雾号的灯标，必须使用“探雾灯”（Light Fog Detector）要素。该要素必须是结构物要素上的设备要素（参见 A.18.1 节），如果存在，则使用“结构物 / 设备”（Structure/Equipment）要素关联。

各种灯标类型及灯质的编码规则见 A.19.1.1 至 A.19.1.7 节。

备注：

- 如需编码发光技术信息（如霓虹灯），必须使用信息类型“航海信息”（Nautical Information）（参见 A.24.4 节）的相关实例和复杂属性“信息”（information）。
- 属性“垂直基准面”（vertical datum）仅用于“高度”（height）；仅当该值与“坐标参照系头字段”[CRSH] 域中 VDAT 子域的编码值不同时，或与“垂直基准面”（Vertical Datum of Data）元要素“垂直基准面”（vertical datum）的值不同时，才须编码。

区别：方位立标（Beacon Cardinal）；孤立危险物立标（Beacon Isolated Danger）；侧面立标（Beacon Lateral）；安全水域立标（Beacon Safe Water）；专用 / 通用立标（Beacon Special Purpose/General）；方位浮标（Buoy Cardinal）；作业浮标（Buoy Installation）；孤立危险物浮标（Buoy Isolated Danger）；侧面浮标（Buoy Lateral）；安全水域浮标（Buoy Safe Water）；专用 / 通用浮标（Buoy Special Purpose/General）；航空障碍灯（Light Air Obstruction）；环向灯标（Light All Around）；灯浮（Light Float）；扇形光灯（Light Sectored）；灯船（Light Vessel）

要素 / 信息关联

类型	关联名称	关联端					
		类	角色	多重性	类	角色	多重性
组合	结构物 / 设备（Structure/Equipment）	探雾灯（Light Fog Detector）	支撑	0,*	方位立标（Beacon Cardinal）、孤立危险物立标（Beacon Isolated Danger）、侧面立标（Beacon Lateral）、安全水域立标（Beacon Safe Water）、专用 / 通用立标（Beacon Special Purpose/General）、桥梁（Bridge）、建筑物（Building）、方位浮标（Buoy Cardinal）、应急沉船示位浮标（Buoy Emergency Wreck Marking）、作业浮标（Buoy Installation）、孤立危险物浮标（Buoy Isolated Danger）、侧面浮标（Buoy Lateral）、安全水域浮标（Buoy Safe Water）、专用 / 通用浮标（Buoy Special Purpose/General）、起重机（Crane）、传送装置（Conveyor）、昼标（Daymark）、捕鱼设施（Fishing Facility）、浮船坞（Floating Dock）、防御工事（Fortified Structure）、报废船（Hulk）、陆标（Landmark）、灯浮（Light Float）、灯船（Light Vessel）、系泊绞缆设施（Mooring/Warping Facility）、海上平台（Offshore Platform）、桩（Pile）、架空管道（Pipeline Overhead）、浮码头（Pontoon）、塔架 / 桥墩（Pylon/Bridge Support）、岸线结构物（Shoreline Construction）、筒仓 / 罐（Silo/Tank）、固定桥跨（Span Fixed）、活动桥跨（Span Opening）、风力发电机（Wind Turbine）	有支撑	0,1

A.19.5　航空障碍灯（Air obstruction light）

IHO 定义：航空障碍灯（AIR OBSTRUCTION LIGHT）。灯标是发光或装有灯的助航设备（IHO 词典 – S-32）。航空障碍灯是一种用于标示航空危险障碍物的灯标（IHO 词典 – S-32）。		
S-101 地理要素：Light Air Obstruction（LIGHTS）		
几何单形：点		
现实世界	纸质海图符号	ECDIS 符号

S-101 属性	S-57 缩写	允许编码值	类型	多重性
颜色 colour	(COLOUR)	1. 白色 white 3. 红色 red 4. 绿色 green 5. 蓝色 blue 6. 黄色 yellow 9. 琥珀色 amber 10. 紫色 violet 11. 橙色 orange	EN	0,*
灯标发光条件 exhibition condition of light	(EXCLIT)	1. 灯质固定灯 light shown without change of character 2. 昼灯 daytime light 3. 雾灯 fog light 4. 夜灯 night light	EN	0,1
要素名称 feature name			C	0,*
显示名称 display name			(S) BO	0,1
语言 language		ISO 639-2/T	(S) TE	0,1
名称 name	(OBJNAM) (NOBJNM)		(S) TE	1,1
固定日期范围 fixed date range			C	0,1
终止日期 date end	(DATEND)	ISO 8601：2004	(S) TD	0,1

开始日期 date start	(DATSTA)	ISO 8601：2004	(S) TD	0,1
高度 height	(HEIGHT)		RE	0,1
灯光能见度 light visibility	(LITVIS)	1. 高光强 high intensity 2. 低光强 low intensity 3. 弱光 faint 4. 增强 intensified 5. 非增强 unintensified 6. 故意限制能见度 visibility deliberately restricted 7. 遮蔽 obscured 8. 部分遮蔽 partially obscured 9. 范围线内可见 visible in line of range	EN	0,*
要素多重性 multiplicity of features			C	0,1
多重性已知 multiplicity known			(S) BO	1,1
要素数量 number of features	(MLTYLT)		(S) IN	0,1
周期性日期范围 periodic date range			C	0,*
终止日期 date end	(PEREND)	ISO 8601：2004	(S) TD	1,1
开始日期 date start	(PERSTA)	ISO 8601：2004	(S) TD	1,1
灯光节奏 rhythm of light			C	0,1
灯质 light characteristic	(LITCHR)	1. 定光 fixed 2. 闪光 flashing 3. 长闪光 long-flashing 4. 快闪光 quick-flashing	(S) EN	1,1

灯质 light characteristic	(LITCHR)	5. 甚快闪光 very quick-flashing 6. 连续超快闪光 ultra quick-flashing 7. 等明暗光 isophased 8. 明暗光 occulting 11. 间断超快闪光 interrupted ultra quick flashing 12. 莫尔斯光 morse 13. 定闪光 fixed and flash 14. 闪长闪光 flash and long-flash 15. 明暗互闪光 occulting and flash 16. 定长闪光 fixed and long-flash 17. 明暗互光 occulting alternating 18. 长互闪光 long-flash alternating 19. 互闪光 flash alternating 25. 快闪加长闪光 quick-flash plus long- flash 26. 甚快闪加长闪光 very quick-flash plus long-flash 27. 超快闪加长闪光 ultra quick-flash plus long-flash 28. 互光 alternating 29. 定光和互闪光 fixed and alternating flashing	(S) EN	1,1
信号组 signal group	(SIGGRP)		(S) TE	0,* (ordered)
信号周期 signal period	(SIGPER)		(S) RE	0,1
信号序列 signal sequence	(SIGSEQ)		(S) C	0,* (ordered)
信号时长 　signal duration			(S) RE	1,1

信号状况 signal status		1. 发光 / 有声 lit/sound 2. 熄灭 / 无声 eclipsed/silent	(S) EN	1,1
状况 status	(STATUS)	1. 永久 permanent 2. 偶尔 occasional 4. 不使用 not in use 5. 周期性 / 间歇性 periodic/intermittent 6. 保留 reserved 7. 临时 temporary 8. 私有 private 11. 熄灭 extinguished 14. 公共 public 15. 同步 synchronized 16. 有人看守 watched 17. 无人看守 un-watched	EN	0,*
标定作用距离值 value of nominal range	(VALNMR)		RE	0,1
垂直基准面 vertical datum	(VERDAT)	3. 平均海平面 mean sea level 16. 平均高潮面 mean high water 17. 平均大潮高潮面 mean high water springs 18. 高潮面 high water 19. 近似平均海平面 approximate mean sea level 20. 大潮高潮面 high water springs 21. 平均高高潮面 mean higher high water 24. 当地基准面 local datum	EN	0,1

垂直基准面 vertical datum	(VERDAT)	25. 1985 年国际大湖基准面 international great lakes datum 1985 26. 平均水平面 mean water level 28. 大潮高高潮面 higher high water large tide 29. 略最高高潮面 nearly highest high water 30. 最高天文潮面 highest astronomical tide	EN	0,1
最小比例尺 scale minimum	(SCAMIN)	见 A.2.5.9 节	IN	0,1
闪光角度 flare angle			IN	0,1

INT 1 引用：P61.2

A.19.5.1　航空障碍灯（Air obstruction light）（见 S-4 – B-476.2）

如需编码标示空中危险障碍物的灯标，必须使用“航空障碍灯”（Light Air Obstruction）要素。该要素必须是结构物要素上的设备要素，如果存在，则使用“结构物 / 设备”（Structure/Equipment）要素关联。

各种灯标类型及灯质的编码规则见 A.19.1.1 至 A.19.1.7 节。

备注：

- 如需编码照明技术信息（如霓虹灯），必须使用信息类型“航海信息”（Nautical Information）的相关实例和复杂属性“信息”（information）。
- 属性“垂直基准面”（vertical datum）仅用于“高度”（height）；仅当该值与“坐标参照系头字段”[CRSH] 域中 VDAT 子域的编码值不同时，或与元要素“垂直基准面”（Vertical Datum of Data）上“垂直基准面”（vertical datum）的值不同时，才须编码。

区别：方位立标（Beacon Cardinal）；孤立危险物立标（Beacon Isolated Danger）；侧面立标（Beacon Lateral）；安全水域立标（Beacon Safe Water）；专用 / 通用立标（Beacon Special Purpose/General）；方位浮标（Buoy Cardinal）；作业浮标（Buoy Installation）；孤立危险物浮标（Buoy Isolated Danger）；侧面浮标（Buoy Lateral）；安全水域浮标（Buoy Safe Water）；专用 / 通用浮标（Buoy Special Purpose/General）；环向灯标（Light All Around）；灯浮（Light Float）；探雾灯（Light Fog Detector）；扇形光灯（Light Sectored）；灯船（Light Vessel）

要素 / 信息关联

类型	关联名称	关联端					
		类	角色	多重性	类	角色	多重性
组合	结构物 / 设备（Structure/ Equipment）	航空障碍灯（Light Air Obstruction）	支撑	0,*	桥梁（Bridge）、建筑物（Building）、起重机（Crane）、传送装置（Conveyor）、陆标（Landmark）、海上平台（Offshore Platform）、塔架 / 桥墩（Pylon/Bridge Support）、固定桥跨（Span Fixed）、活动桥跨（Span Opening）、风力发电机（Wind Turbine）	有支撑	0,1

A.20 地理要素——浮标（Buoy）、立标（Beacon）

A.20.1 侧面浮标（Lateral buoy）

IHO 定义：侧面浮标（BUOY, LATERAL）。浮标是一种系泊于特定区域海底的漂浮物，用于助航或其他目的（IHO 词典 – S-32）。侧面浮标用于指示可航航路是左侧还是右侧。它们通常用于管理良好的航道并且连同浮标规定方向一起使用（英国海道测量局 NP 735，第 5 版）。

S-101 地理要素：Buoy Lateral（BOYLAT）

几何单形：点

现实世界	纸质海图符号	ECDIS 符号

S-101 属性	S-57 缩写	允许编码值	类型	多重性
浮标形状 buoy shape	(BOYSHP)	1. 锥形（纺锤形、尖顶式） conical (nun, ogival) 2. 罐形（圆柱形） can (cylindrical) 3. 球形 spherical 4. 柱形 pillar 5. 杆形（轴形） spar (spindle) 6. 桶形（大桶） barrel (tun) 7. 超大型浮标 superbuoy 8. 冰区浮标 ice buoy	EN	1,1
侧面标志类 category of lateral mark	(CATLAM)	1. 左侧标 port-hand lateral mark 2. 右侧标 starboard-hand lateral mark 3. 推荐航道左侧标 preferred channel to starboard lateral mark 4. 推荐航道右侧标 preferred channel to port lateral mark	EN	1,1
颜色 colour	(COLOUR)	1. 白色 white 2. 黑色 black 3. 红色 red 4. 绿色 green	EN	1,* (ordered)

颜色 colour	(COLOUR)	5. 蓝色 blue 6. 黄色 yellow 7. 灰色 grey 8. 棕色 brown 9. 琥珀色 amber 10. 紫色 violet 11. 橙色 orange 12. 洋红色 magenta 13. 粉红色 pink	EN	1,* (ordered)
色彩图案 colour pattern	(COLPAT)	1. 横条纹 horizontal stripes 2. 竖条纹 vertical stripes 3. 斜条纹 diagonal stripes 4. 方格 squared 5. 条纹（方向未知） stripes (direction unknown) 6. 边界条纹 border stripe	EN	0,1
要素名称 feature name			C	0,*
显示名称 display name			(S) BO	0,1
语言 language		ISO 639-2/T	(S) TE	0,1
名称 name	(OBJNAM) (NOBJNM)		(S) TE	1,1
固定日期范围 fixed date range			C	0,1
终止日期 date end	(DATEND)	ISO 8601：2004	(S) TD	0,1
开始日期 date start	(DATSTA)	ISO 8601：2004	(S) TD	0,1

海上标志体系 marks navigational–system of	(MARSYS)	1. IALA A 2. IALA B 9. 无系统 no system 11. 欧洲内河航道通航规范 CEVNI	EN	0,1
结构物材质 nature of construction	(NATCON)	6. 木质 wooden 7. 金属 metal 8. 玻璃钢 glass reinforced plastic (GRP) 11. 网格 latticed	EN	0,*
周期性日期范围 periodic date range			C	0,*
终止日期 date end	(PEREND)	ISO 8601：2004	(S) TD	1,1
开始日期 date start	(PERSTA)	ISO 8601：2004	(S) TD	1,1
雷达显著 radar conspicuous	(CONRAD)		BO	0,1
状况 status	(STATUS)	1. 永久 permanent 2. 偶尔 occasional 5. 周期性 / 间歇性 periodic/intermittent 7. 临时 temporary 8. 私有 private 18. 疑存 existence doubtful	EN	0,*
顶标 topmark	(TOPMAR)		C	0,1
颜色 colour	(COLOUR)	1. 白色 white 2. 黑色 black 3. 红色 red 4. 绿色 green	(S) EN	0,1

颜色 colour	(COLOUR)	5. 蓝色 blue 6. 黄色 yellow 7. 灰色 grey 8. 棕色 brown 9. 琥珀色 amber 10. 紫色 violet 11. 橙色 orange 12. 洋红色 magenta 13. 粉红色 pink	(S) EN	0,1
顶标 / 昼标形状 topmark/daymark shape	(TOPSHP)	1. 直立圆锥形 cone, point up 2. 倒立圆锥形 cone, point down 3. 球形 sphere 4. 双球形 2 spheres 5. 圆柱形（罐） cylinder (can) 6. 牌形 board 7. X 形（圣・安德鲁十字） x-shape (St. Andrew's cross) 8. 直立十字形（圣・乔治十字） upright cross (St George's cross) 9. 直立立方形 cube, point up 10. 顶点相对双圆锥形 2 cones, point to point 11. 底座相对双圆锥形 2 cones, base to base 12. 菱形（钻石形） rhombus (diamond) 13. 直立双锥形 2 cones (points upward)	(S) EN	1,1

顶标 / 昼标形状 topmark/daymark shape	(TOPSHP)	14. 倒立双锥形 2 cones (points downward) 15. 直立扫帚形（扫帚或竿形） besom, point up (broom or perch) 16. 倒立扫帚形（扫帚或竿形） besom, point down (broom or perch) 17. 旗形 flag 18. 球体在菱形体上 sphere over a rhombus 19. 正方形 square 20. 水平矩形 rectangle, horizontal 21. 垂直矩形 rectangle, vertical 22. 直立梯形 trapezium, up 23. 倒立梯形 trapezium, down 24. 直立三角形 triangle, point up 25. 倒立三角形 triangle, point down 26. 圆形 circle 27. 双直立十字形（一个在另一个之上） two upright crosses (one over the other) 28. T 形 T-shape 29. 圆上直立三角形 triangle pointing up over a circle 30. 圆上直立十字形 upright cross over a circle 31. 菱形在圆上 rhombus over a circle 32. 圆在三角形顶尖上 circle over a triangle pointing up 33. 其他形状［见“形状信息”（shape information）］ other shape (see shape information)	(S) EN	1,1
形状信息 shape information			(S) C	0,*

语言 language		ISO 639-2/T	(S) TE	0,1
文本 text	(INFORM) (NINFOM)		(S) TE	1,1
垂直距离 vertical length	(VERLEN)		RE	0,1
最小比例尺 scale minimum	(SCAMIN)	见 A.2.5.9 节	IN	0,1

INT 1 引用：Q130.1

A.20.1.1 侧面浮标（Lateral buoy）（见 S-4 – B-461.3 和 B-467）

多用于范围明确的航道，与常规浮标方向共同使用。用于指示航道的左右两侧。

为与 IALA 海上浮标系统保持一致（见 A.18.3.1.1 节），左侧浮标通常是罐形，也可以是其他形状（锥形或球形除外）。其他形状的浮标可以具有罐形顶标。左侧浮标、顶标和灯光（如已安装）在 IALA A 区内为红色，在 B 区内为绿色。

为与 IALA 海上浮标系统保持一致，右侧浮标通常是锥形，也可以是其他形状（罐形或球形除外）。其他形状的浮标可以具有锥形顶标。右侧浮标、顶标和灯光（如已安装）在 IALA A 区内为绿色，在 B 区内为红色。

推荐航道中心线标是改造后的侧面标，带有彩色横纹。用形状和主要颜色标示的一侧为推荐航道中心线，另一种颜色表示备用航道。如已安装推荐航道中心线标，则灯标为 Fl（2+1），该颜色表示推荐航道中心线。

如需编码具有侧面标志功能的浮标，必须使用“侧面浮标”（Buoy Lateral）要素。

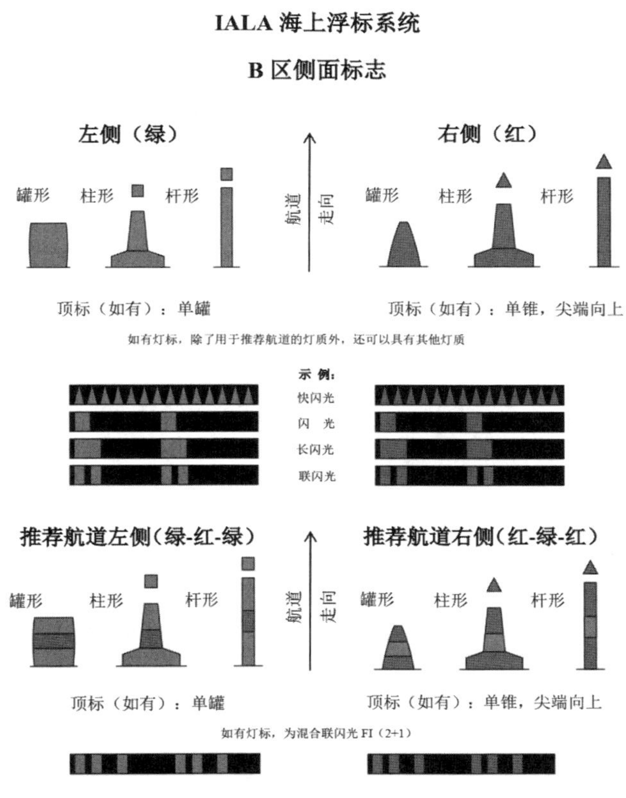

图A-20.1 IALA侧面浮标 – 特征

备注：

- 如需编码具有一种以上颜色的浮标，必须根据 A.2.4.10 节的规则使用属性“颜色”（colour）和“色彩图案”（colour pattern）。
- 如需编码浮标（包括顶标和任意设备要素，如灯标）的垂直总长，必须使用“垂直距离”（vertical length）要素。

区别：方位浮标（Buoy Cardinal）；应急沉船示位浮标（Buoy Emergency Wreck Marking）；作业浮标（Buoy Installation）；孤立危险物浮标（Buoy Isolated Danger）；安全水域浮标（Buoy Safe Water）；专用 / 通用浮标（Buoy Special Purpose/General）；系泊绞缆设施（Mooring/Warping Facility）

要素 / 信息关联

类型	关联名称	关联端					
		类	角色	多重性	类	角色	多重性
组合	结构物 / 设备（Structure/ Equipment）	侧面浮标（Buoy Lateral）	有支撑	0,1	昼标（Daymark）、雾号（Fog Signal）、环向灯标（Light All Around）、探雾灯（Light Fog Detector）、实体 AIS 助航标志（Physical AIS Aid to Navigation）、雷达应答器（Radar Transponder Beacon）、反射器（Retroreflector）、交通信号站（Signal Station Traffic）、告警信号站（Signal Station Warning）	支撑	0,*
关联	助航标志关联（Aids to Navigation Association）	侧面浮标（Buoy Lateral）	构成	1,*	群岛海道（Archipelagic Sea Lane）、深水航道（Deep Water Route）、航道系统（Fairway System）、分道通航制（Traffic Separation Scheme）、双向航道（Two-Way Route）	包含	0,1
聚合	航道辅助（Fairway Auxiliary）	侧面浮标 Buoy Lateral	有辅助	1,*	航道（Fairway）	辅助	0,1

A.20.2 方位浮标（Cardinal buoy）

IHO 定义：方位浮标（BUOY, CARDINAL）。浮标是一种系泊于特定区域海底的漂浮物，用于助航或其他目的（IHO 词典 – S-32）。方位浮标和罗经一起使用，使海员能找到最佳可通航水域。它可置于东、西、南、北四象限之一，并在标志点处标出方位信标（英国海道测量局 NP 735，第 5 版）。

S-101 地理要素： Buoy Cardinal（BOYCAR）

几何单形：点

现实世界	纸质海图符号	ECDIS 符号		
S-101 属性	**S-57 缩写**	**允许编码值**	**类型**	**多重性**
浮标形状 buoy shape	(BOYSHP)	1. 锥形（纺锤形、尖顶式） conical (nun, ogival) 2. 罐形（圆柱形） can (cylindrical) 3. 球形 spherical	EN	1,1

浮标形状 buoy shape	(BOYSHP)	4. 柱形 pillar 5. 杆形（轴形） spar (spindle) 6. 桶形（大桶） barrel (tun) 7. 超大型浮标 superbuoy 8. 冰区浮标 ice buoy	EN	1,1
方位标志类 category of cardinal mark	(CATCAM)	1. 北方位标 north cardinal mark 2. 东方位标 east cardinal mark 3. 南方位标 south cardinal mark 4. 西方位标 west cardinal mark	EN	1,1
颜色 colour	(COLOUR)	1. 白色 white 2. 黑色 black 3. 红色 red 4. 绿色 green 5. 蓝色 blue 6. 黄色 yellow 7. 灰色 grey 8. 棕色 brown 9. 琥珀色 amber 10. 紫色 violet 11. 橙色 orange 12. 洋红色 magenta 13. 粉红色 pink	EN	1,* (ordered)

色彩图案 colour pattern	(COLPAT)	1. 横条纹 horizontal stripes 2. 竖条纹 vertical stripes 3. 斜条纹 diagonal stripes 4. 方格 squared 5. 条纹（方向未知） stripes (direction unknown) 6. 边界条纹 border stripe	EN	0,1
要素名称 feature name			C	0,*
显示名称 display name			(S) BO	0,1
语言 language		ISO 639-2/T	(S) TE	0,1
名称 name	(OBJNAM) (NOBJNM)		(S) TE	1,1
固定日期范围 fixed date range			C	0,1
终止日期 date end	(DATEND)	ISO 8601：2004	(S) TD	0,1
开始日期 date start	(DATSTA)	ISO 8601：2004	(S) TD	0,1
海上标志体系 marks navigational–system of	(MARSYS)	1. IALA A 2. IALA B 9. 无系统 no system 11. 欧洲内河航道通航规范 CEVNI	EN	0,1
结构物材质 nature of construction	(NATCON)	6. 木质 wooden 7. 金属 metal 8. 玻璃钢 glass reinforced plastic (GRP) 11. 网格 latticed	EN	0,*
周期性日期范围 periodic date range			C	0,*
终止日期 date end	(PEREND)	ISO 8601：2004	(S) TD	1,1

开始日期 date start	(PERSTA)	ISO 8601：2004	(S) TD	1,1
雷达显著 radar conspicuous	(CONRAD)		BO	0,1
状况 status	(STATUS)	1. 永久 permanent 2. 偶尔 occasional 5. 周期性 / 间歇性 periodic/intermittent 7. 临时 temporary 8. 私有 private 18. 疑存 existence doubtful	EN	0,*
顶标 topmark	(TOPMAR)		C	0,1
颜色 colour	(COLOUR)	1. 白色 white 2. 黑色 black 3. 红色 red 4. 绿色 green 5. 蓝色 blue 6. 黄色 yellow 7. 灰色 grey 8. 棕色 brown 9. 琥珀色 amber 10. 紫色 violet 11. 橙色 orange 12. 洋红色 magenta 13. 粉红色 pink	(S) EN	0,1

顶标 / 昼标形状 topmark/daymark shape	(TOPSHP)	1. 直立圆锥形 cone, point up 2. 倒立圆锥形 cone, point down 3. 球形 sphere 4. 双球形 2 spheres 5. 圆柱形（罐） cylinder (can) 6. 牌形 board 7. X 形（圣・安德鲁十字） x-shape (St. Andrew's cross) 8. 直立十字形（圣・乔治十字） upright cross (St George's cross) 9. 直立立方形 cube, point up 10. 顶点相对双圆锥形 2 cones, point to point 11. 底座相对双圆锥形 2 cones, base to base 12. 菱形（钻石形） rhombus (diamond) 13. 直立双锥形 2 cones (points upward) 14. 倒立双锥形 2 cones (points downward) 15. 直立扫帚形（扫帚或竿形） besom, point up (broom or perch) 16. 倒立扫帚形（扫帚或竿形） besom, point down (broom or perch) 17. 旗形 flag 18. 球体在菱形体上 sphere over a rhombus 19. 正方形 square 20. 水平矩形 rectangle, horizontal 21. 垂直矩形 rectangle, vertical 22. 直立梯形 trapezium, up	(S) EN	1,1

顶标 / 昼标形状 topmark/daymark shape	(TOPSHP)	23. 倒立梯形 trapezium, down 24. 直立三角形 triangle, point up 25. 倒立三角形 triangle, point down 26. 圆形 circle 27. 双直立十字形（一个在另一个之上） two upright crosses (one over the other) 28. T 形 T-shape 29. 圆上直立三角形 triangle pointing up over a circle 30. 圆上直立十字形 upright cross over a circle 31. 菱形在圆上 rhombus over a circle 32. 圆在三角形顶尖上 circle over a triangle pointing up 33. 其他形状 [见“形状信息”（shape information）] other shape (see shape information)	(S) EN	1,1
形状信息 shape information			(S) C	0,*
语言 language		ISO 639-2/T	(S) TE	0,1
文本 text	(INFORM) (NINFOM)		(S) TE	1,1
垂直距离 vertical length	(VERLEN)		RE	0,1
最小比例尺 scale minimum	(SCAMIN)	见 A.2.5.9 节	IN	0,1

INT 1 引用：Q130.3

A.20.2.1 方位浮标（Cardinal buoy）（见 S-4 – B-461.3 和 B-467）

方位标与罗经配合使用，指示海员找到最佳可通航水域的地点。方位标名称根据其所在的象限而定。海员应当从北方位标北侧通过，东方位标东侧通过，以此类推。方位浮标的形状不重要（但多用杆形或柱形）。

为与 IALA 海上浮标系统保持一致（见 A.18.3.1.1 节），方位浮标标身通常带有黄黑相间的横纹，黑色对应锥体尖端朝向（例如，黑上黄下代表北方）。黑色双锥形顶标是方位标的重要要素，适用于多种情形。尖端朝上表示北方位标，尖端朝下表示南方位标，双锥形顶标锥尖相反表示东方位标，锥尖相对表示西方位标。灯标（如已安装）为白色 Q（快闪）或 VQ（甚快闪），北方位标连续闪烁不间断，东方位标闪烁三次，南方位标闪烁六次加一次长闪，西方位标闪烁九次（类似模拟时钟）。

如需编码具有方位标志功能的浮标，必须使用“方位浮标”（Buoy Cardinal）要素。

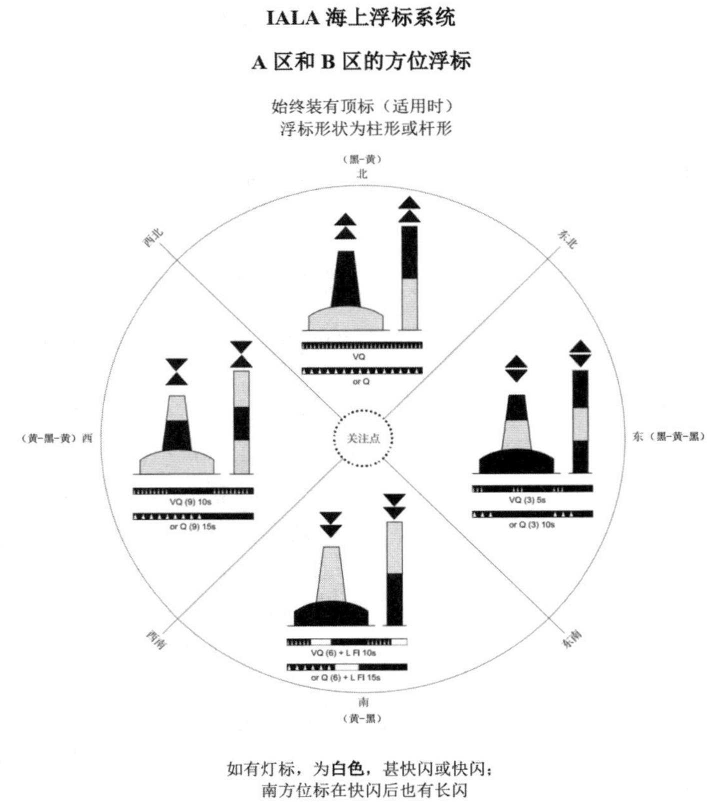

图A-20.2　IALA方位浮标 – 特征

备注：

- 如需编码具有一种以上颜色的浮标，必须根据 A.2.4.10 节的规则，使用“颜色”（colour）和“色彩图案”（colour pattern）属性。
- 如需编码浮标（包括顶标和任意设备要素，如灯标）的垂直总长，必须使用“垂直距离”（vertical length）要素。

区别：应急沉船示位浮标（Buoy Emergency Wreck Marking）；作业浮标（Buoy Installation）；孤立危险物浮标（Buoy Isolated Danger）；侧面浮标（Buoy Lateral）；安全水域浮标（Buoy Safe Water）；专用 / 通用浮标（Buoy Special Purpose/General）；系泊 / 绞缆设备（Mooring/Warping Facility）

要素 / 信息关联

类型	关联名称	关联端					
		类	角色	多重性	类	角色	多重性
组合	结构物 / 设备（Structure/ Equipment）	方位浮标（Buoy Cardinal）	有支撑	0,1	昼标（Daymark）、雾号（Fog Signal）、环向灯标（Light All Around）、探雾灯（Light Fog Detector）、实体 AIS 助航标志（Physical AIS Aid to Navigation）、雷达应答器（Radar Transponder Beacon）、反射器（Retroreflector）、交通信号站（Signal Station Traffic）、告警信号站（Signal Station Warning）	支撑	0,*

关联	助航标志关联（Aids to Navigation Association）	方位浮标（Buoy Cardinal）	构成	1,*	群岛海道（Archipelagic Sea Lane）、深水航道（Deep Water Route）、航道系统（Fairway System）、分道通航制（Traffic Separation Scheme）、双向航道（Two-Way Route）	包含	0,1
聚合	航道辅助（Fairway Auxiliary）	方位浮标（Buoy Cardinal）	有辅助	1,*	航道（Fairway）	辅助	0,1

A.20.3　孤立危险物浮标（Isolated danger buoy）

IHO 定义：孤立危险物浮标（BUOY, ISOLATED DANGER）。浮标是一种系泊于特定区域海底的漂浮物，用于助航或其他目的（IHO 词典 – S-32）。孤立危险物浮标是系泊于一个有限范围的孤立危险物之上或上空的浮标，其周围水域可航（英国海道测量局 NP 735，第 5 版）。

S-101 地理要素：Buoy Isolated Danger（BOYISD）

几何单形：点

现实世界	纸质海图符号	ECDIS 符号

S-101 属性	S-57 缩写	允许编码值	类型	多重性
浮标形状 buoy shape	(BOYSHP)	1. 锥形（纺锤形、尖顶式） conical (nun, ogival) 2. 罐形（圆柱形） can (cylindrical) 3. 球形 spherical 4. 柱形 pillar 5. 杆形（轴形） spar (spindle) 6. 桶形（大桶） barrel (tun) 7. 超大型浮标 superbuoy 8. 冰区浮标 ice buoy	EN	1,1
颜色 colour	(COLOUR)	1. 白色 white 2. 黑色 black 3. 红色 red 4. 绿色 green 5. 蓝色 blue	EN	1,* (ordered)

颜色 colour	(COLOUR)	6. 黄色 yellow 7. 灰色 grey 8. 棕色 brown 9. 琥珀色 amber 10. 紫色 violet 11. 橙色 orange 12. 洋红色 magenta 13. 粉红色 pink	EN	1,* (ordered)
色彩图案 colour pattern	(COLPAT)	1. 横条纹 horizontal stripes 2. 竖条纹 vertical stripes 3. 斜条纹 diagonal stripes 4. 方格 squared 5. 条纹（方向未知） stripes (direction unknown) 6. 边界条纹 border stripe	EN	0,1
要素名称 feature name			C	0,*
显示名称 display name			(S) BO	0,1
语言 language		ISO 639-2/T	(S) TE	0,1
名称 name	(OBJNAM) (NOBJNM)		(S) TE	1,1
固定日期范围 fixed date range			C	0,1
终止日期 date end	(DATEND)	ISO 8601：2004	(S) TD	0,1
开始日期 date start	(DATSTA)	ISO 8601：2004	(S) TD	0,1

海上标志体系 marks navigational–system of	(MARSYS)	1. IALA A 2. IALA B 9. 无系统 no system 11. 欧洲内河航道通航规范 CEVNI	EN	0,1
结构物材质 nature of construction	(NATCON)	6. 木质 wooden 7. 金属 metal 8. 玻璃钢 glass reinforced plastic (GRP) 11. 网格 latticed	EN	0,*
周期性日期范围 periodic date range			C	0,*
终止日期 date end	(PEREND)	ISO 8601：2004	(S) TD	1,1
开始日期 date start	(PERSTA)	ISO 8601：2004	(S) TD	1,1
雷达显著 radar conspicuous	(CONRAD)		BO	0,1
状况 status	(STATUS)	1. 永久 permanent 2. 偶尔 occasional 5. 周期性 / 间歇性 periodic/intermittent 7. 临时 temporary 8. 私有 private 18. 疑存 existence doubtful	EN	0,*
顶标 topmark	(TOPMAR)		C	0,1
颜色 colour	(COLOUR)	1. 白色 white 2. 黑色 black 3. 红色 red 4. 绿色 green	(S) EN	0,1

颜色 colour	(COLOUR)	5. 蓝色 blue 6. 黄色 yellow 7. 灰色 grey 8. 棕色 brown 9. 琥珀色 amber 10. 紫色 violet 11. 橙色 orange 12. 洋红色 magenta 13. 粉红色 pink	(S) EN	0,1
顶标 / 昼标形状 topmark/daymark shape	(TOPSHP)	1. 直立圆锥形 cone, point up 2. 倒立圆锥形 cone, point down 3. 球形 sphere 4. 双球形 2 spheres 5. 圆柱形（罐） cylinder (can) 6. 牌形 board 7. X 形（圣・安德鲁十字） x-shape (St. Andrew's cross) 8. 直立十字形（圣・乔治十字） upright cross (St George's cross) 9. 直立立方形 cube, point up 10. 顶点相对双圆锥形 2 cones, point to point 11. 底座相对双圆锥形 2 cones, base to base 12. 菱形（钻石形） rhombus (diamond) 13. 直立双锥形 2 cones (points upward)	(S) EN	1,1

顶标 / 昼标形状 topmark/daymark shape	(TOPSHP)	14. 倒立双锥形 2 cones (points downward) 15. 直立扫帚形（扫帚或竿形） besom, point up (broom or perch) 16. 倒立扫帚形（扫帚或竿形） besom, point down (broom or perch) 17. 旗形 flag 18. 球体在菱形体上 sphere over a rhombus 19. 正方形 square 20. 水平矩形 rectangle, horizontal 21. 垂直矩形 rectangle, vertical 22. 直立梯形 trapezium, up 23. 倒立梯形 trapezium, down 24. 直立三角形 triangle, point up 25. 倒立三角形 triangle, point down 26. 圆形 circle 27. 双直立十字形（一个在另一个之上） two upright crosses (one over the other) 28. T 形 T-shape 29. 圆上直立三角形 triangle pointing up over a circle 30. 圆上直立十字形 upright cross over a circle 31. 菱形在圆上 rhombus over a circle 32. 圆在三角形顶尖上 circle over a triangle pointing up 33. 其他形状［见“形状信息”（shape information）］ other shape (see shape information)	(S) EN	1,1
形状信息 shape information			(S) C	0,*

语言 language		ISO 639-2/T	(S) TE	0,1
文本 text	(INFORM) (NINFOM)		(S) TE	1,1
垂直距离 vertical length	(VERLEN)		RE	0,1
最小比例尺 scale minimum	(SCAMIN)	见 A.2.5.9 节	IN	0,1

INT 1 引用：Q130.4

A.20.3.1 孤立危险物浮标（Isolated danger buoy）（见 S-4 – B-461.3 和 B-467）

孤立危险物浮标是在孤立危险物附近系泊或在其上方设置的浮标，周围均为可通航水域。

孤立危险物浮标的形状不重要（但通常是柱形或杆形）。为与 IALA 海上浮标系统保持一致（见 A.18.3.1.1 节），孤立危险物浮标的标身为黑色，带有一条或多条红色条纹。黑色双球体顶标是孤立危险物浮标的重要要素，适用于多种情形。灯标（如已安装）为白色 FI（2）。

如需编码具有孤立危险物标志功能的浮标，必须使用“孤立危险物浮标”（Buoy Isolated Danger）要素。

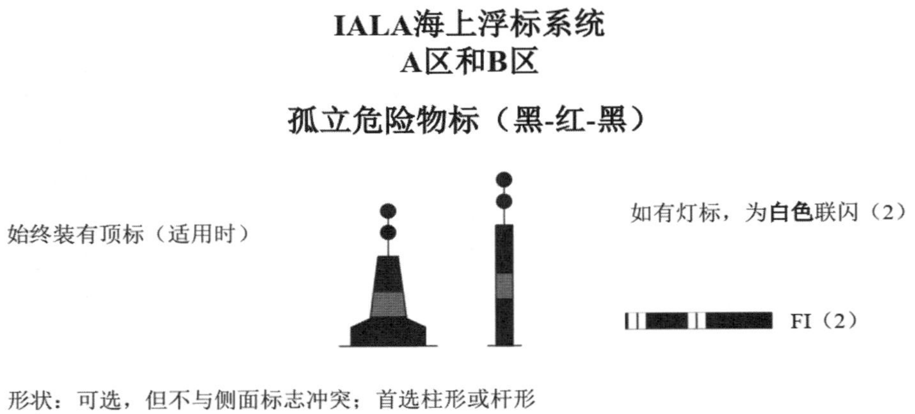

图A-20.3 IALA孤立危险物浮标 – 特征

备注：

- 如需编码具有一种以上颜色的浮标，必须根据 A.2.4.10 节的规则，使用“颜色”（colour）和“色彩图案”（colour pattern）属性。
- 如需编码浮标（包括顶标和任意设备要素，如灯标）的垂直总长，必须使用“垂直距离”（vertical length）要素。

区别：方位浮标（Buoy Cardinal）；应急沉船示位标（Buoy Emergency Wreck Marking）；作业浮标（Buoy Installation）；侧面浮标（Buoy Lateral）；安全水域浮标（Buoy Safe Water）；专用 / 通用浮标（Buoy Special Purpose/General）；系泊 / 绞缆设施（Mooring/Warping Facility）

要素 / 信息关联							
类型	关联名称	关联端					
		类	角色	多重性	类	角色	多重性
组合	结构物 / 设备（Structure/ Equipment）	孤立危险物浮标（Buoy Isolated Danger）	有支撑	0,1	昼标（Daymark）、雾号（Fog Signal）、环向灯标（Light All Around）、探雾灯（Light Fog Detector）、实体 AIS 助航标志（Physical AIS Aid to Navigation）、雷达应答器（Radar Transponder Beacon）、反射器（Retroreflector）、交通信号站（Signal Station Traffic）、告警信号站（Signal Station Warning）	支撑	0,*
关联	助航标志关联（Aids to Navigation Association）	孤立危险物浮标（Buoy Isolated Danger）	构成	1,*	群岛海道（Archipelagic Sea Lane）、深水航道（Deep Water Route）、航道系统（Fairway System）、分道通航制（Traffic Separation Scheme）、双向航道（Two-Way Route）	包含	0,1
聚合	航道辅助（Fairway Auxiliary）	孤立危险物浮标（Buoy Isolated Danger）	有辅助	1,*	航道（Fairway）	辅助	0,1

A.20.4　安全水域浮标（Safe water buoy）

IHO 定义：安全水域浮标（BUOY, SAFE WATER）。浮标是一种系泊于特定区域海底的漂浮物，用于助航或其他目的（IHO 词典 – S-32）。安全水域浮标用以指示其周围是可航水域（英国海道测量局 NP 735，第 5 版）。				
S-101 地理要素：Buoy Safe Water （BOYSAW）				
几何单形：点				
现实世界	纸质海图符号		ECDIS 符号	
S-101 属性	S-57 缩写	允许编码值	类型	多重性
浮标形状 buoy shape	(BOYSHP)	1. 锥形（纺锤形、尖顶式） conical (nun, ogival) 2. 罐形（圆柱形） can (cylindrical) 3. 球形 spherical 4. 柱形 pillar 5. 杆形（轴形） spar (spindle) 6. 桶形（大桶） barrel (tun) 7. 超大型浮标 superbuoy 8. 冰区浮标 ice buoy	EN	1,1

颜色 colour	(COLOUR)	1. 白色 white 2. 黑色 black 3. 红色 red 4. 绿色 green 5. 蓝色 blue 6. 黄色 yellow 7. 灰色 grey 8. 棕色 brown 9. 琥珀色 amber 10. 紫色 violet 11. 橙色 orange 12. 洋红色 magenta 13. 粉红色 pink	EN	1,* (ordered)
色彩图案 colour pattern	(COLPAT)	1. 横条纹 horizontal stripes 2. 竖条纹 vertical stripes 3. 斜条纹 diagonal stripes 4. 方格 squared 5. 条纹（方向未知） stripes (direction unknown) 6. 边界条纹 border stripe	EN	0,1
要素名称 feature name			C	0,*
显示名称 display name			(S) BO	0,1
语言 language		ISO 639-2/T	(S) TE	0,1

名称 name	(OBJNAM) (NOBJNM)		(S) TE	1,1
固定日期范围 fixed date range			C	0,1
终止日期 date end	(DATEND)	ISO 8601：2004	(S) TD	0,1
开始日期 date start	(DATSTA)	ISO 8601：2004	(S) TD	0,1
海上标志体系 marks navigational–system of	(MARSYS)	1. IALA A 2. IALA B 9. 无系统 no system 11. 欧洲内河航道通航规范 CEVNI	EN	0,1
结构物材质 nature of construction	(NATCON)	6. 木质 wooden 7. 金属 metal 8. 玻璃钢 glass reinforced plastic (GRP) 11. 网格 latticed	EN	0,*
周期性日期范围 periodic date range			C	0,*
终止日期 date end	(PEREND)	ISO 8601：2004	(S) TD	1,1
开始日期 date start	(PERSTA)	ISO 8601：2004	(S) TD	1,1
雷达显著 radar conspicuous	(CONRAD)		BO	0,1
状况 status	(STATUS)	1. 永久 permanent 2. 偶尔 occasional 5. 周期性 / 间歇性 periodic/intermittent 7. 临时 temporary 8. 私有 private 18. 疑存 existence doubtful	EN	0,*

顶标 topmark	(TOPMAR)		C	0,1
颜色 colour	(COLOUR)	1. 白色 white 2. 黑色 black 3. 红色 red 4. 绿色 green 5. 蓝色 blue 6. 黄色 yellow 7. 灰色 grey 8. 棕色 brown 9. 琥珀色 amber 10. 紫色 violet 11. 橙色 orange 12. 洋红色 magenta 13. 粉红色 pink	(S) EN	0,1
顶标 / 昼标形状 topmark/daymark shape	(TOPSHP)	1. 直立圆锥形 cone, point up 2. 倒立圆锥形 cone, point down 3. 球形 sphere 4. 双球形 2 spheres 5. 圆柱形（罐） cylinder (can) 6. 牌形 board 7. X 形（圣・安德鲁十字） x-shape (St. Andrew’s cross) 8. 直立十字形（圣・乔治十字） upright cross (St George’s cross)	(S) EN	1,1

顶标 / 昼标形状 topmark/daymark shape	(TOPSHP)	9. 直立立方形 cube, point up 10. 顶点相对双圆锥形 2 cones, point to point 11. 底座相对双圆锥形 2 cones, base to base 12. 菱形（钻石形） rhombus (diamond) 13. 直立双锥形 2 cones (points upward) 14. 倒立双锥形 2 cones (points downward) 15. 直立扫帚形（扫帚或竿形） besom, point up (broom or perch) 16. 倒立扫帚形（扫帚或竿形） besom, point down (broom or perch) 17. 旗形 flag 18. 球体在菱形体上 sphere over a rhombus 19. 正方形 square 20. 水平矩形 rectangle, horizontal 21. 垂直矩形 rectangle, vertical 22. 直立梯形 trapezium, up 23. 倒立梯形 trapezium, down 24. 直立三角形 triangle, point up 25. 倒立三角形 triangle, point down 26. 圆形 circle 27. 双直立十字形（一个在另一个之上） two upright crosses (one over the other) 28. T 形 T-shape 29. 圆上直立三角形 triangle pointing up over a circle 30. 圆上直立十字形 upright cross over a circle	(S) EN	1,1

顶标 / 昼标形状 topmark/daymark shape	(TOPSHP)	31. 菱形在圆上 rhombus over a circle 32. 圆在三角形顶尖上 circle over a triangle pointing up 33. 其他形状 [见“形状信息”（shape information）] other shape (see shape information)	(S) EN	1,1
形状信息 shape information			(S) C	0,*
语言 language		ISO 639-2/T	(S) TE	0,1
文本 text	(INFORM) (NINFOM)		(S) TE	1,1
垂直距离 vertical length	(VERLEN)		RE	0,1
最小比例尺 scale minimum	(SCAMIN)	见 A.2.5.9 节	IN	0,1

INT 1 引用：Q130.5

A.20.4.1 安全水域浮标（Safe water buoy）（见 S-4 – B-461.3 和 B-467）

安全水域标用于指示标身周围的安全水域。安全水域标也可用作中心线、中心航道或登陆标，或指示桥下的最佳通航点。

为与 IALA 海上浮标系统保持一致（见 A.18.3.1.1 节），安全水域浮标通常是球形、柱形或杆形。标身带有红白竖条纹。如果浮标形状不是球形，应尽可能安装红色球形顶标。灯标（如已安装）为白色 Oc（明暗光）、Iso（等明暗）、LFl（长闪）或 Mo（A），周期为 10 秒。

如需编码具有安全水域标志功能的浮标，必须使用“安全水域浮标”（Buoy Safe Water）要素。

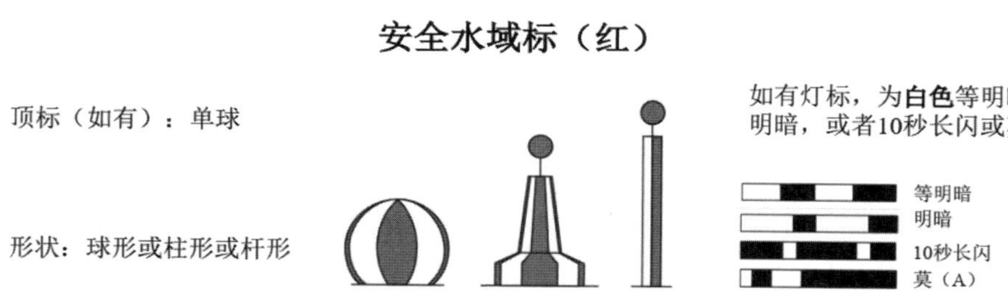

图A-20.4 IALA安全水域浮标 – 特征

备注：

- 如需编码具有一种以上颜色的浮标，必须根据 A.2.4.10 节的规则，使用“颜色”（colour）和“色彩图案”（colour pattern）属性。
- 如需编码浮标（包括顶标和任意设备要素，如灯标）的垂直总长，必须使用“垂直距离”（vertical length）要素。

区别：方位浮标（Buoy Cardinal）；应急沉船示位浮标（Buoy Emergency Wreck Marking）；作业浮标（Buoy Installation）；孤立危险物浮标（Buoy Isolated Danger）；侧面浮标（Buoy Lateral）；专用 / 通用浮标（Buoy Special Purpose/General）；系泊 / 绞缆设施（Mooring/Warping Facility）

要素 / 信息关联							
类型	关联名称	关联端					
		类	角色	多重性	类	角色	多重性
组合	结构物 / 设备（Structure/ Equipment）	安全水域浮标（Buoy Safe Water）	有支撑	0,1	昼标（Daymark）、雾号（Fog Signal）、环向灯标（Light All Around）、探雾灯（Light Fog Detector）、实体 AIS 助航标志（Physical AIS Aid to Navigation）、雷达应答器（Radar Transponder Beacon）、反射器（Retroreflector）、交通信号站（Signal Station Traffic）、告警信号站（Signal Station Warning）	支撑	0,*
关联	助航标志关联（Aids to Navigation Association）	安全水域浮标（Buoy Safe Water）	构成	1,*	群岛海道（Archipelagic Sea Lane）、深水航道（Deep Water Route）、航道系统（Fairway System）、分道通航制（Traffic Separation Scheme）、双向航道（Two-Way Route）	包含	0,1
聚合	航道辅助（Fairway Auxiliary）	安全水域浮标（Buoy Safe Water）	有辅助	1,*	航道（Fairway）	辅助	0,1

A.20.5　专用 / 通用浮标（Special purpose/general buoy）

IHO 定义：专用 / 通用浮标（BUOY, SPECIAL PURPOSE/GENERAL）。浮标是一种系泊于特定区域海底的漂浮物，用于助航或其他目的（IHO 词典 – S-32）。专用浮标主要用于标示海图或《航路指南》《航海通告》中明显出现的区域或特征（英国海道测量局 NP 735，第 5 版）。

S-101 地理要素：Buoy Special Purpose/General （BOYSPP）

几何单形：点

现实世界	纸质海图符号	ECDIS 符号

S-101 属性	S-57 缩写	允许编码值	类型	多重性
浮标形状 buoy shape	(BOYSHP)	1. 锥形（纺锤形、尖顶式） conical (nun, ogival) 2. 罐形（圆柱形） can (cylindrical) 3. 球形 spherical 4. 柱形 pillar 5. 杆形（轴形） spar (spindle) 6. 桶形（大桶） barrel (tun) 7. 超大型浮标 superbuoy 8. 冰区浮标 ice buoy	EN	1,1

专用标志类 category of special purpose mark	(CATSPM)	1. 射击危险区标 firing danger area mark 2. 目标标 target mark 3. 标志船标 marker ship mark 4. 消磁场标 degaussing range mark 5. 驳船标 barge mark 6. 电缆标 cable mark 7. 抛泥场标 spoil ground mark 8. 排水口标 outfall mark 9. 海底数据采集系统 ODAS 10. 记录标 recording mark 11. 海上飞机锚地标 seaplane anchorage mark 12. 娱乐区标 recreation zone mark 14. 系泊标 mooring mark 15. 大型助航浮标 LANBY 17. 测距标 measured distance mark 18. 告示标 notice mark 19. 分道通航制标 TSS mark (Traffic Separation Scheme) 20. 禁止抛锚标 anchoring prohibited mark 21. 禁止靠泊标 berthing prohibited mark 22. 禁止超越标 overtaking prohibited mark 23. 禁止双向通行标 two-way traffic prohibited mark 24. 减少伴流标 reduced wake mark	EN	1,*

专用标志类 category of special purpose mark	(CATSPM)	25. 限速标 speed limit mark 26. 停止标 stop mark 27. 一般警告标 general warning mark 28. 鸣笛标 sound ship's siren mark 29. 限制净空高度标 restricted vertical clearance mark 30. 最大船舶吃水标 maximum vessel's draught mark 31. 限制水平净宽标 restricted horizontal clearance mark 32. 强流警告标 strong current warning mark 33. 允许靠泊标 berthing permitted mark 34. 架空电力电缆标 overhead power cable mark 35. 航道边缘坡度标 channel edge gradient' mark 36. 电话标 telephone mark 37. 渡轮交汇标 ferry crossing mark 39. 管道标 pipeline mark 40. 锚地标 anchorage mark 42. 控制标 control mark 43. 潜水标 diving mark 45. 碍锚地标 foul ground mark 46. 游艇标 yachting mark 47. 直升机机场标 heliport mark 48. 全球导航卫星系统标 GNSS mark 49. 海上飞机降落标 seaplane landing mark	EN	1,*

专用标志类 category of special purpose mark	(CATSPM)	50. 禁止进入标 entry prohibited mark 51. 正在作业标 work in progress mark 52. 未知目的标 mark with unknown purpose 53. 井口标 wellhead mark 54. 航道分离标 channel separation mark 55. 海水养殖场标 marine farm mark 56. 人工礁标 artificial reef mark 57. 冰标 ice mark 58. 自然保护区标 nature reserve mark 59. 鱼类聚集装置 fish aggregating device 60. 沉船标 wreck mark 61. 海关标 customs mark 62. 堤道标 causeway mark 63. 录波器 wave recorder	EN	1,*
颜色 colour	(COLOUR)	1. 白色 white 2. 黑色 black 3. 红色 red 4. 绿色 green 5. 蓝色 blue 6. 黄色 yellow 7. 灰色 grey 8. 棕色 brown	EN	1,* (ordered)

颜色 colour	(COLOUR)	9. 琥珀色 amber 10. 紫色 violet 11. 橙色 orange 12. 洋红色 magenta 13. 粉红色 pink	EN	1,* (ordered)
色彩图案 colour pattern	(COLPAT)	1. 横条纹 horizontal stripes 2. 竖条纹 vertical stripes 3. 斜条纹 diagonal stripes 4. 方格 squared 5. 条纹（方向未知） stripes (direction unknown) 6. 边界条纹 border stripe	EN	0,1
要素名称 feature name			C	0,*
显示名称 　display name			(S) BO	0,1
语言 　language		ISO 639-2/T	(S) TE	0,1
名称 name	(OBJNAM) (NOBJNM)		(S) TE	1,1
固定日期范围 fixed date range			C	0,1
终止日期 　date end	(DATEND)	ISO 8601：2004	(S) TD	0,1
开始日期 　date start	(DATSTA)	ISO 8601：2004	(S) TD	0,1
海上标志体系 marks navigational–system of	(MARSYS)	1. IALA A 2. IALA B 9. 无系统 no system 11. 欧洲内河航道通航规范 CEVNI	EN	0,1

结构物材质 nature of construction	(NATCON)	6. 木质 wooden 7. 金属 metal 8. 玻璃钢 glass reinforced plastic (GRP) 11. 网格 latticed	EN	0,*
周期性日期范围 periodic date range			C	0,*
终止日期 date end	(PEREND)	ISO 8601：2004	(S) TD	1,1
开始日期 date start	(PERSTA)	ISO 8601：2004	(S) TD	1,1
雷达显著 radar conspicuous	(CONRAD)		BO	0,1
状况 status	(STATUS)	1. 永久 permanent 2. 偶尔 occasional 5. 周期性 / 间歇性 periodic/intermittent 7. 临时 temporary 8. 私有 private 18. 疑存 existence doubtful	EN	0,*
顶标 topmark	(TOPMAR)		C	0,1
颜色 colour	(COLOUR)	1. 白色 white 2. 黑色 black 3. 红色 red 4. 绿色 green 5. 蓝色 blue 6. 黄色 yellow 7. 灰色 grey	(S) EN	0,1

颜色 colour	(COLOUR)	8. 棕色 brown 9. 琥珀色 amber 10. 紫色 violet 11. 橙色 orange 12. 洋红色 magenta 13. 粉红色 pink	(S) EN	0,1
顶标 / 昼标形状 topmark/daymark shape	(TOPSHP)	1. 直立圆锥形 cone, point up 2. 倒立圆锥形 cone, point down 3. 球形 sphere 4. 双球形 2 spheres 5. 圆柱形（罐） cylinder (can) 6. 牌形 board 7. X 形（圣・安德鲁十字） x-shape (St. Andrew's cross) 8. 直立十字形（圣・乔治十字） upright cross (St George's cross) 9. 直立立方形 cube, point up 10. 顶点相对双圆锥形 2 cones, point to point 11. 底座相对双圆锥形 2 cones, base to base 12. 菱形（钻石形） rhombus (diamond) 13. 直立双锥形 2 cones (points upward) 14. 倒立双锥形 2 cones (points downward) 15. 直立扫帚形（扫帚或竿形） besom, point up (broom or perch) 16. 倒立扫帚形（扫帚或竿形） besom, point down (broom or perch)	(S) EN	1,1

顶标 / 昼标形状 topmark/daymark shape	(TOPSHP)	17. 旗形 flag 18. 球体在菱形体上 sphere over a rhombus 19. 正方形 square 20. 水平矩形 rectangle, horizontal 21. 垂直矩形 rectangle, vertical 22. 直立梯形 trapezium, up 23. 倒立梯形 trapezium, down 24. 直立三角形 triangle, point up 25. 倒立三角形 triangle, point down 26. 圆形 circle 27. 双直立十字形（一个在另一个之上） two upright crosses (one over the other) 28. T 形 T-shape 29. 圆上直立三角形 triangle pointing up over a circle 30. 圆上直立十字形 upright cross over a circle 31. 菱形在圆上 rhombus over a circle 32. 圆在三角形顶尖上 circle over a triangle pointing up 33. 其他形状 [见“形状信息”（shape information）] other shape (see shape information)	(S) EN	1,1
形状信息 shape information			(S) C	0,*
语言 language		ISO 639-2/T	(S) TE	0,1
文本 text	(INFORM) (NINFOM)		(S) TE	1,1
垂直距离 vertical length	(VERLEN)		RE	0,1

最小比例尺 scale minimum	(SCAMIN)	见 A.2.5.9 节	IN	0,1

INT 1 引用：Q50-62，130.6

A.20.5.1 专用 / 通用浮标（Special purpose/general buoy）（见 S-4 – B-461.3 和 B-467）

专用浮标用于向海员指示特殊区域或要素，ENC、纸质海图或相关出版物对此类标志物的性质有详细介绍。专用标也可用于标记航道内的航道（如深水航道），使用相关侧面形状的黄色浮标或黄色球形浮标标示中心线。专用浮标可以是任意形状，但不得与侧面标志或安全水域标冲突（例如，航道左侧的排水口浮标可以是罐形，但不应是锥形）。

为与 IALA 海上浮标系统保持一致（见 A.18.3.1.1 节），浮标标身为黄色。顶标（如已安装）为黄色对角线“X”形（圣·安德鲁十字形）。灯标（如已安装）为黄色，发光节奏不限，用作方位标、孤立危险物标和安全水域标的除外。

如需编码具有专用标志功能的浮标或外观 / 用途不明的浮标，必须使用“专用 / 通用浮标”（Buoy Special Purpose/General）要素。

在下表中，空白表示编码者可以选择属性相关值。表格中是最常见的编码示例；“专用 / 通用浮标”（Buoy Special Purpose/General）要素也可使用其他编码组合。如果表格列出了“其他属性”栏，则适用于信息类型“航海信息”（Nautical Information）（见 A.24.4 节）的相关实例。

表 A-20.1 IALA 专用浮标——般类型

要素（英文）	要素（中文）	INT1	要素（英文）	要素（中文）	浮标形状 buoy shape	专用标志类 category of special purpose mark	其他属性
Firing danger area buoy	射击危险区浮标	Q50	Buoy Special Purpose/General	专用 / 通用浮标		1	
Target	目标	Q51	Buoy Special Purpose/General	专用 / 通用浮标		2	
Marker ship	标志船	Q52	Buoy Special Purpose/General	专用 / 通用浮标		3	
Barge	驳船	Q53	Buoy Special Purpose/General	专用 / 通用浮标		5	
Degaussing range buoy	消磁场浮标	Q54	Buoy Special Purpose/General	专用 / 通用浮标		4	
Buoy marking cable	电缆浮标	Q55	Buoy Special Purpose/General	专用 / 通用浮标		6	
Spoil ground buoy	抛泥场浮标	Q56	Buoy Special Purpose/General	专用 / 通用浮标		7	
Buoy marking outfall	排水口浮标	Q57	Buoy Special Purpose/General	专用 / 通用浮标		8	
Buoy marking pipeline	管道浮标		Buoy Special Purpose/General	专用 / 通用浮标		39	
Superbuoy	超大型浮标	Q26	Buoy ***	浮标 ***	7		
Large automatic navigational buoy	大型助航浮标	P6	Buoy Special Purpose/General	专用 / 通用浮标	7	15	

要素（英文）	要素（中文）	INT1	要素（英文）	要素（中文）	浮标形状 buoy shape	专用标志类 category of special purpose mark	其他属性
Ocean data acquisition system (ODAS) buoy	海底数据采集系统（ODAS）浮标	Q58	Buoy Special Purpose/General	专用 / 通用浮标		9	ODAS 编码为“障碍物”（Obstruction）（见 13.6 节）
Seaplane anchorage buoy	海上飞机锚地浮标	Q60	Buoy Special Purpose/General	专用 / 通用浮标		11	
Buoy marking traffic separation scheme	分道通航制浮标	Q61	Buoy Special Purpose/General	专用 / 通用浮标		19	
Buoy marking recreation zone	娱乐区浮标	Q62	Buoy Special Purpose/General	专用 / 通用浮标		12	
Floating waste bin	浮式垃圾桶		Buoy Special Purpose/General	专用 / 通用浮标		空值（null）	示例．“信息”（information）=“垃圾桶”（waste bin）
Fish Aggregating Device (FAD)	鱼类聚集装置（FAD）		Buoy Special Purpose/General	专用 / 通用浮标	/	59	鱼礁编码为“障碍物”（Obstruction）（见 A.13.6 节）
Buoy marking wave recorder (or current meter)	标示波浪记录仪（或海流计）的浮标	Q59	Buoy Special Purpose/General	专用 / 通用浮标		63	

备注：

- 如需编码具有一种以上颜色的浮标，必须根据 A.2.4.10 节的规则，使用“颜色”（colour）和“色彩图案”（colour pattern）属性。
- 如需编码浮标（包括顶标和任意设备要素，如灯标）的垂直总长，必须使用“垂直距离”（vertical length）要素。
- 如果专用浮标与“航标制度”（Navigational System of Marks）（见 A.3.5 节）中定义的航标制度不一致，则“专用 / 通用浮标”（Buoy Special Purpose/General）的属性“海上标志体系”（marks navigational–system of）应填写 9 [“无系统”（no system）]。
- 必要时，编码“鱼礁”[有时也被称为“鱼类聚集装置”（FAD）和“海底数据采集系统”（ODAS）] 设备必须使用“障碍物”（Obstruction）（见 A.13.6 节）要素。
- 应急沉船示位浮标必须使用“应急沉船示位浮标”（Buoy Emergency Wreck Marking）（见 A.20.6 节）要素进行编码。永久性将沉船标示为“危险物”的专用浮标，必要时必须使用“专用 / 通用浮标”（Buoy Special Purpose/General）要素进行编码，同时填写属性“专用标志类”（category of special purpose mark）=60 [“沉船标志”（wreck mark）]。

区别：方位浮标（Buoy Cardinal）；应急沉船示位浮标（Buoy Emergency Wreck Marking）；作业浮标（Buoy Installation）；孤立危险物浮标（Buoy Isolated Danger）；侧面浮标（Buoy Lateral）；安全水域浮标（Buoy Safe Water）；系泊 / 绞缆设施（Mooring/Warping Facility）

要素 / 信息关联							
类型	关联名称	关联端					
		类	角色	多重性	类	角色	多重性
组合	结构物 / 设备（Structure/Equipment）	专用 / 通用浮标（Buoy Special Purpose/General）	有支撑	0,1	昼标（Daymark）、雾号（Fog Signal）、环向灯标（Light All Around）、探雾灯（Light Fog Detector）、实体 AIS 助航标志（Physical AIS Aid to Navigation）、雷达应答器（Radar Transponder Beacon）、反射器（Retroreflector）、交通信号站（Signal Station Traffic）、告警信号站（Signal Station Warning）	支撑	0,*
关联	助航标志关联（Aids to Navigation Association）	专用 / 通用浮标（Buoy Special Purpose/General）	构成	1,*	群岛海道（Archipelagic Sea Lane）、深水航道（Deep Water Route）、航道系统（Fairway System）、分道通航制（Traffic Separation Scheme）、双向航道（Two-Way Route）	包含	0,1
聚合	航道辅助（Fairway Auxiliary）	专用 / 通用浮标（Buoy Special Purpose/General）	有辅助	1,*	航道（Fairway）	辅助	0,1

A.20.6　应急沉船示位浮标（Emergency wreck marking buoy）

IHO 定义：应急沉船示位浮标（BUOY, EMERGENCY WRECK MARKING）。浮标是一种系泊于特定区域海底的漂浮物，用于助航或其他目的（IHO 词典 – S-32）。应急沉船示位浮标是系泊在新沉船或其上方的浮标，用于应急提供明显（视觉和无线电）且易辨识的临时（24–72 小时）信号（英国海道测量局 NP 735，第 6 版）。				
S-101 地理要素：Buoy Emergency Wreck Marking				
几何单形：点				
现实世界	纸质海图符号	ECDIS 符号		
S-101 属性	S-57 缩写	允许编码值	类型	多重性
浮标形状 buoy shape	(BOYSHP)	1. 锥形（纺锤形、尖顶式） conical (nun, ogival) 2. 罐形（圆柱形） can (cylindrical) 3. 球形 spherical 4. 柱形 pillar 5. 杆形（轴形） spar (spindle) 6. 桶形（大桶） barrel (tun)	EN	1,1

浮标形状 buoy shape	(BOYSHP)	7. 超大型浮标 superbuoy 8. 冰区浮标 ice buoy	EN	1,1
颜色 colour	(COLOUR)	1. 白色 white 2. 黑色 black 3. 红色 red 4. 绿色 green 5. 蓝色 blue 6. 黄色 yellow 7. 灰色 grey 8. 棕色 brown 9. 琥珀色 amber 10. 紫色 violet 11. 橙色 orange 12. 洋红色 magenta 13. 粉红色 pink	EN	1,* (ordered)
色彩图案 colour pattern	(COLPAT)	1. 横条纹 horizontal stripes 2. 竖条纹 vertical stripes 3. 斜条纹 diagonal stripes 4. 方格 squared 5. 条纹（方向未知） stripes (direction unknown) 6. 边界条纹 border stripe	EN	0,1
要素名称 feature name			C	0,*

显示名称 display name			(S) BO	0,1
语言 language		ISO 639-2/T	(S) TE	0,1
名称 name	(OBJNAM) (NOBJNM)		(S) TE	1,1
固定日期范围 fixed date range			C	0,1
终止日期 date end	(DATEND)	ISO 8601：2004	(S) TD	0,1
开始日期 date start	(DATSTA)	ISO 8601：2004	(S) TD	0,1
海上标志体系 marks navigational–system of	(MARSYS)	1. IALA A 2. IALA B 9. 无系统 no system 11. 欧洲内河航道通航规范 CEVNI	EN	0,1
结构物材质 nature of construction	(NATCON)	6. 木质 wooden 7. 金属 metal 8. 玻璃钢 glass reinforced plastic (GRP) 11. 网格 latticed	EN	0,*
雷达显著 radar conspicuous	(CONRAD)		BO	0,1
顶标 topmark	(TOPMAR)		C	0,1
颜色 colour	(COLOUR)	1. 白色 white 2. 黑色 black 3. 红色 red 4. 绿色 green 5. 蓝色 blue 6. 黄色 yellow	(S) EN	0,1

颜色 colour	(COLOUR)	7. 灰色 grey 8. 棕色 brown 9. 琥珀色 amber 10. 紫色 violet 11. 橙色 orange 12. 洋红色 magenta 13. 粉红色 pink	(S) EN	0,1
顶标 / 昼标形状 topmark/daymark shape	(TOPSHP)	1. 直立圆锥形 cone, point up 2. 倒立圆锥形 cone, point down 3. 球形 sphere 4. 双球形 2 spheres 5. 圆柱形（罐） cylinder (can) 6. 牌形 board 7. X 形（圣・安德鲁十字） x-shape (St. Andrew's cross) 8. 直立十字形（圣・乔治十字） upright cross (St George's cross) 9. 直立立方形 cube, point up 10. 顶点相对双圆锥形 2 cones, point to point 11. 底座相对双圆锥形 2 cones, base to base 12. 菱形（钻石形） rhombus (diamond) 13. 直立双锥形 2 cones (points upward) 14. 倒立双锥形 2 cones (points downward) 15. 直立扫帚形（扫帚或竿形） besom, point up (broom or perch)	(S) EN	1,1

顶标 / 昼标形状 topmark/daymark shape	(TOPSHP)	16. 倒立扫帚形（扫帚或竿形） besom, point down (broom or perch) 17. 旗形 flag 18. 球体在菱形体上 sphere over a rhombus 19. 正方形 square 20. 水平矩形 rectangle, horizontal 21. 垂直矩形 rectangle, vertical 22. 直立梯形 trapezium, up 23. 倒立梯形 trapezium, down 24. 直立三角形 triangle, point up 25. 倒立三角形 triangle, point down 26. 圆形 circle 27. 双直立十字形（一个在另一个之上） two upright crosses (one over the other) 28. T 形 T-shape 29. 圆上直立三角形 triangle pointing up over a circle 30. 圆上直立十字形 upright cross over a circle 31. 菱形在圆上 rhombus over a circle 32. 圆在三角形顶尖上 circle over a triangle pointing up 33. 其他形状 [见“形状信息”（shape information）] other shape (see shape information)	(S) EN	1,1
形状信息 shape information			(S) C	0,*
语言 language		ISO 639-2/T	(S) TE	0,1
文本 text	(INFORM) (NINFOM)		(S) TE	1,1

垂直距离 vertical length	(VERLEN)		RE	0,1
最小比例尺 scale minimum	(SCAMIN)	见 A.2.5.9 节	IN	0,1

INT 1 引用：Q130.7

A.20.6.1 应急沉船示位浮标（Emergency wreck marking buoy）（见 S-4 – B-461.3 和 B-467）

应急沉船示位浮标用于标示新的危险物，直至设立新的永久性标志物，同时发布《航海通告》告知海员存在危险或危险已排除。

为与 IALA 海上浮标系统保持一致（见 A.18.3.1.1 节），应急沉船示位浮标通常是柱形或杆形。标身带有蓝黄竖条纹。顶标（如已安装）为竖直黄色“+”（圣・乔治十字）形。灯标（如已安装）为 Al.Oc.BuY.3s。

如需编码应急沉船示位浮标，必须使用“应急沉船示位浮标”（Buoy Emergency Wreck Marking）要素。

备注：

- 如需编码具有一种以上颜色的浮标，必须根据 A.2.4.10 节的规则，使用“颜色”（colour）和“色彩图案”（colour pattern）属性。
- 如需编码浮标（包括顶标和任意设备要素，如灯标）的垂直总长，必须使用“垂直距离”（vertical length）要素。
- 对于符合 IALA 要求的应急沉船示位浮标顶标，应使用复杂属性“顶标”（topmark）填写，设置子属性“顶标形状”（topmark shape）=8 [“竖直十字形”（upright cross）（圣・乔治十字）]，“颜色”（colour）=6 [“黄色”（yellow）]。
- 符合 IALA 的应急沉船示位浮标也应具备下列关联设备要素：
- “环向灯标”（Light All Around）要素（见 A.19.2 节），其属性“颜色”（colour）=5,6 [“蓝色”（blue），“黄色”（yellow）]，“灯质”（light characteristic）=17 [“明暗互光”（occulting alternating）]，“信号组”（signal group）=(1)，“信号周期”（signal period）=3。属性“信号序列”（signal sequence）应填写 (00.50)+01.00+(00.50)+01.00，属性“标定作用距离值”（value of nominal range）应填写 4。
- “雷达应答器”（Radar Transponder Beacon）要素（见 A.21.5 节），其属性“雷达应答器类”（category of Radar transponder beacon）=2 [“雷达标，雷达应答器”（racon，radar transponder beacon）]，“信号组”（signal group）=(D)。

区别：方位浮标（Buoy Cardinal）；作业浮标（Buoy Installation）；侧面浮标（Buoy Lateral）；安全水域浮标（Buoy Safe Water）；专用 / 通用浮标（Buoy Special Purpose/General）；系泊 / 绞缆设施（Mooring/Warping Facility）

要素 / 信息关联

类型	关联名称	关联端					
		类	角色	多重性	类	角色	多重性
组合	结构物 / 设备（Structure/ Equipment）	侧面浮标（Buoy Lateral）	有支撑	0,1	昼标（Daymark）、雾号（Fog Signal）、环向灯标（Light All Around）、探雾灯（Light Fog Detector）、实体 AIS 助航标志（Physical AIS Aid to Navigation）、雷达应答器（Radar Transponder Beacon）、反射器（Retroreflector）、交通信号站（Signal Station Traffic）、告警信号站（Signal Station Warning）	支撑	0,*

A.20.7 作业浮标（Installation buoy）

IHO 定义：作业浮标（BUOY, INSTALLATION）。浮标是一种系泊于特定区域海底的漂浮物，用于助航或其他目的（IHO 词典 – S-32）。 作业浮标是用于（油或气体）油船装（卸）货的浮标（S-57 第 3.1 版，附录 A，第 1 章，第 1.20 页，2000 年 11 月）。				
S-101 地理要素：Buoy Installation（BOYINB）				
几何单形：点				
现实世界	纸质海图符号	ECDIS 符号		
S-101 属性	**S-57 缩写**	**允许编码值**	**类型**	**多重性**
浮标形状 buoy shape	(BOYSHP)	1. 锥形（纺锤形、尖顶式） conical (nun, ogival) 2. 罐形（圆柱形） can (cylindrical) 3. 球形 spherical 4. 柱形 pillar 5. 杆形（轴形） spar (spindle) 6. 桶形（大桶） barrel (tun) 7. 超大型浮标 superbuoy 8. 冰区浮标 ice buoy	EN	1,1
作业浮标类 category of installation buoy	(CATINB)	1. 悬链锚腿系泊 catenary anchor leg mooring（CALM） 2. 单浮筒系泊 single buoy mooring（SBM/SPM）	EN	0,1
颜色 colour	(COLOUR)	1. 白色 white 2. 黑色 black 3. 红色 red 4. 绿色 green 5. 蓝色 blue 6. 黄色 yellow 7. 灰色 grey	EN	1,* (ordered)

颜色 colour	(COLOUR)	8. 棕色 brown 9. 琥珀色 amber 10. 紫色 violet 11. 橙色 orange 12. 洋红色 magenta 13. 粉红色 pink	EN	1,* (ordered)
色彩图案 colour pattern	(COLPAT)	1. 横条纹 horizontal stripes 2. 竖条纹 vertical stripes 3. 斜条纹 diagonal stripes 4. 方格 squared 5. 条纹（方向未知） stripes (direction unknown) 6. 边界条纹 border stripe	EN	0,1
要素名称 feature name			C	0,*
显示名称 display name			(S) BO	0,1
语言 language		ISO 639-2/T	(S) TE	0,1
名称 name	(OBJNAM) (NOBJNM)		(S) TE	1,1
固定日期范围 fixed date range			C	0,1
终止日期 date end	(DATEND)	ISO 8601：2004	(S) TD	0,1
开始日期 date start	(DATSTA)	ISO 8601：2004	(S) TD	0,1
结构物材质 nature of construction	(NATCON)	7. 金属 metal 11. 网格 latticed	EN	0,*

周期性日期范围 periodic date range			C	0,*
终止日期 date end	(PEREND)	ISO 8601：2004	(S) TD	1,1
开始日期 date start	(PERSTA)	ISO 8601：2004	(S) TD	1,1
产品 product	(PRODCT)	1. 油 oil 2. 气 gas 18. 液化天然气 liquefied natural gas （LNG） 19. 液化石油气 liquefied petroleum gas （LPG）	EN	0,1
雷达显著 radar conspicuous	(CONRAD)		BO	0,1
状况 status	(STATUS)	1. 永久 permanent 2. 偶尔 occasional 4. 不使用 not in use 5. 周期性 / 间歇性 periodic/intermittent 7. 临时 temporary 8. 私有 private 18. 疑存 existence doubtful	EN	0,*
视觉显著 visually conspicuous	(CONVIS)	1. 视觉显著 visually conspicuous 2. 视觉不显著 not visually conspicuous 3. 突出可见 prominent	EN	0,1
最小比例尺 scale minimum	(SCAMIN)	见 A.2.5.9 节	IN	0,1

INT 1 引用：L16

A.20.7.1 作业浮标（Installation buoy）（见 S-4 – B-445.4）

虽然油气田的油气经由海底管道输送上岸，但深水区或港口附近也有各类系泊装置，供大型装载船舶和浮式储存船 / 装置永久系泊。此类海上系统包括大型系泊浮筒（mooring buoy，用于系泊 500 000 吨以下的船舶）和其下端固定到海底结构物上的平台。船舶可以在此类系统的前后方系泊，随风向或潮流摆动，此类系统即为作业浮标。

如需编码作业浮标，必须使用“作业浮标”（Buoy Installation）要素。

备注：

- 如需编码具有一种以上颜色的浮标，必须根据 A.2.4.10 节的规则，使用“颜色”（colour）和“色彩图案”（colour pattern）属性。
- 如需编码浮标（包括顶标和任意设备要素，如灯标）垂直总长，必须使用“垂直距离”（vertical length）要素。

区别：专用 / 通用浮标（Buoy Special Purpose/General）；系泊 / 绞缆设施（Mooring/Warping Facility）；海上平台（Offshore Platform）

要素 / 信息关联

类型	关联名称	关联端					
		类	角色	多重性	类	角色	多重性
组合	结构物 / 设备（Structure/ Equipment）	作业浮标（Buoy Installation）	有支撑	0,1	昼标（Daymark）、雾号（Fog Signal）、环向灯标（Light All Around）、探雾灯（Light Fog Detector）、实体 AIS 助航标志（Physical AIS Aid to Navigation）、雷达应答器（Radar Transponder Beacon）、反射器（Retroreflector）、交通信号站（Signal Station Traffic）、告警信号站（Signal Station Warning）	支撑	0,*

A.20.8 侧面立标（Lateral beacon）

IHO 定义：侧面立标（BEACON LATERAL）。立标是一种专用视觉航标，是航行或海道测量的助航标志（IHO 词典 – S-32）。

侧面立标用于指示可航航路是左侧还是右侧。它们通常用于管理良好的航道并且连同浮标的规定方向一起使用（英国海道测量局 NP 735，第 5 版）。

S-101 地理要素：Beacon Lateral（BCNLAT）

几何单形：点

现实世界	纸质海图符号	ECDIS 符号

S-101 属性	S-57 缩写	允许编码值	类型	多重性
立标形状 beacon shape	(BCNSHP)	1. 桩、杆、竿、柱 stake, pole, perch, post 2. 柳条 withy 3. 塔形立标 beacon tower 5. 大立标 pile beacon 6. 堆石标 cairn 7. 浮式立标 buoyant beacon	EN	1,1

侧面标志类 category of lateral mark	(CATLAM)	1. 左侧标 port-hand lateral mark 2. 右侧标 starboard-hand lateral mark 3. 推荐航道左侧标 preferred channel to starboard lateral mark 4. 推荐航道右侧标 preferred channel to port lateral mark	EN	1,1
颜色 colour	(COLOUR)	1. 白色 white 2. 黑色 black 3. 红色 red 4. 绿色 green 5. 蓝色 blue 6. 黄色 yellow 7. 灰色 grey 8. 棕色 brown 9. 琥珀色 amber 10. 紫色 violet 11. 橙色 orange 12. 洋红色 magenta 13. 粉红色 pink	EN	1,* (ordered)
色彩图案 colour pattern	(COLPAT)	1. 横条纹 horizontal stripes 2. 竖条纹 vertical stripes 3. 斜条纹 diagonal stripes 4. 方格 squared 5. 条纹（方向未知） stripes (direction unknown) 6. 边界条纹 border stripe	EN	0,1

状态 condition	(CONDTN)	1. 在建 under construction 2. 废弃 ruined 5. 拟建 planned construction	EN	0,1
高程 elevation	(ELEVAT)		RE	0,1
要素名称 feature name			C	0,*
显示名称 display name			(S) BO	0,1
语言 language		ISO 639-2/T	(S) TE	0,1
名称 name	(OBJNAM) (NOBJNM)		(S) TE	1,1
固定日期范围 fixed date range			C	0,1
终止日期 date end	(DATEND)	ISO 8601：2004	(S) TD	0,1
开始日期 date start	(DATSTA)	ISO 8601：2004	(S) TD	0,1
高度 height	(HEIGHT)		RE	0,1
海上标志体系 marks navigational–system of	(MARSYS)	1. IALA A 2. IALA B 9. 无系统 no system 11. 欧洲内河航道通航规范 CEVNI	EN	0,1
结构物材质 nature of construction	(NATCON)	1. 砖石 masonry 2. 混凝土 concreted 6. 木质 wooden 7. 金属 metal 8. 玻璃钢 glass reinforced plastic (GRP) 11. 网格 latticed	EN	0,*

周期性日期范围 periodic date range			C	0,*
终止日期 date end	(PEREND)	ISO 8601：2004	(S) TD	1,1
开始日期 date start	(PERSTA)	ISO 8601：2004	(S) TD	1,1
雷达显著 radar conspicuous	(CONRAD)		BO	0,1
报告日期 reported date	(SORDAT)	ISO 8601：2004	TD	0,1
状况 status	(STATUS)	1. 永久 permanent 2. 偶尔 occasional 4. 不使用 not in use 5. 周期性 / 间歇性 periodic/intermittent 7. 临时 temporary 8. 私有 private 12. 有照明 illuminated 18. 疑存 existence doubtful	EN	0,*
顶标 topmark	(TOPMAR)		C	0,1
颜色 colour	(COLOUR)	1. 白色 white 2. 黑色 black 3. 红色 red 4. 绿色 green 5. 蓝色 blue 6. 黄色 yellow 7. 灰色 grey 8. 棕色 brown	(S) EN	0,1

颜色 colour	(COLOUR)	9. 琥珀色 amber 10. 紫色 violet 11. 橙色 orange 12. 洋红色 magenta 13. 粉红色 pink	(S) EN	0,1
顶标 / 昼标形状 topmark/daymark shape	(TOPSHP)	1. 直立圆锥形 cone, point up 2. 倒立圆锥形 cone, point down 3. 球形 sphere 4. 双球形 2 spheres 5. 圆柱形（罐） cylinder (can) 6. 牌形 board 7. X 形（圣・安德鲁十字） x-shape (St. Andrew's cross) 8. 直立十字形（圣・乔治十字） upright cross (St George's cross) 9. 直立立方形 cube, point up 10. 顶点相对双圆锥形 2 cones, point to point 11. 底座相对双圆锥形 2 cones, base to base 12. 菱形（钻石形） rhombus (diamond) 13. 直立双锥形 2 cones (points upward) 14. 倒立双锥形 2 cones (points downward) 15. 直立扫帚形（扫帚或竿形） besom, point up (broom or perch) 16. 倒立扫帚形（扫帚或竿形） besom, point down (broom or perch) 17. 旗形 flag	(S) EN	1,1

顶标 / 昼标形状 topmark/daymark shape	(TOPSHP)	18. 球体在菱形体上 sphere over a rhombus 19. 正方形 square 20. 水平矩形 rectangle, horizontal 21. 垂直矩形 rectangle, vertical 22. 直立梯形 trapezium, up 23. 倒立梯形 trapezium, down 24. 直立三角形 triangle, point up 25. 倒立三角形 triangle, point down 26. 圆形 circle 27. 双直立十字形（一个在另一个之上） two upright crosses (one over the other) 28. T 形 T-shape 29. 圆上直立三角形 triangle pointing up over a circle 30. 圆上直立十字形 upright cross over a circle 31. 菱形在圆上 rhombus over a circle 32. 圆在三角形顶尖上 circle over a triangle pointing up 33. 其他形状 [见“形状信息”（shape information）] other shape (see shape information)	(S) EN	1,1
形状信息 shape information			(S) C	0,*
语言 language		ISO 639-2/T	(S) TE	0,1
文本 text	(INFORM) (NINFOM)		(S) TE	1,1
垂直距离 vertical length	(VERLEN)		RE	0,1

视觉显著 visually conspicuous	(CONVIS)	1. 视觉显著 visually conspicuous 2. 视觉不显著 not visually conspicuous 3. 突出可见 prominent	EN	0,1
最小比例尺 scale minimum	(SCAMIN)	见 A.2.5.9 节	IN	0,1

INT 1 引用：Q91-92，130.1

A.20.8.1 侧面立标（Lateral Beacon）（见 S-4 – B-461.3 和 B-467）

多用于范围明确的航道，与常规浮标方向共同使用。用于指示航道的左右两侧。

为与 IALA 海上浮标系统保持一致（见 A.18.3.1.1 节），左侧立标顶标为罐形。左侧立标、顶标和灯标（如已安装）在 IALA A 系统内为红色，在 B 系统内为绿色。

为与 IALA 海上浮标系统保持一致，右侧立标顶标为锥形。右侧立标、顶标和灯标（如已安装）在 IALA A 系统内为绿色，在 B 系统内为红色。

推荐航道中心线立标是改造后的侧面立标，带有水平彩色条纹。其主要颜色指示推荐航道中心线，另一种颜色表示备用航道。如装有灯标，则灯光为 Fl（2+1），该颜色表示备用航道。

如需编码具有侧面标志功能的立标，必须使用“侧面立标”（Beacon Lateral）要素。

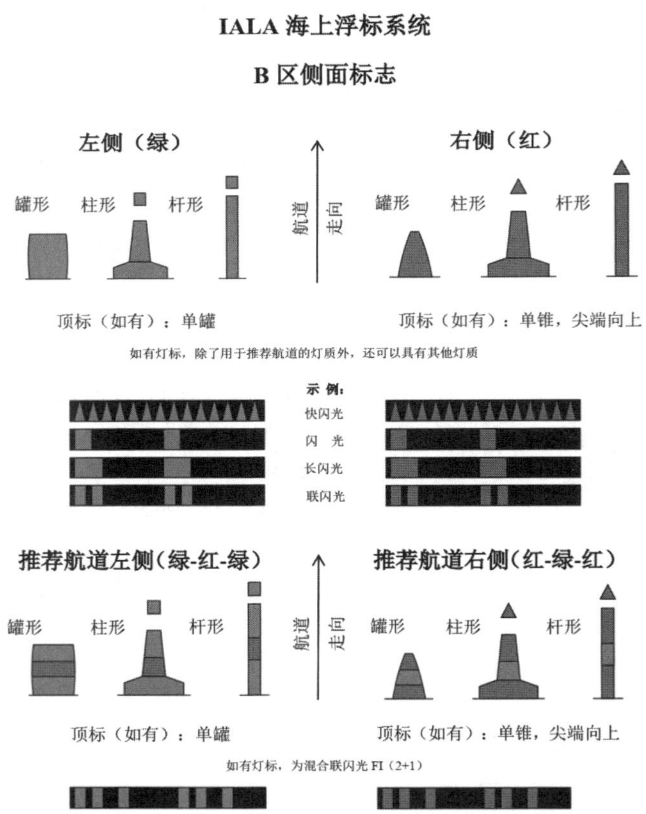

图A-20.5　IALA侧面立标 – 特征

备注：

- 如需编码具有一种以上颜色的立标，必须根据 A.2.4.10 节的规则，使用“颜色”（colour）和“色彩图案”（colour pattern）属性。
- “高程”（elevation）、“高度”（height）和“垂直距离”（vertical length）属性的相关编码规则参见 A.2.5.7 节。其中，“高程”（elevation）仅用于陆地标，“高度”（height）和“垂直距离”（vertical length）的赋值必须包含顶标和所有的设备要素。
- 如需编码符合导航系统标志物颜色规定的堆石标（cairn），必须使用立标要素。

区别：方位立标（Beacon Cardinal）；孤立危险物立标（Beacon Isolated Danger）；安全水域立标（Beacon Safe Water）；专用 / 通用立标（Beacon Special Purpose/General）；昼标（Daymark）

要素 / 信息关联

类型	关联名称	关联端					
		类	角色	多重性	类	角色	多重性
组合	结构物 / 设备（Structure/ Equipment）	侧面立标（Beacon Lateral）	有支撑	0,1	昼标（Daymark）、雾号（Fog Signal）、环向灯标（Light All Around）、探雾灯（Light Fog Detector）、扇形光灯（Light Sectored）、实体 AIS 助航标志（Physical AIS Aid to Navigation）、雷达应答器（Radar Transponder Beacon）、反射器（Retroreflector）、交通信号站（Signal Station Traffic）、告警信号站（Signal Station Warning）	支撑	0,*
聚合	方位线系统聚合（Range System Aggregation）	侧面立标（Beacon Lateral）	构成	1,*	方位线系统（Range System）	包含	0,1
关联	助航标志关联（Aids to Navigation Association）	侧面立标（Beacon Lateral）	构成	1,*	群岛海道（Archipelagic Sea Lane）、深水航道（Deep Water Route）、航道系统（Fairway System）、分道通航制（Traffic Separation Scheme）、双向航道（Two-Way Route）	包含	0,1
聚合	航道辅助（Fairway Auxiliary）	侧面立标（Beacon Lateral）	有辅助	1,*	航道（Fairway）	辅助	0,1

A.20.9 方位立标（Cardinal beacon）

IHO 定义：方位立标（BEACON，CARDINAL）。立标是一种专用视觉航标，是航行或海道测量的助航标志（IHO 词典 – S-32）。

方位立标和罗经一起使用，使海员能找到最佳可通航水域。它可置于东、西、南、北四象限之一，并在标志点处标出方位信标（英国海道测量局 NP 735，第 5 版）。

S-101 地理要素：Beacon Cardinal （BCNCAR）

几何单形：点

现实世界	纸质海图符号	ECDIS 符号

S-101 属性	S-57 缩写	允许编码值	类型	多重性
立标形状 beacon shape	(BCNSHP)	1. 桩、杆、竿、柱 stake, pole, perch, post 2. 柳条 withy 3. 塔形立标 beacon tower 5. 大立标 pile beacon 6. 堆石标 cairn 7. 浮式立标 buoyant beacon	EN	1,1
方位标志类 category of cardinal mark	(CATCAM)	1. 北方位标 north cardinal mark 2. 东方位标 east cardinal mark 3. 南方位标 south cardinal mark 4. 西方位标 west cardinal mark	EN	1,1
颜色 colour	(COLOUR)	1. 白色 white 2. 黑色 black 3. 红色 red 4. 绿色 green 5. 蓝色 blue 6. 黄色 yellow 7. 灰色 grey 8. 棕色 brown 9. 琥珀色 amber 10. 紫色 violet 11. 橙色 orange 12. 洋红色 magenta	EN	1,* (ordered)

颜色 colour	(COLOUR)	13. 粉红色 pink	EN	1,* (ordered)
色彩图案 colour pattern	(COLPAT)	1. 横条纹 horizontal stripes 2. 竖条纹 vertical stripes 3. 斜条纹 diagonal stripes 4. 方格 squared 5. 条纹（方向未知） stripes (direction unknown) 6. 边界条纹 border stripe	EN	0,1
状态 condition	(CONDTN)	1. 在建 under construction 2. 废弃 ruined 5. 拟建 planned construction	EN	0,1
高程 elevation	(ELEVAT)		RE	0,1
要素名称 feature name			C	0,*
显示名称 　display name			(S) BO	0,1
语言 　language		ISO 639-2/T	(S) TE	0,1
名称 　name	(OBJNAM) (NOBJNM)		(S) TE	1,1
固定日期范围 fixed date range			C	0,1
终止日期 　date end	(DATEND)	ISO 8601：2004	(S) TD	0,1
开始日期 　date start	(DATSTA)	ISO 8601：2004	(S) TD	0,1
高度 height	(HEIGHT)		RE	0,1
海上标志体系 marks navigational–system of	(MARSYS)	1. IALA A 2. IALA B 9. 无系统 no system 11. 欧洲内河航道通航规范 CEVNI	EN	0,1

结构物材质 nature of construction	(NATCON)	1. 砖石 masonry 2. 混凝土 concreted 6. 木质 wooden 7. 金属 metal 8. 玻璃钢 glass reinforced plastic (GRP) 11. 网格 latticed	EN	0,*
周期性日期范围 periodic date range			C	0,*
终止日期 date end	(PEREND)	ISO 8601：2004	(S) TD	1,1
开始日期 date start	(PERSTA)	ISO 8601：2004	(S) TD	1,1
雷达显著 radar conspicuous	(CONRAD)		BO	0,1
报告日期 reported date	(SORDAT)	ISO 8601：2004	TD	0,1
状况 status	(STATUS)	1. 永久 permanent 2. 偶尔 occasional 4. 不使用 not in use 5. 周期性 / 间歇性 periodic/intermittent 7. 临时 temporary 8. 私有 private 12. 有照明 illuminated 18. 疑存 existence doubtful	EN	0,*
顶标 topmark	(TOPMAR)		C	0,1
颜色 colour	(COLOUR)	1. 白色 white 2. 黑色 black	(S) EN	0,1

颜色 colour	(COLOUR)	3. 红色 red 4. 绿色 green 5. 蓝色 blue 6. 黄色 yellow 7. 灰色 grey 8. 棕色 brown 9. 琥珀色 amber 10. 紫色 violet 11. 橙色 orange 12. 洋红色 magenta 13. 粉红色 pink	(S) EN	0,1
顶标 / 昼标形状 topmark/daymark shape	(TOPSHP)	1. 直立圆锥形 cone, point up 2. 倒立圆锥形 cone, point down 3. 球形 sphere 4. 双球形 2 spheres 5. 圆柱形（罐） cylinder (can) 6. 牌形 board 7. X 形（圣・安德鲁十字） x-shape (St. Andrew’s cross) 8. 直立十字形（圣・乔治十字） upright cross (St George’s cross) 9. 直立立方形 cube, point up 10. 顶点相对双圆锥形 2 cones, point to point 11. 底座相对双圆锥形 2 cones, base to base	(S) EN	1,1

顶标 / 昼标形状 topmark/daymark shape	(TOPSHP)	12. 菱形（钻石形） rhombus (diamond) 13. 直立双锥形 2 cones (points upward) 14. 倒立双锥形 2 cones (points downward) 15. 直立扫帚形（扫帚或竿形） besom, point up (broom or perch) 16. 倒立扫帚形（扫帚或竿形） besom, point down (broom or perch) 17. 旗形 flag 18. 球体在菱形体上 sphere over a rhombus 19. 正方形 square 20. 水平矩形 rectangle, horizontal 21. 垂直矩形 rectangle, vertical 22. 直立梯形 trapezium, up 23. 倒立梯形 trapezium, down 24. 直立三角形 triangle, point up 25. 倒立三角形 triangle, point down 26. 圆形 circle 27. 双直立十字形（一个在另一个之上） two upright crosses (one over the other) 28. T 形 T-shape 29. 圆上直立三角形 triangle pointing up over a circle 30. 圆上直立十字形 upright cross over a circle 31. 菱形在圆上 rhombus over a circle 32. 圆在三角形顶尖上 circle over a triangle pointing up 33. 其他形状 [见“形状信息”（shape information）] other shape (see shape information)	(S) EN	1,1

形状信息 shape information			(S) C	0,*
语言 language		ISO 639-2/T	(S) TE	0,1
文本 text	(INFORM) (NINFOM)		(S) TE	1,1
垂直距离 vertical length	(VERLEN)		RE	0,1
视觉显著 visually conspicuous	(CONVIS)	1. 视觉显著 visually conspicuous 2. 视觉不显著 not visually conspicuous 3. 突出可见 prominent	EN	0,1
最小比例尺 scale minimum	(SCAMIN)	见 A.2.5.9 节	IN	0,1

INT 1 引用：Q130.3

A.20.9.1　方位立标（Cardinal beacon）（见 S-4 – B-461.3 和 B-467）

方位立标与罗经配合使用，用于指示海员找到最佳可通航水域的地点。立标名称取自与标记点相关的象限。海员应当从北方位标北侧通过，东方位标东侧通过，以此类推。

为与 IALA 海上浮标系统保持一致（见 A.18.3.1.1 节），方位立标标身通常带有黄黑相间的横纹，黑色对应锥体尖端朝向（例如，黑上黄下代表北方）。黑色双锥形顶标是方位标的重要要素，适用于各类情形。尖端朝上表示北方位标，尖端朝下表示南方位标，双锥形顶标锥尖相反表示东方位标，锥尖相对表示西方位标。灯标（如已安装）为白色 Q 或 VQ，北方位标连续闪烁不间断，东方位标闪烁三次，南方位标闪烁六次加一次长闪，西方位标闪烁九次（类似模拟时钟）。

如需编码具有方位标功能的立标，必须使用“方位立标”（Beacon Cardinal）要素。

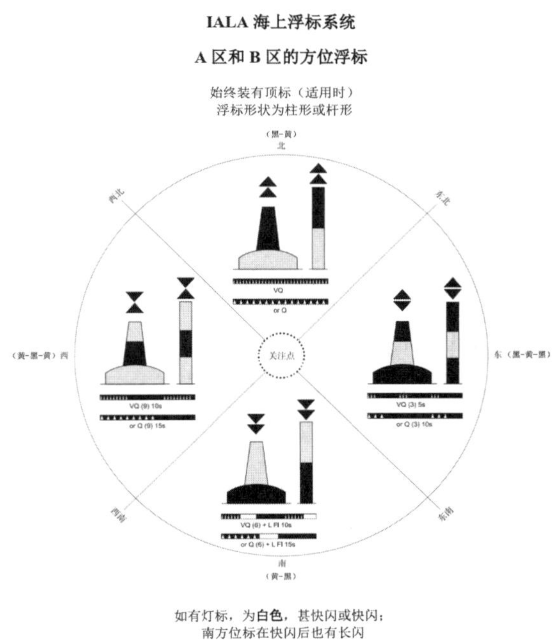

图A-20.6　IALA方位立标 – 特征

备注：
- 如需编码具有一种以上颜色的立标，必须根据 A.2.4.10 节的规则，使用“颜色”（colour）和“色彩图案”（colour pattern）属性。
- “高程”（elevation）、“高度”（height）和“垂直距离”（vertical length）属性的相关编码规则参见 A.2.5.7 节。其中，“高程”（elevation）仅用于陆地标，“高度”（height）和“垂直距离”（vertical length）的赋值必须包含顶标和所有的设备要素。
- 如需编码符合导航系统标志物颜色规定的堆石标（cairn），必须使用立标要素。

区别：孤立危险物立标（Beacon Isolated Danger）；侧面立标（Beacon Lateral）；安全水域立标（Beacon Safe Water）；专用/通用立标（Beacon Special Purpose/General）；昼标（Daymark）

要素/信息关联

类型	关联名称	类	角色	多重性	类	角色	多重性
				关联端			
组合	结构物/设备（Structure/Equipment）	方位立标（Beacon Cardinal）	有支撑	0,1	昼标（Daymark）、雾号（Fog Signal）、环向灯标（Light All Around）、探雾灯（Light Fog Detector）、扇形光灯（Light Sectored）、实体 AIS 助航标志（Physical AIS Aid to Navigation）、雷达应答器（Radar Transponder Beacon）、反射器（Retroreflector）、交通信号站（Signal Station Traffic）、告警信号站（Signal Station Warning）	支撑	0,*
聚合	方位线系统聚合（Range System Aggregation）	方位立标（Beacon Cardinal）	构成	1,*	方位线系统（Range System）	包含	0,1
关联	助航标志关联（Aids to Navigation Association）	方位立标（Beacon Cardinal）	构成	1,*	群岛海道（Archipelagic Sea Lane）、深水航道（Deep Water Route）、航道系统（Fairway System）、分道通航制（Traffic Separation Scheme）、双向航道（Two-Way Route）	包含	0,1
聚合	航道辅助（Fairway Auxiliary）	方位立标（Beacon Cardinal）	有辅助	1,*	航道（Fairway）	辅助	0,1

A.20.10 孤立危险物立标（Isolated danger beacon）

IHO 定义：孤立危险物立标（BEACON, ISOLATED DANGER）。立标是一种专用视觉航标，是航行或海道测量的助航标志（IHO 词典 – S-32）。
孤立危险物立标是设在一个有限范围的孤立危险物上的立标，其周围水域可航（英国海道测量局 NP 735，第 5 版）。

S-101 地理要素：Beacon Isolated Danger （BCNISD）

几何单形：点

现实世界	纸质海图符号	ECDIS 符号

S-101 属性	S-57 缩写	允许编码值	类型	多重性
立标形状 beacon shape	(BCNSHP)	1. 桩、杆、竿、柱 stake, pole, perch, post 2. 柳条 withy 3. 塔形立标 beacon tower 5. 大立标 pile beacon 6. 堆石标 cairn 7. 浮式立标 buoyant beacon	EN	1,1
颜色 colour	(COLOUR)	1. 白色 white 2. 黑色 black 3. 红色 red 4. 绿色 green 5. 蓝色 blue 6. 黄色 yellow 7. 灰色 grey 8. 棕色 brown 9. 琥珀色 amber 10. 紫色 violet 11. 橙色 orange 12. 洋红色 magenta 13. 粉红色 pink	EN	1,* (ordered)
色彩图案 colour pattern	(COLPAT)	1. 横条纹 horizontal stripes 2. 竖条纹 vertical stripes 3. 斜条纹 diagonal stripes	EN	0,1

色彩图案 colour pattern	(COLPAT)	4. 方格 squared 5. 条纹（方向未知） stripes (direction unknown) 6. 边界条纹 border stripe	EN	0,1
状态 condition	(CONDTN)	1. 在建 under construction 2. 废弃 ruined 5. 拟建 planned construction	EN	0,1
高程 elevation	(ELEVAT)		RE	0,1
要素名称 feature name			C	0,*
显示名称 display name			(S) BO	0,1
语言 language		ISO 639-2/T	(S) TE	0,1
名称 name	(OBJNAM) (NOBJNM)		(S) TE	1,1
固定日期范围 fixed date range			C	0,1
终止日期 date end	(DATEND)	ISO 8601：2004	(S) TD	0,1
开始日期 date start	(DATSTA)	ISO 8601：2004	(S) TD	0,1
高度 height	(HEIGHT)		RE	0,1
海上标志体系 marks navigational–system of	(MARSYS)	1. IALA A 2. IALA B 9. 无系统 no system 11. 欧洲内河航道通航规范 CEVNI	EN	0,1
结构物材质 nature of construction	(NATCON)	1. 砖石 masonry 2. 混凝土 concreted 6. 木质 wooden	EN	0,*

结构物材质 nature of construction	(NATCON)	7. 金属 metal 8. 玻璃钢 glass reinforced plastic (GRP) 11. 网格 latticed	EN	0,*
周期性日期范围 periodic date range			C	0,*
终止日期 date end	(PEREND)	ISO 8601：2004	(S) TD	1,1
开始日期 date start	(PERSTA)	ISO 8601：2004	(S) TD	1,1
雷达显著 radar conspicuous	(CONRAD)		BO	0,1
报告日期 reported date	(SORDAT)	ISO 8601：2004	TD	0,1
状况 status	(STATUS)	1. 永久 permanent 2. 偶尔 occasional 4. 不使用 not in use 5. 周期性 / 间歇性 periodic/intermittent 7. 临时 temporary 8. 私有 private 12. 有照明 illuminated 18. 疑存 existence doubtful	EN	0,*
顶标 topmark	(TOPMAR)		C	0,1
颜色 colour	(COLOUR)	1. 白色 white 2. 黑色 black 3. 红色 red 4. 绿色 green	(S) EN	0,1

颜色 colour	(COLOUR)	5. 蓝色 blue 6. 黄色 yellow 7. 灰色 grey 8. 棕色 brown 9. 琥珀色 amber 10. 紫色 violet 11. 橙色 orange 12. 洋红色 magenta 13. 粉红色 pink	(S) EN	0,1
顶标 / 昼标形状 topmark/daymark shape	(TOPSHP)	1. 直立圆锥形 cone, point up 2. 倒立圆锥形 cone, point down 3. 球形 sphere 4. 双球形 2 spheres 5. 圆柱形（罐） cylinder (can) 6. 牌形 board 7. X 形（圣·安德鲁十字） x-shape (St. Andrew's cross) 8. 直立十字形（圣·乔治十字） upright cross (St George's cross) 9. 直立立方形 cube, point up 10. 顶点相对双圆锥形 2 cones, point to point 11. 底座相对双圆锥形 2 cones, base to base 12. 菱形（钻石形） rhombus (diamond) 13. 直立双锥形 2 cones (points upward)	(S) EN	1,1

顶标 / 昼标形状 topmark/daymark shape	(TOPSHP)	14. 倒立双锥形 2 cones (points downward) 15. 直立扫帚形（扫帚或竿形） besom, point up (broom or perch) 16. 倒立扫帚形（扫帚或竿形） besom, point down (broom or perch) 17. 旗形 flag 18. 球体在菱形体上 sphere over a rhombus 19. 正方形 square 20. 水平矩形 rectangle, horizontal 21. 垂直矩形 rectangle, vertical 22. 直立梯形 trapezium, up 23. 倒立梯形 trapezium, down 24. 直立三角形 triangle, point up 25. 倒立三角形 triangle, point down 26. 圆形 circle 27. 双直立十字形(一个在另一个之上） two upright crosses (one over the other) 28. T 形 T-shape 29. 圆上直立三角形 triangle pointing up over a circle 30. 圆上直立十字形 upright cross over a circle 31. 菱形在圆上 rhombus over a circle 32. 圆在三角形顶尖上 circle over a triangle pointing up 33. 其他形状 [见“形状信息”（shape information）] other shape (see shape information)	(S) EN	1,1
形状信息 shape information			(S) C	0,*

语言 language		ISO 639-2/T	(S) TE	0,1
文本 text	(INFORM) (NINFOM)		(S) TE	1,1
垂直距离 vertical length	(VERLEN)		RE	0,1
视觉显著 visually conspicuous	(CONVIS)	1. 视觉显著 visually conspicuous 2. 视觉不显著 not visually conspicuous 3. 突出可见 prominent	EN	0,1
最小比例尺 scale minimum	(SCAMIN)	见 A.2.5.9 节	IN	0,1

INT 1 引用：IQ130.4

A.20.10.1 孤立危险物立标（Isolated danger beacon）（见 S-4–B-461.3 和 B-467）

孤立危险物立标设置在孤立危险物附近的海域，周围均为可通航水域。

为与 IALA 海上浮标系统保持一致（见 A.18.3.1.1 节），孤立危险物立标的标身为黑色，带有一条或多条红色条纹。黑色双球体顶标是孤立危险物立标的重要要素，适用于多种情形。灯标（如已安装）为白色 Fl（2）。

如需编码具有孤立危险物标志功能的立标，必须使用“孤立危险物立标”（Beacon Isolated Danger）要素。

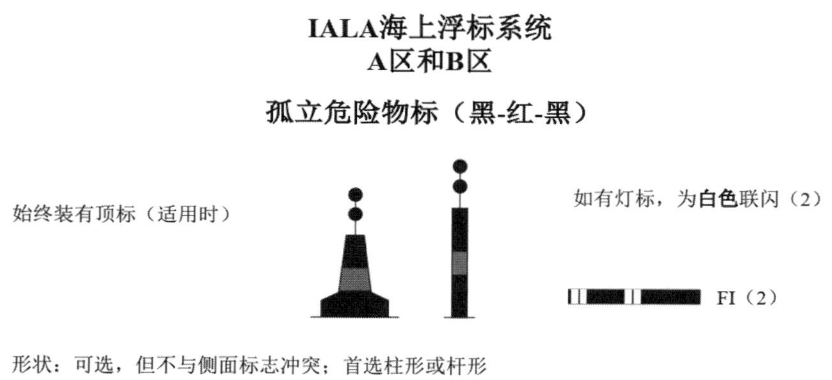

图A-20.7 IALA孤立危险物立标 – 特征

备注：

- 如需编码具有一种以上颜色的立标，必须根据 A.2.4.10 节的规则，使用“颜色”（colour）和“色彩图案”（colour pattern）属性。
- “高程”（elevation）、“高度”（height）和“垂直距离”（vertical length）属性的相关编码规则参见 A.2.5.7 节。其中，“高程”（elevation）仅用于陆地标，“高度”（height）和“垂直距离”（vertical length）的赋值必须包含顶标和所有的设备要素。
- 如需编码符合导航系统标志物颜色规定的堆石标（cairn），必须使用立标要素。

区别：方位立标（Beacon Cardinal）；侧面立标（Beacon Lateral）；安全水域立标（Beacon Safe Water）；专用 / 通用立标（Beacon Special Purpose/General）；昼标（Daymark）

要素 / 信息关联							
类型	关联名称	关联端					
		类	角色	多重性	类	角色	多重性
组合	结构物 / 设备（Structure/ Equipment）	孤立危险物立标（Beacon Isolated Danger）	有支撑	0,1	昼标（Daymark）、雾号（Fog Signal）、环向灯标（Light All Around）、探雾灯（Light Fog Detector）、扇形光灯（Light Sectored）、实体 AIS 助航标志（Physical AIS Aid to Navigation）、雷达应答器（Radar Transponder Beacon）、反射器（Retroreflector）、交通信号站（Signal Station Traffic）、告警信号站（Signal Station Warning）	支撑	0,*
聚合	方位线系统聚合（Range System Aggregation）	孤立危险物立标（Beacon Isolated Danger）	构成	1,*	方位线系统（Range System）	包含	0,1
关联	助航标志关联（Aids to Navigation Association）	孤立危险物立标（Beacon Isolated Danger）	构成	1,*	群岛海道（Archipelagic Sea Lane）、深水航道（Deep Water Route）、航道系统（Fairway System）、分道通航制（Traffic Separation Scheme）、双向航道（Two-Way Route）	包含	0,1
聚合	航道辅助（Fairway Auxiliary）	孤立危险物立标（Beacon Isolated Danger）	有辅助	1,*	航道（Fairway）	辅助	0,1

A.20.11　安全水域立标（Safe water beacon）

IHO 定义：安全水域立标（BEACON, SAFE WATER）。立标是一种专用视觉航标，是航行或海道测量的助航标志（IHO 词典 – S-32）。 安全水域立标用于标示其周围水域可航（英国海道测量局 NP 735，第 5 版）。				
S-101 地理要素：Beacon Safe Water（BCNSAW）				
几何单形：点				
现实世界	纸质海图符号	ECDIS 符号		
S-101 属性	S-57 缩写	允许编码值	类型	多重性
立标形状 beacon shape	(BCNSHP)	1. 桩、杆、竿、柱 stake, pole, perch, post 2. 柳条 withy 3. 塔形立标 beacon tower 5. 大立标 pile beacon 6. 堆石标 cairn 7. 浮式立标 buoyant beacon	EN	1,1

颜色 colour	(COLOUR)	1. 白色 white 2. 黑色 black 3. 红色 red 4. 绿色 green 5. 蓝色 blue 6. 黄色 yellow 7. 灰色 grey 8. 棕色 brown 9. 琥珀色 amber 10. 紫色 violet 11. 橙色 orange 12. 洋红色 magenta 13. 粉红色 pink	EN	1,* (ordered)
色彩图案 colour pattern	(COLPAT)	1. 横条纹 horizontal stripes 2. 竖条纹 vertical stripes 3. 斜条纹 diagonal stripes 4. 方格 squared 5. 条纹（方向未知） stripes (direction unknown) 6. 边界条纹 border stripe	EN	0,1
状态 condition	(CONDTN)	1. 在建 under construction 2. 废弃 ruined 5. 拟建 planned construction	EN	0,1

高程 elevation	(ELEVAT)		RE	0,1
要素名称 feature name			C	0,*
显示名称 display name			(S) BO	0,1
语言 language		ISO 639-2/T	(S) TE	0,1
名称 name	(OBJNAM) (NOBJNM)		(S) TE	1,1
固定日期范围 fixed date range			C	0,1
终止日期 date end	(DATEND)	ISO 8601：2004	(S) TD	0,1
开始日期 date start	(DATSTA)	ISO 8601：2004	(S) TD	0,1
高度 height	(HEIGHT)		RE	0,1
海上标志体系 marks navigational–system of	(MARSYS)	1. IALA A 2. IALA B 9. 无系统 no system 11. 欧洲内河航道通航规范 CEVNI	EN	0,1
结构物材质 nature of construction	(NATCON)	1. 砖石 masonry 2. 混凝土 concreted 6. 木质 wooden 7. 金属 metal 8. 玻璃钢 glass reinforced plastic (GRP) 11. 网格 latticed	EN	0,*
周期性日期范围 periodic date range			C	0,*
终止日期 date end	(PEREND)	ISO 8601：2004	(S) TD	1,1
开始日期 date start	(PERSTA)	ISO 8601：2004	(S) TD	1,1

雷达显著 radar conspicuous	(CONRAD)		BO	0,1
报告日期 reported date	(SORDAT)	ISO 8601：2004	TD	0,1
状况 status	(STATUS)	1. 永久 permanent 2. 偶尔 occasional 4. 不使用 not in use 5. 周期性 / 间歇性 periodic/intermittent 7. 临时 temporary 8. 私有 private 12. 有照明 illuminated 18. 疑存 existence doubtful	EN	0,*
顶标 topmark	(TOPMAR)		C	0,1
颜色 colour	(COLOUR)	1. 白色 white 2. 黑色 black 3. 红色 red 4. 绿色 green 5. 蓝色 blue 6. 黄色 yellow 7. 灰色 grey 8. 棕色 brown 9. 琥珀色 amber 10. 紫色 violet 11. 橙色 orange	(S) EN	0,1

颜色 colour	(COLOUR)	12. 洋红色 magenta 13. 粉红色 pink	(S) EN	0,1
顶标 / 昼标形状 topmark/daymark shape	(TOPSHP)	1. 直立圆锥形 cone, point up 2. 倒立圆锥形 cone, point down 3. 球形 sphere 4. 双球形 2 spheres 5. 圆柱形（罐） cylinder (can) 6. 牌形 board 7. X 形（圣・安德鲁十字） x-shape (St. Andrew's cross) 8. 直立十字形（圣・乔治十字） upright cross (St George's cross) 9. 直立立方形 cube, point up 10. 顶点相对双圆锥形 2 cones, point to point 11. 底座相对双圆锥形 2 cones, base to base 12. 菱形（钻石形） rhombus (diamond) 13. 直立双锥形 2 cones (points upward) 14. 倒立双锥形 2 cones (points downward) 15. 直立扫帚形（扫帚或竿形） besom, point up (broom or perch) 16. 倒立扫帚形（扫帚或竿形） besom, point down (broom or perch) 17. 旗形 flag 18. 球体在菱形体上 sphere over a rhombus 19. 正方形 square 20. 水平矩形 rectangle, horizontal	(S) EN	1,1

顶标 / 昼标形状 topmark/daymark shape	(TOPSHP)	21. 垂直矩形 rectangle, vertical 22. 直立梯形 trapezium, up 23. 倒立梯形 trapezium, down 24. 直立三角形 triangle, point up 25. 倒立三角形 triangle, point down 26. 圆形 circle 27. 双直立十字形（一个在另一个之上） two upright crosses (one over the other) 28. T 形 T-shape 29. 圆上直立三角形 triangle pointing up over a circle 30. 圆上直立十字形 upright cross over a circle 31. 菱形在圆上 rhombus over a circle 32. 圆在三角形顶尖上 circle over a triangle pointing up 33. 其他形状 [见“形状信息”（shape information）] other shape (see shape information)	(S) EN	1,1
形状信息 shape information			(S) C	0,*
语言 language		ISO 639-2/T	(S) TE	0,1
文本 text	(INFORM) (NINFOM)		(S) TE	1,1
垂直距离 vertical length	(VERLEN)		RE	0,1
视觉显著 visually conspicuous	(CONVIS)	1. 视觉显著 visually conspicuous 2. 视觉不显著 not visually conspicuous 3. 突出可见 prominent	EN	0,1
最小比例尺 scale minimum	(SCAMIN)	见 A.2.5.9 节	IN	0,1

INT 1 引用：Q 130.5

A.20.11.1 安全水域立标（Safe water beacon）（见 S-4 – B-461.3 和 B-467）

安全水域标表示标身周围均为安全水域。安全水域标也可以用作中心线、中间航道或登陆标，还可以指示桥下最佳通航点。

为与 IALA 海上浮标系统保持一致（见 A.18.3.1.1 节），安全水域标标身带有红白竖条纹。如果标身不是球形，应尽可能安装红色球形顶标，红色球形顶标是重要要素。灯标（如已安装）为白色 Oc（明暗光）、Iso（等明暗）、LFl（长闪）或 M_o（A）[莫 A]，周期为 10 秒。

如需编码具有安全水域标志功能的立标，必须使用“安全水域立标”（Beacon Safe Water）要素。

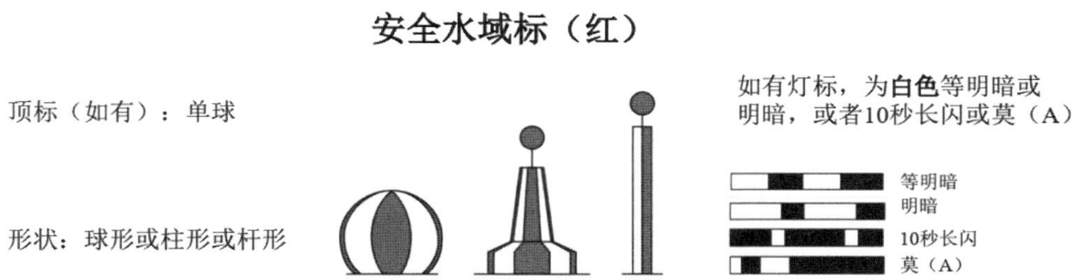

图A-20.8 IALA安全水域立标 – 特征

备注：

- 如需编码具有一种以上颜色的立标，必须根据 A.2.4.10 节的规则，使用“颜色”（colour）和“色彩图案”（colour pattern）属性。
- “高程”（elevation）、“高度”（height）和“垂直距离”（vertical length）属性的相关编码规则参见 A.2.5.7 节。其中，“高程”仅用于陆地标，“高度”和“垂直距离”的赋值必须包含顶标和所有的设备要素。
- 如需编码符合导航系统标志物颜色规定的堆石标（cairn），必须使用立标要素。

区别：方位立标（Beacon Cardinal）；孤立危险物立标（Beacon Isolated Danger）；侧面立标（Beacon Lateral）；专用 / 通用立标（Beacon Special Purpose/General）；昼标（Daymark）

要素 / 信息关联

类型	关联名称	关联端					
		类	角色	多重性	类	角色	多重性
组合	结构物 / 设备（Structure/ Equipment）	安全水域立标（Beacon Safe Water）	有支撑	0,1	昼标（Daymark）、雾号（Fog Signal）、环向灯标（Light All Around）、探雾灯（Light Fog Detector）、扇形光灯（Light Sectored）、实体 AIS 助航标志（Physical AIS Aid to Navigation）、雷达应答器（Radar Transponder Beacon）、反射器（Retroreflector）、交通信号站（Signal Station Traffic）、告警信号站（Signal Station Warning）	支撑	0,*

聚合	方位线系统聚合（Range System Aggregation）	安全水域立标（Beacon Safe Water）	构成	1,*	方位线系统（Range System）	包含	0,1
关联	助航标志关联（Aids to Navigation Association）	安全水域立标（Beacon Safe Water）	构成	1,*	群岛海道（Archipelagic Sea Lane）、深水航道（Deep Water Route）、航道系统（Fairway System）、分道通航制（Traffic Separation Scheme）、双向航道（Two-Way Route）	包含	0,1
聚合	航道辅助（Fairway Auxiliary）	安全水域立标（Beacon Safe Water）	有辅助	1,*	航道（Fairway）	辅助	0,1

A.20.12 专用 / 通用立标（Special purpose/general beacon）

IHO 定义：专用 / 通用立标（BEACON SPECIAL PURPOSE/GENERAL）。立标是一种专用视觉航标，是航行或海道测量的助航标志（IHO 词典 – S-32）。专用立标主要用于标示海图或《航路指南》《航海通告》中明显出现的区域或特征（英国海道测量局 NP 735，第 5 版）。

S-101 地理要素：Beacon Special Purpose/General（BCNSPP）

几何单形：点

现实世界	纸质海图符号	ECDIS 符号

S-101 属性	S-57 缩写	允许编码值	类型	多重性
立标形状 beacon shape	(BCNSHP)	1. 桩、杆、竿、柱 stake, pole, perch, post 2. 柳条 withy 3. 塔形立标 beacon tower 5. 大立标 pile beacon 6. 堆石标 cairn 7. 浮式立标 buoyant beacon	EN	1,1
专用标志类 category of special purpose mark	(CATSPM)	1. 射击危险区标 firing danger area mark 2. 目标标 target mark 3. 标志船标 marker ship mark 4. 消磁场标 degaussing range mark 5. 驳船标 barge mark	EN	1,*

专用标志类 category of special purpose mark	(CATSPM)	6. 电缆标 cable mark 7. 抛泥场标 spoil ground mark 8. 排水口标 outfall mark 10. 记录标 recording mark 11. 海上飞机锚地标 seaplane anchorage mark 12. 娱乐区标 recreation zone mark 14. 系泊标 mooring mark 16. 导标 leading mark 17. 测距标 measured distance mark 18. 告示标 notice mark 19. 分道通航制标志 TSS mark (Traffic Separation Scheme) 20. 禁止抛锚标 anchoring prohibited mark 21. 禁止靠泊标 berthing prohibited mark 22. 禁止超越标 overtaking prohibited mark 23. 禁止双向通行标 two-way traffic prohibited mark 24. 减少伴流标 reduced wake mark 25. 限速标 speed limit mark 26. 停止标 stop mark 27. 一般警告标 general warning mark 28. 鸣笛标 sound ship's siren mark 29. 限制净空高度标 restricted vertical clearance mark 30. 最大船舶吃水标 maximum vessel's draught mark	EN	1,*

专用标志类 category of special purpose mark	(CATSPM)	31. 限制水平净宽标 restricted horizontal clearance mark 32. 强流警告标 strong current warning mark 33. 允许靠泊标 berthing permitted mark 34. 架空电力电缆标 overhead power cable mark 35. 航道边缘坡度标 channel edge gradient' mark 36. 电话标 telephone mark 37. 轮渡交汇标 ferry crossing mark 39. 管道标 pipeline mark 40. 锚地标 anchorage mark 41. 避险标志 clearing mark 42. 控制标 control mark 43. 潜水标 diving mark 44. 避难立标 refuge beacon 45. 碍锚地标 foul ground mark 46. 游艇标 yachting mark 47. 直升机机场标 heliport mark 48. 全球导航卫星系统标 GNSS mark 49. 海上飞机降落标 seaplane landing mark 50. 禁止进入标 entry prohibited mark 51. 正在作业标 work in progress mark 52. 未知目的标 mark with unknown purpose 53. 井口标 wellhead mark	EN	1,*

专用标志类 category of special purpose mark	(CATSPM)	54. 航道分离标 channel separation mark 55. 海水养殖场标 marine farm mark 56. 人工礁标 artificial reef mark 57. 冰标 ice mark 58. 自然保护区标 nature reserve mark 60. 沉船标 wreck mark 61. 海关标 customs mark 62. 堤道标 causeway mark 63. 录波器 wave recorder	EN	1,*
颜色 colour	(COLOUR)	1. 白色 white 2. 黑色 black 3. 红色 red 4. 绿色 green 5. 蓝色 blue 6. 黄色 yellow 7. 灰色 grey 8. 棕色 brown 9. 琥珀色 amber 10. 紫色 violet 11. 橙色 orange 12. 洋红色 magenta 13. 粉红色 pink	EN	1,* (ordered)

色彩图案 colour pattern	(COLPAT)	1. 横条纹 horizontal stripes 2. 竖条纹 vertical stripes 3. 斜条纹 diagonal stripes 4. 方格 squared 5. 条纹（方向未知） stripes (direction unknown) 6. 边界条纹 border stripe	EN	0,1
状态 condition	(CONDTN)	1. 在建 under construction 2. 废弃 ruined 5. 拟建 planned construction	EN	0,1
高程 elevation	(ELEVAT)		RE	0,1
要素名称 feature name			C	0,*
显示名称 display name			(S) BO	0,1
语言 language		ISO 639-2/T	(S) TE	0,1
名称 name	(OBJNAM) (NOBJNM)		(S) TE	1,1
固定日期范围 fixed date range			C	0,1
终止日期 date end	(DATEND)	ISO 8601：2004	(S) TD	0,1
开始日期 date start	(DATSTA)	ISO 8601：2004	(S) TD	0,1
高度 height	(HEIGHT)		RE	0,1
海上标志体系 marks navigational–system of	(MARSYS)	1. IALA A 2. IALA B 9. 无系统 no system 11. 欧洲内河航道通航规范 CEVNI	EN	0,1

结构物材质 nature of construction	(NATCON)	1. 砖石 masonry 2. 混凝土 concreted 6. 木质 wooden 7. 金属 metal 8. 玻璃钢 glass reinforced plastic (GRP) 11. 网格 latticed	EN	0,*
周期性日期范围 periodic date range			C	0,*
终止日期 date end	(PEREND)	ISO 8601：2004	(S) TD	1,1
开始日期 date start	(PERSTA)	ISO 8601：2004	(S) TD	1,1
雷达显著 radar conspicuous	(CONRAD)		BO	0,1
报告日期 reported date	(SORDAT)	ISO 8601：2004	TD	0,1
状况 status	(STATUS)	1. 永久 permanent 2. 偶尔 occasional 4. 不使用 not in use 5. 周期性 / 间歇性 periodic/intermittent 7. 临时 temporary 8. 私有 private 12. 有照明 illuminated 18. 疑存 existence doubtful	EN	0,*
顶标 topmark	(TOPMAR)		C	0,1

颜色 colour	(COLOUR)	1. 白色 white 2. 黑色 black 3. 红色 red 4. 绿色 green 5. 蓝色 blue 6. 黄色 yellow 7. 灰色 grey 8. 棕色 brown 9. 琥珀色 amber 10. 紫色 violet 11. 橙色 orange 12. 洋红色 magenta 13. 粉红色 pink	(S) EN	0,1
顶标 / 昼标形状 topmark/daymark shape	(TOPSHP)	1. 直立圆锥形 cone, point up 2. 倒立圆锥形 cone, point down 3. 球形 sphere 4. 双球形 2 spheres 5. 圆柱形（罐） cylinder (can) 6. 牌形 board 7. X 形（圣・安德鲁十字） x-shape (St. Andrew's cross) 8. 直立十字形（圣・乔治十字） upright cross (St George's cross) 9. 直立立方形 cube, point up	(S) EN	1,1

顶标 / 昼标形状 topmark/daymark shape	(TOPSHP)	10. 顶点相对双圆锥形 2 cones, point to point 11. 底座相对双圆锥形 2 cones, base to base 12. 菱形（钻石形） rhombus (diamond) 13. 直立双锥形 2 cones (points upward) 14. 倒立双锥形 2 cones (points downward) 15. 直立扫帚形（扫帚或竿形） besom, point up (broom or perch) 16. 倒立扫帚形（扫帚或竿形） besom, point down (broom or perch) 17. 旗形 flag 18. 球体在菱形体上 sphere over a rhombus 19. 正方形 square 20. 水平矩形 rectangle, horizontal 21. 垂直矩形 rectangle, vertical 22. 直立梯形 trapezium, up 23. 倒立梯形 trapezium, down 24. 直立三角形 triangle, point up 25. 倒立三角形 triangle, point down 26. 圆形 circle 27. 双直立十字形（一个在另一个之上） two upright crosses (one over the other) 28. T 形 T-shape 29. 圆上直立三角形 triangle pointing up over a circle 30. 圆上直立十字形 upright cross over a circle 31. 菱形在圆上 rhombus over a circle	(S) EN	1,1

顶标 / 昼标形状 topmark/daymark shape	(TOPSHP)	32. 圆在三角形顶尖上 circle over a triangle pointing up 33. 其他形状 [见“形状信息”（shape information）] other shape (see shape information)	(S) EN	1,1
形状信息 shape information			(S) C	0,*
语言 language		ISO 639-2/T	(S) TE	0,1
文本 text	(INFORM) (NINFOM)		(S) TE	1,1
垂直距离 vertical length	(VERLEN)		RE	0,1
视觉显著 visually conspicuous	(CONVIS)	1. 视觉显著 visually conspicuous 2. 视觉不显著 not visually conspicuous 3. 突出可见 prominent	EN	0,1
最小比例尺 scale minimum	(SCAMIN)	见 A.2.5.9 节	IN	0,1

INT 1 引用：Q130.6

A.20.12.1 专用 / 通用立标（Special purpose/general beacon）（见 S-4 – B-461.3 和 B-467）

专用立标用于向海员指示特殊区域或要素，纸质海图或相关出版物有对专用立标性质的详细介绍。

为与 IALA 海上浮标系统保持一致（见 A.18.3.1.1 节），标身为黄色。顶标（如已安装）为黄色对角线“X”形（圣安德鲁十字形）。灯标（如已安装）为黄色，其灯光可以是任何节奏，用作方位标、孤立危险物标和安全水域标的情况除外。

如需编码具有专用标志功能的立标或对其外观 / 用途了解不足的立标，必须使用要素“专用 / 通用立标”（Beacon Special Purpose/General）。

在下表中，空白表示编码人员可以为该属性选择相关值。表格中是最常见的编码示例；也可以使用其他编码组合。

表 A-20.2 IALA 专用立标——般类型

要素（英文）	要素（中文）	INT1	要素（英文）	要素（中文）	立标形状 beacon shape	专用标志类 category of special purpose mark	其他属性
Minor not permanent mark	次要非永久性立标	Q90	Beacon ***	立标 ***	1		
Cairn	堆石标	Q100	Beacon ***	立标 ***	6		
Beacon tower	塔形立标	Q110	Beacon ***	立标 ***	3		
Lattice beacon	格式立标	Q111	Beacon ***	立标 ***			结构物材质（nature of construction）=10

要素（英文）	要素（中文）	INT1	要素（英文）	要素（中文）	立标形状 beacon shape	专用标志类 category of special purpose mark	其他属性
Leading beacon	导标	Q120	Beacon Special Purpose/General	专用 / 通用立标		16	
Beacon marking a clearing line	安全线立标	Q121	Beacon Special Purpose/General	专用 / 通用立标		41	
Beacon marking measured distance	测距立标	Q122	Beacon Special Purpose/General	专用 / 通用立标		17	
Cable landing beacon	电缆接岸立标	Q123	Beacon Special Purpose/General	专用 / 通用立标		6	
Outfall landing beacon	排水口接岸立标	Q123	Beacon Special Purpose/General	专用 / 通用立标		8	
Pipeline landing beacon	管道接岸立标	Q123	Beacon Special Purpose/General	专用 / 通用立标		39	
Refuge beacon	避难立标	Q124	Beacon Special Purpose/General	专用 / 通用立标		44	
Firing practice area beacon	射击训练区立标	Q125	Beacon Special Purpose/General	专用 / 通用立标		1	
Notice board	告示牌	Q126	Beacon Special Purpose/General	专用 / 通用立标		18	
Buoyant beacon	浮式立标	P5	Beacon Special Purpose/General	专用 / 通用立标	7		

备注：

- 必要时，用作专用立标的非立标结构物（如烟囱、桅杆、塔）必须使用“陆标”（Landmark）（见 A.7.2 节）要素进行编码。
- 如需编码具有一种以上颜色的立标，必须根据 A.2.4.10 节的规则，使用“颜色”（colour）和“色彩图案”（colour pattern）属性。
- “高程”（elevation）、“高度”（height）和“垂直距离”（vertical length）属性的相关编码规则参见 A.2.5.7 节。其中，“高程”（elevation）仅用于陆地标，“高度”（height）和“垂直距离”（vertical length）的赋值必须包含顶标和所有的设备要素。
- 如果专用立标与“航标制度”（Navigational System of Marks）（见 A.3.5 节）定义的航标制度不一致，则“专用 / 通用立标”（Beacon Special Purpose/General）的属性“海上标志体系”（marks navigational–system of）应填写 9 [“无系统”（no system）]。
- 如需编码符合导航系统标志物颜色规定的堆石标（cairn），必须使用立标要素。

A.20.12.2　标志（Sign）和告示牌（Notice board）

如需编码固定 / 浮式标志或告示牌，必须使用“专用 / 通用立标”（Beacon Special Purpose/General）或“专用 / 通用浮标”（Buoy Special Purpose/General）要素（见 A.20.5 节），并设置属性“专用标志类”（category of special purpose mark）=18 [“告示标志”（notice mark）]；或使用“昼标”（Daymark）要素（见 A.20.13 节）。

备注：

- 如需编码具有一种以上颜色的标志或告示牌，必须根 A.2.4.10 节的规则，使用“颜色”（colour）和“色彩图案”（colour pattern）属性。
- 如需编码告示牌或标志上显示的任意文本，必须使用信息类型“航海信息”（Nautical Information）（见 A.24.4 节）的相关实例和复杂属性“信息”（information）。

• 如需编码告示牌的形状和颜色，必须编码为"昼标"（Daymark）要素。 区别：方位立标（Beacon Cardinal）；孤立危险物立标（Beacon Isolated Danger）；侧面立标（Beacon Lateral）；安全水域立标（Beacon Safe Water）；昼标（Daymark）；陆标（Landmark）

要素 / 信息关联

类型	关联名称	关联端					
		类	角色	多重性	类	角色	多重性
组合	结构物 / 设备（Structure/ Equipment）	专用 / 通用立标（Beacon Special Purpose/ General）	有支撑	0,1	昼标（Daymark）、雾号（Fog Signal）、环向灯标（Light All Around）、探雾灯（Light Fog Detector）、扇形光灯（Light Sectored）、实体 AIS 助航标志（Physical AIS Aid to Navigation）、雷达应答器（Radar Transponder Beacon）、反射器（Retroreflector）、交通信号站（Signal Station Traffic）、告警信号站（Signal Station Warning）	支撑	0,*
聚合	方位线系统聚合（Range System Aggregation）	专用 / 通用立标（Beacon Special Purpose/ General）	构成	1,*	方位线系统（Range System）	包含	0,1
关联	助航标志关联（Aids to Navigation Association）	专用 / 通用立标（Beacon Special Purpose/ General）	构成	1,*	群岛海道（Archipelagic Sea Lane）、深水航道（Deep Water Route）、航道系统（Fairway System）、分道通航制（Traffic Separation Scheme）、双向航道（Two-Way Route）	包含	0,1
聚合	航道辅助（Fairway Auxiliary）	专用 / 通用立标（Beacon Special Purpose/ General）	有辅助	1,*	航道（Fairway）	辅助	0,1

A.20.13 昼标（Daymark）

IHO 定义：昼标（DAYMARK）。昼标是在白天便于识别的助航标志。在要求距离内应被看到但其自身不能被看到的结构物上加上昼标，以提高该结构物的可视度。为符合助航目的，此类昼标的颜色和形状都非常醒目（IHO 词典 – S-32，第 5 版）。				
S-101 地理要素：Daymark（DAYMAR）				
几何单形：点				
现实世界	纸质海图符号	ECDIS 符号		
S-101 属性	**S-57 缩写**	**允许编码值**	**类型**	**多重性**
专用标志类 category of special purpose mark	(CATSPM)	1. 射击危险区标 firing danger area mark 2. 目标标 target mark	EN	0,*

专用标志类 category of special purpose mark	(CATSPM)	3. 标志船标 marker ship mark 4. 消磁场标 degaussing range mark 5. 驳船标 barge mark 6. 电缆标 cable mark 7. 抛泥场标 spoil ground mark 8. 排水口标 outfall mark 10. 记录标 recording mark 11. 海上飞机锚地标 seaplane anchorage mark 12. 娱乐区标 recreation zone mark 14. 系泊标 mooring mark 15. 大型助航浮标 LANBY 16. 导标 leading mark 17. 测距标 measured distance mark 18. 告示标 notice mark 19. 分道通航制标志 TSS mark (Traffic Separation Scheme) 20. 禁止抛锚标 anchoring prohibited mark 21. 禁止靠泊标 berthing prohibited mark 22. 禁止超越标 overtaking prohibited mark 23. 禁止双向通行标 two-way traffic prohibited mark 24. 减少伴流标 reduced wake mark 25. 限速标 speed limit mark 26. 停止标 stop mark	EN	0,*

专用标志类 category of special purpose mark	(CATSPM)	27. 一般警告标 general warning mark 28. 鸣笛标 sound ship's siren mark 29. 限制净空高度标 restricted vertical clearance mark 30. 最大船舶吃水标 maximum vessel's draught mark 31. 限制水平净宽标 restricted horizontal clearance mark 32. 强流警告标 strong current warning mark 33. 允许靠泊标 berthing permitted mark 34. 架空电力电缆标 overhead power cable mark 35. 航道边缘坡度标 channel edge gradient' mark 36. 电话标 telephone mark 37. 轮渡交汇标 ferry crossing mark 39. 管道标 pipeline mark 40. 锚地标 anchorage mark 41. 避险标志 clearing mark 42. 控制标 control mark 43. 潜水标 diving mark 44. 避难立标 refuge beacon 45. 碍锚地标 foul ground mark 46. 游艇标 yachting mark 47. 直升机机场标 heliport mark 48. 全球导航卫星系统标 GNSS mark 49. 海上飞机降落标 seaplane landing mark	EN	0,*

专用标志类 category of special purpose mark	(CATSPM)	50. 禁止进入标 entry prohibited mark 51. 正在作业标 work in progress mark 52. 未知目的标 mark with unknown purpose 53. 井口标 wellhead mark 54. 航道分离标 channel separation mark 55. 海水养殖场标 marine farm mark 56. 人工礁标 artificial reef mark 57. 冰标 ice mark 58. 自然保护区标 nature reserve mark 60. 沉船标 wreck mark 61. 海关标 customs mark 62. 堤道标 causeway mark 63. 录波器 wave recorder	EN	0,*
颜色 colour	(COLOUR)	1. 白色 white 2. 黑色 black 3. 红色 red 4. 绿色 green 5. 蓝色 blue 6. 黄色 yellow 7. 灰色 grey 8. 棕色 brown 9. 琥珀色 amber	EN	1,* (ordered)

颜色 colour	(COLOUR)	10. 紫色 violet 11. 橙色 orange 12. 洋红色 magenta 13. 粉红色 pink	EN	1,* (ordered)
色彩图案 colour pattern	(COLPAT)	1. 横条纹 horizontal stripes 2. 竖条纹 vertical stripes 3. 斜条纹 diagonal stripes 4. 方格 squared 5. 条纹（方向未知） stripes (direction unknown) 6. 边界条纹 border stripe	EN	0,1
高程 elevation	(ELEVAT)		RE	0,1
要素名称 feature name			C	0,* (ordered)
显示名称 display name			(S) BO	0,1
语言 language		ISO 639-2/T	(S) TE	0,1
名称 name	(OBJNAM) (NOBJNM)		(S) TE	1,1
固定日期范围 fixed date range			C	0,1
终止日期 date end	(DATEND)	ISO 8601：2004	(S) TD	0,1
开始日期 date start	(DATSTA)	ISO 8601：2004	(S) TD	0,1
高度 height	(HEIGHT)		RE	0,1
结构物材质 nature of construction	(NATCON)	1. 砖石 masonry 2. 混凝土 concreted	EN	0,*

结构物材质 nature of construction	(NATCON)	4. 硬面 hard surfaced 6. 木质 wooden 7. 金属 metal 8. 玻璃钢 glass reinforced plastic (GRP) 11. 网格 latticed	EN	0,*
周期性日期范围 periodic date range			C	0,*
终止日期 date end	(PEREND)	ISO 8601：2004	(S) TD	1,1
开始日期 date start	(PERSTA)	ISO 8601：2004	(S) TD	1,1
雷达显著 radar conspicuous	(CONRAD)		BO	0,1
状况 status	(STATUS)	1. 永久 permanent 4. 不使用 not in use 5. 周期性 / 间歇性 periodic/intermittent 7. 临时 temporary 8. 私有 private 12. 有照明 illuminated	EN	0,*
顶标 / 昼标形状 topmark/daymark shape	(TOPSHP)	1. 直立圆锥形 cone, point up 2. 倒立圆锥形 cone, point down 3. 球形 sphere 4. 双球形 2 spheres 5. 圆柱形（罐） cylinder (can) 6. 牌形 board 7. X 形（圣・安德鲁十字） x-shape (St. Andrew's cross)	EN	1,1

顶标 / 昼标形状 topmark/daymark shape	(TOPSHP)	8. 直立十字形（圣・乔治十字） upright cross (St George's cross) 9. 直立立方形 cube, point up 10. 顶点相对双圆锥形 2 cones, point to point 11. 底座相对双圆锥形 2 cones, base to base 12. 菱形（钻石形） rhombus (diamond) 13. 直立双锥形 2 cones (points upward) 14. 倒立双锥形 2 cones (points downward) 15. 直立扫帚形（扫帚或竿形） besom, point up (broom or perch) 16. 倒立扫帚形（扫帚或竿形） besom, point down (broom or perch) 17. 旗形 flag 18. 球体在菱形体上 sphere over a rhombus 19. 正方形 square 20. 水平矩形 rectangle, horizontal 21. 垂直矩形 rectangle, vertical 22. 直立梯形 trapezium, up 23. 倒立梯形 trapezium, down 24. 直立三角形 triangle, point up 25. 倒立三角形 triangle, point down 26. 圆形 circle 27. 双直立十字形（一个在另一个之上） two upright crosses (one over the other) 28. T 形 T-shape 29. 圆上直立三角形 triangle pointing up over a circle	EN	1,1

顶标 / 昼标形状 topmark/daymark shape	(TOPSHP)	30. 圆上直立十字形 upright cross over a circle 31. 菱形在圆上 rhombus over a circle 32. 圆在三角形顶尖上 circle over a triangle pointing up 33. 其他形状 [见“形状信息”（shape information）] other shape (see shape information)	EN	1,1
垂直距离 vertical length	(VERLEN)		RE	0,1
形状信息 shape information			C	0,*
语言 language		ISO 639-2/T	(S) TE	0,1
文本 text	(INFORM) (NINFOM)		(S) TE	1,1
最小比例尺 scale minimum	(SCAMIN)	见 A.2.5.9 节	IN	0,1

INT 1 引用：Q101

A.20.13.1　昼标（Daymark）（见 S-4 – B-455.9）

如需编码昼标，必须使用“昼标”（Daymark）要素。

术语“昼标”（daymark）也可表示任何不发光的助航标志，尤指导标。北美用术语“daybeacon”表示不发光的立标。

在下表中，空白表示编码者可以选择属性相关值。表格中是最常见的编码示例；也可以使用其他编码组合。

表 20.3　昼标 – 示例

要素（英文）	要素（中文）	INT1	要素（英文）	要素（中文）	专用标志类 category of special purpose mark	其他属性
Coloured or white mark	彩色或白色标志	Q101	Daymark	昼标		结构物材质(nature of construction）=9
Coloured topmark with function of beacon	具有立标功能的彩色顶标	Q102.1	Daymark	昼标		结构物材质(nature of construction）=9
Painted board with function of leading beacon	具有导标功能的着色牌	Q102.2	Daymark	昼标	16	顶标形状(topmark shape）=6

备注：

- “高程”（elevation）、“高度”（height）和“垂直距离”（vertical length）属性的相关编码规则参见 A.2.5.7 节。其中，“高程”（elevation）仅用于陆地昼标。“高度”（height）和“垂直距离”（vertical length）的赋值必须包含任何设备要素。
- 如需编码符合导航系统标志物颜色规定的堆石标（cairn），必须使用立标要素。
- 如需编码具有一种以上颜色的昼标，必须根据 A.2.4.10 节的规则，使用属性“颜色”（colour）和“色彩图案”（colour pattern）。

区别：方位立标（Beacon Cardinal）；孤立危险物立标（Beacon Isolated Danger）；侧面立标（Beacon Lateral）；安全水域立标（Beacon Safe Water）；专用 / 通用立标（Beacon Special Purpose/General）；顶标（Topmark）

要素 / 信息关联

类型	关联名称	关联端					
		类	角色	多重性	类	角色	多重性
组合	结构物 / 设备（Structure/Equipment）	昼标（Daymark）	有支撑	0,1	雾号（Fog Signal）、环向灯标（Light All Around）、雾情探测灯（Light Fog Detector）、扇形光灯（Light Sectored）、实体 AIS 助航标志（Physical AIS Aid to Navigation）、雷达应答器（Radar Transponder Beacon）、反射器（Retroreflector）、交通信号站（Signal Station Traffic）、告警信号站（Signal Station Warning）	支撑	0,*
组合	结构物 / 设备（Structure/Equipment）	昼标（Daymark）	支撑	0,1	方位立标（Beacon Cardinal）、孤立危险物立标（Beacon Isolated Danger）、侧面立标（Beacon Lateral）、安全水域立标（Beacon Safe Water）、专用 / 通用立标（Beacon Special Purpose/General）、桥梁（Bridge）、建筑物（Building）、方位浮标（Buoy Cardinal）、应急沉船示位浮标（Buoy Emergency Wreck Marking）、设备浮标（Buoy Installation）、孤立危险物浮标（Buoy Isolated Danger）、侧面浮标（Buoy Lateral）、安全水域浮标（Buoy Safe Water）、专用 / 通用浮标（Buoy Special Purpose/General）、起重机（Crane）、传送装置（Conveyor）、捕鱼设施（Fishing Facility）、浮船坞（Floating Dock）、防御工事（Fortified Structure）、报废船（Hulk）、陆标（Landmark）、灯浮（Light Float）、灯船（Light Vessel）、系泊绞缆设施（Mooring/Warping Facility）、海上平台（Offshore Platform）、桩（Pile）、架空管道（Pipeline Overhead）、浮码头（Pontoon）、塔架 / 桥墩（Pylon/Bridge Support）、岸线结构物（Shoreline Construction）、筒仓 / 罐（Silo/Tank）、固定桥跨（Span Fixed）、活动桥跨（Span Opening）、风力发电机（Wind Turbine）	有支撑	0,1
聚合	方位线系统聚合（Range System Aggregation）	昼标（Daymark）	构成	1,*	方位线系统（Range System）	包含	0,1

关联	助航标志关联（Aids to Navigation Association）	昼标（Daymark）	构成	1,*	群岛海道（Archipelagic Sea Lane）、深水航道（Deep Water Route）、航道系统（Fairway System）、分道通航制（Traffic Separation Scheme）、双向航道（Two-Way Route）	包含	0,1
聚合	航道辅助（Fairway Auxiliary）	昼标（Daymark）	有辅助	1,*	航道（Fairway）	辅助	0,1

A.20.14　灯浮（Light float）

IHO 定义：灯浮（LIGHT FLOAT）。灯浮是一种船形的航标，它用来代替急流中的发光浮标或需较大高度的发光浮标（IHO 词典 – S-32）。

S-101 地理要素：Light Float（LITFLT）

几何单形：点

现实世界	纸质海图符号	ECDIS 符号

S-101 属性	S-57 缩写	允许编码值	类型	多重性
颜色 colour	(COLOUR)	1. 白色 white 2. 黑色 black 3. 红色 red 4. 绿色 green 5. 蓝色 blue 6. 黄色 yellow 7. 灰色 grey 8. 棕色 brown 9. 琥珀色 amber 10. 紫色 violet 11. 橙色 orange 12. 洋红色 magenta 13. 粉红色 pink	EN	1,* (ordered)

色彩图案 colour pattern	(COLPAT)	1. 横条纹 horizontal stripes 2. 竖条纹 vertical stripes 3. 斜条纹 diagonal stripes 4. 方格 squared 5. 条纹（方向未知） stripes (direction unknown) 6. 边界条纹 border stripe	EN	0,1
要素名称 feature name			C	0,*
显示名称 display name			(S) BO	0,1
语言 language		ISO 639-2/T	(S) TE	0,1
名称 name	(OBJNAM) (NOBJNM)		(S) TE	1,1
固定日期范围 fixed date range			C	0,1
终止日期 date end	(DATEND)	ISO 8601：2004	(S) TD	0,1
开始日期 date start	(DATSTA)	ISO 8601：2004	(S) TD	0,1
水平长度 horizontal length	(HORLEN)		RE	0,1
水平宽度 horizontal width	(HORWID)		RE	0,1
结构物材质 nature of construction	(NATCON)	6. 木质 wooden 7. 金属 metal 11. 网格 latticed	EN	0,*
周期性日期范围 periodic date range			C	0,*
终止日期 date end	(PEREND)	ISO 8601：2004	(S) TD	1,1
开始日期 date start	(PERSTA)	ISO 8601：2004	(S) TD	1,1

雷达显著 radar conspicuous	(CONRAD)		BO	0,1
状况 status	(STATUS)	1. 永久 permanent 2. 偶尔 occasional 4. 不使用 not in use 5. 周期性 / 间歇性 periodic/intermittent 7. 临时 temporary 8. 私有 private 14. 公共 public 16. 有人看守 watched 17. 无人看守 un-watched	EN	0,*
顶标 topmark	(TOPMAR)		C	0,1
颜色 colour	(COLOUR)	1. 白色 white 2. 黑色 black 3. 红色 red 4. 绿色 green 5. 蓝色 blue 6. 黄色 yellow 7. 灰色 grey 8. 棕色 brown 9. 琥珀色 amber 10. 紫色 violet 11. 橙色 orange	(S) EN	0,1

颜色 colour	(COLOUR)	12. 洋红色 magenta 13. 粉红色 pink	(S) EN	0,1
顶标 / 昼标形状 topmark/daymark shape	(TOPSHP)	1. 直立圆锥形 cone, point up 2. 倒立圆锥形 cone, point down 3. 球形 sphere 4. 双球形 2 spheres 5. 圆柱形（罐） cylinder (can) 6. 牌形 board 7. X 形（圣・安德鲁十字） x-shape (St. Andrew's cross) 8. 直立十字形（圣・乔治十字） upright cross (St George's cross) 9. 直立立方形 cube, point up 10. 顶点相对双圆锥形 2 cones, point to point 11. 底座相对双圆锥形 2 cones, base to base 12. 菱形（钻石形） rhombus (diamond) 13. 直立双锥形 2 cones (points upward) 14. 倒立双锥形 2 cones (points downward) 15. 直立扫帚形（扫帚或竿形） besom, point up (broom or perch) 16. 倒立扫帚形（扫帚或竿形） besom, point down (broom or perch) 17. 旗形 flag 18. 球体在菱形体上 sphere over a rhombus 19. 正方形 square 20. 水平矩形 rectangle, horizontal	(S) EN	1,1

顶标 / 昼标形状 topmark/daymark shape	(TOPSHP)	21. 垂直矩形 rectangle, vertical 22. 直立梯形 trapezium, up 23. 倒立梯形 trapezium, down 24. 直立三角形 triangle, point up 25. 倒立三角形 triangle, point down 26. 圆形 circle 27. 双直立十字形（一个在另一个之上） two upright crosses (one over the other) 28. T 形 T-shape 29. 圆上直立三角形 triangle pointing up over a circle 30. 圆上直立十字形 upright cross over a circle 31. 菱形在圆上 rhombus over a circle 32. 圆在三角形顶尖上 circle over a triangle pointing up 33. 其他形状 [见“形状信息”（shape information）] other shape (see shape information)	(S) EN	1,1
形状信息 shape information			(S) C	0,1
语言 　language		ISO 639-2/T	(S) TE	0,1
文本 　text	(INFORM) (NINFOM)		(S) TE	1,1
垂直距离 vertical length	(VERLEN)		RE	0,1
视觉显著 visually conspicuous	(CONVIS)	1. 视觉显著 visually conspicuous 2. 视觉不显著 not visually conspicuous 3. 突出可见 prominent	EN	0,1
最小比例尺 scale minimum	(SCAMIN)	见 A.2.5.9 节	IN	0,1

INT 1 引用：Q30

A.20.14.1 灯浮（Lights float）（见 S-4 – B-462.8）

如需编码灯浮，必须使用“灯浮”（Light Float）要素。

备注：

- 如需编码具有一种以上颜色的灯浮，必须根据 A.2.4.10 节的规则，使用“颜色”（colour）和“色彩图案”（colour pattern）属性。
- 灯浮上的灯标是独立要素，与浮标、立标等同处理。

区别：方位浮标（Buoy Cardinal）；应急沉船示位浮标（Buoy Emergency Wreck Marking）；设备浮标（Buoy Installation）；孤立危险物浮标（Buoy Isolated Danger）；侧面浮标（Buoy Lateral）；安全水域浮标（Buoy Safe Water）；专用 / 通用浮标（Buoy Special Purpose/Genernal）；灯船（Light Vessel）

要素 / 信息关联

类型	关联名称	关联端					
		类	角色	多重性	类	角色	多重性
组合	结构物 / 设备（Structure/ Equipment）	灯浮（Light Float）	有支撑	0,1	昼标（Daymark）、雾号（Fog Signal）、环向灯标（Light All Around）、雾情探测灯（Light Fog Detector）、实体 AIS 助航标志（Physical AIS Aid to Navigation）、雷达应答器（Radar Transponder Beacon）、反射器（Retroreflector）、交通信号站（Signal Station Traffic）、告警信号站（Signal Station Warning）	支撑	0,*
关联	助航标志关联（Aids to Navigation Association）	灯浮（Light Float）	构成	1,*	群岛海道（Archipelagic Sea Lane）、深水航道（Deep Water Route）、航道系统（Fairway System）、分道通航制（Traffic Separation Scheme）、双向航道（Two-Way Route）	包含	0,1
聚合	航道辅助（Fairway Auxiliary）	灯浮（Light Float）	有辅助	1,*	航道（Fairway）	辅助	0,1

A.20.15 灯船（Light vessel）

IHO 定义：灯船（LIGHT VESSEL）。系泊于海图上标绘点的用作助航设备的具有特殊标志的船。夜间它发出特定的一种或几种光。通常装备有其他设备，如雾号、海底声信号和无线电信标来助航（IHO 词典 – S-32）。

S-101 地理要素：Light Vessel（LITVES）

几何单形：点

现实世界	纸质海图符号	ECDIS 符号

S-101 属性	S-57 缩写	允许编码值	类型	多重性
颜色 colour	(COLOUR)	1. 白色 white 2. 黑色 black	EN	1,* (ordered)

颜色 colour	(COLOUR)	3. 红色 red 4. 绿色 green 5. 蓝色 blue 6. 黄色 yellow 7. 灰色 grey 8. 棕色 brown 9. 琥珀色 amber 10. 紫色 violet 11. 橙色 orange 12. 洋红色 magenta 13. 粉红色 pink	EN	1,* (ordered)
色彩图案 colour pattern	(COLPAT)	1. 横条纹 horizontal stripes 2. 竖条纹 vertical stripes 3. 斜条纹 diagonal stripes 4. 方格 squared 5. 条纹（方向未知） stripes (direction unknown) 6. 边界条纹 border stripe	EN	0,1
要素名称 feature name			C	0,*
显示名称 display name			(S) BO	0,1
语言 language		ISO 639-2/T	(S) TE	0,1
名称 name	(OBJNAM) (NOBJNM)		(S) TE	1,1
固定日期范围 fixed date range			C	0,1

终止日期 date end	(DATEND)	ISO 8601：2004	(S) TD	0,1
开始日期 date start	(DATSTA)	ISO 8601：2004	(S) TD	0,1
水平长度 horizontal length	(HORLEN)		RE	0,1
水平宽度 horizontal width	(HORWID)		RE	0,1
结构物材质 nature of construction	(NATCON)	6. 木质 wooden 7. 金属 metal	EN	0,*
周期性日期范围 periodic date range			C	0,*
终止日期 date end	(PEREND)	ISO 8601：2004	(S) TD	1,1
开始日期 date start	(PERSTA)	ISO 8601：2004	(S) TD	1,1
雷达显著 radar conspicuous	(CONRAD)		BO	0,1
状况 status	(STATUS)	1. 永久 permanent 2. 偶尔 occasional 4. 不使用 not in use 5. 周期性 / 间歇性 periodic/intermittent 7. 临时 temporary 8. 私有 private 14. 公共 public 16. 有人看守 watched 17. 无人看守 un-watched	EN	0,*
垂直距离 vertical length	(VERLEN)		RE	0,1

视觉显著 visually conspicuous	(CONVIS)	1. 视觉显著 visually conspicuous 2. 视觉不显著 not visually conspicuous 3. 突出可见 prominent	EN	0,1
最小比例尺 scale minimum	(SCAMIN)	见 A.2.5.9 节	IN	0,1

INT 1 引用：P6

A.20.15.1　灯船（Lights vessel）（见 S-4 – B-474.1-3）

主要灯船的标定作用距离通常超过 10 海里。特殊情况（如孤立位置）可能意味着此时灯船的标定作用距离较小。灯标所在的结构物可以是灯船、主要灯浮或 LANBY（Large Automatic Navigational Buoy，“大型助航浮标”，一种大型浮标）。

如需编码灯船，必须使用“灯船”（Light Vessel）要素。

备注：

- 如需编码具有一种以上颜色的灯船，必须根据 A.2.4.10 节的规则，使用“颜色”（colour）和“色彩图案”（colour pattern）属性。

区别：方位立标（Beacon Cardinal）；孤立危险物立标（Beacon Isolated Danger）；侧面立标（Beacon Lateral）；安全水域立标（Beacon Safe Water）；专用 / 通用立标（Beacon Special Purpose/General）；方位浮标（Buoy Cardinal）；应急沉船示位浮标（Buoy Emergency Wreck Marking）；设备浮标（Buoy Installation）；孤立危险物浮标（Buoy Isolated Danger）；侧面浮标（Buoy Lateral）；安全水域浮标（Buoy Safe Water）；专用 / 通用浮标（Buoy Special Purpose/General）；灯浮（Light Float）

要素 / 信息关联

类型	关联名称	类	角色	多重性	关联端 类	角色	多重性
组合	结构物 / 设备（Structure/ Equipment）	灯船（Light Vessel）	有支撑	0,1	昼标（Daymark）、雾号（Fog Signal）、环向灯标（Light All Around）、雾情探测灯（Light Fog Detector）、实体 AIS 助航标志（Physical AIS Aid to Navigation）、雷达应答器（Radar Transponder Beacon）、反射器（Retroreflector）、交通信号站（Signal Station Traffic）、告警信号站（Signal Station Warning）	支撑	0,*
关联	助航标志关联（Aids to Navigation Association）	灯船（Light Vessel）	构成	1,*	群岛海道（Archipelagic Sea Lane）、深水航道（Deep Water Route）、航道系统（Fairway System）、分道通航制（Traffic Separation Scheme）、双向航道（Two-Way Route）	包含	0,1
聚合	航道辅助（Fairway Auxiliary）	灯船（Light Vessel）	有辅助	1,*	航道（Fairway）	辅助	0,1

A.20.16 反射器（Retroreflector）

IHO 定义：反射器（RETROREFLECTOR）。一种在夜间区分不发光物体的方法。用反射材料制成特定的模式置于标志上反射光线（英国海道测量局 NP 735，第 5 版）。				
S-101 地理要素：Retroreflector（RETRFL）				
几何单形：点				
现实世界	纸质海图符号	ECDIS 符号		
S-101 属性	**S-57 缩写**	**允许编码值**	**类型**	**多重性**
颜色 colour	(COLOUR)	1. 白色 white 2. 黑色 black 3. 红色 red 4. 绿色 green 5. 蓝色 blue 6. 黄色 yellow 7. 灰色 grey 8. 棕色 brown 9. 琥珀色 amber 10. 紫色 violet 11. 橙色 orange 12. 洋红色 magenta 13. 粉红色 pink	EN	0,* (ordered)
色彩图案 colour pattern	(COLPAT)	1. 横条纹 horizontal stripes 2. 竖条纹 vertical stripes 3. 斜条纹 diagonal stripes 4. 方格 squared	EN	0,1

色彩图案 colour pattern	(COLPAT)	5. 条纹（方向未知） stripes (direction unknown) 6. 边界条纹 border stripe	EN	0,1
固定日期范围 fixed date range			C	0,1
终止日期 date end	(DATEND)	ISO 8601：2004	(S) TD	0,1
开始日期 date start	(DATSTA)	ISO 8601：2004	(S) TD	0,1
高度 height	(HEIGHT)		RE	0,1
周期性日期范围 periodic date range			C	0,*
终止日期 date end	(PEREND)	ISO 8601：2004	(S) TD	1,1
开始日期 date start	(PERSTA)	ISO 8601：2004	(S) TD	1,1
状况 status	(STATUS)	1. 永久 permanent 4. 不使用 not in use 8. 私有 private	EN	0,*
最小比例尺 scale minimum	(SCAMIN)	见 A.2.5.9 节	IN	0,1

INT 1 引用：Q6

A.20.16.1　反射器（Retroreflector）（见 S-4 – B-460.7）

不发光标志物可以使用逆向反光材料，便于进行夜间识别。反光材料的颜色参照两种公认的 IALA 代码（“标准”和“综合”）。任何特定区域内都只能选用其中一种颜色代码（可查询相关航海出版物）。

如需编码反射器，必须使用“反射器”（Retroreflector）要素。

备注：

- 信息类型“航海信息”（Nautical Information）（见 A.24.4 节）的相关实例可用于说明反射器上的字母、图案或数字。
- 装有反射器的载体属于独立要素。

区别：方位立标（Beacon Cardinal）；孤立危险物立标（Beacon Isolated Danger）；侧面立标（Beacon Lateral）；安全水域立标（Beacon Safe Water）；专用 / 通用立标（Beacon Special Purpose/General）；方位浮标（Buoy Cardinal）；应急沉船示位浮标（Buoy Emergency Wreck Marking）；设备浮标（Buoy Installation）；孤立危险物浮标（Buoy Isolated Danger）；侧面浮标（Buoy Lateral）；安全水域浮标（Buoy Safe Water）；专用 / 通用浮标（Buoy Special Purpose/General）；雷达反射器（Radar Reflector）

要素 / 信息关联							
类型	关联名称	关联端					
		类	角色	多重性	类	角色	多重性
组合	结构物 / 设备（Structure/ Equipment）	反射器（Retroreflector）	支撑	0,1	方位立标（Beacon Cardinal）、孤立危险物立标（Beacon Isolated Danger）、侧面立标（Beacon Lateral）、安全水域立标（Beacon Safe Water）、专用 / 通用立标（Beacon Special Purpose/General）、桥梁（Bridge）、建筑物（Building）、方位浮标（Buoy Cardinal）、应急沉船示位浮标（Buoy Emergency Wreck Marking）、设备浮标（Buoy Installation）、孤立危险物浮标（Buoy Isolated Danger）、侧面浮标（Buoy Lateral）、安全水域浮标（Buoy Safe Water）、专用 / 通用浮标（Buoy Special Purpose/General）、起重机（Crane）、传送装置（Conveyor）、昼标（Daymark）、捕鱼设施（Fishing Facility）、浮船坞（Floating Dock）、防御工事（Fortified Structure）、报废船（Hulk）、陆标（Landmark）、环向灯标（Light All Around）、扇形光灯（Light Sectored）、灯浮（Light Float）、灯船（Light Vessel）、系泊绞缆设施（Mooring/ Warping Facility）、海上平台（Offshore Platform）、桩（Pile）、架空管道（Pipeline Overhead）、浮码头（Pontoon）、塔架 / 桥墩（Pylon/Bridge Support）、岸线结构物（Shoreline Construction）、筒仓 / 罐（Silo/ Tank）、固定桥跨（Span Fixed）、活动桥跨（Span Opening）、风力发电机（Wind Turbine）	有支撑	0,1

A.20.17 雷达反射器（Radar reflector）

IHO 定义：雷达反射器（RADAR REFLECTOR）。一种能够或专门用于反射雷达信号的设备（IHO 词典 – S-32）；通常是四面体或五角形的反射器以加强雷达反射（国际海事词典，第 2 版）。				
S-101 地理要素：Radar Reflector（RADRFL）				
几何单形：点				
现实世界	纸质海图符号		ECDIS 符号	
S-101 属性	S-57 缩写	允许编码值	类型	多重性
固定日期范围 fixed date range			C	0,1
终止日期 date end	(DATEND)	ISO 8601：2004	(S) TD	0,1

开始日期 date start	(DATSTA)	ISO 8601：2004	(S) TD	0,1
高度 height	(HEIGHT)		RE	0,1
周期性日期范围 periodic date range			C	0,*
终止日期 date end	(PEREND)	ISO 8601：2004	(S) TD	1,1
开始日期 date start	(PERSTA)	ISO 8601：2004	(S) TD	1,1
状况 status	(STATUS)	1. 永久 permanent 4. 不使用 not in use 8. 私有 private	EN	0,*
最小比例尺 scale minimum	(SCAMIN)	见 A.2.5.9 节	IN	0,1

INT 1 引用：S4

A.20.17.1 雷达反射器（Radar reflector）（见 S-4 – B-455.8 和 B-465）

如需编码线状要素（如架空电缆、架空管道、传送装置）上的雷达反射器，必须使用“雷达反射器”（Radar Reflector）要素。

备注：

- 如需编码未安装雷达反射器但自身属于雷达显著的要素，必须使用该要素上的“雷达显著”（radar conspicuous）属性进行编码。
- 如需编码因装有雷达反射器而具备雷达显著特征的面状或点状要素，必须使用该要素上的“雷达显著”（radar conspicuous）属性；此时不得编码“雷达反射器”（Radar Reflector）要素。

区别：反射器（Retroreflector）

要素 / 信息关联

类型	关联名称	关联端					
		类	角色	多重性	类	角色	多重性
组合	结构物 / 设备（Structure/ Equipment）	雷达反射器（Radar Reflector）	支撑	0,*	架空电缆（Cable Overhead）	有支撑	0,1

A.20.18 雾号（Fog signal）

IHO 定义：雾号（FOG SIGNALS）。在低能见度期间，由船只或航标发出的警告信号。也指发出这种信号的设备（IHO 词典 – S-32）。

S-101 地理要素：Fog Signal （FOGSIG）

几何单形：点

现实世界	纸质海图符号	ECDIS 符号

S-101 属性	S-57 缩写	允许编码值	类型	多重性
雾号类 category of fog signal	(CATFOG)	1. 爆响雾号 explosive 2. 低音雾号 diaphone 3. 雾笛 siren 4. 电雾笛 nautophone 5. 舌簧笛 reed 6. 气笛 tyfon 7. 雾钟 bell 8. 雾哨 whistle 9. 雾锣 gong 10. 号角 horn	EN	1,1
要素名称 feature name			C	0,*
显示名称 display name			(S) BO	0,1
语言 language		ISO 639-2/T	(S) TE	0,1
名称 name	(OBJNAM) (NOBJNM)		(S) TE	1,1
固定日期范围 fixed date range			C	0,1
终止日期 date end	(DATEND)	ISO 8601：2004	(S) TD	0,1
开始日期 date start	(DATSTA)	ISO 8601：2004	(S) TD	0,1
周期性日期范围 periodic date range			C	0,*
终止日期 date end	(PEREND)	ISO 8601：2004	(S) TD	1,1
开始日期 date start	(PERSTA)	ISO 8601：2004	(S) TD	1,1
信号频率 signal frequency	(SIGFRQ)		IN	0,1
信号生成 signal generation	(SIGGEN)	1. 自动 automatically	EN	0,1

信号生成 signal generation	(SIGGEN)	2. 波浪作用 by wave action 3. 手动 by hand 4. 风力作用 by wind 5. 无线电开启 radio activated 6. 呼叫开启 call activated	EN	0,1
信号组 signal group	(SIGGRP)		TE	0,1
信号周期 signal period	(SIGPER)		RE	0,1
信号序列 signal sequence	(SIGSEQ)		C	0,* (ordered)
信号时长 signal duration			(S) RE	1,1
信号状况 signal status		1. 发光 / 有声 lit/sound 2. 熄灭 / 无声 eclipsed/silent	(S) EN	1,1
状况 status	(STATUS)	1. 永久 permanent 2. 偶尔 occasional 4. 不使用 not in use 5. 周期性 / 间歇性 periodic/intermittent 7. 临时 temporary 8. 私有 private 15. 同步 synchronized	EN	0,*
最大作用距离值 value of maximum range	(VALMXR)		RE	0,1
最小比例尺 scale minimum	(SCAMIN)	见 A.2.5.9 节	IN	0,1

INT 1 引用：R1，10-16，20-22

A.20.18.1 雾号（Fog signal）（见 S-4 – B-451-454）

“雾号”（fog signal）一词指发出的声音，而非设备。雾号属于短距助航标志，主要用作危险警告。由于种种原因，雾号指示的位置不准确。虽然雾号的重要性不及其他助航标志，船舶上的电子设备有限（或不起作用）时，雾号对航行安全仍有帮助。ENC 最大显示比例尺下，船舶航行范围内应当显示雾号。

雾号的发射位置多在浮标上，或在灯标附近，可以认为光源及声源在同一位置。

如需编码雾号，必须使用“雾号”（Fog Signal）要素。

备注：

- 海员识别雾号时，雾号的节奏特征（不包括波浪触发的不规则雾号）可能比雾号的类型更重要。所以，如已知声音发射数量（如爆响声、敲击声）和周期，必须使用“信号组”（signal group）、“信号周期”（signal period）和“信号序列”（signal sequence）属性编码。
- 如有必要，“信号频率”（signal frequency）属性的单位只能是赫兹（Hertz），例如 950 MHz 的信号频率必须编码为 950000000。
- 如果雾号是通过无线电开启，“信号生成”（signal generation）属性必须填写 5 [“无线电开启”（radio activated）]。如需编码开启信号的联系信息，必须使用信息类型“联系方式”（Contact Details）（见 A.24.1 节）。必须使用“附加信息”（Additional Information）将“联系方式”（Contact Details）与要素“雾号”（Fog Signal）关联。
- 如果是通过电话呼叫值班站点开启雾号，则“信号生成”（signal generation）属性必须填写 6 [“呼叫开启”（call activated）]。如需编码值班站点的联系信息，必须使用信息类型“联系方式”（Contact Details）。必须使用“附加信息”（Additional Information）关联将“联系方式”（Contact Details）与要素“雾号”（Fog Signal）关联。

区别：告警信号站（Signal Station Warning）

要素 / 信息关联

类型	关联名称	关联端					
		类	角色	多重性	类	角色	多重性
组合	结构物 / 设备（Structure/ Equipment）	雾号（Fog Signal）	支撑	0,1	方位立标（Beacon Cardinal）、孤立危险物立标（Beacon Isolated Danger）、侧面立标（Beacon Lateral）、安全水域立标（Beacon Safe Water）、专用 / 通用立标（Beacon Special Purpose/ General）、桥梁（Bridge）、建筑物（Building）、方位浮标（Buoy Cardinal）、应急沉船示位浮标（Buoy Emergency Wreck Marking）、设备浮标（Buoy Installation）、孤立危险物浮标（Buoy Isolated Danger）、侧面浮标（Buoy Lateral）、安全水域浮标（Buoy Safe Water）、专用 / 通用浮标（Buoy Special Purpose/General）、起重机（Crane）、传送装置（Conveyor）、昼标（Daymark）、捕鱼设施（Fishing Facility）、浮船坞（Floating Dock）、防御工事（Fortified Structure）、报废船（Hulk）、陆标（Landmark）、灯浮（Light Float）、灯船（Light Vessel）、系泊绞缆设施（Mooring/Warping Facility）、海上平台（Offshore Platform）、桩（Pile）、架空管道（Pipeline Overhead）、浮码头（Pontoon）、塔架 / 桥墩（Pylon/Bridge Support）、岸线结构物（Shoreline Construction）、筒仓 / 罐（Silo/Tank）、固定桥跨（Span Fixed）、活动桥跨（Span Opening）、风力发电机（Wind Turbine）	有支撑	0,1
关联	附加信息（Additional Information）	雾号（Fog Signal）	为……提供的信息	1,*	联系方式（Contact Details）	提供信息	0,1

A.21　地理要素——雷达（Radar）、无线电（Radio）

A.21.1　自动识别系统（AIS）助航标志（见 S-4 – B-480-484）

AIS 信号用作助航标志可以采用以下方式：

- 实际上通过实体助航标志发出，或看似从实体助航标志发出但实际从 AIS 基站发出 [实体 AIS 助航标志（Physical AIS aid to navigation）]；
- 从 AIS 基站发出，表示不存在实体助航标志 [虚拟 AIS 助航标志 (Virtual AIS aid to navigation）]。

A.21.2　实体 AIS 助航标志（Physical AIS aid to navigation）

IHO 定义：AIS 助航标志（AIS AID TO NAVIGATION）。船舶自动识别系统（AIS）从一个实际航标或一个 AIS 基站发送 21 号报文，作为一个真实存在的航标（改编自：IALA 议案 A-126）。

S-101 地理要素：Physical AIS Aid to Navigation

几何单形：点

现实世界	纸质海图符号	ECDIS 符号

S-101 属性	S-57 缩写	允许编码值	类型	多重性
估计传输范围 estimated range of transmission	(ESTRNG)		RE	0,1
要素名称 feature name			C	0,*
显示名称 display name			(S) BO	0,1
语言 language		ISO 639-2/T	(S) TE	0,1
名称 name	(OBJNAM) (NOBJNM)		(S) TE	1,1
固定日期范围 fixed date range			C	0,1
终止日期 date end	(DATEND)	ISO 8601：2004	(S) TD	0,1
开始日期 date start	(DATSTA)	ISO 8601：2004	(S) TD	0,1
MMSI 编码 MMSI code		唯一 9 位代码 Unique 9 digit code	TE	0,1
周期性日期范围 periodic date range			C	0,*
终止日期 date end	(PEREND)	ISO 8601：2004	(S) TD	1,1
开始日期 date start	(PERSTA)	ISO 8601：2004	(S) TD	1,1
状况 status	(STATUS)	1. 永久 permanent	EN	0,1

状况 status	(STATUS)	5. 周期性 / 间歇性 periodic/intermittent 7. 临时 temporary	EN	0,1
最小比例尺 scale minimum	(SCAMIN)	见 A.2.5.9 节	IN	0,1

INT 1 引用：S17

A.21.2.1 实体自动识别系统（AIS）助航标志（见 S-4 – B-480-484）

如需编码实体 AIS 助航标志，必须使用“实体 AIS 助航标志”（Physical AIS Aid to Navigation）要素。

备注：

- 如有必要，实体 AIS 助航标志必须使用发出或似乎发出 AIS 信号的空间位置。如需编码从另一个位置发送信号的实体 AIS 助航标志的实际位置，必须使用“无线电站”（Radio Station）（见 A.21.4 节）要素，填写属性“无线电站类”（category of radio station）=16 [“AIS 基站”（AIS base station）]。
- 如已知实体 AIS 助航标志的唯一“海上移动服务标识”（Maritime Mobile Service Identity，MMSI）代码，应使用属性“MMSI 代码”（MMSI code）进行编码。

区别：雷达站（Radar Station）；无线电站（Radio Station）；无线电呼叫点（Radio Calling-In Point）；虚拟 AIS 助航标志（Virtue AIS Aid to Navigation）

要素 / 信息关联

类型	关联名称	关联端					
		类	角色	多重性	类	角色	多重性
组合	结构物 / 设备（Structure/ Equipment）	实体 AIS 助航标志（Physical AIS Aid to Navigation）	支撑	0,1	方位立标（Beacon Cardinal）、孤立危险物立标（Beacon Isolated Danger）、侧面立标（Beacon Lateral）、安全水域立标（Beacon Safe Water）、专用 / 通用立标（Beacon Special Purpose/General）、桥梁（Bridge）、建筑物（Building）、方位浮标（Buoy Cardinal）、应急沉船示位浮标（Buoy Emergency Wreck Marking）、设备浮标（Buoy Installation）、孤立危险物浮标（Buoy Isolated Danger）、侧面浮标（Buoy Lateral）、安全水域浮标（Buoy Safe Water）、专用 / 通用浮标（Buoy Special Purpose/General）、起重机（Crane）、传送装置（Conveyor）、昼标（Daymark）、捕鱼设施（Fishing Facility）、浮船坞（Floating Dock）、防御工事（Fortified Structure）、报废船（Hulk）、陆标（Landmark）、灯浮（Light Float）、灯船（Light Vessel）、系泊绞缆设施（Mooring/Warping Facility）、海上平台（Offshore Platform）、桩（Pile）、架空管道（Pipeline Overhead）、浮码头（Pontoon）、塔架 / 桥墩（Pylon/Bridge Support）、岸线结构物（Shoreline Construction）、筒仓 / 罐（Silo/ Tank）、固定桥跨（Span Fixed）、活动桥跨（Span Opening）、风力发电机（Wind Turbine）	有支撑	0,1

A.21.3　虚拟 AIS 助航标志（Virtual AIS aid to navigation）

IHO 定义：AIS 助航标志（AIS AID TO NAVIGATION）。船舶自动识别系统 (AIS) 从一个实际航标或一个 AIS 基站发送 21 号报文，作为一个非真实存在的航标（改编自：IALA 议案 A-126）。

S-101 地理要素：Virtual AIS Aid to Navigation

几何单形：点

现实世界	纸质海图符号	ECDIS 符号

S-101 属性	S-57 缩写	允许编码值	类型	多重性
估计传输范围 estimated range of transmission	(ESTRNG)		RE	0,1
要素名称 feature name			C	0,*
显示名称 display name			(S) BO	0,1
语言 language		ISO 639-2/T	(S) TE	0,1
名称 name	(OBJNAM) (NOBJNM)		(S) TE	1,1
固定日期范围 fixed date range			C	0,1
终止日期 date end	(DATEND)	ISO 8601：2004	(S) TD	0,1
开始日期 date start	(DATSTA)	ISO 8601：2004	(S) TD	0,1
MMSI 编码 MMSI code		唯一 9 位代码 Unique 9 digit code	TE	0,1
周期性日期范围 periodic date range			C	0,*
终止日期 date end	(PEREND)	ISO 8601：2004	(S) TD	1,1
开始日期 date start	(PERSTA)	ISO 8601：2004	(S) TD	1,1
状况 status	(STATUS)	1. 永久 permanent 5. 周期性 / 间歇性 periodic/intermittent 7. 临时 temporary	EN	0,1
虚拟 AIS 助航标志类 virtual AIS aid to navigation type		1. 北方位标 north cardinal 2. 东方位标 east cardinal	EN	1,1

虚拟 AIS 助航标志类 virtual AIS aid to navigation type		3. 南方位标 south cardinal 4. 西方位标 west cardinal 5. 左侧标 port lateral 6. 右侧标 starboard lateral 7. 推荐航道左侧标 preferred channel to port 8. 推荐航道右侧标 preferred channel to starboard 9. 孤立危险物标 isolated danger 10. 安全水域标 safe water 11. 专用标 special purpose 12. 应急沉船示位标 emergency wreck marking	EN	1,1
最小比例尺 scale minimum	(SCAMIN)	见 A.2.5.9 节	IN	0,1

INT 1 引用：S18

A.21.3.1 虚拟自动识别系统（AIS）助航标志（见 S-4 – B-480-484）

如需编码虚拟 AIS 助航标志，必须使用“虚拟 AIS 助航标志”（Virtual AIS Aid to Navigation）要素。

备注：

- 需要编码的虚拟 AIS 助航标志，仅限永久性虚拟 AIS 助航标志，或在规定时间使用的虚拟 AIS 助航标志。如果虚拟 AIS 助航标志在固定时间内或在短时间内移动或撤消，无法通过 ENC 更新数据集体现上述变化情况，此类虚拟 AIS 不需编码。
- 如已知虚拟 AIS 助航标志的唯一“海上移动服务标识”（Maritime Mobile Service Identity，MMSI）代码，应使用“MMSI 代码”（MMSI code）属性编码。

区别：实体 AIS 助航标志（Physical AIS Aid to Navigation）；雷达站（Radar Station；Radio Station）；无线电站（Radio Station）；无线电呼叫点（Radio Calling-In Point）

A.21.4 无线电站（Radio station）

IHO 定义：无线电站（RADIO STATION）。具有发射无线电波的设备的场所；无线电台可以是固定的或移动的，也可能配有无线电接收机（改编自：IHO 词典 – S-32）。

S-101 地理要素：Radio Station (RDOSTA)

几何单形：点

现实世界	纸质海图符号	ECDIS 符号

S-101 属性	S-57 缩写	允许编码值	类型	多重性
呼号 call sign	(CALSGN)		TE	0,1

无线电站类 category of radio station	(CATROS)	5. 无线电测向台 radio direction-finding station 10. 差分 GNSS differential GNSS 11. 道朗 Toran 14. 才卡 Chaika (Chayka) 19. 无线电话站 radio telephone station 20. AIS 基站 AIS base station	EN	0,1
通信频道 communication channel	(COMCHA)		TE	0,*
估计传输范围 estimated range of transmission	(ESTRNG)		RE	0,1
要素名称 feature name			C	0,*
显示名称 　display name			(S) BO	0,1
语言 　language		ISO 639-2/T	(S) TE	0,1
名称 　name	(OBJNAM) (NOBJNM)		(S) TE	1,1
固定日期范围 fixed date range			C	0,1
终止日期 　date end	(DATEND)	ISO 8601：2004	(S) TD	0,1
开始日期 　date start	(DATSTA)	ISO 8601：2004	(S) TD	0,1
成对频率 frequency pair	(SIGFRQ)		C	0,1
海岸电台接收频率 　frequency shore station receives			(S) IN	0,1
海岸电台发射频率 　frequency shore station transmits			(S) IN	1,1
周期性日期范围 periodic date range			C	0,*
终止日期 　date end	(PEREND)	ISO 8601：2004	(S) TD	1,1
开始日期 　date start	(PERSTA)	ISO 8601：2004	(S) TD	1,1

状况 status	(STATUS)	1. 永久 permanent 2. 偶尔 occasional 4. 不使用 not in use 5. 周期性 / 间歇性 periodic/intermittent 7. 临时 temporary 8. 私有 private	EN	0,*
最小比例尺 scale minimum	(SCAMIN)	见 A.2.5.9 节	IN	0,1

INT 1 引用：S10-16

A.21.4.1 无线电站（Radio station）（见 S-4 – B-480-484）

无线电站的传输信号可以为海员提供定位线。无线电定位系统大多通过无线电测向（Radio Direction Finding，RDF）设备判断发射装置的方位；船上一般没有该设备。“紧急情况下使用”（emergency use only）的 VHF 测向服务（不使用 RDF 设备）例外。因此，以下无线电定位站目前已过时，在 ENC 中编码没有任何价值：

- 环射（非定向）（RC）/ 定向（RD）/ 旋转模式（RW）海上无线电立标；
- 康索尔无线电立标（Consol）；
- 航空无线电立标（Aero RC）；
- 无线电测向站（基于 VHF 的应急站除外）（RG）；
- 提供“QTG”服务的海岸无线电站（R）。

“无线电站”（Radio Station）要素用于编码信号传输点。

如需编码无线电站，必须使用“无线电站”（Radio Station）要素。

备注：

- “无线电站”（Radio Station）要素仅用于技术设备本身的编码，与其所在建筑物或结构物无关。如需编码建筑物或结构物（如桅杆、塔、雷达穹顶），必须使用相关要素，如“建筑物”（Building）、“陆标”（Landmark）。“无线电站”（Radio Station）要素与其所在的结构物之间无须建立结构物 / 设备关联。
- 详细信息（如传输特性）可使用信息类型“航海信息”（Nautical Information）（见 A.24.4 节）的相关实例和复杂属性“信息”（Information）编码。
- 应使用“通信频道”（communication channel）属性（见 A.27.74 节）表示各 VHF 频道。
- 如需编码 DGPS 站，必须使用“无线电站”（Radio Station）要素，填写属性“无线电站类”（category of radio station）=10 [“差分 GNSS”（Differential GNSS）]。

如有必要，“信号频率”（signal frequency）属性单位必须为赫兹（Hertz），例如 950 MHz 的信号频率必须编码为 950000000。

A.21.4.2 无线电测向站（Radio direction-finding station）（见 S-4 – B-483）

如需编码无线电测向站（radio direction-finding station），必须使用要素“无线电站”（Radio Station），填写属性“无线电站类”（category of radio station）=5 [“无线电测向站”（radio direction-finding station）]。可使用属性“呼号”（call sign）对识别信号编码。

备注：

- 测向服务目前仅以 VHF 紧急服务的形式提供。

区别：实体 AIS 助航标志（Physical AIS Aid to Navigation）；雷达站（Radar Station）；无线电呼叫点（Radio Calling-In Point）；虚拟 AIS 助航标志（Virtual AIS Aid to Navigation）

A.21.5 雷达应答器（Radar transponder beacon）

IHO 定义：雷达应答器（RADAR TRANSPONDER BEACON）。以雷达频率发射编码信号，使询问主体据此判定该应答器的方位和距离，也叫作雷康（IHO 词典 – S-32）。		
S-101 地理要素：Radar Transponder Beacon（RTPBCN）		
几何单形：点		
现实世界	纸质海图符号	ECDIS 符号

S-101 属性	S-57 缩写	允许编码值	类型	多重性
雷达应答器类 category of radar transponder beacon	(CATRTB)	1. 雷达指向标，连续发射雷达标 ramark, radar beacon transmitting continuously 2. 雷康，雷达应答器 racon, radar transponder beacon 3. 导向雷康 / 雷达应答器 leading racon/radar transponder beacon	EN	1,1
要素名称 feature name			C	0,*
显示名称 display name			(S) BO	0,1
语言 language		ISO 639-2/T	(S) TE	0,1
名称 name	(OBJNAM) (NOBJNM)		(S) TE	1,1
固定日期范围 fixed date range			C	0,1
终止日期 date end	(DATEND)	ISO 8601：2004	(S) TD	0,1
开始日期 date start	(DATSTA)	ISO 8601：2004	(S) TD	0,1
周期性日期范围 periodic date range			C	0,*
终止日期 date end	(PEREND)	ISO 8601：2004	(S) TD	1,1
开始日期 date start	(PERSTA)	ISO 8601：2004	(S) TD	1,1
雷达波长 radar wave length	(RADWAL)		C	0,2
雷达波段 radar band			(S) TE	1,1
波长值 wave length value			(S) RE	1,1
扇形界限 sector limit			C	0,1

扇形界限 1 sector limit one	(SECTR1)		(S) C	1,1
扇形方位角 sector bearing		扇形界限 1/ 扇形方位角≠扇形界限 2/ 扇形方位角（0 = 360） sector limit one/sector bearing ≠ sector limit two/sector bearing (0 = 360)	(S) RE	1,1
扇形线长度 sector line length			(S) RE	0,1
扇形界限 2 sector limit two	(SECTR2)		(S) C	1,1
扇形方位角 sector bearing		扇形界限 2/ 扇形方位角≠扇形界限 1/ 扇形方位角（0 = 360） sector limit two/sector bearing ≠ sector limit one/sector bearing (0 = 360)	(S) RE	1,1
扇形线长度 sector line length			(S) RE	0,1
信号组 signal group	(SIGGRP)		TE	0,1
信号序列 signal sequence	(SIGSEQ)		C	0,* (ordered)
信号时长 signal duration			(S) RE	1,1
信号状况 signal status		1. 发光 / 有声 lit/sound 2. 熄灭 / 无声 eclipsed/silent	(S) EN	1,1
状况 status	(STATUS)	1. 永久 permanent 2. 偶尔 occasional 4. 不使用 not in use 5. 周期性 / 间歇性 periodic/intermittent 7. 临时 temporary 8. 私有 private	EN	0,*
最大作用距离值 value of maximum range	(VALMXR)		RE	0,1
最小比例尺 scale minimum	(SCAMIN)	见 A.2.5.9 节	IN	0,1

INT 1 引用：S2-3

A.21.5.1 雷达标（Radar beacon）（见 S-4 – B-486）

雷达标是在导航雷达频段工作的发射器。雷达标信号会在船载雷达显示器上形成一条特征线，相比单独使用普通雷达显示器，海员能更好地判断自己所处的位置。

如需编码雷达标，必须使用“雷达应答器”（Radar Transponder Beacon）要素。

备注：

- “雷达应答器”（Radar Transponder Beacon）仅用于技术设备本身的编码，与其所在建筑物或结构物无关。如需编码建筑物或结构物（如桅杆、塔、雷达穹顶），必须使用相关要素，如“建筑物”（Building）、“陆标”（Landmark）。
- 属性“信号组”（signal group）用于对雷达标的莫尔斯识别字母（如果已知）进行编码。
- 设立导向雷康后，其方位线在船载雷达显示器上重合时，方位可以指示航向。如需编码导向雷康的方位线和推荐航线，必须遵循 15.1 节所述内容。如果方位线与灯标或方位线系统中其他可视要素界定的导航线重合，导航线和推荐航线不得重复。构成方位线系统的要素应使用“方位线系统聚合”（Range System Aggregation）（见 A.25.12 节）关联与“方位线系统”（Range System）要素（见 A.15.6 节）关联。注意，方位线系统的所有构成要素必须对“最小比例尺”（scale minimum）（见 A.2.5.9 节）属性填写相同的值。
- 如果出于某种原因，某些方位之间的雷达应答器信号有遮蔽，应使用复杂属性“扇形界限”（sector limit）对“可视”扇形编码，与灯标（见 A.19.3.1.1 节）编码类似。
- 扫描周期可使用信息类型“航海信息”（Nautical Information）（见 A.24.4 节）的相关实例和复杂属性“信息”（Information）编码。

区别：雷达线（Radar Line）；雷达有效作用距离（Radar Range）；雷达站（Radar Station）

要素 / 信息关联

类型	关联名称	关联端					
		类	角色	多重性	类	角色	多重性
组合	结构物 / 设备（Structure/Equipment）	雷达应答器（Radar Transponder Beacon）	支撑	0,1	方位立标（Beacon Cardinal）、孤立危险物立标（Beacon Isolated Danger）、侧面立标（Beacon Lateral）、安全水域立标（Beacon Safe Water）、专用 / 通用立标（Beacon Special Purpose/General）、桥梁（Bridge）、建筑物（Building）、方位浮标（Buoy Cardinal）、应急沉船示位浮标（Buoy Emergency Wreck Marking）、设备浮标（Buoy Installation）、孤立危险物浮标（Buoy Isolated Danger）、侧面浮标（Buoy Lateral）、安全水域浮标（Buoy Safe Water）、专用 / 通用浮标（Buoy Special Purpose/General）、起重机（Crane）、传送装置（Conveyor）、昼标（Daymark）、捕鱼设施（Fishing Facility）、浮船坞（Floating Dock）、防御工事（Fortified Structure）、报废船（Hulk）、陆标（Landmark）、灯浮（Light Float）、灯船（Light Vessel）、系泊绞缆设施（Mooring/Warping Facility）、海上平台（Offshore Platform）、桩（Pile）、架空管道（Pipeline Overhead）、浮码头（Pontoon）、塔架 / 桥墩（Pylon/Bridge Support）、岸线结构物（Shoreline Construction）、筒仓 / 罐（Silo/Tank）、固定桥跨（Span Fixed）、活动桥跨（Span Opening）、风力发电机（Wind Turbine）	有支撑	0,1

A.22 地理要素——服务（Services）

A.22.1 引航员登船点（Pilot boarding place）

IHO 定义：引航员登船点（PILOT BOARDING PLACE）。一处近海的位置，引航员可在此登船引航（国防地理空间信息工作组；要素数据字典注册系统，2010 年）。

S-101 地理要素：Pilot Boarding Place（PILBOP）

几何单形：点、曲面

现实世界	纸质海图符号	ECDIS 符号

S-101 属性	S-57 缩写	允许编码值	类型	多重性
引航员登船点类 category of pilot boarding place	(CATPIL)	1. 由引航巡逻艇登船 boarding by pilot-cruising vessel 2. 由直升机登船 boarding by helicopter 3. 从岸上登船 pilot comes out from shore	EN	0,1
优先选择类 category of preference		1. 主要 primary 2. 备用 alternate	EN	0,1
目的地 destination			TE	0,*
要素名称 feature name			C	0,*
显示名称 display name			(S) BO	0,1
语言 language		ISO 639-2/T	(S) TE	0,1
名称 name	(OBJNAM) (NOBJNM)		(S) TE	1,1
固定日期范围 fixed date range			C	0,1
终止日期 date end	(DATEND)	ISO 8601：2004	(S) TD	0,1
开始日期 date start	(DATSTA)	ISO 8601：2004	(S) TD	0,1
周期性日期范围 periodic date range			C	0,*
终止日期 date end	(PEREND)	ISO 8601：2004	(S) TD	1,1

开始日期 date start	(PERSTA)	ISO 8601：2004	(S) TD	1,1
引航员行动 pilot movement		1. 登船 embarkation 2. 离船 disembarkation 3. 引航员变更 pilot change	EN	0,*
状况 status	(STATUS)	1. 永久 permanent 2. 偶尔 occasional 5. 周期性 / 间歇性 periodic/intermittent 6. 保留 reserved 9. 强制性 mandatory 16. 有人看守 watched 17. 无人看守 un-watched 28. 有浮标标示 buoyed	EN	0,*
最小比例尺 scale minimum	(SCAMIN)	见 A.2.5.9 节	IN	0,1

INT 1 引用：T1.1-4

A.22.1.1 引航员登船点（Pilot boarding place）（见 S-4 – B-491.1-2）

引航船可在引航员登船点巡航或应要求出港。在一些大型港口，离港船舶上的引航员可以在不同地点离船。引航员可通过直升机登船；所以，船舶是否到达精确的登船点位置并不是特别重要，但仍需要编码大致位置。部分引航站仅用于长距离（公海）引航。引航员可持续出勤，也可在规定时间内定期出勤，或根据事先安排出勤。引航信息的主要用途在于显示服务位置。由于提供的服务多种多样，引航信息的主要来源必须刊登在相关出版物或产品中。

如需编码引航员登船点，必须使用“引航员登船点”（Pilot Boarding Place）要素。

备注：

- 如需编码船到岸或岸到船的联系信息，必须使用信息类型“联系方式”（Contact Details）（见 A.24.1 节）。必须使用关联“附加信息”（Additional Information）将“联系方式”（Contact Details）与要素“引航员登船点”（Pilot Boarding Place）相关联。
- 如需编码引航规则适用区，应使用“引航区”（Pilotage District）要素（见 A.16.25 节）。引航区与任何相关引航员登船点之间的关系应使用“引航区关联”（Pilotage District Association）（见 A.25.11 节）要素进行编码。

A.22.1.2 岸基引航站（Pilot stations ashore）（见 S-4 – B-491.4）

如需编码岸基引航站，必须使用“建筑物”（Building）、“陆标”（Landmark）要素，并填写属性“功能”（function）=11 [“引航办公室”（pilot office）] 或 12 [“引航瞭望台”（pilot lookout）]。

区别：引航区（Pilotage District）

要素 / 信息关联

类型	关联名称	关联端					
		类	角色	多重性	类	角色	多重性
组合	引航区关联（Pilotage District Association）	引航员登船点(Pilot Boarding Place）	构成	1,*	引航区（Pilotage District）	包含	0,1
关联	附加信息（Additional Information）	引航员登船点(Pilot Boarding Place）	为……提供的信息	1,*	联系信息（Contact Details）	提供信息	0,1

A.22.2 船舶交通服务区（Vessel traffic service area）

IHO 定义：船舶交通服务区（VESSEL TRAFFIC SERVICE）。经官方授权，该区域的所有服务是用来改善海上交通的安全性，高效性和海上环境保护。涉及范围从简单的信息服务到国家或区域的交通组织及制定交通方案（IHO 词典 – S-32）。				
S-101 地理要素：Vessel Traffic Service Area				
几何单形：曲面				
现实世界	纸质海图符号	ECDIS 符号		
S-101 属性	**S-57 缩写**	**允许编码值**	**类型**	**多重性**
要素名称 feature name			C	0,*
显示名称 display name			(S) BO	0,1
语言 language		ISO 639-2/T	(S) TE	0,1
名称 name	(OBJNAM) (NOBJNM)		(S) TE	1,1
最小比例尺 scale minimum	(SCAMIN)	见 A.2.5.9 节	IN	0,1

INT 1 引用：

A.22.2.1 船舶交通服务区（Vessel traffic service area）

如需编码主管机构向船舶提供服务的区域，将其作为“船舶交通服务”（Vessel Traffic Service，VTS）的一部分，必须使用“船舶交通服务区”（Vessel Traffic Service Area）要素。应基于 VTS 或 VTS 部门的范围确定此类区域。

备注：

- 各 VTS 部门应视情单独编码为“船舶交通服务区”（Vessel Traffic Service Area）要素

区别：行政区（Administration Area）；关税区（Custom Zone）

要素 / 信息关联

类型	关联名称	关联端					
		类	角色	多重性	类	角色	多重性
关联	附加信息（Additional Information）	船舶交通服务区（Vessel Traffic Service Area）	为……提供的信息	1,*	联系方式（Contact Details）	提供信息	0,1

A.22.3　海岸警卫站（Coastguard station）

IHO 定义：海岸警卫站（COASTGUARD STATION）。保持视觉 / 无线电 / 雷达连续观望或定时瞭望的值班海洋观察站（IHO 词典 – S-32）。		
S-101 地理要素：Coastguard Station（CGUSTA）		
几何单形：点、曲面		
现实世界	纸质海图符号	ECDIS 符号

S-101 属性	S-57 缩写	允许编码值	类型	多重性
通信频道 communication channel	(COMCHA)		TE	0,*
要素名称 feature name			C	0,*
显示名称 　display name			(S) BO	0,1
语言 　language		ISO 639-2/T	(S) TE	0,1
名称 　name	(OBJNAM) (NOBJNM)		(S) TE	1,1
固定日期范围 fixed date range			C	0,1
终止日期 　date end	(DATEND)	ISO 8601：2004	(S) TD	0,1
开始日期 　date start	(DATSTA)	ISO 8601：2004	(S) TD	0,1
是否执行海上救援协调中心功能 is MRCC			BO	0,1
周期性日期范围 periodic date range			C	0,*
终止日期 　date end	(PEREND)	ISO 8601：2004	(S) TD	1,1
开始日期 　date start	(PERSTA)	ISO 8601：2004	(S) TD	1,1
状况 status	(STATUS)	1. 永久 permanent 4. 不使用 not in use 5. 周期性 / 间歇性 periodic/intermittent 16. 有人看守 watched 17. 无人看守 un-watched	EN	0,*

最小比例尺 scale minimum	(SCAMIN)	见 A.2.5.9 节	IN	0,1

INT 1 引用：T10，11

A.22.3.1 海岸警卫站（Coastguard station）（见 S-4 – B-492）

提供海岸值守及救助服务的组织因国而异。为便于制图，假定可单独识别这两种不同的职能，即使它们可能同属兼具协调实施救援以及执行其他服务的某一组织。海岸警卫站为不间断或在特定时段内进行目视 / 无线电 / 雷达海上瞭望值守的站台，所在位置视野开阔，常建有信号站，视觉醒目。有时也称为“值守站台”（watch-keeping station）。

沿海国家大多设有海岸警卫站。大多数海岸警卫站设在沿海国的海岸线上，初衷是执行海关条例，观察船舶动向，密切关注海上危险信号。现今此类职能多由区域海上救援协调中心（Maritime Rescue and Coordination Centres，MRCC）通过现代通讯和搜救（Search & Rescue，SAR）承担。

如需编码海岸警卫站，必须使用“海岸警卫站”（Coastguard Station）要素。

备注：

- 现代海岸警备服务大多不再通过固定站点进行目视值守。然而，由于设置海岸警卫站是为了俯瞰全貌，站台大多设在高处，视觉上较为明显，可作为良好的固定标志物，所以这些建筑物仍可编码为“建筑物”（Building）或“陆标”（Landmark）。
- “海岸警卫站”（Coastguard Station）要素仅用于描述海岸警卫站的功能，与建筑物或结构物本身无关。如需编码所在建筑物或结构物，必须使用相关要素，如“建筑物”（Building）、“陆标”（Landmark）。
- 海上救援协调中心（MRCC）是始终有人值守通信观测系统的一部分。如需编码，应使用“海岸警卫站”（Coastguard Station）要素，并填写其布尔型属性“是否执行海上救援协调中心功能”（MRCC）=True。可使用复杂属性“要素名称”（feature name）[子属性“名称”（name）] 填写站点名称，如“斯旺西海上救援协调中心”（MRCC Swansea）。
- 应使用属性“通信频道”（communication channel）（见 A.27.74 节）表示各 VHF 频道。

区别：建筑物（Building）；救助站（Rescue Station）

A.22.4 告警信号站（Warning signal station）

IHO 定义：告警信号站（SIGNAL STATION, WARNING）。在岸上向海上船舶发出警报信号的站台（改编自：IHO 词典 – S-32，国防地理空间信息工作组；要素数据字典注册系统，2012 年）。

S-101 地理要素：Signal Station Warning（SISTAW）

几何单形：点、曲面

现实世界	纸质海图符号	ECDIS 符号

S-101 属性	S-57 缩写	允许编码值	类型	多重性
告警信号站类 category of signal station warning	(CATSIW)	1. 危险 danger 2. 海上障碍物 maritime obstruction 3. 电缆 cable 4. 军事训练 military practice 5. 遇险 distress	EN	1,*

告警信号站类 category of signal station warning	(CATSIW)	6. 天气 weather 7. 风暴 storm 8. 冰 ice 9. 时间 time 10. 潮汐 tide 11. 潮流 tidal stream 12. 验潮仪 tide gauge 13. 潮位标 tide scale 14. 潜水 diving 15. 水位仪 water level gauge	EN	1,*
通信频道 communication channel	(COMCHA)		TE	0,*
要素名称 feature name			C	0,*
显示名称 display name			(S) BO	0,1
语言 language		ISO 639-2/T	(S) TE	0,1
名称 name	(OBJNAM) (NOBJNM)		(S) TE	1,1
固定日期范围 fixed date range			C	0,1
终止日期 date end	(DATEND)	ISO 8601：2004	(S) TD	0,1
开始日期 date start	(DATSTA)	ISO 8601：2004	(S) TD	0,1
周期性日期范围 periodic date range			C	0,*
终止日期 date end	(PEREND)	ISO 8601：2004	(S) TD	1,1
开始日期 date start	(PERSTA)	ISO 8601：2004	(S) TD	1,1

状况 status	(STATUS)	1. 永久 permanent 2. 偶尔 occasional 4. 不使用 not in use 5. 周期性 / 间歇性 periodic/intermittent 7. 临时 temporary 8. 私有 private 12. 有照明 illuminated 14. 公共 public 15. 同步 synchronized 16. 有人看守 watched 17. 无人看守 un-watched	EN	0,*
最小比例尺 scale minimum	(SCAMIN)	见 A.2.5.9 节	IN	0,1

INT 1 引用：T20，26，28-36

A.22.4.1 告警信号站（Warning signal station）（见 S-4 – B-494；B-496-7）

可视通信信号站的重要性已经下降。之所以在 ENC 数据最大显示比例尺上对其编码，不仅是因为它们的主要作用是提供信号信息和指令，也因为它们是一种陆标形式。无论昼夜，一般都用灯标发射信号，但白天也可能用某种形状或旗语发射信号。

如需编码告警信号站，必须使用“告警信号站”（Signal Station Warning）要素。

备注：

- “告警信号站”（Signal Station Warning）仅用于说明告警信号站的功能，与建筑物或结构物本身无关。如需编码其所在建筑物或结构物，必须使用相关要素，如“建筑物”（Building）或“陆标”（Landmark）。
- 应使用“通信频道”（communication channel）属性（见 A.27.74 节）表示各 VHF 频道。

区别：交通信号站（Signal Station Traffic）

要素 / 信息关联

类型	关联名称	关联端					
		类	角色	多重性	类	角色	多重性
组合	结构物 / 设备（Structure/ Equipment）	告警信号站（Signal Station Warning）	支撑	0,1	方位立标（Beacon Cardinal）、孤立危险物立标（Beacon Isolated Danger）、侧面立标（Beacon Lateral）、安全水域立标（Beacon Safe Water）、专用 / 通用立标（Beacon Special Purpose/General）、桥梁（Bridge）、建筑物（Building）、方位浮标（Buoy Cardinal）、应急沉船示位浮标（Buoy Emergency Wreck Marking）、设备浮标（Buoy Installation）、孤立危险物浮标（Buoy Isolated Danger）、侧面浮标（Buoy Lateral）、安全水域浮标（Buoy Safe Water）、专用 / 通用浮标（Buoy Special Purpose/General）、起重机（Crane）、传送装置（Conveyor）、昼标（Daymark）、捕鱼设施（Fishing Facility）、浮船坞（Floating Dock）、防御工事（Fortified Structure）、报废船（Hulk）、陆标（Landmark）、灯浮（Light Float）、灯船（Light Vessel）、系泊绞缆设施（Mooring/ Warping Facility）、海上平台（Offshore Platform）、桩（Pile）、架空管道（Pipeline Overhead）、浮码头（Pontoon）、塔架 / 桥墩（Pylon/Bridge Support）、岸线结构物（Shoreline Construction）、筒仓 / 罐（Silo/ Tank）、固定桥跨（Span Fixed）、活动桥跨（Span Opening）、风力发电机（Wind Turbine）	有支撑	0,1

A.22.5 交通信号站（Traffic signal station）

IHO 定义：交通信号站（SIGNAL STATION, TRAFFIC）。在岸上向海上的船舶发射信号的地方，该信号用于调控交通流（改编自：IHO 词典 – S-32 和 S-57 第 3.1 版，附录 A，第 1 章，第 1.155 页，2000 年 11 月）。				
S-101 地理要素：Signal Station Traffic（SISTAT）				
几何单形：点、曲面				
现实世界	纸质海图符号		ECDIS 符号	
S-101 属性	S-57 缩写	允许编码值	类型	多重性
交通信号站类 category of signal station traffic	(CATSIT)	1. 港口管理信号台 port control 2. 进出港信号台 port entry and departure	EN	1,*

交通信号站类 category of signal station traffic	(CATSIT)	3. 国际港口交通信号站 International Port Traffic 4. 系泊信号台 berthing 5. 船坞信号台 dock 6. 船闸信号台 lock 7. 拦洪坝信号台 flood barrage 8. 桥涵信号台 bridge passage 9. 疏浚信号台 dredging 10. 交通控制灯 traffic control light	EN	1,*
通信频道 communication channel	(COMCHA)		TE	0,*
要素名称 feature name			C	0,*
显示名称 display name			(S) BO	0,1
语言 language		ISO 639-2/T	(S) TE	0,1
名称 name	(OBJNAM) (NOBJNM)		(S) TE	1,1
固定日期范围 fixed date range			C	0,1
终止日期 date end	(DATEND)	ISO 8601：2004	(S) TD	0,1
开始日期 date start	(DATSTA)	ISO 8601：2004	(S) TD	0,1
周期性日期范围 periodic date range			C	0,*
终止日期 date end	(PEREND)	ISO 8601：2004	(S) TD	1,1
开始日期 date start	(PERSTA)	ISO 8601：2004	(S) TD	1,1

状况 status	(STATUS)	1. 永久 permanent 2. 偶尔 occasional 4. 不使用 not in use 5. 周期性 / 间歇性 periodic/intermittent 7. 临时 temporary 8. 私有 private 12. 有照明 illuminated 14. 公共 public 15. 同步 synchronized 16. 有人看守 watched 17. 无人看守 un-watched	EN	0,*
最小比例尺 scale minimum	(SCAMIN)	见 A.2.5.9 节	IN	0,1

INT 1 引用：T21-25.2

A.22.5.1 交通信号站（Traffic signal station）（见 S-4 – B-494-5）

可视通信信号站的重要性已经下降。之所以在 ENC 数据最大显示比例尺上对其编码，不仅是因为它们的主要作用是提供信号信息和指令，也因为它们是一种陆标形式。无论昼夜，一般都用灯标发射信号，但白天也可能用某种形状或旗语发射信号。

交通信号的性质因国而异，甚至因港口而异。为绘制海图，交通信号包括以下内容，例如：

进出港口信号；

船闸信号、入坞信号和系泊信号；

桥梁信号；

国际交通信号。

如需编码交通信号站，必须使用“交通信号站”（Signal Station Traffic）要素。

备注：

- 如需编码标记通航桥跨中心的灯标，必须使用灯标要素（见 A.19 节）。
- “交通信号站”（Signal Station Traffic）仅用于描述交通信号站的功能，与建筑物或结构物本身无关。如需编码其所在建筑物或结构物，必须使用相关要素，如“建筑物”（Building）或“陆标”（Landmark）。
- 应使用“通信频道”（communication channel）属性（见 A.27.74 节）表示各 VHF 频道。

区别：告警信号站（Signal Station Warning）

要素 / 信息关联

类型	关联名称	关联端					
		类	角色	多重性	类	角色	多重性
组合	结构物 / 设备（Structure/ Equipment）	交通信号站（Signal Station Warning）	支撑	0,1	方位立标（Beacon Cardinal）、孤立危险物立标（Beacon Isolated Danger）、侧面立标（Beacon Lateral）、安全水域立标（Beacon Safe Water）、专用 / 通用立标（Beacon Special Purpose/General）、桥梁（Bridge）、建筑物（Building）、方位浮标（Buoy Cardinal）、应急沉船示位浮标（Buoy Emergency Wreck Marking）、设备浮标（Buoy Installation）、孤立危险物浮标（Buoy Isolated Danger）、侧面浮标（Buoy Lateral）、安全水域浮标（Buoy Safe Water）、专用 / 通用浮标（Buoy Special Purpose/General）、起重机（Crane）、传送装置（Conveyor）、昼标（Daymark）、捕鱼设施（Fishing Facility）、浮船坞（Floating Dock）、防御工事（Fortified Structure）、报废船（Hulk）、陆标（Landmark）、灯浮（Light Float）、灯船（Light Vessel）、系泊绞缆设施（Mooring/Warping Facility）、海上平台（Offshore Platform）、桩（Pile）、架空管道（Pipeline Overhead）、浮码头（Pontoon）、塔架 / 桥墩（Pylon/Bridge Support）、岸线结构物（Shoreline Construction）、筒仓 / 罐（Silo/ Tank）、固定桥跨（Span Fixed）、活动桥跨（Span Opening）、风力发电机（Wind Turbine）	有支撑	0,1

A.22.6 救助站（Rescue station）

IHO 定义：救助站（RESCUE STATION）。存放救生设备的地方；也称“救生站”（saving station）（IHO 词典 – S-32）。				
S-101 地理要素：Rescue Station（RSCSTA）				
几何单形：点、曲面				
现实世界	纸质海图符号		ECDIS 符号	
S-101 属性	**S-57 缩写**	**允许编码值**	**类型**	**多重性**
救助站类 category of rescue station	(CATRSC)	1. 配备救生船的救助站 rescue station with lifeboat 2. 配备火箭的救助站 rescue station with rocket 4. 失事海员避难所 refuge for shipwrecked mariners 5. 潮间带行人避难所 refuge for intertidal area walkers	EN	0,*

救助站类 category of rescue station	(CATRSC)	6. 停泊处的救生船 lifeboat lying at a mooring 7. 援助电台 aid radio station 8. 急救装备 first aid equipment	EN	0,*
通信频道 communication channel	(COMCHA)		TE	0,*
要素名称 feature name			C	0,*
显示名称 display name			(S) BO	0,1
语言 language		ISO 639-2/T	(S) TE	0,1
名称 name	(OBJNAM) (NOBJNM)		(S) TE	1,1
固定日期范围 fixed date range			C	0,1
终止日期 date end	(DATEND)	ISO 8601：2004	(S) TD	0,1
开始日期 date start	(DATSTA)	ISO 8601：2004	(S) TD	0,1
周期性日期范围 periodic date range			C	0,*
终止日期 date end	(PEREND)	ISO 8601：2004	(S) TD	1,1
开始日期 date start	(PERSTA)	ISO 8601：2004	(S) TD	1,1
状况 status	(STATUS)	1. 永久 permanent 2. 偶尔 occasional 4. 不使用 not in use 5. 周期性 / 间歇性 periodic/intermittent 7. 临时 temporary 8. 私有 private 14. 公共 public	EN	0,*

状况 status	(STATUS)	16. 有人看守 watched 17. 无人看守 un-watched	EN	0,*
最小比例尺 scale minimum	(SCAMIN)	见 A.2.5.9 节	IN	0,1

INT 1 引用：T12-14

A.22.6.1 救助站（Rescue station）（见 S-4 – B-490 和 B-493）

提供海岸值守及救助服务的组织因国而异。为便于制图，假定可单独识别这两种不同的职能，即使它们可能同属兼具协调实施救援以及执行其他服务的某一组织。

救助站是存放救生设备（尤其是救生艇）的地方，通常处于相对隐蔽的位置，靠近海面。救助站不一定醒目。用于救援的设备种类繁多，如搜救直升机、远距离救生快艇、近海充气救生艇。

如需编码救助站，必须使用“救助站”（Rescue Station）要素。

备注：

- “救助站”（Rescue Station）仅用于描述救助站的功能，与建筑物或结构物本身无关。如需编码其所在建筑物或结构物，必须使用相关要素，如“建筑物”（Building）或“陆标”（Landmark）。
- 如需编码避难立标（refuge beacon），必须使用要素“专用 / 通用立标”（Beacon Special Purpose/General），同时填写属性“专用标志类”（category of special purpose mark）=4[“避难立标”（refuge beacon）]，而不使用“救助站”（Rescue Station）。
- 应使用“通信频道”（communication channel）属性（见 A.27.74 节）表示各 VHF 频道。

区别：专用 / 通用立标（Beacon Special Purpose/General）；建筑物（Building）；海岸警卫站（Coastguard Station）

A.22.7 港口设施（Harbour facility）

IHO 定义：港口设施（HARBOUR FACILITY）。港口用于服务业务或商贸活动的公共设施（S-57 第 3.1 版，附录 A，第 1 章，第 1.81 页，2000 年 11 月）。

S-101 地理要素：Harbour Facility（HRBFAC）

几何单形：点、曲面

现实世界	纸质海图符号	ECDIS 符号

S-101 属性	S-57 缩写	允许编码值	类型	多重性
港口设施类 category of harbour facility	(CATHAF)	1. 滚装码头 RoRo-terminal 3. 轮渡码头 ferry terminal 4. 渔港 fishing harbour 5. 游艇港 / 码头 yacht harbour/marina 6. 海军基地 naval base 7. 油船码头 tanker terminal 8. 客运码头 passenger terminal	EN	1,*

港口设施类 category of harbour facility	(CATHAF)	9. 船厂 shipyard 10. 集装箱码头 container terminal 11. 散货码头 bulk terminal 12. 升船机 ship lift 13. 跨运车 straddle carrier 14. 服务港 service harbour 15. 引航服务 pilotage service	EN	1,*
通信频道 communication channel	(COMCHA)		TE	0,*
状态 condition	(CONDTN)	1. 在建 under construction 2. 废弃 ruined 3. 填筑中 under reclamation 5. 拟建 planned construction	EN	0,1
要素名称 feature name			C	0,*
显示名称 display name			(S) BO	0,1
语言 language		ISO 639-2/T	(S) TE	0,1
名称 name	(OBJNAM) (NOBJNM)		(S) TE	1,1
固定日期范围 fixed date range			C	0,1
终止日期 date end	(DATEND)	ISO 8601：2004	(S) TD	0,1
开始日期 date start	(DATSTA)	ISO 8601：2004	(S) TD	0,1
结构物材质 nature of construction	(NATCON)	1. 砖石 masonry 2. 混凝土 concreted	EN	0,*

结构物材质 nature of construction	(NATCON)	3. 散砾石 loose boulders 6. 木质 wooden 7. 金属 metal	EN	0,*
周期性日期范围 periodic date range			C	0,*
终止日期 date end	(PEREND)	ISO 8601：2004	(S) TD	1,1
开始日期 date start	(PERSTA)	ISO 8601：2004	(S) TD	1,1
产品 product	(PRODCT)	1. 油 oil 2. 气 gas 3. 水 water 4. 石 stone 5. 煤 coal 6. 矿石 ore 7. 化学品 chemicals 8. 饮用水 drinking water 9. 奶乳 milk 10. 铝土矿 bauxite 11. 焦炭 coke 12. 铁锭 iron ingots 13. 盐 salt 14. 砂 sand 15. 木材 timber 16. 木屑 / 木片 sawdust/wood chips	EN	0,1

产品 product	(PRODCT)	17. 废金属 scrap metal 18. 液化天然气 liquefied natural gas （LNG） 19. 液化石油气 liquefied petroleum gas（LPG） 20. 葡萄酒 wine 21. 水泥 cement 22. 谷物 grain 25. 粘土 clay	EN	0,1
报告日期 reported date	(SORDAT)	ISO 8601：2004	TD	0,1
限制 restriction	(RESTRN)	1. 禁止抛锚 anchoring prohibited 2. 限制抛锚 anchoring restricted 3. 禁止捕捞 fishing prohibited 4. 限制捕捞 fishing restricted 5. 禁止拖网 trawling prohibited 6. 限制拖网 trawling restricted 8. 限制进入 entry restricted 9. 禁止疏浚 dredging prohibited 10. 限制疏浚 dredging restricted 11. 禁止潜水 diving prohibited 12. 限制潜水 diving restricted 13. 无伴流 no wake 15. 禁止施工 construction prohibited 16. 禁止卸载 discharging prohibited	EN	0,*

限制 restriction	(RESTRN)	17. 限制卸载 discharging restricted 18. 禁止工矿业勘探 / 开发 industrial or mineral exploration/ development prohibited 19. 限制工矿业勘探 / 开发 industrial or mineral exploration/ development restricted 20. 禁止钻探 drilling prohibited 21. 限制钻探 drilling restricted 23. 禁止转运货物（过驳） cargo transhipment (lightening) prohibited 24. 禁止拖曳 dragging prohibited 27. 限速 speed restricted	EN	0,*
状况 status	(STATUS)	1. 永久 permanent 4. 不使用 not in use 5. 周期性 / 间歇性 periodic/intermittent 6. 保留 reserved 7. 临时 temporary 8. 私有 private 9. 强制性 mandatory 12. 有照明 illuminated 13. 历史性 historic 14. 公共 public 16. 有人看守 watched 17. 无人看守 un-watched	EN	0,*

最小比例尺 scale minimum	(SCAMIN)	见 A.2.5.9 节	IN	0,1

INT 1 引用：F10，11.1，50

A.22.7.1 港口设施（Harbour facility）（见 S-4 – B-320 和 B-321.5）

如需编码港口设施，必须使用“港口设施”（Harbour Facility）要素。

备注：

- 渔港的设置旨在满足渔船的特殊需要。船港和码头指位于港口内的有遮蔽水域，供小型船舶使用。通常配有系泊设施、浮标；如果是码头，还配备停泊设施。
- 根据航行目的，“港口设施”定义为：包括码头、船闸和码头设备的区域或地点。
- 如需编码配备装卸 / 储存集装箱设施的码头，必须使用“港口设施”（Harbour Facility），并填写属性“港口设施类”（category of harbour facility）=10 [“集装箱码头”（container terminal）]。
- 如需编码船舶可驶入的带顶码头，应使用要素“港口设施”（Harbour Facility），并遵循“港口设施类”（category of harbour facility）定义的码头目的。可使用属性“结构物材质”（nature of construction）对码头顶盖进行编码；船舶的最大高度或吃水深度可使用信息类型“航海信息”（Nautical Information）（见 A.24.4 节）的相关实例和复杂属性“信息”（Information）进行编码。此外，可使用要素“建筑物”（Building）（见 A.6.2 节）对带顶结构物编码。
- 应使用“通信频道”（communication channel）属性（见 A.27.74 节）表示各 VHF 频道。

区别：小型船用设施（Small Craft Facility）

A.22.8 小型船用设施（Small craft facility）

IHO 定义：小型船用设施（SMALL CRAFT FACILITY）。通常为小型船舶或游船提供服务的场所（S-57 第 3.1 版，附录 A，第 1 章，第 1.162 页，2000 年 11 月）。

S-101 地理要素：Small Craft Facility（SMCFAC）

几何单形：点、曲面

现实世界 | 纸质海图符号 | ECDIS 符号

S-101 属性	S-57 缩写	允许编码值	类型	多重性
小型船用设施类 category of small craft facility	(CATSCF)	1. 来访船泊位 visitors berth 2. 航海俱乐部 nautical club 3. 小艇吊杆 boat hoist 4. 制帆厂 sailmaker 5. 船坞 boatyard 6. 公共旅馆 public inn 7. 餐厅 restaurant 8. 杂货店 chandler	EN	1,*

小型船用设施类 category of small craft facility	(CATSCF)	9. 食品供应点 provisions 10. 医疗点 doctor 11. 药店 pharmacy 12. 供水管 water tap 13. 加油站 fuel station 14. 供电站 electricity 15. 液化气站 bottle gas 16. 淋浴房 showers 17. 洗衣店 launderette 18. 公共厕所 public toilets 19. 邮箱 post box 20. 公用电话 public telephone 21. 垃圾箱 refuse bin 22. 停车场 car park 23. 船舶和拖车停放处 parking for boats and trailers 24. 旅行车停车处 caravan site 25. 露营地 camping site 26. 污水排放站 sewerage pump-out station 27. 应急电话 emergency telephone 28. 船舶登陆 / 下水点 landing/launching place for boats 29. 来访船系泊地 visitors mooring	EN	1,*

小型船用设施类 category of small craft facility	(CATSCF)	30. 清理泊位 scrubbing berth 31. 野餐区 picnic area 32. 机械车间 mechanics workshop 33. 警戒或安全服务 guard and/or security service	EN	1,*
要素名称 feature name			C	0,*
显示名称 display name			(S) BO	0,1
语言 language		ISO 639-2/T	(S) TE	0,1
名称 name	(OBJNAM) (NOBJNM)		(S) TE	1,1
周期性日期范围 periodic date range			C	0,*
终止日期 date end	(PEREND)	ISO 8601：2004	(S) TD	1,1
开始日期 date start	(PERSTA)	ISO 8601：2004	(S) TD	1,1
状况 status	(STATUS)	1. 永久 permanent 2. 偶尔 occasional 3. 推荐 recommended 4. 不使用 not in use 5. 周期性 / 间歇性 periodic/intermittent 6. 保留 reserved 7. 临时 temporary 8. 私有 private 9. 强制性 mandatory 12. 有照明 illuminated	EN	0,*

状况 status	(STATUS)	14. 公共 public 16. 有人看守 watched 17. 无人看守 un-watched	EN	0,*
最小比例尺 scale minimum	(SCAMIN)	见 A.2.5.9 节	IN	0,1

INT 1 引用：E37.1-2；F11.3，19.2；Q45

A.22.8.1 小型船用设施（Small craft facility）（见 S-4 – B-320.1-2）

如需编码小型船用设施，必须使用“小型船用设施”（Small Craft Facility）要素。

备注：

- “小型船用设施”（Small Craft Facility）仅用于功能编码。此外，如需编码实体要素（如建筑物、系泊绞缆设施），必须使用相关要素，如“建筑物”（Building）、“系泊绞缆设施”（Mooring/Warping Facility）。
- 由于潜在的 ECDIS 显示问题，只能在面状要素“陆地区”（Land Area）、“岸线结构物”（Shoreline Construction）或“浮码头”（Pontoon）上对面状要素“小型船用设施”（Small Craft Facility）进行编码。如需编码水域中的小型船用设施，应使用在相关实体要素上编码的点几何单形[注意，ECDIS 不显示点状“小型船用设施”（Small Craft Facility）]。

区别：建筑物（Building）；港口设施（Harbour Facility）；岸线结构物（Shoreline Construction）

A.23 制图要素（Cartographic Features）

A.23.1 文本布置（Text placement）

IHO 定义：文本布置（TEXT PLACEMENT）。与“要素名称”（Feature Name）属性或灯标说明共同使用，用于优化文本在 ECDIS 中的位置。

S-101 制图要素：Text Placement

几何单形：点

现实世界	纸质海图符号	ECDIS 符号

S-101 属性	S-57 缩写	允许编码值	类型	多重性
翻转角度 flip bearing			RE	0,1
文本对齐 text justification		1. 左对齐 left 2. 居中 centred 3. 右对齐 right	EN	1,1
文本 text			TE	0,1

文本类型 text type		1. 要素名称 feature name 2. 灯质 light characteristic	EN	0,1
最小比例尺 scale minimum	(SCAMIN)	见 A.2.5.9 节	IN	0,1

INT 1 引用：

A.23.1.1　文本布置（Text placement）

如需在 ENC 中布置文本以提高显示清晰度，必须使用"文本布置"（Text Placement）制图要素。必须使用关联"文本关联"（Text Association）（见 A.25.15 节）将"文本布置"（Text Placement）与相关地理要素相联。

备注：

- ECDIS 用"文本布置"（Text Placement）要素对关联文本进行定位，该文本应当已用相关要素的属性填写。该属性通过填写"文本类型"（text type）属性得以识别。或者，待显示文本也可以使用"文本"（text）属性进行编码。
- 每个"文本布置"（Text Placement）实例只能在"文本"（text）或"文本类型"（text type）属性中择一使用。
- "文本布置"（Text Placement）只能与点状要素关联，仅限重要区域使用，且文本应避免压盖相关航行区，如航海通道和疏浚区。

区别：

要素 / 信息关联

类型	关联名称	关联端					
		类	角色	多重性	类	角色	多重性
关联	文本关联 （Text Association）	文本布置 （Text Placement）	标识	0,1	所有地理要素	位置	1,1

A.24　信息类型（Information type）

A.24.1　联系方式（Contact details）

IHO 定义：联系方式（CONTACT DETAILS）。关于如何通过邮政、互联网、电话、电传和无线电系统联系某人或某机构的信息。

S-101 信息类型：Contact Details

几何单形：无

现实世界	纸质海图符号	ECDIS 符号		
S-101 属性	**S-57 缩写**	**允许编码值**	**类型**	**多重性**
呼号 call sign	(CALSGN)		TE	0,1
通信频道 communication channel	(COMCHA)		TE	0,*
联系说明 contact instructions	(INFORM)		TE	0,1

固定日期范围 fixed date range			C	0,1
终止日期 date end	(DATEND)	ISO 8601：2004	(S) TD	0,1
开始日期 date start	(DATSTA)	ISO 8601：2004	(S) TD	0,1
成对频率 frequency pair	(SIGFRQ)		C	0,*
海岸电台接收频率 frequency shore station receives			(S) IN	0,1
海岸电台发射频率 frequency shore station transmits			(S) IN	0,1
编码 MMSI code MMSI		唯一 9 位代码 Unique 9 digit code	TE	0,1
在线资源 online resource			C	0,*
标题 headline			(S) TE	0,1
链接 linkage		ISO 19115：2014	(S) TE	1,1
资源名称 name of resource		ISO 19115：2014	(S) TE	0,1
通讯 telecommunications			C	0,*
联系说明 contact instructions			(S) TE	0,1
电信标识符 telecommunication identifier			(S) TE	1,1
通讯服务 telecommunication service		1. 语音 voice 2. 传真 facsimile 3. 短信 SMS 4. 数据 data 5. 数据流 streamed data 6. 电传 telex	(S) EN	0,1

通讯服务 telecommunication service		7. 电报 telegraph 8. 电子邮件 email	(S) EN	0,1

INT 1 引用：

A.24.1.1 联系方式（Contact details）

如需编码联系方式（通信频道、呼号、无线电频率等），必须使用信息类型“联系方式”（Contact Details）。必须使用关联要素“附加信息”（Additional Information）（见 A.25.1 节）将“联系方式”（Contact Details）各实例与相关信息要素进行关联。

备注：

- 如有必要，船舶接收信号的频率必须使用复杂属性“成对频率”（frequency pair）、子属性“海岸电台发射频率”（frequency shore station transmits.）填写。如有必要，船舶发送信号的频率必须使用复杂属性“成对频率”（frequency pair）、子属性“海岸电台接收频率”（frequency shore station transmits）填写。
- 如有必要，复杂属性“成对频率”（frequency pair）的赋值单位必须为赫兹（Hertz）。例如，950MHz 的信号频率必须编码为 950000000。

区别：航海信息（Nautical Information）

要素 / 信息关联

类型	关联名称	关联端					
		类	角色	多重性	类	角色	多重性
关联	附加信息（Additional Information）	联系方式（Contact Details）	提供信息	0,1	雾号（Fog Signal）、引航员登船点（Pilot Boarding Place）、船舶交通服务区（Vessel Traffic Service Area）	为……提供的信息	1,*

A.24.2 服务时间（Service Hours）

IHO 定义：服务时间（SERVICE HOURS）。服务可用和已知异常的时间。				
S-101 信息类型：Service Hours				
几何单形：无				
现实世界	纸质海图符号		ECDIS 符号	
S-101 属性	**S-57 缩写**	**允许编码值**	**类型**	**多重性**
固定日期范围 fixed date range			C	0,1
终止日期 date end	(DATEND)	ISO 8601：2004	(S) TD	0,1
开始日期 date start	(DATSTA)	ISO 8601：2004	(S) TD	0,1
周期性日期范围 periodic date range			C	0,*
终止日期 date end	(PEREND)	ISO 8601：2004	(S) TD	1,1

开始日期 date start	(PERSTA)	ISO 8601：2004	(S) TD	1,1
按周几安排日程 schedule by day of week			C	1,*
日程类 category of schedule		1. 正常运转 normal operation 2. 关闭 closure 3. 无人运转 unmanned operation	(S) EN	0,1
时间间隔以每周的某一天计 time intervals by day of week			(S) C	1,*
周内某一天 day of week		1. 星期一 Monday 2. 星期二 Tuesday 3. 星期三 Wednesday 4. 星期四 Thursday 5. 星期五 Friday 6. 星期六 Saturday 7. 星期日 Sunday	(S) EN	0,7 (ordered)
以周内天数为范围 day of week is range			(S) BO	0,1
开始时间 time of day start			(S) TI	0,* (ordered)
终止时间 time of day end			(S) TI	0,* (ordered)
信息 information			C	0,*
文件定位符 file locator			(S) TE	0,1
文件引用 file reference	(TXTDSC) (NTXTDS)		(S) TE	0,1
标题 headline			(S) TE	0,1
语言 language		ISO 639-2/T	(S) TE	0,1

文本 text	(INFORM) (NINFOM)		(S) TE	0,1

INT 1 引用：

A.24.2.1 服务时间（Service hours）

如需编码服务运营时间表（如桥梁开放和关闭的时间），必须使用信息类型“服务时间”（Service Hours）。必须使用“附加信息”（Additional Information）（见 A.25.1 节）关联将“服务时间”（Service Hours）各实例与适用的信息要素进行关联。

备注：

- 复杂属性“时间间隔以每周的某一天计”（time intervals by day of week）和子属性“以周内天数为范围”（day of week is range）表示“时间间隔以每周的某一天计”（time intervals by day of week）的实例是采用天数范围编码还是零散天数编码。天数或天数范围使用子属性“周内某一天”（day of week）进行编码。如果“以周内天数为范围”（day of week is range）填写为 True，则“周内某一天”（day of week）属性必须恰好有两个实例。如果“周内某一天”（day of week）未填写，则表示每天（星期一至星期日）的时间表均相同。不得使用多个范围或混合的零散天数[如有必要，必须对“时间间隔以每周的某一天计”（time intervals by day of week）的另一个实例进行编码]。
- 必须至少对“时间间隔以每周的某一天计”（time intervals by day of week）各实例的子属性“周内某一天”（day of week）、“开始时间”（time of day start）或“终止时间”（time of day end）其中之一进行赋值。如已填写，则“开始时间”（time of day start）与“终止时间”（time of day end）的实例数必须相等。
- 重叠时间间隔不得绑定到使用“附加信息”（Additional Information）关联的相同要素。
- “服务时间”（Service Hours）填写复杂属性“固定日期范围”（fixed date range）和“周期性日期范围”（periodic date rang）时，这两个属性仅用于“服务时间”（Service Hours），不用于任何可以关联的要素。

区别：航海信息（Nautical Information）；非标准工作日（Non-Standard Working Day）

要素 / 信息关联

类型	关联名称	关联端					
		类	角色	多重性	类	角色	多重性
关联	附加信息（Additional Information）	服务时间（Service Hours）	提供信息	0,1	活动桥跨（Span Opening）	为……提供的信息	1,*

A.24.3 非标准工作日（Non-Standard Working Day）

IHO 定义：非标准工作日（NON-STANDARD WORKING DAY）。受节日、娱乐活动或公共假日，特别是法定假日或宗教节日等影响，工作日的工作时间受到限制，在该日诸多业务停止服务（S-127 版本 1.0.0）。

S-101 信息类型：Non-Standard Working Day

几何单形：无

现实世界	纸质海图符号	ECDIS 符号		
S-101 属性	**S-57 缩写**	**允许编码值**	**类型**	**多重性**
固定日期 date fixed		ISO 8601：2004	TD	0,*
可变日期 date variable			TE	0,*
固定日期范围 fixed date range			C	0,1

终止日期 date end	(DATEND)	ISO 8601：2004	(S) TD	0,1
开始日期 date start	(DATSTA)	ISO 8601：2004	(S) TD	0,1
周期性日期范围 periodic date range			C	0,*
终止日期 date end	(PEREND)	ISO 8601：2004	(S) TD	1,1
开始日期 date start	(PERSTA)	ISO 8601：2004	(S) TD	1,1
信息 information			C	0,*
文件定位符 file locator			(S) TE	0,1
文件引用 file reference	(TXTDSC) (NTXTDS)		(S) TE	0,1
标题 headline			(S) TE	0,1
语言 language		ISO 639-2/T	(S) TE	0,1
文本 text	(INFORM) (NINFOM)		(S) TE	0,1

INT 1 引用：

A.24.3.1 非标准工作日（Non-standard working day）

如需编码每年的庆典、节日或法定假日所在的日期（日期范围），必须使用信息类型“非标准工作日”（Non-Standard Working Day）。必须使用“附加信息”（Additional Information）（见 A.25.1 节）关联将“非标准工作日”（Non-Standard Working Day）各实例与该信息适用的要素进行关联。

备注：

- 至少必须对“固定日期”（date fixed）或“可变日期”（date variable）属性之一进行赋值。
- 每年同一天出现的节日或法定假日（公历）用“固定日期”（date fixed）属性编码。
- 不在同一天出现的节日或法定假日（公历）用复杂属性“可变日期”（date variable）编码。例如，“11 月的第四个星期四”、“复活节星期天”。
- “非标准工作日”（Non-Standard Working Day）填写复杂属性“固定日期范围”（fixed date range）和“周期性日期范围”（periodic date range）时，这两个属性仅用于“非标准工作日”（Non-Standard Working Day），不用于任何可以关联的属性。
- 复杂属性“信息”（information）用于与填写日期 / 日子相关的任意特殊条件或规则的编码。

区别：航海信息（Nautical Information）；服务时间（Service Hours）

要素 / 信息关联

类型	关联名称	关联端					
		类	角色	多重性	类	角色	多重性
关联	附加信息（Additional Information）	非标准工作日（Non- Standard Working Day）	提供信息	0,1	活动桥跨（Span Opening）	为……提供的信息	1,*

A.24.4 航海信息（Nautical information）

IHO 定义：航海信息（NAUTICAL INFORMATION）。与相关区域或设施有关的航海信息。				
S-101 信息类型：Nautical Information				
几何单形：无				
现实世界	纸质海图符号	ECDIS 符号		
S-101 属性	**S-57 缩写**	**允许编码值**	**类型**	**多重性**
固定日期范围 fixed date range			C	0,1
终止日期 date end	(DATEND)	ISO 8601：2004	(S) TD	0,1
开始日期 date start	(DATSTA)	ISO 8601：2004	(S) TD	0,1
周期性日期范围 periodic date range			C	0,*
终止日期 date end	(PEREND)	ISO 8601：2004	(S) TD	1,1
开始日期 date start	(PERSTA)	ISO 8601：2004	(S) TD	1,1
信息 information			C	1,*
文件定位符 file locator			(S) TE	0,1
文件引用 file reference	(TXTDSC) (NTXTDS)		(S) TE	0,1
标题 headline			(S) TE	0,1
语言 language		ISO 639-2/T	(S) TE	0,1
文本 text	(INFORM) (NINFOM)		(S) TE	0,1
图示显示 pictorial representation	(PICREP)		TE	0,1

INT 1 引用：

A.24.4.1 航海信息（Nautical information）

如需编码一个或多个地理要素所用的信息，但无法使用其要素的属性编码时，必须使用信息类型“航海信息”（Nautical Information）编码。必须使用“附加信息”（Additional Information）关联要素将“航海信息”（Nautical Information）各实例与适用的信息要素进行关联（见 A.25.1 节）。

备注：

- “航海信息”（Nautical Information）填写复杂属性“固定日期范围”（fixed date range）和“周期性日期范围”（periodic date range）时，这两个属性仅用于“航海信息”（Nautical Information），不用于任何可以关联的要素。

区别：信息区（Information Area）；更新信息（Update Information）

要素 / 信息关联							
类型	关联名称	关联端					
		类	角色	多重性	类	角色	多重性
关联	附加信息（Additional Information）	航海信息（Nautical Information）	提供信息	0,1	所有地理要素	为……提供的信息	1,*

A.24.5 空间质量（Spatial Quality）

IHO 定义：空间质量（SPATIAL QUALITY）。表示数据集中要素位置信息的质量。				
S-101 信息类型：Spatial Quality				
几何单形：无				
现实世界	纸质海图符号	ECDIS 符号		
S-101 属性	**S-57 缩写**	**允许编码值**	**类型**	**多重性**
水平位置不确定度 horizontal position uncertainty			C	0,1
固定不确定度 uncertainty fixed	(POSACC)		(S) RE	1,1
不确定度变量系数 uncertainty variable factor			(S) RE	0.1
水平测量质量 quality of horizontal measurement	(QUAPOS)	1. 已测量 surveyed 2. 未测量 unsurveyed 3. 未精测 inadequately survey 4. 不精确 approximate 5. 疑位 position doubtful 6. 不可靠 unreliable 9. 估计 estimated 10. 确切已知 precisely known 11. 已计算 calculated	EN	0,1
垂直不确定度 vertical uncertainty			C	0,1
固定不确定度 uncertainty fixed	(VERACC)		(S) RE	1,1
不确定度变量系数 uncertainty variable factor			(S) RE	0.1

INT 1 引用：

A.24.5.1 空间质量（Spatial quality）

空间属性类型必须包含几何引用，且可与空间质量（spatial quality）属性关联。每个空间属性实例都必须被一个要素实例或其他空间属性实例引用。

空间质量属性存在于信息类型“空间质量”（Spatial Quality）中。只有点、多点和曲线可以与空间质量关联。目前尚没有已知的用例支持曲面和空间质量关联，因此禁止使用。曲线禁止使用垂直不确定度，因为曲线不支持该维度。

必须使用关联要素“空间关联”（Spatial Association）（见 A.25.13 节）将“空间质量”（Spatial Quality）的各实例与适用的信息几何进行关联（见 A.25.13 节）。

备注：

- 无。

区别：测深数据质量（Quality of Bathymetric Data）；非测深数据质量（Quality of Non-Bathymetric Data）；测量质量（Quality of Survey）

要素 / 信息关联

类型	关联名称	关联端					
		类	角色	多重性	类	角色	多重性
关联	空间关联（Spatial Association）[1]	空间质量（Spatial Quality）	定义	0,1	空间类型（Spatial Types）	由……定义	1,*

A.25 关联名称（Association Name）

重要提示：本节声明的多重性相关信息参见 A.2.6 节末的注释。

A.25.1 附加信息（Additional information）

附加信息（Additional Information）：IHO 定义：一个要素关联，用于至少有一个地理要素实例与信息类型实例之间的绑定。

备注：

- 单个信息类型实例可与多个地理要素实例关联。

角色类型	角色	与……关联	多重性
关联	为……提供的信息	所有地理要素	1,*
	提供信息	联系方式（Contact Details）、非标准工作日（Non-Standard Working Day）、服务时间（Service Hours）、航海信息（Nautical Information）	0,1

A.25.2 助航标志关联（Aids to navigation association）

助航标志关联（Aids to Navigation Association）：IHO 定义：一个要素关联，用于助航标志及其标示的交通系统（如定线制）之间的绑定。

备注：

- 无。

1 译者注：原文中关联关系的方向有误。

角色类型	角色	与……关联	多重性
关联	构成	方位立标（Beacon Cardinal）、孤立危险物立标（Beacon Isolated Danger）、侧面立标（Beacon Lateral）、安全水域立标（Beacon Safe Water）、专用 / 通用立标（Beacon Special Purpose/General）、桥梁（Bridge）、建筑物（Building）、方位浮标（Buoy Cardinal）、应急沉船示位浮标（Buoy Emergency Wreck Marking）、作业浮标（Buoy Installation）、孤立危险物浮标（Buoy Isolated Danger）、侧面浮标（Buoy Lateral）、安全水域浮标（Buoy Safe Water）、专用 / 通用浮标（Buoy Special Purpose/General）、起重机（Crane）、传送装置（Conveyor）、昼标（Daymark）、捕鱼设施（Fishing Facility）、浮船坞（Floating Dock）、防御工事（Fortified Structure）、报废船（Hulk）、陆标（Landmark）、灯浮（Light Float）、灯船（Light Vessel）、系泊绞缆设施（Mooring/Warping Facility）、海上平台（Offshore Platform）、桩（Pile）、架空管道（Pipeline Overhead）、浮码头（Pontoon）、塔架 / 桥墩（Pylon/Bridge Support）、岸线结构物（Shoreline Construction）、筒仓 / 罐（Silo/Tank）、固定桥跨（Span Fixed）、活动桥跨（Span Opening）、风力发电机（Wind Turbine）	1,*
	包含	群岛海道（Archipelagic Sea Lane）、桥梁（Bridge）、深水航道（Deep Water Route）、航道系统（Fairway System）、分道通航制（Traffic Separation Scheme）、双向航道（Two-Way Route）	0,1

A.25.3 群岛海道聚合（ASL aggregation）

群岛海道聚合（ASL Aggregation）：IHO 定义：一个要素关联，用于群岛海道及其成分要素之间的绑定。

备注：

- 无。

角色类型	角色	与……关联	多重性
聚合	构成	群岛海道区（Archipelagic Sea Lane Area）、群岛海道轴线（Archipelagic Sea Lane Axis）	1,*
	包含	群岛海道（Archipelagic Sea Lane）	0,1

A.25.4 桥梁聚合（Bridge aggregation）

桥梁聚合（Bridge Aggregation）：IHO 定义：一个要素关联，用于桥梁及其成分要素之间的绑定。

备注：

- 如有必要，ENC 数据最大显示比例尺下，不可通航水域上方的桥梁（无须对其单个成分进行编码）必须编码为线状或面状“桥梁”（Bridge）要素（见 A.6.5 节）。

角色类型	角色	与……关联	多重性
聚合	构成	固定桥跨（Span Fixed）、活动桥跨（Span Opening）、塔架 / 桥墩（Pylon/Bridge Support）	1,*
	包含	桥梁（Bridge）	1,1

A.25.5 警告区关联（Caution area association）

警告区关联（Caution Area Association）：IHO 定义：一个要素关联，用于警告区与警告信息所适用的交通系统（如定线制）之间的绑定。

备注：

- 下文中的“多重性”表示单个多重性，是 A.2.6 节末尾注释的例外情况。

角色类型	角色	与……关联	多重性
关联	构成	警告区（Caution Area）	0,*
	包含	群岛海道（Archipelagic Sea Lane）、分道通航制（Traffic Separation Scheme）	0,*

A.25.6 深水航道聚合（Deep Water route aggregation）

深水航道聚合（Deep Water Route Aggregation）：IHO 定义：一个要素关联，用于深水航道及其成分要素之间的绑定。

备注：

- “构成”（Consists of）角色的多重性要求必须至少包含“深水航道中心线”（Deep Water Route Centreline）和“深水航道分道”（Deep Water Route Part）任意组合的两个实例，关联才能存在。

角色类型	角色	与……关联	多重性
聚合	构成	深水航道中心线（Deep Water Route Centreline）、深水航道分道（Two-Way Route Part）	2,*
	包含	深水航道（Deep Water Route）	0,1

A.25.7 航道聚合（Fairway aggregation）

航道聚合（Fairway Aggregation）：IHO 定义：一个要素关联，用于构成航道系统的相关航道之间的绑定。

备注：

- 无。

角色类型	角色	与……关联	多重性
聚合	构成	航道（Fairway）	2,*
	包含	航道系统（Fairway System）	0,1

A.25.8 航道辅助（Fairway auxiliary）

航道聚合（Fairway Aggregation）：IHO 定义：一个要素关联，用于航道及其相关辅助要素之间的绑定。

备注：

- 无。

角色类型	角色	与……关联	多重性
聚合	有辅助	方位立标（Beacon Cardinal）、孤立危险物立标（Beacon Isolated Danger）、侧面立标（Beacon Lateral）、安全水域立标（Beacon Safe Water）、专用 / 通用立标（Beacon Special Purpose/General）、方位浮标（Buoy Cardinal）、应急沉船示位浮标（Buoy Emergency Wreck Marking）、孤立危险物浮标（Buoy Isolated Danger）、侧面浮标（Buoy Lateral）、安全水域浮标（Buoy Safe Water）、专用 / 通用浮标（Buoy Special Purpose/General）、警告区（Caution Area）、昼标（Daymark）、疏浚区（Dredged Area）、灯浮（Light Float）、灯船（Light Vessel）、陆标（Landmark）、桩（Pile）、方位线系统（Range System）、推荐航道中心线（Recommended Route Centreline）、推荐航线（Recommended Track）、航行限制区（Restricted Area Navigational）、监管限制区（Restricted Area Regulatory）、扫测区（Swept Area）	1,*
	辅助	航道（Fairway）	0,1

A.25.9 岛聚合（Island aggregation）

岛聚合（Island aggregation）：IHO 定义：一个要素关联，用于一组命名岛屿之间的关联。

备注：

- “构成”（Consists of）角色的多重性要求至少由两个“陆地区”（Land Area）要素和 1 个“岛群”（Island Group）要素共同组成，关联才能存在。

角色类型	角色	与……关联	多重性
聚合	构成	陆地区（Land Area）、岛群（Island Group）	2,*
	包含	岛群（Island Group）	0,1

A.25.10 系泊设施聚合（Mooring trot aggregation）

系泊设施聚合（Mooring Trot Aggregation）：IHO 定义：一个要素关联，用于系泊设施及其组成部分之间的关联。

备注：

系泊设施通常包括：

- 至少一个“泊位”（Berth）要素；
- 至少两个“海底电缆”（Cable Submarine）要素；
- 至少两个“系泊绞缆设施”（Mooring/Warping Facility）要素；
- 至少两个“障碍物”（Obstruction）要素。

角色类型	角色	与……关联	多重性
聚合	构成	泊位（Berth）、海底电缆（Cable Submarine）、系泊绞缆设施（Mooring/Warping Facility）、障碍物（Obstruction）	2,*
	包含	系泊设施（Mooring Trot）	0,1

A.25.11 引航区关联（Pilotage district association）

引航区关联（Pilotage District Association）：IHO 定义：一个要素关联，用于引航区及其引航员登船点之间的关联。

备注：

- 无。

角色类型	角色	与……关联	多重性
聚合	构成	引航员登船点（Pilot Boarding Place）	1,*
	包含	引航区（Pilotage District）	0,1

A.25.12 方位线系统聚合（Range system aggregation）

方位线系统聚合（Range System Aggregation）：IHO 定义：一个要素关联，用于航线和航线助航标志之间的关联。

备注：

- 包含在方位线系统中的所有要素必须对“最小比例尺”（scale minimum）属性（见 A.2.5.9 节）填写相同的值。
- 方位线系统聚合的构成要素必须至少包括“导航线”（Navigation Line）、“推荐航线”（Recommended Track）、“推荐航道中心线”（Recommended Route Centreline）或“方位线系统”（Range System）中的一个要素。

角色类型	角色	与……关联	多重性
聚合	构成	方位立标（Beacon Cardinal）、孤立危险物立标（Beacon Isolated Danger）、侧面立标（Beacon Lateral）、安全水域立标（Beacon Safe Water）、专用/通用立标（Beacon Special Purpose/General）、建筑物（Building）、昼标（Daymark）、防御工事（Fortified Structure）、陆标（Landmark）、环向灯标（Light All Around）、扇形光灯（Light Sectored）、系泊绞缆设施（Mooring/Warping Facility）、航线（Navigation Line）、桩（Pile）、方位线系统（Range System）、推荐航道中心线（Recommended Route Centreline）、推荐航线（Recommended Track）、筒仓/罐（Silo/Tank）	2,*
	包含	方位线系统（Range System）	0,1

A.25.13 空间关联（Spatial association）

空间关联（Spatial Association）：IHO 定义：一个要素关联，用于空间类型及其空间质量信息之间的关联。
备注：

- 无。

角色类型	角色	与……关联	多重性
关联	由……定义	空间类型（Spatial types）	1,*
	定义	空间质量（Spatial Quality）	0,1

A.25.14 结构物/设备（Structure/equipment）

结构物/设备（Structure/Equipment）：IHO 定义：一个要素关联，用于助航标志设备要素及其支撑结构物之间的关联。
备注：

- 有效的结构物和设备要素相关内容见 A.18.1 节。

角色类型	角色	与……关联	多重性
组合	支撑	昼标（Daymark）、雾号（Fog Signal）、环向灯标（Light All Around）、探雾灯（Light Fog Detector）、扇形光灯（Light Sectored）、实体 AIS 助航标志（Physical AIS Aid to Navigation）、雷达反射器（Radar Reflector）、雷达应答器（Radar Transponder Beacon）、反射器（Retroreflector）、交通信号站（Signal Station Traffic）、告警信号站（Signal Station Warning）	0,*
	有支撑	方位立标（Beacon Cardinal）、孤立危险物立标（Beacon Isolated Danger）、侧面立标（Beacon Lateral）、安全水域立标（Beacon Safe Water）、专用/通用立标（Beacon Special Purpose/General）、桥梁（Bridge）、建筑物（Building）、方位浮标（Buoy Cardinal）、应急沉船示位浮标（Buoy Emergency Wreck Marking）、作业浮标（Buoy Installation）、孤立危险物浮标（Buoy Isolated Danger）、侧面浮标（Buoy Lateral）、安全水域浮标（Buoy Safe Water）、专用/通用浮标（Buoy Special Purpose/General）、起重机（Crane）、传送装置（Conveyor）、昼标（Daymark）、捕鱼设施（Fishing Facility）、浮船坞（Floating Dock）、防御工事（Fortified Structure）、报废船（Hulk）、陆标（Landmark）、环向灯标（Light All Around）、灯浮（Light Float）、扇形光灯（Light Sectored）、灯船（Light Vessel）、陆标（Landmark）、系泊绞缆设施（Mooring/Warping Facility）、海上平台（Offshore Platform）、桩（Pile）、架空管道（Pipeline Overhead）、浮码头（Pontoon）、塔架/桥墩（Pylon/Bridge Support）、岸线结构物（Shoreline Construction）、筒仓/罐（Silo/Tank）、固定桥跨（Span Fixed）、活动桥跨（Span Opening）、风力发电机（Wind Turbine）	0,1

A.25.15 文本关联（Text association）

文本关联（Text Association）：IHO 定义：一个要素关联，用于地理要素与文本制图位置之间的关联。

备注：

- 无。

角色类型	角色	与……关联	多重性
关联	标识	所有地理要素	1,1
	位置	文本布置（Text Placement）	0,1

A.25.16 分道通航制聚合（Traffic Separation Scheme aggregation）

分道通航制聚合（Traffic Separation Scheme Aggregation）：IHO 定义：一个要素关联，用于分道通航制或分道通航制系统及其成分要素之间的关联。

备注：

- 构成分道通航制聚合的要素必须至少包含“深水航道”（Deep Water Route）、“深水航道中心线”（Deep Water Route Centreline）、“深水航道分道”（Deep Water Route Part）、“沿岸通航带”（Inshore Traffic Zone）、“警戒区”（Precautionary Area）、“通航分隔线”（Traffic Separation Line）、“分道通航制”（Traffic Separation Scheme）、“分道通航制边界”（Traffic Separation Scheme Boundary）、“分道通航制交汇处”（Traffic Separation Scheme Crossing）、“分道通航制分道”（Traffic Separation Scheme Lane Part）、“分道通航制环行道”（Traffic Separation Scheme Roundabout）、“分道通航带”（Traffic Separation Zone）、“双向航道”（Two-Way Route）或“双向航道分道”（Two-Way Route Part）中的一个要素。

角色类型	角色	与……关联	多重性
聚合	构成	方位立标（Beacon Cardinal）、孤立危险物立标（Beacon Isolated Danger）、侧面立标（Beacon Lateral）、安全水域立标（Beacon Safe Water）、专用 / 通用立标（Beacon Special Purpose/General）、方位浮标（Buoy Cardinal）、应急沉船示位浮标（Buoy Emergency Wreck Marking）、孤立危险物浮标（Buoy Isolated Danger）、侧面浮标（Buoy Lateral）、安全水域浮标（Buoy Safe Water）、专用 / 通用浮标（Buoy Special Purpose/General）、昼标（Daymark）、深水航道（Deep Water Route）、深水航道中心线（Deep Water Route Centreline）、深水航道分道（Deep Water Route Part）、沿岸通航带（Inshore Traffic Zone）、陆标（Landmark）、灯浮（Light Float）、灯船（Light Vessel）、桩（Pile）、警戒区（Precautionary Area）、航行限制区（Restricted Area Navigational）、监管限制区（Restricted Area Regulatory）、通航分隔线（Traffic Separation Line）、分道通航制（Traffic Separation Scheme）、分道通航制边界（Traffic Separation Scheme Boundary）、分道通航制交汇处（Traffic Separation Scheme Crossing）、分道通航制分道（Traffic Separation Scheme Lane Part）、分道通航制环行道（Traffic Separation Scheme Roundabout）、分道通航带（Traffic Separation Zone）、双向航道（Two- Way Route）、双向航道分道（Two-Way Route Part）	2,*
	包含	分道通航制（Traffic Separation Scheme）	0,1

A.25.17 双向航道聚合（Two-way route aggregation）

双向航道聚合（Two-Way Route Aggregation）：IHO 定义：一个要素关联，用于双向航道及其成分要素之间的关联。

备注：

- 无。

角色类型	角色	与……关联	多重性
聚合	构成	双向航道分道（Two-Way Route Part）	2,*
	包含	双向航道聚合（Two-Way Route）	0,1

A.25.18 已更新信息（Updated information）

已更新信息（Updated Information）：IHO 定义：一个要素关联，用于更新信息元数据要素与其所标识的更新要素之间的关联。

备注：

- 更新数据集要素可以是受 ENC 更新数据影响的任意要素类型实例。

角色类型	角色	与……关联	多重性
关联	标识	所有地理要素	1,*
	更新	更新信息（Update Information）	0,1

A.26 关联角色（Association Roles）

A.26.1 辅助（Auxiliary to）

辅助（Auxiliary to）：IHO 定义：一个指示符，指向被引用要素相关的附带、次要或补充要素。

A.26.2 包含（Component of）

包含（Component of）：IHO 定义：一个指示符，指向“整体 - 部分”关系中整体端。

A.26.3 构成（Consists of）

构成（Consist of）：IHO 定义：一个指示符，指向“整体 - 部分”关系中部分端。

A.26.4 由……定义（Defined for）

由……定义（Defined by）：IHO 定义：一个指示符，指向特定空间类型。

A.26.5 定义（Defines）

定义（Defines）：IHO 定义：一个指示符，指向提供空间质量信息的信息类型。

A.26.6 有辅助（Has auxiliary）

有辅助（Has auxiliary）：IHO 定义：一个指示符，指向关联了附带、次要或补充要素的要素。

A.26.7 标识（Identifies）

标识（Identifies）：IHO 定义：一个指示符，指向特定要素。

A.26.8 为……提供的信息（Information provided for）

由……提供（Provided by）：IHO 定义：一个指示符，指向尚需补充其他信息的特定要素。

A.26.9 位置（Positions）

位置（Positions）：IHO 定义：一个指示符，指向特定文本制图位置。

A.26.10 提供信息（Provides information）

提供（Provides）：IHO 定义：一个指示符，指向提供有关引用要素或信息类型详细信息的对象。

A.26.11 有支撑（Supported by）

有支撑（Supported by）：IHO 定义：一个指示符，指向描述用于支撑设备要素的主要素。

A.26.12 支撑（Supports）

支撑（Supports）IHO 定义：一个指示符，指向描述主要素所支撑的设备要素。

A.26.13 更新（Updates）

更新（Updates）IHO 定义：一个指示符，指向描述数据集更改情况的要素。

A.27 地理要素属性（Geo Feature Attribute）和枚举描述（Enumerate Descriptions）

A.27.1 立标形状（beacon shape）（BCNSHP）

立标形状（beacon shape）：IHO 定义：描述立标几何形状的特征（国防地理空间信息工作组；要素数据字典注册系统，2010 年）。

属性类型：枚举

1）桩（stake）、杆（pole）、竿（perch）、柱（post）

IHO 定义：一根细长的木材或金属杆，底部埋入地下或水中用作航标或航标支座（改编自：IHO 词典 – S-32）。

2）柳条（withy）

IHO 定义：无根的树木插入或埋入海底作为航标用（S-57 第 3.1 版，附录 A，第 2 章，第 2.5 页，2000 年 11 月）。

3）塔形立标（beacon tower）

IHO 定义：高 10 米级的坚固结构物航标（S-57 第 3.1 版，附录 A，第 2 章，第 2.5 页，2000 年 11 月）。

5）大立标（pile beacon）

IHO 定义：高大又沉重的木材或钢质、木质、水泥等型材打入海底用作航标或航标支座（改编自：IHO 词典 – S-32；航海词典，美国国家海洋与大气管理局，1969 年）。

6）堆石标（cairn）

IHO 定义：专为助航而垒起的一个石堆，通常是圆锥体或角锥形体（改编自：IHO 词典 – S-32）。

7）浮式立标（buoyant beacon）

IHO 定义：一种高大似船桅的立标，装有一个永久浸没式浮箱，其主体底端使用柔性联结或锚链系在海底（S-57 第 3.1 版，附录 A，第 2 章，第 2.5 页，2000 年 11 月）。

备注：

- 无。

A.27.2　建筑物形状（building shape）（BUISHP）

建筑物形状（building shape）：IHO 定义：建筑物的具体形状。

属性类型：枚举

5）高层建筑（high-rise building）

IHO 定义：多楼层建筑物（新简明牛津英语词典，1993 年）。

6）金字塔形（pyramid）

IHO 定义：一种多面体，其中一面是任意边数的多边形，其他面是共用同一个顶点的三角形（新简明牛津英语词典，1993 年）。

7）圆柱形（cylindrical）

IHO 定义：形似圆柱实心几何体，圆柱是由一条方向固定的直线沿封闭曲线（特别是圆）上的点生成的图形（新简明牛津英语词典，1993 年）。

8）球形（spherical）

IHO 定义：形似圆球，表面所有点至球心的距离都相等（新简明牛津英语词典，1993 年）。

9）立方体形（cubic）

IHO 定义：六面均为相等正方形的立体图形；正六面体（新简明牛津英语词典，1993 年）。

备注：

- 无。

A.27.3　浮标形状（buoy shape）（BOYSHP）

浮标形状（buoy shape）：IHO 定义：浮标的主要形状或外观设计（国防地理空间信息工作组；要素数据字典注册系统，2010 年）。

属性类型：枚举

1）锥形（纺锤形、尖顶式）[conical（nun, ogival）]

IHO 定义：水线以上浮体的上部或高大结构物的顶端，具有近似于尖端向上的尖顶圆锥形状或外观（S-57 第 3.1 版，附录 A，第 2 章，第 2.7 页，2000 年 11 月）。

2）罐形（圆柱形）[can（cylindrical）]

IHO 定义：水线以上浮体的上部或高大结构物的顶端，具有圆柱体形状，或在平面端近似于圆柱体的截锥体形状（S-57 第 3.1 版，附录 A，第 2 章，第 2.7 页，2000 年 11 月）。

3）球形（spherical）

IHO 定义：水线以上浮体的上部或高大结构物的顶端，具有球体形状（S-57 第 3.1 版，附录 A，第 2 章，第 2.7 页，2000 年 11 月）。

4）柱形（pillar）

IHO 定义：水线以上浮体的上部或高大结构物的顶端，具有狭窄的垂直结构、支柱形或网格结构塔架（S-57 第 3.1 版，附录 A，第 2 章，第 2.7 页，2000 年 11 月）。

5）杆形（轴形）[spar（spindle）]

IHO 定义：水线以上浮体的上部或高大结构物的顶端，具有杆的形状，或具有非常长的圆柱体形状，直立浮动（S-57 第 3.1 版，附录 A，第 2 章，第 2.7 页，2000 年 11 月）。

6）桶形（大桶）[barrel（tun）]

IHO 定义：水线以上浮体的上部或高大结构物的顶端，具有圆桶状或圆柱形状，水平浮动（S-57 第 3.1 版，附录 A，第 2 章，第 2.7 页，2000 年 11 月）。

7）超大型浮标（superbuoy）

IHO 定义：在高位装有高亮信号灯的专用特大灯标（IHO 词典 – S-32）。

8）冰区浮标（ice buoy）

IHO 定义：一种特殊结构的梭形浮标，用于结冰环境（S-57 第 3.1 版，附录 A，第 2 章，第 2.7 页，2000 年 11 月）。

备注：

- 主要形状由国际航标协会——IALA 系统推荐。

A.27.4　埋置深度（buried depth）（BURDEP）

埋置深度（buried depth）：IHO 定义：要素埋置在海床以下的深度（S-57 第 3.1 版，附录 A，第 2 章，第 2.8 页，2000 年 11 月）。

属性类型：实型

单位：定义为 ENC 数据集元数据中的属性：米（m）

精确到：0.1 米

格式：xx.x

示例：2.5 表示 2.5 米埋置深度

备注：

- 无。

A.27.5　呼号（call sign）（CALSGN）

呼号（call sign）：IHO 定义：无线电台、引航站等台站的指定呼叫信号（S-57 第 3.1 版，附录 A，第 2 章，第 2.9 页，2000 年 11 月，修订版）。

属性类型：自由文本

备注：

- 无。

A.27.6　机场类（category of airport/airfield）（CATAIR）

机场类（category of airport/airfield）：IHO 定义：根据主要机型和用户群体对机场的分类。

属性类型：枚举

1）军用机场（military aeroplane airport）

IHO 定义：大型军用机场，通常设有指挥塔、机库以及能容纳和卸载乘客或货物的设备（改编自：

麦加利词典，1988 年）。

2）民用机场（civil aeroplane airport）

IHO 定义：大型机场，通常设有指挥塔、机库以及能容纳和卸载乘客或货物的设备（麦加利词典，1988 年）。

3）军用直升机机场（military heliport）

IHO 定义：由军方控制的直升机降落点（S-57 第 3.1 版，附录 A，第 2 章，第 2.10 页，2000 年 11 月）。

4）民用直升机机场（civil heliport）

IHO 定义：直升机降落点，一般位于建筑物顶部（麦加利词典，1988 年）。

5）滑翔机机场（glider airfield）

IHO 定义：为滑翔机起降设置的地域（S-57 第 3.1 版，附录 A，第 2 章，第 2.10 页，2000 年 11 月）。

6）小型飞机机场（small plane airfield）

IHO 定义：为小型飞机起降设置的地域（S-57 第 3.1 版，附录 A，第 2 章，第 2.10 页，2000 年 11 月）。

8）应急机场（emergency airfield）

IHO 定义：为飞机或直升机应急起降设置的地域（S-57 第 3.1 版，附录 A，第 2 章，第 2.10 页，2000 年 11 月）。

9）搜救机场（search and rescue airfield）

IHO 定义：为执行搜救任务的飞机或直升机起降而设置的地域。

备注：

- 无。

A.27.7　锚泊类（category of anchorage）（CATACH）

锚泊类（category of anchorage）：IHO 定义：对不同船舶停泊区的分类。

属性类型：枚举

1）无限制锚地（unrestricted anchorage）

IHO 定义：船舶锚泊或可以锚泊的区域（IHO 词典 – S-32）。

2）深水锚地（deep water anchorage）

IHO 定义：深吃水船舶锚泊或可以锚泊的区域（S-57 第 3.1 版，附录 A，第 2 章，第 2.11 页，2000 年 11 月）。

3）油轮锚地（tanker anchorage）

IHO 定义：油轮锚泊或可以锚泊的区域（S-57 第 3.1 版，附录 A，第 2 章，第 2.11 页，2000 年 11 月）。

4）爆炸物锚地（explosives anchorage）

IHO 定义：为锚定船舶装卸易爆物而划定的区域（IHO 词典 – S-32）。

5）检疫锚地（quarantine anchorage）

IHO 定义：符合检疫规定的船舶锚泊的区域（IHO 词典 – S-32）。

6）海上飞机锚地（seaplane anchorage）

IHO 定义：海上飞机锚泊或可以锚泊的区域（S-57 第 3.1 版，附录 A，第 2 章，第 2.11 页，2000

年 11 月）。

7）小船锚地（small craft anchorage）

IHO 定义：游艇或小型船锚泊或可以锚泊的区域（S-57 第 3.1 版，附录 A，第 2 章，第 2.11 页，2000 年 11 月）。

8）小船系泊区（small craft mooring area）

IHO 定义：游艇和小型船停泊的区域（S-57 第 3.1 版，附录 A，第 2 章，第 2.11 页，2000 年 11 月）。

9）24 小时锚地（anchorage for periods up to 24 hours）

IHO 定义：船舶锚泊或可以锚泊最多 24 小时的区域（S-57 第 3.1 版，附录 A，第 2 章，第 2.11 页，2000 年 11 月）。

10）限时锚地（anchorage for a limited period of time）

IHO 定义：船舶可锚泊不超过规定时间限制的区域（S-57 第 3.1 版，附录 A，第 2 章，第 2.11 页，2000 年 11 月）。

14）候泊锚地（waiting anchorage）

IHO 定义：船舶等待进入港口或泊位时锚泊或可以锚泊的区域。

15）报告锚地（reported anchorage）

IHO 定义：非经监管机构划定但据报适合且安全的锚泊位置。

备注：

- 无。

A.27.8 桥梁类（category of bridge）（CATBRG）

桥梁类（category of bridge）：IHO 定义：对跨越间隔或障碍物（如河流或道路）并可通行的结构物的分类。

属性类型：枚举

1）固定桥（fixed bridge）

IHO 定义：具有持久水平和垂直排列的桥梁（McGraw-Hill 科技术语词典，第 3 版，1984 年）。

2）开合桥（opening bridge）

IHO 定义：当用于陆路交通时，桥梁是闭合的，当允许其下船舶通过时，桥梁是开启的；现代的开合桥 (移动式的) 可以是竖转式、升降式或平转式（改编自：McGraw-Hill 科技百科全书，第 7 版，1992 年）。

3）平转桥（swing bridge）

IHO 定义：绕垂直轴水平转动让出空间使船舶通过的可移动桥（或桥跨）（改编自：McGraw-Hill 科技百科全书，第 7 版，1992 年）。

4）升降桥（lifting bridge）

IHO 定义：能被垂直吊起以使船舶在下面通过的可移动桥（或桥跨）（改编自：IHO 词典 – S-32）。

5）竖转桥（bascule bridge）

IHO 定义：在垂直平面内围绕一端或两端中心轴转动可移动桥（或桥跨）的平衡桥，英文也称为“balance bridge”（IHO 词典 – S-32）。

6）浮桥（pontoon bridge）

IHO 定义：由多个浮码头支撑的固定浮桥（McGraw-Hill 科技术语词典，第 3 版，1984 年）。

7）吊桥（drawbridge）

IHO 定义：部分或全部桥跨可以抬高或拉向一边，供船舶通过的桥梁的总称（IHO 词典 – S-32）。

8）运输桥（transporter bridge）

IHO 定义：由水道两侧大梁系统连接的塔架组成，供运输车辆通行（国防地理空间信息工作组；要素数据字典注册系统，2010 年）。

9）步行桥（footbridge）

IHO 定义：仅供行人通行的桥梁（McGraw-Hill 科技术语词典，第 3 版，1984 年）。

10）高架桥（viaduct）

IHO 定义：由一系列横梁、跨索或大梁（钢质、木质或混凝土）组成的长桥，用塔架或桥墩作支撑，用于承载道路、铁路等（改编自：McGraw-Hill 科技百科全书，第 7 版，1992 年）。

11）水道桥（aqueduct）

IHO 定义：支撑人工高架水道用于供水的桥梁（改编自：新简明牛津英语词典，1993 年）。

12）悬索桥（suspension bridge）

IHO 定义：由道路或悬挂在两条或多条钢缆上的桁架构成的固定式桥梁，钢缆通过塔架由后牵索锚固在坚实的地基上（McGraw-Hill 科技百科全书，第 7 版，1992 年）。

备注：

- 无。

A.27.9 建筑群区类（category of built-up area）（CATBUA）

建筑群区类（category of built-up area）：IHO 定义：对人类居住地的分类。

属性类型：枚举

1）市区（urban area）

IHO 定义：主要由人造建筑物占有的区域，用于住宅、商业和工业目的（海图手册，美国商务部，1992 年）。

2）居民地（settlement）

IHO 定义：连续的、相对集中的、用于居住的轻型建筑物群（如小屋）（国防地理空间信息工作组；要素数据字典注册系统，2010 年）。

3）村庄（village）

IHO 定义：自成一体的房屋群和相关建筑物群，多位于乡村地区（国防地理空间信息工作组；要素数据字典注册系统，2010 年）。

4）城镇（town）

IHO 定义：比村庄大、建筑更有序、地方政府更加完善独立，但又构不成城市的居住地（改编自：国防地理空间信息工作组；要素数据字典注册系统，2010 年）。

5）城市（city）

IHO 定义：有大量永久性的公众居住并具有所有必需的服务设施的大型城镇（国防地理空间信息

工作组；要素数据字典注册系统，2010 年）。

6）度假村（holiday village）

IHO 定义：为度假者而建的综合设施，配备别墅、商店和娱乐场所，以季节性居住为主（改编自：国防地理空间信息工作组；要素数据字典注册系统，2010 年）。

备注：

- 无。

A.27.10 电缆类（category of cable）（CATCBL）

电缆类（category of cable）：IHO 定义：根据所提供的服务对电缆的分类

属性类型：枚举

1）电力线（power line）

IHO 定义：用于供电的电缆（国防地理空间信息工作组；要素数据字典注册系统，2010 年）。

3）输电线（transmission line）

IHO 定义：多根不绝缘的缆线，通常用钢质网格塔架支托，此类要素一般比普通电力线更为醒目（S-57 第 3.1 版，附录 A，第 2 章，第 2.16 页，2000 年 11 月）。

4）电话线（telephone）

IHO 定义：传输电话信号的电缆（国防地理空间信息工作组；要素数据字典注册系统，2010 年）。

5）电报线（telegraph）

IHO 定义：传输电报信号的电缆（国防地理空间信息工作组；要素数据字典注册系统，2010 年）。

6）系泊缆 / 链（mooring cable/chain）

IHO 定义：用于固定系泊浮筒或其他浮式结构物的缆绳或链条（S-57 第 3.1 版，附录 A，第 2 章，第 2.16 页，2000 年 11 月）。

7）轮渡电缆（ferry cable）

IHO 定义：轮渡是指跨越某段水域，用于运送乘客、车辆或货物的船舶，尤指常规运营船舶（国防地理空间信息工作组；要素数据字典注册系统，2016 年）。轮渡电缆（ferry cable）是轮渡船航行的辅助电缆或链条。

8）光纤电缆（fibre optic cable）

IHO 定义：由玻璃或塑料纤维制成用于引导光线传输的电缆。光纤电缆广泛应用于光纤通信，与其他通信形式相比，传输距离更远，传输速率更高。

备注：

- 无。

A.27.11 渠道类（category of canal）（CATCAN）

渠道类（category of canal）：IHO 定义：对用于通航、排水或灌溉的人工水道的分类。

属性类型：枚举

1）运输渠（transportation）

IHO 定义：用于航行的水道，属于运输系统的一部分（S-57 第 3.1 版，附录 A，第 2 章，第 2.17 页，

2000 年 11 月）。

2）排水渠（drainage）

IHO 定义：用于排放积聚地面的过量水的水道（S-57 第 3.1 版，附录 A，第 2 章，第 2.17 页，2000 年 11 月）。

3）灌溉渠（irrigation）

IHO 定义：用于灌溉的水渠（S-57 第 3.1 版，附录 A，第 2 章，第 2.17 页，2000 年 11 月）。

备注：

- 无。

A.27.12　方位标志类（category of cardinal mark）（CATCAM）

方位标志类（category of cardinal mark）：IHO 定义：四个象限（北、东、南和西）以从目标点出发的真方位 NW-NE、NE-SE、SE-SW、SW-NW 为界；方位标志按其所在象限命名；方位标志的名称表明应从该标志指示的一侧通过（S-57 第 3.1 版，附录 A，第 2 章，第 2.18 页，2000 年 11 月）。

属性类型：枚举

1）“北方位标”（north cardinal mark）

2）“东方位标”（east cardinal mark）

3）“南方位标”（south cardinal mark）

4）“西方位标”（west cardinal mark）

备注：

方位标志没有特殊的形状，但通常是柱状或杆状的。为与 IALA 海上浮标系统保持一致，方位标都涂有黄黑相间的横纹，其特有的双锥形顶标始终为黑色。方位标志也可有闪白光专用系统，如果装有这种灯标，应单独编码为“灯标”（Light）要素。

A.27.13　检查站类（category of checkpoint）（CATCHP）

检查站类（category of checkpoint）：IHO 定义：运输工具或旅客需停止以进行识别或检查的地点的分类。

属性类型：枚举

1）海关（custom）

IHO 定义：政府检查站，负责征收关税、管制货物流通、实施限制措施，并为进出一个国家的货物或车辆办理清关（国防地理空间信息工作组；要素数据字典注册系统，2010 年）。

备注：

- 无。

A.27.14　海岸线类（category of coastline）（CATCOA）

海岸线类（category of coastline）：IHO 定义：海岸线的物理状况。

属性类型：枚举

1）陡坡海岸（steep coast）

IHO 定义：以岩石或大地峭壁为背景的海岸，它的雷达反射信号强并沿着海岸线由峭壁变成低矮的海岸，在相当远处便可用视觉辨认（S-57 第 3.1 版，附录 A，第 2 章，第 2.20 页，2000 年 11 月）。

2）平坦海岸（flat coast）

IHO 定义：无明显地貌的平面海岸（S-57 第 3.1 版，附录 A，第 2 章，第 2.20 页，2000 年 11 月）。

3）冰川 – 临海端（glacier, seaward end）

IHO 定义：朝向海的冰川延伸，通常是浮动的，又称“冰川舌”（glacier tongue）（IHO 词典 – S-32）。

4）红树林（mangrove）

IHO 定义：一种或多种热带树或灌木类植物，长有许多支柱根并沿着低矮海岸向浅水处生长（IHO 词典 – S-32）。

5）沼泽海岸（marshy shore）

IHO 定义：由浸透水的海绵状陆地构成的岸线，它可能有一层浅水覆盖，通常有相当大量的植物出现在表面上（改编自：IHO 词典 – S-32）。

6）冰海岸（ice coast）

IHO 定义：形成冰架临海边缘的垂直陡崖，其在海平面以上的高度从 2 米到 50 米或更多（S-57 第 3.1 版，附录 A，第 2 章，第 2.21 页，2000 年 11 月）。

备注：

- 无。

A.27.15　传送装置类（category of conveyor）（CATCON）

传送装置类（category of conveyor）：IHO 定义：将货物从一个位置运送至另一个位置的传送装置的分类。

属性类型：枚举

1）架空索道（有电）[aerial cableway（telepheric）]

IHO 定义：一种运输系统，由塔架间牵引电缆构成，其上可悬挂运载单元（如用于运送人员、材料或设备的汽车或吊舱）（国防地理空间信息工作组；要素数据字典注册系统，2010 年）。

2）带式运输机（belt conveyor）

IHO 定义：通过移动带输送材料或人员的传送装置（S-57 第 3.1 版，附录 A，第 2 章，第 2.23 页，2000 年 11 月）。

3）水槽滑道（flume）

IHO 定义：一种人工水道，通常为倾斜沟槽，通过输送水流提供动力（如将原木运下山坡等）（韦氏新世界大学词典第 3 版）。

4）电梯 / 升降梯（lift/elevator）

IHO 定义：抬升物体或材料的各种机械装置。

备注：

- 无。

A.27.16　起重机类（category of crane）（CATCRN）

起重机类（category of crane）：IHO 定义：吊升和移动重物的机器的分类。

属性类型：枚举

2）集装箱起重机 / 起重机架（container crane/gantry）

IHO 定义：高速、岸基起重机，用于特殊结构集装箱的装卸操作（改编自：海图手册，美国商务部，海岸与大地测量局，第 7 版）。

3）人字起重架（sheerlegs）

IHO 定义：一种三角架结构，用于在船坞和港内固定桅杆或在船上装卸重物（S-57 第 3.1 版，附录 A，第 2 章，第 2.25 页，2000 年 11 月）。

4）移动式起重机（travelling crane）

IHO 定义：在铁轨（轨道）上安装的移动式（通常与码头面平行）起重机，便于装卸货轮（加拿大海道测量局）。

5）“A”字起重机（A-frame）

IHO 定义：一种形似字母“A”的起重机，多在河堤或海岸线上架设，用于从伐木车上吊起原木放入水中（加拿大海道测量局）。

6）龙门起重机（goliath crane）

IHO 定义：在大跨度可移动龙门架上安装的大型移动式起重机（韦氏词典）。

备注：

- 无。

A.27.17　水坝类（category of dam）（CATDAM）

水坝类（category of dam）：IHO 定义：用作水流屏障的结构物的分类。

属性类型：枚举

1）堰（weir）

IHO 定义：为升高水位而在河流上修建的水坝；在河流或沿岸设置的联排木桩，用作渔栅。该词目前限用于较小型工程，大型工程均称“坝”（dam）（IHO 词典 – S-32）。

2）坝（dam）

IHO 定义：为阻挡或控制任何运动物体而修建的屏障；特别指用于阻挡水流、提高水位以形成水库或用于防洪的屏障（IHO 词典 – S-32）。

3）拦洪坝（flood barrage）

IHO 定义：横跨河道的开放式水闸，必要时关闭用以控制洪水（S-57 第 3.1 版，附录 A，第 2 章，第 2.26 页，2000 年 11 月）。

备注：

- 无。

A.27.18　距离标志类（category of distance mark）（CATDIS）

距离标志类（category of distance mark）：IHO 定义：固定距离标志和虚拟距离标志的分类。

属性类型：枚举

1）未实际安装的距离标志（distance mark not physically installed）

IHO 定义：给出从原点沿某要素至该点的距离信息，但在该点实际没有标志物存在（S-57 第 3.1 版，附录 A，第 2 章，第 2.27 页，2000 年 11 月）。

2）杆形可视标志（visible mark, pole）

IHO 定义：给出从原点沿某要素至该点的距离信息，并用杆形标志标示（S-57 第 3.1 版，附录 A，第 2 章，第 2.27 页，2000 年 11 月）。

3）牌形可视标志（visible mark, board）

IHO 定义：给出从原点沿某要素至该点的距离信息，并用牌形标志标示（S-57 第 3.1 版，附录 A，第 2 章，第 2.27 页，2000 年 11 月）。

4）形状未知的可视标志（ visible mark, unknown shape）

IHO 定义：给出从原点沿某要素至该点的距离信息，该点有实际标志，但标志物的形状未知或未予说明（S-57 第 3.1 版，附录 A，第 2 章，第 2.27 页，2000 年 11 月）。

备注：

- 无。

A.27.19 船坞类（category of dock）（CATDOC）

船坞类（category of dock）：IHO 定义：船坞的分类。

属性类型：枚举

1）潮汐型（tidal）

IHO 定义：开口朝向外海、水位受潮汐影响的船坞（S-57 第 3.1 版，附录 A，第 2 章，第 2.28 页，2000 年 11 月）。

2）非潮汐型（湿坞）[non-tidal (wet dock)]

IHO 定义：可按需关闭坞门任意调节水位的船坞（IHO 词典 – S-32）。

备注：

- 无。

A.27.20 倾废场类（category of dumping ground）（CATDPG）

倾废场类（category of dumping ground）IHO 定义：根据所处理的废物类型对区域的分类。

属性类型：枚举

1）化学废物倾废场（chemical waste dumping ground）

IHO 定义：倾倒化学废物的海域（S-57 第 3.1 版，附录 A，第 2 章，第 2.29 页，2000 年 11 月）。

2）核废料倾废场（nuclear waste dumping ground）

IHO 定义：倾倒核废料的海域（S-57 第 3.1 版，附录 A，第 2 章，第 2.29 页，2000 年 11 月）。

3）爆炸物倾废场（explosives dumping ground）

IHO 定义：倾倒爆炸物的海域（S-57 第 3.1 版，附录 A，第 2 章，第 2.29 页，2000 年 11 月）。

4）抛泥场（spoil ground）

IHO 定义：倾倒疏浚物的海域，也称“倾废场”（dumping ground）（IHO 词典 – S-32）。

5）船舶倾废场（vessel dumping ground）

IHO 定义：丢弃废旧船舶的海域（S-57 第 3.1 版，附录 A，第 2 章，第 2.29 页，2000 年 11 月）。

备注：

- 无。

A.27.21 栅栏 / 围墙类（category of fence）（CATFNC）

栅栏 / 围墙类（category of fence）：IHO 定义：对物理边界的分类。

属性类型：枚举

1）栅栏（fence）

IHO 定义：一种用作围墙或边界结构物，相对轻便的人工屏障（国防地理空间信息工作组；要素数据字典注册系统，2010 年）。

2）树篱（hedge）

IHO 定义：用作栅栏、界线或防风墙，持续生长的灌木丛（国防地理空间信息工作组；要素数据字典注册系统，2010 年）。

3）围墙（wall）

IHO 定义：一种用作围场、边界或具有保护作用的坚固人工屏障，通常由重型材料制成（国防地理空间信息工作组；要素数据字典注册系统，2010 年）。

备注：

- 无。

A.27.22 轮渡类（category of ferry）（CATFRY）

轮渡类（category of ferry）：IHO 定义：对轮渡船机动性能的分类，不适用于非轮渡的各种类型。

属性类型：枚举

1）自由行轮渡（free moving ferry）

IHO 定义：航线随天气、潮流和交通而变化的轮渡（S-57 第 3.1 版，附录 A，第 2 章，第 2.32 页，2000 年 11 月）。

2）缆线轮渡（cable ferry）

IHO 定义：用固定缆线牵引沿固定航线行驶的轮渡（S-57 第 3.1 版，附录 A，第 2 章，第 2.32 页，2000 年 11 月）。

3）冰轮渡（ice ferry）

IHO 定义：冬季引领航行的轮渡（芬兰海事局）。

5）高速轮渡（high speed ferry）

IHO 定义：民用高速船舶。

备注：

- “轮渡类”（category of ferry）属性不用于各类轮渡编码，而是用于轮渡机动性能编码。“缆线轮渡”（cable ferry）表示用缆线牵引沿固定航线行驶的轮渡。缆线轮渡可能妨碍其他交通流。

A.27.23 捕鱼设施类（category of fishing facility）（CATFIF）

捕鱼设施类（category of fishing facility）：IHO 定义：根据不同的捕捞方式对捕鱼设施的分类。

属性类型：枚举

1）渔栅（fishing stake）

IHO 定义：浅水中用以标示渔场或用于捕鱼的杆子或桩（IHO 词典 – S-32）。

2）渔网（fish trap）

IHO 定义：一种捕鱼装置（通常是便携式）（改编自：IHO 词典 – S-32）。

3）鱼梁（fish weir）

IHO 定义：在河内或沿岸用木桩或石头围成的捕鱼围栏（改编自：IHO 词典 – S-32）。

4）金枪鱼网（tunny net）

IHO 定义：设在海上用来捕捞金枪鱼的网（IHO 词典 – S-32）。

备注：

- 无。

A.27.24 雾号类（category of fog signal）（CATFOG）

雾号类（category of fog signal）IHO 定义：对雾号发声的分类。

属性类型：枚举

1）爆响雾号（explosive）

IHO 定义：引爆炸药产生的信号（英版灯标表和雾号表）。

2）低音雾号（diaphone）

IHO 定义：通过压缩空气发出的强大低音，结束时通常是突然降低的短暂声音（“咕噜声”）（英版灯标表和雾号表）。

3）雾笛（siren）

IHO 定义：通过压缩空气发出声音；有多种不同的类型，其声音和力度存在明显差别（英版灯标表和雾号表）。

4）电雾笛（nautophone）

IHO 定义：通过电振动膜片发音的喇叭（IHO 词典 – S-32）。

5）舌簧笛（reed）

IHO 定义：通过压缩空气发出的微弱高音（英版灯标表和雾号表）。

6）气笛（tyfon）

IHO 定义：通过压缩空气或在蒸汽作用下发声的膜片喇叭（IHO 词典 – S-32）。

7）雾钟（bell）

IHO 定义：作用距离较短的响声，可通过手动或波浪能自动运转的设备（S-57 第 3.1 版，附录 A，第 2 章，第 2.34 页，2000 年 11 月）。

8）雾哨（whistle）

IHO 定义：喷射空气通过孔径时产生的特殊声音，可自动、手动或借助波浪操控浮标将空气推入管中（S-57 第 3.1 版，附录 A，第 2 章，第 2.34 页，2000 年 11 月）。

9）雾锣（gong）

IHO 定义：敲击时，通过圆盘振动发出的一种声音；设备可自动、手动或借助波浪能运转（S-57 第 3.1 版，附录 A，第 2 章，第 2.34 页，2000 年 11 月）。

10）号角（horn）

IHO 定义：通过压缩空气或电振动膜片发出声音；存在多种不同的类型，其声调和功率存在明显差别（英版灯标表和雾号表）。

备注：

- 属性“雾号类”（category of fog signal）对各种信号产生方式进行编码；“号角”是雾号“电雾笛”“舌簧笛”“气笛”的通用名称。

A.27.25 防御工事类（category of fortified structure）（CATFOR）

防御工事类（category of fortified structure）：IHO 定义：各种防御工事的分类。

属性类型：枚举

1）城堡（castle）

IHO 定义：大型防御建筑或结构物（改编自：柯林斯词典）。

2）堡垒（fort）

IHO 定义：具有御敌功能的坚固围墙、建筑或阵地（柯林斯词典）。

3）炮台（battery）

IHO 定义：装有火炮的防御结构物（柯林斯词典）。

4）碉堡（blockhouse）

IHO 定义：用以抵御敌方炮火的坚固混凝土结构物；带有壁孔供射击用（柯林斯词典）。

5）防御塔（fortified tower）

IHO 定义：圆形小堡垒，墙壁较厚（如圆形炮塔）（改编自：国防地理空间信息工作组；要素数据字典注册系统，2010 年）。

6）多面堡（redoubt）

IHO 定义：没有侧翼防御的外垒，通常为正方形或多边形（简明牛津词典）。

8）潜艇洞库（fortified submarine shelter）

IHO 定义：供潜艇停靠的隐蔽坞。

9）壁垒（rampart）

IHO 定义：用作堡垒或防御的任何物体。

备注：

- 无。

A.27.26 闸门类（category of gate）（CATGAT）

闸门类（category of gate）：IHO 定义：对可摆动、提拉或降低以关闭入口或通道的结构物的分类。

属性类型：枚举

1）防洪闸（flood barrage gate）

IHO 定义：用于控制洪水的开启式闸门（国防地理空间信息工作组；要素数据字典注册系统，2010 年）。

2）坞门（caisson）

IHO 定义：用于关闭船闸、干船坞和湿船坞入口的钢质结构物（IHO 词典 – S-32）。

3）闸门（lock gate）

IHO 定义：船闸两侧的大型铰链门（改编自：IHO 词典 – S-32）。

4）堤坝闸门（dyke gate）

IHO 定义：堤坝上的开启式闸门（国防地理空间信息工作组；要素数据字典注册系统，2010 年）。

5）水闸（sluice）

IHO 定义：通过控制进出水流来改变水位的滑动闸门或其他装置（IHO 词典 – S-32）。

备注：

- 无。

A.27.27 港口设施类（category of harbour facility）（CATHAF）

港口设施类（category of harbour facility）：IHO 定义：港口用途的分类。

属性类型：枚举

1）滚装码头（RoRo terminal）

IHO 定义：供滚装轮渡停靠的码头（S-57 第 3.1 版，附录 A，第 2 章，第 2.38 页，2000 年 11 月）。

2）轮渡码头（ferry terminal）

IHO 定义：供客运和汽车轮渡停靠的码头（S-57 第 3.1 版，附录 A，第 2 章，第 2.38 页，2000 年 11 月）。

3）渔港（fishing harbour）

IHO 定义：配有渔船设施的港口（S-57 第 3.1 版，附录 A，第 2 章，第 2.38 页，2000 年 11 月）。

4）游艇港 / 小型码头（yacht harbour/marina）

IHO 定义：为小船、游艇等提供补给、维修和各类服务的港口设施（IHO 词典 – S-32）。

5）海军基地（naval base）

IHO 定义：海军舰艇控制中心（改编自：柯林斯词典）。

6）油船码头（tanker terminal）

IHO 定义：吞吐散装液体货物的码头（S-57 第 3.1 版，附录 A，第 2 章，第 2.38 页，2000 年 11 月）。

7）客运码头（passenger terminal）

IHO 定义：旅客上下船的码头（S-57 第 3.1 版，附录 A，第 2 章，第 2.38 页，2000 年 11 月）。

8）船厂（shipyard）

IHO 定义：建造或修理船舶的场所（IHO 词典 – S-32）。

9）集装箱码头（container terminal）

IHO 定义：配有装卸或存储集装箱设施的码头（S-57 第 3.1 版，附录 A，第 2 章，第 2.38 页，2000 年 11 月，修订版）。

10）散货码头（bulk terminal）

IHO 定义：吞吐铁矿石、煤炭等散装货物的码头（S-57 第 3.1 版，附录 A，第 2 章，第 2.38 页，2000 年 11 月）。

11）升船机（ship lift）

IHO 定义：使用同步电机（如同步升降机）驱动，用于将船舶（比小船大）吊入 / 吊离水面的平台（改编自：S-57 第 3.1 版，附录 A，第 2 章，第 2.38 页，2000 年 11 月）。

12）跨运车（straddle carrier）

IHO 定义：在其自身框架内，抬升和搬运集装箱或车辆的一种轮式车辆；用于搬运，有时也用于堆放船运集装箱和车辆（S-57 第 3.1 版，附录 A，第 2 章，第 2.39 页，2000 年 11 月）。

13）服务港（service harbour）

IHO 定义：为驻泊的浮动设备（如疏浚船、拖船等）提供服务的港口。

14）引航服务（pilotage service）

IHO 定义：指引船舶通过引航水域的人员服务，通常是对某一特定区域的航道、助航标志、航行危险等知识掌握全面，并持有该区域许可证的人员（改编自：IHO 词典 – S-32）。

备注：

- 无。

A.27.28　报废船类（category of hulk）（CATHLK）

报废船类（category of hulk）：IHO 定义：另作他用的旧船或无法航行船舶的分类。

属性类型：枚举

1）水上餐厅（floating restaurant）

IHO 定义：用作餐厅的永久锚泊浮式结构物（例如一艘旧船）（国防地理空间信息工作组；要素数据字典注册系统，2010 年）。

2）历史古船（historic ship）

IHO 定义：永久系泊且具有历史意义的船舶，现用作旅游景点（国防地理空间信息工作组；要素数据字典注册系统，2010 年）。

3）浮式博物馆（floating museum）

IHO 定义：用作博物馆的永久锚泊浮式结构物（例如一艘旧船）（国防地理空间信息工作组；要素数据字典注册系统，2010 年）。

4）浮式住宅（floating accommodation）

IHO 定义：提供膳宿的永久锚泊浮式结构物（例如一艘旧船）（国防地理空间信息工作组；要素数据字典注册系统，2010 年）。

5）浮式防波堤（floating breakwater）

IHO 定义：用作防波堤的永久锚泊浮式结构物，多由旧船改造而来（S-57 第 3.1 版，附录 A，第 2 章，第 2.40 页，2000 年 11 月）。

6）水上赌场（casino）

IHO 定义：用作赌场的永久锚泊的浮式结构物（例如一艘旧船）。

7）训练船（training vessel）

IHO 定义：用于训练目的的永久锚泊浮式结构物，多由旧船改造而来。

备注：

- 无。

A.27.29 冰类（category of ice）（CATICE）

冰类（category of ice）：IHO 定义：冰的分类。

属性类型：枚举

1）固定冰（fast ice）

IHO 定义：长期冻结的海冰，多位于最初形成的位置，冰层较厚；沿海岸或浅滩可见，可能被岛屿、接地的冰山或极地冰固定在原位（IHO 词典 – S-32）。

2）冰川（glacier）

IHO 定义：不断从高处向低处移动的冰雪混合物；如果漂浮于水面，便可以不断扩散（IHO 词典 – S-32）。

3）极地冰（polar ice）

IHO 定义：冰龄达 1 年以上的海冰（相对冬季冰而言）；世界气象组织（WMO）将其定义为冰龄 1 年以上且厚度超过 3 米的海冰（IHO 词典 – S-32）。

备注：

- 无。

A.27.30 作业浮标类（category of installation buoy）（CATINB）

作业浮标类（category of installation buoy）：IHO 定义：对固定式作业浮标的分类。

属性类型：枚举

1）悬链锚腿系泊（catenary anchor leg mooring）（CALM）

IHO 定义：使用 4 个或 4 个以上的船锚系泊一个大型浮筒，使其始终浮在水面上；系泊缆索和货物软管从浮筒顶部的转盘引出，当船舶随风和水流摇摆时，浮筒不会转动（S-57 第 3.1 版，附录 A，第 2 章，第 2.42 页，2000 年 11 月）。

2）单浮筒系泊（single buoy mooring）（SBM）

IHO 定义：在港内入口处或海上油、气田处油轮装卸的系泊结构物；结构物的大小可介于大型系泊浮筒与有人操作浮动结构物之间；也称“单点系泊”（single point mooring，SPM）（IHO 词典 – S-32）。

备注：

- 无。

A.27.31 地面地带类（category of land region）（CATLND）

地面地带类（category of land region）：IHO 定义：描述自然景观的一般用语。

属性类型：枚举

1）沼地（fen）

IHO 定义：一种泥沼地，尤指低洼区，全部或部分被水覆盖，主要生长草本植物、青草、莎草、芦苇（新大英百科全书，第 15 版，1991 年）。

2）湿地（marsh）

IHO 定义：潮湿地区，通常是松软地面，常被洪水或潮水淹没，但不总是没于水中；其特点是生长非木本植物，树木很少见（海图手册，美国国家海洋与大气管理局，1992 年）。

3）沼泽地 / 泥塘（moor/bog）

IHO 定义：腐烂植被形成的潮湿松软地面，地面有死水，因太过松软无法承受任何重物（IHO 词典 – S-32）。

4）荒野（heathland）

IHO 定义：一片荒原；泥炭沼泽，通常有低矮的灌木覆盖，可能有零星分布的小型开口水眼（海图手册，美国国家海洋与大气管理局，1992 年）。

5）山脉（mountain range）

IHO 定义：一系列毗邻的、排列有序的山脉或山脊（美国国家海洋与大气管理局，1992 年）。

6）低地（lowlands）

IHO 定义：海拔相比毗邻地区较低且相对平坦的土地（美国国家海洋与大气管理局，1992 年）。

7）峡谷地（canyon lands）

IHO 定义：相对狭窄、边缘陡峭的深凹地，底部常有连续的斜坡（IHO 词典 – S-32）。

8）水田（paddy field）

IHO 定义：洪水定期淹没的农用地（例如稻田）（S-57 第 3.1 版，附录 A，第 2 章，第 2.44 页，2000 年 11 月）。

9）农用地（agriculture land）

IHO 定义：用于土壤培育、家畜繁殖等科研或实践（或与之有关）的区域（国防地理空间信息工作组；要素数据字典注册系统，2010 年）。

10）热带草原 / 大草地（savanna/grassland）

IHO 定义：热带或亚热带地区的开阔草地，树木稀疏或没有树木；以树木稀少的草地为主（国防地理空间信息工作组；要素数据字典注册系统，2010 年）。

11）公园绿地（parkland）

IHO 定义：用于美化环境或娱乐，或保持原生态的一片土地，属于公共财产或地区（韦氏新大学词典，1975 年）。

12）水洼（swamp）

IHO 定义：有水浸透的松软土地，其水面可能较浅，表面常有大量植被（IHO 词典 – S-32）。

13）滑坡（landslide）

IHO 定义：大量从山上或陡崖边缘下滑的泥土形成的地面，也称“塌方”（IHO 词典 – S-32）。

14）熔岩流（lava flow）

IHO 定义：熔融岩石冷却后形成的物质（改编自：IHO 词典 – S-32）。

15）盐田（salt span）

IHO 定义：水深较浅的咸水池，用于海水自然蒸发提取盐分（IHO 词典 – S-32）。

16）冰碛石（moraine）

IHO 定义：冰川沉积产生的松散物质堆积而成（海图手册，美国国家海洋与大气管理局，1992 年）。

17）火山口（crater）

IHO 定义：碗口形状的洞口，位于火山顶或火山边（IHO 词典 – S-32）；也可以是陨石撞击所形成的空洞（海图手册，美国国家海洋与大气管理局，1992 年）。

18）洞穴（cave）

IHO 定义：天然的地下洞室或一系列开口朝向地面的洞室（韦氏在线词典，2010 年 3 月）。

19）岩柱或尖峰（rock column or pinnacle）

IHO 定义：任何高塔形或尖顶形岩柱，孤立存在或位于山顶（IHO 词典 – S-32）。

20）沙洲（cay）

IHO 定义：植被稀少的小型岛屿，通常由沙或珊瑚构成；该术语通常用于较小的珊瑚浅滩（海员手册，英国海道测量局）。

21）干河床（wadi）

IHO 定义：永久干涸或除雨季外保持干涸的水道（IHO 词典 – S-32）。

备注：

- 属性"地面地带类"（category of land region）对描述地貌的通用名称进行编码。

A.27.32 陆标类（category of landmark）（CATLMK）

陆标类（category of landmark）：IHO 定义：对地貌中突出的人工要素和自然要素的分类。

属性类型：枚举

1）堆石标（cairn）

IHO 定义：隆起的石丘，通常是圆锥形或金字塔形，用作陆标或测量参考点（IHO 词典 – S-32）。

2）墓地（cemetery）

IHO 定义：埋葬死者的地点和相关结构物（国防地理空间信息工作组；要素数据字典注册系统，2010 年）。

3）烟囱（chimney）

IHO 定义：一种垂直结构物，包括排放烟雾和燃烧气体的通道或烟道（国防地理空间信息工作组；要素数据字典注册系统，2010 年）。

4）碟形天线（dish aerial）

IHO 定义：收发高频无线电信号的抛物面天线（IHO 词典 – S-32）。

5）旗杆（旗竿）[flagstaff (flagpole)]

IHO 定义：升旗的杆或竿（国防地理空间信息工作组；要素数据字典注册系统，2010 年）。

6）火炬烟囱（flare stack）

IHO 定义：用于燃烧废油或废气的高大结构物（IHO 词典 – S-32）；常有火焰喷出，位于炼油厂（S-57 第 3.1 版，附录 A，第 2 章，第 2.45 页，2000 年 11 月）。

7）桅杆（mast）

IHO 定义：一种相对较高的结构物，通常由拉索保持垂直（S-57 第 3.1 版，附录 A，第 2 章，第 2.45 页，2000 年 11 月）。

8）风向袋（windsock）

IHO 定义：一种锥形织物套，安装在顶部随风摆动用以指示风向（航海词典，美国国家海洋与大气管理局，1969 年）。

9）纪念碑（monument）

IHO 定义：为纪念某人或事件而竖立或维护的标志物（国防地理空间信息工作组；要素数据字典注册系统，2010 年）。

10）圆柱（柱状物）[column (pillar)]

IHO 定义：垂直竖立的圆柱形或略呈锥形的物体，长度远大于直径（牛津英语词典）。

11）纪念牌匾（memorial plaque）

IHO 定义：用作装饰的金属板，旨在纪念某个人物或事件（S-57 第 3.1 版，附录 A，第 2 章，第 2.46 页，2000 年 11 月）。

12）方尖碑（obelisk）

IHO 定义：通常为石块或混凝土制成的锥形碑，其截面为方形或矩形，顶端为金字塔形（改编自：牛津英语词典）。

13）雕像（statue）

IHO 定义：用各种材料（如大理石、金属或石膏）雕刻、模制或铸造的人物或动物形象（国防地理空间信息工作组；要素数据字典注册系统，2010 年）。

14）十字架（cross）

IHO 定义：十字架形的纪念碑或其他结构物（芬克和瓦格纳词典）。

15）圆顶（dome）

IHO 定义：半球形或球状结构物的陆标（改编自：麦加利词典）。

16）雷达天线（radar scanner）

IHO 定义：通过搜索模式指向雷达波束的装置（改编自：航海词典，美国国家海洋与大气管理局，1969 年）。

17）塔（tower）

IHO 定义：一种相对较高且狭窄的结构物，可以独立存在，也可以是其他结构物的一部分（国防地理空间信息工作组；要素数据字典注册系统，2010 年）。

18）风车（windmill）

IHO 定义：风力驱动、附在塔上的叶片系统（不包括风力发电机）（国防地理空间信息工作组；要素数据字典注册系统，2010 年）。

20）尖塔 / 宣礼塔（spire/minaret）

IHO 定义：一种高大的锥形或金字塔形结构物，多位于屋顶或塔楼上，尤指教堂或清真寺（改编自：新简明牛津英语词典，1993 年）。

21）陆地上大岩石或巨砾（large rock or boulder on land）

IHO 定义：孤立的岩层或大石头（改编自：IHO 词典 – S-32）。

22）三角点（triangulation mark）

IHO 定义：地面上的可回收测量点，其地理位置由大地测量仪器以角测量法确定；三角测量点是被标记为测站标志的选点，或是一个明显的自然要素或人工要素，也称“三角测量站”（trigonometric station）或“三角站”（triangulation station）（IHO 词典 – S-32）。

23）界标（boundary mark）

IHO 定义：标明已测量边界线位置的标志（国防地理空间信息工作组；要素数据字典注册系统，2010 年）。

24）观景摩天轮（observation wheel）

IHO 定义：一个巨大的摩天轮（澳大利亚海道测量局）。

25）牌坊（torii）

IHO 定义：一种装饰性大门或入口，由两根直立的木柱构成，顶部由两个水平横档连接；通常建于神道教寺庙的入口处。

备注：

- 无。

A.27.33 侧面标志类（category of lateral mark）（CATLAM）

侧面标志类（category of lateral mark）：IHO 定义：侧面标志的分类。

属性类型：枚举

1）左侧标（port-hand lateral mark）

IHO 定义：按“浮标常规走向”标示航道或推荐航道的左侧边界（S-57 第 3.1 版，附录 A，第 2 章，第 2.47 页，2000 年 11 月）。

2）右侧标（starboard-hand lateral mark）

IHO 定义：按“浮标常规走向”标示航道或推荐航道的右侧边界（S-57 第 3.1 版，附录 A，第 2 章，第 2.47 页，2000 年 11 月）。

3）推荐航道左侧标（preferred channel to starboard lateral mark）

IHO 定义：在航道分界点，按“浮标常规走向”，推荐航道（或主航道）用改型的左侧标志标示（S-57 第 3.1 版，附录 A，第 2 章，第 2.47 页，2000 年 11 月）。

4）推荐航道右侧标（preferred channel to port lateral mark）

IHO 定义：在航道分界点，按“浮标常规走向”，推荐航道（或主航道）用改型的右侧标志标示（S-57 第 3.1 版，附录 A，第 2 章，第 2.47 页，2000 年 11 月）。

备注：

- 分为两个国际浮标系统——A 区和 B 区，两者的侧面标志不同。浮标系统使用独立属性“海上标志体系”（marks navigational–system of）（见 A.27.121 节）进行编码。标志物安装反射器或灯标时，编码为独立要素。
- “常规浮标方向”可能是海员从海上进入港口、河流、河口或其他水道时所采取的一般方向，或有关部门确定的方向，原则上是绕陆地顺时针方向。

A.27.34 灯标类（category of light）（CATLIT）

灯标类（category of light）：IHO 定义：不同类型灯标的分类。

属性类型：枚举

1）导向灯（leading light）

IHO 定义：与其他灯标一起，共同构成一条应遵从的导向线（改编自：IHO 词典 – S-32）。

2）航空灯（aero light）

IHO 定义：航空导航专用灯，其功率可能高于船用灯，从近海处可见（S-57 第 3.1 版，附录 A，第 2 章，第 2.48 页，2000 年 11 月）。

3）泛光灯（flood light）

IHO 定义：结构物或某区域照明所用的宽束灯（改编自：柯林斯词典）。

4）条形灯（strip light）

IHO 定义：光源呈线形的施工灯标，通常水平发光，长度可达数米（S-57 第 3.1 版，附录 A，第 2 章，第 2.48 页，2000 年 11 月）。

5）辅助灯（subsidiary light）

IHO 定义：主灯塔架或附近的辅助灯标，具有特殊的航行用途（英版无线电信号表，英国海道测量局）。

6）聚光灯（spotlight）

IHO 定义：聚焦的强光灯，可照亮一个小区域（柯林斯词典）。

7）前灯（front）

IHO 定义：与导向灯共同使用的术语，用于描述从海上观察到灯标在导向线上的位置（S-57 第 3.1 版，附录 A，第 2 章，第 2.49 页，2000 年 11 月）。

8）后灯（rear）

IHO 定义：与导向灯共同使用的术语，用于描述从海上观察到灯标在导向线上的位置（S-57 第 3.1 版，附录 A，第 2 章，第 2.49 页，2000 年 11 月）。

9）下灯（lower）

IHO 定义：与导向灯共同使用的术语，用于描述从海上观察到灯标在导向线上的位置（S-57 第 3.1 版，附录 A，第 2 章，第 2.49 页，2000 年 11 月）。

10）上灯（upper）

IHO 定义：与导向灯共同使用的术语，用于描述从海上观察到灯标在导向线上的位置（S-57 第 3.1 版，附录 A，第 2 章，第 2.49 页，2000 年 11 月）。

11）应急灯（emergency）

IHO 定义：主灯的备用灯，主灯发生故障时使用（S-57 第 3.1 版，附录 A，第 2 章，第 2.49 页，2000 年 11 月）。

12）方位灯（bearing light）

IHO 定义：无须罗经也能据此获得近似方位的灯标（S-57 第 3.1 版，附录 A，第 2 章，第 2.49 页，2000 年 11 月）。

13）水平灯组（horizontally disposed）

IHO 定义：一组灯质相同、位置几乎相同的灯标，通常水平排列（S-57 第 3.1 版，附录 A，第 2 章，第 2.49 页，2000 年 11 月）。

14）垂直灯组（vertically disposed）

IHO 定义：一组灯质相同、位置几乎相同的灯标，通常垂直排列（S-57 第 3.1 版，附录 A，第 2 章，第 2.49 页，2000 年 11 月）。

备注：

- 以上不含航海灯标（主要用于海上航行的灯标）。除非属性“灯标类”（category of light）另有说明，否则所有灯标均视作航海灯标。

A.27.35 海水养殖场类（category of marine farm/culture）（CATMFA）

海水养殖场类（category of marine farm/culture）：IHO 定义：对专门用于饲养、繁殖或生产特定水生动物的水域的分类。

属性类型：枚举

1）甲壳类动物（crustaceans）

IHO 定义：硬壳动物（如蟹、龙虾等）（S-57 第 3.1 版，附录 A，第 2 章，第 2.50 页，2000 年 11 月）。

2）可食用双壳类软体动物（edible bivalve molluscs）

IHO 定义：由两部分铰链的外壳遮盖，内含无脊椎软体动物（改编自：美国国家海洋与大气管理局国家海洋局）。

3）鱼（fish）

IHO 定义：在水中生活的有鳃脊椎冷血动物（S-57 第 3.1 版，附录 A，第 2 章，第 2.50 页，2000 年 11 月）。

4）海藻（seaweed）

IHO 定义：对海藻类海洋植物的通称，生长在狭长的带状地带（国际海事词典，第 2 版）。

5）珍珠养殖场（pearl culture farm）

IHO 定义：人工培育珍珠的区域（S-57 第 3.1 版，附录 A，第 2 章，第 2.50 页，2000 年 11 月）。

备注：

- 无。

A.27.36 军事训练区类（category of military practice area）（CATMPA）

军事训练区类（category of military practice area）：IHO 定义：根据军事用途对海区的分类。

属性类型：枚举

1）鱼雷演习区（torpedo exercise area）

IHO 定义：进行鱼雷演习的区域（S-57 第 3.1 版，附录 A，第 2 章，第 2.52 页，2000 年 11 月）。

2）潜艇演习区（submarine exercise area）

IHO 定义：进行潜艇演习的区域（S-57 第 3.1 版，附录 A，第 2 章，第 2.52 页，2000 年 11 月）。

3）射击危险区（firing danger area）

IHO 定义：进行轰炸和导弹演习的区域（S-57 第 3.1 版，附录 A，第 2 章，第 2.52 页，2000 年 11 月）。

4）布雷演习区（mine-laying practice area）

IHO 定义：进行布雷演习的区域（S-57 第 3.1 版，附录 A，第 2 章，第 2.52 页，2000 年 11 月）。

5）轻武器靶场（small arms firing range）

IHO 定义：手枪、步枪和机枪等的射击靶场（S-57 第 3.1 版，附录 A，第 2 章，第 2.52 页，2000 年 11 月）。

备注：

- 无。

A.27.37 系泊绞缆设施类（category of mooring/warping facility）（CATMOR）

系泊绞缆设施类（category of mooring/warping facility）：IHO 定义：可用于固定船舶的位置或结构物。

属性类型：枚举

1）系缆柱（dolphin）

IHO 定义：一根或一组上面可能带有平台的立柱，用于系泊或绞缆船舶（改编自：IHO 词典 – S-32）。

2）罗经矫正桩（deviation dolphin）

IHO 定义：一根或一组立柱，船舶可绕其摆动以进行罗经调整（国防地理空间信息工作组；要素数据字典注册系统，2010 年）。

3）系船柱（bollard）

IHO 定义：设于码头或系缆柱上的小型立柱，用于固定船舶的缆绳（IHO 词典 – S-32）。

4）系船坝（tie-up wall）

IHO 定义：系船坝是一段用于系泊等待转运船舶的墙；系船柱和系泊装置可用于大型船舶和小型船舶（国防地理空间信息工作组；要素数据字典注册系统，2010 年）。

5）桩或柱（post or pile）

IHO 定义：一根长而重的原木或一段钢材、木材、混凝土等，打入海底，用作系泊设施（改编自：IHO 词典 – S-32）。

6）链 / 索 / 缆（chain/wire/cable）

IHO 定义：连接两个独立要素（例如浮筒和桩或两个浮筒）的链条或非常坚固的纤维或钢丝绳，用于锚定、系泊船舶或浮标（改编自：IHO 词典 – S-32）。

7）系泊浮筒（mooring buoy）

IHO 定义：通过永久锚泊装置固定在海底的浮标，通过锚链或系泊缆绳系泊船舶（IHO 词典 – S-32）。

备注：

- 无。

A.27.38 导航线类（category of navigation line）（CATNAV）

导航线类（category of navigation line:）：IHO 定义：对船舶航行航道指引的分类。

属性类型：枚举

1）安全线（clearing line）

IHO 定义：标示安全区和危险区边界或避开航行危险的直线（改编自：IHO 词典 – S-32）。

2）叠标线（transit line）

IHO 定义：连接一个或多个固定标志的线（S-57 第 3.1 版，附录 A，第 2 章，第 2.55 页，2000 年 11 月）。

3）具有推荐航线的导向线（leading line bearing a recommended track）

IHO 定义：连接一个或多个清晰可辨要素的一条线，船舶可以沿该线路安全行驶一定距离（改编自：IHO 词典 – S-32）。

备注：

- 无。

A.27.39 障碍物类（category of obstruction）（CATOBS）

障碍物类（category of obstruction）：IHO 定义：妨碍通行物体的分类。

属性类型：枚举

1）突出物 / 桩墩（snag/stump）

IHO 定义：水面看不见的，掩埋在海底、河底或湖底的树木、树枝或断桩，对船舶航行构成威胁（IHO 词典 – S-32）。

2）井口（wellhead）

IHO 定义：高出海底一定距离的海底结构物，用于封盖暂时废弃或停用的油井或气井（IHO 词典 – S-32）。

3）扩散器（diffuser）

IHO 定义：排水口上方的结构物，液体通过其排出；通常突出在排水口的水平面之上，成为障碍物（S-57 第 3.1 版，附录 A，第 2 章，第 2.56 页，2000 年 11 月）。

4）木笼（crib）

IHO 定义：水中的永久性结构物，木质框架，内有岩石或巨石；用作围栏系泊装置或其他结构物的支撑装置，如水下排水口或扩散器等；可能高出、淹没或干出（S-57 第 3.1 版，附录 A，第 2 章，第 2.56 页，2000 年 11 月）。

5）鱼礁（fish haven）

IHO 定义：私人（通常为渔民）划出的捕捞区，模拟吸引鱼类的自然珊瑚礁或沉船；此类礁石多由在小范围内或沿等深线较长距离区域倾倒的各种垃圾建造而成，也称为“渔礁”（fishery reef）（S-57 第 3.1 版，附录 A，第 2 章，第 2.56 页，2000 年 11 月）。

6）险恶地（foul area）

IHO 定义：存在诸多未知航行风险的区域；该区域是对海员的警告，并非所有危险物均逐一得到确认，航经该区域有风险；多用于对海图上危险线所围住区域的编码（改编自：IHO 词典 – S-32）。

7）防冰栅（ice boom）

IHO 定义：固定在海底的浮动障碍物，用于控制浮冰移动路线，防止船闸、管道口等建筑物受阻，并防止桥墩和其他建筑物受损（海图规范，加拿大海道测量局）。

8）锚泊装置（ground tackle）

IHO 定义：锚具、混凝土块、锁链等设备，用于固定系泊浮筒等浮式结构物（S-57 第 3.1 版，附录 A，第 2 章，第 2.57 页，2000 年 11 月）。

9）水栅（boom）

IHO 定义：用于保护河流或港口的浮式屏障，或建立遮蔽区用于存放某物（IHO 词典 – S-32）。

10）波浪能装置（wave energy device）

IHO 定义：通过海浪的表面运动或表面以下的压力波动产生能量的装置。

11）海底数据采集系统（subsurface ocean data acquisition system）

IHO 定义：主要用于收集、储存或传输与海洋环境有关的样本或数据的水下装置，不属于船舶及其附属设备（改编自：维基百科，2018 年）。

12）人工礁（artificial reef）

IHO 定义：用人工材料制成的礁石，用以吸引海洋生物。

13）井口基盘（template）

IHO 定义：放置在海底钻机下方的结构物，用于引导钻井（改编自：IHO 海图规范，S-4）。

14）管汇（manifold）

IHO 定义：高于海底 20 米的大型钢结构物，或用桩固定在海底的钢架，用于固定海底管道末端，以将其输送至生产平台（改编自：IHO 海图规范，S-4）。

15）水下冰丘（submerged pingo）

IHO 定义：位于水下永久冻土层被水压推高的覆土冰丘。

16）平台残骸（remains of platform）

IHO 定义：平台的剩余残骸。

17）科学仪器（scientific instrument）

IHO 定义：用于科学目的的仪器。

18）水下涡轮机（underwater turbine）

IHO 定义：各种有转子的水下机器，通常带有叶片或扇片，由流体（如蒸汽、水、热气或空气）的压力、动力或反推力驱动，或以自由喷射的形式出现，或以流体形式通过并完全填满转子周围的外壳。

备注：

- 无。

A.27.40 海上平台类（category of offshore platform）（CATOFP）

海上平台类（category of offshore platform）：IHO 定义：海上凸起结构物的分类。

属性类型：枚举

1）油井架 / 钻井（oil derrick/rig）

IHO 定义：固定或浮动的临时移动结构物，用于油气田勘探阶段（IHO 词典 – S-32）。

2）生产平台（production platform）

IHO 定义：可控制石油或天然气流动的长期性海上结构物，不包括所有海底结构物（改编自：IHO 词典 – S-32）。

3）观测 / 研究平台（observation/research platform）

IHO 定义：可进行观察、探测或记录周围环境或事件（如用于科学研究）的平台（改编自：IHO 词典 – S-32，第 5 版）。

4）铰接式装载平台（articulated loading platform）（ALP）

IHO 定义：金属网格塔台，一端浮起，另一端通过万向节连接至海底的混凝土基座；该平台可配备直升机平台、应急舱和缆绳/软管回收装置（改编自：英国海道测量局，CSDO 607.2[12]，1994 年 5 月）。

5）单锚腿系泊（single anchor leg mooring）（SALM）

IHO 定义：顶部是装有浮力装置的固定框架或管道，下端固定于海底大型钢制或混凝土基座的万向节上，上端用链条或钢索固定在系泊浮筒上（改编自：英国海道测量局，CSDO 607.2[12]，1994 年 5 月）。

6）系泊塔（mooring tower）

IHO 定义：固定在海底的平台，该平台上有供船舶系泊的转盘（改编自：英国海道测量局，CSDO 607.2[12]，1994 年 5 月）。

7）人工岛（artificial island）

IHO 定义：一种人工结构物，通常为勘探、开采海洋资源、海洋科学研究或潮流观测而建造。

8）浮式生产储卸船（floating production, storage and off-loading vessel）（FPSO）

IHO 定义：由系泊油轮/驳船构成的海上设施，通过其开采、储存或出口产品（改编自：英国海道测量局，CSDO 607.2[13]，1994 年 5 月）。

9）居住平台（accommodation platform）

IHO 定义：主要用于饮食、休息和娱乐的平台（S-57 第 3.1 版，附录 A，第 2 章，第 2.59 页，2000 年 11 月）。

10）导航、通信和控制浮标（navigation, communication and control buoy）（NCCB）

IHO 定义：一种配备控制室、电力和储存设施的浮式结构物，通过柔性管道和电缆系附在海底（S-57 第 3.1 版，附录 A，第 2 章，第 2.59 页，2000 年 11 月）。

11）浮式油罐（floating oil tank）

IHO 定义：在海底锚定、用于石油储存的浮式结构物（改编自：IHO 词典 – S-32）。

备注：

- 无。

A.27.41　海上作业区类（category of offshore production area）

海上作业区类（category of offshore production area）：IHO 定义：对配备生产设施的海域的分类（改编自：S-57 第 3.1 版，附录 A，第 1 章，第 1.113 页，2000 年 11 月）。

属性类型：枚举

1）海上风电厂（offshore wind farm）

IHO 定义：同一位置的众多风力发电机，组成同一个发电单元（改编自：国防地理空间信息工作组；要素数据字典注册系统，2010 年）。

2）波浪发电厂（wave farm）

IHO 定义：同一位置的波浪能利用装置，组成同一个发电单元（改编自：国防地理空间信息工作组；要素数据字典注册系统，2010 年）。

3）海流发电厂（current farm）

IHO 定义：同一位置的海流能利用装置，组成同一个发电单元（改编自：国防地理空间信息工作组；要素数据字典注册系统，2010 年）。

4）油罐群（tank farm）

IHO 定义：一组大容量储存罐，用于储存原油、天然气或液化石油产品（改编自：国防地理空间信息工作组；要素数据字典注册系统，2010 年）。

5）海底物质开采区（seabed material extraction area）

IHO 定义：形成并开采海底物质的区域。

备注：

- 无。

A.27.42 油障类（category of oil barrier）（CATOLB）

油障类（category of oil barrier）：IHO 定义：对防止石油在海面扩散的屏障的分类。

属性类型：枚举

1）阻油管 (高压管)[oil retention （high pressure pipe）]

IHO 定义：有孔的管道，空气从孔中喷出；气泡到达水面时，会形成一道阻碍石油扩散的屏障（国家测量和地籍局，丹麦）。

2）围油栏（floating oil barrier）

IHO 定义：漂浮的管状结构物，水下挂有长 2 米的裙边，用于阻碍石油扩散（国家测量和地籍局，丹麦）。

备注：

- 无。

A.27.43 桩类（category of pile）（CATPLE）

桩类（category of pile）：IHO 定义：桩（打入地下作为结构物的基础或支撑物）的分类。

属性类型：枚举

1）桩（stake）

IHO 定义：一根插入海底的细长木桩或金属杆，用作标志或支撑（改编自：IHO 词典 – S-32）。

2）柱（post）

IHO 定义：一段插入地面或海底的直立木材、金属或混凝土（国防地理空间信息工作组；要素数据字典注册系统，2010 年）。

3）三脚架（tripodal）

IHO 定义：由 3 根或 3 根以上桩柱构成的结构物，这些桩柱（重型木材、钢材或混凝土）固定在一起，打入地面或海底（改编自：IHO 词典 – S-32）。

4）桩材（piling）

IHO 定义：多根直线型桩柱，通常连接或栓接在一起（改编自：IHO 词典 – S-32）。

5）桩柱区（area of piles）

IHO 定义：多根直线型桩柱，但不由结构物构件连接（澳大利亚海道测量局）。

6）管道（pipe）

IHO 定义：用金属、木头或其他材料制成的中空圆筒，用于输送水、天然气、蒸汽、石油等。

备注：

- 无。

A.27.44 引航员登船点类（category of pilot boarding place）（CATPIL）

引航员登船点类（category of pilot boarding place）：IHO 定义：引航员登船方式的分类。

属性类型：枚举

1）由引航巡逻艇登船（boarding by pilot-cruising vessel）

IHO 定义：引航员从引航巡逻艇登船（S-57 第 3.1 版，附录 A，第 2 章，第 2.62 页，2000 年 11 月）。

2）由直升机登船（boarding by helicopter）

IHO 定义：引航员从岸上乘直升机登船（S-57 第 3.1 版，附录 A，第 2 章，第 2.62 页，2000 年 11 月）。

3）从岸上登船（pilot comes out from shore）

IHO 定义：引航员根据请求乘船从岸上来登船（S-57 第 3.1 版，附录 A，第 2 章，第 2.62 页，2000 年 11 月）。

备注：

- 无。

A.27.45 管道 / 导管类（category of pipeline/pipe）（CATPIP）

管道 / 导管类（category of pipeline/pipe）：IHO 定义：管道系统用途的分类。

属性类型：枚举

1）排放管道（outfall pipe）

IHO 定义：向海洋或河流排放的管道（通常是下水道或排水管）（国防地理空间信息工作组；要素数据字典注册系统，2010 年）。

2）抽吸管道（intake pipe）

IHO 定义：从河流或其他水体取水的管道，用于驱动磨坊或为灌溉渠、自来水厂供水等（改编自：IHO 词典 – S-32）。

3）下水道（sewer）

IHO 定义：污水处理系统中将水或污水输送至处理区的管道（国防地理空间信息工作组；要素数据字典注册系统，2010 年）。

4）鼓泡系统（bubbler system）

IHO 定义：热水从中冒出气泡的水下管道，用于防止周围的水结冰（S-57 第 3.1 版，附录 A，第 2 章，第 2.63 页，2000 年 11 月）。

5）供给管道（supply pipe）

IHO 定义：输送（供应）气体或液体产品的管道（国防地理空间信息工作组；要素数据字典注册系统，2010 年）。

6）气泡幕（bubble curtain）

IHO 定义：有空洞可放出气泡的水下高压管道（通常置于海底），其用途包括防止水下声波传播、防止水面碎片或漂浮液体扩散、控制鱼类活动等，也称“气动管”（pneumatic pipe）或“气泡器”（bubbler）（IHO 海图规范，S-4）。

备注：

- 无。

A.27.46 推荐类（category of preference）

推荐类（category of preference）：IHO 定义：相较于其他选项的首选选项。

属性类型：枚举

1）主要（primary）

IHO 定义：正常情况下首选。

2）备用（alternate）

IHO 定义：特殊情况下首选。

备注：

- 无。

A.27.47 生产区类（category of production area）（CATPRA）

生产区类（category of production area）：IHO 定义：对重型产业区的分类。

属性类型：枚举

1）采石场（quarry）

IHO 定义：主要用于开采建筑用石料的露天采石场（国防地理空间信息工作组；要素数据字典注册系统，2010 年）。

2）矿井（mine）

IHO 定义：为采掘或开采自然资源而形成的地面采掘地（国防地理空间信息工作组；要素数据字典注册系统，2010 年）。

3）矿堆（stockpile）

IHO 定义：材料、设备或其他供应物资的贮存地（S-57 第 3.1 版，附录 A，第 2 章，第 2.64 页，2000 年 11 月）。

4）发电站区（power station area）

IHO 定义：包括一组或多组用于发电的建筑物和设备的设施（国防地理空间信息工作组；要素数据字典注册系统，2010 年）。

5）炼油区（refinery area）

IHO 定义：提炼石油或石油产品的设施（国防地理空间信息工作组；要素数据字典注册系统，2010 年）。

6）贮木场（timber yard）

IHO 定义：存放木料和木材的露天场地（国防地理空间信息工作组；要素数据字典注册系统，2010 年）。

7）工厂区（factory area）

IHO 定义：生产制造产品的建筑群（S-57 第 3.1 版，附录 A，第 2 章，第 2.64 页，2000 年 11 月）。

8）油罐群（tank farm）

IHO 定义：同一地点放置的一批大容量储存罐，用于储存原油、天然气或液化石油产品（改编自：

国防地理空间信息工作组；要素数据字典注册系统，2010 年）。

9）风电场（wind farm）

IHO 定义：多台风力发电机集合发电的区域（国防地理空间信息工作组；要素数据字典注册系统，2010 年）。

10）矿渣堆 / 废石堆（slag heap/spoil heap）

IHO 定义：陆地上矿山、工厂等产生的垃圾堆（改编自：简明牛津词典）。

11）生产厂房（production plant）

IHO 定义：进行生产的工厂。

备注：

- 无。

A.27.48 塔架类（category of pylon）（CATPYL）

塔架类（category of pylon）：IHO 定义：根据所支撑的服务对塔架的分类。

属性类型：枚举

1）输电塔 / 杆（power transmission pylon/pole）

IHO 定义：支撑一条或多条输电线的塔架（国防地理空间信息工作组；要素数据字典注册系统，2010 年）。

2）电话 / 电报线塔 / 杆（telephone/telegraph pylon/pole）

IHO 定义：支撑一条或多条通信电缆的塔架（国防地理空间信息工作组；要素数据字典注册系统，2010 年）。

3）架空索道 / 高架塔（aerial cableway/sky pylon）

IHO 定义：支撑钢缆的塔或塔架，用于运输汽车、吊舱或其他悬挂式运载单元（改编自：国防地理空间信息工作组；要素和属性编码目录，第 1.2 版）。

4）桥塔 / 架（bridge pylon/tower）

IHO 定义：悬吊桥面的塔或塔架（国防地理空间信息工作组；要素数据字典注册系统，2010 年）。

5）桥墩（bridge pier）

IHO 定义：用于支撑桥跨的支柱或基座（国防地理空间信息工作组；要素数据字典注册系统，2010 年）。

备注：

- 无。

A.27.49 雷达站类（category of radar station）（CATRAS）

雷达站类（category of radar station）：IHO 定义：根据服务类型对雷达站的分类。

属性类型：枚举

1）雷达监视站（radar surveillance station）

IHO 定义：为监测交通而建的雷达站（IHO 词典 – S-32）。

2）海岸雷达站（coast radar station）

IHO 定义：海员可通过无线电联系并获取船舶位置的岸基站（S-57 第 3.1 版，附录 A，第 2 章，第 2.68

页，2000 年 11 月）。

备注：

- 无。

A.27.50　雷达应答器类（category of radar transponder beacon）（CATRTB）

雷达应答器类（category of radar transponder beacon）：IHO 定义：根据功能对雷达应答器的分类。

属性类型：枚举

1）雷达指向标，连续发射雷达标（ramark, radar beacon transmitting continuously）

IHO 定义：连续发射信号的雷达指向标，在雷达屏幕上出现一辐射线，这条线表明了指向标的方向；雷达指向标最初设计为海员使用；名字“ramark”是从词组“radar marker”得来（IHO 词典 – S-32）。

2）雷康，雷达应答器（racon, radar transponder beacon）

IHO 定义：一种雷达信标，能反射回来一组提供识别该信标的编码信号以及距离和方位；在雷达屏幕上接收到的第一位置的字符表明距离和方位；名字“racon”是从词组“radar beacon"得到（IHO 词典 – S-32）。

3）导向雷康 / 雷达应答器（leading racon/radar transponder beacon）

IHO 定义：用于（至少与一个其他雷达标结合在一起）指示一条导向线的雷达信标（S-57 第 3.1 版，附录 A，第 2 章，第 2.69 页，2000 年 11 月）。

备注：

- 无。

A.27.51　无线电站类（category of radio station）（CATROS）

无线电站类（category of radio station）：IHO 定义：根据无线电服务对无线电站的分类。

无线电指向标是一种无线电发射器，它能发射一特征信号，通过此类信号能测到方位（改编自：IHO 词典 – S-32）。

属性类型：枚举

1）无线电测向台（radio direction-finding station）

IHO 定义：一种无线电台，能通过接收其他无线电台发射的信号确定发射台的方位（IHO 词典 – S-32）。

2）差分 GNSS（differential GNSS）

IHO 定义：发射 DGPS 改正信号的无线电台（IHO 词典 – S-32）。

3）道朗（Toran）

IHO 定义：是一电子定位系统，主要用于飞机（S-57 第 3.1 版，附录 A，第 2 章，第 2.71 页，2000 年 11 月）。

4）才卡（Chaika，Chayka）

IHO 定义：是一低频电子定位系统，使用 100kHz 脉冲发射（英版无线电信号表，英国海道测量局，第 2 卷，1995 年）。

5）无线电话站（radio telephone station）

IHO 定义：仅使用无线电波进行双向语音通信所需的设备（韦氏新世界大学词典第 3 版）。

6）AIS 基站（AIS base station）

IHO 定义：岸基 AIS 装置，用于监测水路交通（http://www.allaboutais.com/index.php/en/aisbasics1/glossary-of-ais-terms）。

备注：

- 无。

A.27.52 推荐航线类（category of recommended track）（CATTRK）

推荐航线类（category of recommended track）：IHO 定义：根据航标对航道的分类。

属性类型：枚举

1）基于固定标志系统（based on a system of fixed marks）

IHO 定义：直线航线（推荐航线、方位线或导向线），组成如下：

a. 至少 2 个结构物（通常是立标或昼标）或自然要素，可装有灯标或顶标；结构物 / 要素的定位应确保能够在同一直线上观测，船舶可按已知方位安全航行（改编自：国际航标协会，IALA 航标指南，1990 年）；或

b. 单个结构物或自然要素，可装有灯标或顶标，可提供安全航行的方位（S-57 第 3.1 版，附录 A，第 2 章，第 2.72 页，2000 年 11 月）。

2）不基于固定标志系统（not based on a system of fixed marks）

IHO 定义：不基于单个或系列结构物 / 要素的航线（推荐航线或建议航线）（S-57 第 3.1 版，附录 A，第 2 章，第 2.72 页，2000 年 11 月）。

备注：

- 无。

A.27.53 救助站类（category of rescue station）（CATRSC）

救助站类（category of rescue station）：IHO 定义：根据救生设备对救助站的分类。

属性类型：枚举

1）配备救生船的救助站（rescue station with lifeboat）

IHO 定义：维护海上救生设备的地方；救生船的类型包括快速船、长距离艇和可充气的近岸艇等（S-57 第 3.1 版，附录 A，第 2 章，第 2.74 页，2000 年 11 月）。

2）配备火箭的救助站（rescue station with rocket）

IHO 定义：火箭，用于发射信号或救生的烟火弹（IHO 词典 – S-32）。

3）失事海员避难所（refuge for shipwrecked mariners）

IHO 定义：在海上遇险或遇难的避难或保护处所（S-57 第 3.1 版，附录 A，第 2 章，第 2.74 页，2000 年 11 月）。

4）潮间带行人避难所（refuge for intertidal area walkers）

IHO 定义：应对极端 / 突发潮汐或潮流的避难或保护处所（S-57 第 3.1 版，附录 A，第 2 章，第 2.74 页，2000 年 11 月）。

5）停泊处的救生船（lifeboat lying at a mooring）

IHO 定义：救生船系泊待用的地方（S-57 第 3.1 版，附录 A，第 2 章，第 2.74 页，2000 年 11 月）。

6）援助电台（aid radio station）

IHO 定义：为紧急情况而设的无线电台，也可能是公共电话（S-57 第 3.1 版，附录 A，第 2 章，第 2.74 页，2000 年 11 月）。

7）急救装备（first aid equipment）

IHO 定义：提供急救装备的地方（S-57 第 3.1 版，附录 A，第 2 章，第 2.74 页，2000 年 11 月）。

备注：

- 无。

A.27.54　限制区类（category of restricted area）（CATREA）

限制区类（category of restricted area）：IHO 定义：各种限制区的官方法律都对限制措施做了规定，例如狩猎保护区的限制可能是“禁止进入”。

属性类型：枚举

1）海上安全带（offshore safety zone）

IHO 定义：海上设施周围未经许可禁止船舶进入的区域；可制定特别条例保护安全区内的设施，各国船舶都必须尊重安全带的规定（IHO 词典 – S-32，第 5 版）。

2）自然保护区（nature reserve）

IHO 定义：为保护其动植物和物理特征而管控的陆地或水域（S-57 第 3.1 版，附录 A，第 2 章，第 2.75 页，2000 年 11 月，修订版）。

3）鸟类保护区（bird sanctuary）

IHO 定义：鸟类被饲养和保护的地区（S-57 第 3.1 版，附录 A，第 2 章，第 2.75 页，2000 年 11 月）。

4）狩猎保护区（game reserve）

IHO 定义：为运动或食用而捕猎野生动物或鸟类不受干扰的私人场所（S-57 第 3.1 版，附录 A，第 2 章，第 2.75 页，2000 年 11 月）。

5）海豹保护区（seal sanctuary）

IHO 定义：海豹受保护的区域（S-57 第 3.1 版，附录 A，第 2 章，第 2.75 页，2000 年 11 月）。

6）消磁场（degaussing range）

IHO 定义：直径约为 2 链的区域，可在该区域内测量船舶的磁场；传感器和电缆安装在海底，有电缆从场内引至岸上的控制站（S-57 第 3.1 版，附录 A，第 2 章，第 2.76 页，2000 年 11 月）。

7）军事区（military area）

IHO 定义：由军方管控、施加限制条件的区域（澳大利亚皇家海军海道测量局）。

8）历史沉船区（historic wreck area）

IHO 定义：具有历史价值沉船的周围区域，保护沉船免受潜水、打捞或沉积（包括锚定）等未经授权的行为干扰（S-57 第 3.1 版，附录 A，第 2 章，第 2.76 页，2000 年 11 月）。

9）助航标志安全带（navigational aid safety zone）

IHO 定义：助航标志周围禁止船舶驶入的区域（S-57 第 3.1 版，附录 A，第 2 章，第 2.76 页，2000 年 11 月）。

10）雷区（minefield）

IHO 定义：出于防御或训练目的而埋设或保留爆炸性地雷的区域（S-57 第 3.1 版，附录 A，第 2 章，第 2.76 页，2000 年 11 月）。

11）游泳区（swimming area）

IHO 定义：可供人们游泳的区域，因此船舶航行在该区受限（S-57 第 3.1 版，附录 A，第 2 章，第 2.76 页，2000 年 11 月）。

12）等候区（waiting area）

IHO 定义：为等待进入港口的船舶而保留的区域（S-57 第 3.1 版，附录 A，第 2 章，第 2.76 页，2000 年 11 月）。

13）科研区（research area）

IHO 定义：开展海洋研究的区域（S-57 第 3.1 版，附录 A，第 2 章，第 2.76 页，2000 年 11 月）。

14）疏浚区（dredging area）

IHO 定义：开展疏浚作业的区域（S-57 第 3.1 版，附录 A，第 2 章，第 2.76 页，2000 年 11 月）。

15）鱼类保护区（fish sanctuary）

IHO 定义：保护鱼类（包括贝类和甲壳类动物）的区域（S-57 第 3.1 版，附录 A，第 2 章，第 2.76 页，2000 年 11 月，修订版）。

16）生态保护区（ecological reserve）

IHO 定义：为保护植物和生物之间的关系及二者与周围环境的关系而受保护的陆地或水域（S-57 第 3.1 版，附录 A，第 2 章，第 2.76 页，2000 年 11 月）。

17）无伴流区（no wake area）

IHO 定义：为减少伴流而必须降低船舶速度的区域（S-57 第 3.1 版，附录 A，第 2 章，第 2.76 页，2000 年 11 月）。

18）掉头区（swinging area）

IHO 定义：船舶转向掉头的区域（法国海军水文和海洋局）。

19）环境敏感海域（environmentally sensitive sea area）

IHO 定义：通用术语，用于描述因各种环境原因而被认定为十分敏感的大片海域（IHO 海图规范，S-4）。

20）特别敏感海域（particularly sensitive sea area）

IHO 定义：因其对区域生态、社会经济或科学原因的重要性，且极易受国际航运活动损害，需要 IMO 采取行动予以特别保护的区域（IHO 海图规范，S-4）。

21）分离区（disengagement area）

IHO 定义：航道附近的区域，在航海条件严苛的情况下，船舶可在此区域避让或掉头，并等待返回候泊区。

22）港口安全区（port security area）

IHO 定义：港口和海域进行防卫活动、执法和条约执行以及反恐怖主义活动的区域（改编自：维基百科）。

23）珊瑚保护区（coral sanctuary）

IHO 定义：珊瑚受保护的区域。

24）娱乐区（recreation are）

IHO 定义：定期开展娱乐活动的区域，因此船舶航行在该区可能受限（改编自：S-57 第 3.1 版，附录 A，第 2 章，第 2.76 页，2000 年 11 月）。

备注：

- 各限制区的官方法律对限制措施做了规定，例如，“狩猎保护区”的限制措施是“禁止进入”，“禁止抛锚区”的限制措施是“禁止抛锚”。

A.27.55　道路类（category of road）（CATROD）

道路类（category of road）：IHO 定义：根据道路规模所作的分类。

属性类型：枚举

1）高速公路（motorway）

IHO 定义：有进入限制条件的双向高速长途交通道路，实行特殊通行规则；可能有两条以上车道（改编自：国防地理空间信息工作组；要素数据字典注册系统，2010 年）。

2）主干道（major road）

IHO 定义：硬面（碎石铺面）道路；主要通道（S-57 第 3.1 版，附录 A，第 2 章，第 2.77 页，2000 年 11 月）。

3）支干道（minor road）

IHO 定义：区域交通的次要通道（S-57 第 3.1 版，附录 A，第 2 章，第 2.77 页，2000 年 11 月）。

4）小道 / 小路（track/path）

IHO 定义：小道（track）指路面高低不平的小道或通道（国防地理空间信息工作组；要素数据字典注册系统，2010 年）；小路（path）指步行道，或指连续踩踏形成的道路或通道（国防地理空间信息工作组；要素数据字典注册系统，2010 年）。

5）主要街道（major street）

IHO 定义：在城市里作为贯穿交通的主要道路（S-57 第 3.1 版，附录 A，第 2 章，第 2.77 页，2000 年 11 月）。

6）次要街道（minor street）

IHO 定义：在城市里作为局部交通的次要道路（S-57 第 3.1 版，附录 A，第 2 章，第 2.77 页，2000 年 11 月）。

备注：

- 无。

A.27.56　跑道类（category of runway）（CATRUN）

跑道类（category of runway）：IHO 定义：根据主要飞行器类型对跑道的分类。

属性类型：枚举

1）飞机跑道（aeroplane runway）

IHO 定义：陆地机场上专供飞机起降和滑行的矩形区域（IHO 词典 – S-32）。

2）直升机停机坪（helicopter landing pad）

IHO 定义：直升机起降落的场所（IHO 词典 – S-32）。

备注：

- 无。

A.27.57 日程类（category of schedule）

日程类（category of schedule）：IHO 定义：日程的类型，分为开放性和封闭性等。

属性类型：枚举

1）正常运转（normal operation）

IHO 定义：服务和办公室都是开放的，该区域可以进入，有人值守并正常运转。

2）封闭（closure）

IHO 定义：服务、办公室或该区域为关闭状态。

3）无人运转（unmanned operation）

IHO 定义：服务可用，但无人值守。

备注：

- 无。

A.27.58 海域类（category of sea area）（CATSEA）

海域类（category of sea area）：IHO 定义：根据其物理特征对海域的分类。

属性类型：枚举

1）狭航道（gat）

IHO 定义：通过浅滩或陡峭岸堤间，或穿过两条水道间岸堤的天然或人工通道或水道（IHO 词典 – S-32）。

2）浅滩（bank）

IHO 定义：水深相对较浅，但可供船舶安全通航的高地（IHO-IOC 出版物 B-6，海底地貌名称标准化，第 2 版）。

3）深渊（deep）

IHO 定义：在海洋学中是已淘汰的术语，通常是 6000 米以上的深度（IHO 词典 – S-32）。

4）海湾（bay）

IHO 定义：海岸线上的宽阔凹陷地段，一般比大型海湾（gulf）小，比小型海湾（cove）大（IHO 词典 – S-32）。

5）海沟（trench）

IHO 定义：狭长的海底凹陷，水深较深且不对称，两侧相对陡峭（IHO-IOC 出版物 B-6，海底地貌名称标准化，第 2 版）。

6）海盆（basin）

IHO 定义：深海底部的洼地，平面上大致等宽，范围不定（改编自：IHO-IOC 出版物 B-6，海底地貌名称标准化，第 2 版）。

7）泥滩（mud flats）

IHO 定义：平坦的土地，如干涸的湖床或低潮时经常裸露的区域；通常成片出现（IHO 词典 – S-32）。

8）暗礁（reef）

IHO 定义：位于海面或靠近海面的岩石，可能会对海面航行构成威胁（IHO-IOC 出版物 B-6，海底地貌名称标准化，第 2 版）。

9）贴岸礁（ledge）

IHO 定义：与海岸相连并环绕海岸的岩石带（IHO 词典 – S-32）。

10）峡谷（canyon）

IHO 定义：相对狭窄的深凹，边缘陡峭，底部常有连续斜坡，多在某些大陆坡上形成（IHO-IOC 出版物 B-6，海底地貌名称标准化，第 2 版）。

11）峡口（narrows）

IHO 定义：海湾、海峡、河流等的通航狭窄部分（IHO 词典 – S-32）。

12）沙洲（shoal）

IHO 定义：由疏松物质构成、对水面航行构成威胁的海上障碍地带（改编自：IHO-IOC 出版物 B-6，海底地貌名称标准化，第 2 版）。

13）圆丘（knoll）

IHO 定义：相对较小的圆形孤立高地（IHO-IOC 出版物 B-6，海底地貌名称标准化，第 2 版）。

14）海脊（ridge）

IHO 定义：（a）两侧陡峭的狭长高地（IHO-IOC 出版物 B-6，海底地貌名称标准化，第 2 版）；

（b）狭长高地，通常是海盆的分隔带（IHO-IOC 出版物 B-6，海底地貌名称标准化，第 2 版）；

（c）全球范围内连成一体的大型海洋山系，也称“大洋中脊”（mid- oceanic ridge）（改编自：IHO-IOC 出版物 B-6，海底地貌名称标准化，第 2 版）。

15）海山（seamount）

IHO 定义：大范围的孤立高地，地势高于海底 1000 米，呈圆锥形（改编自：IHO-IOC 出版物 B-6，海底地貌名称标准化，第 2 版）。

16）尖峰（pinnacle）

IHO 定义：任何高塔形或尖顶形岩柱，孤立存在或位于山顶；可能突出水面以上，可能会对海面航行构成威胁（IHO 词典 – S-32）。

17）深海平原（abyssal plain）

IHO 定义：深海深处广阔、平坦、倾斜或近乎水平的区域（IHO-IOC 出版物 B-6，海底地貌名称标准化，第 2 版）。

18）深海高原（plateau）

IHO 定义：平坦或近乎平坦的大范围区域，一侧或多侧陡然降低（IHO-IOC 出版物 B-6，海底地貌名称标准化，第 2 版）。

19）山嘴（spur）

IHO 定义：从大型地貌向外突出的附属高地、山脊或隆起（IHO-IOC 出版物 B-6，海底地貌名称标准化，第 2 版）。

20）大陆架（shelf）

IHO 定义：与陆地（或岛屿四周）毗连的区域，从低潮线延伸至某一深度，朝向海洋深处的坡度陡然增加（IHO-IOC 出版物 B-6，海底地貌名称标准化，第 2 版）。

21）海槽（through）

IHO 定义：海底长条形洼地，底平边陡，通常比海沟浅（IHO-IOC 出版物 B-6，海底地貌名称标准化，第 2 版）。

22）凹谷（saddle）

IHO 定义：海山或相邻海山之间形似马鞍的宽阔水道（IHO-IOC 出版物 B-6，海底地貌名称标准化，第 2 版）。

23）深海丘陵（abyssal hills）

IHO 定义：深海海底的低海拔（100-500 米）区域，有时范围较广（改编自：IHO-IOC 出版物 B-6，海底地貌名称标准化，第 2 版）。

24）海底坡（apron）

IHO 定义：大部分为沉积物所覆盖的、缓慢下倾、无特征的表面，位于陡坡底部（IHO-IOC 出版物 B-6，海底地貌名称标准化，第 2 版）。

25）群岛坡地（archipelagic apron）

IHO 定义：海底表面光滑的缓坡，主要位于群岛或海底山周围（改编自：IHO-IOC 出版物 B-6，海底地貌名称标准化，第 2 版）。

26）边缘地（borderland）

IHO 定义：毗邻大陆区域，通常是大陆架占据或与大陆架接壤，高度不规则，深度远超大陆架的典型水深（IHO-IOC 出版物 B-6，海底地貌名称标准化，第 2 版）。

27）大陆边缘（continental margin）

IHO 定义：将大陆与深海平原或深海海底分隔开的区域，通常由大陆架、斜坡和凸地构成（改编自：IHO-IOC 出版物 B-6，海底地貌名称标准化，第 2 版）。

28）大陆隆（continental rise）

IHO 定义：从海洋深处向大陆坡的底部不断上升的缓坡（IHO-IOC 出版物 B-6，海底地貌名称标准化，第 2 版）。

29）海底陡坡（escarpment）

IHO 定义：狭长且相对陡峭的斜坡，有断裂或缓慢倾斜，也称“陡坡”（scarp）（IHO-IOC 出版物 B-6，海底地貌名称标准化，第 2 版）。

30）扇形海底（fan）

IHO 定义：相对平滑的扇形沉积层，通常从峡谷或峡谷系统的外端向外倾斜，也称“海底扇”（cone）（IHO-IOC 出版物 B-6，海底地貌名称标准化，第 2 版）。

31）破裂带（fracture zone）

IHO 定义：海底不规则地形上的广阔线形区带，边缘陡峭，为不对称的山脉、峡谷或陡坡（IHO-IOC 出版物 B-6，海底地貌名称标准化，第 2 版）。

32）海底裂谷（gap）

IHO 定义：山脉或山脊的窄缝（IHO-IOC 出版物 B-6，海底地貌名称标准化，第 2 版）。

33）平顶海山（guyot）

IHO 定义：顶部较为平坦的海山，也称为“桌形山”（tablemount）（IHO 词典 – S-32 和 IHO-IOC 出版物 B-6，海底地貌名称标准化，第 2 版）。

34）山丘（hill）

IHO 定义：孤立的小高地 [另见“深海丘陵”（abyssal hill）]（IHO-IOC 出版物 B-6，海底地貌名称标准化，第 2 版）。

35）海底穴（hole）

IHO 定义：海底的局部洼地，通常四周较为陡峭（改编自：IHO-IOC 出版物 B-6，海底地貌名称标准化，第 2 版）。

36）防洪堤（levee）

IHO 定义：峡谷、山谷或深海水道边缘的沉积堤（IHO-IOC 出版物 B-6，海底地貌名称标准化，第 2 版）。

37）中央裂谷（median valley）

IHO 定义：大洋中脊上的轴向洼地（IHO-IOC 出版物 B-6，海底地貌名称标准化，第 2 版）。

38）壕沟（moat）

IHO 定义：不连续的环形洼地，位于许多海底山、岛和其他孤立高地的底部（IHO-IOC 出版物 B-6，海底地貌名称标准化，第 2 版）。

39）山地（mountains）

IHO 定义：庞大且复杂的山脊和海山群（IHO-IOC 出版物 B-6，海底地貌名称标准化，第 2 版）。

40）海峰（peak）

IHO 定义：较为突出的高地，有尖顶或顶峰范围较小（IHO-IOC 出版物 B-6，海底地貌名称标准化，第 2 版）。

41）同深海区（province）

IHO 定义：由一组相似的地理要素构成的区域，与周围地区明显不同（IHO-IOC 出版物 B-6，海底地貌名称标准化，第 2 版）。

42）海隆（rise）

IHO 定义：（a）从海底缓慢上升的广阔高地。

（b）全球范围内连成一体的大型海洋山系，也称“大洋中脊”（mid- oceanic ridge）（改编自：IHO-IOC 出版物 B-6，海底地貌名称标准化，第 2 版）。

43）海底峡谷（sea channel）

IHO 定义：连续的有坡狭长洼地，常见于扇形海谷或深海平原，通常一侧或两侧与冲击坡衔接（改编自：IHO-IOC 出版物 B-6，海底地貌名称标准化，第 2 版）。

44）海山山脉（seamount chain）

IHO 定义：呈线形或弧形排列的多座海山，也称“海山”（seamount）（改编自：IHO-IOC 出版物 B-6，海底地貌名称标准化，第 2 版）。

45）陆架外缘（shelf-edge）

IHO 定义：大陆架外海一侧的狭窄地带，此处坡度明显增加，也称为“陆架坡折”（shelf break）

（改编自：IHO-IOC 出版物 B-6，海底地貌名称标准化，第 2 版）。

46）海槛（sill）

IHO 定义：相对较浅的海底屏障，对海盆间的水体流动有限制作用（改编自：IHO-IOC 出版物 B-6，海底地貌名称标准化，第 2 版）。

47）大陆坡（slope）

IHO 定义：从大陆架边缘开始，到大陆隆的上边缘为止，或者到坡度普遍减缓的点为止的向海斜坡（改编自：IHO-IOC 出版物 B-6，海底地貌名称标准化，第 2 版）。

48）沿岸阶地（terrace）

IHO 定义：相对平坦的水平面或缓倾的表面，有时较狭长，一侧是上升的陡坡，另一侧是下降的陡坡（IHO-IOC 出版物 B-6，海底地貌名称标准化，第 2 版）。

49）海谷（valley）

IHO 定义：相对较浅的宽阔洼地，底部通常有连续的坡度；该术语一般不用于大部分具有峡谷特征的要素；英文也称"submarine valley"或"sea valley"（IHO-IOC 出版物 B-6，海底地貌名称标准化，第 2 版）。

50）水道（canal）

IHO 定义：人工水道（IHO 词典 – S-32）。

51）湖泊（lake）

IHO 定义：陆地环绕的大片水域（IHO 词典 – S-32）。

52）河流（river）

IHO 定义：相对较大的天然水流（IHO 词典 – S-32）。

53）河段（reach）

IHO 定义：一段笔直的河流，尤指两个弯口之间或伸入陆地的海湾之间的可通航河流（改编自：IHO 词典 – S-32）。

54）潮间礁（intertidal cay）

IHO 定义：由沙、珊瑚等构成的低而平的岛屿，在高潮时适淹或被淹没（改编自：IHO 词典 – S-32）。

55）海底火山（submarine volcano）

IHO 定义：地壳中的一个喷口，熔岩、蒸汽、灰烬等连续或不规则地从中喷出。

备注：

- 无。

A.27.59 岸线结构物类（category of shoreline construction）（CATSLC）

岸线结构物类（category of shoreline construction）：IHO 定义：根据用途对岸线结构物的分类。

属性类型：枚举

1）防波堤（breakwater）

IHO 定义：保护海岸区域、港口、锚地或港池免受海浪影响的结构物（IHO 词典 – S-32）。

2）排流堤（丁坝）[groyne（groin）]

IHO 定义：使用耐磨材料筑成的、从陆地向外海延伸的、人工墙体结构物，用于某些特定目的（如防止海岸侵蚀）（改编自：IHO 词典 – S-32 和 IHO 海图规范，S-4）。

3）突堤（mole）

IHO 定义：一种防波堤，附近船舶可沿其避风侧停靠；在某些情况下，可能全部位于人工港内，可供船舶在其两侧停靠（S-57 第 3.1 版，附录 A，第 2 章，第 2.84 页，2000 年 11 月）。

4）突堤式码头 [pier（jetty）]

IHO 定义：一种伸入水域的狭长结构物，供船舶停靠、用作长廊等（IHO 词典 – S-32）。

5）栈桥式码头（promenade pier）

IHO 定义：出于娱乐休闲目的而建的码头（S-57 第 3.1 版，附录 A，第 2 章，第 2.84 页，2000 年 11 月）。

6）顺岸码头 [wharf (quay)]

IHO 定义：供船舶停泊的结构物（IHO 词典 – S-32）。

7）导流堤（training wall）

IHO 定义：一道墙或堤，多位于水下，用于引导或限制河流或潮流流动，或提高防冲刷作用（改编自：IHO 词典 – S-32 和 IHO 海图规范，S-4）。

8）堆石堤（rip rap）

IHO 定义：一层碎岩石、卵石、巨砾或碎片，其大小足以抵抗水流和波浪的冲蚀（改编自：海图手册，美国国家海洋与大气管理局，1992 年）。

9）护岸（revetment）

IHO 定义：采用石材或其他材料的覆面层，长期或临时，沿水流、河流或渠道边缘铺设，用于稳定岸堤并保护其免受水流冲蚀（改编自：IHO 词典 – S-32）。

10）海堤（sea wall）

IHO 定义：堤岸或墙体，保护岸线或迎水面不受波浪和潮流作用影响（IHO 词典 – S-32）。

11）登岸阶梯（landing steps）

IHO 定义：海岸线上连接不同平面上的陆地和水域的台阶（国防地理空间信息工作组；要素数据字典注册系统，2010 年）。

12）坡道（ramp）

IHO 定义：倾斜结构物，可在不同水位时用作小型船舶、登陆船或渡船的登陆点，也可用于托举船舶的塔架，可能装有轨道（改编自：IHO 词典 – S-32）。

13）船台滑道（slipway）

IHO 定义：建成的加固倾斜面，上方铺设有龙骨和舱底垫块，用于托举在建船舶（IHO 词典 – S-32）。

14）碰垫（fender）

IHO 定义：一种保护结构物，旨在缓冲船舶碰撞及防止损坏（国防地理空间信息工作组；要素数据字典注册系统，2010 年）。

15）实面码头（solid face wharf）

IHO 定义：混凝土、砖石、木材等构成的实心墙体码头，水流无法在码头下方自由地往复流动。此类构造会影响船舶操作，例如，实面码头可以阻挡潮水，但在某些情况下，此类码头和停靠船舶之间可能会产生缓冲力，造成船舶操作困难（A. Rae 船长，哈利法克斯港引航员，R. Morash 先生，加拿大运输部码头建筑工程师）。

16）露天码头（open face wharf）

IHO 定义：由桩或其他结构物支撑的码头，水流可在码头下方自由地往复流动（A. Rae 船长，哈利法克斯港引航员，R. Morash 先生，加拿大运输部码头建筑工程师）。

17）原木坡道（log ramp）

IHO 定义：将原木倾入水中运输，或将原木拖出水面进行加工的斜面（国防地理空间信息工作组；要素数据字典注册系统，2010 年）。

18）游泳设施（swimming facility）

IHO 定义：供游泳使用的人工泳池或游泳场地，尤指露天游泳池；可由铁丝网构成，也可由电缆、浮标或桩支撑的重型网构成（改编自：麦格理简明词典）。

备注：

- 无。

A.27.60 交通信号站类（category of signal station, traffic）（CATSIT）

交通信号站类（category of signal station, traffic）：IHO 定义：根据所提供的交通服务对站点的分类。

属性类型：枚举

1）港口管理信号站（port control）

IHO 定义：控制港内船舶的信号站（S-57 第 3.1 版，附录 A，第 2 章，第 2.86 页，2000 年 11 月）。

2）进出港信号站（port entry and departure）

IHO 定义：控制船舶进出港的信号站（S-57 第 3.1 版，附录 A，第 2 章，第 2.86 页，2000 年 11 月）。

3）国际港口交通信号站（international port traffic）

IHO 定义：显示国际港口交通信号的信号站（S-57 第 3.1 版，附录 A，第 2 章，第 2.86 页，2000 年 11 月）。

4）系泊信号站（berthing）

IHO 定义：船舶靠泊操作时控制船舶的信号站（S-57 第 3.1 版，附录 A，第 2 章，第 2.86 页，2000 年 11 月）。

5）船坞信号站（dock）

IHO 定义：控制船舶进出船坞的信号站（S-57 第 3.1 版，附录 A，第 2 章，第 2.86 页，2000 年 11 月）。

6）船闸信号站（lock）

IHO 定义：控制船舶进出船闸的信号站（S-57 第 3.1 版，附录 A，第 2 章，第 2.86 页，2000 年 11 月）。

7）拦洪坝信号站（flood barrage）

IHO 定义：控制船舶通过拦洪坝的信号站（S-57 第 3.1 版，附录 A，第 2 章，第 2.86 页，2000 年 11 月）。

8）桥涵信号站（bridge passage）

IHO 定义：控制船舶通过桥下的信号站（S-57 第 3.1 版，附录 A，第 2 章，第 2.86 页，2000 年 11 月）。

9）疏浚信号站（dredging）

IHO 定义：指示疏浚作业正在进行的信号站（S-57 第 3.1 版，附录 A，第 2 章，第 2.86 页，2000

年 11 月）。

10）交通控制灯（traffic control light）

IHO 定义：水道内设置的可视信号灯，用于指示船舶在批准时间内移动（S-57 第 3.1 版，附录 A，第 2 章，第 2.86 页，2000 年 11 月）。

备注：

- 无。

A.27.61　告警信号站类（category of signal station, warning）（CATSIW）

告警信号站类（category of signal station, warning）：IHO 定义：根据所提供的警告服务对站点的分类。

属性类型：枚举

1）危险（danger）

IHO 定义：警告航行存在危险的信号或信息（S-57 第 3.1 版，附录 A，第 2 章，第 2.87 页，2000 年 11 月）。

2）海上障碍物（maritime obstruction）

IHO 定义：警告存在海上障碍物的信号或信息（S-57 第 3.1 版，附录 A，第 2 章，第 2.87 页，2000 年 11 月）。

3）电缆（cable）

IHO 定义：警告存在电缆的信号或信息（S-57 第 3.1 版，附录 A，第 2 章，第 2.87 页，2000 年 11 月）。

4）军事训练（military practice）

IHO 定义：军事训练区内存在活动的警告信号或信息（S-57 第 3.1 版，附录 A，第 2 章，第 2.87 页，2000 年 11 月）。

5）遇险（distress）

IHO 定义：可接收或发射遇险信号的信号站（S-57 第 3.1 版，附录 A，第 2 章，第 2.87 页，2000 年 11 月）。

6）天气（weather）

IHO 定义：用作气象预报的可显示视觉信号（IHO 词典 – S-32）。

7）风暴（storm）

IHO 定义：通报风暴情况的信号或信息（S-57 第 3.1 版，附录 A，第 2 章，第 2.87 页，2000 年 11 月）。

8）冰（ice）

IHO 定义：有关冰情的信号或信息（S-57 第 3.1 版，附录 A，第 2 章，第 2.87 页，2000 年 11 月）。

9）时间（time）

IHO 定义：标示具体时间或时间间隔的准确信号。主要用于判断计时器误差。这类信号通常由天文台通过无线电或电报发出，但在某些港口使用视觉信号（IHO 词典 – S-32）。

10）潮汐（tide）

IHO 定义：通报某一地区潮汐情况的信号或信息（IHO 词典 – S-32）。

11）潮流（tidal stream）

IHO 定义：通报某一地区潮流情况的信号或信息（IHO 词典 – S-32）。

12）验潮仪（tide gauge）

IHO 定义：测量潮高的装置；能用视觉观察到放在遮蔽处的一根刻度的标杆；也可用一套精密记录仪连续记录潮高与时间的关系；这种仪器通常由管道中的浮子驱动，浮子通过一个小孔与海水连通，能过滤掉波长较短的波浪（IHO 词典 – S-32）。

13）潮位标（tide scale）

IHO 定义：直接显示海图基准面或当地基准面以上水面高度的视觉标尺（S-57 第 3.1 版，附录 A，第 2 章，第 2.88 页，2000 年 11 月）。

14）潜水（diving）

IHO 定义：有关潜水活动的信号或信息（S-57 第 3.1 版，附录 A，第 2 章，第 2.88 页，2000 年 11 月）。

15）水位仪（water level gauge）

IHO 定义：测量并通报相关区域中水位（非潮汐）信息的装置（S-57 第 3.1 版，附录 A，第 2 章，第 2.88 页，2000 年 11 月）。

备注：

- 无。

A.27.62 筒仓 / 罐类（category of silo/tank）（CATSIL）

筒仓 / 罐类（category of silo/tank）：IHO 定义：根据筒仓或罐装载的物品对其进行的分类。

属性类型：枚举

1）普通筒仓（silo in general）

IHO 定义：用于储存散装材料的大型存储结构物（国防地理空间信息工作组；要素数据字典注册系统，2010 年）。

2）普通罐（tank in general）

IHO 定义：储存液体的固定结构物（IHO 词典 – S-32）。

3）谷物升降机（grain elevator）

IHO 定义：储存谷物的建筑物；通常为框架高大的金属或混凝土结构物，内部有特定的隔间（新大英百科全书，第 15 版）。

4）水塔（water tower）

IHO 定义：支撑高架储水箱的塔（国防地理空间信息工作组；要素数据字典注册系统，2010 年）。

备注：

- 无。

A.27.63 斜坡类（category of slope）（CATSLO）

斜坡类（category of slope）：IHO 定义：对形成自然斜坡或人工斜坡的一段地面的分类。

属性类型：枚举

1）路堑（cutting）

IHO 定义：通过高地的开凿地段，用作道路或运河等（S-57 第 3.1 版，附录 A，第 2 章，第 2.90 页，2000 年 11 月）。

2）路堤（embankment）

IHO 定义：人工垒起的长条形土堆或其他材料（国防地理空间信息工作组；要素数据字典注册系统，2010 年）。

3）沙丘（dune）

IHO 定义：海岸或沙漠中由漂流物形成的土丘、山脊或小山（改编自：IHO 词典 – S-32）。

4）丘陵（hill）

IHO 定义：小型独立的高地，比山小（IHO 词典 – S-32）。

5）冰丘（pingo）

IHO 定义：因冻结地下水的静水压力引起冻土层隆起时，在永久冻土区形成的圆顶状山丘（大英百科全书，第 15 版）。

6）陡崖（cliff）

IHO 定义：从水面或周围地面上方较远的距离内陡然升起的土地（IHO 词典 – S-32）。

7）岩屑堆（scree）

IHO 定义：在山的一侧或山脚下形成陡峭石坡的岩石碎片，也指形成该石坡的材料（IHO 词典 – S-32）。

备注：

- 无。

A.27.64 小型船用设施类（category of small craft facility）（CATSCF）

小型船用设施类（category of small craft facility）：IHO 定义：对面向小船用户的服务与设施的分类。

属性类型：枚举

1）来访船泊位（visitor’s berth）

IHO 定义：供来访船舶使用的泊位（S-57 第 3.1 版，附录 A，第 2 章，第 2.91 页，2000 年 11 月）。

2）航海俱乐部（nautical club）

IHO 定义：海员俱乐部，通常与其他小型船舶设施在一起（S-57 第 3.1 版，附录 A，第 2 章，第 2.91 页，2000 年 11 月）。

3）小艇吊杆（boat hoist）

IHO 定义：用于将船舶吊离水面的起重机（也称“移动升降机”）（S-57 第 3.1 版，附录 A，第 2 章，第 2.91 页，2000 年 11 月）。

4）制帆厂（sailmaker）

IHO 定义：制造和修理船帆的地方（S-57 第 3.1 版，附录 A，第 2 章，第 2.91 页，2000 年 11 月）。

5）船坞（boatyard）

IHO 定义：岸上制造、储存和修理船舶的地方（S-57 第 3.1 版，附录 A，第 2 章，第 2.92 页，2000 年 11 月）。

6）公共旅馆（public inn）

IHO 定义：提供食物、饮料和住宿的公共建筑（柯林斯参考词典，1992 年）。

7）餐厅（restaurant）

IHO 定义：提供食物的商业机构（柯林斯参考词典，1992 年）。

8）杂货店（chandler）

IHO 定义：船用货物的经销商（柯林斯参考词典，1992 年）。

9）食品供应点（provisions）

IHO 定义：提供食物和其他此类用品的地方（S-57 第 3.1 版，附录 A，第 2 章，第 2.92 页，2000 年 11 月）。

10）医疗点（doctor）

IHO 定义：医生提供医疗服务的地方（S-57 第 3.1 版，附录 A，第 2 章，第 2.92 页，2000 年 11 月）。

11）药房（pharmacy）

IHO 定义：销售医疗药品的地方（S-57 第 3.1 版，附录 A，第 2 章，第 2.92 页，2000 年 11 月）。

12）供水管（water tap）

IHO 定义：提供淡水的地方（S-57 第 3.1 版，附录 A，第 2 章，第 2.92 页，2000 年 11 月）。

13）加油站（fuel station）

IHO 定义：提供燃油的地方（S-57 第 3.1 版，附录 A，第 2 章，第 2.92 页，2000 年 11 月）。

14）供电站（electricity）

IHO 定义：提供电源的地方（S-57 第 3.1 版，附录 A，第 2 章，第 2.92 页，2000 年 11 月）。

15）液化气站（bottle gas）

IHO 定义：提供瓶装液化气的地方（S-57 第 3.1 版，附录 A，第 2 章，第 2.92 页，2000 年 11 月）。

16）淋浴房（showers）

IHO 定义：可供淋浴的地方（S-57 第 3.1 版，附录 A，第 2 章，第 2.92 页，2000 年 11 月）。

17）洗衣店（launderette）

IHO 定义：有洗衣设备的地方（S-57 第 3.1 版，附录 A，第 2 章，第 2.92 页，2000 年 11 月）。

18）公共厕所（public toilets）

IHO 定义：厕所可供公众使用的地方（S-57 第 3.1 版，附录 A，第 2 章，第 2.92 页，2000 年 11 月）。

19）邮箱（post box）

IHO 定义：可寄出邮件的地方（S-57 第 3.1 版，附录 A，第 2 章，第 2.92 页，2000 年 11 月）。

20）公用电话（public telephone）

IHO 定义：电话可供公众使用的地方（S-57 第 3.1 版，附录 A，第 2 章，第 2.92 页，2000 年 11 月）。

21）垃圾箱（refuse bin）

IHO 定义：可供倾倒垃圾的地方（S-57 第 3.1 版，附录 A，第 2 章，第 2.92 页，2000 年 11 月）。

22）停车场（car park）

IHO 定义：可供停放汽车的地方（S-57 第 3.1 版，附录 A，第 2 章，第 2.92 页，2000 年 11 月）。

23）船舶和拖车停放处（parking for boats and trailers）

IHO 定义：岸上可供小船或拖车停放的地方（S-57 第 3.1 版，附录 A，第 2 章，第 2.92 页，2000 年 11 月）。

24）旅行车停车处（caravan site）

IHO 定义：可供旅行车停放或提供食宿的地方（S-57 第 3.1 版，附录 A，第 2 章，第 2.92 页，2000 年 11 月）。

25）露营地（camping site）

IHO 定义：可供游客搭帐篷和露营的地方（S-57 第 3.1 版，附录 A，第 2 章，第 2.92 页，2000 年 11 月）。

26）污水排放站（sewerage pump-out station）

IHO 定义：可供船舶排放污水的地方（S-57 第 3.1 版，附录 A，第 2 章，第 2.92 页，2000 年 11 月）。

27）应急电话（emergency telephone）

IHO 定义：电话只限紧急情况下使用的地方（S-57 第 3.1 版，附录 A，第 2 章，第 2.92 页，2000 年 11 月）。

28）船舶登陆 / 下水点（landing/launching place for boats）

IHO 定义：可供船舶靠岸或下水的地方（S-57 第 3.1 版，附录 A，第 2 章，第 2.92 页，2000 年 11 月）。

29）来访船系泊地（visitors mooring）

IHO 定义：可供来访船舶使用预留系泊设施（S-57 第 3.1 版，附录 A，第 2 章，第 2.92 页，2000 年 11 月）。

30）清理泊位（scrubbing berth）

IHO 定义：供船舶靠泊后倾侧修理的泊位（S-57 第 3.1 版，附录 A，第 2 章，第 2.92 页，2000 年 11 月）。

31）野餐区（picnic area）

IHO 定义：可供人们野餐的地方（S-57 第 3.1 版，附录 A，第 2 章，第 2.92 页，2000 年 11 月）。

32）机械车间（mechanics workshop）

IHO 定义：可以修理发动机或其他船舶设备的地方（S-57 第 3.1 版，附录 A，第 2 章，第 2.92 页，2000 年 11 月）。

33）警戒或安全服务（guard and/or security service）

IHO 定义：船舶由安全部门看管或安全锁住的地方（S-57 第 3.1 版，附录 A，第 2 章，第 2.92 页，2000 年 11 月）。

备注：

- 无。

A.27.65 专用标志类（category of special purpose mark）（CATSPM）

专用标志类（category of special purpose mark）：IHO 定义：对用于特殊目的的助航标志的分类。

属性类型：枚举

1）射击危险区标（firing danger mark）

IHO 定义：用于指示射击危险区的标志，多位于海上（S-57 第 3.1 版，附录 A，第 2 章，第 2.94 页，2000 年 11 月）。

2）目标标（target mark）

IHO 定义：由某物体指向的任意要素；地面上醒目的标志物或仪器，便于在照片上对其进行识别（改编自：IHO 词典 – S-32）。

3）标志船标（marker ship mark）

IHO 定义：军事训练期间用作靶子的船位标志（联邦航海和海道测量局，德国）。

4）消磁场标（degaussing range mark）

IHO 定义：指示消磁场的标志（S-57 第 3.1 版，附录 A，第 2 章，第 2.94 页，2000 年 11 月）。

5）驳船标（barge mark）

IHO 定义：与驳船相关的标志（S-57 第 3.1 版，附录 A，第 2 章，第 2.94 页，2000 年 11 月）。

6）电缆标（cable mark）

IHO 定义：指示海底电缆位置或电缆连通陆地所处位置的标志（S-57 第 3.1 版，附录 A，第 2 章，第 2.94 页，2000 年 11 月）。

7）抛泥场标（spoil ground mark）

IHO 定义：指示抛泥场边界的标志（改编自：IHO 词典 – S-32）。

8）排水口标（outfall mark）

IHO 定义：指示排水口位置或其与陆地分隔地点的标志（S-57 第 3.1 版，附录 A，第 2 章，第 2.94 页，2000 年 11 月）。

9）海底数据采集系统（ODAS）

IHO 定义：海底数据采集系统（subsurface ocean data acquisition system）（IHO 词典 – S-32）。

10）记录标（recording mark）

IHO 定义：出于科学目的记录数据的标志（S-57 第 3.1 版，附录 A，第 2 章，第 2.94 页，2000 年 11 月）。

11）海上飞机锚地标（seaplane anchorage mark）

IHO 定义：指示海上飞机锚地的标志（S-57 第 3.1 版，附录 A，第 2 章，第 2.94 页，2000 年 11 月）。

12）娱乐区标（recreation zone mark）

IHO 定义：指示娱乐区的标志（S-57 第 3.1 版，附录 A，第 2 章，第 2.94 页，2000 年 11 月）。

13）系泊标（mooring mark）

IHO 定义：指示一个或多个系泊地的标志（S-57 第 3.1 版，附录 A，第 2 章，第 2.94 页，2000 年 11 月）。

14）大型助航浮标（LANBY）

IHO 定义：当建造海上灯塔站不可行时，用于替代灯船的大型浮标（IHO 词典 – S-32）。

15）导标（leading mark）

IHO 定义：助航标志或其他指示器，其位置可用于指示通航路径；导标如构成叠标线，则用于标示导向线（IHO 词典 – S-32）。

16）测距标（measured distance mark）

IHO 定义：构成叠标线组成部分的标志，可表示测距的一个端点（S-57 第 3.1 版，附录 A，第 2 章，第 2.94 页，2000 年 11 月）。

17）告示标（notice mark）

IHO 定义：向海员传递信息的告示牌或标志（S-57 第 3.1 版，附录 A，第 2 章，第 2.94 页，2000 年 11 月）。

18）分道通航制标（TSS Mark）

IHO 定义：指示分道通航制的标志（S-57 第 3.1 版，附录 A，第 2 章，第 2.94 页，2000 年 11 月）。

19）禁止抛锚标（anchoring prohibited mark）

IHO 定义：指示禁止抛锚区的标志（S-57 第 3.1 版，附录 A，第 2 章，第 2.95 页，2000 年 11 月）。

20）禁止靠泊标（berthing prohibited mark）

IHO 定义：指示禁止系泊的标志（S-57 第 3.1 版，附录 A，第 2 章，第 2.95 页，2000 年 11 月）。

21）禁止超越标（overtaking prohibited mark）

IHO 定义：指示禁止超越的标志（S-57 第 3.1 版，附录 A，第 2 章，第 2.95 页，2000 年 11 月）。

22）禁止双向通行标（two-way traffic prohibited mark）

IHO 定义：指示单向通行航线的标志（S-57 第 3.1 版，附录 A，第 2 章，第 2.95 页，2000 年 11 月）。

23）"减少伴流"标（"reduced wake" mark）

IHO 定义：指示船舶不得产生过量伴流的标志（S-57 第 3.1 版，附录 A，第 2 章，第 2.95 页，2000 年 11 月）。

24）限速标（speed limit mark）

IHO 定义：指示实行限速措施的标志（S-57 第 3.1 版，附录 A，第 2 章，第 2.95 页，2000 年 11 月）。

25）停止标（stop mark）

IHO 定义：表示交通灯为红色时，船舶必须停止航行的标志（S-57 第 3.1 版，附录 A，第 2 章，第 2.95 页，2000 年 11 月）。

26）一般警告标（general warning mark）

IHO 定义：指示在该标志附近必须特别注意的标志（S-57 第 3.1 版，附录 A，第 2 章，第 2.95 页，2000 年 11 月）。

27）鸣笛标（"sound ship's siren" mark）

IHO 定义：指示船舶应鸣放汽笛或号角的标志（S-57 第 3.1 版，附录 A，第 2 章，第 2.95 页，2000 年 11 月）。

28）限制净空高度标（restricted vertical clearance mark）

IHO 定义：指示可供通航的最小净空高度的标志（S-57 第 3.1 版，附录 A，第 2 章，第 2.95 页，2000 年 11 月）。

29）最大船舶吃水标（maximum vessel's draught mark）

IHO 定义：指示船舶允许的最大吃水深度的标志（S-57 第 3.1 版，附录 A，第 2 章，第 2.95 页，2000 年 11 月）。

30）限制水平净宽标（restricted horizontal clearance mark）

IHO 定义：指示可供通航的最小水平净宽的标志（S-57 第 3.1 版，附录 A，第 2 章，第 2.95 页，2000 年 11 月）。

31）强流警告标（strong current warning mark）

IHO 定义：指示强潮流的警告标志（S-57 第 3.1 版，附录 A，第 2 章，第 2.95 页，2000 年 11 月）。

32）允许靠泊标（berthing permitted mark）

IHO 定义：表示允许停靠的标志（S-57 第 3.1 版，附录 A，第 2 章，第 2.95 页，2000 年 11 月）。

33）架空电力电缆标（overhead power cable mark）

IHO 定义：指示架空电力电缆的标志（S-57 第 3.1 版，附录 A，第 2 章，第 2.95 页，2000 年 11 月）。

34）“航道边缘坡度”标（“channel edge gradient” mark）

IHO 定义：指示疏浚航道边坡坡度的标志（S-57 第 3.1 版，附录 A，第 2 章，第 2.95 页，2000 年 11 月）。

35）电话标（telephone mark）

IHO 定义：表示有电话的标志（S-57 第 3.1 版，附录 A，第 2 章，第 2.95 页，2000 年 11 月）。

36）轮渡交汇标（ferry crossing mark）

IHO 定义：指示轮渡航路与船舶航线交汇的标志；常与鸣笛标共同使用（S-57 第 3.1 版，附录 A，第 2 章，第 2.95 页，2000 年 11 月）。

37）管道标（pipeline mark）

IHO 定义：指示海底管道位置或管道连接至陆地地点的标志（S-57 第 3.1 版，附录 A，第 2 章，第 2.95 页，2000 年 11 月）。

38）锚地标（anchorage mark）

IHO 定义：指示锚地区的标志（S-57 第 3.1 版，附录 A，第 2 章，第 2.95 页，2000 年 11 月）。

39）避险标志（clearing mark）

IHO 定义：指示安全线的标志（S-57 第 3.1 版，附录 A，第 2 章，第 2.95 页，2000 年 11 月）。

40）控制标（control mark）

IHO 定义：指示该区域有限制或要求的标志（S-57 第 3.1 版，附录 A，第 2 章，第 2.96 页，2000 年 11 月）。

41）潜水标（diving mark）

IHO 定义：指示附近可能有人潜水的标志（S-57 第 3.1 版，附录 A，第 2 章，第 2.96 页，2000 年 11 月）。

42）避难立标（refuge beacon）

IHO 定义：提供或指示安全场所的标志（S-57 第 3.1 版，附录 A，第 2 章，第 2.95 页，2000 年 11 月）。

43）碍锚地标（foul ground mark）

IHO 定义：表示碍锚地的标志（S-57 第 3.1 版，附录 A，第 2 章，第 2.96 页，2000 年 11 月）。

44）游艇标（yachting mark）

IHO 定义：供游艇驾驶员使用而设立的标志（S-57 第 3.1 版，附录 A，第 2 章，第 2.96 页，2000 年 11 月）。

45）直升机机场标（heliport mark）

IHO 定义：指示直升机可降落区域的标志（S-57 第 3.1 版，附录 A，第 2 章，第 2.96 页，2000 年 11 月）。

46）全球导航卫星系统标（GNSS mark）

IHO 定义：表示全球导航卫星系统的位置已被精确确定的标志（改编自：S-57 第 3.1 版，附录 A，第 2 章，第 2.96 页，2000 年 11 月）。

47）海上飞机降落标（seaplane landing mark）

IHO 定义：指示海上飞机降落区域的标志（S-57 第 3.1 版，附录 A，第 2 章，第 2.96 页，2000 年 11 月）。

48）禁止进入标（entry prohibited mark）

IHO 定义：表示禁止进入的标志（S-57 第 3.1 版，附录 A，第 2 章，第 2.96 页，2000 年 11 月）。

49）正在作业标（work in progress mark）

IHO 定义：表示工程（通常为建筑工程）正在进行的标志（S-57 第 3.1 版，附录 A，第 2 章，第 2.96 页，2000 年 11 月）。

50）未知目的标（mark with unknown purpose）

IHO 定义：详细特征未知的标志（S-57 第 3.1 版，附录 A，第 2 章，第 2.96 页，2000 年 11 月）。

51）井口标（wellhead mark）

IHO 定义：表示钻井生产或能够生产石油或天然气的标志（改编自：IHO 词典 – S-32）。

52）航道分离标（channel separation mark）

IHO 定义：表示一条航道在某一点一分为二的标志（S-57 第 3.1 版，附录 A，第 2 章，第 2.96 页，2000 年 11 月）。

53）海水养殖场标（marine farm mark）

IHO 定义：表示存在鱼、贝类、牡蛎或珍珠养殖场的标志（S-57 第 3.1 版，附录 A，第 2 章，第 2.96 页，2000 年 11 月）。

54）人工礁标（artificial reef mark）

IHO 定义：表示存在人工珊瑚礁或指示其范围的标志（S-57 第 3.1 版，附录 A，第 2 章，第 2.96 页，2000 年 11 月）。

55）冰标（ice mark）

IHO 定义：一种全年使用的标志，当冰经过该区域时不会被掩盖。

56）自然保护区标（nature reserve mark）

IHO 定义：用于划定自然保护区边界的标志。

57）鱼类聚集装置（fish aggregating device，FAD）

IHO 定义：鱼类聚集（或捕鱼）装置（FAD）是用于吸引远洋鱼类（如马林鱼、金枪鱼和海豚）的人工装置；它通常由用混凝土块拴在海底的浮子或浮标构成（维基百科，2017 年）。

58）沉船标（wreck mark）

IHO 定义：指示存在沉船的标志。

59）海关标（customs mark）

IHO 定义：指示存在海关检查站的标志。

60）堤道标（causeway mark）

IHO 定义：指示存在堤道的标志。

61）录波器（wave recorder）

IHO 定义：用于测量波浪活动的水面跟踪浮标。

备注：

- 标志可以是立标、浮标、信号杆，也可以是其他形式。

A.27.66 潮流类（category of tidal stream）（CAT_TS）

潮流类（category of tidal stream）：IHO 定义：对潮力引起的、与潮流涨落有关的水流交替水平运动的分类。

属性类型：枚举

1）涨潮流（flood stream）

IHO 定义：与涨潮有关的水流水平运动；涨潮流通常流向岸边，或沿潮流前进的方向；也称“涨潮”（flood）、“进潮流”（flood current）或“涨入流”（ingoing stream）（改编自：IHO 词典 – S-32）。

2）落潮流（ebb stream）

IHO 定义：与落潮有关的水流水平运动；落潮流通常流向大海，或沿潮流后退方向；也称“落潮”（ebb）、“退潮流”（ebb current）或“流出流”（outgoing stream）（IHO 词典 – S-32）。

3）其他潮流（other tidal flow）

IHO 定义：与潮流有关的其他水流水平运动，如旋转流（S-57 第 3.1 版，附录 A，第 2 章，第 2.97 页，2000 年 11 月）。

备注：

- 无。

A.27.67 分道通航制类（category of traffic separation scheme）（CATTSS）

分道通航制类（category of traffic separation scheme）：IHO 定义：分道通航制的国际分类。

属性类型：枚举

1）IMO 批准（IMO-adopted）

IHO 定义：规定的分道通航制，已被采纳作为 IMO 定线制（S-57 第 3.1 版，附录 A，第 2 章，第 2.99 页，2000 年 11 月）。

2）非 IMO 批准（not IMO-adopted）

IHO 定义：规定的分道通航制，尚未被采纳作为 IMO 定线制（S-57 第 3.1 版，附录 A，第 2 章，第 2.99 页，2000 年 11 月）。

备注：

- 无。

A.27.68 植被类（category of vegetation）（CATVEG）

陆地植被类（category of land vegetation）：IHO 定义：对陆地或陆地区域植物所有的分类。

属性类型：枚举

1）灌木（bush）

IHO 定义：茎干为中等长度的灌木或灌木丛（简明牛津词典）。

2）落叶树林（deciduous wood）

IHO 定义：每年落叶的树木（联邦航海和海道测量局，德国）。

3）针叶树林（coniferous wood）

IHO 定义：常绿树木，通常有球果，包括红豆杉、雪松和红杉（联邦航海和海道测量局，德国）。

4）普通树林（混合林）[wood in general（inc mixed wood）]

IHO 定义：密集生长在一片土地上的树丛（简明牛津词典）。

5）红树林（mangroves）

IHO 定义：热带乔木或灌木属之一，生有许多支持根并沿低洼海岸进入浅水区（IHO 词典 – S-32）。

6）普通树（tree in general）

IHO 定义：多年生长的木本植物，通常有一根生长到相当高度的茎或树干，在离地面一定距离处生有侧枝（国防地理空间信息工作组；要素数据字典注册系统，2010 年）。

7）常青树（evergreen tree）

IHO 定义：终年绿叶的树（国防地理空间信息工作组：要素数据字典注册系统，2010 年）。

8）针叶树（coniferous tree）

IHO 定义：锥形、针叶或鳞叶的常绿乔木（改编自：新大英百科全书，第 15 版，1991 年）。

9）棕榈树（palm tree）

IHO 定义：热带或亚热带乔木、灌木或藤蔓植物，具有高大无分枝的柱状树干；树顶有一簇较大有褶的扇形叶或羽毛状叶子，外层粗壮，常带多刺叶柄（茎），基部持久覆盖树干（改编自：新大英百科全书，第 15 版，1991 年）。

10）尼帕棕榈树（Nipa palm）

IHO 定义：（也称为“Nypa palm”）一种罕见的棕榈树，有规则的分枝，树冠间隔相等或近乎相等形成分叉（改编自：新大英百科全书，第 15 版，1991 年）。

11）木麻黄树（casuarina tree）

IHO 定义：（也称为“beefwood”“Australian pine”“ironwood”“she-oak”“swamp oak”“whistling pine”）；该树种的特征是纤细、翠绿，枝条多下垂，沟槽较深，有时生有尖齿形树叶）（改编自：新大英百科全书，第 15 版，1991 年）。

12）桉树（eucalypt tree）

IHO 定义：一种大型植物，通常是高大树木（高 90 米）（改编自：新大英百科全书，第 15 版，1991 年）。

13）落叶树（deciduous tree）

IHO 定义：每年生长期结束时落叶的树（国防地理空间信息工作组：要素数据字典注册系统，2010 年）。

14）红树（mangrove tree）

IHO 定义：热带乔木或灌木属之一，生有许多支持根并沿低洼海岸进入浅水区（IHO 词典 – S-32）。

15）垂枝木麻黄树（filao tree）

IHO 定义：木麻黄，木麻黄科中分布最广、最有名的树种（国防地理空间信息工作组：要素数据字典注册系统，2010 年）。

备注：

- 无。

A.27.69 紊流类（category of water turbulence）（CATWAT）

紊流类（category of water turbulence）：IHO 定义：对不稳定海况的分类。

属性类型：枚举

1）拍岸浪（breaker）

IHO 定义：拍打到海岸、礁石等的波浪。拍岸浪可以粗糙地分为三种类型，尽管这种分类可能重叠：飞溅浪（spilling breaker）经过相当长的距离逐渐破碎；卷波型拍岸浪（plunging breaker）浪趋向于卷起并砰的一声碎掉；滚浪（surging breaker）形成浪峰，不溅起，不翻卷而是滚向岸边。法语词“brisant”也用于表示引起海浪破碎的障碍物（IHO 词典 – S-32）。

2）涡流（eddies）

IHO 定义：水的旋回运动，通常形成于海流经过障碍物、两相反流向的相邻海流之间或沿着恒定海流的边缘（IHO 词典 – S-32）。

3）湍流（overfalls）

IHO 定义：短的破碎浪，当一强海流从浅滩上经过或其他水下障碍物或遇到逆流或风时产生（IHO 词典 – S-32）。

4）潮激（tide rips）

IHO 定义：形成在水面上的小波浪，是由于相反的潮流相遇或潮流横越不规则的海底所致（IHO 词典 – S-32）。

5）爆波(浪)（bombora）

IHO 定义：在水下临岸暗礁或岩石上形成的波浪，有时（在非常平静的天气或在平潮时）近乎是涌，但在其他情况下猛烈地破碎，并产生一片危险的碎波海面；也称“bumbora”或“bomborah”（澳大利亚国家词典）。

备注：

- 无。

A.27.70 海草 / 海藻类（category of weed/kelp）（CATWED）

海草 / 海藻类（category of weed/kelp）：IHO 定义：对海洋植物的分类。

属性类型：枚举

1）巨藻（kelp）

IHO 定义：巨大植物，往往无根；有 60 米，它以固着器或长达 10 米的卷须绕住岩石；充满气体的气泡在海藻叶子上起到漂浮作用，保持海藻正好在水面下（地球科学参考，Mary McNeil）。

2）海藻（seaweed）

IHO 定义：藻类海洋植物的通名，为狭长的带状物，也称“海草”（seagrass）（国际海事词典，第 2 版）。

3）海草（seagrass）

IHO 定义：像海藻的任何草本植物；大叶藻是最常见的一种海草（IHO 词典 – S-32）。

4）马尾藻（sargasso）

IHO 定义：一种海藻，通常是大片漂浮的海藻（IHO 词典 – S-32）。

备注：

- 无。

A.27.71　沉船类（category of wreck）（CATWRK）

沉船类（category of wreck）：IHO 定义：对沉船或废弃船舶的分类。

属性类型：枚举

1）非危险沉船（non-dangerous wreck）

IHO 定义：对水面航行无危险的沉船（S-57 第 3.1 版，附录 A，第 2 章，第 2.105 页，2000 年 11 月）。

2）危险沉船（dangerous wreck）

IHO 定义：对水面航行有危险的沉船（IHO 词典 – S-32）。

3）分散的沉船残骸（distributed remains of wreck）

IHO 定义：已实质腐烂的残骸，从其上通过对航行是安全的区域，但应避免在其内抛锚、开采资源或拖底捕捞（S-57 第 3.1 版，附录 A，第 2 章，第 2.105 页，2000 年 11 月）。

4）露桅沉船（wreck showing mast/masts）

IHO 定义：表明该沉船在测深基准面以上只能见其桅（S-57 第 3.1 版，附录 A，第 2 章，第 2.105 页，2000 年 11 月）。

5）露出部分船体或上层结构物的沉船（wreck showing any portion of hull or superstructure）

IHO 定义：表明该沉船在测深基准面以上只能见船身的某一部分或上层建筑（S-57 第 3.1 版，附录 A，第 2 章，第 2.105 页，2000 年 11 月）。

A.27.72　颜色（colour）（COLOUR）

颜色（colour）：IHO 定义：物体反射光线或发射光线使眼睛产生不同感觉的特性。

属性类型：枚举

1）White（白色）

2）Black（黑色）

3）Red（红色）

4）Green（绿色）

5）Blue（蓝色）

6）Yellow（黄色）

7）Grey（灰色）

8）Brown（棕色）

9）Amber（琥珀色）

10）Violet（紫色）

11）Orange（橙色）

12）Magenta（洋红色）

13）Pink（粉红色）

备注：

- 无。

A.27.73 色彩图案（colour pattern）（COLPAT）

色彩图案（colour pattern）：IHO 定义：规律性运用多种颜色的设计。

属性类型：枚举

1）横条纹（horizontal stripes）

IHO 定义：不同颜色的直带或直条彩纹，以水平方向排列（改编自：S-57 第 3.1 版，附录 A，第 2 章，第 2.113 页，2000 年 11 月）。

2）竖条纹（vertical stripes）

IHO 定义：不同颜色的直带或直条，以竖直方向排列（改编自：S-57 第 3.1 版，附录 A，第 2 章，第 2.113 页，2000 年 11 月）。

3）斜条纹（diagonal stripes）

IHO 定义：不同颜色的直带或直条，以对角方向排列（即非水平地或垂直地）（改编自：S-57 第 3.1 版，附录 A，第 2 章，第 2.113 页，2000 年 11 月）。

4）方格（squared）

IHO 定义：通常被称为“棋盘”（checker plate）；用交替颜色形成方块类似于棋盘或图样板；图案可以是直线或对角线（S-57 第 3.1 版，附录 A，第 2 章，第 2.113 页，2000 年 11 月）。

5）条纹（方向未知）[stripes（direction unknown）]

IHO 定义：不同颜色的直带或直条以未知方向排列（改编自：S-57 第 3.1 版，附录 A，第 2 章，第 2.113 页，2000 年 11 月）。

6）边界条纹（border stripe）

IHO 定义：围绕要素外边缘显示的色带或条纹，也可形成内部图案或浅色的边界（S-57 第 3.1 版，附录 A，第 2 章，第 2.113 页，2000 年 11 月）。

备注：

- 无。

A.27.74 通信频道（communication channel）（COMCHA）

通信频道（communication channel）：IHO 定义：分配给特定无线电频率、各频率或波段的频道号（S-57 第 3.1 版，附录 A，第 2 章，第 2.114 页，2000 年 11 月）。

属性类型：自由文本

预期输入内容：输入指定的通信频道。

编码说明：每个频道应在方括号中以 4 位数字和最多 4 个字母（A–Z）共同表示。

格式：[XXXX]

示例：[VHF0007] 表示 VHF 频道 7

[NBDP5555] 表示“窄带直接印字频道 5555”（Narrow Band Direct Printing Channel 5555）

备注：

属性“通信频道”（communication channel）用于对所有无线电通信的各种频道进行编码。

A.27.75 状态（condition）（CONDTN）

状态（condition）：IHO 定义：建筑物和其他结构物所处的各类状态。

属性类型：枚举

1）在建（under construction）

IHO 定义：正在建造但尚未完工（国防地理空间信息工作组；要素数据字典注册系统，2010 年）。

2）废弃（ruined）

IHO 定义：由于疏忽或废弃而处于腐朽或损坏状态的结构物，或损坏的、需修理的结构物（IHO 词典 – S-32）。

3）填筑中（under reclamation）

IHO 定义：海洋、湖泊和河流中的可通航区域，通常通过倾倒泥土或其他物质将其填为陆地（改编自：S-57 第 3.1 版，附录 A，第 2 章，第 2.118 页，2000 年 11 月）。

4）无翼（wingless）

IHO 定义：叶片或涡轮叶片缺失的风车或风力发电机（改编自：S-57 第 3.1 版，附录 A，第 2 章，第 2.118 页，2000 年 11 月）。

5）拟建（planned construction）

IHO 定义：已完成详细规划，但尚未开始施工（国防地理空间信息工作组；要素数据字典注册系统，2010 年）。

备注：

- 属性“状态”（condition）用于对建筑物和其他结构物的各种状态进行编码。默认“状态”（condition）应被视为已完成、未损坏且工作正常，因此，该属性仅用于表明非“正常”要素。

27.76　联系说明（contact instructions）

联系说明（contact instructions）：IHO 定义：有关如何联系特定人员、组织或服务的说明。

属性类型：自由文本

备注：

- 必要时，“联系说明”（contact instructions）还应提供特定人员、组织或服务的访问时间信息。

A.27.77　废弃日期（date disused）

废弃日期（date disused）：IHO 定义：某个实体停用的日期（改编自：IHO 词典 – S-32 和 IHO 海图规范，S-4）。

属性类型：截断日期

编码说明：应以 YYYYMMDD 的格式对“废弃日期”（date disused）进行编码：其中，4 位数表示年份（YYYY）、两位数表示月份（MM）（如 4 月 =04）、两位数表示日期（DD）；如果不需要 / 不知道具体月份或日期，则可用符号“-”代替；如果不需要特定年份（即事件或日期范围在每年同一时间结束），可考虑以下两种情况：

每年的同一天：----MMDD

每年的同一月：----MM--

其遵循 ISO 8601：2004。

格式：　YYYYMMDD　　　　（完整日期，强制性）

YYYYMM--　　（无须特定的某一天，强制性）
YYYY----　　（无须特定的某一月，强制性）
----MMDD　　（每年的同一天，强制性）
----MM--　　（每年的同一月，强制性）

示例：20160908 表示实体停止使用的日期为 2016 年 9 月 8 日。

备注：

- 无。

A.27.78 终止日期（date end）（DATEND，PEREND）

终止日期（date end）：IHO 定义：对象（如浮标）存在的最后日期。

属性类型：截断日期

编码说明：应以 YYYYMMDD 的格式对“终止日期”（date end）进行编码：其中，4 位数表示年份（YYYY）、两位数表示月份（MM）（如 4 月 =04）、两位数表示日期（DD）；如果不需要 / 不知道具体月份或日期，则可用符号“-”代替；如果不需要特定年份（即事件或日期范围在每年同一时间结束），可考虑以下两种情况：

每年的同一天：----MMDD

每年的同一月：----MM--

其遵循 ISO 8601：2004。

格式：　YYYYMMDD　　（完整日期，强制性）
YYYYMM--　　（无须特定的某一天，强制性）
YYYY----　　（无须特定的某一月，强制性）
----MMDD　　（每年的同一天，强制性）
----MM--　　（每年的同一月，强制性）

示例：20101203 表示终止日期是 2010 年 12 月 3 号。

备注：

- 属性“终止日期”（date end）表示事件发生的最后日期或日期范围的终止日期；该属性用于指示固定日期范围和周期性日期范围的结束，或在将来某个特定日期删除或作废某个要素。

A.27.79 固定日期（date fixed）

固定日期（date fixed）：IHO 定义：事件发生的日期。

属性类型：截断日期

编码说明：应以 YYYYMMDD 的格式对“固定日期”（date fixed）进行编码：其中，4 位数表示年份（YYYY）、两位数表示月份（MM）（如 4 月 =04）、两位数表示日期（DD）；如果不需要 / 不知道具体月份或日期，则可用符号“-”代替；如果不需要特定年份（即事件或日期范围在每年同一时间结束），可考虑以下两种情况：

每年的同一天：----MMDD

每年的同一月：----MM--

其遵循 ISO 8601：2004。

格式：	----MMDD	（每年的同一天，强制性）
	----MM--	（每年的同一月，强制性）

示例：　----0908 表示每年的 9 月 8 日。

　　　　----02-- 表示每年的二月。

备注：

- 无。

A.27.80　开始日期（date start）（DATEND，PERSTA）

开始日期（date start）：IHO 定义：物体（如浮标）存在的最早日期。

属性类型：截断日期

编码说明：应以 YYYYMMDD 的格式对“开始日期”（date start）进行编码：其中，4 位数表示年份（YYYY）、两位数表示月份（MM）（如 4 月 = 04）、两位数表示日期（DD）；如果不需要 / 不知道具体月份或日期，则可用符号“-”代替；如果不需要特定年份（即事件或日期范围在每年同一时间结束），可考虑以下两种情况：

每年的同一天：----MMDD

每年的同一月：----MM--

其遵循 ISO 8601：2004。

格式：	YYYYMMDD	（完整日期，强制性）
	YYYYMM--	（无须特定的某一天，强制性）
	YYYY----	（无须特定的某一月，强制性）
	----MMDD	（每年的同一天，强制性）
	----MM--	（每年的同一月，强制性）

示例：20101129 表示开始日期是 2010 年 11 月 29 日。

备注：

- 属性“开始日期”（date start）表示事件开始的最早日期或日期范围开始的日期；该属性用于指示固定日期范围和周期性日期范围的开始，或在将来某个特定日期部署或实现某个要素。

A.27.81　可变日期（date variable）

可变日期（date variable）：IHO 定义：公历中不固定的日期。

属性类型：自由文本

编码说明：该字符串对公历中不固定的、每年重复出现的一天进行编码。

示例：11 月的第四个星期四（Fourth Thursday in November）

　　　复活节星期天（Easter Sunday）

备注：

- 无。

A.27.82　周内某一天（day of week）

周内某一天（day of week）：IHO 定义：一周七天中的任意一天。

属性类型：枚举

1）星期一（monday）

2）星期二（tuesday）

3）星期三（wednesday）

4）星期四（thursday）

5）星期五（friday）

6）星期六（saturday）

7）星期日（sunday）

备注：

- 无。

A.27.83 以周内天数为范围（day of week is range）

以周内天数为范围（day of week is range）：IHO 定义：表示是否以周内天数来定义日期范围。

属性类型：布尔型

编码说明：真值（True）表示对有效范围和范围外的天数进行了区分。

备注：

- 无。

A.27.84 水深范围最大值（depth range maximum value）（DRVAL2）

水深范围最大值（depth range maximum value）：IHO 定义：水深范围是从指定的深度基准面开始测算的深度，深度间隔由最小（最浅）水深值和最大（最深）水深值限定（国防地理空间信息工作组；要素数据字典注册系统，2010 年）。

“水深范围最大值”（depth range maximum value）定义了水深范围内的最大（最深）值（S-57 第 3.1 版，附录 A，第 2 章，第 2.125 页，2000 年 11 月）。

属性类型：实型

单位：定义在 CSAX 记录的 AXUM 子字段中：米（m）

精确到：0.1m

格式： sxxxxx.x

s：符号，仅负值。

示例：100 表示最大水深值为 100 米。

备注：

- 某个区域干涸时，其水深范围最大值为负值或为 0。

A.27.85 水深范围最小值（depth range minimum value）（DRVAL1）

水深范围最小值（depth range minimum value）：IHO 定义：水深范围是从指定的深度基准面开始测算的深度，深度间隔由最小（最浅）水深值和最大（最深）水深值限定（国防地理空间信息工作组；要素数据字典注册系统，2010 年）。

“水深范围最小值”（depth range minimum value）定义了水深范围内的最小（最浅）值（S-57 第

3.1 版，附录 A，第 2 章，第 2.124 页，2000 年 11 月）。

属性类型：实型

单位：定义在 CSAX 记录的 AXUM 子字段中：米（m）

精确到：0.1m

格式：　sxxxxx.x

　　　　s：符号，仅负值。

示例：50 表示最小水深值为 50 米。

备注：

- 当某区域干涸时，其水深范围最小值为负值。

A.27.86　目的地（destination）

可变日期（date variable）：IHO 定义：船舶去往的地点或大致方向。

属性类型：自由文本

编码说明：

备注：

无。

A.27.87　定向灯（directional）

定向灯（directional）：IHO 定义：定向灯是一束狭窄的扇形灯，用于指示航行方向（IHO 词典 – S-32）。

属性类型：布尔型

编码说明：真值（True）表示该扇形光灯具有定向功能。

备注：

- 无。

A.27.88　显示名称（display name）

显示名称（display name）：IHO 定义：表示是否在系统中显示要素名称。

属性类型：布尔型

编码说明：真值（True）表示需要显示名称。

备注：

- 当允许为单个要素实例编码多个要素名称实例时，只有一个要素名称实例可以控制是否显示 [“显示名称”（display name）设置为 True]。

A.27.89　测距单位（distance unit of measurement）

测距单位（distance unit of measurement）：IHO 定义：长度度量单位，用于同类度量不同测量值或估算值的比较。

属性类型：枚举

1）米（metres）

2）码（yards）

3）公里（kilometres）

4）英里（statute miles）

5）海里（nautical miles）

备注：

- 无。

A.27.90 疏浚日期（dredged date）

疏浚日期（dredged date）：IHO 定义：疏浚发生的日期。

属性类型：截断日期

编码说明：应以 YYYYMMDD 的格式对“疏浚日期”（dredged date）进行编码：其中，4 位数表示年份（YYYY）、两位数表示月份（MM）（如 4 月 = 04）、两位数表示日期（DD）；如果不需要 / 不知道具体月份或日期，则可用符号“-”代替。

其遵守 ISO 8601：2004。

格式：	YYYYMMDD	（完整日期，强制性）
	YYYYMM--	（无须特定的某一天，强制性）
	YYYY----	（无须特定的某一月，强制性）

示例：“20101203”表示疏浚日期是 2010 年 12 月 3 日。

备注：

- 属性“疏浚日期”（dredged date）表示疏浚的最后日期（如果未管辖疏浚区，则可能是最后的已知日期），或在管辖疏浚区内开展测量控制以确认深度的日期。

A.27.91 高程（elevation）（ELEVAT）

高程（elevation）：IHO 定义：参照指定垂直基准面测得要素的地面高度（S-57 第 3.1 版，附录 A，第 2 章，第 2.127 页，2000 年 11 月）。

属性类型：实型

单位：定义为 ENC 数据集元数据中的属性：米（m）

精确到：0.1 m

格式：xxxx.x

最小值：0

示例：47 表示高程 / 海拔为 47 米。

备注：

- 无。

A.27.92 估计传输范围（estimated range of transmission）（ESTRNG）

估计传输范围（estimated range of transmission）：IHO 定义：非光学电磁传输的估算作用距离（S-57 第 3.1 版，附录 A，第 2 章，第 2.128 页，2000 年 11 月）。

属性类型：实型

单位：海里（M）

精确到：0.1 M

格式：xxx.x

示例：45 表示最大传输范围为 45 海里。

备注：

- 估计范围（距离）假定传输是在“真空中”进行，标准天线高度为 5 米。因此，该属性将提示海员是否可能在某距离处从具有本属性的要素上收到传输信号。

A.27.93 灯标发光条件（exhibition condition of light）（EXCLIT）

灯标发光条件（exhibition condition of light）：IHO 定义：灯标的外在表现。

属性类型：枚举

1）灯质固定灯（light shown without change of character）

IHO 定义：24 小时内灯质不变的灯标（S-57 第 3.1 版，附录 A，第 2 章，第 2.129 页，2000 年 11 月）。

2）昼灯（daytime light）

IHO 定义：仅在白天显示的灯标（S-57 第 3.1 版，附录 A，第 2 章，第 2.129 页，2000 年 11 月）。

3）雾灯（fog light）

IHO 定义：在雾中或能见度低的情况下发光的灯标（S-57 第 3.1 版，附录 A，第 2 章，第 2.129 页，2000 年 11 月）。

4）夜灯（night light）

IHO 定义：仅在夜间显示的灯标（S-57 第 3.1 版，附录 A，第 2 章，第 2.129 页，2000 年 11 月）。

备注：

- 无。

A.27.94 水深说明（exposition of sounding）（EXPSOU）

水深说明（exposition of sounding）：IHO 定义：该属性表示某对象“水深值”不在周围深度区（要素）的值域内。

属性类型：枚举

1）在周围深度区内（within the range of depth of surrounding depth area）

IHO 定义：对应于周围深度区（要素）的水深范围，即深度不比周围深度区（要素）的最小深度浅，也不比周围深度区（要素）的最大深度深（S-57 第 3.1 版，附录 A，第 2 章，第 2.130 页，2000 年 11 月）。

2）比周围深度区浅（shoaler than the range of depth of surrounding depth area）

IHO 定义：该深度比周围深度区（要素）的最小深度浅（S-57 第 3.1 版，附录 A，第 2 章，第 2.130 页，2000 年 11 月）。

3）比周围深度区深（deeper than the range of depth of surrounding depth area）

IHO 定义：该深度比周围深度区（要素）的最大深度深（S-57 第 3.1 版，附录 A，第 2 章，第 2.130 页，2000 年 11 月）。

备注：

- 该属性表示“水深值”不在周围深度区内的要素；这些要素可能对航行构成潜在威胁。

A.27.95 文件定位符（file locator）

文件定位符（file locator）：IHO 定义：文本片段或其他信息在支持文件中的位置。

属性类型：自由文本

编码说明：字符串，用于对支持文件中单个文本片段或其他信息的位置进行编码。

示例：2.6 节

备注：

- “文件定位符”（file locator）属性指示与特定要素相关的文本片段在文件中的位置，该文件由“文件引用”（file reference）属性引用。
- “文件定位符”（file locator）填写的值可以是章节标题、子标题或编号、页码等。

A.27.96 文件引用（file reference）（TXTDSC，NTXTDS）

文件引用（file reference）：IHO 定义：外部引用的文本文件名（改编自：S-57 第 3.1 版，附录 A，第 2 章，第 2.209 页，2000 年 11 月）。

属性类型：自由文本

编码说明：字符串，对单个外部文本的文件名进行编码。

备注：

- 属性“文件引用”（file reference）表示包含相关航海指南或航海出版物摘录文本的文件。
- 该属性通常用于长文本字符串或需要格式化的文本字符串，但其对所引用文件内的文本类型没有限制（词汇级别除外）。

A.27.97 火炬烟囱（flare stack）

火炬烟囱（flare stack）：IHO 定义：表示海上平台是否具有用于燃烧废油或废气的烟囱。

属性类型：布尔型

编码说明：真值（True）表示海上平台装有烟囱。

备注：

- 无。

A.27.98 翻转角度（flip bearing）

翻转角度（flip bearing）：IHO 定义：当屏幕显示偏离正北方向时，文本需重新定位到要素另一侧的角度。

属性类型：实型

单位：度（°）

精确到：1°

格式：xxx

最小值：0

最大值：360

示例：180 表示翻转角度为 180 度。

备注：

- 无。

A.27.99　海岸电台接收频率（frequency shore station receives）（SIGFRQ）

海岸电台接收频率（frequency shore station receives）：IHO 定义：海岸电台接收机频率（改编自：S-57 第 3.1 版，附录 A，第 2 章，第 2.187 页，2000 年 11 月）。

属性类型：整型

单位：赫兹（Hz）

精确到：1 Hz

格式：xxxxxxxxxxxx

示例：950000000 表示集中在 950 兆赫兹（MHz）的无线电信号。

备注：

- 无。

A.27.100　海岸电台发射频率（frequency shore station transmits）（SIGFRQ）

海岸电台发射频率（frequency shore station transmits）：IHO 定义：海岸电台发射机频率（改编自：S-57 第 3.1 版，附录 A，第 2 章，第 2.187 页，2000 年 11 月）。

属性类型：整型

单位：赫兹（Hz）

精确到：1 Hz

格式：xxxxxxxxxxxx

示例：950000000 表示集中在 950 兆赫兹（MHz）的无线电信号。

备注：

- 无。

A.27.101　功能（function）（FUNCTN）

功能（function:）：IHO 定义：用于描述某个要素的具体作用。

属性类型：枚举

1）港长办公室（harbour-master's office）

IHO 定义：负责船舶系泊和锚泊，收取港务费等工作当地官员的办公室（改编自：IHO 词典 – S-32）。

2）海关（customs office）

IHO 定义：政府机构，负责收取关税、监管货物流动和执行限制措施，并为货物或车辆进出国家进行清关的地点（改编自：国防地理空间信息工作组；要素数据字典注册系统，2010 年）。

3）卫生局（health office）

IHO 定义：负责执行健康法规和卫生检查的办公室（改编自：新简明牛津英语词典，1993 年）。

4）医院（hospital）

IHO 定义：为病人或伤员提供医疗或外科治疗的机构或部门（新简明牛津英语词典，1993 年）。

5）邮局（post office）

IHO 定义：主要负责收集、传递和分发邮件的公共部门、机构或组织（新简明牛津英语词典，

1993 年）。

6）酒店（hotel）

IHO 定义：尤指舒适或豪华的酒店，为付费游客提供住宿、餐饮和其他服务的地点（新简明牛津英语词典，1993 年）。

7）火车站（railway station）

IHO 定义：有站台的建筑物，火车在此处到达、装卸和离开（新简明牛津英语词典，1993 年）。

8）警察局（police station）

IHO 定义：地方警察部队的总部，即被捕人员首先被指控的地方（国防地理空间信息工作组；要素数据字典注册系统，2010 年）。

9）水上警察局（water-police station）

IHO 定义：地方水上警察部队总部（国防地理空间信息工作组；要素数据字典注册系统，2010 年）。

10）引航站（pilot office）

IHO 定义：引航员的办公室或总部，提供引航员服务（IHO 词典 – S-32）。

11）引航瞭望台（pilot lookout）

IHO 定义：岸上醒目的结构物，有人在里面值班，可密切关注海上或沿海事件（IHO 词典 – S-32）。

12）银行（bank office）

IHO 定义：保管、存储、借贷或发行货币的办公室（改编自：新简明牛津英语词典，1993 年）。

13）区域控制总部（headquarters for district control）

IHO 定义：负责管理某一行政区域的行政官员（董事、经理等）的总部（S-57 第 3.1 版，附录 A，第 2 章，第 2.132 页，2000 年 11 月）。

14）转运棚 / 仓库（transit shed/warehouse）

IHO 定义：用于储存货物或商品的建筑物或建筑物的一部分（改编自：新简明牛津英语词典，1993 年）。

15）工厂（factory）

IHO 定义：一座或多座有生产制造设备和车间的建筑物（新简明牛津英语词典，1993 年）。

16）发电站（power station）

IHO 定义：一座固定工厂，配备将某种形式的能源（诸如水力、蒸汽、化学能源或核能）大规模转换为电能的设备（McGraw-Hill 科技术语词典，第 3 版，1984 年）。

17）行政楼（administrative）

IHO 定义：用于处理事务的建筑物（改编自：新简明牛津英语词典，1993 年）。

18）教育机构（educational facility）

IHO 定义：用于教育和学习的建筑物（如学校、学院、大学等）（改编自：国防地理空间信息工作组；要素数据字典注册系统，2010 年）。

19）教堂（church）

IHO 定义：供基督教徒做礼拜的建筑物（新简明牛津英语词典，1993 年）。

20）小教堂（chapel）

IHO 定义：不属于教区（parish）、大教堂（cathedral）或教堂（church）的基督教礼拜场所，尤指隶属于私人住宅或慈善机构的场所（新简明牛津英语词典，1993 年）。

21）寺庙（temple）

IHO 定义：犹太人做礼拜的建筑物（改编自：新简明牛津英语词典，1993 年）。

22）宝塔（pagoda）

IHO 定义：印度教或佛教寺庙或神圣建筑物（新简明牛津英语词典，1993 年）。

23）神社（shinto shrine）

IHO 定义：神道教做礼拜的建筑物（改编自：新简明牛津英语词典，1993 年）。

24）佛寺（buddhist temple）

IHO 定义：参见“宝塔”（pagoda）。

25）清真寺（mosque）

IHO 定义：穆斯林的礼拜场所（新简明牛津英语词典，1993 年）。

26）清真教墓地（marabout）

IHO 定义：穆斯林圣徒的埋葬地（新简明牛津英语词典，1993 年）。

27）瞭望台（lookout）

IHO 定义：监视海上或沿岸事件的地方（改编自：IHO 词典 – S-32）。

28）通信台（communication）

IHO 定义：发射或接收电子通信信号的地方（国防地理空间信息工作组；要素数据字典注册系统，2010 年）。

29）电视台（television）

IHO 定义：用无线电信号传输影像（通常带有声音），能够在屏幕上再现视觉图像的系统（国防地理空间信息工作组；要素数据字典注册系统，2010 年）。

30）无线电台（radio）

IHO 定义：发射或接收射频电磁波的一种通信手段（国防地理空间信息工作组；要素数据字典注册系统，2010 年）。

31）雷达（radar）

IHO 定义：一种使用波束、反射和定时无线电波探测、定位或跟踪要素和测量高度的方法、系统或技术（IHO 词典 – S-32）。

32）灯标支撑（light support）

IHO 定义：支撑一个或多个灯标的结构物（国防地理空间信息工作组；要素数据字典注册系统，2010 年）。

33）微波站（microwave）

IHO 定义：使用微波广播和接收信号（S-57 第 3.1 版，附录 A，第 2 章，第 2.133 页，2000 年 11 月）。

34）冷却塔（cooling）

IHO 定义：通过冷却液体或气体达到降温的目的（国防地理空间信息工作组；要素数据字典注册系统，2010 年）。

35）观察站（observation）

IHO 定义：可以观察周围环境、但不经常保持看守的地方（改编自：IHO 词典 – S-32）。

36）报时球塔（timeball）

IHO 定义：呈球形的可视时间信号（IHO 词典 – S-32）。

37）时钟（clock）

IHO 定义：测量时间和记录小时数的仪器（IHO 词典 – S-32）。

38）控制台（control）

IHO 定义：用于控制某装置特定范围内的交通流（国防地理空间信息工作组：要素数据字典注册系统，2010 年）。

39）飞艇系泊（airship mooring）

IHO 定义：一种系固飞艇的设备或结构物（改编自：国防地理空间信息工作组：要素数据字典注册系统，2010 年）。

40）体育场（stadium）

IHO 定义：举办和观看体育活动的场所（国防地理空间信息工作组：要素数据字典注册系统，2010 年）。

41）汽车站（bus station）

IHO 定义：公共汽车和长途汽车日常停车上下乘客的建筑，尤指远途旅行的客车（国防地理空间信息工作组；要素数据字典注册系统，2010 年）。

42）海上救援控制处（sea rescue control）

IHO 定义：负责促进搜救服务的有效组织以及在区域内协调搜救行动的单位（国防地理空间信息工作组：要素数据字典注册系统，2010 年）。

43）天文台（observatory）

IHO 定义：用于观测天文、气象或其他自然现象而设计和配备的建筑物（国防地理空间信息工作组：要素数据字典注册系统，2010 年）。

44）碎矿厂（ore crusher）

IHO 定义：用于粉碎矿石的建筑物或结构物。

45）船屋（boathouse）

IHO 定义：一种建筑物或棚屋，通常建于水上，供船舶避风使用。

46）泵站（pumping station）

IHO 定义：通过压力或抽吸来移动固体、液体或气体的设备（国防地理空间信息工作组：要素数据字典注册系统，2013 年）。

备注：

- 无。

A.27.102 标题（headline）

标题（headline）：IHO 定义：文章开头或页面开头用来介绍或分类的词（韦氏词典，2012 年）。

属性类型：自由文本

编码说明：字符串，用于对支持文件内文本字符串或信息相关的标题进行编码。

示例：S-101 元要素和地理要素表格格式说明

备注：

- 属性“标题”（headline）包含的字符不应超过 100 个。

A.27.103　高度（height）（HEIGHT）

高度（height）：IHO 定义：从指定垂直基准面到要素最高点的垂直距离值（S-57 第 3.1 版，附录 A，第 2 章，第 2.134 页，2000 年 11 月）。

属性类型：实型

单位：定义为 ENC 数据集元数据中的属性：米（m）

精确到：0.1m

格式：xxxx.x

最小值：0

示例：73 表示要素的高度值为 73 米。

备注：

- 高度不得用于漂浮要素。

A.27.104　水平净空长度（horizontal clearance length）

水平净空长度（horizontal clearance length）：IHO 定义：一个要素（例如船闸）满足安全航行的长度；可能与该要素的总体物理长度一致，也可能不一致（改编自：S-57 第 3.1 版，附录 A，第 2 章，第 2.137 页，2000 年 11 月）。

属性类型：实型

单位：定义为 ENC 数据集元数据中的属性：米（m）

精确到：0.1m

格式：xx.x

示例：75 表示水平净空长度为 75 米。

备注：

- 无。

A.27.105　水平净空（horizontal clearance value）（HORCLR）

水平净空（horizontal clearance value）IHO 定义：一个要素（例如渠道或隧道）满足安全航行的宽度；可能与该要素的总体物理宽度一致，也可能不一致（S-57 第 3.1 版，附录 A，第 2 章，第 2.137 页，2000 年 11 月）。

属性类型：实型

单位：定义为 ENC 数据集元数据中的属性：米（m）

精确到：0.1m

格式：xx.x

示例：125 表示水平净空为 125 米。

备注：

- 无。

A.27.106　水平净空宽度（horizontal clearance width）

水平净空宽度（horizontal clearance width）：IHO 定义：一个要素（例如船闸）满足安全航行的宽度；可能与该要素的总体物理宽度一致，也可能不一致（改编自：S-57 第 3.1 版，附录 A，第 2 章，第 2.137 页，2000 年 11 月）。

属性类型：实型

单位：定义为 ENC 数据集元数据中的属性：米（m）

精确到：0.1m

格式：xx.x

示例：30 表示水平净空宽度为 30 米。

备注：

- 无。

A.27.107　水平长度（horizontal length）（HORLEN）

水平长度（horizontal length）：IHO 定义：两线性轴中较长轴的度量（国防地理空间信息工作组：要素数据字典注册系统，2010 年）。

属性类型：实型

单位：定义为 ENC 数据集元数据中的属性：米（m）

精确到：0.1m

格式：xxx.x

示例：95 表示长度为 95 米。

备注：

- 无。

A.27.108　水平宽度（horizontal width）（HORWID）

水平宽度（horizontal width）：IHO 定义：两线性轴中较短轴的度量（国防地理空间信息工作组：要素数据字典注册系统，2010 年）。

属性类型：实型

单位：定义为 ENC 数据集元数据中的属性：米（m）

精确到：0.1m

格式：xxx.x

示例：12.6 表示宽度为 12.6 米。

备注：

- 无。

A.27.109　冰况系数（ice factor）（ICEFAC）

冰况系数（ice factor）：IHO 定义：由于冰块堆积引起架空电缆净空高度的最大偏差值（S-57 第 3.1 版，附录 A，第 2 章，第 2.140 页，2000 年 11 月）。

属性类型：实型

单位：定义为 ENC 数据集元数据中的属性：米（m）

精确到：0.1m

格式：xx.x

示例：2.5 表示净空高度减少 2.5 米。

备注：

- 无。

A.27.110　存在争议（in dispute）

存在争议（in dispute）：IHO 定义：表示某一地区是否存在管辖权争议。

属性类型：布尔型

编码说明：真值（True）表示划定区域存在管辖权争议。

备注：

- 无。

A.27.111　是否执行海上救援协调中心功能（is MRCC）

是否执行海上救援协调中心功能（is MRCC）：IHO 定义：表示海岸警卫站是否执行海上救援协调中心的功能。

属性类型：布尔型

编码说明：真值（True）表示该海岸警卫站执行海上救援协调中心的功能。

备注：

- 无。

A.27.112　管辖区（jurisdiction）（JRSDTN）

管辖区（jurisdiction）：IHO 定义：适用于一个行政区域（S-57 第 3.1 版，附录 A，第 2 章，第 2.142 页，2000 年 11 月）。

属性类型：枚举

1）国际管辖区（international）

IHO 定义：涉及多个国家；覆盖多个国家地区（S-57 第 3.1 版，附录 A，第 2 章，第 2.142 页，2000 年 11 月）。

2）国内管辖区（national）

IHO 定义：由一个国家管理或控制的地区（S-57 第 3.1 版，附录 A，第 2 章，第 2.142 页，2000 年 11 月）。

3）国内分区（national sub-division）

IHO 定义：小于所在国家的地区（S-57 第 3.1 版，附录 A，第 2 章，第 2.142 页，2000 年 11 月）。

备注：

- 无。

A.27.113　语言（language）

语言（language）：IHO 定义：人类口头或书面交流的媒介，采用条理性、习惯性词语进行表达。

属性类型：自由文本

编码说明：以遵循 ISO 639-2/T 的字符代码对语言进行编码。

格式：c3（强制性）

示例：eng 表示英语。

备注：

- 属性“语言”（language）表示具体文本的语言。

A.27.114 起重能力（lifting capacity）（LIFCAP）

起重能力（lifting capacity）：IHO 定义：某要素具体的安全起重能力（S-57 第 3.1 版，附录 A，第 2 章，第 2.145 页，2000 年 11 月）。

属性类型：实型

单位：吨（t）

精确到：0.1 t

格式：xxx.x

最小值：0

示例：120 表示起重能力为 120 吨。

备注：

- 无。

A.27.115 灯质（light characteristic）（LITCHR）

灯质（light characteristic）：IHO 定义：与灯光有关的典型特性。

属性类型：枚举

1）定光（fixed）

IHO 定义：在任意固定方向上连续发光的信号灯，亮度和颜色不变（IHO 词典 – S-32）。

2）闪光（flashing）

IHO 定义：一种有节奏的灯光，一个周期内发光的时间明显短于熄灭的时间，并且每次闪光的持续时间相等。可能是：

- 单闪光（single flashing）：以每分钟低于 50 次的频率定期重复闪烁的闪光灯。
- 联闪光（group-flashing）：由两次或两次以上的闪光组成、有规律地重复闪烁的闪光灯。
- 混合联闪光（composite group-flashing）：不同次数的闪光连续组合在一起构成的闪光灯。

（IALA 国际航海助航标志词典）

3）长闪光（long-flashing）

IHO 定义：有规律地重复出现不少于两秒的单闪光（IALA 国际航海助航标志词典）。

4）快闪光（quick-flashing）

IHO 定义：一种有节奏的灯光，闪光以每分钟 50 ～ 80 次的频率重复。可能是：

- 连续快闪光（continuous quick-flashing）：一种快闪光，有规律地重复闪烁。
- 联快闪光（group quick-flashing）：一种快闪光，由两次或两次以上的闪光组成，有规律地重复。

（IALA 国际航海助航标志词典）

5）甚快闪光（very quick-flashing）

IHO 定义：一种有节奏的灯光，闪光以每分钟 80-160 次的频率重复。可能是：

- 连续甚快闪光（continuous very quick-flashing）：一种甚快闪光，有规律地重复闪烁。
- 联甚快闪光（group very quick-flashing）：一种甚快闪光，由两次或两次以上的闪光组成，有规律地重复。

（IALA 国际航海助航标志词典）

6）连续超快闪光（continuous ultra quick-flashing）

IHO 定义：一种有节奏的灯光，闪光以每分钟不少于 160 次的频率有规律地重复（IALA 国际航海助航标志词典）。

7）等明暗光（isophased）

IHO 定义：明暗持续时间相等的闪光（IHO 词典 – S-32）。

8）明暗光（occulting）

IHO 定义：一种有节奏的灯光，一个周期内发光的时间明显长于熄灭的时间，并且所有熄灭的时间相等。可能是：

- 单明暗光（single-occulting）：一种明暗光，熄灭时间有规律地重复出现。
- 联明暗光（group-occulting）：一种明暗光，熄灭两次或两次以上，有规律重复。
- 混合联明暗光（composite group-occulting）：一种明暗光，熄灭一次或多次，有规律地重复，且熄灭次数不同。

（IALA 国际航海助航标志词典）

9）间断超快闪光（interrupted ultra quick-flashing）

IHO 定义：一种超快闪光（每分钟闪光 160 次及以上），其中有长时间、有规律的熄灭间隔（IHO 词典 – S-32）。

10）莫尔斯光（morse）

IHO 定义：一种有节奏的灯光，其中两个持续时间明显不同的光组成莫尔斯码中的一个或多个字符（IHO 词典 – S-32）。

11）定闪光（fixed and flash）

IHO 定义：一种有节奏的灯光，由一个定光与一个更亮的闪光组合而成（IHO 词典 – S-32）。

12）闪长闪光（flash and long-flash）

IHO 定义：一种有节奏的灯光，由一个闪光与一个更亮的长闪光组合而成（改编自：IHO 词典 – S-32）。

13）明暗互闪光（occulting and flash）

IHO 定义：一种有节奏的灯光，由一个明暗光与一个更亮的闪光组合而成（改编自：IHO 词典 – S-32）。

14）定长闪光（fixed and long-flash）

IHO 定义：一种有节奏的灯光，由一个定光与一个更亮的长闪光组合而成（改编自：IHO 词典 – S-32）。

15）明暗互光（occulting alternating）

IHO 定义：一种互光，各周期的发光时间明显长于熄灭的时间，且熄灭间隔均相等（改编自：IALA 国际航海助航标志词典）。

16）长闪互光（long-flash alternating）

IHO 定义：一种单闪互光，其中持续时间不少于两秒的光有规律地重复（改编自：IALA 国际航海助航标志词典）。

17）互闪光（flash alternating）

IHO 定义：一种有节奏的互光，其中一段时间内发光的时间明显短于熄灭的时间，且所有发光的时间都相等（改编自：IALA 国际航海助航标志词典）。

18）快闪加长闪光（quick-flash plus long-flash）

IHO 定义：一种有节奏的灯光，其中一组快闪光之后跟着一次或多次长闪光，并有规律地重复（改编自：IALA 国际航海助航标志词典）。

19）甚快闪加长闪光（very quick-flash plus long-flash）

IHO 定义：一种有节奏的灯光，其中一组甚快闪光之后跟着一次或多次长闪光，后者以有规律的周期性重复序列出现（改编自：IALA 国际航海助航标志词典）。

20）超快闪加长闪光（ultra quick-flash plus long-flash）

IHO 定义：一种有节奏的灯光，其中一组超快闪光之后跟着一次或多次长闪光，后者以有规律的周期性重复序列出现（改编自：IALA 国际航海助航标志词典）。

21）互光（alternating）

IHO 定义：一种信号光，在任何给定方向上连续显示两种或两种以上颜色，并以有规律地周期性重复序列出现（IALA 国际航海助航标志词典）。

22）定光和互闪光（fixed and alternating flashing）

IHO 定义：一种有节奏的灯光，由一个定光与一个亮度更高、颜色不同的互闪光组合而成。

备注：

- 以上特征的选择在“IHO 海图规范，S-4-B-471.2”中进行了定义和图解说明。

A.27.116 灯光能见度（light visibility）（LITVIS）

灯光能见度（light visibility）：IHO 定义：灯光的特定能见度，与灯光强度和易识别性有关。

属性类型：枚举

1）高光强（high intensity）

IHO 定义：非航海灯标。其功率高于航海灯标，并且离岸可见（通常为“航空灯”）（S-57 第 3.1 版，附录 A，第 2 章，第 2.148 页，2000 年 11 月）。

2）低光强（low intensity）

IHO 定义：非航海灯标。其功率低于航海灯标（联邦航海和海道测量局，德国）。

3）弱光（faint）

IHO 定义：可能发生部分被遮蔽而使灯光视强度减弱（S-57 第 3.1 版，附录 A，第 2 章，第 2.148 页，2000 年 11 月）。

4）增强（intensified）

IHO 定义：扇形中的灯光被增强（即，比其他扇形的灯光射程更长）（联邦航海和海道测量局，德国）。

5）非增强（unintensified）

IHO 定义：扇形中的灯光未增强（即，比其他扇形的灯光射程更短）（联邦航海和海道测量局，德国）。

6）故意限制能见度（visibility deliberately restricted）

IHO 定义：扇形灯光的强度被故意减弱，例如，减少其对建筑群区的影响（S-57 第 3.1 版，附录 A，第 2 章，第 2.148 页，2000 年 11 月）。

7）遮蔽（obscured）

IHO 定义：指被遮蔽范围的扇形，在该扇形范围内的海面上不能看到灯光（IHO 词典 – S-32）。

8）部分遮蔽（partially obscured）

IHO 定义：该值说明部分扇形被遮蔽（S-57 第 3.1 版，附录 A，第 2 章，第 2.148 页，2000 年 11 月）。

9）范围线内可见（visible in line of range）

IHO 定义：必须在一条直线上才能看到的灯光。

备注：

- 属性“灯光能见度”（light visibility）根据灯光强度和易识别性对灯光的具体能见度进行编码。

A.27.117　链接（linkage）

链接（linkage）：IHO 定义：采用 URL/URI 地址或类似访问机制的位置（地址）（改编自 ISO 19115-1：2014）。

属性类型：自由文本

编码说明：

格式：URL 地址或等效地址。

示例：http://www.iho.int

备注：

- 无。

A.27.118　最大磁力异常值（magnetic anomaly value maximum）（VALLMA）*

最大磁力异常值（magnetic anomaly value maximum）：IHO 定义：偏离正常磁场变化的最大值（S-57 第 3.1 版，附录 A，第 2 章，第 2.228 页，2000 年 11 月）。

属性类型：实型

单位：分（′）

精确到：0.1′

格式：xxx.x

示例：30.3 表示偏离为 30.3′。

备注：

- 假设偏离为正值或负值，不得对正 / 负号编码。

* 此属性在 1.1 版中有较大变化，请参阅新版本。

A.27.119　最小磁力异常值（magnetic anomaly value minimum）*

最小磁力异常值（magnetic anomaly value minimum）：IHO 定义：偏离正常磁场变化的负值（改编自：S-57 第 3.1 版，附录 A，第 2 章，第 2.228 页，2000 年 11 月）。

属性类型：实型

单位：分（′）

精确到：0.1′

格式：xxx.x

示例：25.5 表示向西偏离 25.5′。

备注：

- 假设偏离为负值，不得对负号进行编码。

A.27.120　主灯（major light）

主灯（major light）：IHO 定义：一个灯是否被视为主灯，主要看它是否在 ECDIS 相关区域中显示。

属性类型：布尔型

编码说明：真值（True）表示灯标被视为主灯。

备注：

- 属性“主灯”（major light）仅用于在 ECDIS 中提供指示，以表明该灯标在显示方面被视为重要灯标。因此，该属性属于制图属性，旨在帮助制图者确定最合适的灯标显示；主灯不作为灯标的规范分类方法。

A.27.121　海上标志体系（marks navigational–system of）（MARSYS）

海上标志体系（marks navigational–system of）：IHO 定义：某个地区采用的航标系统。

属性类型：枚举

1）IALA　A

IHO 定义：航行标志遵循国际航标协会（International Association of Lighthouse Authorities，IALA）A 区（S-57 第 3.1 版，附录 A，第 2 章，第 2.149 页，2000 年 11 月）。

2）IALA　B

IHO 定义：航行标志遵循国际航标协会（IALA）B 区（S-57 第 3.1 版，附录 A，第 2 章，第 2.149 页，2000 年 11 月）。

3）无系统（no system）

IHO 定义：航行标志不遵循任何指定的分区（S-57 第 3.1 版，附录 A，第 2 章，第 2.149 页，2000 年 11 月）。

4）欧洲内河航道通航规范（CEVNI）

IHO 定义：欧洲内河航道规范（European Code for Navigation on Inland Waterways，CEVNI）是欧洲大部分地区河流、渠道和陆地湖泊的规范。

备注：

- 无。

* 此属性在 1.1 版中已被删除。

A.27.122 最大允许吃水深度（maximum permitted draught）

最大允许吃水（maximum permitted draught）：IHO 定义：航道沿线、在水道或船坞中、在泊位处或水下要素之上，允许的最大吃水深度。

属性类型：实型

单位：定义为 ENC 数据集元数据中的属性：米（m）

精确到：0.1m

格式：xx.x

示例：14.5 表示 14.5 米的最大允许吃水深度。

备注：

- 无。

A.27.123 测量距离（measured distance）

测量距离（measured distance）：IHO 定义：沿着海上航线精确测定的距离。

属性类型：整型

单位：定义为 ENC 数据集元数据中的属性：米（m）

精确到：1m

格式：xxxx

示例：1445 表示测量距离为 1445 米。

备注：

- 无。

A.27.124 海上移动通信识别码（MMSI code）

海上移动通信识别码（MMSI code）：IHO 定义：海上移动通信识别码（MMSI）由一组 9 位数字组成，通过无线电传播，以便唯一标识船舶电台、船舶地面站、海岸站、海岸地面站和群呼；这些标识的形成方式使得连接到一般通讯网络的电话和电报用户可以使用该标识或其部分来自动呼叫船舶(改编自：国际电信联盟无线电规则 – 附录 43）。

属性类型：自由文本

单位：无

精确到：1

格式：xxxxxxxxx

示例：366777490

备注：

- 无。

A.27.125 莫尔效应（moiré effect）

莫尔效应（moiré effect）：IHO 定义：一种短距（最多可达 2 千米）定向灯；钠灯为屏幕提供黄色背景，观察者可在屏幕中心线位置看到一条垂直的黑线（S-57 第 3.1 版，附录 A，第 2 章，第 2.49 页，2000 年 11 月）。

属性类型：布尔型

编码说明：真值（True）表示该灯标为莫尔效应灯标。

备注：

- 无。

A.27.126 多重性已知（multiplicity known）

多重性已知（multiplicity known）：IHO 定义：数量已知或未知，表示一组处于同一位置的相同特性的要素（改编自：S-57 第 3.1 版，附录 A，第 2 章，第 2.150 页，2000 年 11 月）。

属性类型：布尔型

编码说明：真值（True）表示该要素的确切数量已知。

备注：

- 无。

A.27.127 名称（name）（OBJNAM，NOBJNM）

名称（name）：IHO 定义：单个要素的名称（S-57 第 3.1 版，附录 A，第 2 章，第 2.158 页，2000 年 11 月）。

属性类型：自由文本

编码说明：要素名称（c...）：字符串

格式：c...

示例：

备注：

- 属性“名称”（name）用于对要素的名称进行编码。

A.27.128 资源名称（name of resource）

资源名称（name of resource）：IHO 定义：在线资源的名称（ISO 19115）。

属性类型：自由文本

编码说明：字符串

格式：c...

示例：

备注：

- 属性“资源名称”（name of resource）用于对在线资源的名称进行编码；使用属性“链接”（linkage）对访问资源的 URL/URI 地址进行赋值。

A.27.129 国籍（nationality）（NATION）

国籍（nationality）：IHO 定义：特定国家公民的标识符（摘自：韦氏词典，2018 年）。

属性类型：自由文本

编码说明：国籍由遵循 ISO 3166 标准的 2 字符代码编码（参见 S-57 附录 A）。

格式：c2（强制性）

示例：AU 代表澳大利亚。

US 代表美国。

备注：

- 属性“国籍”（nationality）表示特定要素的国籍。
- 如需编码单一要素相关的多个国籍（如两个沿海国家之间具有争议性的海事管辖区），则必须对“国籍”（nationality）的多个实例进行赋值。

A.27.130 结构物材质（nature of construction）（NATCON）

结构物材质（nature of construction）：IHO 定义：建筑物的主要建筑材料。

属性类型：枚举

1）砖石（masonry）

IHO 定义：用石头或砖形成，通常通过开凿、成型、由泥浆砌合而成（改编自国防地理空间信息工作组；要素数据字典注册系统，2010 年）。

2）混凝土（concreted）

IHO 定义：由混凝土形成，混凝土是由沙、砾石混合水泥制成的坚硬物，用于修建道路、地基等。

3）散砾石（loose boulders）

IHO 定义：由大石块或混凝土块形成，通常松散地放置以阻挡海浪或水流（S-57 第 3.1 版，附录 A，第 2 章，第 2.152 页，2000 年 11 月）。

4）硬面（hard surfaced）

IHO 定义：由坚固材料形成，通常用于铺有沥青或混凝土的路面（S-57 第 3.1 版，附录 A，第 2 章，第 2.152 页，2000 年 11 月）。

5）无铺面（unsurfaced）

IHO 定义：修建时没有保护层，通常用于表示路面未使用硬质材料进行硬化处理的道路（S-57 第 3.1 版，附录 A，第 2 章，第 2.152 页，2000 年 11 月）。

6）木质（wooden）

IHO 定义：用木材建造的（S-57 第 3.1 版，附录 A，第 2 章，第 2.152 页，2000 年 11 月）。

7）金属（metal）

IHO 定义：用金属制成的（S-57 第 3.1 版，附录 A，第 2 章，第 2.152 页，2000 年 11 月）。

8）玻璃钢（glass reinforced plastic，GRP）

IHO 定义：用玻璃纤维强化的塑料材料制成的（S-57 第 3.1 版，附录 A，第 2 章，第 2.152 页，2000 年 11 月）。

9）网格（latticed）

IHO 定义：用交叉的木制或金属条制成的结构物，通常在这些条之间形成开放空间的对角图案。

10）玻璃（glass）

IHO 定义：1. 任何性质和成分相似的人工或天然物质，如硼砂、黑曜石等。2. 由这种物质制成的物品，如窗玻璃。

备注：

- 无。

A.27.131 表面性质（nature of surface）（NATSUR）

表面性质（nature of surface）：IHO 定义：陆地表面或海底的组成物质。

属性类型：枚举

1）泥（mud）

IHO 定义：软、湿地（S-57 第 3.1 版，附录 A，第 2 章，第 2.153 页，2000 年 11 月）。

2）粘土（clay）

IHO 定义：直径小于 0.002 毫米的颗粒，硬而粘的土壤，烘烤后会变硬（S-57 第 3.1 版，附录 A，第 2 章，第 2.153 页，2000 年 11 月）。

3）淤泥（silt）

IHO 定义：一种松散的沉积物，颗粒直径在 0.0039 ~ 0.0625 毫米（介于粘土和沙之间）（IHO 词典 – S-32）。

4）沙（sand）

IHO 定义：一种松散材料，由直径在 0.0625 ~ 2.0 毫米的细小、但易于区分的细碎颗粒构成（IHO 词典 – S-32）。

5）石（stone）

IHO 定义：岩石和岩石碎片的总称，大小从圆砾、砾石到巨砾或大岩石块不等（IHO 词典 – S-32）。

6）砾（gravel）

IHO 定义：含粗沙的小石头，其颗粒直径在 2.0 ~ 4.0 毫米（S-57 第 3.1 版，附录 A，第 2 章，第 2.153 页，2000 年 11 月）。

7）圆砾（pebbles）

IHO 定义：在水、沙和冰等作用下磨得光滑圆润的小石头，直径通常在 4 ~ 64 毫米（IHO 词典 – S-32）。

8）卵石（cobbles）

IHO 定义：比圆砾大的天然圆形石头（IHO 词典 – S-32）。

9）岩（rock）

IHO 定义：构成岩石圈组成部分的天然成分；构成稳固、坚硬和牢固物质的天然材料（改编自：IHO 词典 – S-32）。

10）熔岩（lava）

IHO 定义：从火山流出的流体或半流体物质；熔融岩石冷却后所形成的物质；部分海底由熔岩形成（IHO 词典 – S-32）。

11）珊瑚（coral）

IHO 定义：大量珊瑚虫形成的坚硬钙质骨骼（IHO 词典 – S-32）。

12）贝壳（shells）

IHO 定义：各种水生动物的外骨骼（改编自：IHO 词典 – S-32）。

13）巨砾（boulder）

IHO 定义：直径为 256 毫米或更大的圆形岩石（改编自：IHO 词典 – S-32）。

备注：

- 属性“表面性质”（nature of surface）用于对构成陆地表面或海底的物质的性质进行编码。
- 混合底质：如果海底由混合物质组成，应首先给出主要成分，例如混有泥和贝壳的细沙应显示为 4、1、17。
- 泥、沙、石、岩是用于一般描述的术语；粘土、淤泥、砾、圆砾、卵石是与颗粒直径有关的专门术语。

A.27.132　表面性质限定术语（nature of surface – qualifying terms）（NATQUA）

表面性质限定术语（nature of surface – qualifying terms）：IHO 定义：各种形式的天然表面物质在尺寸、形态和稳定性方面的性质。

属性类型：枚举

1）精细（fine）

IHO 定义：特定的表面性质术语，最小尺寸的连续体（S-57 第 3.1 版，附录 A，第 2 章，第 2.155 页，2000 年 11 月）。

2）中等（medium）

IHO 定义：特定的表面性质术语，中等尺寸的连续体（S-57 第 3.1 版，附录 A，第 2 章，第 2.155 页，2000 年 11 月）。

3）粗糙（coarse）

IHO 定义：特定的表面性质术语，最大尺寸的连续体（S-57 第 3.1 版，附录 A，第 2 章，第 2.155 页，2000 年 11 月）。

4）破碎（broken）

IHO 定义：断裂或成小块（改编自：韦氏新河畔词典 II，1984 年）。

5）粘性（sticky）

IHO 定义：具有粘着或胶状特性（改编自：韦氏新河畔词典 II，1984 年）。

6）柔软（soft）

IHO 定义：不坚硬或不稳固（改编自：韦氏新河畔词典 II，1984 年）。

7）刚性（stiff）

IHO 定义：不易弯；厚实、不流动（改编自：韦氏新河畔词典 II，1984 年）。

8）火山灰（volcanic）

IHO 定义：由火山喷出的物质构成或包含这些物质（改编自：韦氏新河畔词典 II，1984 年）。

9）石灰质（calcareous）

IHO 定义：由钙或碳酸钙构成或包含这些物质的（IHO 词典 – S-32）。

10）坚硬（hard）

IHO 定义：坚实；通常指海底硬地壳没有被松散的沉淀物覆盖的区域（IHO 词典 – S-32；改编自：韦氏新河畔词典 II，1984 年）。

备注：

- 属性“表面性质限定术语”（nature of surface-qualifying terms）对各种天然表面物质的尺寸、形态和稳定性进行编码。

A.27.133 要素数量（number of features）

要素数量（number of features）IHO 定义：在同一位置且具有相同特征的要素的数量（改编自：S-57 第 3.1 版，附录 A，第 2 章，第 2.150 页，2000 年 11 月）。

属性类型：整型

单位：无

精确到：1

格式：xx

示例：3 表示处于同一位置的电缆有 3 条。

备注：

- 属性“要素数量”（number of features）仅用于表示要素实体的数量（如果已知），这些实体处于同一位置（例如水面上悬挂在 2 座桥塔间的 3 根架空电缆），且该信息被认为对海员有用。如有可能，必须单独对各要素进行编码。

A.27.134 观测水深（observation depth）

观测水深（observation depth）：IHO 定义：进行一组潮汐流观测所在位置的水深。

属性类型：实型

单位：定义为 ENC 数据集元数据中的属性：米（m）

精确到：0.1m

格式：xx.x

示例：25 表示观测水深为 25 米。

备注：

- 无。

A.27.135 方位值（orientation value）（ORIENT）

方位值（orientation value）：IHO 定义：从真北到要素主轴线的角距（国防地理空间信息工作组；要素数据字典注册系统，2010 年）。

属性类型：实型

单位：度（°）

精确到：0.01°

格式：xxx.xx

最小值：0

最大值：360

示例：246.7 表示方位值为 246.7 度。

A.27.136 图示显示（pictorial representation）（PICREP）

图示显示（pictorial representation）：IHO 定义：表示要素是否有可用的图示显示（S-57 第 3.1 版，

附录 A，第 2 章，第 2.162 页，2000 年 11 月）。

属性类型：自由文本

编码说明：字符串，对单个外部图形文件（像素 / 矢量）的文件名进行编码。

备注：

- “图示显示”（pictorial representation）可以是绘画或照片。

A.27.137　引航员行动（pilot movement）

引航员行动（pilot movement）：IHO 定义：根据引航员的抵达、离开或更换，对引航活动的分类；也可用于描述引航员引导开始、结束或交接给其他引航员的位置。

属性类型：枚举

1）登船（Embarkation）

IHO 定义：在从海上到港口或受限水域的途中，无引航员指示航行的船舶搭载引航员的地点，以便接受航行引导。

2）离船（Disembarkation）

IHO 定义：在从海上到港口或受限水域的途中，有引航员指示航行的船舶放下引航员的地点，该船将在无引航员指示的情况下继续航行。

3）引航员更换（Pilot change）

IHO 定义：遵循引航员指示航行的船舶，在引航员指示下放下引航员并搭载另一名引航员的地点，以便进行后续航行。

备注：

无。

A.27.138　产品（product）（PRODCT）

产品（product）：IHO 定义：运输、储存或开采的各种物质。

属性类型：枚举

1）油（oil）

IHO 定义：不溶于水的稠滑液体，通常是储罐中的石油基物质（改编自：简明牛津词典，第 3 版）。

2）气（gas）

IHO 定义：具有可自由移动粒子的物质，通常是储罐中的燃料物质（改编自：简明牛津词典，第 3 版）。

3）水（water）

IHO 定义：无色、无味的液体，氢氧化合物（改编自：简明牛津词典，第 3 版）。

4）石（stone）

IHO 定义：岩石碎块的通用名称（IHO 词典 – S-32）。

5）煤（coal）

IHO 定义：一种用作燃料的坚硬的黑色矿石（改编自：简明牛津词典，第 3 版）。

6）矿石（ore）

IHO 定义：从中可炼得金属的固体岩石或矿物（改编自：简明牛津词典，第 3 版）。

7）化学品（chemicals）

IHO 定义：通过化学过程获得或用于化学过程的物质（改编自：简明牛津词典，第 3 版）。

8）饮用水（drinking water）

IHO 定义：适合人类饮用的水（改编自：简明牛津词典，第 3 版）。

9）奶乳（milk）

IHO 定义：雌性哺乳动物分泌的白色液体，作为幼崽的食物（改编自：简明牛津词典，第 3 版）。

10）铝土矿（bauxite）

IHO 定义：一种矿石，从中可炼得铝（改编自：简明牛津词典，第 3 版）。

11）焦炭（coke）

IHO 定义：从煤矿中提取气体和焦油后获得的固体物质，用作燃料（改编自：简明牛津词典，第 3 版）。

12）铁锭（iron ingots）

IHO 定义：一种椭圆形铸铁金属块（改编自：简明牛津词典，第 3 版）。

13）盐（salt）

IHO 定义：氯化钠，从矿山或海水蒸发提炼所得（改编自：简明牛津词典，第 3 版）。

14）砂（sand）

IHO 定义：岩石破碎或磨损后形成的极小颗粒（改编自：简明牛津词典，第 3 版）。

15）木材（timber）

IHO 定义：用于建筑和木工的木材（改编自：简明牛津词典，第 3 版）。

16）木屑 / 木片（sawdust/wood chips）

IHO 定义：锯材或粗木屑制成的粉末状木材碎片，用于制造压板（改编自：简明牛津词典，第 3 版）。

17）废金属（scrap metal）

IHO 定义：可用于再加工的废弃金属（改编自：简明牛津词典，第 3 版）。

18）液化天然气（liquefied natural gas，LNG）

IHO 定义：为便于运输而液化的天然气，将气体冷却至 -162 摄氏度所得（国防地理空间信息工作组：要素数据字典注册系统，2010 年）。

19）液化石油气（liquefied petroleum gas，LPG）

IHO 定义：由可燃碳氢化合物组成的压缩气体，来源于石油（改编自：韦氏新世界词典）。

20）葡萄酒（wine）

IHO 定义：葡萄的发酵汁（改编自：韦氏新世界词典）。

21）水泥（cement）

IHO 定义：由石灰粉、粘土与水混合而成的物质（改编自：韦氏新世界词典）。

22）谷物（grain）

IHO 定义：小颗粒硬质种子，特别是小麦、水稻、玉米、大麦等粮食作物的种子（改编自：韦氏新世界词典）。

23）电力（electricity）

IHO 定义：电荷或电流。

24）冰（ice）

IHO 定义：冷冻的水。

25）粘土（clay）

IHO 定义：（直径小于 0.002 毫米的颗粒），硬而粘的土壤，烘烤后会变硬（S-57 第 3.1 版，附录 A，第 2 章，第 2.153 页，2000 年 11 月）。

备注：

- 属性“产品”（product）对运输、储存或开采的各种物质进行编码。

A.27.139　垂直测量质量（quality of vertical measurement）（QUASOU）

垂直测量质量（quality of vertical measurement）：IHO 定义：水深值的可信度。

属性类型：枚举

1）水深已知（depth known）

IHO 定义：从海图基准面到海底（或干出要素顶部）的深度已知（改编自国防地理空间信息工作组：要素数据字典注册系统，2010 年）。

2）深度或最浅深度未知（depth or least depth unknown）

IHO 定义：从海图基准面到海底的深度或特征点的最浅深度未知（S-57 第 3.1 版，附录 A，第 2 章，第 2.169 页，2000 年 11 月，修订版）。

3）可疑水深（doubtful sounding）

IHO 定义：可能小于指定水深的深度（改编自：IHO 词典 – S-32）。

4）不可靠水深（unreliable sounding）

IHO 定义：深度不太可靠（S-57 第 3.1 版，附录 A，第 2 章，第 2.169 页，2000 年 11 月）。

5）最浅水深已知（least depth known）

IHO 定义：特征点以上最浅深度已知（改编自：IHO 词典 – S-32）。

6）最浅深度未知（给出安全富余量）（least depth unknown, safe clearance at value shown）

IHO 定义：特征点以上的最浅水深未知，但已具有安全富余量（S-57 第 3.1 版，附录 A，第 2 章，第 2.169 页，2000 年 11 月）。

7）报告值（未测量）[value reported（not surveyed）]

IHO 定义：从报告中获得的水深值，但未完全测量（S-57 第 3.1 版，附录 A，第 2 章，第 2.169 页，2000 年 11 月）。

8）报告值（未核实）[value reported（not confirmed）]

IHO 定义：从报告中获得的水深值，但未确认（S-57 第 3.1 版，附录 A，第 2 章，第 2.169 页，2000 年 11 月）。

9）维护深度（maintained depth）

IHO 定义：航道深度由人工维护，通常是通过疏浚（IHO 词典 – S-32）。

10）不定期维护（not regularly maintained）

IHO 定义：水深可能由于人为因素而改变，但不是常规的维护（S-57 第 3.1 版，附录 A，第 2 章，第 2.169 页，2000 年 11 月）。

备注：

- 属性“垂直测量质量”（quality of vertical measurement）表示水深值的可靠性。

A.27.140 雷达波段（radar band）

雷达波段（radar band）：IHO 定义：雷达波长所在电磁波谱的波段码字符。

属性类型：自由文本

编码说明：雷达波段（C）

格式：C

示例：X 表示（X）波段。

备注：

- 雷达应答器通常在 3 厘米（X）波段或 10 厘米（S）波段波长上工作，但也会使用航海波段以外的波长。

A.27.141 雷达显著（radar conspicuous）（CONRAD）

雷达显著（radar conspicuous）：IHO 定义：反射强雷达回波的要素（IHO 词典 – S-32）。

属性类型：布尔型

编码说明：真值（True）表示该要素反射雷达回波较强。

备注：

- “雷达显著”（radar conspicuous）适用于提供强雷达回波的要素；或由于装有雷达反射器或雷达目标增强器而反射强雷达回波的要素。

A.27.142 半径（radius）（RADIUS）

半径（radius）：IHO 定义：从圆形或球形要素的中心延伸至外围的矢量（改编自：S-57 第 3.1 版，附录 A，第 2 章，第 2.173 页，2000 年 11 月）。

属性类型：实型

单位：定义为 ENC 数据集元数据中的属性：米（m）

精确到：0.1m

格式：xxx.x

示例：26 表示半径为 26 米。

备注：

- 无。

A.27.143 参考位置（reference location）

参考位置（reference location）：IHO 定义：与原点相关的信息，通过标识距离标志的测量距离。

属性类型：自由文本

编码说明：参考位置（c...）

格式：c...

示例：距离标志“层桥”（Storey Bridge）表示到“层桥”的具体距离。

备注：

- 无。

A.27.144　参考潮位（reference tide）

参考潮位（reference tide）：IHO 定义：一系列潮汐值所适用的参考潮位。

属性类型：枚举

1）高潮面（high water）

IHO 定义：在一个潮汐周期里，水面达到的最高水位；也称“高潮”（high tide）。

2）低潮面（low water）

IHO 定义：在一个潮汐周期里，水面达到的最低水位；也称“低潮”（low tide）。

备注：

- 无。

A.27.145　参考潮位类型（reference tide type）

参考潮位类型（reference tide type）：IHO 定义：潮汐的类型（如平均大潮、平均小潮、中潮），用于确定潮流的速率和流向。

属性类型：枚举

1）大潮（springs）

IHO 定义：在满月或者新月的时候潮汐得到加强。

2）小潮（neaps）

IHO 定义：在上弦月和下弦月的时候潮汐会减弱。

3）中潮（mean）

IHO 定义：介于大潮和小潮之间。

备注：

- 无。

A.27.146　磁差参考年份（reference year for magnetic variation）（RYRMGV）

磁差参考年份（reference year for magnetic variation）：IHO 定义：磁差值所参考的日历年（S-57 第 3.1 版，附录 A，第 2 章，第 2.176 页，2000 年 11 月）。

属性类型：截断日期

单位：4 个数字表示年份（YYYY）

格式：YYYY----

示例：2009----

备注：

- 任何情况下都必须包含符号（----）。

A.27.147　法规引用（regulation citation）

法规引用（regulation citation）：IHO 定义：要素的法规引用。

属性类型：自由文本

编码说明：法规引用（c...）

格式：c...

示例：CFR 33.88.810

备注：

- 无。

A.27.148 报告日期（reported date）（SORDAT）

开始日期（date start）：IHO 定义：观察、完成或调查某一事项的日期。

属性类型：截断日期

编码说明：应以 YYYYMMDD 的格式对“报告日期”（reported date）进行编码：其中，4 位数表示年份（YYYY）、两位数表示月份（MM）（如 4 月 =04）、两位数表示日期（DD）；如果不需要 / 不知道具体月份或日期，则可用符号“-”代替。

其遵守 ISO 8601：2004。

格式：	YYYYMMDD	（完整日期，强制性）
	YYYYMM--	（无须特定的某一天，强制性）
	YYYY----	（无须特定的某一月，强制性）

示例：20101129 表示开始日期是 2010 年 11 月 29 日。

备注：

- 属性“报告日期”（reported date）表示已向生产机构提供某个要素相关信息的日期。

A.27.149 限制（restriction）（RESTRN）

限制（restriction）：IHO 定义：各种限制区的官方法律法规（改编自：S-57 第 3.1 版，附录 A，第 2 章，第 2.179 页，2000 年 11 月）。

属性类型：枚举

1）禁止抛锚（anchoring prohibited）

IHO 定义：不允许锚定的区域（S-57 第 3.1 版，附录 A，第 2 章，第 2.177 页，2000 年 11 月）。

2）限制抛锚（anchoring restricted）

IHO 定义：有关当局指定的特定区域，在该区域内锚定有特殊限制条件（S-57 第 3.1 版，附录 A，第 2 章，第 2.177 页，2000 年 11 月）。

3）禁止捕捞（fishing prohibited）

IHO 定义：禁止捕捞活动的区域（S-57 第 3.1 版，附录 A，第 2 章，第 2.177 页，2000 年 11 月）。

4）限制捕捞（fishing restricted）

IHO 定义：有关当局指定的特定区域，在该区域内不允许锚定捕捞（S-57 第 3.1 版，附录 A，第 2 章，第 2.177 页，2000 年 11 月）。

5）禁止拖网（trawling prohibited）

IHO 定义：不允许拖网捕捞的区域（S-57 第 3.1 版，附录 A，第 2 章，第 2.177 页，2000 年 11 月）。

6）限制拖网（trawling restricted）

IHO 定义：有关当局指定的特定区域，在该区域内进行拖网捕捞有特殊限制条件（S-57 第 3.1 版，附录 A，第 2 章，第 2.178 页，2000 年 11 月）。

7）禁止进入（entry prohibited）

IHO 定义：禁止航行或锚定的区域（改编自：IHO 词典 – S-32）。

8）限制进入（entry restricted）

IHO 定义：有关当局指定的特定区域，在该区域内航行有特殊限制条件（改编自：IHO 词典 – S-32）。

9）禁止疏浚（dredging prohibited）

IHO 定义：不允许疏浚的区域（S-57 第 3.1 版，附录 A，第 2 章，第 2.178 页，2000 年 11 月）。

10）限制疏浚（dredging restricted）

IHO 定义：有关当局指定的特定区域，在该区域内进行疏浚作业有特殊限制条件（S-57 第 3.1 版，附录 A，第 2 章，第 2.178 页，2000 年 11 月）。

11）禁止潜水（diving prohibited）

IHO 定义：不允许潜水的区域（S-57 第 3.1 版，附录 A，第 2 章，第 2.178 页，2000 年 11 月）。

12）限制潜水（diving restricted）

IHO 定义：有关当局指定的特定区域，在该区域内潜水有特殊限制条件（S-57 第 3.1 版，附录 A，第 2 章，第 2.178 页，2000 年 11 月）。

13）无伴流（no wake）

IHO 定义：海员必须调整船速，减少可能造成冲刷或扰动系泊船舶的波浪和尾流（S-57 第 3.1 版，附录 A，第 2 章，第 2.178 页，2000 年 11 月）。

14）避航区（area to be avoided）

IHO 定义：由 IMO 指定的避让区域，作为一种定线措施。该区域中航行特别危险，需特别注意避免人员伤亡，所有船舶或某些类别的船舶都应避免航入此类区域（改编自：IHO 词典 – S-32）。

15）禁止施工（construction prohibited）

IHO 定义：禁止建造永久或临时固定结构物或人工岛（S-57 第 3.1 版，附录 A，第 2 章，第 2.178 页，2000 年 11 月）。

16）禁止卸载（discharging prohibited）

IHO 定义：禁止卸载或倾倒货物的区域（S-57 第 3.1 版，附录 A，第 2 章，第 2.178 页，2000 年 11 月）。

17）限制卸载（discharging restricted）

IHO 定义：有关当局指定的特定区域，在该区域内卸载或倾倒货物有特殊限制条件（S-57 第 3.1 版，附录 A，第 2 章，第 2.178 页，2000 年 11 月）。

18）禁止工矿业勘探 / 开发（industrial or mineral exploration/development prohibited）

IHO 定义：禁止工业或矿石勘探和开发的区域（S-57 第 3.1 版，附录 A，第 2 章，第 2.178 页，2000 年 11 月）。

19）限制工矿业勘探 / 开发（industrial or mineral exploration/development restricted）

IHO 定义：有关当局指定的特定区域，在该区域内进行工业或矿石勘探和开发有特殊限制条件（S-57 第 3.1 版，附录 A，第 2 章，第 2.178 页，2000 年 11 月）。

20）禁止钻探（drilling prohibited）

IHO 定义：禁止在海底用钻机挖洞的区域（S-57 第 3.1 版，附录 A，第 2 章，第 2.178 页，2000 年 11 月）。

21）限制钻探（drilling restricted）

IHO 定义：有关当局指定的特定区域，在该区域内使用钻机在海底挖洞有特殊限制条件（S-57 第 3.1 版，附录 A，第 2 章，第 2.178 页，2000 年 11 月）。

22）禁止挪动历史古迹（removal of historical artefacts prohibited）

IHO 定义：禁止挪动历史古迹的区域（S-57 第 3.1 版，附录 A，第 2 章，第 2.178 页，2000 年 11 月）。

23）禁止转运货物（过驳）[cargo transhipment（lightening）prohibited]

IHO 定义：禁止转运货物（过驳）的区域（S-57 第 3.1 版，附录 A，第 2 章，第 2.178 页，2000 年 11 月）。

24）禁止拖曳（dragging prohibited）

IHO 定义：禁止沿海底拖曳任何东西（如禁止使用海底拖网）（S-57 第 3.1 版，附录 A，第 2 章，第 2.178 页，2000 年 11 月）。

25）禁止停靠（stopping prohibited）

IHO 定义：禁止船舶停靠的区域（S-57 第 3.1 版，附录 A，第 2 章，第 2.178 页，2000 年 11 月）。

26）禁止着陆（landing prohibited）

IHO 定义：禁止着陆的区域（S-57 第 3.1 版，附录 A，第 2 章，第 2.179 页，2000 年 11 月）。

27）限速（speed restricted）

IHO 定义：限制速度的区域（S-57 第 3.1 版，附录 A，第 2 章，第 2.179 页，2000 年 11 月）。

28）禁止游泳（swimming prohibited）

IHO 定义：禁止游泳的区域。

备注：

- 各限制区的官方法律均对限制措施做了规定。例如，狩猎保护区的限制是“禁止进入”（entry prohibited）、鱼类保护区的限制可能是“限制捕捞”（fishing restricted）。
- 手册或其他出版物中实际包含的有关限制的完整信息，可使用信息类型“航海信息”（Nautical Information）（见 A.24.4）的相关实例、复杂属性“信息”（information）、子属性“文件引用”（file reference）编码；可使用“信息”（information）、子属性“文本”（text）作简要说明。

A.27.150　最小比例尺（scale minimum）（SCAMIN）

最小比例尺（scale minimum）：IHO 定义：使用要素时的最小比例尺，例如，用于 ECDIS 显示的比例尺。

属性类型：整型

最小值：1

编码说明：比例尺系数 1：89999 编码为 89999。

单位：无

精确到：1

格式：xxxxxxxx

示例：如果特定最小比例尺指定为 1：89,999（编码为 89999），则较小的比例尺可为 1：179,999（编码为 179999）。

要素的“最小比例尺”（scale minimum）的值决定了当显示比例尺低于该值时，不再显示该要素。

其目的是减少显示混乱，优化要素显示并提高显示速度。在对该值进行编码时，生产机构应考虑这些因素，以及导航不再需要该要素的比例尺。

为优化 ENC 的性能和清晰度，在 ENC 中使用“最小比例尺”（scale minimum）是强制性要求。

备注：

- “最小比例尺”（scale minimum）只影响 ECDIS 上要素的显示，不影响其在 SENC 中的存在。
- 如果未编码“最小比例尺”（scale minimum），则该要素在任何比例尺下均显示。
- 如果使用“最小比例尺”（scale minimum），则必须始终将其设置为小于或等于数据最大显示比例尺（即设为更小的比例尺），如 A.2.5.5 节所述。如不遵循此规则，则意味着在比例尺超标警告激活前，要素不会在 ECDIS 上显示。
- 必须始终显示地表要素和元要素。因此，不得在这 2 类要素上对“最小比例尺”（scale minimum）进行编码。
- 如果相同的要素存在于不同最大显示比例尺数据集中，则必须为每个要素的出现指定相同的“最小比例尺”（scale minimum）值。

A.27.151　扇形方位角（sector bearing）

扇形方位角（sector bearing）：IHO 定义：扇形是从中心到圆周绘制的两条直线之间的一段圆弧（高阶词典，第 2 版）；“扇形方位角”（sector bearing）用于定义扇形的角度界限（改编自：S-57 第 3.1 版，附录 A，第 2 章，第 2.184 页，2000 年 11 月）。

属性类型：实型

单位：度（°）

精确到：0.01°

格式：xxx.xx

示例：125 表示扇形为 125 度

备注：

- 相邻扇形的共同边界值应一致。
- 扇形方位角的起算由海上指向中心要素（即灯标）。这与出版物《灯标表》（List of Lights）中使用的方法一致。
- 不可使用“到岸”（to shore）等通用名称；必须使用具体方位角进行编码；如果光弧界限（light sector limit）被定义为“到海岸”（to the shore），则应使用一个值对其进行编码，以确保所绘制界限完全在陆地上。

A.27.152　扇形线长度（sector line length）

扇形线长度（sector line length）：IHO 定义：扇形是从中心到圆周绘制的两条直线之间的一段圆弧（高阶词典，第 2 版）；“扇形线长度”（sector line length）用于定义扇形的显示长度（以地面单位为单位）。

属性类型：整型

单位：定义为 ENC 数据集元数据中的属性：米（m）

精确到：1m

格式：xxxx

示例：3200 表示扇形线长度为 3200 米。

备注：

- 应显示扇形线，使其覆盖对海员有用的区域。
- 扇形线不得超出扇形光灯的标定作用距离。

A.27.153 信号时长（signal duration）

信号时长（signal duration）：IHO 定义：在一个信号序列中，发光 / 有声或熄灭 / 无声的单个实例所占用的时间。

属性类型：实型

单位：秒（s）

精确到：0.01 s

格式：xx.xx

最小值：>0

示例：2.5 表示信号时长为 2.5 秒。

备注：

- 无。

A.27.154 信号频率（signal frequency）（SIGFRQ）

信号频率（signal frequency）：IHO 定义：信号的频率（S-57 第 3.1 版，附录 A，第 2 章，第 2.187 页，2000 年 11 月）。

属性类型：整型

单位：赫兹（Hz）

精确到：1 Hz

格式：xxxxxxxxxxxx

示例：950000000 表示集中在 950 兆赫兹（MHz）的无线电信号。

备注：

- 无。

A.27.155 信号生成（signal generation）（SIGGEN）

信号生成（signal generation）：IHO 定义：生成雾号的机制。

属性类型：枚举

1）自动（automatically）

IHO 定义：信号生成是由自动调整的机械装置开启的，如计时器或光感应器（S-57 第 3.1 版，附录 A，第 2 章，第 2.188 页，2000 年 11 月）。

2）波浪作用（by wave action）

IHO 定义：信号由海面运动生成，如浮标上的钟（S-57 第 3.1 版，附录 A，第 2 章，第 2.188 页，2000 年 11 月）。

3）手动（by hand）

IHO 定义：信号由手动操作机械生成，如手拉气笛（S-57 第 3.1 版，附录 A，第 2 章，第 2.188 页，2000 年 11 月）。

4）风力作用（by wind）

IHO 定义：信号由空气运动生成，如风笛（S-57 第 3.1 版，附录 A，第 2 章，第 2.188 页，2000 年 11 月）。

5）无线电开启（radio activated）

IHO 定义：无线电信号开启。

6）呼叫开启（call activated）

IHO 定义：信号通过呼叫值班站点激活。

备注：

- 属性“信号生成”（signal generation）用于对生成雾号的机制进行编码。

A.27.156　信号组（signal group）（SIGGRP）

信号组（signal group）：IHO 定义：一个完整序列周期内的信号数、信号组合或摩尔斯码（S-57 第 3.1 版，附录 A，第 2 章，第 2.189 页，2000 年 11 月）。

属性类型：自由文本

编码说明：灯标信号组使用括号分组编码；一组信号可以是单个数字、由“+”分隔的数字链、4 个字母以内的序列或一个字母加一个数字。

固定灯标没有信号组。

如果其中一个灯质没有提供特定的信号组，就用一对空括号来表示。

格式：(c)(c)...

示例：

灯质（light characteristic）信号组（signal group）

VQ(6)+LFl	->	(6)(1)
LFl+Fl(2+3	->	(1)(2+3)
Fl(2)+LFl	->	(2)(1)
FFl	->	()(1)
Mo(AA)	->	(AA)
AlFl(2W+1R)	->	(2+1)
AlLFlWR	->	(1)
FOcW	->	()(1)
AlOc(4)WR	->	(4)
AlWR	->	()
Iso	->	(1)
IQ	->	()

备注：

- 无。

A.27.157 信号周期（signal period）（SIGPER）

信号周期（signal period）：IHO 定义：明暗间隔的整个周期所占用的时间（S-57 第 3.1 版，附录 A，第 2 章，第 2.190 页，2000 年 11 月）。

属性类型：实型

单位：秒（s）

精确到：0.01 s

格式：xx.xx

最小值：> 0

示例：12 表示间隔为 12 秒。

备注：

- 无。

A.27.158 信号状况（signal status）

信号状况（signal status）：IHO 定义：指示信号序列中的一个元素处于发光或熄灭周期。

属性类型：枚举

1）发光 / 有声（lit/sound）

IHO 定义：表示信号序列中的一个元素处于发光或有声周期。

2）熄灭 / 无声（eclipsed/silent）

IHO 定义：表示信号序列中的一个元素处于熄灭或无声周期。

备注：

- 无。

A.27.159 最大航速限制（speed limit）

最大航速限制（speed limit）：IHO 定义：在区域内行驶的最大允许速率。

属性类型：实型

单位：节（kt）

精确到：0.1 kt

格式：xx.x

示例：4.5 表示最大航速限制为 4.5 节。

备注：

- 无。

A.27.160 最大速度（speed maximum）（CURVEL）

最大速度（speed maximum）IHO 定义：移动速度，其英文术语“speed”和“velocity”通常可以互换使用，但前者是标量，只有大小；而后者是矢量，既有大小又有方向（改编自：IHO 词典 – S-32）；最大速度是允许出现的最大行驶速率（改编自：S-57 第 3.1 版，附录 A，第 2 章，第 2.121 页，2000 年 11 月）。

属性类型：实型

单位：节（kt）

精确到：0.1 kt

格式：xx.x

示例：2.1 表示最大速度为 2.1 节。

备注：

- 无。

A.27.161　最小速度（speed minimum）

最小速度（speed minimum）：IHO 定义：移动速度。其英文术语“speed”和“velocity”通常可以互换使用，但前者是标量，只有大小；而后者是矢量，既有大小又有方向（改编自：IHO 词典 – S-32）；最小速度是允许出现的最小行驶速率（改编自：S-57 第 3.1 版，附录 A，第 2 章，第 2.121 页，2000 年 11 月）。

属性类型：实型

单位：节（kt）

精确到：0.1 kt

格式：xx.x

示例：1.6 表示最小速度为 1.6 节。

备注：

- 无。

A.27.162　站名（station name）

站名（station name）：IHO 定义：与潮流表相对应的潮位站名称。

属性类型：自由文本

编码说明：潮流站名称 (c...)：字符串

格式：c...

示例：Darwin 表示“Darwin”潮流观测站。

备注：

- 无。

A.27.163　站号（station number）

站号（station number）：IHO 定义：与潮流表相对应的潮位站标识号。

属性类型：整型

编码说明：该值表示国家《潮流表》中所列验潮站的参考编号。

示例：63230 表示“Darwin”潮流观测站的参考编号为 63230。

备注：

- 无。

A.27.164　状况（status）（STATUS）

状况（status）：IHO 定义：物体在给定时刻的状态。

属性类型：枚举

1）永久（permanent）

IHO 定义：表示无限期地持续或发挥作用（简明牛津词典，第 7 版）。

2）偶尔（occasional）

IHO 定义：特定情形下起作用，发生无规律（简明牛津词典，第 7 版）。

3）推荐（recommended）

IHO 定义：值得信任、接受、可使用的（麦加利词典，1988 年）。

4）不使用（not in use）

IHO 定义：已暂停使用，但设施仍然完好无损；废弃的（改编自国防地理空间信息工作组：要素数据字典注册系统，2010 年）。

5）周期性 / 间歇性（periodic/intermittent）

IHO 定义：每隔一段时间反复出现（简明牛津词典，第 7 版）。

6）保留（reserved）

IHO 定义：留作某些特定用途（改编自：简明牛津词典，第 7 版）。

7）临时（temporary）

IHO 定义：表示仅持续一段时间（简明牛津词典）。

8）私有（private）

IHO 定义：由个人或公司管理，而非国家或公共机构管理（国防地理空间信息工作组：要素数据字典注册系统，2010 年）。

9）强制性（mandatory）

IHO 定义：强制；强迫（简明牛津词典，第 7 版）。

10）熄灭（extinguished）

IHO 定义：不再发光（S-57 第 3.1 版，附录 A，第 2 章，第 2.197 页，2000 年 11 月）。

11）有照明（illuminated）

IHO 定义：用泛光灯、条形灯等提供照明（S-57 第 3.1 版，附录 A，第 2 章，第 2.198 页，2000 年 11 月）。

12）历史性（historic）

IHO 定义：历史上著名的；具有历史意义的（简明牛津词典，第 7 版）。

13）公共（public）

IHO 定义：全社会所有、供应、使用和共享的，不限于个人使用（改编自新简明牛津英语词典，1993 年）。

14）同步（synchronized）

IHO 定义：发生在同一个时间，在时间点上一致，同时代或同时发生的（新简明牛津英语词典，1993 年）。

15）有人看守（watched）

IHO 定义：在一段时间里有人查看或观察注意任何移动或变化（改编自新简明牛津英语词典，1993 年）。

16）无人看守（unwatched）

IHO 定义：通常自动运转，无须任何常驻人员管理（改编自：IHO 词典 – S-32）。

17）疑存（existence doubtful）

IHO 定义：某要素已报告但尚未确认其存在（改编自：S-57 第 3.1 版，附录 A，第 2 章，第 2.198 页，2000 年 11 月）。

18）有浮标标示（buoyed）

IHO 定义：用浮标标示（澳大利亚海道测量局）。

备注：

- 无。

A.27.165　潮流深度（stream depth）

潮流深度（stream depth）：IHO 定义：海面下潮流深度，相对于深度基准面。

属性类型：实型

单位：定义为 ENC 数据集元数据中的属性：米（m）。

精确到：0.1m

格式：xxxxx.x

示例：0 表示海面潮流数据

15 表示在 15 米深度处收集的潮流数据。

备注：

- 无。

A.27.166　扫测日期（swept date）

扫测日期（swept date）：IHO 定义：扫测某个区域的日期。

属性类型：截断日期

编码说明：应按 YYYYMMDD 的格式对“扫测日期”（swept date）进行编码：其中，4 位数表示年份（YYYY）、两位数表示月份（MM）（如 4 月 = 04）、两位数表示日期（DD）；如果不需要 / 不知道具体月份或日期，则可用符号“-”代替。

其遵守 ISO 8601：2004。

格式：　YYYYMMDD　（完整日期，强制性）

YYYYMM--　（无须特定的某一天，强制性）

YYYY----　（无须特定的某一月，强制性）

示例：20101203 表示扫测日期是 2010 年 12 月 3 日。

备注：

- 无。

A.27.167　垂直测量技术（technique of vertical measurement）（TECSOU）

垂直测量技术（technique of vertical measurement）：IHO 定义：用于获取深度信息的测量方式。

属性类型：枚举

1）回声测深仪测量（found by echo-sounder）

IHO 定义：通过一种测深仪器测得的水深，该仪器通过测量声波或超声波信号发射与海底回波的时间间隔确定水深（改编自：IHO 词典 – S-32）。

2）侧扫声呐测量（found by side scan sonar）

IHO 定义：根据有源声呐生成的记录计算深度，其中固定声波垂直射入水中、扫描海底并生成海底形态记录（改编自：IHO 词典 – S-32）。

3）多波束测量（found by multi-beam）

IHO 定义：通过回声测深仪测得水深，该仪器使用多个波束测量航迹正下方及其横截面水深（改编自：IHO 词典 – S-32）。

4）潜水员测量（found by diver）

IHO 定义：深度由熟练的潜水员测得（改编自：IHO 词典 – S-32）。

5）测深绳测量（found by lead-line）

IHO 定义：通过一根标有丈量刻度的引绳测量水深（改编自：IHO 词典 – S-32）。

6）钢索扫海（swept by wire-drag）

IHO 定义：由两艘汽艇拖一组系有浮标的钢索，判断特定区域在一定水深范围内没有航行危险，或使用同样的技术判断最浅水深（改编自：IHO 词典 – S-32）。

8）垂直声学系统扫测（swept by vertical acoustic system）

IHO 定义：使用一套装在测量船设置的横杆上的多波束换能器系统，在指定的区域内进行扫测（S-57 第 3.1 版，附录 A，第 2 章，第 2.207 页，2000 年 11 月）。

9）电磁传感器测量（found by electromagnetic sensor）

IHO 定义：通过电磁信号对比仪器判断得出水深（改编自：IHO 词典 – S-32）。

10）摄影测量（photogrammetry）

IHO 定义：使用数学方法对相片进行处理，从而判断得出水深（改编自：IHO 词典 – S-32）。

11）卫星影像测量（satellite imagery）

IHO 定义：通过搭载在人造卫星上的仪器判断得出的水深（改编自：IHO 词典 – S-32）。

12）水准测量（found by levelling）

IHO 定义：用水准测量技术找出一个点相对于一个基准面的高度来确定深度（改编自：IHO 词典 – S-32）。

13）侧扫声呐扫测（swept by side scan sonar）

IHO 定义：通过拖曳侧扫声呐判断某个区域内的特定水深没有航行危险物（改编自：IHO 词典 – S-32）。

14）激光雷达测量（found by LIDAR）

IHO 定义：通过发射定时脉冲激光测距，测算反射脉冲收发时间差测量水深（改编自：IHO 词典 – S-32）。

15）合成孔径雷达测量（synthetic Aperture Radar）

IHO 定义：通过一种带有合成孔径天线的雷达测量水深，该雷达由大量基本转换元件组成；这些信号以电子的方式组合成一个结果信号，相当于在指定方向上给定孔径的单个天线的信号（IHO

词典 – S-32）。

16）高光谱图像（hyperspectral Imagery）

IHO 定义：该术语用于描述将电磁波谱细分为极窄波段而生成的图像；这些极窄波段可以采用多种方式相互组合或相减，以生成对精确地形或对目标分析有用的图像；也称 HSI。

备注：

- 无。

A.27.168　电信标识符（telecommunication identifier）

电信标识符（telecommunication identifier）：IHO 定义：一种标识符，如单词、数字、字母、符号及其任意组合，用于与特定的人、组织或服务建立联系。

属性类型：自由文本

编码说明：

格式：c...

示例：+61 2 4223 6500；pilsener@beer.com

备注：

- 电信标识符应包含国际和相关区域代码。

A.27.169　通讯服务（telecommunication service）

通讯服务（telecommunication service）：IHO 定义：远距离通信方式。

属性类型：枚举

1）语音（voice）

IHO 定义：通过口腔和咽喉发出的声音传递或交换信息。

2）传真（facsimile）

IHO 定义：通过电话线发送信号发送和复制图像（如印刷品或静止图像）的系统（韦氏词典，2014 年）。

3）短信（SMS）

IHO 定义：短信服务（Short Message Service，SMS）——电话和手机所用的一种文本信息通信形式。

4）数据（data）

IHO 定义：多用于计算、分析或计划某事的事实或信息（韦氏词典，2014 年）。

5）数据流（streamed data）

IHO 定义：在提供数据的同时，终端用户持续接收并呈现的数据。

6）电传（telex）

IHO 定义：一种通信系统，信息通过电话系统远程传送，并通过一种特殊机器（电传打字机）打印出来（韦氏词典，2014 年）。

7）电报（telegraph）

IHO 定义：通过电线进行远程通信的装置、系统或过程。

8）电子邮件（email）

IHO 定义：个人之间利用网络中计算机交换的消息和其他数据（韦氏词典，2014 年）。

备注：

- 无。

A.27.170 文本（text）（INFORM, NINFOM）

文本（text）：IHO 定义：非格式化的数字文本字符串。

属性类型：自由文本

备注：

- 使用该属性，可传递纸质海图上简要的告警信息和注释信息。因此，填入属性“文本”（text）的文本不得超过 300 个字符。
- 文本可以是英语，也可以是属性“语言”（language）（见 A.27.113 节）定义的国家官方语言。
- “文本”（text）中不可能存在文本格式；如有必要格式化文本或超过 300 个字符的文本字符串，则必须使用子属性“文件引用”（file reference）（见 A.27.96 节）。

A.27.171 文本对齐（text justification）

文本对齐（text justification）：IHO 定义：文本字符串的锚定点。

属性类型：枚举

1）左对齐（left）

IHO 定义：当主体朝北时，属于、关于、位于或靠近的人或事物靠西侧排列（与右相对）。

2）居中（centred）

IHO 定义：文本与所有边界或相邻区域等距；位于中心。

3）右对齐（right）

IHO 定义：当主体朝北时，属于、关于、位于或靠近的人或事物靠东侧排列（与左相对）。

备注：

- 无。

A.27.172 文本类型（text type）

文本类型（text type）：IHO 定义：文本字符串的派生属性。

属性类型：枚举

1）“要素名称”（feature name）（见 A.29.2 节）

2）“灯质”（light characteristic）（见 A.27.115 节）

备注：

- 无。

A.27.173 终止时间（time of day end）

终止时间（time of day end）：IHO 定义：活动周期结束时对应的时间。

属性类型：时间

编码说明：必须用 hhmmss 的格式对“终止时间”（time of day end）进行编码。其中，2 位数表示小时（hh）、2 位数表示分钟（mm）、2 位数表示秒（ss）；附加字符的添加取决于时区指示（UTC

或 UTC 偏移量）；其遵循 ISO 8601。

格式：　hhmmssZ（对 UTC 时间是强制性的）

　　hhmmss+hhmm（对有 UTC 偏移量的当地时间是强制性的）

　　hhmmss（对无 UTC 偏移量的当地时间是强制性的）

示例：　162000Z 表示于 UTC 下午 4:20 结束。

　　162000+0100 表示于当地时间下午 4:20 结束，比 UTC 早 1 小时。

　　162000 表示于当地时间下午 4:20 结束，未指定 UTC 偏移量。

备注：

- 无论当地季节性时间作何调整（如夏令时），如果当地使用同一时间，则应使用未指定 UTC 偏移量的当地时间。

A.27.174　开始时间（time of day start）

开始时间（time of day start）：IHO 定义：活动周期开始时对应的时间。

属性类型：时间

编码说明：必须用 hhmmss 的格式对“开始时间”（time of day start）进行编码。其中，2 位数表示小时（hh）、2 位数表示分钟（mm）、2 位数表示秒（ss）；附加字符的添加取决于时区指示（UTC 或 UTC 偏移量）；其遵循 ISO 8601。

格式：　hhmmssZ（对 UTC 时间是强制性的）

　　hhmmss+hhmm（对有 UTC 偏移量的当地时间是强制性的）

　　hhmmss（对无 UTC 偏移量的当地时间是强制性的）

示例：　094500Z 表示于 UTC 上午 9:45 开始。

　　094500+0100 表示于当地时间上午 9:45 开始，比 UTC 早 1 小时。

　　094500 表示于当地时间上午 9:45 开始，未指定 UTC 偏移量。

备注：

- 无论当地季节性时间作何调整（如夏令时），如果当地使用同一时间，则应使用未指定 UTC 偏移量的当地时间。

A.27.175　潮位时间差（time relative to tide）

潮位时间差（time relative to tide）：IHO 定义：相对于参考潮汐的时间差。

属性类型：实型

单位：小时（h）

精确到：0.1 h

格式：　sxx.x

　　s：符号，仅负值。

示例：1.5 表示参考潮位后的 1.5 小时

备注：

- 正值表示参考潮位之后的时间，负值表示参考潮位之前的时间。

A.27.176 顶标 / 昼标形状（topmark/daymark shape）（TOPSHP）

顶标 / 昼标形状（topmark/daymark shape）：IHO 定义：顶标或昼标所呈现的形状。

圆锥形（Cone）：由一个固定点（顶点）沿一个不含顶点的平面圆绘制直线形成的立体图形（新简明牛津英语词典，1993 年，第 2 卷）；圆锥形标志通常用作国际航标协会（International Association of Lighthouse Authorities，IALA）（侧面）顶标（S-57 第 3.1 版，附录 A，第 2 章，第 2.222 页，2000 年 11 月）。

属性类型：枚举

1）直立圆锥形（cone, point up）

IHO 定义：锥尖向上的圆锥形（S-57 第 3.1 版，附录 A，第 2 章，第 2.222 页，2000 年 11 月）。

2）倒立圆锥形（cone, point down）

IHO 定义：锥尖向下的圆锥形（S-57 第 3.1 版，附录 A，第 2 章，第 2.222 页，2000 年 11 月）。

3）球形（sphere）

IHO 定义：表面各点到中心的距离相等的物体（新牛津简明英语词典，1993 年，第 2 卷）。

球形标志通常用作 IALA（安全水域）顶标（S-57 第 3.1 版，附录 A，第 2 章，第 2.223 页，2000 年 11 月）。

4）双球形（2 spheres）

IHO 定义：两个黑色球体，一个在另一个之上；双球形标志通常用作 IALA（孤立危险物）顶标（S-57 第 3.1 版，附录 A，第 2 章，第 2.223 页，2000 年 11 月）。

5）圆柱形（罐）[cylinder（can）]

IHO 定义：一种实心几何形状，圆柱是由一条方向固定的直线沿封闭曲线上的点生成的图形，特别是圆（此时图形是圆柱体，其两端是平行圆）（新简明牛津英语词典，1993 年，第 2 卷）。

圆柱形标志物通常用作 IALA 顶标（侧面）（S-57 第 3.1 版，附录 A，第 2 章，第 2.223 页，2000 年 11 月）。

6）牌形（board）

IHO 定义：通常是矩形，用木材或金属制成，与昼标的天然背景形成对比；牌上常涂有实际的昼标（S-57 第 3.1 版，附录 A，第 2 章，第 2.223 页，2000 年 11 月）。

7）X 形（圣・安德鲁十字）[x-shaped（St. Andrew’s cross）]

IHO 定义：像大写字母“X”一样的形体或横截面（简明牛津英语词典，1993 年，第二卷）。

IALA 的 X 形顶标应为三维图形，至少由三根横杆构成（S-57 第 3.1 版，附录 A，第 2 章，第 2.223 页，2000 年 11 月）。

8）直立十字形（圣·乔治十字）[upright cross（St George's cross）]

IHO 定义：由一根垂直的和一根水平的杆件构成的十字，即形似“十”字形（S-57 第 3.1 版，附录 A，第 2 章，第 2.223 页，2000 年 11 月）。

9）直立立方形（cube, point up）

IHO 定义：立方体是由六个相等的正方形构成的立体图形，即规则六面体（新简明牛津英语词典，1993 年，第 2 卷）。

直立立方形指其中一个顶点向上的立方体。

10）顶点相对双圆锥形（2 cones, point to point）

IHO 定义：两个圆锥体，一个在另一个之上，二者顶尖相对（S-57 第 3.1 版，附录 A，第 2 章，第 2.223 页，2000 年 11 月）。

11）底座相对双圆锥形（2 cones, base to base）

IHO 定义：两个圆锥体，二者底座相对，顶尖分别向上和向下（S-57 第 3.1 版，附录 A，第 2 章，第 2.223 页，2000 年 11 月）。

12）菱形（钻石形）[rhombus（diamond）]

IHO 定义：一个平面图形，四边相同，对角相等（两个锐角和两个钝角）；倾斜的等边平行四边形（新简明牛津英语词典，1993 年，第 2 卷）。

13）直立双锥形 [2 cones（points upward）]

IHO 定义：两个顶点向上的圆锥体，一个在另一个之上（改编自：S-57 第 3.1 版，附录 A，第 2 章，第 2.223 页，2000 年 11 月）。

14）倒立双锥形 [2 cones（points downward）]

IHO 定义：两个顶点向下的圆锥体，一个在另一个之上（改编自：S-57 第 3.1 版，附录 A，第 2 章，第 2.223 页，2000 年 11 月）。

15）直立扫帚形（扫帚或竿形）[besom, point up （broom or perch）]

IHO 定义：一束杆或枝（新简明牛津英语词典，1993 年，第 2 卷）；置于浮标顶、岩石或浅滩用作航行标志的杆（IHO 词典 – S-32）。

“直立”表示“扫帚”较厚（松散）的一端位于底部。

16）倒立扫帚形（扫帚或竿形）[besom, point down （broom or perch）]

IHO 定义：一束杆或枝（新简明牛津英语词典，1993 年，第 2 卷）；置于浮标顶、岩石或浅滩用作航行标志的（IHO 词典 – S-32）。

“倒立”表示“扫帚”较薄（被束缚）的一端位于底部。

17）旗形（flag）

IHO 定义：挂在短杆上的一面旗（S-57 第 3.1 版，附录 A，第 2 章，第 2.223 页，2000 年 11 月）。

18）球体在菱形体上（sphere over a rhombus）

IHO 定义：位于菱形之上的球体（S-57 第 3.1 版，附录 A，第 2 章，第 2.223 页，2000 年 11 月）。

19）正方形（square）

IHO 定义：有四个直角和四条等边直线的平面图形（新简明牛津英语词典，1993 年，第 2 卷）。

20）水平矩形（rectangle, horizontal）

IHO 定义：矩形是有四个直角和四条直边的平面图形，对边平行且长度相等（新简明牛津英语词典，1993 年，第 2 卷）。

水平矩形指两条相对较长的边水平放置。

21）垂直矩形（rectangle, vertical）

IHO 定义：矩形是有四个直角和四条直边的平面图形，对边平行且长度相等（新简明牛津英语词典，1993 年，第 2 卷）。

垂直矩形指两条相对较长的边垂直放置。

22）直立梯形（trapezium, up）

IHO 定义：梯形是有一对平行边的四边形（新简明牛津英语词典，1993 年，第 2 卷）。

直立梯形指较长平行边在下的梯形（S-57 第 3.1 版，附录 A，第 2 章，第 2.224 页，2000 年 11 月）。

23）倒立梯形（trapezium, down）

IHO 定义：梯形是有一对平行边的四边形（新简明牛津英语词典，1993 年，第 2 卷）。

倒立梯形指较短平行边在下的梯形（S-57 第 3.1 版，附录 A，第 2 章，第 2.224 页，2000 年 11 月）。

24）直立三角形 [triangle, point up]

IHO 定义：三角形是有三个角和三条边的平面图形（新简明牛津英语词典，1993 年，第 2 卷）。

直立三角形指顶点在上的三角形。

25）倒立三角形 [triangle, point down]

IHO 定义：三角形是有三个角和三条边的平面图形（新简明牛津英语词典，1993 年，第 2 卷）。

倒立三角形指边在上的三角形。

26）圆形（circle）

IHO 定义：一个完全圆形的平面形状，它的周边上每一点到其中心点距离均相等（新简明牛津英语词典，1993 年，第 1 卷）。

27）双直立十字形（一个在另一个之上）[two upright crosses （one over the other）]

IHO 定义：两个垂直的十字形，通常一个在另一个上方垂直排列（S-57 第 3.1 版，附录 A，第 2 章，第 2.224 页，2000 年 11 月）。

28）T 形（T-shape）

IHO 定义：形状类似大写字母 T（S-57 第 3.1 版，附录 A，第 2 章，第 2.224 页，2000 年 11 月）。

29）圆上直立三角形（triangle pointing up over a circle）

IHO 定义：一个三角形顶尖向上安置在一个圆形上方（S-57 第 3.1 版，附录 A，第 2 章，第 2.224 页，2000 年 11 月）。

30）圆上直立十字形（upright cross over a circle）

IHO 定义：一个竖立十字安置在一个圆形之上（S-57 第 3.1 版，附录 A，第 2 章，第 2.224 页，2000 年 11 月）。

31）菱形在圆上（rhombus over a circle）

IHO 定义：一个菱形安置在一个圆形上方（S-57 第 3.1 版，附录 A，第 2 章，第 2.224 页，2000 年 11 月）。

32）圆在三角形顶尖上（circle over a triangle pointing up）

IHO 定义：一个圆形安置在三角形顶尖的上方（S-57 第 3.1 版，附录 A，第 2 章，第 2.224 页，2000 年 11 月）。

33）其他形状（见形状信息）[other shape (see shape information)]

IHO 定义：一种不常见或非标准化的形状，使用相关属性进行文本描述。

备注：

- 无。

A.27.177 交通流（traffic flow）（TRAFIC）

交通流（traffic flow）：IHO 定义：船舶通过参考点的方向。

属性类型：枚举

1）驶进（inbound）

IHO 定义：朝向港口或类似目的地的方向（S-57 第 3.1 版，附录 A，第 2 章，第 2.225 页，2000 年 11 月）。

2）驶出（outbound）

IHO 定义：朝向驶离港口或类似起点的方向（S-57 第 3.1 版，附录 A，第 2 章，第 2.225 页，2000 年 11 月）。

3）单向（one-way）

IHO 定义：只有一个方向的交通流向（S-57 第 3.1 版，附录 A，第 2 章，第 2.225 页，2000 年 11 月）。

4）双向（two-way）

IHO 定义：有两个相反方向的交通流向（S-57 第 3.1 版，附录 A，第 2 章，第 2.225 页，2000 年 11 月）。

备注：

- 无。

A.27.178 海底层级（underlying layer）

海底层级（underlying layer）：IHO 定义：海底类型在海底各层中的位置。

属性类型：整型

编码说明：该值表示分层海底中物质的层位，0 表示最高层。

示例：1 表示海底类型是海底表面顶部以下那层。

备注：

- 无。

A.27.179 磁差年变化值（value of annual change in magnetic variation）（VALACM）

磁差年变化值（value of annual change in magnetic variation）：IHO 定义：磁差的年变化值（S-57 第 3.1 版，附录 A，第 2 章，第 2.226 页，2000 年 11 月）。

属性类型：实型

单位：分（′），西为负值

精确到：0.1′

格式： sxx.x

s：符号，仅负值。

示例：−7.1 表示每年以 7.1′ 向西的磁差变化。

备注：

正值，即无符号，表示向东方向的变化；负值表示向西方向的变化。

A.27.180 等深线值（value of depth contour）（VALDCO）

等深线值（value of depth contour）：IHO 定义：海底等深线的深度（S-57 第 3.1 版，附录 A，第 2 章，第 2.227 页，2000 年 11 月）。

属性类型：实型

单位：米（m）

精确到：0.1m

格式：　sxxxxx.x

　　　　s：符号，仅负值。

示例：50 表示 50 米的等深线。

备注：

- 干出等深线用负值表示。

A.27.181　磁差值（value of magnetic variation）（VALMAG）

磁差值（value of magnetic variation）：IHO 定义：磁变化值（S-57 第 3.1 版，附录 A，第 2 章，第 2.229 页，2000 年 11 月）。

属性类型：实型

单位：度（°），西方为负值

精确到：0.01°

格式：　sxx.xx

　　　　s：符号，仅负值。

示例：2.3 表示从地理（真）北向东 2.3 度（2°18′）的磁北。

备注：

- 正值，即无符号，表示向东变化；负值表示向西变化。

A.27.182　最大作用距离值（value of maximum range）（VALMXR）

最大作用距离值（value of maximum range）：IHO 定义：要素可被看见或信号可被发现的极限距离（改编自：S-57 第 3.1 版，附录 A，第 2 章，第 2.230 页，2000 年 11 月）。

属性类型：实型

单位：海里（M）

精确到：0.1 M

格式：xx.x

示例：17 表示最大作用距离为 17 海里。

备注：

- 该属性不用于灯标。灯标应使用“标定作用距离值”（value of nominal range）属性。

A.27.183　标定作用距离值（value of nominal range）（VALNMR）

标定作用距离值（value of nominal range）：IHO 定义：要素可被看见或信号可被发现的标定距离（改编自：S-57 第 3.1 版，附录 A，第 2 章，第 2.231 页，2000 年 11 月）。

属性类型：实型

单位：海里（M）

精确到：0.1 M

格式：xx.x

示例：14 表示标定作用距离为 14 海里。

备注：

- “标定作用距离”（nominal range）多指气象能见度 10 海里时，灯标在均匀大气层中的发光距离（IHO 词典 – S-32）。

A.27.184 水深值（value of sounding）（VALSOU）

水深值（value of sounding）：IHO 定义：参照海图基准面的水深测量值（S-57 第 3.1 版，附录 A，第 2 章，第 2.232 页，2000 年 11 月）。

属性类型：实型

单位：定义为 ENC 数据集元数据中的属性：米（m）

精确到：0.1 m

格式： sxxxxx.x

s：符号，仅负值。

示例： 18.2 表示水深值为 18.2 米。

−2.4 表示干出高度为 2.4 米。

备注：

- 干出高度（drying height）用负值表示。

A.27.185 竖向净空值（vertical clearance value）（VERCLR）（VERCCL，VERCOP，VERCSA）

竖向净空值（vertical clearance value）：IHO 定义：水平面与上方要素之间的净空高度（S-57 第 3.1 版，附录 A，第 2 章，第 2.234 页，2000 年 11 月）。

属性类型：实型

单位：定义为 ENC 数据集元数据中的属性：米（m）

精确到：0.1 m

格式：xx.x

示例：7.6 表示净空高度为 7.6 米。

备注：

- 无。

A.27.186 垂直基准面（vertical datum）（VERDAT）

垂直基准面（vertical datum）：IHO 定义：测量地表点高程的参照基准；它是高度和水深参考的基准面。

属性类型：枚举

1）平均大潮低潮面（mean low water springs，MLWS）

IHO 定义：大潮低潮的平均高度，也称“大潮低潮面”（spring low water）（IHO 词典 – S-32）。

2）平均大潮低低潮面（mean lower low water springs，MLLWS）

IHO 定义：大潮低低潮时的潮位平均高度（IHO 词典 – S-32）。

3）平均海平面（mean sea level，MSL）

IHO 定义：一个验潮站 19 年时间所有阶段潮汐的平均海平面高度，通常是基于一个固定的、预先确定的参考面，通过每小时读取海水高度值的方法计算而来（IHO 词典 – S-32）。

4）最低低潮面（lowest low water）

IHO 定义：一个任意的水平面，符合当地观测到的最低潮面或较低潮面（S-57 第 3.1 版，附录 A，第 2 章，第 2.239 页，2000 年 11 月）。

5）平均低潮面（mean low water，MLW）

IHO 定义：某地 19 年间测得的所有低潮面的平均高度（IHO 词典 – S-32）。

6）最低大潮低潮面（lowest low water springs）

IHO 定义：在观测期少于 19 年内，某地符合最低水位大潮的水平面（澳大利亚皇家海军海道测量局）。

7）近似平均大潮低潮面（approximate mean low water springs）

IHO 定义：通常在平均大潮低潮面（MLWS）±0.3 米范围内（澳大利亚皇家海军海道测量局）。

8）印度大潮低潮面（indian spring low water，ISLW）

IHO 定义：近似于大潮低低潮面平均水平面的任意潮流基准面，也称"印度潮面"（Indian tidal plane）（IHO 词典 – S-32）。

潮流基准面由 G.H. 达尔文提出，近似于在某地观测到的最低水位，印度潮低于平均海平面，等于调和分潮 M2、S2、K1 和 O1 振幅的总和；通常低于大潮低低潮，也称"印度潮面"（Indian tide plane）（澳大利亚皇家海军海道测量局）。

9）大潮低潮面（low water springs）

IHO 定义：近似平均大潮低潮面（MLWS）的任意水位（澳大利亚皇家海军海道测量局）。

10）近似最低天文潮面（approximate lowest astronomical tide）

IHO 定义：通常在最低天文潮面（lowest astronomical tide，LAT）±0.3 米范围内（澳大利亚皇家海军海道测量局）。

11）略最低低潮面（nearly lowest low water）

IHO 定义：近似最低潮位面，通常等同于印度大潮低潮面（Indian spring low water，ISLW）（澳大利亚皇家海军海道测量局）。

12）平均低低潮面（mean lower low water，MLLW）

IHO 定义：某地 19 年间测得的低低潮位的平均高度（IHO 词典 – S-32）。

13）低潮面（low water）

IHO 定义：在限定的区域内采用一个近似平均低水位（不考虑以后更好的测定）。多用于港口和内河工程（S-57 第 3.1 版，附录 A，第 2 章，第 2.239 页，2000 年 11 月）。

用于内陆（无潮汐）水域。它通常定义为每日平均水平面下落低于此低水位的时间应少于 5%，而且在通航季节不超过 0.2 米。通常采用一个单一的水平面作为整个湖泊的低水位基准面。在一条河流，低水位基准面是一个坡面，它近似于在低水期的河流表面（加拿大海道测量局）。

14）近似平均低潮面（approximate mean low water）

IHO 定义：通常在平均低潮面（MLW）±0.3 米的范围内（澳大利亚皇家海军海道测量局）。

15）近似平均低低潮面（approximate mean lower low water）

IHO 定义：通常在平均低低潮面（MLLW）±0.3 米的范围内（澳大利亚皇家海军海道测量局）。

16）平均高潮面（mean high water，MHW）

IHO 定义：某地 19 年间测得的所有高潮面的平均高度（IHO 词典 – S-32）。

17）平均大潮高潮面（mean high water springs，MHWS）

IHO 定义：大潮高潮的平均高度，也称“大潮高潮面”（spring high water）（IHO 词典 – S-32）。

18）高潮面（high water）

IHO 定义：在一个潮流周期里，水面达到的最高潮位，也称“高潮”（high tide）（IHO 词典 – S-32）。

19）近似平均海平面（approximate mean sea level）

IHO 定义：通常在平均海平面（MSL）±0.3 米的范围内（澳大利亚皇家海军海道测量局）。

20）大潮高潮面（high water springs）

IHO 定义：与平均大潮高潮面（MHWS）的水位近似（澳大利亚皇家海军海道测量局）。

21）平均高高潮面（mean higher high water，MHHW）

IHO 定义：某地 19 年间测得的高高潮位的平均高度（IHO 词典 – S-32）。

22）分点大潮低潮面（equinoctial spring low water）

IHO 定义：接近分点时的大潮低潮面（S-57 第 3.1 版，附录 A，第 2 章，第 2.240 页，2000 年 11 月）。

23）最低天文潮面（lowest astronomical tide，LAT）

IHO 定义：在一般气象情况和综合天文条件下预测可能出现的最低潮面（IHO 词典 – S-32）。

24）当地基准面（local datum）

IHO 定义：由当地港口当局规定的任意基准面，当局根据此基准面测量潮高（S-57 第 3.1 版，附录 A，第 2 章，第 2.240 页，2000 年 11 月）。

25）1985 年国际大湖基准面（international Great Lakes Datum 1985，IGLD 1985）

IHO 定义：它是一个垂直参考系统，它的零点基面是 1970—1988 年间在魁北克省 Rimouski/pointe-au-père 的平均水平面（S-57 第 3.1 版，附录 A，第 2 章，第 2.240 页，2000 年 11 月）。

26）平均水平面（mean water level）

IHO 定义：在有效期间的记录中所有每小时水平面的平均值（S-57 第 3.1 版，附录 A，第 2 章，第 2.240 页，2000 年 11 月）。

27）大潮低低潮面（lower low water large tide，LLWLT）

IHO 定义：某地 19 年间逐年观测到的最低低潮位的平均值（S-57 第 3.1 版，附录 A，第 2 章，第 2.240 页，2000 年 11 月）。

28）大潮高高潮面（higher high water large tide，HHWLT）

IHO 定义：某地 19 年间逐年观测到的最高高潮位的平均值（S-57 第 3.1 版，附录 A，第 2 章，第 2.240 页，2000 年 11 月）。

29）略最高高潮面（nearly highest high water）

IHO 定义：接近某地观测到的最高潮，通常相当于大潮高潮面（S-57 第 3.1 版，附录 A，第 2 章，第 2.240 页，2000 年 11 月）。

30）最高天文潮面（highest astronomical tide，HAT）

IHO 定义：在一般气象情况和综合天文条件下预测可能出现的最高潮面（IHO 词典 – S-32）。

31）2000 年波罗的海海图基准（baltic sea chart datum 2000）

IHO 定义：波罗的海各国在 2000 年陆地隆起期实行的欧洲垂直参考系统（EVRS），与标准阿姆斯特丹派尔（NAP）相关（波罗的海海道测量委员会）。

备注：

- 该属性用于指定高度（垂直基准面）和水深（深度基准面）所参考的基准。
- 当垂直基准面（如船闸以上水域）未知时，应使用“当地基准面”（local datum）值，并可使用信息类型“航海信息”（Nautical Information）（见 A.24.4 节）的相关实例、复杂属性“信息”（information）对更多细节进行编码。
- “近似”（approximate）水位引用的“± 0.3 米近似值”稍具任意性，遵循英国“近似 LAT”定义。

A.27.187 垂直距离（vertical length）（VERLEN）

垂直距离（vertical length）：IHO 定义：某要素的垂直总长（S-57 第 3.1 版，附录 A，第 2 章，第 2.242 页，2000 年 11 月）。

属性类型：实型

单位：定义为 ENC 数据集元数据中的属性：米（m）

精确到：0.1m

格式：xxx.x

最小值：0

示例：24.5 表示垂直距离为 24.5 米。

备注：

- 用于漂浮要素：水平面至要素最高点的垂直距离。
- 用于固定要素：海底或地面至要素最高点的垂直距离。
- 对其他要素之上的要素：从该要素最低点至最高点的垂直距离。
- 垂直距离的测量不需要基准面。

A.27.188 船舶类（vessel class）

船舶类（vessel class）：IHO 定义：对船舶的分类，通常按长度或总吨位界定。

编码说明：字符串，通常按长度或总吨位对船舶类型编码。

属性类型：自由文本

备注：

- 无。

A.27.189 虚拟 AIS 助航标志类（virtual AIS aid to navigation type）

虚拟 AIS 助航标志类（virtual AIS aid to navigation type）：IHO 定义：虚拟 AIS 助航标志的用途。

属性类型：枚举

1）北方位标（north cardinal）

IHO 定义：表示应当从助航标志的北侧航行（改编自：S-57 第 3.1 版，附录 A，第 2 章，第 2.18 页，

2000 年 11 月）。

2）东方位标（east cardinal）

IHO 定义：表示应当从助航标志的东侧航行（改编自：S-57 第 3.1 版，附录 A，第 2 章，第 2.18 页，2000 年 11 月）。

3）南方位标（south cardinal）

IHO 定义：表示应当从助航标志的南侧航行（改编自：S-57 第 3.1 版，附录 A，第 2 章，第 2.18 页，2000 年 11 月）。

4）西方位标（west cardinal）

IHO 定义：表示应当从助航标志的西侧航行（改编自：S-57 第 3.1 版，附录 A，第 2 章，第 2.18 页，2000 年 11 月）。

5）左侧标（port lateral）

IHO 定义：按“浮标常规走向”标示航道或推荐航道的左侧边界（S-57 第 3.1 版，附录 A，第 2 章，第 2.47 页，2000 年 11 月）。

6）右侧标（starboard lateral）

IHO 定义：按“浮标常规走向”标示航道或推荐航道的右侧边界（S-57 第 3.1 版，附录 A，第 2 章，第 2.47 页，2000 年 11 月）。

7）推荐航道左侧标（preferred channel to port）

IHO 定义：在航道分界点，按“浮标常规走向”，推荐航道（或主航道）用改型的左侧标志标示（S-57 第 3.1 版，附录 A，第 2 章，第 2.47 页，2000 年 11 月）。

8）推荐航道右侧标（preferred channel to starboard）

IHO 定义：在航道分界点，按“浮标常规走向”，推荐航道（或主航道）用改型的右侧标志标示（S-57 第 3.1 版，附录 A，第 2 章，第 2.47 页，2000 年 11 月）。

9）孤立危险物标（isolated danger）

IHO 定义：单独用于标示礁石或危险物的标志。该标志两侧均可供通行（改编自：IALA 国际航海助航标志词典）。

10）安全水域标（safe water）

IHO 定义：表示周围有可通航水域的标志（改编自：UKHO NP 735，第五版）。

11）专用标（special purpose）

IHO 定义：主要用于指示某个区域或要素，可参考海图、《航行指南》或《航海通告》查看其性质。

12）应急沉船示位标（emergency wreck marking）

IHO 定义：表示最近有沉船的标志。

备注：

- 无。

A.27.190　视觉显著（visually conspicuous）（CONVIS）

视觉显著（visually conspicuous）：IHO 定义：表示从海上清晰可见的天然要素或人工要素（IHO 词典 – S-32）。

属性类型：枚举

1）视觉显著（visually conspicuous）

IHO 定义：表示从海上清晰可见的天然物体或人工物体（IHO 词典 – S-32）。

2）视觉不显著（not visually conspicuous）

IHO 定义：从海上可见，但不能作为固定标志物，且不醒目的物体（改编自：S-57 第 3.1 版，附录 A，第 2 章，第 2.120 页，2000 年 11 月）。

3）突出可见（prominent）

IHO 定义：从海上可见，能作为固定标志物，但不醒目的物体（改编自：IHO 词典 – S-32）。

备注：

- 无。

A.27.191 水位效应（water level effect）（WATLEV）

水位效应（water level effect）：IHO 定义：周围水体对物标的影响。

属性类型：枚举

1）高潮时部分淹没（partly submerged at high water）

IHO 定义：高潮时部分淹没、部分干出（S-57 第 3.1 版，附录 A，第 2 章，第 2.243 页，2000 年 11 月）。

2）高出（always dry）

IHO 定义：在一般气象条件下高潮时不被淹没（S-57 第 3.1 版，附录 A，第 2 章，第 2.243 页，2000 年 11 月）。

3）水下 / 淹没（always under water/submerged）

IHO 定义：在一般气象条件下始终被水淹没（S-57 第 3.1 版，附录 A，第 2 章，第 2.243 页，2000 年 11 月）。

4）干出（covers and uncovers）

IHO 定义：表示一个礁石的范围或其他底部的凸出物处于周期性的露出水面和淹没在水面下，英文也称“dries or uncovers”（IHO 词典 – S-32）。

5）适淹（awash）

IHO 定义：在一般气象情况下，低潮时齐平或被波浪冲刷（改编自：IHO 词典 – S-32）。

6）洪水泛滥淹没（subject to inundation or flooding）

IHO 定义：洪水期被淹没的区域，不包括潮水（国防地理空间信息工作组；要素数据字典注册系统，2010 年）。

7）漂浮（floating）

IHO 定义：在液体表面静止或移动而不下沉（简明牛津词典）。

备注：

- 属性“水位效应”（water level effect）用于编码周围水域对要素的影响。

A.27.192 航道距离（waterway distance）

航道距离（waterway distance）：IHO 定义：沿航道（宽度）两点之间的间隔距离（改编自：牛津英语词典）。

属性类型：实型

单位：由子属性“测距单位”（distance unit of measurement）给出（见 27.89 节）

精确到：0.1

格式：xx.x

示例：当“测距单位”（distance unit of measurement）=5（即：海里），2.5 表示航道距离为 2.5 海里。

备注：

- 无。

A.27.193　波长值（wave length value）

波长值（wave length value）：IHO 定义：电磁波上两个连续波峰（或其他相同相位点）之间的距离（改编自：S-57 第 3.1 版，附录 A，第 2 章，第 2.172 页，2000 年 11 月）。

属性类型：实型

编码说明：

单位：米（m）

精确到：0.01m

格式：x.xx

示例：0.03 表示波长为“3 厘米（X）波段”的雷达应答器。

备注：

- 雷达应答器通常在 3 厘米（X）波段或 10 厘米（S）波段波长上工作，但也会使用航海波段以外的波长。

A.28　元要素（Meta Feature）、空间属性（Spatial Attribute）和枚举描述（Enumerate Description）

A.28.1　时变类（category of temporal variation）

时变类（category of temporal variation）：IHO 定义：对不同时间内变化可能性的评估。

属性类型：枚举

1）极端事件（extreme event）

IHO 定义：表示可能造成重大影响（如飓风、地震、火山爆发、滑坡等）的事件，此类事件可能造成重大海底或地貌改变。

2）可能会变化，预计会出现明显变浅的情况（likely to change and significant shoaling expected）

IHO 定义：持续或频繁变化（如河道淤积、沙纹、季节性风暴、冰山等）可能造成明显变浅的情况。

3）可能会变化，但预计不会出现明显变浅的情况（likely to change but significant shoaling not expected）

IHO 定义：持续或频繁变化（如河道淤积、沙纹、季节性风暴、冰山等）不太可能导致出现明显变浅的情况。

4）可能会变化（likely to change）

IHO 定义：非测深要素（如河道淤积、冰川移动 / 融化、沙丘、浮标、海水养殖场等）的连续或频繁变化。

5）不太可能变化（unlikely to change）

IHO 定义：预计海底不会发生重大变化。

6）未评估（unassessed）

IHO 定义：未评估或无法确定的时间变化。

备注：

- 无。

A.28.2 数据评估（data assessment）

数据评估（data assessment）：IHO 定义：对某个区域测深数据评估等级的分类。

属性类型：枚举

1）已评估（assessed）

IHO 定义：已对测深数据的质量进行评估。

2）已评估（大洋）[assessed （Oceanic）]

IHO 定义：已对海洋测深数据（深度超过 200 米）的质量进行评估，但不需要详细信息。

4）未评估（unassessed）

IHO 定义：测深数据的质量尚未评估。

备注：

- 无。

A.28.3 海底全覆盖（full seafloor coverage achieved）

海底全覆盖（full seafloor coverage achieved）：IHO 定义：说明海道测量区域内是否已实现海底全覆盖的相关表述。

属性类型：布尔型

编码说明：真值（True）表示已实现海道测量区域的海底全覆盖。

备注：

- “海底全覆盖”（full seafloor coverage achieved）用于表示要素探测空间的完整性和常规海底测量的空间完整性。前者用复杂属性“要素探测”（features detected）进一步说明，后者用属性“水深范围最大值”（depth range maximum value）和“水深范围最小值”（depth range minimum value）进一步说明。

A.28.4 水平距离不确定度（horizontal distance uncertainty）（HORACC）

水平距离不确定度（horizontal distance uncertainty）：IHO 定义：对水平净宽和距离的水平精度的最佳估计（S-57 第 3.1 版，附录 A，第 2 章，第 2.136 页，2000 年 11 月）。

属性类型：实型

单位：定义为 ENC 数据集元数据中的属性：米（m）

精确到：0.1m

格式：xx.x

示例：0.5 表示 0.5 米的误差。

备注：

- 预期输入为二维误差范围。
- 假设误差为正值或负值；不得对正 / 负号进行编码。

A.28.5　最浅水深已探测（least depth of detected features measured）

最浅水深已探测（least depth of detected features measured）：IHO 定义：表示是否能够测到区域内要素的最浅水深。

属性类型：布尔型

编码说明：真值（True）表示海道测量作业能否探测到重要海底要素的最浅水深。

备注：

- 此处要素是指任何物体，无论是人造或非人造，突出在海底，可能会对海面航行构成威胁（参考 IHO 出版物 S-44）。
- “最浅水深已探测”（least depth of detected features measured）并非指海道测量过程中实际探测到的要素最浅深度，而是指海道测量以最大不确定度探测最浅深度的能力，如 IHO 出版物 S-44 定义。

A.28.6　最大测线间距（line spacing maximum）（SDISMX）

最大测线间距（line spacing maximum）：IHO 定义：海道测量测线之间的最大距离。

属性类型：整型

单位：米（m）

精确到：1 m

最小值：1 m

格式：xxx

示例：250 表示测线之间的最大距离是 250 米。

备注：

- 无。

A.28.7　最小测线间距（line spacing minimum）（SDISMN）

最小测线间距（line spacing minimum）：IHO 定义：海道测量测线之间的最小距离。

属性类型：整型

单位：米（m）

精确到：1 m

最小值：1 m

格式：xxx

示例：50 表示测线之间的最小距离是 50 米。

备注：

- 无。

A.28.8 最大显示比例尺[1]（maximum display scale）（CSCALE）

最大显示比例尺（maximum display scale）：IHO 定义：用于查看数据的最大比例尺。

属性类型：整型

编码说明：表示为比例尺分母，即 1：22,000 编码为 22000。

单位：无

精确到：1

最小值：1

格式：xxxxxxxx

示例：12,000 表示最大显示比例尺为 1：12,000。

备注：

- “最大显示比例尺”（maximum display scale）为用户在 ECDIS 选择查看比例尺提供参考，既可用于 ECDIS 加载单元 ENC 数据时，也可用于当没有更大“最大显示比例尺”对应的 ENC 数据集时显示“超比例尺”警告。
- 例如：基于（用于 ENC 编制的）纸质海图的比例尺。该属性只与“数据覆盖范围”（Data Coverage）元要素共同使用，“数据覆盖范围”（Data Coverage）要素用于定义具有相同预期的最大查看比例尺的多边形。所以不应将“最大显示比例尺”（maximum display scale）和“最大比例尺”（scale maximum）混淆。

A.28.9 最大测量距离（measurement distance maximum）

最大测量距离（measurement distance maximum）：IHO 定义：海道测量主测线上水深测量的最大间距。

属性类型：实型

单位：米（m）

精确到：0.01 m

最小值：0 m

格式：xxx.xx

示例：30 表示沿主测线之间测深点的最大间距是 30 米。

备注：

- 需注意，尽管是用分散的点位表示水深测量，但实际上表示在海底有一定探测足迹的区域。

A.28.10 最小测量距离（measurement distance minimum）

最小测量距离（measurement distance minimum）：IHO 定义：海道测量主测线上水深测量的最小间距。

属性类型：实型

单位：米（m）

1 译者注：相当于以往的“编绘比例尺”。

精确到：0.01 m

最小值：0 m

格式：xxx.xx

示例：5.75 表示沿主测线测深点之间的最小间距为 5.75 米。

备注：

- 需注意，尽管是用分散的点位表示水深测量，但实际上表示在海底有一定探测足迹的区域。

A.28.11　最小显示比例尺（minimum display scale）

最小显示比例尺（minimum display scale）：IHO 定义：用于查看数据的最小比例尺度。

属性类型：整型

编码说明：表示为比例尺分母，即 1：700,000 编码为 700000。

单位：无（m）

精确到：1 m

最小值：1 m

格式：xxxxxxxx

示例：700,000 表示最小显示比例尺为 1：700,000。

备注：

- “最小显示比例尺”（minimum display scale）用于覆盖地理区域的系列 ENC 单元，当用户所选查看比例尺变大时，确定数据集的加载策略。
- 该属性只与“数据覆盖范围”（Data Coverage）元要素共同使用，“数据覆盖范围”（Data Coverage）要素定义了具有相同最小预期查看比例尺的多边形。所以不应将“最小显示比例尺”（minimum display scale）和“最小比例尺”（scale minimum）混淆。

A.28.12　方位不确定度（orientation uncertainty）

方位不确定度（orientation uncertainty）：IHO 定义：对方位精度的最佳估计。

属性类型：实型

单位：度（°）

精确到：0.001°

格式：xxx.xxx

最小值：0°

最大值：360°

示例：0.005 表示误差为 0.005 度。

备注：

- 无。

A.28.13　水平测量质量（quality of horizontal measurement）（QUAPOS）

水平测量质量（quality of horizontal measurement）：IHO 定义：位置的可信度。

属性类型：枚举

1）已测量（surveyed）

IHO 定义：通过测量地面之上 / 之下的相对位置来确定位置。测量意味着任何日期内有规律的和受控制的测量（改编自：IHO 词典 – S-32 和 IHO 海图规范，M-4，175.2）。

2）未测量（unsurveyed）

IHO 定义：测量数据不存在或质量较差（改编自：IHO 词典 – S-32）。

3）未精测（inadequately surveyed）

IHO 定义：位置数据质量较差（改编自：IHO 词典 – S-32）。

4）不精确（approximate）

IHO 定义：位置精度低于三级测量精度，但一般认为在真实位置 30.5 米以内。也可用于位置不固定的要素（改编自：IHO 词典 – S-32 和 IHO 海图规范，M-4，424.1）。

5）疑位（position doubtful）

IHO 定义：位置已报告但认为可疑的要素（S-57 第 3.1 版，附录 A，第 2 章，第 2.256 页，2000 年 11 月）。

6）不可靠（unreliable）

IHO 定义：从可疑数据或不可靠数据中获取的要素位置（S-57 第 3.1 版，附录 A，第 2 章，第 2.256 页，2000 年 11 月）。

7）已报告（未测量）[reported （not surveyed）]

IHO 定义：某要素位置已报告，且其位置是用非正式测量的方式取得，例如，对该要素的非官方报告（S-57 第 3.1 版，附录 A，第 2 章，第 2.256 页，2000 年 11 月）。

8）已报告（未确认）[reported （not confirmed）]

IHO 定义：某要素位置已报告，但其位置未经确认（S-57 第 3.1 版，附录 A，第 2 章，第 2.256 页，2000 年 11 月）。

9）估计（estimated）

IHO 定义：通过不完整的数据或精度有问题的数据确定要素的最佳位置（改编自：IHO 词典 – S-32）。

10）确切已知（precisely known）

IHO 定义：具有已知值的位置，例如锚位或其他定义要素的位置（S-57 第 3.1 版，附录 A，第 2 章，第 2.257 页，2000 年 11 月）。

11）已计算（calculated）

IHO 定义：根据数据计算出的位置（S-57 第 3.1 版，附录 A，第 2 章，第 2.257 页，2000 年 11 月）。

备注：

- 无。

A.28.14 最大比例尺值（scale value maximum）（SCVAL1）

最大比例尺值（scale value maximum）：IHO 定义：测量比例尺范围中的最大比例尺（改编自：S-57 第 3.1 版，附录 A，第 2 章，第 2.182 页，2000 年 11 月）。

属性类型：整型

编码说明：表示为比例尺分母，即 1：25,000 编码为 25000。

单位：无

精确到：1

最小值：1

格式：xxxxxxxx

示例：25,000 表示比例尺为 1：25,000。

备注：

- 无。

A.28.15　最小比例尺值（scale value minimum）（SCVAL2）

最小比例尺值（scale value minimum）：IHO 定义：测量比例尺范围中的最小比例尺（改编自：S-57 第 3.1 版，附录 A，第 2 章，第 2.183 页，2000 年 11 月）。

属性类型：整型

编码说明：表示为比例尺分母，即 1：250,000 编码为 250000。

单位：无

精确到：1

最小值：1

格式：xxxxxxxx

示例：250,000 表示比例尺为 1：250,000。

备注：

- 无。

A.28.16　可探测重要要素（significant features detected）

可探测重要要素（significant features detected）IHO 定义：表示测量过程中的重要要素已被或未被探测。

属性类型：布尔型

编码说明：真值（True）表示海道测量可以探测到重要海底要素。

备注：

- 此处要素是指任何物体，无论是人造或非人造，突出在海底，可能会对海面航行构成威胁（参考 IHO 出版物 S-44）。“可探测重要要素”（significant features detected）不描述海道测量过程中是否实际探测到重要要素，而是说明其具备探测重要要素的能力。

A.28.17　要素探测尺寸（size of features detected）

要素探测尺寸（size of features detected）IHO 定义：某个区域内测深要素能够被探测到的尺寸。

属性类型：实型

单位：立方米（m^3）

精确到：0.01 m^3

最小值：1 m^3

格式：xxx.xx

示例：32.5 表示测量过程中能探测到最小尺寸为 32.5 立方米的重要海底要素。

备注：

- 此处要素是指任何物体，无论是人造或非人造，突出在海底，可能会对海面航行构成威胁（参考 IHO 出版物 S-44）。
- 要素探测尺寸（size of features detected）不描述海道测量中探测到要素的实际尺寸，而是说明测量中能大概率探测到的最小要素的尺寸。

A.28.18 来源（source）

来源（source）：IHO 定义：从中获取信息的出版物、文件或参考文献。

属性类型：自由文本

编码说明：源（c...）：字符串

格式：c...

示例：

《航海通告 3245/09》

备注：

- 可在“来源”（source）属性中填写相应纸质海图航海通告的编号，但也允许填写其他参考文献。

A.28.19 测量机构（survey authority）（SURATH）

测量机构（survey authority）：IHO 定义：负责测量的机构（S-57 第 3.1 版，附录 A，第 2 章，第 2.200 页，2000 年 11 月）。

属性类型：自由文本

编码说明：测量机构（c...）：字符串

格式：c...

示例：

澳大利亚皇家海军海道测量局

墨尔本港务局

备注：

- “测量机构”（survey authority）属性用于对源数据测量机构的名称进行编码。

A.28.20 测量类型（survey type）（SURTYP）

测量类型（survey type）：IHO 定义：对不同测量类型的分类。

属性类型：枚举

1）勘测 / 草测（reconnaissance/sketch survey）

IHO 定义：与特定比例尺的常规测量相比，该测量的精度和详细程度均较低（IHO 词典 – S-32）。

2）控制测量（controlled survey）

IHO 定义：按照测量规范进行的全面彻底的测量（S-57 第 3.1 版，附录 A，第 2 章，第 2.203 页，2000 年 11 月）。

3）检查测量（examination survey）

IHO 定义：针对水下障碍物和危险物所作的测量（S-57 第 3.1 版，附录 A，第 2 章，第 2.203 页，2000 年 11 月）。

4）航渡测量（passage survey）

IHO 定义：船舶在航行过程中测得的水深数据（S-57 第 3.1 版，附录 A，第 2 章，第 2.203 页，2000 年 11 月）。

5）遥感（remotely sensed）

IHO 定义：应用遥感技术对要素进行定位和界定的测量（S-57 第 3.1 版，附录 A，第 2 章，第 2.203 页，2000 年 11 月）。

6）全覆盖（full coverage）

IHO 定义：使用系统、控制技术实现 100% 全覆盖测量，提供一定深度的海底全覆盖或所有测量点的全覆盖。

7）系统测量（systematic survey）

IHO 定义：控制测量，但可能尚未实现全覆盖。

8）非系统测量（non-systematic survey）

IHO 定义：测量质量不如全覆盖和系统测量，此类测量可进一步划分为踏勘、草测、小航道、航渡、遥感和单点测量。

9）未精测（inadequately survey）

IHO 定义：不符合现代测量标准的测量，或由于测量年代、规模、位置或垂直不确定度，与该区域的航行要求不相适应。

10）定点水深测量（spot-sounding survey）

IHO 定义：该测量法使用规则（如网格）或不规则格网进行定点探测，通常有很宽的间距。

11）声学扫测（acoustically swept survey）

IHO 定义：根据标准精度进行可控的系统测量；使用具有声呐扫测功能的现代回声测深设备。

12）机械扫测（mechanically swept survey）

IHO 定义：该测量方式用于净深准确已知，但实际海底深度不准确的扫测区域。

备注：

- 无。

A.28.21 固定不确定度（uncertainty fixed）（POSACC, SOUACC, VERACC）

固定不确定度（uncertainty fixed）：IHO 定义：对位置、深度、高度、垂直距离和净空高度的固定水平精度或垂直精度的最佳估计。

属性类型：实型

单位：定义为 ENC 数据集元数据中的属性：米（m）

精确到：0.1m

格式：xx.x

示例：1.2 表示 1.2 米的固定不确定度。

备注：

- 一维（垂直）误差或二维（水平）误差的最大值。假设误差为正值或负值。不得对正 / 负号进行编码。

A.28.22　不确定度变量系数（uncertainty variable factor）

不确定度可变因素（uncertainty variable factor）：IHO 定义：不确定度变量的系数，对位置、深度、高度、垂直距离和净空高度的可变水平精度或垂直精度进行最接近的估算。

属性类型：实型

编码说明：使用分数表示与可变不确定度变量有关的影响系数（或百分比），即 5% 的系数将编码为 0.05。

精确到：0.01

格式：0.xx

示例：在“测深数据质量”（Quality of Bathymetric Data）要素中，海道测量数据最高定位精度为“±5 米 +10% 深度”。本例中的可变变量为“深度”，某一深度的不确定度变量系数为 0.1。

在本例中，25 米深度处的可变不确定度为 2.5 米，位置精度的总体最佳估计为 ±7.5 米。

备注：

- 无。

A.29　复杂属性（Complex Attribute）

A.29.1　定向特征（directional character）

定向特征（directional character）：IHO 定义：定向灯是一束狭窄的扇形光，用于指示航行方向（IHO 词典 – S-32）。

编码说明：复杂属性，用于规定灯标是否为莫尔效应灯标，并对定向扇形光灯的方位进行编码。

子属性：	莫尔效应（moiré effect）	见 A.27.125 节
	方位（orientation）	见 A.29.14 节

备注：

- 无。

A.29.2　要素名称（feature name）

要素名称（feature name）：IHO 定义：

编码说明：复杂属性，用于提供实体的名称，定义了该名称的国家语言，并用于在各种系统显示设置中调整显示名称的选项。

子属性：	显示名称（display name）	见 A.27.88 节
	语言（language）	见 A.27.113 节
	名称（name）	见 A.27.127 节

备注：

- 无。

A.29.3　要素探测（features detected）

要素探测（features detected）：IHO 定义：对要素探测的统一评估。

编码说明：

子属性：最浅水深已探测（least depth of detected features measured）　见 A.28.5 节

可探测重要要素（significant features detected）　见 A.28.16 节

要素探测尺寸（size of features detected）　见 A.28.17 节

备注：

- 此处要素是指任何物体，无论是人造或非人造，突出在海底，可能会对海面航行构成威胁（参见 IHO 文件 S-44）。"要素探测"（features detected）不描述海道测量过程中是否实际探测到要素，而是说明测量过程是否具备探测要素的能力。

A.29.4　固定日期范围（fixed date range）

固定日期范围（fixed date range）：IHO 定义：某个固定活动或事件的活跃期，由开始日期和终止日期确定的日期范围。

编码说明：复杂属性，用于描述由两个子属性确定的单个固定时间段。

子属性：终止日期（date end）　见 A.27.78 节

开始日期（date start）　见 A.27.80 节

备注：

- 必须以 YYYYMMDD 的格式对子属性"开始日期"（date start）和"终止日期"（date end）进行编码：其中，4 位数表示年份（YYYY）、两位数表示月份（MM）（如 4 月 =04）、两位数表示日期（DD）。如果不需要 / 不知道具体月份或日期，则可用符号"-"代替。

A.29.5　成对频率（frequency pair）（SIGFRQ）

成对频率（frequency pair）：IHO 定义：用于发射和接收无线电信号的一对频率。海岸电台按指定频率发射和接收信号。

编码说明：复杂属性，用于描述无线电接收和发射频率的所有变化。

子属性：frequency shore station receives 海岸电台接收频率　见 A.27.99 节

frequency shore station transmits 海岸电台发射频率　见 A.27.100 节

备注：

- 无。

A.29.6　固定水平净宽（horizontal clearance fixed）

固定水平净宽（horizontal clearance fixed）：IHO 定义：测量固定桥跨两点之间的通航宽度。

编码说明：复杂属性，用于对水平距离进行编码。

子属性：竖向净空值（vertical clearance value）　见 A.27.105 节

水平距离不确定度（horizontal distance uncertainty）　见 A.28.4 节

备注：

- 无。

A.29.7 开启水平净宽（horizontal clearance open）

开启水平净宽（horizontal clearance open）：IHO 定义：测量活动桥跨两点之间的通航宽度。

编码说明：复杂属性，用于对水平距离进行编码。

子属性：	竖向净空值（vertical clearance value）	见 A.27.105 节
	水平距离不确定度（horizontal distance uncertainty）	见 A.28.4 节

备注：

- 无。

A.29.8 水平位置不确定度（horizontal position uncertainty）

水平位置不确定度（horizontal position uncertainty）：IHO 定义：对位置精度的最佳估计（S-57 第 3.1 版，附录 A，第 2 章，第 2.255 页，2000 年 11 月）。

编码说明：复杂属性，用于对与水平测量相关的水平不确定度进行编码。

子属性：	固定不确定度（uncertainty fixed）	见 A.28.21 节
	不确定度变量系数（uncertainty variable factor）	见 A.28.22 节

备注：

- 预期输入是二维误差的最大值。假设误差为正值或负值。

A.29.9 信息（information）

信息（information）：IHO 定义：用定义语言表达有关要素的文本信息。可以文本字符串形式或包含文本的单个外部文本文档的文件名形式提供信息（S-57 第 3.1 版，附录 A，第 2 章，第 2.141 页和 2.209 页，2000 年 11 月）。

编码说明：复杂属性，为要素提供其他属性无法提供的附加文本信息，并定义了文本字符串的语言。

子属性：	文件定位符（file locator）	见 A.27.95 节
	文件引用（file reference）	见 A.27.96 节
	标题（headline）	见 A.27.102 节
	语言（language）	见 A.27.113 节
	文本（text）	见 A.27.170 节

备注：

- 必须至少填写子属性“文件引用”（file reference）或“文本”（text）其中之一。
- 子属性“文件引用”（file reference）多用于较长的文本字符串或需格式化的文本字符串，但是，对于可以保存在子属性“文件引用”（file reference）引用文件中的文本类型（词汇级别除外）则没有限制。
- 只有填写了“文件引用”（file reference）属性，才能填写子属性“文件定位符”（file locator）。

- 例如，应使用此复杂属性来保存纸质海图中通过警示性注释和解释性注释呈现的信息。

A.29.10　扇形光弧（light sector）

扇形光弧（light sector）：IHO 定义：扇形是从中心到圆周绘制的两条直线之间的一段圆弧（高阶词典，第 2 版）。

编码说明：

子属性：	颜色（colour）	见 A.27.72 节
	定向特征（directional character）	见 A.29.1 节
	灯光能见度（light visibility）	见 A.27.116 节
	扇形界限（sector limit）	见 A.29.21 节
	标定作用距离值（value of nominal range）	见 A.27.183 节
	扇形信息（sector information）	见 A.29.20 节
	扇形延伸范围（sector extension）	见 A.30.4 节

备注：

- 无。

A.29.11　里程（measured distance value）

里程：IHO 定义：距离标志上指示的距离值或两个测距标之间的距离。

编码说明：

子属性：	测距单位（distance unit of measurement）	见 A.27.89 节
	参考位置（reference location）	见 A.27.143 节
	航道距离（waterway distance）	见 A.27.192 节

备注：

- 无。

A.29.12　要素多重性（multiplicity of features）

要素多重性（multiplicity of features）：IHO 定义：同一位置上特征相同的一组要素的数量（改编自：S-57 第 3.1 版，附录 A，第 2 章，第 2.150 页，2000 年 11 月）。

编码说明：复杂属性，表示要素的真正数量是否已知，以及已知情况下的要素数量。

子属性：	多重性已知（multiplicity known）	见 A.27.126 节
	要素数量（number of features）	见 A.27.133 节

备注：

- 属性“要素多重性”（multiplicity of features）必须仅用于表示同一位置要素实体的数量（如水面上悬挂在 2 座塔桥之间的 3 根架空电缆），并且该信息被认为对海员有用。如有可能，必须单独对要素进行编码。

A.29.13　在线资源（online resource）

在线资源（online resource）：IHO 定义：可从中获取资源或数据的在线资源信息（改编自：ISO 19115）。

编码说明：复杂属性，描述了根据 ISO 19115 标准对在线资源的访问信息。

子属性：标题（headline）　　见 A.27.102 节
　　　　链接（linkage）　　见 A.27.117 节
　　　　资源名称（name of resource）　　见 A.27.128 节

备注：

- 无。

A.29.14　方位（orientation）

方位（orientation）：IHO 定义：从真北到要素主轴的角距（国防地理空间信息工作组；要素数据字典注册系统，2010 年）。

编码说明：复杂属性，提供方位值以及该值的不确定度测量。

子属性：方位不确定度（orientation uncertainty）　　见 A.28.12 节
　　　　方位值（orientation value）　　见 A.27.135 节

备注：

- 无。

A.29.15　周期性日期范围（periodic date range）

周期性日期范围（periodic date range）：IHO 定义：反复发生的事件或情况的活跃期。

编码说明：复杂属性，将季节性要素（如浮标）的活跃期描述为两个子属性之间的日期。

子属性：终止日期（date end）　　见 A.27.78 节
　　　　开始日期（date start）　　见 A.27.80 节

备注：

- 应以 YYYYMMDD 的格式对子属性“开始日期”（date start）和“终止日期”（date end）进行编码：其中，4 位数表示年份（YYYY）、两位数表示月份（MM）（例如，4 月 =04）、两位数表示日期（DD）。如果不需要特定年份（即在每年同一时间删除该要素），则可考虑以下两种情况：
  - 每年的同一天：----MMDD
  - 每年的同一月：----MM--

其遵守 ISO 标准 8601：2004。

A.29.16　雷达波长（radar wave length）（RADWAL）

雷达波长（radar wave length）：IHO 定义：电磁波谱的雷达波段中，电磁波的两个连续波峰 (或其他相同的相位点) 之间的距离（S-57 第 3.1 版，附录 A，第 2 章，第 2.172 页，2000 年 11 月）。

编码说明：复杂属性，将波长描述为其子属性的组合。

子属性：雷达波段（radar band）　　见 A.27.140 节
　　　　波长值（wave length value）　　见 A.27.193 节

备注：

- 无。

A.29.17　灯光节奏（rhythm of light）

灯光节奏（rhythm of light）：IHO 定义：

编码说明：复杂属性，描述灯标（或扇形光灯）的节奏。

子属性：灯质（light characteristic）　见 A.27.115 节
　　信号组（signal group）　见 A.27.156 节
　　信号周期（signal period）　见 A.27.157 节
　　信号序列（signal sequence）　见 A.29.25 节

备注：

- 无。

A.29.18　按周几安排日程（schedule by day of week）

按周几安排日程（schedule by day of week）: IHO 定义：按周几安排的日程表和时间安排。

编码说明：复杂属性，对服务的常规日程进行编码。

子属性：日程类型（category of schedule）　见 A.27.57 节
　　时间间隔以每周的某一天计（time intervals by day of week）　见 A.29.32 节

备注：

- 无。

A.29.19　扇形特征（sector characteristics）

扇形特征（sector characteristics）：IHO 定义：

编码说明：复杂属性，描述扇形光弧的特征。

子属性：灯质（light characteristic）　见 A.27.115 节
　　扇形光弧（light sector）　见 A.29.10 节
　　信号组（signal group）　见 A.27.156 节
　　信号周期（signal period）　见 A.27.157 节
　　信号序列（signal sequence）　见 A.29.25 节

备注：

- 无。

A.29.20　扇形信息（sector information）

扇形信息（sector information）：IHO 定义：关于光弧的其他文本信息。

编码说明：复杂属性，提供了其他要素属性无法提供的附加文本信息，并定义了文本字符串的语言。

子属性：语言（language）　见 A.27.113 节
　　文本（text）　见 A.27.170 节

备注：

- 用法示例：应使用该复杂属性保存复杂光弧的特征信息。
- “扇形信息”（sector information）不能设置文本格式。文本如有必要进行格式化处理，必须使用由复杂属性“信息”（information）、子属性“文件引用”（file reference）所引用的相关文本文档（A.27.96）。

A.29.21 扇形界限（sector limit）

扇形界限（sector limit）：IHO 定义：扇形是圆的一部分，由两个半径及其中间的一段弧围成（高阶词典，第 2 版）。

“扇形界限”指围绕中心要素（如灯标）呈顺时针方向扇形的界限（改编自：S-57 第 3.1 版，附录 A，第 2 章，第 2.184 页，2000 年 11 月）。

编码说明：复杂属性，通过子属性描述扇形光弧的角度。

子属性：扇形界限 1（sector limit one）　　见 A.29.22 节

扇形界限 2（sector limit two）　　见 A.29.23 节

备注：

- 无。

A.29.22 扇形界限 1（sector limit one）（SECTR1）

“扇形界限 1”（sector limit one）：IHO 定义：扇形是圆的一部分，由两个半径及其中间的一段弧围成（高阶词典，第 2 版）。

“扇形界限 1”（sector limit one）指定扇形的第一界限。“扇形界限 1”（sector limit one）和“扇形界限 2”（sector limit two）的顺序是围绕中心要素（如灯标）呈顺时针方向（S-57 第 3.1 版，附录 A，第 2 章，第 2.184 页，2000 年 11 月）。

编码说明：复杂属性，描述灯质变化或灯光被遮挡时灯光的线条或方位。

子属性：扇形方位角（sector bearing）　　见 A.27.151 节

扇形线长度（sector line length）　　见 A.27.152 节

备注：

- 相邻扇形的公共界限具有相同值。
- 方位角的方向为从海上方位到中心要素的方向[1]。这与出版物《灯标表》（List of Lights）中使用的方法一致。
- 不可使用“到岸”（to shore）等通用名称；必须对特定的方位进行编码。如果扇形光弧界限（light sector limit）被定义为“到海岸”（to the shore），则应使用一个值对其进行编码，以确保在划定界线时，它将完全落在陆地上。

A.29.23 扇形界限 2（sector limit two）（SECTR2）

“扇形界限 2”（sector limit two）：IHO 定义：扇形是圆的一部分，由两个半径和一段弧围成（高阶词典，第 2 版）。

“扇形界限 2”（sector limit two）指定扇形的第二界限。“扇形界限 1”（sector limit one）和“扇形界限 2”（sector limit two）的顺序是围绕中心要素（如灯标）呈顺时针方向（S-57 第 3.1 版，附录 A，第 2 章，第 2.184 页，2000 年 11 月）。

1　坐标系原点在圆弧上，x 轴向右，y 轴向上，扇形方位角的方向由圆弧指向灯标，从 y 正轴顺时针计算。

编码说明：复杂属性，描述灯质变化或灯光被遮挡时灯光的线条或方位。

子属性：扇形方位角（sector bearing）　　见 A.27.151 节

扇形线长度（sector line length）　　见 A.27.152 节

备注：

- 相邻扇形的公共界限应具有相同值。
- 方位角的方向为从海上方位到中心要素的方向[1]。这与出版物《灯标表》（List of Lights）中使用的方法一致。
- 不可使用“到岸”（to shore）等通用名称；必须对特定的方位进行编码。如果扇形光弧界限（light sector limit）被定义为“到海岸”（to the shore），则应使用一个值对其进行编码，以确保在划定界线时，它将完全落在陆地上。

A.29.24　形状信息（shape information）

形状信息（shape information）：IHO 定义：与非标准顶标形状有关的文本信息。

编码说明：复杂属性，提供了“顶标 / 昼标形状”（topmark/daymark shape）属性无法提供的附加文本信息。

子属性：语言（language）　　见 A.27.113 节

文本（text）　　见 A.27.170 节

备注：

- “形状信息”（shape information）中不能设置文本格式。如需格式化文本，必须使用由复杂属性“信息”（information）引用的相关文本文档（见 A.29.9 节）。

A.29.25　信号序列（signal sequence）

信号序列（signal sequence）：IHO 定义：所有“灯质”或声音信号的发光 / 有声间隔和熄灭 / 无声间隔共同组成的时间序列（改编自：S-57 第 3.1 版，附录 A，第 2 章，第 2.191 页，2000 年 11 月）。

编码说明：复杂属性，为非固定灯光和声音信号提供信号序列。

子属性：信号时长（signal duration）　　见 A.27.153 节

信号状况（signal status）　　见 A.27.158 节

备注：

- 无。

A.29.26　速度（speed）

速度（speed）：IHO 定义：移动的速度，其英文术语“speed”和“velocity”通常可以互换使用，但前者是标量，只有大小，而后者是矢量，既有大小又有方向（改编自：IHO 词典 – S-32）。

编码说明：复杂属性，表示某一位置的速度范围。

子属性：最大速度（speed maximum）　　见 A.27.160 节

最小速度（speed minimum）　　见 A.27.161 节

备注：

1　译者注：坐标系原点在圆弧上，x 轴向右，y 轴向上，扇形方位角的方向由圆弧指向灯标，从 y 正轴顺时针计算。

- 无。

A.29.27 表面特性（surface characteristics）

表面特性（surface characteristics）：IHO 定义：地表或海底组成物质的一般性质。

编码说明：

子属性： 表面性质（nature of surface） 见 A.27.131 节

表面性质限定术语（nature of surface – qualifying terms） 见 A.27.132 节

海底层级（underlying layer） 见 A.27.178 节

备注：

- 无。

A.29.28 测量日期范围（survey date range）

测量日期范围（survey date range）：IHO 定义：.

编码说明：复杂属性，将海道测量周期描述为其子属性之间的时间。

子属性： 终止日期（date end） 见 A.27.78 节

开始日期（date start） 见 A.27.80 节

备注：

- 必须按 YYYYMMDD 的格式对子属性“开始日期”（date start）和“终止日期”（date end）进行编码：其中，4 位数表示年份（YYYY）、两位数表示月份（MM）（例如，4 月 =04）、两位数表示日期（DD）。如果不需要 / 不知道具体月份或日期，则可用符号“-”代替。

A.29.29 通讯（telecommunications）

通讯（telecommunications）：IHO 定义：以电报、电话或广播等电子或电磁方式，在一定距离内进行通信的方法或渠道。

编码说明：复杂属性，用于描述不同的通信方法和联系方式。

子属性： 联系说明（contact instructions） 见 A.27.76 节

电信标识符（telecommunication identifier） 见 A.27.168 节

通讯服务（telecommunication service） 见 A.27.169 节

备注：

- 如未填写子属性“通讯服务”（telecommunication service）的值，则表示该服务属于语音通信。

A.29.30 潮流通告板值（tidal stream panel values）

潮流通告板值（tidal stream panel values）：IHO 定义：在参考验潮站高潮（HW）或低潮（LW）前 6 小时至后 6 小时，每间隔 1 小时或每 1 小时内测得的潮流流向和流速。

编码说明：

子属性： 参考潮位（reference tide） 见 A.27.144 节

参考潮位类型（reference tide type） 见 A.27.155 节

潮流深度（stream depth） 见 A.27.165 节

潮流值（tidal stream value） 见 A.29.31 节

备注：

- 无。

A.29.31　潮流值（tidal stream value）

潮流值（tidal stream value）：IHO 定义：在给定时间里，测得相对于参考潮位的潮流方向和速度。

编码说明：

子属性：	方位（orientation）	见 A.29.14 节
	最大速度（speed maximum）	见 A.27.160 节
	潮位时间差（time relative to tide）	见 A.27.175 节

备注：

- 无。

A.29.32　时间间隔以每周的某一天计（time intervals by day of week）

时间间隔以每周的某一天计（time intervals by day of week）：IHO 定义：服务或日程表中每周常规运作时间。

编码说明：复杂属性，描述常规服务日程表的时间安排。

子属性：	周内某一天（day of week）	见 A.27.82 节
	以周内天数为范围（day of week is range）	见 A.27.83 节
	开始时间（time of day start）	见 A.27.173 节
	终止时间（time of day end）	见 A.27.174 节

备注：

- 至少填写子属性“周内某一天”（day of week），或者“开始时间”（time of day start）或“终止时间”（time of day end）。如已填写，则“开始时间”（time of day start）与“终止时间”（time of day end）的实例数必须相等。
- 子属性“以周内天数为范围”（day of week is range）表示“时间间隔以每周的某一天计”（time intervals by day of week）的实例是对天数范围编码还是零散天数编码。天数或天数范围使用子属性“周内某一天”（day of week）进行编码。如果“以周内天数为范围”（day of week is range）填写为 True，则“周内某一天”（day of week）属性必须恰好有两个实例。如果“周内某一天”（day of week）未填写，则表示每天（星期一至星期日）的时间表均相同。不得使用多个范围或零散的天数范围 [如有必要，则必须对“时间间隔以每周的某一天计”的另一个实例进行编码]。
- 未确定的范围可在序列中的适当位置用空值（null）表示。

A.29.33　顶标（topmark）

顶标（topmark）：IHO 定义：在浮标或立标顶部固定、便于识别的形状特征（IHO 词典 – S-32）。

编码说明：

子属性：	颜色（colour）	见 A.27.72 节
	顶标 / 昼标形状（topmark/daymark shape）	见 A.27.176 节

形状信息（shape information）　　见 A.29.24 节

备注：

- 无。

A.29.34 更新描述（update description）

更新描述（update description）：IHO 定义：更新数据对变化情况所作的文本描述。

编码说明：复杂属性，提供补充文本信息，描述如何使用 ENC 更新数据对 ENC 数据集进行更新。

子属性：语言（language）　　见 A.27.113 节

文本（text）　　见 A.27.170 节

备注：

- 有更新时，用子属性“文本”（text）填写 ENC 的简要修改说明，例如：“插入助航标志”（navigational aids inserted）“沿线水深变化”（changes to depths alongside）及“新增浮码头”（new pontoons added）

A.29.35 局部磁力异常（value of local magnetic anomaly）

局部磁力异常（value of local magnetic anomaly）：IHO 定义：偏离正常磁偏角的值（S-57 第 3.1 版，附录 A，第 2 章，第 2.228 页，2000 年 11 月）。

编码说明：复杂属性，用于局部磁力异常范围的编码。

子属性：最大磁力异常值（magnetic anomaly value maximum）　　见 A.27.118 节

最小磁力异常值（magnetic anomaly value minimum）　　见 A.27.119 节

备注：

- 无。

A.29.36 关闭竖向净空（vertical clearance closed）

关闭竖向净空（vertical clearance closed）：IHO 定义：表示关闭状态下要素的竖向净空（如关闭的升降桥），即从水平面至上方要素测得的距离（改编自：S-57 第 3.1 版，附录 A，第 2 章，第 2.235 页，2000 年 11 月）。

编码说明：复杂属性，表示从指定的垂直基准面至其上方活动架空要素在关闭位置时的竖向距离。

子属性：竖向净空值（vertical clearance value）　　见 A.27.185 节

垂直不确定度（vertical uncertainty）　　见 A.29.40 节

备注：

- 无。

A.29.37 固定竖向净空（vertical clearance fixed）

固定竖向净空（vertical clearance fixed）：IHO 定义：从水平面量至上方固定（非活动）要素的竖向净空（改编自：S-57 第 3.1 版，附录 A，第 2 章，第 2.234 页，2000 年 11 月）。

编码说明：复杂属性，表示从指定的垂直基准面至其上方固定架空要素的竖向距离。

子属性：竖向净空值（vertical clearance value）　　见 A.27.185 节

垂直不确定度（vertical uncertainty） 见 A.29.40 节

备注：

- 高压电缆可能需要 2 米至 5 米的附加净空高度，以避免漏电。如已知批准的安全净空 [在英国称为“安全高空净空”（Safe Overhead Clearance）]，应使用“安全竖向净空”（vertical clearance safe）要素（见 A.29.39）进行编码，其是实际净空减去安全系数的得数。

A.29.38 开启竖向净空（vertical clearance open）

开启竖向净空（vertical clearance open）：IHO 定义：表示开启状态下要素的竖向净空（如开启的升降桥），即从水平面至上方要素测得的距离（改编自：S-57 第 3.1 版，附录 A，第 2 章，第 2.236 页，2000 年 11 月）。

编码说明：复杂属性，表示从指定的垂直基准面至上方活动架空要素在开放位置时的竖向距离。

子属性：竖向净空值（vertical clearance value） 见 A.27.185 节

垂直不确定度（vertical uncertainty） 见 A.29.40 节

备注：

- 无。

A.29.39 安全竖向净空（vertical clearance safe）

安全竖向净空(vertical clearance safe)：IHO 定义：从水平面量至上方要素的安全竖向净空(改编自：S-57 第 3.1 版，附录 A，第 2 章，第 2.237 页，2000 年 11 月）。

编码说明：复杂属性，表示从指定的垂直基准面至可通航水域上方电缆最低点的安全竖向距离。

子属性：竖向净空值（vertical clearance value） 见 A.27.185 节

垂直不确定度（vertical uncertainty） 见 A.29.40 节

备注：

- 无。

A.29.40 垂直不确定度（vertical uncertainty）

垂直不确定度（vertical uncertainty）IHO 定义：对深度、高度、垂直距离和竖向净空的垂直精度的最佳估计。

编码说明：复杂属性，表示与任意深度测量相关的垂直不确定度。

子属性：固定不确定度（uncertainty fixed） 见 A.28.21 节

不确定度变量系数（uncertainty variable factor） 见 A.28.22 节

备注：

- 无。

A.29.41 船舶限速（vessel speed limit）

船舶限速（vessel speed limit）：IHO 定义：区域内允许的船舶最大航行速度，单位为节。

编码说明：复杂属性，表示限速区内船舶航行速度的限制。

子属性：最大航速限制（speed limit） 见 A.27.159 节

船舶类（vessel class） 见 A.27.188 节

备注：

- 不同类型的船舶在同一区域内的限速不尽相同。

A.30 ECDIS 系统（图示）属性

A.30.1 默认净空深度（default clearance depth）

默认净空深度（default clearance depth）：IHO 定义：水深未知的水下危险物的水深值，根据周围水深判断而来。

属性类型：实型

单位：定义为 ENC 数据集元数据中的属性：米（m）

精确到：0.1m

格式：　sxxxxx.x

　　　　s：符号，仅负值。

示例：　12.5 表示默认净空深度为 12.5 米。

　　　　−2.4 表示默认干出净空高度为 2.4 米。

备注：

- 周围水深根据周围已编码的“深度区”（Depth Area）判断，使用“周围深度”（surrounding depth）属性（见 A.30.5 节）编码。
- 干出高度（drying height）用负值表示。

A.30.2 闪光角度（flare angle）

闪光角度（flare angle）：IHO 定义：闪光符号在 ECDIS 显示中旋转的角度。

属性类型：整型

编码说明：表示闪光角度嵌入在数据中，以便 ECDIS 可不按默认方式显示。如果一个点空间几何图形实例上有多个灯标编码时，则有必要。

单位：度（°）

精确到：1°

格式：xxx

最小值：0°

最大值：359°

示例：270 表示闪光角度为 270 度。

备注：

- 闪光角度由 ENC 生产软件系统计算。

A.30.3 在水域内（in the water）

在水域内（in the water）：IHO 定义：

属性类型：布尔型

编码说明：真值（True）表示该要素位于可通航水域内或可通航水域上。

备注：

- 真值（True）表示 ECDIS 基础显示组中包含该要素。

A.30.4 扇形延伸范围（sector extension）

扇形延伸范围（sector extension）：IHO 定义：扇形从原点向外延伸的距离，屏幕单位为毫米（mm）。

属性类型：整型

编码说明：表示扇形范围超过默认范围的距离。如果有多个光弧覆盖同一个角度或类似的角度时，则有必要。

单位：毫米（mm）

精确到：1mm

格式：xx

示例：15 表示 15 毫米的扇形延伸范围。

备注：

- 扇形延伸范围由 ENC 生产软件系统计算。
- 显示的扇形不得超出 ECDIS 显示中光弧的标定作用距离。

A.30.5 周围深度（surrounding depth）

周围深度（surrounding depth）：IHO 定义：根据周围水深判断水深未知的水下危险物的水深值。

属性类型：实型

单位：定义为 ENC 数据集元数据中的属性：米（m）

精确到：0.1m

格式：xxxxx.x

示例：20 表示周围深度为 20 米。

备注：

- “周围深度”（surrounding depth）的值根据周围已编码的“深度区”（Depth Area）的属性“水深范围最小值”（depth range minimum value）（见 A.11.7 节）判断。对于被多个深度区覆盖的区域要素，其“周围深度”（surrounding depth）被确定为覆盖该要素的深度区中较深区域的“水深范围最小值”（depth range minimum value）属性值。

A.31 更新（见 S-4 – B-600）

备注：

- 如果 ENC 更新位于数据集数据覆盖范围以外，或 ENC 更新改变了该区域的范围，ECDIS 将拒绝更新。该区域是由属性“覆盖范围类别”（category of coverage）=1[“可用覆盖”（coverage available）] 的元要素“数据覆盖范围”（Data Coverage）覆盖的区域。如需更改基础 ENC 数据集的覆盖范围，必须发布新版数据集。
- 据报，部分 ECDIS 加载较大更新数据集时会遇到一些问题。因此 ENC 的更新文件大小不应超过 50KB。

- 更新线状要素的几何信息时，制图者必须注意 S-101X.X 节中有关构成线状要素的矢量记录的要求，以便依次引用。此外，包含多条边的线状要素，矢量记录的终止节点必须与下一个矢量记录的起始节点相同。据报，几何信息不符合要求时，ECDIS 拒绝 ENC 更新。

A.31.1 提前发布更新数据

在某些情况下，数据生产者可能需要提前发布更新信息。例如，定线制系统的变更必须提前公布。更新数据集中，无法说明必须在哪个日期前使用更新数据。因此，终端用户收到更新数据集时必须立即使用。为避免更新信息出现“目标数据尚不存在”的情况，必须遵循以下编码规则：

a）如果更新消息包含的提前更新信息涉及在现有的数据中添加要素 [如新灯塔]，则新要素复杂属性“固定日期范围”（fixed date range）中的子属性“开始日期”（date start）必须包含该更新数据的激活日期。

b）如果更新信息包含的提前更新信息涉及现有要素的更改 [如定线制的更改]，则必须视为删除现有要素并以新要素替换。见上文 a）和下文 c）。

c）如果更新信息包含的提前更新信息涉及删除现有要素 [如移除浮标]，则更新信息必须将待删除所有要素的复杂属性“固定日期范围”（fixed date range）的子属性“终止日期”（date end）设置为更新数据的激活日期。需特别注意，该更新信息实际上并未从数据集中删除要素，只表示在复杂属性“固定日期范围”的子属性“终止日期”中保留的日期，这些要素即将过时。从数据集中实际删除过时要素的后续更新信息，应在现实世界发生变化时发布。

d）为向海员强调更新信息中包含的提前更新信息将在未来发生，建议创建“警告区”（Caution Area）要素（见 A.16.10 节），覆盖后续有变化的位置。应使用信息类型“航海信息”（Nautical Information）（见 A.24.4 节）的相关实例和复杂属性“信息”（information），用日常用语对后续变化的性质进行编码。同时，“警告区”复杂属性“固定日期范围”（fixed date range）的子属性“终止日期”（date end）必须设置为更新数据中描述的激活日期。

“固定日期范围”（fixed date range）的“开始日期”（date start）和“终止日期”（date end）的更改不可应用于空间类型。因此，只有通过更新所有相关的地理类型和空间类型，才能更改现实世界要素（如浮标的重新定位）的几何信息。

提前发布更新信息会产生相应的后果，数据集中某个特定现实世界的要素可能存在多个实例。

提前发布更新信息（相当于纸质海图航海预告）的具体内容，参见 A.31.2.3 节。

A.31.1.1 分道通航制变更预告

提前通知海员有关分道通航制（TSS）的变更，包括修改现有 TSS、添加新 TSS 或移除 TSS，这一点非常重要。应通过以下流程，使用统一的方式将分道通航制变更状况告知海员：

1）TSS 变更生效前至少一个月，发布更新数据集（以更新或新版的方式），该更新数据集：

- 添加新的或变更后的 TSS 成分要素。这些要素必须具备“固定日期范围”（fixed date range）的“开始日期”（date start），并填写 TSS 更改生效的日期。
- 将“固定日期范围”（fixed date range）的“终止日期”（date end）（填写为 TSS 变更生效前一天的日期）添加到待更改或待删除的 TSS 成分要素中。

- 创建“警告区”（Caution Area）面状要素（见 A.16.10 节），覆盖分道通航制现有的和后续的地理范围。必须使用信息类型“航海信息”（Nautical Information）（见 A.24.4 节）的相关实例和复杂属性“信息”（information）解释 TSS 的变更，例如，“2009 年 7 月 1 日 0 点，邦角半岛（Cape Bon）分道通航制将变更”。该 ENC 包括变更前后的所有数据，这些数据都是分道通航制成分复杂属性“固定日期范围”（fixed date range）的子属性“终止日期”（end date）（变更前）和“开始日期”（start date）（变更后）所指示的。“警告区”（Caution Area）“固定日期范围”的子属性“终止日期”，应当填写变更生效的日期，或者，如果编码人员希望提示海员发生变更的日期，也可以填写变更生效后最多一个月范围内的日期。如果当前 TSS 和后续 TSS 不在同一地理区域，可能需要对两个不同的“警告区”面状要素进行编码。如果认为图像文件有用，则“警告区”可使用属性“图示显示”（pictorial representation）引用该文件（如修订版 TSS 或新版 TSS 的等效纸质海图）。

2）在变更 / 新增 / 删除的 TSS 生效后，应尽快发布更新数据集（作为更新或新版），其中：

- 删除原 TSS 的变更或冗余成分要素。
- 删除新 TSS 成分要素中的属性“固定日期范围”（fixed date range）。

3）“警告区”（Caution Area）也必须通过更新删除，不论是作为删除前一版 TSS 的冗余成分要素更新的一部分，还是作为稍后日期 [与“警告区”的复杂属性“固定日期范围”（fixed date range）的子属性“终止日期”（date end）所填写日期相对应] 的单独更新。

作为区域电子航海图协调中心（RENC）成员的编码者还应根据 RENC 程序提前向 RENC 发出 TSS 变更通知，以便 RENC 向海员发出 TSS 即将变更的附加通知。

A.31.2　临时及预告 ENC 更新编码规则

A.31.2.1　说明

下文为通过 ENC 更新发布与纸质海图相当的临时（T）航海通告（NM）和航海通告（NM）预告（P）提供了高级指导。指导规则允许灵活掌握，可以根据具体情况因地制宜，最终由 ENC 生产机构自行判断。

A.31.2.2　临时航海通告（见 S-4 – B-633）

1）纸质海图临时航海通告 [Temporary Notices to Mariners,（T）NM] 的定义见 S-4 B-600 节。临时通告发布的重要航行信息有效期较短。

纸质海图的使用惯例是海员用铅笔在海图上绘制更新信息，临时通告作废时予以擦除。

S-101 提供了允许 ENC 自动更新的机制。允许相关 ENC 在临时通告有效期内及时持续更新，不增加海员的工作量。

生产机构必须发布临时安全信息，或通过 ENC 更新紧急向海员发布临时信息，为 ECDIS 用户提供最新的 SENC。该项服务对应用临时通告向纸质海图用户提供的服务。

2）ENC 更新编码和纸质海图临时通告，是向海员发布信息的两种截然不同的通信程序。由于纸质海图和 ENC 的形成过程不同（但不应认为互不相关），且各自适用的产品也不同，所以建议通过原始资料而非纸质海图临时通告获取 ENC 更新信息。纸质海图的临时通告信息不足以对相关 ENC 进行更新。

3）如有可能，应使用相关要素对该信息进行编码。但海道测量局（HO）应该考虑以下几点：

- 如果信息在海员收到时已失效，则不得更新 ENC；根据生产国 ENC 更新规则而定。无线电航行警告（Radio Navigational Warning，RNW）时效较短。ENC 更新应说明临时变更内容的有效时间（如果已知）。
- 如果 HO 不太可能在临时变更恢复至原始图绘状态时收到报告，则 HO 应考虑其他方法，比如一般性通知或发布 ENC 更新说明（如某地区的助航标志据报不可靠）。

选择编码方法时，HO 应考虑时间限制，这一点非常重要。应避免使用耗时和不必要的复杂编码方法。

4）应避免过度使用临时信息中的“警告区”（Caution Area）要素 [特别是面状“警告区”要素，见 A.16.10 节]。如果与态势相关或特定变更需要特殊警告，使用“警告区”要素。相关要素无法编码时（例如，信息无法清楚地显示或因时间限制无法发布信息），也可以使用“警告区”。

5）在 ENC 更新数据集的正确编码中，原始资料在判断哪些更新元素为可靠信息，哪些更新元素为永久信息，以及哪些元素为临时信息方面至关重要。属性值为 7[“临时的”（temporary）] 的“状况”（status），只有在确定某个要素的状态为“临时”的时候，才能在更新数据集中使用。

6）复杂属性“固定日期范围”（fixed date range）的用法：

- 要素最早出现的日期 [“开始日期”（date start）] 和要素最晚出现的日期 [“终止日期”（date end）] 如果为已知，必须予以编码。如果与“结构物 / 设备”（Structure/ Equipment）要素相关联的任何要素编码了该类日期，则该关系中其他的成分要素不得超出该结构物要素的时间属性值。
- ENC 更新数据集应当在变更发生后 [“开始日期”（date start）] 尽早发布，提前发布信息的情形除外。返回原始图绘状态 [“终止日期”（date end）] 后，应尽快重新发布更新数据集，从显示内容中删除已不存在的要素。发布更新数据集的时间取决于生产机构的 ENC 更新制度及其相应的时间表。
- 当 ENC 更新数据集提前发布信息并使用“固定日期范围”（fixed date range）时，可使用“警告区”（Caution Area）要素提示海员未来某个时间点存在时间信息。

7）临时（或预告）信息编码时，应使用信息类型“航海信息”（Nautical Information）（见 A.24.4 节）的相关实例、复杂属性“信息”（information）和子属性“文本”（text）提供补充信息或上下文信息。文本太长无法使用“信息”[“文本”（text）]（见 A.27.170 节）编码时，应使用复杂属性“信息”和子属性“文件引用”（file reference）。编码者使用“信息”提供位置信息时，必须表示 WGS 84 坐标值并遵循 S-4 − B-131 中的规则。如认为有必要，也可包含图像文件 [使用属性“图示显示”（pictorial representation）引用该文件]。

8）包含临时信息的 ENC 更新数据集应当认真管理并定期查看，以判断是否有必要采取进一步行动。可能已收到新信息，需要发布新的更新数据集，修改或撤销先前的更新数据。临时变更生效前，生产机构应确保海图易于恢复至原始图绘状态。

9）建议做进一步验证，确保编码的 ENC 更新与相应的纸质航海通告一致。

10）典型案例指南：

a）没有关联显式区域或隐式区域（如限制区）的单个新实体要素（如沉船、浮标）：

- 编码为 S-101 相关要素。
- 此时一般不使用“警告区”（Caution Area）要素。

b）关联了显式区域的单个新实体要素：

- 编码为 S-101 相关面状要素 [例如“航行限制区”（Restricted Area Navigational）或“监管限制区”（Restricted Area Regulatory）]。该相关要素用于新的实体要素编码。但该区域是“禁止进入区域”（entry exhibited area）或“警告区”（Caution Area）要素时，为简化编码，新实体要素可省略（除非其具有航行意义）。

c）带有警告通知的单个新实体要素 [如“建议海员谨慎航行”（Mariners are advised to navigate with caution ...）]：

- 编码为 S-101 相关要素。如有必要，可使用信息类型“航海信息”（Nautical Information）（见 A.24.4 节）的相关实例和复杂属性“信息”（Information）。特殊情况下，如认为有必要，可对“警告区”（Caution Area）进行编码，突出警告内容。

d）据报区域内存在障碍物（包括沉船）：

- 编码为面状要素“障碍物”（Obstruction）（见 A.13.6 节）或“沉船”（Wreck）（见 A.13.5 节）。

e）新的简单面状要素 [军事训练区（military practice area）、疏浚区（dredged area）]：

- 编码为 S-101 相关面状要素。
- 使用信息类型“航海信息”（Nautical Information）的相关实例（见 A.24.4 节）和复杂属性“信息”（information）添加补充信息。
- 一般不添加“警告区”（Caution Area）要素。

f）区域内的复杂信息（如在建工程变化频繁，或涉及拓扑形状的复杂变化）：

- 编码为面状要素。应使用 S-101 相关要素或“警告区”（Caution Area）要素（见 A.16.10 节）（如在更合适或默认条件下）。使用信息类型“航海信息”（Nautical Information）（见 A.24.4 节）的相关实例、复杂属性“信息”（information）添加补充信息或上下文信息。可用信息较为详细时，区域内的重要航行要素 [如助航标志（navigational aid）、障碍物（obstruction）] 应予编码或变更。可用信息不允许此类操作时，最好使用“警告区”要素标示该区域。

g）现有要素 [如助航标志（navigational aid）] 的变更：

- 此类情况下，通常只需要变更属性值。如认为有必要，可使用“警告区”（Caution Area）要素警告海员。

h）浮标临时移位：

- 如果某个浮标临时移位，则该浮标和所有关联要素“移动”至新的位置，填写属性“状况”（status）=7[“临时”（temporary）]。也可以用其他方式编码，比如，如果移位时间固定。此类情况下，可以在临时位置创建该要素及其关联成分 [复杂属性“固定日期范围”（fixed date range）的子属性“终止日期”（date end）填写与固定时段的终止日期对应的日期]。当前海图要素及其关联成分，都应具有复杂属性“固定日期范围”的“开始日期”（date start），填写与固定时段的终止日期相对应的日期。如有必要，可以添加“警告区”（Caution Area）要素。

i）灯标临时熄灭：

- “灯标”（Light）要素“状况”（status）属性值填写为 11[“熄灭”（extinguished）] 和 7[“临时”

（temporary）]。

j）疏浚区维护深度的变更：

- 从官方或有资质的测量机构处收到疏浚水深变更信息时，“疏浚区”（Dredged Area）要素“水深范围最小值”（depth range minimum value）属性的值应变更为测量值。
- 使用疏浚区“水深”（Sounding）要素表示浅水深时，“水深说明”（exposition of sounding）=2[“比周围深度区浅”（shoaler than the range of depth of surrounding depth area）] 的属性值不需填写。（见 A.11.3.1 和 A.11.4.1 节）。如有必要，应使用“水深”对浅水深进行编码，使用适当的海底深度信息 [“等深线”（Depth Contour）和“深度区”（Depth Area）] 表示深度。也可将“疏浚区”（Dredged Area）的“水深范围最大值”（depth range maximum value）属性设置为疏浚区的设计疏浚深度，将“水深范围最小值”（depth range minimum value）设置为最浅深度的值，或使用信息类型“航海信息”（Nautical Information）的相关实例、复杂属性“信息”（information）提供的深度信息对覆盖较浅深度区的“警告区”（Caution Area）要素进行编码。浅水深靠近疏浚区边缘时，可调整疏浚区界限，将浅滩水深排除在疏浚区之外。另见 S-4 B-414.5。

A.31.2.3 航海通告预告（见 S-4 – B-634）

1）纸质海图航海通告预告 [Preliminary Notices to Mariners，（P）NM] 的定义参见 S-4 B-600 节。航海通过预告提前向海员发布重要航海信息（比如，新版纸质海图不能及时发布的情况）。

纸质海图的使用惯例是海员用铅笔在海图上标绘更新内容，当预告作废时再将其擦除。

S-101 提供了允许 ENC 自动更新的机制。允许相关 ENC 在临时通告有效期内及时持续更新，不增加海员的工作量。

生产机构必须发布与安全相关的预告信息，也可以通过 ENC 更新向海员发布紧急信息，向 ECDIS 用户提供最新 SENC。这种提供方式相当于用预告向纸质海图用户提供的服务。

2）ENC 更新编码和纸质图临时通告是向海员发布信息的两种完全不同的通信过程。

例如，在某些情况下，由于更改内容复杂且数量较大，纸质海图需要使用航海通告贴图 [也称“贴图”（chartlet）或“补丁”（patch）] 或通过新版图进行更新。如果手动标绘或改图工作量过大，极易造成纸质海图混乱不堪。贴图改正和新版的周期可能较长，有时长达数月。在这种情况下，可以发布临时通告作为过渡性措施。ENC 的更新机制更加灵活，发布 ENC 更新的时间更短。但经验表明，大规模更新可能导致 ECDIS 出现问题，特别是加载时间过长。因此，在某些情况下，发布新版 ENC 可能是一个更好的选择。

也可能存在其他情况，收到新消息后无法及时、完全更新 ENC 和纸质海图。例如，海道测量局没有在第一时间收到改图通告所需的全部信息（如在建工程或拟建工程的通知），或者大批新信息需要大量的编绘工作。此类情况下，仍有必要及时向海员提供有关航行发生重大变化的通知。

由于纸质海图和 ENC 的制作过程不同（但不应认为互不相干），且适用的产品也不同，所以建议根据原始资料而非纸质海图的航海通告预告制作 ENC 更新数据。通常情况下，纸质海图航海通告预告的信息无法用于 ENC 准确的更新。

3）还有其他或简单或复杂的编码方式，但重要的是，生产机构创建 ENC 更新时，应充分考虑时间问题，仔细斟酌哪种编码方法更为合适。

4）收到的信息一般都过于复杂、宽泛或不精确，S-101 要素编码无法使用。这种情况下最好使用“警告区”（Caution Area）要素和信息类型“航海信息”（Nautical Information）的相关实例、复杂属性“信息”（Information）、子属性“文本”（text），对整体变化进行简要概括，着重突出重要航行信息。对于复杂变更或大范围变更，“航海信息”应具有相关的“信息”[“文件引用”（file reference）]——引用包含通告预告具体内容的文件。另见上述 A.31.2.2 节第 7 点。如果信息不准确，应通过“信息”向海员告知该事项。

需注意，如认为有必要，海员可在 ECDIS 中添加“海员物标”（Mariner Objects）并进行注释。可使用复杂属性“信息”（information）根据文本信息将内容保存在 SENC 中。据估计，这些要素在“航线规划”（Route Planning）阶段创建，在“航线监测”（Routing Monitoring）阶段发挥提示作用。

通过 ENC 预告发布信息时，应尽快向海员提供采用 S-101 相关要素编码的最终完整版海图信息。因此，ENC 更新或新版 ENC 数据集应随后发布，届时生产机构可对变更内容进行完整编码。时间周期取决于以下内容：

- 海道测量局对修改要素进行完整编码所需的时间；
- 确认信息所需的时间；
- 现实世界状况稳定的日期，预计变更实现的日期。

5）收到的原始资料可能包含某些重要且易于采用相关要素简易编码的航行信息。在这种情况下，可使用相关要素对此类内容进行编码，前提是能反映向用户提供 ENC 更新后的“现实世界”情况。然而，如果变化持续发生，此类内容应相应予以修正，并且会增加海道测量局的工作量。在这种情况下，ENC 更新数据还应提示海员，情况可能还有变化。临时信息的相关内容参见 A.31.2.2 节。

6）复杂属性“固定日期范围”（fixed date range）的用法：另见上述 A.31.2.2 节第 6 点。新的或变更的“定线制”（routeing measure）相关内容见 A.31.1.1 节。

7）使用信息类型“航海信息”（Nautical Information）（见 A.24.4 节）的相关实例和复杂属性“信息”（information）提供补充信息。另见上述 A.31.2.2 节第 7 点。

8）资料采用图有时对海员帮助很大，例如，用于指示复杂定线制的变更状况，或介绍新定线制。在这种情况下，可使用“航海信息”（Nautical Information）（见 A.24.4 节）的相关实例、“图示显示”（Pictorial representation）属性引用图像文件。

9）预告信息 ENC 更新应定期管理和查看。例如，可能已收到新的原始资料，需要重新发布 ENC 更新。这可能会增加、变更、作废之前发布的信息。

10）建议做进一步验证，确保已编码的 ENC 更新与相应的纸质通告一致。

11）典型案例指南：

a）分道通航制：

- 见 A.31.1.1 节。复杂属性“固定日期范围”（fixed date range）的用法见 A.31.2.2 节第 6 点。

b）变更区内的复杂信息（如在建工程）：

- 应创建“警告区”（Caution Area）要素覆盖变更区。如有必要，可使用信息类型“航海信息”（Nautical Information）（见 A.24.4 节）的相关实例、复杂属性“信息”（information）、子属性“文本”（text）[如“在建”（under construction）]或子属性“文件引用”（file reference）添加其他信息。如信息较为详细，在时间允许的情况下，可在“警告区”内对重要航行信息[如助航标志（navigational aid）、航道（fairway）、限制区（regulated area）]编码或修改。如有必要，也可使用“航海信息”的“图示显示”（Pictorial representation）属性说明图片文件的引用情况。

- 或者，如果认为适当，“限制”（restriction）=7[“禁止进入”（entry prohibited）] 属性中的“航行限制区”（Restricted Area Navigational）要素 [而非“警告区”（Caution Area）] 也可以编码。

c）不需要其他警告提示的简单信息：

- 应使用信息类型“航海信息”（Nautical Information）（见 A.24.4 节）的相关实例和复杂属性“信息”（information）的任何上下文补充信息对相关要素及适当属性进行编码。在这种情况下，无须使用“警告区”（Caution Area）要素。例如，可能适用于铺设中的海底电缆和管道 [“海底电缆”（Cable Submarine）或“海底 / 陆地管道”（Submarine/On Land）要素]，或填筑中（under reclamation）的区域 [属性“状态”（condition）=3（填筑中，under reclamation）的“陆地区”（Land Area）要素]。如有必要，编码应设置空间属性“水平测量质量”（quality of horizontal measurement）=4[“不精确”（approximate）]，表示位置是不精确的。

d）小于规定区域内的图绘水深的水深：

- 如果水深值及其位置已知，则可创建或修改“水深”（Sounding）要素（见 A.11.3 节）；也应根据需要对任何受影响的等深线和深度区进行修改。信息来源应使用信息类型“航海信息”（Nautical Information）（见 A.24.4 节）的相关实例和复杂属性“信息”（information）进行编码。但生产机构应仔细考虑更新 ENC 水深信息所需的时间，以及拓扑变更的复杂性。修正后的“水深”（Sounding）、“深度区”（Depth Area）和相关要素的编码，可能不适合在恰当的时间内发布重要航行信息。此时应首选“警告区”（Caution Area）。只有最重要的深度信息修正内容才应使用信息类型“航海信息”的相关实例。如果深度值或具体位置不明，或生产机构了解的水深值信息有限，也应使用此方法。

附录 B　规范性　数据产品格式（编码）

简介

S-101 使用 ISO/IEC 8211 的 S-100 专用标准（S-100 第 10A 部分）进行数据封装。本附录定义了计算机系统之间共享数据记录文件的交换格式，并定义一个特定的结构，可供包含 S-101 数据类型和数据结构的文件传输使用。

B.1　数据集文件（dataset file）

各基础数据集或更新数据集文件中的数据顺序如下：

数据集文件（Dataset file）

- 数据集通用信息记录（Dataset general information record）
- 数据集结构信息字段结构（Dataset structure information field structure）
- 数据集坐标参照系记录结构（Dataset Coordinate Reference System record structure）

信息记录（Information records）

- 信息（Information）

矢量记录（Vector records）

- 点（Point）
- 多点（Multi point）
- 曲线（Curve）
- 组合曲线（Composite Curve）
- 曲面（Surface）

要素记录（Feature records）

- 元要素（Meta features）
- 地理要素（Geo features）
- 聚合要素（Aggregated features）

采用该记录顺序，便于导入软件对父记录引用的子记录进行检查（即，已对子记录进行了读取操作，可以知道其是否存在）。

B.2　记录（record）

禁止使用下文树型结构图中没有的记录和字段。文件中的记录顺序必须与树型结构图中描述的相同。

文件名与记录“名称”（Name）的组合必须为记录提供唯一的全球标识符。记录“名称”由相应“记录标识符字段”的 RCNM 和 RCID 子字段组成。

B.3 字段（field）

对于基础数据集文件，某些字段可以重复（由<0..*>或<1..*>表示），其内容也可以重复（由 * 表示）。为减少数据量，编码者应重复使用子字段序列，无须创建多个字段。

B.4 子字段（subfield）

强制子字段必须用非空值（non-null）填充。

禁用子字段必须用缺失子字段值编码。缺失属性值的准确含义见附录 A。

在树型结构图下面的表中，可填入的值在“值”（Values）列中说明。

当编制新的基础数据集时，“记录更新指令”（Record Update Instruction，RUIN）子字段必须设置为“插入”（Insert）。更新 RUIN 编码时，可设置为“插入”（Insert）、“修改”（Modify）或“删除”（Delete）。

B.5 基础数据集结构

注：下图括号中的数值是字段中子字段的数量。

基础数据集文件 （Base dataset file）

```
|
|—<1>- 数据集通用信息记录 （Dataset General Information record）
|   |
|   |—<1>-DSID (13\\*1)：数据集标识字段 （Dataset Identification field）
|        |
|        |—<1>-DSSI (13)：数据集结构信息字段（Dataset Structure Information field）
|        |
|        |—<0..1>-ATCS (*2)：属性代码字段（Attribute Codes field）
|        |
|        |—<0..1>-ITCS (*2)：信息类型代码字段（Information Type Codes field）
|        |
|        |—<0..1>-FTCS (*2)：要素类型代码字段（Feature Type Codes field）
|        |
|        |—<0..1>-IACS (*2)：信息关联代码字段（Information Association Codes field）
|        |
|   |-<0..1>-FACS (*2)：要素关联代码字段（Feature Association Codes field）
|
|        |-<0..1>-ARCS (*2)：关联角色代码字段（Association Role Codes field）
|
|
|—<1>—数据集坐标参照系记录（Dataset Coordinate Reference System record）
```

```
|   |
|   |—<1>-CSID (3)：坐标参照系记录标识符字段（Coordinate Reference System Record Identifier field）
|          |
|          |—<1..*>-CRSH (7)：坐标参照系头字段（Coordinate Reference System Header field）|
|          |—<0..1>-CSAX (*2)：坐标系轴字段（Coordinate System Axes field）
|          |
|          |—<0..1>-VDAT (4)：垂直基准字段（Vertical Datum field）
|
|
|—<0..*>—信息记录（Information record）
|   |
|   |—<1>-IRID (5)：信息类型记录标识符字段（Information Type Record Identifier field）
|
|          |—<0..*>- ATTR (*5)：属性字段（Attribute field）
|          |
|          |—<0..*>- INAS (5\\*5)：信息关联字段（Information Association field）
|
|
|—<0..*>— 点记录（Point record）
|   |
|   |—<1>-PRID (4)：点记录标识符字段（Point Record Identifier field）
|          |
|          |-<0..*>-INAS (5\\*5)：信息关联字段（Information Association field）
|          |
|          | 可选的坐标表示：
|          |
|          *-<1>-C2IT (2)：二维整数坐标元组字段（2-D Integer Coordinate Tuple field）
|          |
|          *-<1>-C3IT (4)：三维整数坐标元组字段（3-D Integer Coordinate Tuple field）
|
|
|—<0..*>—多点记录（Multi Point record　）
|   |
|   |—<1>-MRID (4)：多点记录标识符字段（Multi Point Record Identifier field）
|          |
|          |-<0..*>-INAS (5\\*5)：信息关联字段（Information Association field）
|          |
```

```
|          | 可选的坐标表示：
|          |
|          *-<0..*>-C2IL (*2)：二维整数坐标列表字段（2-D Integer Coordinate List field）
|          |
|          *-<0..*>-C3IL (1\\*3)：三维整数坐标列表字段（3-D Integer Coordinate List field）
|
|
|—<0..*>—曲线记录（Curve record）
|    |
|    |—<1>-CRID (4)：曲线记录标识符字段（Curve Record Identifier field）
|          |
|          |-<0..*>-INAS (5\\*5)：信息关联字段（Information Association field）
|          |
|          |-<1>-PTAS (*3)：点关联字段（Point Association field）
|          |
|          |-<1>-SEGH (1)：段头字段（Segment Header field）
|               |
|               |-<1..*>-C2IL (*2)：二维整数坐标列表字段（2-D Integer Coordinate List field）
|
|
|—<0..*>—组合曲线记录（Composite Curve record）
|    |
|    |—<1>-CCID (4)：组合曲线记录标识符字段（Composite Curve Record Identifier field）
|          |
|          |-<0..*>-INAS (5\\*5)：信息关联字段（Information Association field）
|          |
|          |-<0..*>-CUCO (*3)：曲线组件字段（Curve Component field）
|
|
|—<0..*>—曲面记录（Surface record）
|    |
|    |—<1>-SRID (4)：曲面记录标识符字段（Surface Record Identifier field）
|          |
|          |-<0..*>-INAS (5\\*5)：信息关联字段（Information Association field）
|          |
|          |-<1..*>-RIAS (*5)：环关联字段（Ring Association Field）
```

|
|
|—<0..*>—要素类型记录（Feature Type record）
 |
 |—<1>-FRID (5)：要素类型记录标识符字段（Feature Type Record Identifier field）
  |
  |-<1>-FOID (3)：要素对象标识符字段（Feature Object Identifier field）
  |
  |-<0..*>-ATTR (*5)：属性字段（Attribute field）
  |
  |-<0..*>-INAS (5*5)：信息关联字段（Information Association field）
  |
  |-<0..*>-SPAS (*6)：空间关联字段（Spatial Association field）
  |
  |-<0..*>-FASC (5*5): 要素关联字段（Feature Association field）
  |
  |-<0..*>-MASK (*4)：屏蔽空间类型字段（Masked Spatial Type field）

B.5.1　字段内容

B.5.1.1　数据集标识字段 – DSID

子字段名称（英文）	子字段名称（中文）	标签	值	格式	备注
Record Name	记录名称	RCNM	{10}	b11	{10}- 数据集标识
Record Identification number	记录标识号	RCID	{1}	b14	只有一个记录
Encoding Specification	编码规范	ENSP	‘S-100 第 10a 部分’	A()	定义该编码的编码规范
Encoding Specification Edition	编码规范版次	ENED	“1.1”	A()	编码规范的版次
Product Identifier	产品标识符	PRSP	“INT.IHO .S- 101.1.0”	A()	按照产品规范规定的数据产品唯一标识符
Product Edition	产品版次	PRED	“1.0”	A()	产品规范的版次
Application Profile	应用配置	PROF	“1”	A()	“1” - 基础数据集配置
Dataset File Identifier	数据集文件标识符	DSNM		A()	包含扩展名的文件名（不包含路径）
Dataset Title	数据集标题	DSTL		A()	数据集的标题

子字段名称（英文）	子字段名称（中文）	标签	值	格式	备注
Dataset Reference Date	数据集引用日期	DSRD		A(8)	数据集的引用日期格式：根据ISO 8601定义的数据集引用日期格式：YYYYMMDD
Dataset Language	数据集语言	DSLG	"EN"	A()	数据集中（主要）使用的语言
Dataset Abstract	数据集摘要	DSAB	省略	A()	数据集摘要
Dataset Edition	数据集版次	DSED		A()	见11.3.3节
Dataset Topic Category	数据集专题类别	*DSTC	{14}{18}	b11	一组专题类别

B.5.1.2 数据集结构信息字段 - DSSI

子字段名称（英文）	子字段名称（中文）	标签	值	格式	备注
Dataset Coordinate Origin X	数据集坐标原点X	DCOX	{0.0}	b48	在编码之前用于调整x坐标的偏移量
Dataset Coordinate Origin Y	数据集坐标原点Y	DCOY	{0.0}	b48	在编码之前用于调整y坐标的偏移量
Dataset Coordinate Origin Z	数据集坐标原点Z	DCOZ	{0.0}	b48	在编码之前用于调整z坐标的偏移量
Coordinate Multiplication Factor for X- coordinate	X坐标的坐标乘法因子	CMFX	{10^7}	b14	x坐标或经度的浮点到整数乘法因子
Coordinate Multiplication Factor for Y- coordinate	Y坐标的坐标乘法因子	CMFY	{10^7}	b14	y坐标或纬度的浮点到整数乘法因子
Coordinate Multiplication Factor for Z- coordinate	Z坐标的坐标乘法因子	CMFZ	{100}	b14	z坐标、深度或高度的浮点到整数乘法因子
Number of Information Type records	信息类型记录的数量	NOIR		b14	数据集中信息记录的数量
Number of Point records	点记录的数量	NOPN		b14	数据集中点记录的数量
Number of Multi Point records	多点记录的数量	NOMN		b14	数据集中多点记录的数量
Number of Curve records	曲线记录的数量	NOCN		b14	数据集中曲线记录的数量
Number of Composite Curve records	组合曲线记录的数量	NOXN		b14	数据集中组合曲线记录的数量
Number of Surface records	曲面记录的数量	NOSN		b14	数据集中曲面记录的数量
Number of Feature Type records	要素类型记录的数量	NOFR		b14	数据集中要素类型记录的数量

B.5.1.3　属性代码字段结构 - ATCS

子字段名称（英文）	子字段名称（中文）	标签	值	格式	备注
Attribute Code	属性代码	ATCD		A	要素目录中定义的代码
Attribute Numeric Code	属性数值代码	ANCD		b12	NATC 子字段中使用的代码

B.5.1.4　信息类型代码字段结构 - ITCS

子字段名称（英文）	子字段名称（中文）	标签	值	格式	备注
Information Type Code	信息类型代码	ITCD		A	要素目录中定义的代码
Information Type Numeric Code	信息类型数值代码	ITNC		b12	NITC 子字段中使用的代码

B.5.1.5　要素类型代码字段结构 - FTCS

子字段名称（英文）	子字段名称（中文）	标签	值	格式	备注
Feature Type Code	要素类型代码	FTCD		A	要素目录中定义的代码
Feature Type Numeric Code	要素类型数值代码	FTNC		b12	NFTC 子字段中使用的代码

B.5.1.6　信息关联代码字段结构 - IACS

子字段名称（英文）	子字段名称（中文）	标签	值	格式	备注
Information Association Code	信息关联代码	IACD		A	要素目录中定义的代码
Information Association Numeric Code	信息关联数值代码	IANC		b12	NIAC 子字段中使用的代码

B.5.1.7　要素关联代码字段结构 - FACS

子字段名称（英文）	子字段名称（中文）	标签	值	格式	备注
Feature Association Code	要素关联代码	FACD		A	要素目录中定义的代码
Feature Association Numeric Code	要素关联数值代码	FANC		b12	NFAC 子字段中使用的代码

B.5.1.8　关联角色代码字段结构 - ARCS

子字段名称（英文）	子字段名称（中文）	标签	值	格式	备注
Association Role Code	关联角色代码	ARCD		A	要素目录中定义的代码
Association Role Numeric Code	关联角色数值代码	ARNC		b12	NARC 子字段中使用的代码

B.5.1.9 坐标参照系记录标识符字段 -CSID

子字段名称（英文）	子字段名称（中文）	标签	值	格式	备注
Record Name	记录名称	RCNM	{15}	b11	{15} – 坐标参照系标识符
Record Identification number	记录标识号	RCID	{1}	b14	只有一个记录
Number of CRS Components	CRS 组件数量	NCRC		b11	{1} – 单一坐标参照系（数据集中没有 C3IT 或 C3IL 字段） >{1} – 组合坐标参照系

B.5.1.10 坐标参照系头字段结构 - CRSH

子字段名称（英文）	子字段名称（中文）	标签	值	格式	备注
CRS Index	坐标参照系索引	CRIX		b11	1- 水平坐标参照系 >1- 垂直坐标参照系
CRS Type	坐标参照系类型	CRST	{1} 或 {5}	b11	{1}- 二维地理 {5}- 垂直
Coordinate System Type	坐标系类型	CSTY	{1} 或 {3}	b11	{1}- 椭球坐标系 {3}- 垂直坐标系
CRS Name	坐标参照系名称	CRNM	“WGS84” - 水平坐标参照系；“Depth - *” - 垂直坐标参照系，其中“*”为垂直基准名	A()	
CRS Identifier	坐标参照系标识符	CRSI	“4326” - 水平坐标参照系；“省略”（omitted）- 垂直坐标参照系	A()	
CRS Source	坐标参照系来源	CRSS	{2} 水平坐标参照系 {255} 垂直坐标参照系	b11	{2}-EPSG {255}- 不可用
CRS Source Information	坐标参照系来源信息	SCRI	省略	A()	

B.5.1.11 坐标系轴字段 - CSAX

该字段只用在垂直坐标参照系中。

子字段名称（英文）	子字段名称（中文）	标签	值	格式	备注
Axis Type	轴类型	*AXTY	{12}	b11	{12}- 重力相关深度（向下）
Axis Unit of Measure	轴的度量单位	AXUM	{4}	b11	{4}- 米

B.5.1.12　垂直基准字段 - VDAT

该字段只用在垂直坐标参照系中。

子字段名称（英文）	子字段名称（中文）	标签	值	格式	备注
Datum Name	基准名	DTNM		A()	垂直基准名称
Datum Identifier	基准标识符	DTID		A()	该基准在外部来源中的标识符
Datum Source	基准来源	DTSR	{2}	b11	{2}- 要素目录
Datum Source Information	基准来源信息	SCRI	省略	A()	

B.5.1.13　信息类型标识符字段 - IRID

子字段名称（英文）	子字段名称（中文）	标签	值	格式	备注
Record Name	记录名称	RCNM	{150}	b11	{150}- 信息类型
Record Identification number	记录标识号	RCID		b14	范围：1 至 2^{32}-2
Numeric Information Type Code	数值信息类型代码	NITC		b12	有效的信息类型代码，定义详见“Dataset General Information Record”（数据集通用信息记录）的 ITCS 字段
Record Version	记录版本	RVER		b12	包含记录版本序列号的 RVER
Record Update Instruction	记录更新指令	RUIN	{1}	b11	{1}- 插入

B.5.1.14　属性字段 - ATTR

子字段名称（英文）	子字段名称（中文）	标签	值	格式	备注
Numeric Attribute Code	数值属性代码	*NATC		b12	数据集通用信息记录 ATCS 字段中定义的有效属性代码
Attribute Index	属性索引	ATIX		b12	属性在具有同一代码和同一父级的属性序列中的索引（位置），以 1 为起始
Parent Index	父级索引	PAIX		b12	在 ATTR 字段（以 1 为起始）中父级复杂属性的索引（位置）。如果该属性没有父级（顶层属性），那么该值为 0

子字段名称（英文）	子字段名称（中文）	标签	值	格式	备注
Attribute Instruction	属性指令	ATIN	{1}	b11	{1}- 插入
Attribute Value	属性值	ATVL		A()	包含一个属性域有效值的字符串，该属性域由上述子字段规定

B.5.1.15 信息关联字段 - INAS

子字段名称（英文）	子字段名称（中文）	标签	值	格式	子字段内容与规范
Referenced Record Name	引用记录名称	RRNM	150	b11	引用记录的记录名称
Referenced Record Identifier	引用记录标识符	RRID		b14	引用记录的记录标识符
Numeric Information Association Code	数值信息关联代码	NIAC		b12	“Dataset General Information Record”（数据集通用信息记录）的 IACS 字段定义的信息关联的有效代码
Numeric Association Role Code	数值关联角色代码	NARC			“Dataset General Information Record”（数据集通用信息记录）的 ARCS 字段中定义的角色的有效代码
Information Association Update Instruction	信息关联更新指令	IUIN		b11	{1}- 插入 {2}- 删除 {3}- 修改
Numeric Attribute Code	数值属性代码	*NATC		b12	数据集通用信息记录 ATCS 字段中定义的有效属性代码
Attribute Index	属性索引	ATIX		b12	属性在具有同一代码和同一父级的属性序列中的索引(位置)，以 1 为起始
Parent Index	父级索引	PAIX		b12	在 INAS 字段（以 1 为起始）中父级复杂属性的索引(位置)。如果该属性没有父级（顶层属性），该值为 0
Attribute Instruction	属性指令	ATIN		b11	{1}- 插入 {2}- 删除 {3}- 修改

子字段名称（英文）	子字段名称（中文）	标签	值	格式	子字段内容与规范
Attribute Value	属性值	ATVL		A()	包含一个属性域有效值的字符串，该属性域由上述子字段规定

B.5.1.16 点记录标识符字段 - PRID

子字段名称（英文）	子字段名称（中文）	标签	值	格式	备注
Record Name	记录名称	RCNM	{110}	b11	{110}- 点
Record Identification number	记录标识号	RCID		b14	范围：1 至 2^{32}-2
Record Version	记录版本	RVER		b12	包含记录版本序列号的 RVER
Record Update Instruction	记录更新指令	RUIN	{1}	b11	{1}- 插入

B.5.1.17 二维整数坐标元组字段结构 - C2IT

子字段名称（英文）	子字段名称（中文）	标签	值	格式	备注
Coordinate in Y axis	Y 轴坐标	YCOO		b24	Y- 坐标或纬度
Coordinate in X axis	X 轴坐标	XCOO		b24	X- 坐标或经度

B.5.1.18 三维整数坐标元组字段结构 - C3IT

子字段名称（英文）	子字段名称（中文）	标签	值	格式	备注
Vertical CRS Id	垂直坐标参照系 Id	VCID		b11	垂直 CRS 内部标识符
Coordinate in Y axis	Y 轴坐标	YCOO		b24	Y- 坐标或纬度
Coordinate in X axis	X 轴坐标	XCOO		b24	X- 坐标或经度
Coordinate in Z axis	Z 轴坐标	ZCOO		b24	Z- 坐标（深度）

B.5.1.19 多点记录标识符字段 - MRID

子字段名称（英文）	子字段名称（中文）	标签	值	格式	备注
Record Name	记录名称	RCNM	{115}	b11	{115}- 多点
Record Identification number	记录标识号	RCID		b14	范围：1 至 2^{32}-2
Record Version	记录版本	RVER		b12	包含记录版本序列号的 RVER
Record Update Instruction	记录更新指令	RUIN	{1}	b11	{1}- 插入

B.5.1.20　二维整数坐标列表字段结构 - C2IL

子字段名称（英文）	子字段名称（中文）	标签	格式	子字段内容与规范
Coordinate in Y axis	Y 轴坐标	*YCOO	b24	Y- 坐标或纬度
Coordinate in X axis	X 轴坐标	XCOO	b24	X- 坐标或经度

B.5.1.21　三维整数坐标列表字段结构 - C3IL

子字段名称（英文）	子字段名称（中文）	标签	格式	子字段内容与规范
Vertical CRS Id	垂直坐标参照系 Id	VCID	b11	垂直 CRS 内部标识符
Coordinate in Y axis	Y 轴坐标	*YCOO	b24	Y- 坐标或纬度
Coordinate in X axis	X 轴坐标	XCOO	b24	X- 坐标或经度
Coordinate in Z axis	Z 轴坐标	ZCOO	b24	Z- 坐标（深度）

B.5.1.22　曲线记录标识符字段 - CRID

子字段名称（英文）	子字段名称（中文）	标签	值	格式	备注
Record Name	记录名称	RCNM	{120}	b11	{120}- 曲线
Record Identification number	记录标识号	RCID		b14	范围：1 至 2^{32}-2
Record Version	记录版本	RVER		b12	包含记录版本序列号的 RVER
Record Update Instruction	记录更新指令	RUIN	{1}	b11	{1}- 插入

B.5.1.23　点关联字段 - PTAS

子字段名称（英文）	子字段名称（中文）	标签	值	格式	备注
Referenced Record Name	引用记录名	*RRNM		b11	引用记录的记录名称
Referenced Record Identifier	引用记录标识符	RRID		b14	引用记录的记录标识符
Topology Indicator	拓扑指示器	TOPI		b11	{1}- 起点 {2}- 终点 {3}- 起点和终点

B.5.1.24　段头字段 - SEGH

子字段名称（英文）	子字段名称（中文）	标签	值	格式	备注
Interpolation	插值	INTP	{4}	b11	{4}- 斜驶

B.5.1.25　组合曲线记录标识符字段 - CCID

子字段名称（英文）	子字段名称（中文）	标签	值	格式	备注
Record Name	记录名称	RCNM	{125}	b11	{125}- 组合曲线
Record Identification number	记录标识号	RCID		b14	范围：1 至 2^{32}-2
Record Version	记录版本	RVER		b12	包含记录版本序列号的 RVER
Record Update Instruction	记录更新指令	RUIN	{1}	b11	{1}- 插入

B.5.1.26　曲线组件字段 - CUCO

子字段名称（英文）	子字段名称（中文）	标签	值	格式	备注
Referenced Record Name	引用记录名	*RRNM		b11	引用记录的记录名称
Referenced Record Identifier	引用记录标识符	RRID		b14	引用记录的记录标识符
Orientation	方向	ORNT		b11	{1}- 向前 {2}- 向后

B.5.1.27　曲面记录标识符字段 - SRID

子字段名称（英文）	子字段名称（中文）	标签	值	格式	备注
Record Name	记录名称	RCNM	{130}	b11	{130}- 曲面
Record Identification number	记录标识号	RCID		b14	范围：1 至 2^{32}-2
Record Version	记录版本	RVER		b12	包含记录版本序列号的 RVER
Record Update Instruction	记录更新指令	RUIN	{1}	b11	{1}- 插入

B.5.1.28　环关联字段 - RIAS

子字段名称（英文）	子字段名称（中文）	标签	值	格式	备注
Referenced Record Name	引用记录名称	*RRNM		b11	引用记录的记录名称
Referenced Record Identifier	引用记录标识符	RRID		b14	引用记录的记录标识符
Orientation	方向	ORNT		b11	{1}- 向前 {2}- 向后
Usage indicator	用法指示	USAG		b11	{1}- 外部 {2}- 内部
Ring Association Update Instruction	环关联更新指令	RAUI	{1}	b11	{1}- 插入

B.5.1.29 要素类型记录标识符字段 - FRID

子字段名称（英文）	子字段名称（中文）	标签	值	格式	备注
Record Name	记录名称	RCNM	{100}	b11	{100}- 要素类型
Record Identification number	记录标识号	RCID		b14	范围：1 至 2^{32}-2
Numeric Feature Type Code	数值要素类型代码	NFTC		b12	有效要素类型代码，定义参见“数据集通用信息记录”的 FTCS 字段
Record Version	记录版本	RVER		b12	包含记录版本序列号的 RVER
Record Update Instruction	记录更新指令	RUIN	{1}	b11	{1}- 插入

B.5.1.30 要素对象标识符字段 - FOID

子字段名称（英文）	子字段名称（中文）	标签	值	格式	备注
Producing Agency	生产部门	AGEN		b12	部门代码
Feature Identification Number	要素标识号	FIDN		b14	范围：1 至 2^{32}-2
Feature Identification Subdivision	要素标识细分	FIDS		b12	范围：1 至 2^{16}-2

B.5.1.31 空间关联字段 - SPAS

子字段名称（英文）	子字段名称（中文）	标签	值	格式	备注
Referenced Record Name	引用记录名称	*RRNM		b11	引用记录的记录名称
Referenced Record Identifier	引用记录标识符	RRID		b14	引用记录的记录标识符
Orientation	方向	ORNT		b11	{1}- 向前 {2}- 向后 {255} 空（不可用）
Scale Minimum	比例尺最小值	SMIN		b14	被引用空间对象可以描述要素类型的最大比例尺的分母。 如果值为 0，则表示不可用
Scale Maximum	比例尺最大值	SMAX		b14	被引用空间对象可以描述要素类型的最小比例尺的分母。 如果值为 2^{32}-1，则表示不可用
Spatial Association Update Instruction	空间关联更新指令	SAUI	{1}	b11	{1}- 插入

B.5.1.32　要素关联字段 - FASC

子字段名称（英文）	子字段名称（中文）	标签	值	格式	备注
Referenced Record Name	引用记录名	RRNM		b11	引用记录的记录名称
Referenced Record Identifier	引用记录标识符	RRID		b14	引用记录的记录标识符
Numeric Feature Association Code	数值要素关联代码	NFAC		b12	“数据集通用信息记录”FACS 字段中定义的要素关联的有效代码
Numeric Association Role Code	数值关联角色代码	NARC		b12	“数据集通用信息记录”ARCS 字段中定义的角色的有效代码
Feature Association Update Instruction	要素关联更新指令	FAUI	{1}	b11	{1}- 插入
Numeric Attribute Code	数值属性代码	*NATC		b12	“数据集通用信息记录”ATCS 字段中定义的有效属性代码
Attribute Index	属性索引	ATIX		b12	属性在具有同一代码和同一父级的属性序列中的索引（位置），以 1 为起始
Parent Index	父级索引	PAIX		b12	在 FASC 字段（以 1 为起始）中父级复杂属性的索引（位置）。如果该属性没有父级（顶层属性），那么该值为 0
Attribute Instruction	属性指令	ATIN		b11	{1}- 插入 {2}- 删除 {3}- 修改
Attribute Value	属性值	ATVL		A()	包含一个属性域有效值的字符串，该属性域由上述子字段规定

B.5.1.33　屏蔽空间类型字段 - MASK

子字段名称（英文）	子字段名称（中文）	标签	值	格式	备注
Referenced Record Name	引用记录名	*RRNM		b11	引用记录的记录名称
Referenced Record Identifier	引用记录标识符	RRID		b14	引用记录的记录标识符
Mask Indicator	屏蔽指示符	MIND	{1} 或 {2}	b11	{1}- 被数据集边界截断 {2}- 压盖的图示表达
Mask Update Instruction	屏蔽更新指令	MUIN	{1}	b11	{1}- 插入

B.6 更新数据集结构

```
更新数据集文件（Update dataset file）
|
|—<1>- 数据集通用信息记录（Dataset General Information record）
|   |
|   |—<1>-DSID (13\\*1)：数据集标识字段（Dataset Identification field）
|         |
|         |—<1>-DSSI (13)：数据集结构信息字段（Dataset Structure Information field）
|         |
|         |—<0..1>-ATCS (*2)：属性代码字段（Attribute Codes field）
|         |
|         |—<0..1>-ITCS (*2)：信息类型代码字段（Information Type Codes field）
|         |
|         |—<0..1>-FTCS (*2)：要素类型代码（Feature Type Codes field）
|         |
|         |—<0..1>-IACS (*2)：信息关联代码字段（Information Association Codes field）
|         |
|         |-<0..1>-FACS (*2)：要素关联代码字段（Feature Association Codes field）
|         |
|         |-<0..1>-ARCS (*2)：关联角色代码字段（Association Role Codes field）
|
|
|—<0..*>—信息记录（Information record）
|   |
|   |—<1>-IRID (5)：信息类型记录标识符字段（Information Type Record Identifier field）
|         |
|         |—<0..*>- ATTR (*5)：属性字段（Attribute field）
|         |
|         |—<0..*>- INAS (5\\*5)：信息关联字段（Information Association field）
|
|
|—<0..*>—点记录（Point record）
|   |
|   |—<1>-PRID (4)：点记录标识符字段（Point Record Identifier field）
|         |
|         |-<0..*>-INAS (5\\*5)：信息关联字段（Information Association field）
```

```
|         |
|         | 可选的坐标显示：
|         |
|         *-<0..1>-C2IT (2)：二维整数坐标元组字段（2-D Integer Coordinate Tuple field）
|         |
|         *-<0..1>-C3IT (4)：三维整数坐标元组字段（3-D Integer Coordinate Tuple field）
|
|
|—<0..*>— 多点记录（Multi Point record）
|   |
|   |—<1>-MRID (4)：多点记录标识符字段（Multi Point Record Identifier field）
|         |
|         |-<0..*>-INAS (5\\*5)：信息关联字段（Information Association field）
|         |
|         |-<0..1>-COCC (3)：坐标控制字段（Coordinate Control field）
|         |
|         | 可选的坐标显示：
|         |
|         *-<0..*>-C2IL (*2)：二维整数坐标列表字段（2-D Integer Coordinate List field）
|         |
|         *-<0..*>-C3IL (1\\*3)：三维整数坐标列表字段（3-D Integer Coordinate List field）
|
|
|—<0..*>— 曲线记录（Curve record）
|   |
|   |—<1>-CRID (4)：曲线记录标识符字段（Curve Record Identifier field）
|         |
|         |-<0..*>-INAS (5\\*5)：信息关联字段（Information Association field）
|         |
|         |-<0..1>-PTAS (*3)：点关联字段（Point Association field）
|         |
|         |-<0..1>-SECC (3)：分段控制字段（Segment Control field）
|         |
|         |-<0..1>-SEGH (1)：段头字段（Segment Header field）
|              |
|              |-<0..1>-COCC (3)：坐标控制字段（Coordinate Control Field ）
|              |
```

```
|            |-<1..*>-C2IL (*2)：二维整数坐标列表字段（2-D Integer Coordinate List field）
|
|
—<0..*>— 组合曲线记录（Composite Curve record）
|   |
|   |—<1>-CCID (4)：组合曲线记录标识符字段（Composite Curve Record Identifier field）
|        |
|        |-<0..*>-INAS (5\\*5)：信息关联字段（Information Association field）
|        |
|        |-<0..1>-CCOC (3)：曲线组件控制字段（Curve Component Control field）
|        |
|        |-<0..*>-CUCO (*3)：曲线组件字段（Curve Component field）
|
|
|—<0..*>—曲面记录（Surface record）
|   |
|   |—<1>-SRID (4)：曲面记录标识符字段（Surface Record Identifier field）
|        |
|        |-<0..*>-INAS (5\\*5)：信息关联字段（Information Association field）
|        |
|        |-<0..*>-RIAS (*5)：环关联字段（Ring Association Field）
|
|
|—<0..*>— 要素类型记录（Feature Type record）
    |
    |—<1>-FRID (5)：要素类型记录标识符字段（Feature Type Record Identifier field）
         |
         |-<1>-FOID (3)：要素对象标识符字段（Feature Object Identifier field）
         |
         |-<0..*>-ATTR (*5)：属性字段（Attribute field）
         |
         |-<0..*>-INAS (5\\*5)：信息关联字段（Information Association field）
         |
         |-<0..*>-SPAS (*6)：空间关联字段（Information Association field）
         |
         |-<0..*>-FASC (*5)：要素关联字段（Feature Association field）
         |
```

|-<0..*>-MASK (*4)：屏蔽空间类型字段（Masked Spatial Type field）

B.6.1 字段内容

B.6.1.1 数据集标识字段 – DSID

子字段名称（英文）	子字段名称（中文）	标签	值	格式	备注
Record Name	记录名称	RCNM	{10}	b11	{10}- 数据集标识
Record Identification number	记录标识号	RCID	{1}	b14	只有一个记录
Encoding Specification	编码规范	ENSP	‘S-100 第 10a 部分’	A()	定义该编码的编码规范
Encoding Specification Edition	编码规范版次	ENED	“1.1”	A()	编码规范的版次
Product Identifier	产品标识符	PRSP	“INT.IHO. S-101.1.0”	A()	按照产品规范规定的数据产品唯一标识符
Product Edition	产品版次	PRED	“1.0”	A()	产品规范的版次
Application Profile	应用配置	PROF	“2”	A()	“2” —更新数据集的配置
Dataset File Identifier	数据集文件标识符	DSNM		A()	包含扩展名的文件名（不包含路径）
Dataset Title	数据集标题	DSTL		A()	数据集的标题
Dataset Reference Date	数据集引用日期	DSRD		A(8)	数据集的引用日期 格式：根据 ISO 8601 定义的数据集引用日期 格式：YYYYMMDD
Dataset Language	数据集语言	DSLG	“EN”	A()	数据集中使用的(主要)语言
Dataset Abstract	数据集摘要	DSAB	省略	A()	数据集摘要
Dataset Edition	数据集版次	DSED		A()	[版次号].[更新号]，例如 4.20
Dataset Topic Category	数据集专题类别	*DSTC	{14}{18}	b11	一组专题类别

B.6.1.2 数据集结构信息字段 - DSSI

子字段名称（英文）	子字段名称（中文）	标签	值	格式	备注
Dataset Coordinate Origin X	数据集坐标原点 X	DCOX	{0.0}	b48	在编码之前用于调整 x 坐标的偏移量
Dataset Coordinate Origin Y	数据集坐标原点 Y	DCOY	{0.0}	b48	在编码之前用于调整 y 坐标的偏移量
Dataset Coordinate Origin Z	数据集坐标原点 Z	DCOZ	{0.0}	b48	在编码之前用于调整 z 坐标的偏移量

子字段名称（英文）	子字段名称（中文）	标签	值	格式	备注
Coordinate Multiplication Factor for X- coordinate	X 坐标的坐标乘法因子	CMFX	$\{10^7\}$	b14	x 坐标或经度的浮点到整数乘法因子
Coordinate Multiplication Factor for Y- coordinate	Y 坐标的坐标乘法因子	CMFY	$\{10^7\}$	b14	y 坐标或纬度的浮点到整数乘法因子
Coordinate Multiplication Factor for Z- coordinate	Z 坐标的坐标乘法因子	CMFZ	{100}	b14	z 坐标、深度或高度的浮点到整数乘法因子
Number of Information Type Records	信息类型记录的数量	NOIR		b14	数据集中信息记录的数量
Number of Point records	点记录的数量	NOPN		b14	数据集中点记录的数量
Number of Multi Point records	多点记录的数量	NOMN		b14	数据集中多点记录的数量
Number of Curve records	曲线记录的数量	NOCN		b14	数据集中曲线记录的数量
Number of Composite Curve records	组合曲线记录的数量	NOXN		b14	数据集中组合曲线记录的数量
Number of Surface records	曲面记录的数量	NOSN		b14	数据集中曲面记录的数量
Number of Feature Type Records	要素类型记录的数量	NOFR		b14	数据集中要素类型记录的数量

B.6.1.3 属性代码字段结构 - ATCS

子字段名称（英文）	子字段名称（中文）	标签	值	格式	备注
Attribute Code	属性代码	ATCD		A()	要素目录中定义的代码
Attribute Numeric Code	属性数值代码	ANCD		b12	NATC 子字段中使用的代码

B.6.1.4 信息类型代码字段结构 - ITCS

子字段名称（英文）	子字段名称（中文）	标签	值	格式	备注
Information Type Code	信息类型代码	ITCD		A()	要素目录中定义的代码
Information Type Numeric Code	信息类型数值代码	ITNC		b12	NITC 子字段中使用的代码

B.6.1.5 要素类型代码字段结构 - FTCS

子字段名称（英文）	子字段名称（中文）	标签	值	格式	备注
Feature Type Code	要素类型代码	FTCD		A()	要素目录中定义的代码
Feature Type Numeric Code	要素类型数值代码	FTNC		b12	NFTC 子字段中使用的代码

B.6.1.6　信息关联代码字段结构 - IACS

子字段名称（英文）	子字段名称（中文）	标签	值	格式	备注
Information Association Code	信息关联代码	IACD		A()	要素目录中定义的代码
Information Association Numeric Code	信息关联数值代码	IANC		b12	NIAC 子字段中使用的代码

B.6.1.7　要素关联代码字段结构 - FACS

子字段名称（英文）	子字段名称（中文）	标签	值	格式	备注
Feature Association Code	要素关联代码	FACD		A()	要素目录中定义的代码
Feature Association Numeric Code	要素关联数值代码	FANC		b12	NFAC 子字段中使用的代码

B.6.1.8　关联角色代码字段结构 - ARCS

子字段名称（英文）	子字段名称（中文）	标签	值	格式	备注
Association Role Code	关联角色代码	ARCD		A()	要素目录中定义的代码
Association Role Numeric Code	关联角色数值代码	ARNC		b12	NARC 子字段中使用的代码

B.6.1.9　信息类型标识符字段 - IRID

子字段名称（英文）	子字段名称（中文）	标签	值	格式	备注
Record Name	记录名称	RCNM	{150}	b11	{150}- 信息类型
Record Identification number	记录标识号	RCID		b14	范围：1 至 2^{32}-2
Numeric Information Type Code	数值信息类型代码	NITC		b12	有效的信息类型代码，定义详见“Dataset General Information Record”（数据集通用信息记录）的 ITCS 字段
Record Version	记录版本	RVER		b12	包含记录版本序列号的 RVER
Record Update Instruction	记录更新指令	RUIN	{1}，{2} 或 {3}	b11	{1}- 插入 {2}- 删除 {3}- 修改

B.6.1.10　属性字段 - ATTR

子字段名称（英文）	子字段名称（中文）	标签	值	格式	备注
Numeric Attribute Code	数值属性代码	*NATC		b12	数据集通用信息记录 ATCS 字段中定义的有效属性代码

子字段名称（英文）	子字段名称（中文）	标签	值	格式	备注
Attribute Index	属性索引	ATIX		b12	属性在具有同一代码和同一父级的属性序列中的索引（位置），以 1 为起始
Parent Index	父级索引	PAIX		b12	在 ATTR 字段（以 1 为起始）中父级复杂属性的索引（位置）。如果该属性没有父级（顶层属性），那么该值为 0
Attribute Instruction	属性指令	ATIN	{1}，{2} 或 {3}	b11	{1}- 插入 {2}- 删除 {3}- 修改
Attribute Value	属性值	ATVL		A()	包含一个属性域有效值的字符串，该属性域由上述子字段规定

B.6.1.11 信息关联字段 - INAS

子字段名称（英文）	子字段名称（中文）	标签	值	格式	子字段内容与规范
Referenced Record Name	引用记录名	RRNM		b11	引用记录的记录名称
Referenced Record Identifier	引用记录标识符	RRID		b14	引用记录的记录标识符
Numeric Information Association Code	数值信息关联代码	NIAC		b12	“Dataset General Information Record”（数据集通用信息记录）的 IACS 字段定义的信息关联的有效代码
Numeric Association Role Code	数值关联角色代码	NARC		b12	“Dataset General Information Record”（数据集通用信息记录）的 ARCS 字段中定义的角色的有效代码
Information Association Update Instruction	信息关联更新指令	IUIN		b11	{1}- 插入 {2}- 删除 {3}- 修改
Numeric Attribute Code	数值属性代码	*NATC		b12	数据集通用信息记录的 ATCS 字段中定义的有效属性代码
Attribute Index	属性索引	ATIX		b12	属性在具有同一代码和同一父级的属性序列中的索引（位置），以 1 为起始

子字段名称（英文）	子字段名称（中文）	标签	值	格式	子字段内容与规范
Parent Index	父级索引	PAIX		b12	在 ATTR 字段中的父级复杂属性的索引（位置）（从 1 开始）。如果属性没有父级（顶级属性），值为 0
Attribute Instruction	属性指令	ATIN		b11	{1}- 插入 {2}- 删除 {3}- 修改
Attribute Value	属性值	ATVL		A()	包含一个属性域有效值的字符串，该属性域由上述子字段规定

B.6.1.12 点记录标识符字段 - PRID

子字段名称（英文）	子字段名称（中文）	标签	值	格式	备注
Record Name	记录名称	RCNM	{110}	b11	{110}- 点
Record Identification number	记录标识号	RCID		b14	范围：1 至 2^{32}-2
Record Version	记录版本	RVER		b12	包含记录版本序列号的 RVER
Record Update Instruction	记录更新指令	RUIN	{1}，{2} 或 {3}	b11	{1}- 插入 {2}- 删除 {3}- 修改

B.6.1.13 二维整数坐标元组字段结构 - C2IT

子字段名称（英文）	子字段名称（中文）	标签	值	格式	备注
Coordinate in Y axis	Y 轴坐标	YCOO		b24	Y- 坐标或纬度
Coordinate in X axis	X 轴坐标	XCOO		b24	X- 坐标或经度

B.6.1.14 三维整数坐标元组字段结构 - C3DI

子字段名称（英文）	子字段名称（中文）	标签	值	格式	备注
Vertical CRS Id	垂直坐标参照系 Id	VCID		b11	垂直 CRS 内部标识符
Coordinate in Y axis	Y 轴坐标	YCOO		b24	Y- 坐标或纬度
Coordinate in X axis	X 轴坐标	XCOO		b24	X- 坐标或经度
Coordinate in Z axis	Z 轴坐标	ZCOO		b24	Z- 坐标（深度）

B.6.1.15 多点记录标识符字段 - MRID

子字段名称（英文）	子字段名称（中文）	标签	值	格式	备注
Record Name	记录名称	RCNM	{115}	b11	{115}- 多点
Record Identification number	记录标识号	RCID		b14	范围：1 至 2^{32}-2

子字段名称（英文）	子字段名称（中文）	标签	值	格式	备注
Record Version	记录版本	RVER		b12	包含记录版本序列号的 RVER
Record Update Instruction	记录更新指令	RUIN	{1}，{2} 或 {3}	b11	{1}- 插入 {2}- 删除 {3}- 修改

B.6.1.16 二维整数坐标列表字段结构 - C2IL

子字段名称（英文）	子字段名称（中文）	标签	格式	子字段内容与规范
Coordinate in Y axis	Y 轴坐标	*YCOO	b24	Y- 坐标或纬度
Coordinate in X axis	X 轴坐标	XCOO	b24	X- 坐标或经度

B.6.1.17 三维整数坐标列表字段结构 - C3IL

子字段名称（英文）	子字段名称（中文）	标签	格式	子字段内容与规范
Vertical CRS Id	垂直坐标参照系 Id	VCID	b11	垂直 CRS 内部标识符
Coordinate in Y axis	Y 轴坐标	*YCOO	b24	Y- 坐标或纬度
Coordinate in X axis	X 轴坐标	XCOO	b24	X- 坐标或经度
Coordinate in Z axis	Z 轴坐标	ZCOO	b24	Z- 坐标（深度）

B.6.1.18 坐标控制字段 - COCC

子字段名称（英文）	子字段名称（中文）	标签	值	格式	备注
Coordinate Update Instruction	坐标更新指令	COUI	{1}，{2} 或 {3}	b11	{1}- 插入 {2}- 删除 {3}- 修改
Coordinate Index	坐标索引	COIX		b12	在目标记录的坐标字段中处理的坐标元组的索引（位置）
Number of Coordinates	坐标数量	NCOR		b12	更新记录中坐标字段中的坐标元组数量

B.6.1.19 曲线记录标识符字段 - CRID

子字段名称（英文）	子字段名称（中文）	标签	值	格式	备注
Record Name	记录名称	RCNM	{120}	b11	{120}- 曲线
Record Identification number	记录标识号	RCID		b14	范围：1 至 2^{32}-2
Record Version	记录版本	RVER		b12	包含记录版本序列号的 RVER
Record Update Instruction	记录更新指令	RUIN	{1}，{2} 或 {3}	b11	{1}- 插入 {2}- 删除 {3}- 修改

B.6.1.20 点关联字段 - PTAS

子字段名称（英文）	子字段名称（中文）	标签	值	格式	备注
Referenced Record Name	引用记录名	*RRNM		b11	引用记录的记录名称
Referenced Record Identifier	引用记录标识符	RRID		b14	引用记录的记录标识符
Topology Indicator	拓扑指示器	TOPI		b11	{1}- 起点 {2}- 终点 {3}- 起点和终点

B.6.1.21 段控制字段 - SECC

子字段名称（英文）	子字段名称（中文）	标签	值	格式	备注
Segment Update Instruction	段更新指令	SEUI	{1}，{2} 或 {3}	b11	{1}- 插入 {2}- 删除 {3}- 修改
Segment Index	段索引	SEIX		b12	用于在目标记录中定位段的索引（位置）
Number of Segments	段数量	NSEG		b12	更新记录中的段数量

B.6.1.22 段头字段 - SEGH

子字段名称（英文）	子字段名称（中文）	标签	值	格式	备注
Interpolation	插值	INTP	{4}	b11	{4}- 斜驶

B.6.1.23 组合曲线记录标识符字段 - CCID

子字段名称（英文）	子字段名称（中文）	标签	值	格式	备注
Record Name	记录名称	RCNM	{125}	b11	{125}- 组合曲线
Record Identification number	记录标识号	RCID		b14	范围：1 至 2^{32}-2
Record Version	记录版本	RVER		b12	包含记录版本序列号的 RVER
Record Update Instruction	记录更新指令	RUIN	{1}，{2} 或 {3}	b11	{1}- 插入 {2}- 删除 {3}- 修改

B.6.1.24 曲线组件控制字段 - CCOC

子字段名称（英文）	子字段名称（中文）	标签	值	格式	备注
Curve Component Update Instruction	曲线组件更新指令	CCUI		b11	{1}- 插入 {2}- 删除 {3}- 修改

子字段名称（英文）	子字段名称（中文）	标签	值	格式	备注
Curve Component Index	曲线组件索引	CCIX		b12	在目标记录 CUCO 字段中，用于定位曲线记录指针的索引（位置）
Number of Curve Components	曲线组件数量	NCCO		b12	更新记录 CUCO 字段中曲线记录指针的数量

B.6.1.25 曲线组件字段 - CUCO

子字段名称（英文）	子字段名称（中文）	标签	值	格式	备注
Referenced Record Name	引用记录名	*RRNM		b11	引用记录的记录名称
Referenced Record Identifier	引用记录标识符	RRID		b14	引用记录的记录标识符
Orientation	方向	ORNT		b11	{1}- 向前 {2}- 向后

B.6.1.26 曲面记录标识符字段 - SRID

子字段名称（英文）	子字段名称（中文）	标签	值	格式	备注
Record Name	记录名称	RCNM	{130}	b11	{130}- 曲面
Record Identification number	记录标识号	RCID		b14	范围：1 至 2^{32}-2
Record Version	记录版本	RVER		b12	包含记录版本序列号的 RVER
Record Update Instruction	记录更新指令	RUIN	{1}，{2} 或 {3}	b11	{1}- 插入 {2}- 删除 {3}- 修改

B.6.1.27 环关联字段 - RIAS

子字段名称（英文）	子字段名称（中文）	标签	值	格式	备注
Referenced Record Name	引用记录名称	*RRNM		b11	引用记录的记录名称
Referenced Record Identifier	引用记录标识符	RRID		b14	引用记录的记录标识符
Orientation	方向	ORNT		b11	{1}- 向前 {2}- 向后
Usage indicator	用法指示	USAG		b11	{1}- 外部 {2}- 内部
Ring Association Update Instruction	环关联更新指令	RAUI	{1} 或 {2}	b11	{1}- 插入 {2}- 删除

B.6.1.28　要素类型记录标识符字段 - FRID

子字段名称（英文）	子字段名称（中文）	标签	值	格式	备注
Record Name	记录名称	RCNM	{100}	b11	{100}- 要素类型
Record Identification number	记录标识号	RCID		b14	范围：1 至 2^{32}-2
Numeric Feature Type Code	数值要素类型代码	NFTC		b12	有效要素类型代码，定义参见“数据集通用信息记录”的 FTCS 字段
Record Version	记录版本	RVER		b12	包含记录版本序列号的 RVER
Record Update Instruction	记录更新指令	RUIN	{1}，{2} 或 {3}	b11	{1}- 插入 {2}- 删除 {3}- 修改

B.6.1.29　要素对象标识符字段 - FOID

子字段名称（英文）	子字段名称（中文）	标签	值	格式	备注
Producing Agency	生产部门	AGEN		b12	部门代码
Feature Identification Number	要素标识号	FIDN		b14	范围：1 至 2^{32}-2
Feature Identification Subdivision	要素标识细分	FIDS		b12	范围：1 至 2^{16}-2

B.6.1.30　空间关联字段 - SPAS

子字段名称（英文）	子字段名称（中文）	标签	值	格式	备注
Referenced Record Name	引用记录名称	*RRNM	{1} 到 {5}	b11	引用记录的记录名称 {1}-110 {2}-115 {3}-120 {4}-125 {5}-130
Referenced Record Identifier	引用记录标识符	RRID		b14	引用记录的记录标识符
Orientation	方向	ORNT		b11	{1}- 向前 {2}- 向后 {255}-NULL（不适用）
Scale Minimum	比例尺最小值	SMIN		b14	被引用空间对象可以描述要素类型的最大比例尺的分母。如果值为 0，则表示不可用
Scale Maximum	比例尺最大值	SMAX		b14	被引用空间对象可以描述要素类型的最小比例尺的分母。如果值为 2^{32}-1，则表示不可用
Spatial Association Update Instruction	空间关联更新指令	SAUI	{1} 或 {2}	b11	{1}- 插入 {2}- 删除

B.6.1.31　要素关联字段 - FASC

子字段名称（英文）	子字段名称（中文）	标签	值	格式	备注
Referenced Record Name	引用记录名称	RRNM		b11	引用记录的记录名称
Referenced Record Identifier	引用记录标识符	RRID		b14	引用记录的记录标识符
Numeric Feature Association Code	数值要素关联代码	NFAC		b12	“数据集通用信息记录” FACS 字段中定义的要素关联的有效代码
Numeric Association Role Code	数值关联角色代码	NARC		b12	“数据集通用信息记录”ARCS 字段中定义的角色的有效代码
Feature Association Update Instruction	要素关联更新指令	FAUI	{1}，{2} 或 {3}	b11	{1}- 插入 {2}- 删除 {3}- 修改
Numeric Attribute Code	数值属性代码	*NATC		b12	“数据集通用信息记录” ATCS 字段中定义的有效属性代码
Attribute Index	属性索引	ATIX		b12	属性在具有同一代码和同一父级的属性序列中的索引（位置），以 1 为起始
Parent Index	父级索引	PAIX		b12	在 ATTR 字段中的父级复杂属性的索引（位置）（从 1 开始）。如果属性没有父级（顶级属性），值为 0
Attribute Instruction	属性指令	ATIN	{1}，{2} 或 {3}	b11	{1}- 插入 {2}- 删除 {3}- 修改
Attribute Value	属性值	ATVL		A()	包含一个属性域有效值的字符串，该属性域由上述子字段规定

B.6.1.32　屏蔽空间类型字段 - MASK

子字段名称（英文）	子字段名称（中文）	标签	值	格式	备注
Referenced Record Name	引用记录名	*RRNM		b11	引用记录的记录名称
Referenced Record Identifier	引用记录标识符	RRID		b14	引用记录的记录标识符
Mask Indicator	屏蔽指示符	MIND	{1} 或 {2}	b11	{1}- 被数据集边界截断 {2}- 压盖的图示表达
Mask Update Instruction	屏蔽更新指令	MUIN	{1} 或 {2}	b11	{1}- 插入 {2}- 删除

B.7　作废数据集结构

作废数据集文件（Dataset cancelation file）

|

|—<1>- 数据集通用信息记录（Dataset General Information record）

　　|

　　|—<1>-DSID (13*1)：数据集标识字段（Dataset Identification field）

B.7.1　字段内容

B.7.1.1　数据集标识字段 – DSID

子字段名称（英文）	子字段名称（中文）	标签	值	格式	备注
Record Name	记录名称	RCNM	{10}	b11	{10}- 数据集标识
Record Identification number	记录标识号	RCID	{1}	b14	只有一个记录
Encoding Specification	编码规范	ENSP	‘S-100 第 10a 部分’	A()	定义该编码的编码规范
Encoding Specification Edition	编码规范版次	ENED	“1.1”	A()	编码规范的版次
Product identifier	产品标识符	PRSP	“INT.IHO.S-101.1.0”	A()	按照产品规范规定的数据产品唯一标识符
Product Edition	产品版次	PRED	“1.0”	A()	产品规范的版次
Application Profile	应用配置	PROF	“2”	A()	“2” - 更新数据集配置
Dataset File Identifier	数据集文件标识符	DSNM		A()	包含扩展名的文件名（不包含路径）
Dataset Title	数据集标题	DSTL		A()	数据集的标题
Dataset Reference Date	数据集引用日期	DSRD		A(8)	数据集的引用日期 格式：根据 ISO 8601 定义的数据集引用日期格式：YYYYMMDD
Dataset Language	数据集语言	DSLG	“EN”	A()	数据集中使用的（主要）语言
Dataset Abstract	数据集摘要	DSAB	省略	A()	数据集摘要
Dataset Edition	数据集版次	DSED	“0”	A()	0- 代表作废
Dataset Topic Category	数据集专题类别	*DSTC	{14}{18}	b11	专题类别集

附录 C　S-101 有效性检核

本附录定义了厂家所提供 S-101 ENC 检核软件应包含的最低检核项。海道测量局必须使用此类软件对 ENC 数据进行验证，确保 ENC 数据符合 S-101 ENC 产品规范。该检核表是 IHO 根据多个海道测量局和软件公司提供的检核清单编制而来。本附录用于单个 ENC 单元的检核，而针对 ENC 交换数据集的附加检验包含在其他章节中。

最新版 S-101 有效性检核可以在 IHO 网站中“标准和出版物”页面查询，参见 www.iho.int。